琉璃河遗址与燕文化
研究论文集
——纪念北京建城3060年

北京市西周燕都遗址博物馆　编

科学出版社

北　京

内 容 简 介

本书为纪念北京建城 3060 年的文集。书中收录文章 34 篇，分"琉璃河西周燕都遗址""西周燕国青铜器与铭文""召公家族""燕国史事研究""燕文化研究""琉璃河遗址出土器物"六个方面，介绍了近 20 年来关于北京琉璃河燕都遗址与燕文化研究的最新成果。

本书适合于从事夏商周考古和历史研究，特别是北京地区文物考古的专家学者，及相关专业的大专院校师生参考阅读。

图书在版编目（CIP）数据

琉璃河遗址与燕文化研究论文集：纪念北京建城 3060 年 / 北京市西周燕都遗址博物馆编．—北京：科学出版社，2015.6
ISBN 978-7-03-044695-4

Ⅰ．①琉… Ⅱ．①琉… Ⅲ．① Ⅳ．①

中国版本图书馆 CIP 数据核字（2015）第 120191 号

责任编辑：孙 莉 / 责任校对：钟 洋
责任印制：肖 兴 / 封面设计：张建实 张 放

科 学 出 版 社 出版
北京东黄城根北街 16 号
邮政编码：100717
http://www.sciencep.com

中国科学院印刷厂印刷
科学出版社发行 各地新华书店经销
*
2015 年 6 月第 一 版　开本：787×1092　1/16
2015 年 6 月第一次印刷　印张：27 3/4
字数：800 000
定价：180.00 元
（如有印装质量问题，我社负责调换）

学术委员会

舒小峰　朱凤瀚　赵福生　刘　绪
葛英会　陈　平　陈　光　关战修
祁庆国　韩建识　伊葆力

编辑委员会

关战修　罗永刚　李　亮　刘海明　崔　猛

序：让研究成果为遗址保护工作提供强大的学术支撑

单霁翔

大遗址是我国文化遗产最重要的组成部分，是构成中华五千年辉煌文明的主体，也是中华文明曾经高度发达、并对世界文明与进步产生过巨大影响的历史见证。位于北京市房山区的琉璃河西周燕都遗址，就是一处文物价值突出的大型文化遗址。

琉璃河西周燕都遗址，是西周至春秋战国时期，我国重要诸侯国——燕国的早期都城遗址，也是北京城建城的发源地。琉璃河遗址最初发现于1945年，当时是抗战胜利后，吴良才先生在今琉璃河遗址区内采集到不少陶片，这是琉璃河遗址发现之始。自20世纪60年代起，考古工作者在北京房山琉璃河遗址做了大量工作：1962年进行过小规模的试掘；1972~1973年进行过考古发掘。考古发掘成果表明，琉璃河遗址的文化遗存，主要属于西周时期，既有城址，又有包括燕侯在内的各种等级的墓葬。城内还发现有夯土基址，出土有陶范和甲骨文等重要遗物，已被学界公认是燕国早期都城所在地。在已知西周时期各遗址中，像琉璃河遗址这样既有城，又有诸侯级大墓，还有甲骨文等遗存发现者，十分罕见。因此，从考古学角度来看，琉璃河遗址对于研究中国早期城址的演变，探讨西周各诸侯国都城的各方面特征，具有十分典型的意义。

长期以来，琉璃河遗址的保护受到我国考古学界、文物保护领域和地方政府的关注，1979年被列入北京市文物保护单位，1988年又被列入第三批国家重点文物保护单位。

西周燕国的历史是北京城市建设的历史源头，研究北京历史必然要深入研究古代燕国的历史，只有在深入研究西周燕国历史的基础上，才能深入挖掘北京历史的来龙去脉。琉璃河遗址是北京历史文化名城的重要组成，对于建设文化城市意义重大，应高度重视保护琉璃河遗址的重要意义。否则，北京史的研究就可能成为无源之水、无本之木。然而，在经济高速发展时期，往往也是大遗址遭受破坏的高危险期，在经济、社会和文化发展中，如何保护好大遗址，是当前及今后很长一段时期内我国文化遗产保护的主要任务。

琉璃河遗址距北京市区43千米，考古遗址分布在琉璃河镇靠北面的大小台地上，涉及范围内有6个行政村，东西长约3.5千米，南北宽约1.5千米，其中保护范围约3平方公里，包括董家林和黄土坡两个村庄，居住人口433户，937人，涉及6家企业。建设控制地带内包括洄城、刘李店、立教、庄头4个村，居住人口1803户，4061人，涉及48家企业。随着经济社会发展及城市化建设进程的加速，琉璃河遗址保护和村庄发展建设，以及村民的生产生活需求之间的矛盾日益突出。长期以来，一些无序建设不断割裂考古遗址之间的相互联系，对于系统地保护琉璃河遗址十分不利。

2011年，琉璃河遗址公园建设列入北京市人民代表大会议案，纳入政府议事日程。2011年，房山区委托北京市城市规划设计研究院开展了《琉璃河遗址保护规划（2012-2030年）》的编制，力图通过保护规划的实施，促进琉璃河遗址科学合理的保护，妥善解决遗址保护范围内董家林、黄土坡村在遗址保护与村庄发展建设上的矛盾，促进城乡统筹协调发展。《琉璃河遗址保护规划》对原保护区划进行了优化调整，考虑到两村搬迁的可操作性，拟将黄土坡村搬迁至遗址北部新燕都家园，董家林村搬迁至洄城村村北镇中心区内，从文物本体保护、环境整治、展示利用、考古研究、管理与监测等方面明确了保护措施，并提出建设琉璃河考古遗址公园的规划建议。

建立遗址博物馆或遗址公园，是保护、展示、研究、利用大遗址最直接有效的方式。从"遗址"到"大遗址"，再到"遗址公园"，这不仅是称谓的简单变化，更是理念的深刻变革。大遗址保护并非单一的文物个体保护，还涉及人口、土地、环境等诸多问题，是一项牵动经济、社会、生态发展的系统工程，而根据国家文化遗产保护学科与事业的发展状况，考古工作者更应该积极地参与国家的文化遗产保护事业。

琉璃河遗址占地面积大、遗存分布广，有大量考古、研究工作有待开展。到目前为止，已发掘大、中、小不同类型的墓葬及车马坑300余座，研究成果证明，存在于黄土坡村内的几座大墓应都是燕国的侯王之墓，在发掘的各类墓葬中大多有随葬器物，包括堇鼎、伯矩鬲等青铜重器，有着极为重要的学术价值。琉璃河遗址的发现，无疑是确定西周燕国始封地提供了有力的证据，这一点已得到学术界较普遍的认同。因此琉璃河遗址是认识早期燕文化最理想、最典型的遗址，是京津冀地区商周时期文化性质和年代最明确的遗址，显然，对琉璃河遗址西周文化遗存的认识有着重要的学术意义。

多年来，我们的考古、文博工作者，努力探索琉璃河遗址考古发现及遗址保护、建设的问题，积极研究、倡导创立以服务于文化遗产保护为主要目的的考古新类型。随着琉璃河遗址考古工作的进展及资料的积累，相关研究不断深入，先后撰写出版了《琉璃河西周燕国墓地（1973—1977）》《燕文化研究论文集》《北京建城3040年暨燕文明国际学术研讨会会议专辑》《燕秦文化研究——陈平学术文集》《北方幽燕文化研究》等研究文集。而撰写发表的简报和论文，更是多以百计，这部即将付印的由西周燕都遗址博物馆汇编的《琉璃河遗址与燕文化研究论文集——纪念北京建城3060年》，便是近年来历史与考古工作者对琉璃河遗址辛勤研究成果的展示！

相信《琉璃河遗址与燕文化研究论文集——纪念北京建城3060年》一书的出版，会有力地推动考古学界文化遗产保护意识的提高，为今后在考古遗产保护方面占据较高地位奠定良好的基础，同时为琉璃河遗址保护工作的开展提供强大的学术支撑。

目　录

琉璃河西周燕都遗址

琉璃河燕都遗址的地理特点 ……………………………………殷玮璋（1）
琉璃河西周燕都遗址的研究 ………………………赵福生　柴晓明　王　鑫（8）
北京琉璃河西周燕国墓地初论 ……………………………………田敬东（26）

西周燕国青铜器与铭文

北京琉璃河出土西周有铭铜器座谈纪要 ……………………………………（34）
太保罍、盉铭文的再探讨 …………………………………………张亚初（44）
克罍克盉的几个问题 ………………………………………………李学勤（54）
再论克罍、克盉铭文及其有关问题——兼答张亚初同志 …………陈　平（56）
西周燕国铜器与召公封燕问题 ……………………………………任　伟（75）
辽西青铜器窖藏和早期燕国兴衰 …………………………………韩嘉谷（83）
北京琉璃河燕国墓地出土铜器的成分和金相研究
　　　　　　　　　　　　………张利洁　孙淑云　殷玮璋　赵福生（95）
北京琉璃河燕国墓地出土铜器铸造工艺的考察
　　　　　　　　　　…李秀辉　孙淑云　张利洁　殷玮璋　赵福生（107）

召 公 家 族

大保鼎与召公家族铜器群 …………………………………………朱凤瀚（121）
西周早期的召公家族世系——以青铜器铭文为中心的考察 ………李宝军（135）

燕国史事研究

蓟、燕分封与北京地区早期城市地理问题 …………………………唐晓峰（146）

"晏即匽"质疑……………………………………………………………葛英会（151）
"燕亳"寻踪………………………………………………………………韩嘉谷（156）
说匽………………………………………………………………………曲英杰（167）
"燕亳"与"燕亳邦"考辨………………………………………………尚友萍（177）
从王国维《北伯鼎跋》看周初"邶入于燕"的史事*……………………陈　致（186）
北京琉璃河出土的西周卜甲与召公卜"成周"——召公曾来燕都考……曹定云（217）
燕都兴废、迁徙谈………………………………………………………陈　平（222）

燕文化研究

琉璃河遗址西周燕文化的新认识………………………………刘　绪　赵福生（232）
西周燕文化与张家园上层类型…………………………………赵福生　刘　绪（241）
试论西周燕文化中的殷遗民文化因素…………………………………雷兴山（248）
从考古发现看西周燕国殷遗民之社会状况……………………………任　伟（256）
论北京房山琉璃河西周遗址殷遗民墓的腰坑殉狗……………………印　群（263）
西周燕国文化初论………………………………………………………陈　光（272）
山戎文化所含燕与中原文化因素之分析………………………靳枫毅　王继红（299）
燕山南北商周之际青铜器遗存的分群研究……………………………杨建华（331）
燕山南麓青铜文化的类型谱系及其演变………………………………纪烈敏（349）

琉璃河遗址出土器物

试论北京琉璃河西周墓出土的玉冠饰…………………………………杜金鹏（368）
论琉璃河遗址殷遗民墓的陶簋——兼谈该遗址殷遗民文化因素之消长……印　群（377）
北京琉璃河西周燕国墓地出土漆器复原研究…………………………郭义孚（390）
琉璃河出土的漆器与复原………………………………………………楼朋林（403）

附录　琉璃河遗址与燕文化研究论文资料目录………………………………（409）
后　记……………………………………………………………………………（434）

琉璃河西周燕都遗址

琉璃河燕都遗址的地理特点

殷玮璋

琉璃河遗址位于北京市西南43千米的一个台地上。它的西面和北面是燕山山脉及其山前平原；它的南面是大石河及其冲刷的洼地。大石河自北向南而流，在琉璃河遗址的西南角折向东去。

这个遗址的面积较大，至今保留文化遗存的总面积约有500余万平方米。董家林、黄土坡、刘李店、立教等自然村坐落在遗址区的台地上。经过勘探和发掘，证实这里有一座西周时代的古城，还有面积较大的墓葬区。

西周古城在董家林村的周围，北城墙保存较好，全长829米；东城墙和西城墙均已探出300余米，它们的走向与北城墙呈90°直角，推测这座古城的平面为方形或南北向长方形。

据研究，大石河在13～14世纪时，永定河一度改道，夺大石河而东行，致使河道两岸的地形、地貌发生很大变化。琉璃河西周古城的南半部遭到严重冲刷、城址受到严重破坏，与这次永定河改道有关。

琉璃河古城东墙外的黄土坡村附近，是这里最大的一处西周时代墓葬区。经过发掘的墓葬已有200余座，包括多座大墓和一批中、小型墓葬。中、小型墓均为长方形土坑竖穴。

墓都有墓道，有的设一条墓道，有的设两条墓道，最大的一座设4条墓道。这些大型墓不仅规模大、随葬品也十分丰富，在墓葬区内占有特殊的位置。大、中型墓的葬具均有棺、有椁，并用车马陪葬。墓中的随葬品包括青铜、玉、石、漆木制作的礼器、兵器、车马器及其他用具与装饰品等。有的墓中还出有原始瓷器。少数墓中还有人殉。小型墓葬一般以木棺为葬具，随葬品主要以鬲、罐等陶器及其他质地的小饰品。

黄土坡墓地出土的青铜器中，不少礼器和兵器上铸有"匽侯"的铭文，其中有的铜器铭文较长，记录有匽（燕）侯给臣僚赏赐奴婢、货贝、物品等内容；也有匽侯派遣下属出外办事的史迹，特别是1193号大墓出土的太保盉、太保罍的盖、器内，各铸有43字铭文，记有周王褒扬太保、册封他为匽侯和授民授疆土的史实，十分珍贵。它的发现，为解决千余年来召公奭是否去燕国就封，第一代燕侯究竟是谁等问题提供了宝贵资料。它们的出土为考证燕国都邑的地望提供了依据。经过研究，可以确认琉璃河古城是西周初年所建的燕国都邑故址。

据史书记载，周武王灭商以后，曾将同姓宗亲和功臣谋士分封到各地，燕国就是分封的诸侯国中的一个，《史记·燕召公世家》明确记有"周武王之灭纣，封召公于北燕"的内容。北京市人民政府采用史学家们有关武王伐纣纪年的诸多说法中的一种（公元前1045年），于1990年春召开新闻发布会，向全世界宣告：依据琉璃河遗址发掘的最新研究成果，北京建城的历史，从过去所说的800年前的金代上推到3000年前的西周初年。这样，北京成了世界各国首都中建城历史最为悠久的一个。

燕国自西周初年分封立国到被秦国所灭，前后经历了八百余年。这一期间，燕国的国力不断增强，到了战国时期成为"七雄"之一，在当时的政治舞台上居于很重要的位置。应该说，燕国在周初所封的诸侯国中也是很重要的一个。周王将他的重臣召公奭封为匽侯。从太保盉、太保罍的铭文可知，还让他管辖羌、马、驭、微等九个国族，就足以说明了这一点。燕国在这八百余年间曾经一再迁都（战国时期迁到今河北易县），但立国之初何以选在今天的房山区琉璃河镇董家林村附近，这是应该进行探讨的。

周初实行分封制，将周王的宗亲和功臣谋士封到各地各领一方，目的是在周人征服的广大地域内对被征服者进行有效的统治，防止商殷势力和其他国族起来反抗，达到"以藩屏周"的作用。所以，诸侯国分封到哪个地域，它们的都邑选在什么地方，都离不开对当时政治形势需要的考虑。司马迁在《史记·燕召公世家》中说"燕外迫蛮貊，内措齐、晋"。他点出了燕国之封承担对外镇抚北方诸戎，对内与晋、齐等侯国形成掎角之势、监临殷遗的重任，是意识到周王封燕的战略意图的。那么，燕国都邑的选址亦当体现这个战略意图。

然而，一个都城址的选择，不仅出自政治方面的考虑，它还受到特定的地域空间关系的制约。这种空间关系既有自然方面的，也有历史方面的。

琉璃河燕国古城所在的地区，一般称为北京平原。它是华北大平原一部分，位处华北大平原的西北隅。它西邻太行山、北靠燕山的支脉军都山，三面背山、一面面海，形状像个海湾，故有北京湾之称。

北京平原的形成，可以追溯到第四纪或以前的较长一段时间。它是由永定河、潮白河、拒马河等几条河流的冲积扇共同堆积起来的。由于这几条河流发源于西北方的群山之中，流向东南方向，所以北京平原的地势也由西北向东南缓缓倾斜，地表的平均坡度在1.2‰～1.3‰之间。

北京平原基本由两大部分组成：一部分是靠山麓地带的洪积冲积平原，或称山前平原。它的分布，在今天的香河—顺义—通州—张家湾—马驹桥—小红门—海淀一线以北和良乡—交道—涿州一线以西。这里的地表组成物质是晚更新世后期的黄土状亚砂土。另一部分是冲积平原。它位于上述范围以南和以东地区，地表构成物质为全新世的砂、沙砾土和黏土（图一）。

北京平原处于暖温带季风气候区，水分、热量适中，适合人类活动。但在漫长的地质时期，这里的气候曾经历过多次冷暖交替。最近1万年以来，随着更新世最后一次冰期的结束，进入全新世时期。这一时期的气候变得温暖湿润，也使这一地区的自然环境发生深刻变化。

据研究，在距今7500～2500年的全新世中期，气候极为温暖。包括京津地区在内的我国北方，这时的年平均温度比晚更新世最后一次寒冷时期要高8～12℃，即比现在的年平均温度还要高2～3℃。当时在黄河中下游地区生存着一些现今见于亚热带地区的动物和植物。京津地区生长的植物，以栎、榆等乔木占优势的阔叶林代替了早全新世的针、阔叶混合林。由于气温升高，大陆冰川消融，引起海平面大幅度上升。这使各大洲的沿海低缓地带普遍受到海侵。北京平原也不例外。

海侵使这里的自然环境大为改观，如渤海盆地在海侵之前是一个长有森林草原景

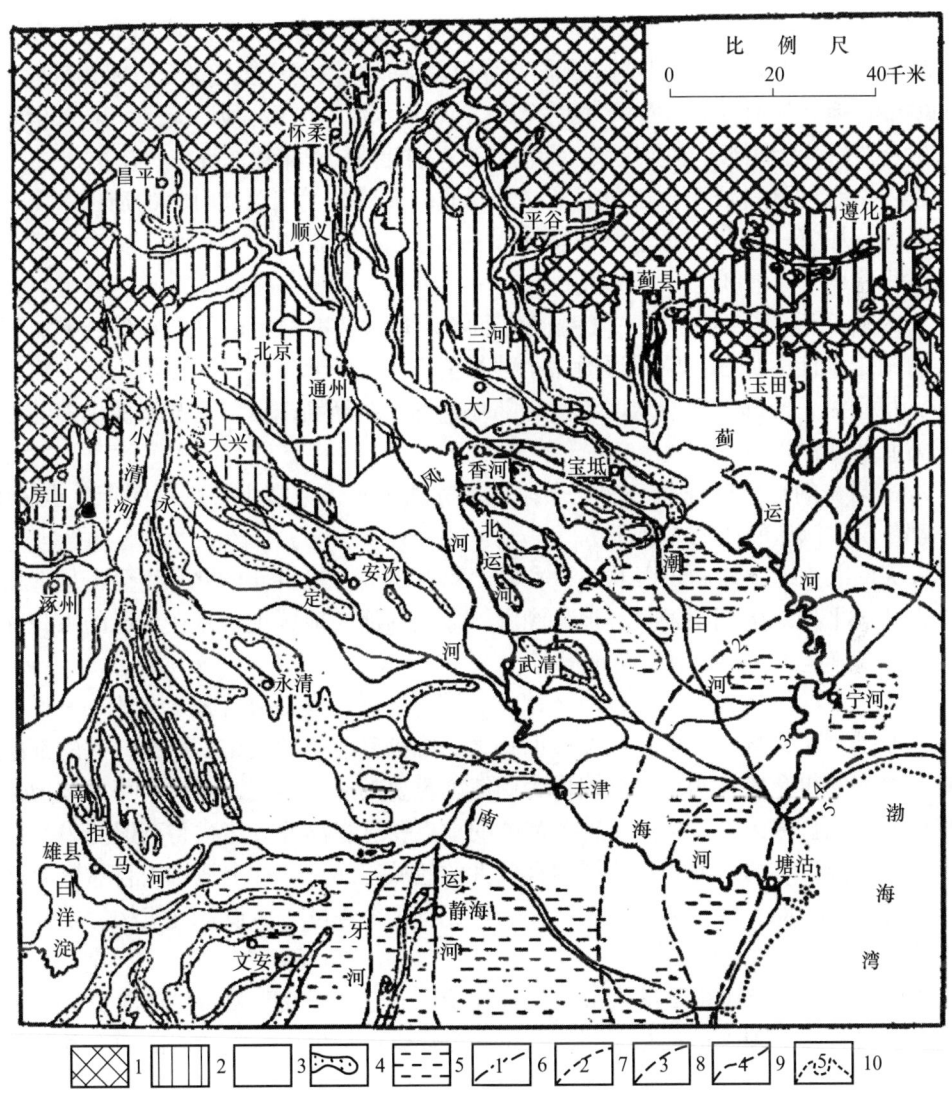

图一　京津渤平原区地面形态图

1. 山麓线　2. 山前洪积冲积平原　3. 冲积平原与河漫滩　4. 古河道淤积高地或沙带　5. 洼地　6. 全新世海侵影响范围　7. 距今4000～3000年的海岸线　8. 距今2500年左右的海岸线　9. 距今300～200年的海岸线　10. 浅海滩外界

观的河—湖堆积平原，古滦河、海河水系汇集在渤海盆地的中部。在全新世海侵过程中，渤海盆地逐渐被海水浸没，成了陆缘浅海。据研究，距今6000年前后，海水最远处至少抵达今天的文安洼—宝坻—武清—宁河一带，即目前所说的运河下游地区。渤海湾西岸的位置比今天的海岸线向更西、更北方向推进（推进40～70千米）。如今在海河、蓟运河下游的地面上看到的三道贝壳堤，已被认定是最近三四千年来先后存在过的海岸线标志。

在海侵过程中，由于基准面不断升高、河流堆积作用加强，湖沼也是显著扩大。在海侵最盛时期，原来的河湖堆积被海水浸没。冲积平原地区的湖沼也受到很大影响；旧河道型湖沼广为发育，扇缘沼泽洼地的面积增大、数量增多。因此，在全新世中期，冲积平原地区变得十分潮湿，限制了人们在那里的活动。人们只能选择丘、冈和台地作为他们的栖息地。其中台地的面积一般都较大，距离水源（如河、湖）较近，植被资源丰富，适合人们开垦种地、建房筑城，因而成为人们建造居民聚落的理想所在。

考古调查的材料证明：在北京平原发现的新石器时代与商周时代的遗址，全部分布在香河—顺义—通州—张家湾—马驹桥—小红门—海淀以北和良乡—交道—涿州以西的洪积冲积平原地区。

大约在晚近的2500年内，气温较前下降，海面基本稳定；雨量减少，干燥度增大，河湖排水能力加强，湖沼逐渐缩小甚至消亡。由于永定河、潮白河、拒马河等水系的淤积作用，使部分海侵地区淤涨出陆地，海岸线渐渐东退。这些淤涨出的陆地再次成为河湖沉积区。

考古调查的材料也证明：冲积平原地区的遗址不仅数量少，它们的年代也较晚，几乎都是汉代以后的遗址或墓葬。

今天的北京，山地面积占62%，平原面积占38%。3000年的北京因受海侵造成的影响，冲积平原地区湖沼发育，地势潮湿，人们的活动地域主要是在山前的洪积冲积平原地带，其范围比起今天要狭小得多。

一座城市的出现，离不开该地区社会经济的发展。周王封召公于北燕——如前所述——既是为了镇抚北方诸戎和商殷旧势力，维护其北土的安定，那么，它的都邑也带有浓厚的军事色彩。当然，燕国作为周王朝重要的一个侯国，对它的都城址的选择必然要考虑到许多因素。例如，这个都邑的地点要选在离北方诸戎与商殷势力都比较近（又不是很近）的地方；它的周围有较大的地域空间，在这个地域内自然资源比较丰富；社会生产的发展达到一定水平，能够提供这个都邑中所设各种机构为发挥其功能而需要的各种物质支援等等。

当时在这个都邑中生活的人员是比较复杂的。它有一支数量可观的军队；有公室成员和各级行政管理人员；有众多的平民和为提供各种生产、生活用品而在各种手工作坊中劳作的工匠等等。当时在这座燕国都邑中究竟有多少常住人口，今天已难以确知。但从构筑这座古城的城址所需的用工量之大，可以推知当时生活在这里的居民数量不会很少。从墓葬资料中看到晚期墓比早期墓的数量明显增多，说明随着都邑的发展，人口的繁衍，常住人口的数量呈增长的趋势。这种状况使城市居民对各种生产资料与生活资料的需求量不断增长。

这些生产资料和生活资料中有些来自外地，但主要部分当直接取自附近的自然资源。因此，都邑附近的自然资源越丰富，对这个都邑的发展也越有利。同时，人们在创造生活中掌握的手段越多，生产的能力越强，对自然资源的开发利用也越多。这对都邑的发展是至关重要的。

琉璃河古城位处北京平原的南端。它和北京平原的其他地区一样，当时的植被资源十分丰富。无论是山区还是平原地区，普遍为原始森林所覆盖。永定河、潮白河、拒马河诸水系的水源充足。加之气温适宜，故在距今1万年前就有人类在这一带活动。进入全新世以来，尽管气温多有变动，但人类在山前平原的活动更趋频繁。他们在这里繁衍生息、创造生活、创造历史。如在门头沟区发现的距今1万年前后的"东胡林人"及其文化遗存；在平谷上宅、北埝头等地发现的距今7000年前后的上宅文化遗存；在昌平雪山等地发现的距今五千年前后的雪山一二期文化遗存。此外还有年代稍晚的龙山文化、夏家店下层文化和商代文化遗存等等，说明在距今10000～3000年前的漫长过程中，这里一直有人类在活动。从他们遗留下的文化遗存可以看出，他们的发展进程与中原地区的居民基本上处于同步状态。

在琉璃河古城周围的地域内，我们也可看到类似的发展进程。如房山区镇江营遗地中就有上宅文化、夏家店下层文化和西周时期的文化遗存。属夏商时期的文化遗存在房山区的塔照村、西营、焦庄遗址中也有发现。这些文化遗存的内涵告诉我们，生活在北京平原的古代居民早在三四千年前就已完成了从新石器时代向青铜时代的过渡。因此，在3000年前选择琉璃河镇北1.5千米的台地作为都城时，人们已使用青铜工具去砍伐树木，建造各种居舍（包括宫殿），制作各种工具、用具和武器的同时，还为居民提供大量能源与各种物资。

大石河的河水不仅为居民提供充足的生活用水，还为灌溉农田提供有利条件。长期积累的农业知识，使当时农业生产提供的产品除满足劳动者自身的需要外有了较多剩余，促使社会分工的发生并使家畜饲养业有了较大发展。森林、河湖水网地带还提供许多野生动植物资源。发掘过程中看到的各种物质文化遗存以及植物灰烬、动物遗骸等，都说明了这一点。由此可知，琉璃河燕国古城所在地的地理环境和自然资源等条件都是比较优越的。

诚然，城市不是自给自足的孤立的据点，是与一般的聚落很不相同的地方。城市是一个宽广的空间结构体系中的焦点。城市居民的生活和生产资料中有一部分当来自四面八方。在城市中居住的人们（特别是上层人物），他们的政治、经济、文化等社会活动，又以一个相当广阔的地域为对象。这就决定了它与空间结构体系的每个部位都存在有机的联系。这种联系又以交通系统作为城市与外界连接的物质体现。人们通过交通工具实现其对外的各种联系，即使在实施军事行动时，也离不开交通干道与多种交通工具。

琉璃河燕国古城位于中原地区通往东北和蒙古草原的主干大道上。这条大道沿太行山东麓自南向北延伸，自古至今是一条南北向的大动脉。它的走向基本上是今天京（北京）郑（郑州）铁路的走向。这条干道的北端在今北京城分为两支，东北方向出古北口穿越五陵地带通往松辽平原；西北方向出南口直入蒙古草原。还有一条往东的沿燕山南麓通往海滨的通道，在3000年前可能也已开通。因为平谷刘家河发现的商代墓葬、蓟县张家园等地发现的西周墓葬中出土的中原青铜器，反映了这些地点居住的古代先民与中原地区有了相当密切的联系。又如辽宁朝阳地区的喀左、凌源等地多次出土商周青铜器（其中有些是西周时期的燕国铜器），说明当时在中原和东北之间存在较密切的往来。

水上通道可能也已开通。由于燕山山脉为原始森林覆盖，平原地区的植被丰厚，蓄水功能良好，促使大石河、永定河等河道的水量充足而稳定。这就为发展水上交通创造了条件。据黄土坡村的村民相告，大石河在几十年前还有船只通航，可直驶天津，码头就设在今天的黄土坡村，这或可启示我们：大石河作为水上通道而被利用的年代可能是很早的。

不过，当时的交通仍以陆路干线为主，交通工具主要是马车。考古发掘的资料说明，商代先民使用的木车并不单一，但以双轮独辕的马车最为普遍，安阳殷墟、西安老牛坡等地所见到的都是这种马车。西周遗址中见到的也是这种双轮独辕车。这种车每辆多用两匹马或四匹马拉动，已有一定速度。这是当时往来于陆路大道上的主要交通工具。琉璃河燕国古城的墓葬区中清理出这种马车数十辆，它们被作为大、中型墓的陪葬物品而掩埋在墓旁的车马坑中，反映了燕国上层人物在进行各种社会活动或军事行动中，马车起到很重要的作用。

需要提到的是：目前在北京平原发现的西周遗址，如昌平白浮、顺义牛栏山等等，它们都位处大道的附近，说明它们之间因这些交通干线而与这个燕国都邑联系起来。有理由推测：燕国与它所管辖的九个国族之间也有道路相通。

连接中原与蒙古草原、松辽平原的通道，早在史前时期就已出现，所以北京平原的史前文化遗址中既可看到中原史前文化的因素，又可看到北方草原与松辽平原史前文化的因素。当马车出现以后，这种联系随交往频繁而更加紧密。在这个过程中，有的道路成了平整、固定的交通干线，成为陆路交通中必不可少的设施。这种交通干道是古代交通系统的骨干，地区间进行的各种社会交往活动主要是通过它来完成的。

这种交通干道在西周时期已经达到相当水平，所以《诗·小雅·大东》有"周道如砥，其直如矢"的记载。这种交通干道与其他支线形成网络，组成较完善的交通系统。琉璃河燕国古城遗址中出土的许多物品来自四面八方，说明当时已经存在这样的交通网络，将它与各方联结起来。

需要考虑的另一个问题是：这个都邑为什么不选在北京平原的其他地点而要选择平原南端的琉璃河镇附近呢？这与周初的政治形势和琉璃河古城的功能有关。由于古城的西北是高山，东边是湖沼，其间的开阔地较小，形若壶口，所以地形很是险要。在这个北京湾中，只要把守好通往蒙古草原和松辽平原的两个山口，北方诸胡就难以进入骚扰。即使诸胡中有的少数族突破山口进入北京平原，若无强大兵力，也难以突破有重兵把守的琉璃河古城所在的咽喉之地，这就可以确保中原地区的安宁。同时，琉璃河燕国古城背后是广大的中原腹地，一旦需要，各种物资、装备、人员（包括军队）等等，都可以通过干道源源不断地向这里接济、补充。因此，在今琉璃河镇北建设一座燕国都城，既符合周王室封邦建国的总体战略意图；其地理位置、水文条件和周围的地形地貌的优越性，都为建设一座都城提供了良好的条件。这就是这个古都在三千年前出现的背景与原因。

对琉璃河遗址出土的陶器所作的分期研究结果表明，这座燕国都城的兴盛时仅限于西周时代。到了春秋时代，燕国公室将都城迁离该地。但这座都城的出现，在燕国历史乃至西周史上发挥过很重要的作用。例如，在武庚作乱时，燕侯管辖的九个国族之一的叞国一度起来响应。从《大保簋》的铭文可知，"王降征令于太保"，要召公率军队前往征讨，"太保克敬亡遣"（敬行顺命未敢怠忽之意），很快平息了叞国（族）的反叛，并防止了其他国族一起作乱，确保政局的稳定。

从这一实例可以说明，周初所封的燕国，确实起到了"以藩屏周"的作用，使周人控制的北方领土在很长时期获得安宁与稳定的局面。所以周人自己将"肃慎、燕亳"，视为他们的"北土"。

燕侯受封建国在以后的数百年间，国力不断增强，成为一个北方大国，雄踞一方。它为统一我国北方、发展北方的经济与文化作出了重要贡献。

参 考 书 目

侯仁之、金涛：《北京史话》，上海人民出版社，1980 年。
孔昭宸、杜乃秋：《北京地区一万年以来植物群发展和气候变迁》，《植物学报》1982 年第 2 期。
邢嘉明、李宝田：《京津地区自然环境演变及其与人类活动的关系》，《环境变迁研究》（一），海洋出版社，1985 年。
殷玮璋：《新出土的太保铜器及其相关问题》，《考古》1990 年第 1 期。
殷玮璋、曹淑琴：《周初太保器综合研究》，《考古学报》1991 年第 1 期。
于希贤：《北京地区天然森林植被的破坏过程及其后果》，《环境变迁研究》（一），海洋出版社，1985 年。
周昆叔：《试论北京自然环境变迁研究》，《环境变迁研究》（一），海洋出版社，1985 年。
竺可桢：《中国近五千年气候变迁的初步研究》，《考古学报》1972 年第 1 期。
邹宝山：《北京平原地区湖沼洼地分布特征及其与自然环境演化关系的初步探讨》，《环境变迁研究》（一），海洋出版社，1985 年。

（原刊于《周秦文化研究》，陕西人民出版社，1998 年）

琉璃河西周燕都遗址的研究

赵福生　柴晓明　王　鑫

一、遗址概况

琉璃河西周燕都遗址位于北京市西南43千米处的琉璃河地区。该区北为窦店镇，东为交道乡和东南召乡，西接石楼镇，南面与河北省涿州市接壤。遗址位于房山区琉璃河镇东南的董家林、黄土坡、刘李店等村，总面积约5.25平方千米（图一）。

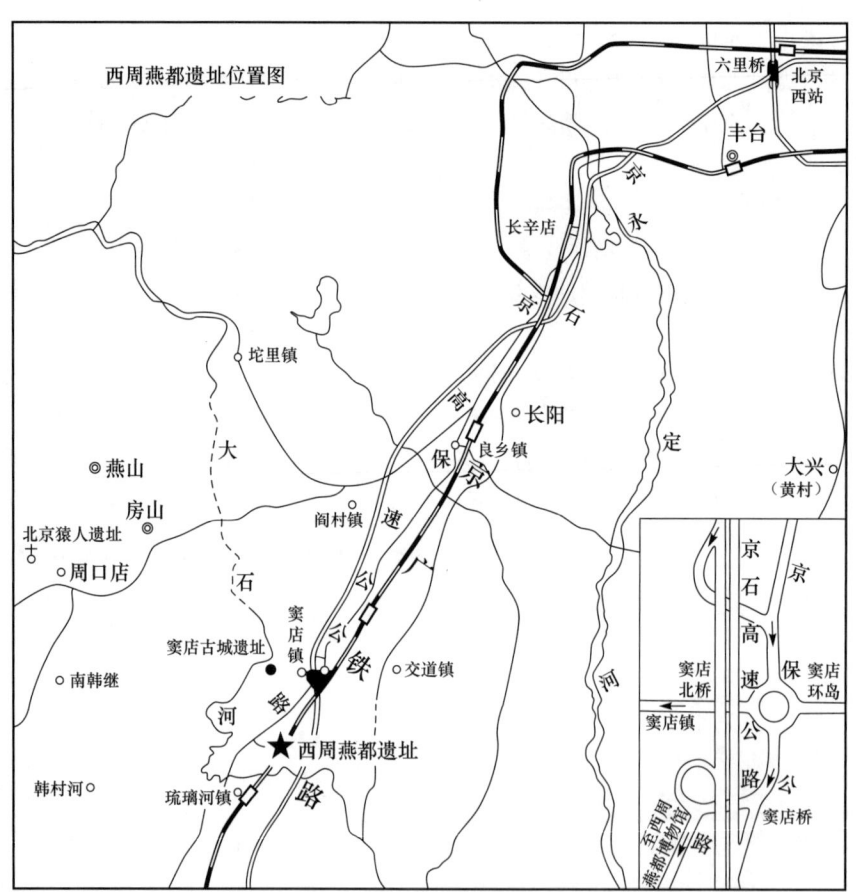

图一　西周燕都遗址位置图

该遗址发现于 1962 年，同年，北京市文物工作队与北大考古专业几位师生曾进行过试掘。1972 年秋，北京大学考古专业 40 多位师生与北京市文物管理处合作进行了大规模的发掘，对遗址的年代、特征和分期有了一定认识，邹衡先生认为这里就是西周早期燕国的始封地，这是第一次将琉璃河遗址与西周早期的燕国联系在一起，这一设想被 70 年代的考古发掘所证实。

遗址周围曾发现夏家店下层文化的墓葬及战国、汉、唐、辽、金、元、明、清等时期的墓葬，属于西周时期的燕文化遗存最为普遍，不仅有城址、居址，还发现了大批西周时期的墓葬，墓葬的级别从燕侯级大墓、燕国贵族墓葬到一般平民小墓都有，其中大、中型墓集中在西周早期和中期前段。

在遗址的中部，残存一古城址，50 年代末，部分墙段还能看到 1 米多高的墙体。后来，由于平整土地，被夷为平地。但目前大部分城址内的地面还高出周围地面 1 米左右，实际为一片高台地，经对城墙遗址局部解剖，其年代与墓葬、居址年代对应（图二）。

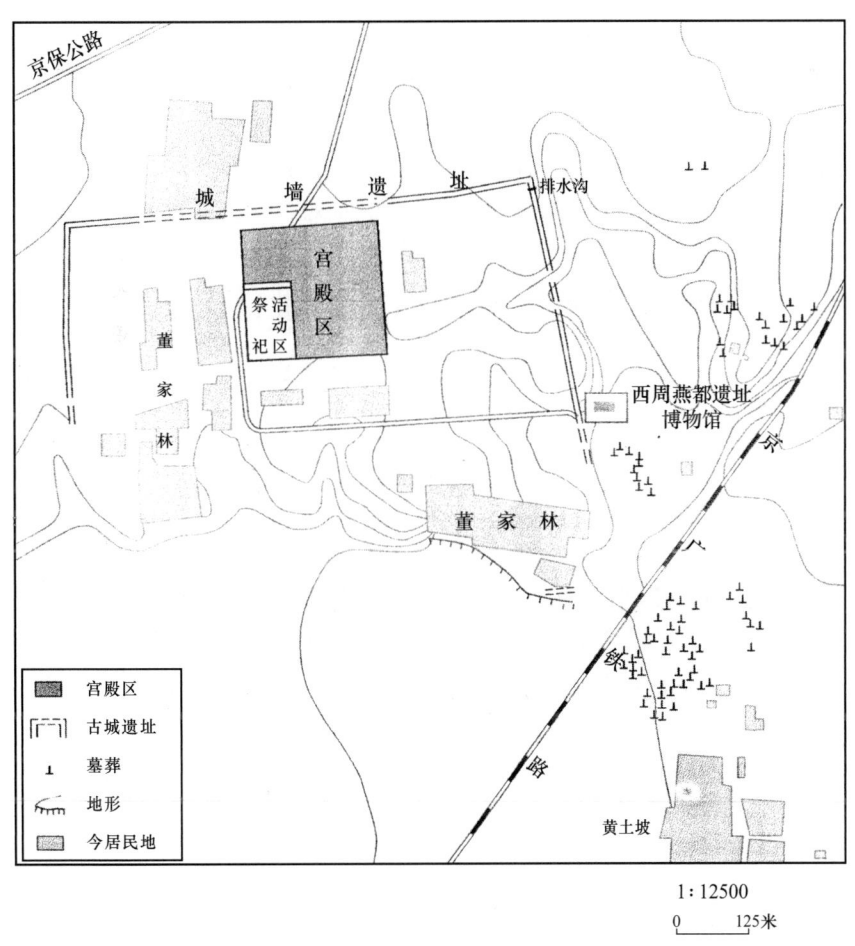

图二　琉璃河西周燕都城址图

二、以往的工作及研究成果

1972年北京大学考古专业与北京市合作发掘，对琉璃河遗址的重要性有了新的认识。1973年至1974年，北京市文物管理处与中国社会科学院考古研究所合作，发掘了部分墓葬，此后则为北京市文物管理处单独发掘，至1977年为第一阶。共发掘了西周时期墓葬61座、车马坑5座，基本确定了琉璃河遗址为西周早期的燕国始封地，但城址的年代，则被定为商末周初。墓葬的年代分为西周早、中、晚三期，依葬制可分出商遗民墓和周人墓二种。

1981年至1986年，北京市文物工作队再次与中国社会科学院考古研究所合作，解剖了两处城址，并发掘了200余座墓葬与车马坑。1986年发掘的M1193号大墓中出土的克罍、克盉铭文，更明确地表明，琉璃河遗址不仅是燕国的始封地，M1193的墓主人应是第一代燕侯。依据这一时期墓葬的打破关系及陶器的变化，时代分为西周早、中、晚三期六段。

1995年，北京市文物研究所与北京大学考古系合作，重点对城址、居址进行全面钻探、发掘。自1996年起，北京市文物研究所、北京大学考古系、中国社会科学院考古研究所三家首次联合对遗址进行了考古发掘，至1999年结束。1997年，夏商周断代工程启动后，琉璃河遗址的发掘与研究工作被纳入了工程中，并成立了"琉璃河西周燕都遗址的分期和年代测定"课题。

三、琉璃河西周燕都遗址的分期

1. 居住址的分期

（1）层位关系

琉璃河遗址的居址部分经过1995—1998年的发掘，可供分期的单位很多，通过相互的串联和印证，可以得出一个比较可靠的分期结论。因为可以用于分期的典型单位和典型组合数量太多，这里不便一一介绍，兹以部分典型探方为例，将其文化层所属期段概括为表一。由于居址中陶器不易复原，故虽为典型探方，典型层位且遗物丰富，但未必一定有复原之器。因此，以下所举器物标本并不局限于表中单位。

（2）主要器物演变规律

居址出土器物有陶器、石器、骨角器和小件铜器，但有分期意义的主要是陶容器。在陶容器中，从西周早期到晚期，最常见的是鬲、簋、罐等器物，他们始终占据陶容器总数的60%以上。其中鬲、簋两类器物的变化趋势较为明显，因此我们对上述两类器物进行了类型排比，以展现其发展演变规律，并进一步划分出期段（图三）。

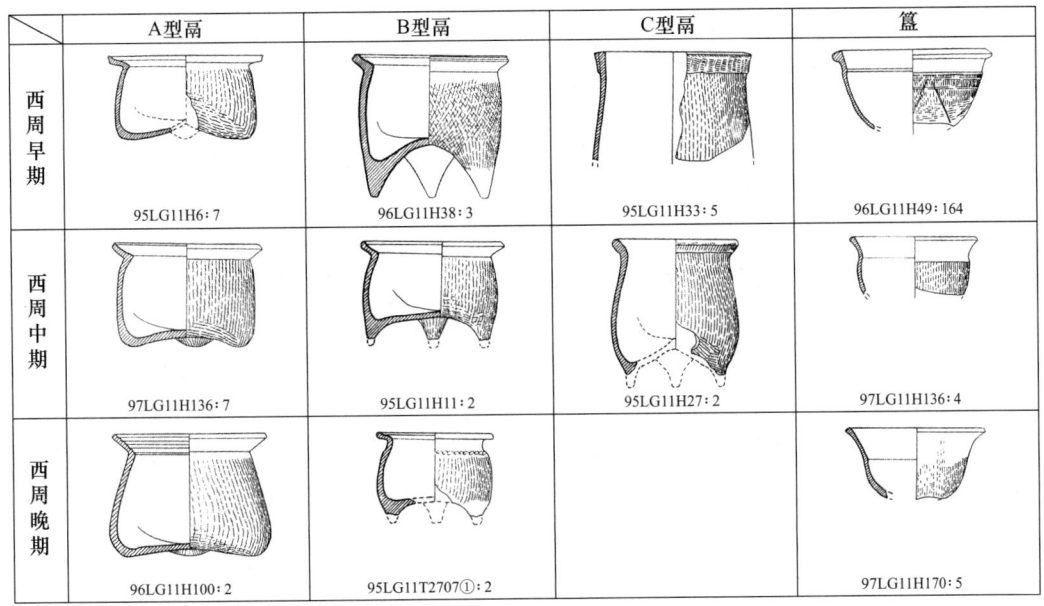

图三　琉璃河遗址居址陶器分期图

陶鬲是夹砂陶系中最主要的器类，陶色以黑褐、灰褐为主，绝大部分器表施绳纹。根据其整体形态、纹饰的差异可将其分为三型。

A 型　均施较粗绳纹，一般为宽折沿，沿面微凹，多见方唇，亦有圆方唇。袋足下无实足根，裆甚低。整体形态大多为宽扁体。根据沿面的变化可以分为三式。

Ⅰ式　方唇。沿面微凹，无弦纹，沿与腹部的夹角较小。多为红褐色。通体饰粗绳纹，纹饰一般较深、较宽。袋足外撇，分裆，裆部较高。整体形态宽扁。如标本 95LG11H6∶7。

Ⅱ式　方唇。沿面微凹，多有一道弦纹，沿与腹部的夹角稍大。多为灰褐色。通体饰粗绳纹，纹饰一般稍浅。袋足外撇，分裆，裆部变矮。整体形态较宽扁。如标本 97LG11H136∶7。

Ⅲ式　方唇。沿面多有数道弦纹，弦纹一般较浅、较宽，沿与腹部的夹角变大。多为灰色。通体饰粗绳纹，纹饰一般较深、较窄。袋足外撇，近似联裆，裆部更矮。整体形态竖长。如标本 96LG11H100∶2。

B 型　均施较细绳纹，一般为宽折沿，多见圆方唇，柱状实足根，亦有少量锥状实足跟，一般为联裆，但部分器物的裆部近似分裆。裆部较高。整体形态比 A 型鬲小。根据其形态的差异可以分为三式。

Ⅰ式　侈口方唇，口沿上无弦纹，弧裆，实足根较高，饰交错绳纹。如标本 96LG11H38∶3。

Ⅱ式　侈口圆唇，口沿无弦纹，弧裆近平，实足根变矮，腹部多饰竖绳纹，近裆部饰交错绳纹。如标本 95LG11H11∶2。

Ⅲ式　侈口圆唇，口沿上多有数道弦纹，领部明显，平裆，实足根极矮近乎消失，饰竖绳纹。如标本95LG11T2707①：2。

C型　均施较粗绳纹，高领，深腹，大袋足，袋足多为模制。根据其形制的差异分为二式。

Ⅰ式　直口，领较高。口部外侧有一道附加堆纹，肩部多有一道绳子捆绑的痕迹。大袋足，分裆，裆部接缝十分明显。通体施交错绳纹。多为夹砂红褐陶。如标本95LG11H33：5。

Ⅱ式　口微侈，口部外侧有一道附加堆纹。领较矮。袋足加矮实足跟。分裆。裆部饰交错绳纹，余部饰竖绳纹。多为夹砂灰陶。如标本95LG11H27：2。

簋是陶容器中的主要器类，延续时间较长，多为泥质灰陶。根据其形制的差异分为三式。

Ⅰ式　侈口。三角缘唇，唇部多有一道凹槽。深腹，器壁内侧口腹相接处有一道弦纹。腹部饰弦断绳纹和三角划纹。圈足较矮，多饰有一道弦纹。如标本96LG11H49：164。

Ⅱ式　侈口，三角缘唇，唇部多为尖圆唇。深腹微鼓。腹部多装饰细绳纹。圈足相对较高，上面多饰一道弦纹。如标本97LG11H136：4。

Ⅲ式　侈口微敛，尖圆唇。腹部多饰抹过的细绳纹或素面。圈足较高、外撇。如标本97LG11H170：5。

根据遗址文化层中主要器物的型式分布，并结合陶质、陶色、纹饰以及器物组合关系等方面的分析，我们将琉璃河西周燕都遗址的居址遗存分为三期。所谓三期即西周早、中、晚三期。期与期之间的变化较为明显。以下就陶器的各期段特征予以概括说明。

西周早期：陶器分夹砂、泥质两个陶系，夹砂陶占较大优势，在总数的60%左右。夹砂陶系中陶色以褐色为主，泥质陶系中陶色以灰色为主。纹饰以绳纹为主约占85%，除绳纹外，尚见少量弦纹、附加堆纹等其他纹饰，不同器类的纹饰在形式、数量上有所差别，如A型鬲多饰粗绳纹，B型鬲则多饰中、细绳纹，而C型鬲则多饰交错绳纹。器物种类较多，比较常见的有鬲、簋、罐、甗、豆、鼎、盆等。

西周中期：陶器中夹砂陶系的比例相对有所增加。夹砂陶中褐色陶减少，灰陶增加，纹饰以绳纹为主，中、细绳纹比例上升，而交错绳纹的比例下降。在器类方面，C型鬲几乎消失，种类明显减少。

西周晚期：夹砂陶比例增大，达80%左右。陶色以灰色为主。纹饰以绳纹为主。器物种类单一，A型鬲占绝对主要地位。

依初步整理得知，琉璃河遗址西周时期的居址遗存明显分为早晚两期，西周中期的遗存相当少，其文化特点也不十分明晰。此点突出表现在陶器特征上。早期陶器夹砂陶占65%以上，泥质陶占30%左右。红褐陶较多，占20%以上。纹饰中以绳纹为大宗，占70%以上，其中交错绳纹多见，并有一定数量细绳纹和旋断绳纹。其次是素面陶，占15%左右。早期陶器种类多，即使同种器物亦往往有多种形态。常见的器物有鬲、簋、瓮、罐、盆、甗等，还有少量鼎、瓿、壶、豆等。这些器物的形态特征如下：

鬲形态最为多样，大别之有三型，A型与殷墟第四期无足根分裆鬲相似，即《文物》1996年6期《一九九五年度琉璃河周代居址发掘简报》（以下简称《简报》）所称袋足鬲。此类鬲体形一致，仅唇部少有区别，多数为方唇上翻，与殷墟四期者近同；少数为圆唇内叠，呈倒勾状，这种特征见于本期多种器物唇部。绳纹一般偏粗，根据对部分单位的统计，此型鬲约占全部鬲的二分之一。B型是联裆鬲，此型鬲的形态不完全相同，可分两亚型，其一是弧裆锥足，《简报》称为C型，与中原地区西周早期流行的弧裆鬲相类，唯瘪裆少见，唇部多圆而内叠，呈倒勾状，绳纹多交错压印，锥足上的绳纹往往呈横向或螺旋状，这种弧裆鬲多为灰褐色。其二是弧裆近平，多为柱足，即通常所谓中原地区西周时期流行的仿铜鬲，不过，这种鬲在中原西部尤其是洛阳以西均饰绳纹，而琉璃河遗址除有绳纹者外（如《简报》A型），还常见素面者。素面仿铜鬲多夹云母或蚌末（究为何物，有待测定，姑妄言之），部分器表呈银灰色。在各型鬲中这种仿铜鬲体形最小，与中原地区所见同类鬲相比，大小相若。B型鬲数量亦较多。C型是高领鬲，这类鬲体形大，直口或微侈，高领高裆，长袋足，实足部粗大。多夹云母或蚌末，且多呈灰褐或红褐色，少数为紫褐色。三空足分别模制后再对接在一起，实足后按。通体饰僵硬的交错绳纹，有的形若方格，口部有一周与唇平齐的宽堆纹。第三类鬲数量较少。

簋的早期形态单一，多泥质灰色，制作较精，敞口厚唇鼓腹，腹上多饰细绳纹并加波折状三角划纹，有的在器内折沿处有一道旋纹，其特征与殷墟晚期者很难区分。

瓮依器体大小分为两类，大体类即《简报》所谓直领瓮，是最大的器物之一，很难复原，器作小口直领广肩，平唇内勾，状似铁轨，深腹。肩与腹饰绳纹，折肩处一周饰附加堆纹，堆纹上又压印绳纹。相同的堆纹有时在腹部附加几周。小体类即《简报》所谓小口瓮。小体是相对大体而言，与多数器物相比，小体瓮器体并不算小，乃属偏大之器。小体瓮为小口广肩，多数领较高，侈口，有夹砂和泥质之别。夹砂者有的为圆唇，有的圆唇内叠。肩与腹上饰绳纹，其中大部分还加饰多道旋纹。泥质者比夹砂者制作精细，纹饰多样，依肩部纹饰看有以下四种，其一饰绳纹，其二饰旋纹，其三绳纹带和素面带相间，二者以旋纹为界，其四绳纹上加饰波折状双线划纹，有的将双线内绳纹抹去。有些小体瓮的肩部还安两个厚三角竖耳。

罐体小于瓮，口径与腹径之比大于瓮，卷沿侈口，多为圆方唇，饰绳纹。

盆与部分甑形体相同，若不看底则难以区分。依口唇特征分为两类，一类侈口圆唇内叠，呈倒勾状，多为折沿，上腹饰绳纹，或加饰旋纹，下腹为素面。另一类侈口方唇，多为卷沿。腹上下均饰绳纹，或在上腹加饰一周坑状压印纹。

甑除与盆形体相同者外，还有一种通体饰绳纹，领部饰一周附加堆纹之甑，这种甑腹较瘦。但无论何种形体的甑，底部多为四或三个三角形孔，也有的为单孔——一个大圆孔。

鼎体较小，个体与平底柱足鬲相当。圜底或圜底近平，柱足。素面，或底部存有绳纹，大部分在腹部相间贴塑圆乳钉和扉棱各三个，扉与足相对。夹云母或蚌片，不少呈银灰色。

甗为数很少，夹砂，多为褐色，饰绳纹。口部与腰外多有一周堆纹，腰内箅托或有或无。

壶口甚小,圆方唇,颈较长,圆鼓腹,颈腹之间有对称环状双耳,口部素面,腹部多饰交错绳纹。数量少。

豆弧盘,粗把,素面,形与中原地区西周早期者相同,少见。

与早期陶器相比,晚期夹砂陶增多,占80%以上,泥质陶相应减少。灰陶增加而褐陶减少,在纹饰中交错绳纹和旋断绳纹也没有早期多。器物种类较早期单调,即使同类器物,其形态也往往没有早期复杂。主要器物特征如下。

鬲早期所见的三型鬲,晚期只有两型,即A、B型,C型高领鬲不见。在A、B型鬲中,又以A型为主,B型很少。A型的形态基本同早期,唯沿面有多道旋纹,矮裆由分裆变为弧裆。

簋有两种形态,一种为喇叭状大敞口,薄唇,瘦腹,高圈足。腹部往往有两道旋纹。《简报》称为A型Ⅲ式,根据墓葬陶簋的排比,可知本式簋已接近A型簋的最晚形态,与《简报》A型Ⅱ式簋相比有很大变化,其间尚有缺环。另一种为敛口簋,《简报》称为B型。这种簋制作较精,特征一致,均为敛口鼓腹,圈足较矮,腹部多饰瓦纹,属仿铜陶器。晚期出一种器盖,制作亦较精细,盖面亦饰瓦纹,直径与敛口簋的口径相当,二者应相配使用。

瓮数量减少,高领大体类不见,小体类领较矮,纹饰不及早期复杂,以绳纹为主。盆未见完整器,依口部特征来看,沿面多有一或数道旋纹。

甑未见完整器,底上穿孔不同于早期,为中部一圆孔,其外围一周(或两周)小圆孔或梭形孔。

豆数量仍不多,但比早期有所增加。个体一般比早期稍大,盘与把分界明显,把较细,中部多有一道凸棱。

上述表明,琉璃河周代居址早晚两期遗存有着较大变化。早期遗存陶器种类繁多,文化因素复杂,诚如《简报》所言,既有强烈的周文化作风,如为数较多的联裆鬲;又有浓厚的商文化气息,如无足根分裆袋足鬲、侈口厚唇簋等;还有一定数量当地土著文化成分,如高领鬲、小口瓮等。这三种因素的器物在诸多单位共存,而未见一处某一种因素器物单独存在的单位。在器物局部特征方面,同一风格的特征往往见于不同文化因素的器物上,如唇部内叠呈倒勾状的作风即见于三种文化因素多种器物;唇部上翻之鬲口既见于商式分裆鬲,又见于周式联裆鬲;交错僵硬的绳纹既见于周式联裆鬲,又见于土著高领鬲,等等。反映了时代的共性。说明三者为同时期文化遗存,而非不同时期文化遗存之混合。由于上述形态的联裆鬲除在关中地区可早到商代(即先周文化)之外,在其他地区均属周代,所以琉璃河居址早期遗存属周代无疑,这恰与姬姓燕国分封的史实相合。至于早期遗存相当于周代什么时候,以下三条理由证明相当于西周早期,其年代上限可达周初。

第一,商文化因素的器物与殷墟晚期同类器物特征非常接近,若无周文化因素共存,则很难断定年代属商还是属周。如方唇上翻,绳纹较粗的分裆袋足鬲;厚唇侈口,绳纹上加饰三角划纹,内壁近口处有一道旋纹之簋等,是殷墟三、四期常见的器物,说明琉璃河居址早期遗存的年代应与殷墟晚期紧密相衔。

第二，土著文化因素的器物有些方面与围坊三期文化的器物接近，如夹蚌末红褐陶，僵硬的交错绳纹，口外饰堆纹的鬲等。围坊三期文化是京津地区商代晚期的考古学文化，这些相同的因素表明二者有密切联系，在年代上亦不会相去太远。

第三，早期器物中有些器物见于本遗址西周早期燕国墓葬中，而这些墓葬中还出有年代较明确的青铜器，如《简报》中G11H33A型联裆鬲与IM53之鬲相同；《简报》中G11T2603④之A型I式簋与IM52之簋相同等，而IM53和M52均属西周早期。特别是M52还出有多件"侯"铭文的铜器，有人曾定为康王时，实则还可提早。另外，《简报》中G11H33之A型联裆鬲和陶鼎，与白浮M3所出陶鬲和陶鼎相同，白浮M3亦属西周早期。

琉璃河周代居址晚期遗存的陶器远没有早期复杂，文化因素单一。有不少器物是中原地区西周中晚期常见的器物，如小体平裆鬲、把上有凸棱之豆、敛口瓦纹簋等，还有的器物则流行于中原部分地区，如为数较多的无足根袋足鬲，主要见于洛阳以东地区。此种鬲虽源自商文化，但在长期生产和使用过程中已融入了周文化的制法，在西周中晚期大部分为联裆，沿面有多道旋纹。其他一些器物虽不与中原地区同类器相同，但亦受到后者一定影响，如多孔甑等。不难看出，本阶段与中原地区仍保持着密切联系，其年代亦不晚于西周。至于确切年代为何时，考虑到与居址早期遗存差别较大，多种器物变化突然，二者之间当有一定缺环。结合本遗址墓葬的分期排比，我们认为居址晚期遗存的确切年代应属西周晚期。

在黄河中下游地区，制陶术自二里头文化开始走向下坡路以来，周代已步入尾声，到秦汉时期已基本上从人们必备的日用器物（如炊器）中退出。在这一过程中，周代的步伐似乎走得更快，仅就器物种类而言，西周早期普遍较多（当然不多于夏商），往后则越来越少，琉璃河居址陶器的演变规律亦与此相符。

2. 墓葬分期

1973年至1976年在墓葬I区共发掘墓葬32座，车马坑3座。1974年至1977年在墓葬II区共发掘墓葬29座，车马坑2座。

墓地发掘的61座墓中，有10座未出随葬器物（IM2、IM5、IM18、IM25、IIM206、IIM216、IIM265、IIM295、IIM338、IIM340），而IM4、IM27只出玉石片、贝、石串珠等。因此，这12座墓不好推断其时代。其余49座墓按出土的青铜礼器的形制、花纹、铭文及随葬陶器的组合，以及其他随葬器物的特征，都可断代。

就陶器而论，可分成袋足鬲、弧裆鬲（I—VI式）、平裆鬲（I—III式）、簋（I—VI式）、折肩斜腹罐（I—III式）、圆肩鼓腹罐（I—III式）、圆肩斜腹罐、圆肩直腹罐、圈足罐、带耳罐、带盖罐、鼎、豆（I—II式）、壶（I—II式）、尊、斝、杯、拍、器盖等。其中主要陶器的演变颇为明显，可作49座墓葬断代的依据，而墓中所出青铜礼器，是我们断代的重要依据。

在49座可断代的墓葬中，依据出土器物的不同情况，可分成三种类型。现结合出土器物进行断代（图四）。

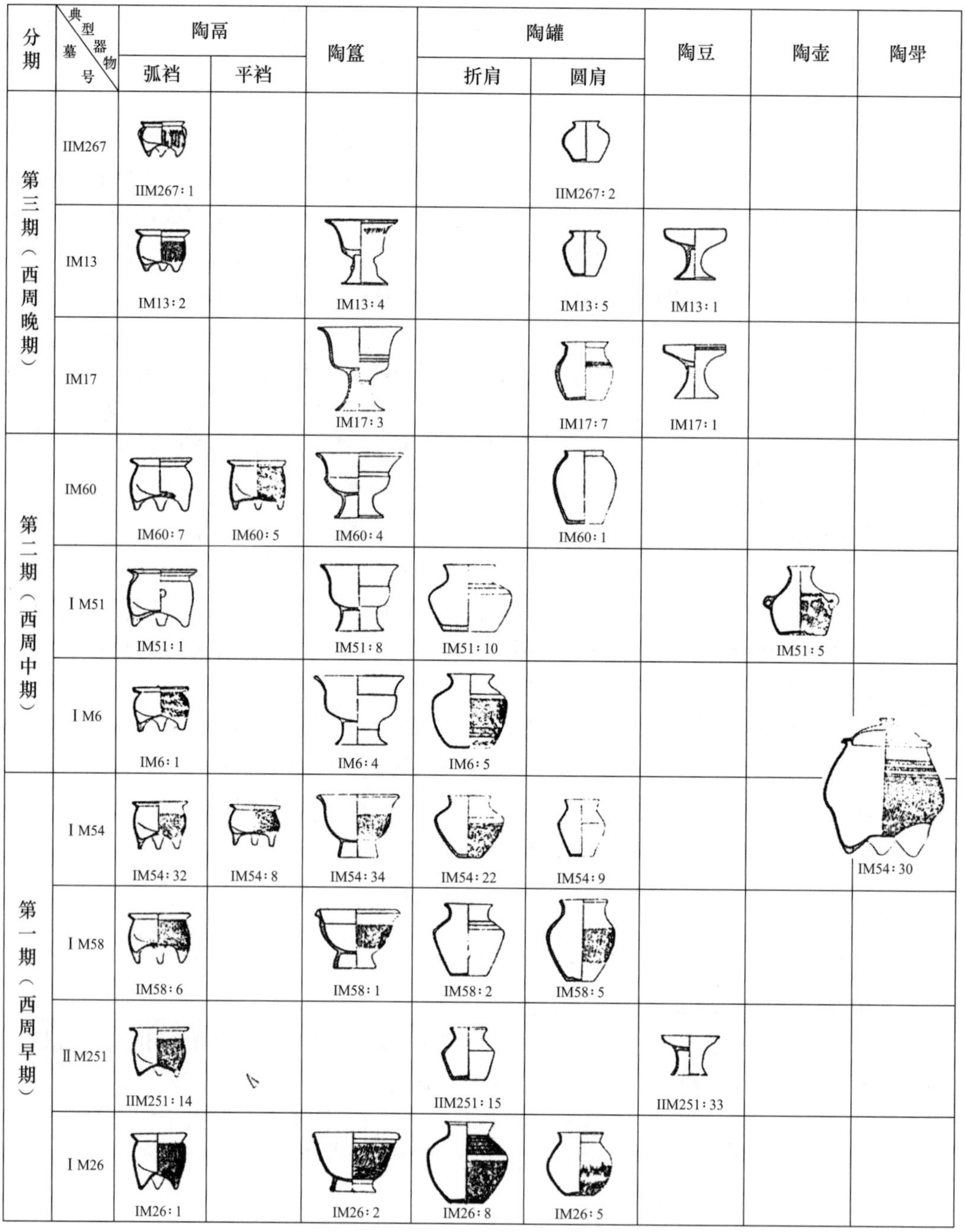

分期	典型器物墓号	陶鬲		陶簋	陶罐		陶豆	陶壶	陶罍
		弧裆	平裆		折肩	圆肩			
第三期（西周晚期）	IIM267	IIM267:1				IIM267:2			
	IM13	IM13:2		IM13:4		IM13:5	IM13:1		
	IM17			IM17:3		IM17:7	IM17:1		
第二期（西周中期）	IM60	IM60:7	IM60:5	IM60:4		IM60:1			
	IM51	IM51:1		IM51:8	IM51:10			IM51:5	
	IM6	IM6:1		IM6:4	IM6:5				
第一期（西周早期）	IM54	IM54:32	IM54:8	IM54:34	IM54:22	IM54:9			IM54:30
	IM58	IM58:6		IM58:1	IM58:2	IM58:5			
	IIM251	IIM251:14			IIM251:15		IIM251:33		
	IM26	IM26:1		IM26:2	IM26:8	IM26:5			

图四　琉璃河西周墓葬出土陶器分期图（1973—1977）

第 1 种类型是陶器和青铜礼器共出，计有 IM50、IM52、IM53、IM54、IM65、IIM205、IIM209、IIM251、IIM253、IIM401，共 10 座。其中 IIM251、IIM253 主要以随葬青铜礼器为主。

IIM251，随葬 22 件青铜礼器。墓中出土的父戊卣 IIM251∶6，形制、花纹与安阳西北岗所出之铜卣、成王时代的保卣均极相似，与新乡博物馆所藏之妇嫘卣则完全相同。同墓所出父戊尊IIM251：7的铭文与父戊卣IIM251：6相同，当为一人同时所作，而父戊尊IIM251：7的形制、花纹与西周初期的臣辰尊完全相同。2件癸簋IIM251：10、11，形制、花纹与成王时代的德簋大同小异。见于著录的有1件伯矩簋，形制、花纹也与癸簋IIM251：10、11完全相同。伯矩盘IIM251：2的形制与安阳西北岗所出之铜盘相同。伯矩鬲IIM251：23的牛头纹常见于殷末周初的青铜器上，其铭文中的"匽"字上缺一横笔，也是早期"匽"字的写法。父癸鼎IIM251：24，浅腹，鸟形扁足，与商代的父乙鼎相同，亦见于安阳西北岗所出者。兽面蕉叶纹鼎IIM251：19，其花纹与成王时代永盂的花纹相同。父乙盉IIM251：1和父乙鼎IIM251：17，有亚形，也是殷末周初青铜器铭文中典型的写法。戈父甲甗IIM251：25的牛头纹与伯矩鬲IIM251：23的牛头纹基本相同。而戈父甲甗IIM251：25铭文中的"戈"字，常见于安阳殷墓出土的铜器铭文中。同墓出土的III式弧裆陶鬲IIM251：14，形制、纹饰与安阳四盘磨出土的陶鬲和大司空村出土的I式陶鬲的形制、纹饰均相类似。I式陶豆IIM251：33与大司空村出土的III式陶豆相似。墓中还出II式折肩斜腹陶罐IIM251：15。总观IIM251出土的青铜礼器和陶器，都具有殷代晚期器物的风格，但是墓中未见殷墓中常见的青铜觚，而出现了青铜觯，这可能是殷、周二个时代墓葬的一种差别。此墓也未见殉狗和殉人的现象。因此，推断IIM251的具体时代应在西周的成、康之际。

IIM253也出有22件青铜礼器，其中堇鼎IIM253：12和几件圉器，是推断此座墓时代的重要依据。堇鼎铭文记载堇奉燕侯之命，去宗周向太保奉献食物，因而受到太保的赏赐，为纪念此事而作此鼎。堇鼎的形制、花纹与德鼎相同，故堇鼎的作器年代可定在成、康之时。同墓出土的亚矣鼎IIM253：24的形制、花纹与堇鼎相同。其铭文亚字廓边，是殷末周初铭文的典型作风。圉甗IIM253：15的形制、花纹与IIM251所出的戈父甲甗IIM251：25相同，时代应相仿。圉卣IIM253：4的铭文与圉甗IIM253：15铭文全同，二器当同时而作。圉簋IIM253：14的形制与成王时代的令簋相同。圉方鼎IIM253：11是周初青铜器中少见的形制。上述4件圉器中的圉当为一人，故应是同时之器。罗父丙鼎IIM253：21，作分裆形，是殷末周初的常见形制，其牛头纹亦与戈父甲甗IIM251：25、圉甗IIM253：15的牛头纹相同。蝉纹盘IIM253：9的形制、花纹与周初的周公盘完全一致。父辛盉IIM253：10的形制、花纹均与商代的父丁子盉、爻盉相同。

圉甗、圉卣及圉簋的铭文，都记载圉在成周参加了周王举行的典礼而受到赏赐，说明圉器的铸造时间是在成周建成之后。所以，IIM253年代的上限不会早于成王初年平定商、奄叛乱后建成周的年代，而下限可以堇鼎的铸造年代为参考。堇鼎铭文记载，堇去宗周向太保奉献食物，说明堇鼎的铸造年代当在太保召公奭在世之时，召公奭曾活到康王初年，所以，堇鼎的铸造年代，不会晚于康王初年。墓中仅出土1件III式弧裆陶鬲IIM253：6。IIM253的时代应断在成康间。

IM54出土的癸史鼎作直耳，鼓腹，柱足，口沿下饰1周兽面纹。这种形制的鼎，是殷周之际常见的。亚矣妃盘IM54：28的形制、花纹与伯矩盘IIM251：2有相同之处，铭文中的文字框以亚形边，也是殷代铜器的典型风格。墓中出土的4件III式陶簋，腹部宽肥是陶簋中较早的形制。这种陶簋与长安张家坡的I式陶簋的形制、纹饰相同。与安阳大司空村的IV式陶簋的形制亦同，唯其腹部无刻划的三角纹饰。墓中出土的陶斝IM54∶30，是该墓地中仅见的1件，它与客省庄西周早期居址中发现的陶瓷的形制、纹饰均极相同。此墓中有殉狗和殉人。总观上述分析，IM54的时代应在西周早期。

IM53出土的鸟纹尊IM53∶19与相传洛阳出土的鞎金䦆尊的形制、花纹相同。攸簋IM53∶8的形制，是殷末周初铜簋中少见的。但其口、腹、圈足及双耳的形制，则是商周时期铜簋的普遍形制，簋腹的大鸟纹，与邢季卣的鸟纹一致。墓中出土的II式陶簋IM53∶17也与殷代晚期墓中陶簋的形制、纹饰无大区别。出土的玉柄形器IM53∶22也常见于殷代晚期墓中。此墓有殉狗和殉人现象。因此，IM53的时代可断在西周早期。

IM52出土的弦纹铜鬲IM52∶14，口上有2个半环耳，形制与安阳四盘磨6号墓出土的陶斝相同。这种形制的铜鬲，一般多认为是殷代器物。復鼎IM52∶15作直耳，柱足，是殷周之际常见的器形。復尊IM52∶11的形制、花纹与浚县辛村60号墓出土的铜尊相似。墓中出土的II式陶簋IM52∶6，与殷墟晚期的陶簋相同。II式折肩斜腹罐IM52∶16，是墓地中所出陶罐的早期形制。此墓有殉狗和殉人。根据上述综合分析，IM52的时代应属于西周早期。

IM50所出的铜鬲IM50∶6，与IM52所出者相同。铜鼎IM50∶1是殷末周初的兽面纹分裆鼎。祖丙尊IM50∶4的形制、花纹与商代的㚘尊和新乡博物馆所藏妇媡尊均极相似。尊底铭文的象形字，似一手执一爵形器，亦是商代铭文的风格。父乙觯IM50∶5，也与IM52所出者相同。墓中出土的I式圆肩鼓腹陶罐I50∶2，形制、纹饰与安阳大司空村所出I式陶罐相同。此墓有殉狗。时代应属西周早期。

IM65所出的母己爵IM65∶7，形制、纹饰都具有早期的特点。所出2件II式陶簋IM65∶1、IM65∶3，是西周早期墓葬中的典型器物。II式折肩斜腹陶罐IM65∶2，形制与安阳殷墟西区墓葬中墓444出土的陶罍和墓93出土的陶罐均相近似。因此，IM65的时代应属西周早期。

IIM205所出的1件素面铜鼎IIM205∶60和2件素面铜簋IIM205∶55、IIM205∶56，制作都较粗糙，但形制尚属殷周之际的青铜器风格。出土的1件大玉戈IIM205∶61，形制与安阳大司空村235号墓所出之玉戈相似。此墓出有IV式弧裆陶鬲。时代应属西周早期。

IIM209所出的弦纹鬲IIM209∶2，与IM50、IM52所出者相同。扬鼎IIM209∶28，浅腹，鸟形扁足，是殷周之际铜鼎的一种典型形制，与IIM251所出父癸鼎IIM251∶24相同。乙公簋IIM209∶1的盖、腹、耳、足均以象纹组成。象纹是殷代器物常用的装饰花纹。此簋的形制与被认为是商代的夔纹四足簋相近似，此墓出土的袋足陶鬲IIM209∶30，与安阳四盘磨等地所出陶鬲形制相同。此墓未见殉狗。时代应属西周早期。

IIM401，所出1件鼓钉纹铜觯IIM401∶1形制与IIM251所出雷纹觯IIM251∶3

同。墓中所出 III 式弧裆陶鬲 IIM401：5 和 II 式折肩斜腹陶罐 IIM401：4 均属墓地中的早期形制。墓的时代应属西周早期。

从上述各墓所出青铜礼器的分析中可以看出均属西周早期形态，而与其共出的主要陶器亦属西周早期形态，故将上述各墓时代断于西周早期当无误。而 IM52CH1、IM52CH2、IM53CH 的时代当各从其墓。

第 2 种类型只随葬陶器不见青铜礼器。这类墓有 35 座。依据出土的陶器组合的不同可分如下几种情况：

以鬲、簋、罐为组合的有 13 座：IM4、IM6、IM20、IM21、IM22、IM24、IM26、IM58、IM60、IM105、IM108、IIM254、IIM264。

以鬲、罐为组合的有 7 座；IM3、IM32、IIM203、IIM204、IIM252、IIM267、IIM341。

只出鬲的有 6 座：IM1、IIM210、IIM266、IIM268、IIM321、IIM339。

只出罐的有 2 座：IIM296、IIM298。

以鬲、簋为组合的有 1 座：IM23。

以簋、罐、尊为组合的有 1 座：IM66。

以簋、罐、鼎为组合的有 1 座：IM19。

以鬲、簋、罐、壶为组合的有 1 座：IM51。

以鬲、簋、罐、豆为组合的有 2 座：IM13、IM17。

以鬲、簋、壶为组合的有 1 座：IM31。

上述各墓陶器组合虽有不同，但陶簋的器形特征及时代特点比较明显，因此，先将出有陶簋的墓加以分析，并结合同墓所出的其他器物进行时代的推断。

出土 I 式陶簋的墓有 1 座（IM22）。墓中所出 I 式簋 IM22：5 的形制与安阳大司空村出土的 I 式陶簋以及四盘磨出土的铜簋均相近似。簋腹上刻划的蝉纹也是殷代器物常用的装饰纹样。同墓出土的 2 件 II 式平裆陶鬲 IM22：1、2，是墓地中出土陶鬲的早期形制。出土的 1 件 III 式铜戈 IM22：6，完好无损，是出土兵器中少见的现象。该墓有殉狗和殉人现象。从上述情况分析，IM22 的年代，可能早到商末，其下限亦应在西周早期偏早。

出土 II 式陶簋的墓有 3 座（IM26、IM66、IIM254）。此式簋的形制，多见于安阳殷墓之中。IM26 所出的 I 式弧裆陶鬲 IM26：1，是墓地中出土陶鬲的早期形制。所出 I 式折肩斜腹陶罐与安阳殷墟西区墓葬所出陶罐的形制、纹饰均相近似。IM66 出土的陶尊 IM66：4 与安阳殷墓所出的陶尊形制相同。IIM254 所出的 II 式陶簋 IIM254：7 与安阳大司空村 12 号墓出土的 I 式陶簋的形制、纹饰相同。带耳陶罐 IIM254：2 与安阳大司空村的 V 式陶罐相同。圈足陶罐 IIM254：16 与安阳殷墟西区墓葬中出土的小陶壶相近。

IM26 和 IIM254 在填土中还有殉狗。总观上述 3 座墓的形制、埋葬习俗，以及出土陶器的特点，都与殷墓近似。因此，IM26、IM66、IIM254 的时代，其下限应是西周早期偏早。

出土 III 式陶簋的墓有 9 座（IM20、IM21、IM23、IM24、IM31、IM58、IM105、

IM108、IIM264）。此式簋与长安张家坡西周早期墓葬出土的陶簋相近似。各墓与簋同出的鬲或罐的形制也属墓地中的早期形制。因此，从所出陶簋看，上述9座墓的时代，亦应属西周早期。

出土Ⅳ式陶簋的墓有5座（IM4、IM6、IM19、IM51、IM60）。此式陶簋，敞口，素面，圈足较高，与Ⅲ式陶簋应有继承关系，从形制看，应晚于Ⅲ式陶簋。此式陶簋与长安普渡村2号西周墓所出陶簋形制相同。除IM19外，其余4座都出有墓地中的Ⅴ式弧裆陶鬲，IM4还出有Ⅲ式平裆陶鬲IM4：1。从陶簋及陶鬲形制看，上述5座墓的时代应属西周中期。有的墓如IM51，可能在中期偏早。

出土Ⅴ式陶簋的墓有2座（IM13、IM17）。此式陶簋是墓地出土的一种特殊形制的陶簋。它与Ⅳ式陶簋应有继承关系。在IM13中，Ⅴ式陶簋IM13：9与Ⅳ式弧裆陶鬲IM13：2同出，而陶鬲与长安张家坡西周晚期居址中出土的陶鬲很近似。IM13所出Ⅱ式陶豆IM13：1又与长安张家坡西周晚期的Ⅲ式陶豆相同。IM17所出Ⅳ式弧裆陶鬲IM17：8（破碎）和IM13：2相同，Ⅱ式陶豆IM17：1也与长安张家坡西周晚期的Ⅲ式陶豆相同。因此，IM13、IM17的时代可断在西周晚期。

不出陶簋只出鬲、罐或只出鬲、只出罐的墓有15座。依据鬲、罐的形制不同，15座墓又可分成3组。属第1组的墓有：IM1、IM3、IIM210、IIM252、II203、IIM204、IIM321。IM1在填土中有1件破碎陶鬲，属Ⅲ式弧裆陶鬲。同墓出土的1件Ⅳ式铜戈IM1：1，形制较奇特，为中胡一穿，有銎，銎部表面饰牛头纹，形制较早。故IM1的时代可能在西周早期偏早。IM3出有1件袋足鬲IM3：1，所出Ⅱ式折肩陶罐IM3：2与IM50、IM52所出同式陶罐相同。IIM252所出Ⅳ式弧裆陶鬲IIM252：3与IM54所出同式鬲相近。Ⅱ式圆肩鼓腹陶罐IIM252：1也与IM52所出同式罐相同。所出"匽侯舞易"盾饰IIM252：4，也与IM52所出"匽侯"盾饰形制相同。IIM203、IIM204所出Ⅳ式弧裆陶鬲IIM203：2、IIM204：2，与属西周早期的IM54所出Ⅲ式陶鬲相近似。所出Ⅱ式折肩斜腹陶罐，也是早期形制。IIM210、IIM321所出Ⅳ式弧裆陶鬲IM210：1、IIM321：1与IM54所出同式鬲一致。对上述7座墓出土器物分析可以看出，其形制都具有西周早期的特点。因此，7座墓的时代都应属西周早期。

属第2组的墓有：IM32、IIM339。IM32出Ⅳ式弧裆陶鬲IM32：4和Ⅴ式弧裆鬲IM32：3各1件，2件陶鬲的形制与属西周中期的IM51所出的Ⅴ式弧裆陶鬲IM51：6、IM51：1相近似。所出Ⅲ式折肩斜腹陶罐与IM51所出同式陶罐IM51：10相同。IIM339所出的2件Ⅴ式弧裆陶鬲与IM51所出Ⅴ式弧裆陶鬲IM51：6、1相同。以上2座墓的时代应与IM51同时，当为西局中期。

属第3组的墓有IIM266、IIM267、IIM268、IIM296、IIM298、IIM341。其中IIM266、IIM267、IIM268、IIM341都出有Ⅳ式弧裆陶鬲，形制与IM13、IM17所出者相同。IIM267：1和II341：2陶鬲腹部的附加堆纹及附贴小圆饰的装饰与上村岭虢国墓地中所出陶鬲相似。IIM267、IIM296、IIM298、IIM341所出的Ⅲ式圆肩鼓腹陶罐也与IM13所出的同式罐相同。由此推断这6座墓的年代，应与IM13、IM17同时，为西周晚期。

第3种类型是陶器、青铜礼器都不见，只出有原始青瓷残器或残片。属此类墓的有 4 座：IIM201、IIM202、IIM207、IIM208。所出原始青瓷残器或残片，其釉色、胎质都与 IM52 所出的原始青瓷豆、罐相同。另，IIM202 所属的车马坑 IIM202CH 出有较多的铜车马器，形制、纹饰都具有早期的特点。由此推断这 4 座墓的时代，应属西周早期。

IICH 未见所属之墓葬，但所出的 4 件铜车，形制都具有早期的特点，故年代亦属西周早期。

依据上述对 49 座墓出土器物的分析，可将这 49 座墓的时代分成三期：

第一期墓葬（西周早期）有：IM1、IM21、IM22、IM24、IM26、IM66、IIM254（此 7 座墓时代其下限可能在西周早期偏早）、IM3、IM20、IM23、IM31、IM50、IM52、IM53、IM54、IM58、IM65、IM105、IM108、IIM201、IIM202、IIM203、IIM204、IIM205、IIM207、IIM208、IIM209、IIM210、IIM251、IIM252、IIM253、IIM264、IIM321、IIM401，共 34 座。车马坑有：IM52CH1、IM52CH2、IM53CH、IIM202CH、IICH，共 5 座。本期墓葬出土器物除青铜礼器外，陶器有：袋足鬲、I 式—V 式弧裆鬲（V 式可延续到二期）、I 式—III 式平裆鬲（III 式可延续到二期）、I 式—III 式簋和 IV 式带盖簋、I 式—II 式折肩斜腹罐、I 式—II 式圆肩鼓腹罐、圆肩斜腹罐、I 式陶豆、I 式陶壶等。本期墓葬可以 IM26、IIM251、IM54、IM58 为代表。

第二期墓葬（西周中期）有：IM4、IM6、IM19、IM32、IM51、IM60、IIM339，共 7 座。本期墓葬未见青铜礼器，陶器有：V 式弧裆鬲、IV 式陶簋、VI 式带盖簋、III 式折肩斜腹罐、II 式陶豆、II 式陶壶、陶鼎等。本期可以 IM6、IM51、IM60 为代表。第三期墓葬（西周晚期）有：IM13、IM17、IIM266、IIM267、IIM268、IIM296、IIM298、IIM341，共 8 座。本期墓葬未见青铜礼器，陶器有：VI 式弧裆鬲、V 式陶簋、III 式圆肩鼓腹罐等。本期墓葬可以 IM17、IM13、IIM267 为代表。

我们将 49 座能断代的墓葬分成三期，也只是就其大的阶段而言，在每期中似也应有早、晚之分，但需待今后发掘资料的更多积累来解决。

四、琉璃河西周燕都遗址的考古学年代与测年结果

1. 关于西周燕都遗址的始建年代

根据以往的调查，琉璃河周代遗址包括洄城、刘李店、董家林、黄土坡、立教、庄头等六个彼此相邻的自然村，东西长约 3.5、南北宽约 1.5 千米。1995 年发掘期间，我们再次对该遗址进行了调查，从地表遗物和断面堆积的分布来看，居址内涵最丰富之处位于董家林和刘李店一带，即董家林古城及其以西部分地段，其他地方堆积较少。就各时期遗存而言，上述西周早期遗存分布最为普遍，不仅在董家林古城内大量存在，而且还见于刘李店、立教和庄头等地。其次是西周晚期遗存，主要见于董家林古城及刘李店村东一带，它地少见。此外，该遗址还有少量战国遗存。墓葬比较集中地分部在古城城外东南部黄土坡村，另外在古城内、立教、刘李店和齐家坟也有零星发现。

这些墓葬大部分属西周早期，西周中晚期者相对较少。

居址中最引人注目的是董家林古城，这是现知西周时期两座有城垣的古城之一。该城始建年代和使用年代的确定直接涉及燕国都邑的迁徙，是燕国历史中的大事。对此，已有学者论及。关于该城的始建年代，有两种意见，一种认为"最迟不应晚于商末"；另一种认为属西周早期。1995年在解剖东北部城垣的发掘中，于夯土内获得少量陶片，其中特征较明显者亦属西周早期，如《简报》图十二：7、11，这和过去的发现是一致的。说明城垣的始建年代不早于周初。由于城垣被76城M1打破，而76城M1所出陶簋与黄土坡IM52相同，M52又被大家一致判定为西周早期，所以该城的始建年代不晚于西周早期，很可能属于周初。可知后一种意见是正确的。这里还应指出的是，琉璃河遗址虽经多次调查和发掘，但周代以前的文化遗存仅发现极少的夏家店下层文化墓葬，除此未见其他遗存。1995年的工作在这方面亦特别留意，结果仍无新的发现。据此推测该遗址在周代以前除夏家店下层文化时期有少量居民活动之外，其他时期无人居处。夏家店下层文化的下限年代不晚于殷墟第一期，而琉璃河遗址的夏家店下层墓早于殷墟第一期，这表明在相当于殷墟第一（或更早）至四期的商时期，这里当是一片渺无人烟的原野，周初燕国城垣的兴建第一次给这里带来繁荣。如果认为董家林古城始建于商代晚期，显然与考古发现不符。

关于该城的使用及废弃年代，有学者根据城内西周晚期遗物的大量存在，认为应在西周末年。对这一问题的认识涉及对该城性质的认识，因为作为国都有都城的使用和废止年代，可当国都迁去不再作为都城时，只要城内尚有居民居住，城垣等设施就可能被继续使用一段时间，然后才彻底废弃。在探讨任何一座城址的使用和废弃年代时，这两个方面都必须考虑到。根据琉璃河遗址周代遗存的存在状况，认为董家林古城彻底废弃于西周末年是合适的，因为该遗址西周晚期遗存尚较多，其后突然减少甚至消失，只有零星战国时期遗存。但作为都城的废止年代是否为西周末年，目前尚难论断。我们只能根据现有资料进行初步推测。

琉璃河遗址被认为是西周燕国都城的根据主要是古城和燕侯墓地的存在。1995年的发掘又为此提供了新的证据，在西周早期层位中发现了筒瓦和陶范，这两种遗物都不是一般周代遗址所具有的，西周早期筒瓦的发现在全国没有几处，主要见于周之首都沣镐遗址及其发祥地周原等地。筒瓦的发现说明这里有规模可观的大型宫殿式建筑，其拥有者应该是这里当时最高的统治者——死后葬在城外的燕侯。陶范的发现说明这里还有铸铜作坊，它地考古发现证明，在夏商周时期的遗址中，凡有铸铜作坊者大多是都城所在。琉璃河遗址也应如此。

那么作为燕都到底废止于何时？要对这一问题作出回答，已获资料有以下几点值得注意。

第一，居址中西周早期遗存分布广，堆积厚，内涵丰富，相对而言西周中晚期遗存较少。

第二，居址中与都城有关的重要发现如上述筒瓦和陶范等均属西周早期，中晚期还未发现。

第三，1995年在解剖东北部城垣的发掘中于城垣基部发现一排水沟（G1），沟内出有少量陶片，时代可辨者均属西周早期，如《简报》图十二：9、10、12，未见中晚期遗物。

发掘证明此排水沟是城垣的一部分设施，其使用年代为西周早期。虽然这一发现并不能作为断定城垣使用年代下限的证据，但该排水沟在西周中晚期废而不用的原因亦应作出合理的解释。在以往对城垣的多处发掘中，发现较多西周晚期灰坑打破城垣，而西周早期灰坑打破城垣的现象很少，这也应有其发生的原因。排水沟的废弃与晚期灰坑对城垣的较多打破似有内在联系。

第四，在已发现的各类墓葬中，西周早期墓为数最多，据《琉璃河西周燕国墓地》（以下简称《墓地》）对70年代所掘60余座墓的分期统计，西周早期墓占半数以上。这与居址早期遗存丰富，中晚期遗存相对较少的状况恰相一致。

第五，已发掘的所有出青铜礼器的墓葬绝大多数属西周早期，包括燕侯墓在内。只有个别墓可晚至中期前半，西周晚期未见青铜礼器墓。

以上诸点表明，与都城有关的发现基本都属西周早期，最晚可至中期前半，其后缺少类似发现，因此，我们可初步认为，琉璃河遗址作为燕国都城主要属西周早期，其废止年代当在早中期之交或稍晚。这是据现有资料作出的推测，是否正确有待今后的考古发现证实。

2.

在对西周诸侯国遗址的考古发掘中，获得诸侯及其以下各种级别墓葬的遗址为数不多，过去有辛村卫国墓，近年来有天马 - 曲村晋国墓、上村岭虢国墓、平顶山应国墓以及琉璃河燕国墓等。辛村卫墓发掘于20世纪30年代初，采用探沟寻找再行发掘的方法，未能大面积揭露，所获资料不完整。天马 - 曲村晋国墓资料丰富，至为重要，但缺少西周早期诸侯一级（晋侯）墓葬。上村岭虢国墓亦相当重要，但属两周之际，时代偏晚。平顶山应国墓包括东周墓在内仅发掘30余座，其中只发表了两座墓的材料，资料太少。比较而言，现知西周早期各种级别之墓最全最多的墓地是琉璃河燕国墓地，这无疑是研究周代早期丧葬制度的重要材料。

琉璃河燕国墓地分南北两区，南区位于京广线东侧，发掘时编为Ⅱ区；北区位于京广线西侧，发掘时编为Ⅰ区。南区墓种类齐全，既有燕侯大型墓，又有一般中小墓，本区被一致认为属姬燕墓地无疑。北区均为中小墓，未见大型墓，由于本区墓设腰坑和殉狗的现象较多，故有学者认为这与殷墟晚商墓多腰坑多殉狗的情况相同，应为殷遗民之墓。其实，腰坑和殉狗的现象并非商人专有，对此已有学者指出。腰坑早在新石器时代就已出现，比如湖北房县七里河龙山时代墓和甘肃永登蒋家坪马厂类型墓，这两种考古学文化与商人毫无瓜葛。稍后的二里头文化也发现过。即使在商代也不是仅见于商人墓，如陕西长武碾子坡墓，西安老牛坡墓，山西灵石旌介墓等。都是既有腰坑又有殉狗，他们都不属商人，而且与先周文化有密切关系，其中碾子坡墓就被有的学者判定为先周墓。旌介墓铜器多见"丙"形徽识，应属"丙"族墓地，有学者认为"丙"族与先周文化因素之一的辛店文化有关。既然腰坑和殉狗在商代见于多种文化，那么周代的这类墓就未必一定是殷遗民，依此作为判定墓主族属的标准也就未必牢靠。以西周首都沣镐遗址来说，西周墓中有腰坑和殉狗的墓就很多，《沣西发掘报告》发表182座西周墓，其中55座有腰坑及殉狗，约占总数的三分之一。《考古学报》80年4期发表1967年发掘的124座张家坡西周墓中，42座有腰坑（狗不详），亦占总数三分之一，这类墓从西周早期到西周晚期一直存在，依随葬品分析，墓主有男有女，他们总不会都是殷遗民。至于其他遗址的西周墓也有腰坑和殉狗发现，兹不备举，都不可贸然视为殷遗民。商人墓葬确实流行腰坑和殉狗的习俗，西周时期也确实有殷遗民存在，如何判断是否为殷遗，腰坑和殉狗仅提供了是的可能，但并非唯一的标准，关键还要看墓葬其他方面，尤其是随葬品的特征。琉璃河北区墓的随葬品无论从哪方面看都与周人墓更为相似，而少有殷人墓作风。且不说与它地比较，就是与琉璃河南区墓比较，亦难区分二者有多大不同。因此，我们认为北区墓也是姬燕墓地。辩明此点之后，可进一步谈谈对整个墓地的认识。

南北两区墓葬的分布都有一定规律，即各区墓又分若干小区，小区与小区之间有一段空白地带。其中北区墓因民居下未发掘，难分准确，但至少可分为四小区。南区墓也因村庄所压全貌不明，就发掘部分来看也可分为四小区。各类规模的墓在分布上有以下规律：

1）燕侯级大型墓在南区，而且集中于同一小区，本小区与其他小区有明显分界。
2）大型墓所在的小区内有少量小型墓，时代与大型墓相同，均属西周早期。
3）中型墓往往与小型墓分布在同一小区。
4）除大型墓所在的小区外，其他小区的墓大多时代不一。

以上规律也见于晋国和虢国墓地。在天马-曲村遗址晋国墓地中，晋侯夫妇大墓集中分布在遗址中部，独立为区，有少量小型墓位于大墓墓侧，时代与大墓相同。中型墓和小型墓分布在遗址西部，可分很多小区。在上村岭虢国墓地中，被认为是虢国国君的墓都位于墓地北，同区还有其他规模的墓，其中有的为女性。而包括虢太子在内的中型墓和小型墓分布在墓地南区，南区也可分为若干小区。

燕、晋、虢三处墓地也有一定区别，但上述相同之处还是比较清楚的，这应该是周代埋葬制度的具体体现。有了这一认识，并结合文献记载，便能对琉璃河燕国墓地作出进一步解释。

根据《周礼》等文献记载，周代行族葬制，墓地分公墓与邦墓两类，有专人管理。对此，有学者曾作过探讨。这方面以天马-曲村遗址晋国墓地最为典型，独立为区的晋侯夫妇墓地显然是晋国的一处公墓区，而该遗址西部的中小墓墓区是晋国邦墓区。至于少数大墓墓侧身份不高的小型墓，诸多方面表明应是大墓的陪葬墓。上村岭虢国墓地北区也被认为是虢国公墓区，那么没有国君墓的南区当为虢国邦墓区。对照晋虢墓地，可知集中葬在一地的燕侯墓就是一处燕国的公墓区。这里所说的燕国公墓区是指大墓集中的小区，并不包括整个南区其他小区的墓，其他小区墓应属燕国邦墓。依《墓地》发表的墓葬分布图推测，已发掘和已探明的燕侯级大墓约有六座，这六墓很可能如同晋虢两国公墓那样，也包括了夫人墓在内，若这种推测不误，则已知六座大墓约有三座是燕侯墓。三代燕侯的年数约当西周早期而稍有不足。由于这些大墓紧邻黄土坡村民舍，很可能还有大墓压在民舍下。至于大墓附近并与大墓同时的小型墓也应也应是陪葬墓。与晋虢两国邦墓相比，燕国邦墓较为分散。邦墓区的各小区应即《周礼》所谓"私地域"，即一个小的家族墓地。小区与小区之间的空白地带可能就是"墓厉"之所在。小区的墓往往不属同一时期，有的贯穿整个西周，这一点和公墓区有所不同，说明这些家族的人并未因迁都而迁离此地，至少一部分人是如此。

燕国的初建始于召公封燕。

《史记·周本纪》："武王追思先圣王，……封召公奭于燕。"《史记·燕召公世家》：周武王之灭纣，封召公于北燕。依此记载，召公封燕应在武王之时，但有另一种说法应为成王所封。

根据1995—1998年对城址和居址的发掘结果看，遗址内应有三种文化共存：周文化、商文化和土著文化（即张家园上层文化）。其中商文化系统的陶器有些可能早到殷墟四期，延续到西周初期。但在西周燕都遗址中的居住址发掘的所有遗迹中出土的陶片，迄今未见单独只出商文化系统陶片的遗迹，基本上是与周文化系统的陶片同出，有些甚至还有土著（张家园上层）文化的陶片，这种现象只能说明一个问题，即西周燕都城址内所有文化遗迹及文化堆积，都是召公封燕以后形成的。结合城墙基础和城外护城河内出土的遗物看，我们认为燕都城址始建于召公封燕之后，而绝不会早到商末。这样，就彻底避开了商周之际考古学文化难以区分的纠葛，便于确定早期燕文化及为武王伐纣的年代提供了一个准确的下限年代标准。

召公封燕之时，有两种说法，一为武王说，一为成王说。那么建燕之时亦应有此相应二说。1986年发掘出土的克盉、克罍铭文曰：王曰太保……虽然专家对此二器的整篇铭文的解释或有歧见，但对于文中的"太保"就是指召公奭并且铭文中所言即第一代燕侯封燕之事却一致认同。所有史料均记载召公是在成王时为太保的，如《史记·周本纪》：成王既迁殷遗民……召公为保，周公为师。《史记·燕召公世家》：其在成王时，召公为三公。《尚书·君奭》：《序》云：召公为保，周公为师，相成王左右。这些充分说明，封燕之事应为成王时，因武王之时，召公还不是太保而只称召公。1997年H108出土的带有"成周"二字的甲骨文，也从另一侧面支持了成王封燕说。另据《诗·大雅·韩奕》：溥彼韩城，燕师所完。《今本竹书纪年》云：周成王十二年，王师、燕师城韩。虽然史家对此记载尚有争议，但仍不失为一家之言，据此记载，封燕及修筑燕都之事更可细推为成王元年至成王十二年之间，也就是说，燕都遗址内的最早测年数据，应在成王元年至成王十二年这一范围之内。

通过居址器物分期和墓葬分期，我们可以看出西周燕都遗址的最早年代已接近武王伐纣之年，这样，遗址的最早年代就成为检验武王克商年代的下限。通过碳-14标本测出琉璃河遗址西周早期的年代为前1060—前1021年，这与我们推测的年代基本相符。而遗址最晚时期已接近春秋，我们将居址和墓葬分为三期六段，分别相当于西周早、中、晚三期，基本上与中原地区诸侯国文化的发展进程相同。通过对各段年代的测定，可以为西周列王年代的判定提供重要的依据。

北京琉璃河西周燕国墓地初论

田敬东

墓葬是人世间实际社会生活缩影,通过对所发掘墓葬的分析和研究,可以反映出当时社会的一般状况,这比文献所记有更大的真实性和可靠性。因此,借助地下考古发掘的实物资料,来阐明当时的史实,将是我们研究历史必不可少的手段之一。北京琉璃河西周燕国墓地的发掘,对于我们研究西周时期燕国的历史,无疑起到了这样的作用。

新中国成立以后,特别是近十几年来,通过不同学科的综合研究,已经打破了过去那种对燕文化"不识庐山真面目"的混沌迷离状态。只要我们认真研究在不同的历史时期燕文化的不同内容、不同特征及其相互间的联系,着眼于整体,精心于微细,一定会追寻出燕文化发展的历史真迹。

一、琉璃河西周燕国墓地的发现与发掘

1962年,北京市文物工作队在房山县琉璃河公社进行考古调查时,于该公社北部的刘李店、董家林、黄土坡一带,发现了一处面积很大的古代遗址,在一些较高台地的断面上,文化遗存清晰可见。经过对遗址的试掘,证明这处古代遗址,是属于商、周时代的文化遗存[1]。

1964年,黄土坡村的社员在院墙外挖菜窖时,挖出了两件带有铭文的青铜礼器,一件是铜鼎,铭文为"叔作宝尊彝"五字;另一件是铜爵,铭文为"父癸"二字[2]。这两件青铜礼器的时代,均属于西周时代。这一发现,为寻找遗址内的墓葬区,提供了重要的线索。

1974年春,正式开始了对墓葬的钻探工作。经过两年的钻探,在黄土坡村北发现了墓葬及车马坑二百多座,证明该地是一处面积很大的墓葬区。由于京广铁路从墓葬区内穿过,故把铁路以西发现的墓葬,叫做墓葬Ⅰ区,以东的则叫墓葬Ⅱ区。

墓葬的发掘工作是和钻探工作同时进行的。探出来的墓葬是按先后顺序编成墓号,然后即开始发掘。经过几年来的发掘工作,共发掘了各种不同类型的墓葬及车马坑二百余座,获得了近千件出土器物。其中最主要的是发现奴隶殉葬墓和出土了一批带有"匽侯"铭文的青铜器。从而可知,分布在这里的墓葬是属于西周时期燕国的墓地。这一墓地的发现,是非常重要的,对探讨和研究燕国的历史以及解决西周燕国的封地问题,都提供了重要的实物资料。

二、琉璃河西周燕国墓地墓葬类型

1974~1976年，在墓地的两区共发掘墓葬61座，车马坑5座[3]。1981~1983年，在墓地的Ⅱ区，发掘墓葬121座，车马坑21座[4]。这两批墓葬墓坑可分为大、中、小三种类型。其中以小型墓居多，中型墓次之，大型墓较少。

（一）大型墓

在墓葬Ⅱ区钻探出大型墓有十数座，Ⅰ区则未见。凡属大型墓者，一般都有一个或两个墓道，有的在墓的四角有四个墓道，墓坑深度都在7米以上，有的则达11米。已发掘的4座大型墓都曾被盗掘，随葬器物所剩无几，有的则只出土一些铜饰件及玉石饰件等小件物品。现仅举M202具体说明如下：

M202位于黄土坡村西北。墓向345°，墓口距地表0.3米。墓室为长方形土坑竖穴，长7、宽5.2米。在墓室的中部发现盗坑一个，坑口直径3.2米，至墓底时直径为1.6米。有南北两墓道，南墓道被一东北、西南走向的近代壕沟所破坏，沟宽4.3、深1.7米。北墓道的拐角处也有一圆形盗坑，直径2.5、深1.2米。墓坑填土呈黄褐色，夹有灰色泥块，层层夯实。夯层极为坚硬，每层厚约10厘米。夯窝密集，直径4厘米左右。

墓道：南墓道为斜坡式，从南向北逐渐加深。墓道口宽6米，与墓室相接处宽5.2米。北墓道为台阶式，口朝西，全长12米，平面是曲尺形，自西向东拐向南，直至墓室。自西向东的一段墓道，长4.75、宽1.85、深1.6米。有五级台阶，从上往下宽与高分别为：第一级宽75、高15厘米；第二级宽90、高20厘米；第三级宽60、高30厘米；第四级宽45、高30厘米；第五级宽50、高35厘米。第五级台阶向前伸出1.5米的平台一段，拐向南是自北向南的墓道。这段墓道长8.5、宽2.75米，至连接墓室处深2.9米，共有九级台阶，从上往下，宽与高分别为：第一级宽50、高15厘米；第二级宽30、高25厘米；第三级宽40、高25厘米；第四级宽55、高20厘米；第五级宽25、高30厘米；第六级宽35、高20厘米；第七级宽35、高30厘米；第八级宽50、高20厘米；第九级宽35、高20厘米。第九级台阶前又是一长1.75米的平台，直通至墓室。

墓室：长7.2、宽5.2、深7米。自墓室口下4.65米即至椁顶盖处。木椁四周填土夯实，形成熟土二层台。东西两面二层台宽1.33、南北两面二层台宽0.94米，高皆1.7米。木椁全系用柏木制成。其结构是：椁底板系用长5.42、宽0.24米的十六根柏木南北向平铺而成，下垫东西向横木（每道两根，共六根），长3.6米，两端宽出椁底板0.54米，深入二层台内。东西两侧各以十二根略成方形的柏木叠砌成东西两侧的椁壁，长与底板相等。南北挡板，各用十二根长2.3米的方形柏木叠砌而成，椁室呈长方形。在椁室北端距北挡板1.5米处有一道隔板。隔板是用十二根长2.4米的方形柏木，叠砌插入东西两壁半圆形凹槽内而形成的。这样在椁室前部形成了一个长2.3、宽1.5米的头箱，以放置随葬品。椁室上部东西向平铺长3.6米的柏木三十根，两边一直铺至南北二层台上，形成椁盖。从北数椁盖板的第九根（头箱部位）与第十三根至十七根，已被盗墓者砍断。连头箱在内，椁室全长5.2、宽2.3、高1.7米。椁内未发现木棺痕迹。

棺内已无完整人骨架，只发现有老年个体的几片残碎头骨、下颌骨、胫骨、尺骨和两块膑骨。

M202形制虽大，由于已被盗，头箱内空无一物，只在椁室北部发现一件象牙梳子。在盗坑内发现一些铜、玉、玛瑙饰件，及原始青瓷器碎片和贝、蚌壳等物[5]。

（二）中型墓

两区共发掘中型墓近三十余座。墓的形制都是土坑竖穴，规模一般长3.4、宽2米以上，墓向在0°～358°之间。墓内填土一般都经夯打，土色呈红褐色或黄褐色。葬具除因被盗严重，棺椁不明者外，一般都为一棺一椁，一棺二椁的则较少，棺椁都已腐朽成灰，椁之四周有熟生二层台。

墓内人骨保存情况不一，有的保存完好，有的只保留一部分，有的则已完全腐朽成粉末状，但尚能辨认其葬式为仰身直肢葬。还有的墓，人骨已腐朽无存，故葬式不明。

在已发掘的中型墓中，一般都有附葬车马坑，无车马坑的在墓内也都随葬有铜质车马器。I区的中型墓中，在墓坑的填土中都有殉狗，坑底中部有腰坑，内埋一狗。II区的中型墓中，只有个别墓有此种现象。I区的中型墓中，有的还有殉人，如M52在二层台上殉一人；M53、M105在棺椁间殉二人；M54在椁顶板上殉一人，在棺椁间又殉一人。II区的中型墓中，则未发现殉人情况。

随葬器物陈放情况：有的放在墓主人头前的棺椁间；有的除棺椁间放有随葬品外，在棺内和二层台上也放有随葬品；还有的墓把随葬器物全部陈放在四周二层台上，而棺椁间不放任何随葬品；有的墓因被盗严重，未发现随葬器物，故原陈放位置不明。

随葬器物的种类有青铜礼器、兵器、车马器、工具、原始青瓷器、陶器、漆器和玉、石器、贝等。有的墓随葬器物多为陶器，未见青铜礼器；有的随葬陶器的数量多于青铜礼器，还有随葬较多的青铜礼器，而陶器则少见。

现举二例具体说明如下：

M26：位于墓葬I区的东北部。墓向347°，墓口距地表0.4米。墓坑长3.6、宽2.02、深2.7米。墓内填五花土夯实。椁顶盖距墓口2米，上面有一殉狗，头向北。在狗架的东南方有一破碎陶簋。墓底置一棺一椁，已朽成灰。椁长2.6、宽0.84、高0.7米。棺长1.9、宽0.64、高0.4米。棺内人骨架保存完好，仰身伸直，双手置于胸部。椁之四周有熟土二层台，东宽0.56、西宽0.62、南宽0.56、北宽0.44米，二层台高与椁等同。椁底有椭圆形腰坑，长1.08、宽0.3、深0.25米。坑内埋一狗，头向南，前肢倒捆于后背处。

随葬器物放在北部棺椁间，有陶鬲1、陶簋1、陶罐6、铜戈1、骨镞3，及蚌壳等。棺内人骨架双手处有水晶珠1及贝数枚，头骨右侧有圆形蚌饰[6]。

M251：位于墓葬II区的东部。上部墓土早已被破坏，铲去一层表土后即露墓口。

墓坑长4.5、宽3.7、残深1.6米。墓向10°。有熟土二层台，东宽0.8、西宽1.1、南宽0.74、北宽0.5米。二层台往下约0.2米，即出现地下水。抽水后，从迹象观察，坑内置一棺一椁，椁长3.24、宽1.8米；棺长2、宽1.34米。棺内人骨无存。

随葬器物主要放在北面二层台上，陶器有：鬲1、罐1、豆1。铜器有：簋4、鼎6、鬲2、甗1、尊1、爵2、卣1、觯3、盘1、盉1，车马饰件数件。另放有龟甲1。东面二层台北部紧贴墓壁出一带柲铜戈，柲长0.9米。中部有一残漆器，器形已不明。一残象牙盒，内装象牙梳两把。南部有一长方形席片，席纹清晰，为人字形，上涂黑、白、红三色。外围涂3厘米宽的黑色，内周为5厘米宽的红色，中央为白色。席片下未发现遗物。席片之南有残朽骨刀一把，已无法剔取。西面二层台的北部，有鹅卵石数块，夹杂于几件残漆器上。漆器的形状已不可辨认，从残漆皮上看，为红地黑彩。棺内人骨胸部处，放有用玉、石、玛瑙、绿松石组成的一组串珠，脚部放贝一堆[7]。

（三）小型墓

在已发掘过的墓葬中，小型墓占绝大多数。墓坑长一般在2米左右，宽1.5米左右。长超过3米，宽不足1米的只是个别现象。墓向0°～357°。大部分墓口的长宽与墓底长宽相等，只有少数几例墓底大于墓口，墓坑填土为五花土，填土一般经夯打，但不太实，故夯层不太明显。

墓葬I区的小型墓，一般在填土内有殉狗，棺下有腰坑，此种现象在II区的小型墓中比较少见。而II区的小型墓中，有被盗现象，在I区则未发现。

墓内四周一般都有熟土二层台，葬具为一棺的占多数，一棺一椁的较少，无棺无椁和因被盗而棺椁不明的只是个别现象。棺椁都已腐朽成灰，但尚能分辨清楚。棺内人骨架一般保存较好，少数已腐朽，除被盗者外，尚能辨清其葬式，多数为仰身直肢葬，屈肢葬只有几例。

分布在I区的小型墓中，发现三座有殉人现象，II区的小型墓则未见。

随葬器物，以陶器为主，多者出十几件，少者一件，还有的未发现任何随葬品。一般放在北部的棺椁间，有的放在棺内或棺前。I区墓葬出土陶器组合基本是鬲、簋、罐；II区的组合基本是鬲、罐。出鬲、簋、罐的占极少数。除随葬器物外，有的墓还随葬青铜礼器、兵器、工具、车马器以及原始青瓷器。

现举二例具体说明如下：

M60：位于墓葬I区的南部。墓向5°。墓口距地表0.3、长2.78、宽1.4、深1.5米。墓内填五花土。墓底置一棺一椁，已朽成灰。椁长2.4、宽1.07、高0.45米。棺长1.92、宽0.65、高0.2米。棺外四周有熟土二层台，东宽0.16、西宽0.16、南宽0.1、北宽0.26米，高与椁同。棺内人骨架保存完好，仰身直肢，双手放于骨盆处。棺下有长方形腰坑，长0.96、宽0.4、深0.15米，内埋狗一只，头北向，呈俯卧状。

随葬器物在北部棺椁间放有陶鬲3、陶簋2、陶罐2及蚌鱼兽骨等。棺内人骨架头前放玉饰件1、玉鱼1、左侧有蚌鱼数件[8]。

M1022：位于墓葬II区的西南部。墓向330°。长2.66、宽1.12、深0.8米。坑底置棺，已朽成灰，长2.4、宽0.76、残高0.2米。棺内人骨架保存完好，头向西北，面向东南,仰身直肢,双手放于腹部。棺下无腰坑。

随葬器物放在北部棺前,计有:陶鬲 1、陶罐 2。棺内人骨架手部放贝 3 枚,足部放贝 4 枚[9]。

三、琉璃河西周燕国墓地殉人情况

在已发掘的近二百余座大、中、小型墓葬中,有 7 座墓发现有殉人现象,其中中型墓 4 座,小型墓 3 座,共殉 10 人[10]。这 7 座墓都分布在墓葬 I 区,II 区则尚未发现殉人现象。每墓殉人的具体情况是:

M21:在墓主人脚端的棺椁之间殉一人,头向东,头盖骨与颅骨已分离,胫骨以下残缺。年约七八岁,性别不明。

M22:殉一人。位置在墓主左侧的棺椁间,俯身,头北足南,两臂屈至于胸下,似被捆绑所致。两腿伸直,颈部有一组石质串珠,头前及后背上放有铜质车马器两副,盆骨处放有铜镞 20 余枚。经鉴定是一名十三四岁的男性少年。

M51:殉一人。发现于墓主左侧的棺椁间,骨架已散乱,但大体上仍保持原来的顺序。头向北,可能原来放在椁顶之上,后因椁顶腐朽而塌落棺内。

M52:殉一人。在墓坑南部的二层台上。侧身,头东足西,面向北,头骨已破碎。右臂压于身下,双手交叉于背后,可能是埋入前被捆绑所致。头前有一弯曲的铜矛。经鉴定是一名十二岁左右的男性少年。

M53:殉二人。都放置在墓主左侧的棺椁间,二人皆为侧身。一人头向南,面向东,颈部有一组石质串珠,头上放青铜剑一把,腰部有铜刀一把。是一名九至十岁的男性少年。另一人头向北,面向西,颈部也有一组石质串珠,腰部处放铜戈、铜矛、铜剑各一把,和一组由七件铜饰件组成的兽面形盾饰。另在腰部和胸部各放有一堆穿孔的蛤蜊壳。是一名十三四岁的少年,性别不明。这两名殉人的下肢叠压在一起。

M54:殉二人。一人放在墓主人右侧的棺椁间,骨架完整,侧身直肢。头南足北,面东向,颈部有石串珠一组,膑骨处放有铜鱼五件,是一名十七岁左右的女性青年。另一名发现于墓主左侧的棺椁间,骨架已散乱,头南向,性别不明。原先可能放在椁顶上,后因椁顶腐朽,而塌落,致使骨架散乱掉入椁内。

M105:殉 2 人。置于墓主左侧棺椁间,头皆北向,侧身直肢。上面的一名,面向西,双手捆于背后,从其骨骼观察,应为一名少年,性别不明。下面的一名面向上,只露出左上肢和下肢,其余皆压于身下,性别不明。

四、琉璃河西周燕国墓地的随葬器物

从大、中、小型墓及东马坑中,已发掘出来的随葬器物,数量总和已超过千件。其种类有:陶器、原始青瓷器、铜器、铅器、玉石器(包括玛瑙、水晶)、骨器、角器、牙器、漆器以及贝、蚌壳等。每一种种类里又有各种不同的器形。现以陶器、铜器为例简略叙述之。

陶器是随葬器物中出土较多的一种，其质料主要是夹砂陶和泥质陶，一般三足器多为夹砂陶，圜底器和圈足器多为泥质陶。颜色主要是灰红二色，个别器物由于火候关系，灰红二色兼而有之。器物上的纹饰以绳纹为主，另有弦纹、三角纹和附加堆纹。出土的陶器多数为死者专门烧制的明器，另外也有部分的实用器。器形主要是：鬲、簋、罐三种，另外还有鼎、豆、壶、罍、尊等，每一器形里又有不同的型制。按类型学的排列方法，这批陶器，为墓葬的分期和断代，提供了重要的实物资料。

墓葬中出土的青铜器，包括礼器、兵器和车马器。其中礼器和车马器，在青铜器中占有很大的比例。礼器主要有鼎、簋、尊、卣、爵、甗、觯、盘、盉、鬲、罍、壶等。兵器主要有：戈、剑、戟、矛、镞、盾饰等。工具主要有：锛、凿、刀。车马器主要有：镳、辖、辕饰、横饰、当卢、銮、轭、镳、衔、铜泡等。绝大多数青铜礼器上铸有铭文，少则二字，多则二十余字，除铭文本身提供的史实外，有的器物无论是从花纹、造型、以及铸造工艺上都具有一定研究价值。现仅举几例说明：52号墓出土的铜尊，器底铭为"匽侯赏复，冕衣臣妾贝，用作父乙宝尊彝"，从铭中可知该墓主人名复，生前曾受到燕侯赏赐给他的冕衣、臣妾和贝货的情况[11]。像这样有明确记载人名的青铜礼器，就有数十件。53号墓出土的攸簋[12]，铭文中记载了攸受到燕侯赏给他的贝货情况。这件器物造型别致，纹饰华丽。器腹的两侧有对称的双耳，在圈足下面又有三个两腿直立的小老虎，用肩合力抬起整个器物。小老虎的造型，生动逼真。整个器物形饰俱佳，充分说明了奴隶们的丰富想象和高超的工艺技能。251号墓出土的一件伯矩鬲[13]，全器以浮雕的手法，用牛头作为装饰，使整个器物异彩横生，是一件非常难得的艺术珍品。还有的青铜器给人浑厚凝重、雄伟古朴、庄重肃穆之感。如253号墓出土的堇鼎[14]，器高62厘米，重41.5千克，是北京地区目前所发现的商周青铜器中最大的一件。在器物的口沿下边和三足的顶部都有神秘色彩很浓的弯眉、巨眼、阔鼻的动物花纹，有望而生畏之感，而三足却稳重有力，又有不可动摇之势。该器的铭文记述了堇奉燕侯之命，去宗周向太保贡献食物。由于受到了太保的赏赐，堇为记其光宠，于是作了这个铜鼎作为纪念，表示对太保的赏赐永志不忘。

除一些青铜礼器上铸有重要铭文外，在一些圆形的盾饰上，也铸有阳文的"匽侯"或"匽侯舞易"一类的铭文。

五、琉璃河西周燕国墓地所说明的几个问题

琉璃河西周燕国墓地的发掘，为我们探讨和研究燕国的历史，提供了重要的实物证据；对解决燕国历史上一些论而未明，议而未定的问题，给了一些新的启示。就墓地本身而言，也反映了一些问题，需要我们进一步去分析和研究。

（1）在墓葬的Ⅰ区和Ⅱ区，从埋葬习俗到随葬的器物组合，都存在着一定的差异。Ⅰ区的墓葬，在墓坑的填土中，多殉有一至二只狗，棺下的腰坑中亦殉有狗。随葬的陶器基本是鬲、簋、罐同出。而Ⅱ区的墓葬，大多没有殉狗和腰坑，随葬的陶器基本是鬲、罐同出。

（2）两区的墓葬中，有的有附葬车马坑，但车马坑与墓葬的排列位置两区有别。Ⅰ

区的附葬车马坑在墓葬的南面,而Ⅱ区的附葬车马坑则在墓葬的北面。就车马坑本身而言,Ⅰ区的车马坑,是将整辆车埋入坑内,舆北辕南。而Ⅱ区的车马坑,则将车的各部分拆开后埋入坑内,故坑内显的较凌乱。一般的情况是车轮立放于坑的东西两壁,车轴置于坑底,车厢放在坑的南部。

（3）殉人墓都发现在Ⅰ区,Ⅱ区则未见。Ⅰ区发现的墓葬,都是中、小型墓,未见大型墓,而Ⅱ区大、中、小型墓都有。Ⅰ区的墓葬未发现被盗现象,而Ⅱ区大、中、小型墓都有被盗现象。

（4）通过对已发掘墓葬的形制、埋葬习俗和出土器物的分析研究,可知这批墓葬在时代上有先后的明显特征。除极少数墓葬可能属于商末外,绝大多数墓葬则是从西周初期到西周中晚期,一直是连续下来的[15]。又由于有一批带有"匽侯"铭文铜器的出土,故这里应是燕侯家族的墓地。说明在西周近二百五十余年的历史中,这里一直是燕侯统治的中心区域。

（5）墓葬的埋葬习俗,形制的大小,随葬品的多寡,以及棺椁的使用,说明一个人生前的身份和地位。存在于Ⅱ区的各座大型墓,如M202,其规模与河南安阳商代的武官村大墓差不多,虽早期被盗掘,未发现青铜礼器,但出有玉饰件和铜饰件,坑底的木椁保存比较完好。墓北面的附葬车马坑,埋入了四十二匹马和十几辆车,像这样规模宏大的墓,当不是一般的奴隶主贵族,可能是地位显赫的燕国一代侯王。其他几座大型墓,也应如是观。

（6）燕国的历史情况,自召公奭以后直到惠侯,九代燕侯的名号失传,这就给我们了解和研究西周初期燕国的历史增加了困难,这种困难不自今日始,可能在太史公写《史记》时,就感觉到了。不但燕国的历史情况史载不详,就是燕的封地问题,史说也不一致,其主要有：

①《史记·燕召公世家》索隐："后武王封之北燕,在今幽州蓟县故城是也。"

②《史记·周本纪》正义："《宗国都城记》云：周武王封召公奭于燕,地在燕山之野,故国取名焉……"

③《太平寰宇记》卷六十七易州"废涞水县在州北四十二里……按县地即周公封召公于此也。"

上述记载各主一说,始终未能解决燕的封地问题。由于通过考古发掘手段,发现和发掘了燕国墓地,再联系到遗址内的居住址和古城址的存在,以及遗址本身的规模,可知,西周初期燕国的封地,就在琉璃河[16]。至此,自汉以来所留下的燕的封地问题这桩历史公案,是否可以了结了呢？

注　释

［1］　北京市文物工作队：《北京房山县考古调查简报》,《考古》1963年第3期。

［2］　琉璃河考古工作队：《北京附近发现的西周奴隶殉葬墓》,《考古》1974年第5期。

［3］　同［2］。

［4］　琉璃河考古工作队：《1981—1983年琉璃河西周燕国墓地发掘简报》,《考古》1984年第5期。

［5］　北京市文物工作队：《黄土坡燕国墓地》专刊。

［6］同［5］。
［7］同［5］。
［8］同［5］。
［9］同［4］。
［10］同［2］。
［11］同［2］。
［12］同［2］。
［13］《文物特刊》第5期。
［14］同［13］。
［15］北京市文物局考古队：《建国以来北京市考古和文物保护工作》，《文物考古工作三十年》，文物出版社，1979年。
［16］郭仁、田敬东：《琉璃河商周遗址为周初燕都说》，《燕京春秋》，北京出版社，1982年。

（原刊于苏天钧主编《京华旧事存真》，北京古籍出版社，1997年）

西周燕国青铜器与铭文

北京琉璃河出土西周有铭铜器座谈纪要

[**本刊讯**] 中国社会科学院考古研究所、北京市文物考古研究所琉璃河考古队1986年在北京琉璃河发掘了一座西周大墓，出土了有重要铭文的铜器，由于简报将在本刊明年1期发表，这些铜器即将在北京公开展出，故特邀在京部分学者就琉璃河墓地和铜器铭文的学术价值进行座谈。

现将他们的发言摘要刊登于后。

殷玮璋

1986年冬，我队在琉璃河遗址的黄土坡村旁发掘了一座大墓，编号为M1193。这是一座有四条墓道的大型墓葬。可惜墓室已遭盗掘，随葬品大部分都被盗掘者掠走。这两件铜罍、铜盉已是剩余之物。不过，由于这两件铜器上都铸有长篇铭文，记述了周王封燕的重要史实，使大家感到十分高兴。回想当时：当我们看到直径三米多的盗洞直达椁室时，一度使我们感到灰心。因为盗墓者进入椁室以后，重要的随葬品是极少幸免被劫的。所以在这两件铜器被发现时，竟使大家忘记天上飘下的雪花和脚下冰冷的冻土所带来的寒意。田敬东同志说，这是自琉璃河遗址发掘以来最重要的发现。

下面就这篇铭文谈一些初步想法。

这篇铭文全文是："王曰：'大保，隹乃明，乃鬯享于乃辟。余大对乃享，令克侯于匽。旌羌馬叡雩驭（御）微，克□匽，入土眔厥嗣'，用作宝尊彝。"

此铭以"王曰"开头，直呼"大保"。按《尚书·君奭》和《史记·周本记》均记"召公为保，周公为师"；《史记·燕召公世家》"周武王之灭纣，封召公于北燕。其在成王时，召公为三公"。则时王是周武王或周成王。大保应是召公奭。

自"隹乃明"至"令克侯于匽"（燕）句，为时王褒扬大保之辞和册命燕侯之事。不过，受封者究竟是"令克侯于匽"句中的克还是大保，这是这篇铭文中最关键的，也是需要讨论的。我认为，这个克字可以有两种解释：一作名词解，则克是人名。那么克就是受封者；一作助动词解，克为可也、任也（能够）的意思，则受封者是另一个人。考虑到墓中的其他出土物缺乏支持前一种解释的必要证据，而从铭文的前后句看，褒扬的是大保，受封者当也以大保此人为合理。鉴于铭首周王直呼"大保"，说明召公奭当时已经担任"大保"这一职官。再封他为燕侯，这在召公是兼而领受此爵，那么克字作助动词使用也是合适的。作此解释，正与《史记·周本纪》所述"封召公覃于燕"相合。所以受封者应是大保覃。

自"旂、羌、……"至"入土眔厥嗣"句，是周王封燕侯后授民授疆土的内容。记述这几个国、族与燕一起，纳入有周的版图并由大保覃去管辖和治理。旂字金文中多见，有的指人名或国族名。如1979年山东济阳刘台子出土的早期铜鼎上，铸有"旂作毕文考宝尊彝"八字。其首字与本铭中此字一致。至于本铭中的羌、马、叡、雩、驭、兇（微）等字，都是商殷时期的方国或族名。但这些国族与周王封鲁时所授的殷民六族、封卫时所授的殷民七族有所不同。它们与商王室的关系不密。商殷时期，叛服无常，令商王十分头痛。周人灭商前后，它们虽已臣服于周，但它们的背向，对有周政权的稳定极为重要。不过，周王封燕时明令燕侯去管辖这些国族，说明封燕的目的也是"以蕃屏周"。所以，这篇铭文既反映了周初分封制的共性方面，也反映了燕国在当时所处的特定的战略地位。这对我们研究这一段历史是极有价值的。

苏秉琦

琉璃河遗址发现于20世纪40年代。60年代和70年代曾对它作过一些考古工作，取得了初步成果。80年代以来对墓地和城址进行的较大规模的发掘，使这个遗址作为早期燕国都城址的性质，也被更多的学者所认识。前年在一座大墓中发现的长铭铜器，明确记述了周王封燕的史实，为进一步推定它是燕国早期都城提供了强有力的证据。这就把北京建都的历史上推到距今三千年前后的西周初年。这一发现在古史研究方面也是极有价值的。

对燕国早期历史的研究，要注意到燕国的出现以及它在东周时期成为雄踞北方的一个大国，是有很深的背景的。现已看到，燕山南北地区的古代文化很有特色，自成系列。在燕文化研究中获得的每一个突破性成果，都将带动燕山南北、长城内外地区考古工作的进程。因此，对琉璃河遗址，今后应作更多的工作，以期更深入的了解。不要把它当做一个普通的城址。80年代的工作所取得的突破性成果，已说明它是燕山南北、长城内外广大地域内的古文化及其发展的联结点。我们若从这个角度去观察，那么它在考古学上的地位与价值就会看的更加清楚。

张长寿

就铭文来说，"令克侯于匽"句中的克字，作人名解比较合适。我认为，前三行铭文有两层意思。一层意思是讲王对太保"乃明乃鬯，享于乃辟"，很是满意；下面才说到"令克侯于匽"。对克进行册封。后文的克"入土眔厥（有）嗣"讲的是授民授疆土的事，可以说明是初封、而不是再封。

这座墓很重要。但它在墓地中的位置、与其他墓的关系如何？能否从墓葬排列方面找出一些线索？新中国成立前在浚县辛村发掘的西周时期的卫侯大墓，都是两个两个排列的。新中国成立后，在宝鸡、沣西都挖了些西周墓。如宝鸡的强伯墓，两座墓的形制一样，两座紧挨；沣西发掘了几座大墓，有一座两个墓道，其他的带一条墓道。它们的随葬品中都有井叔字样的铜器，所以圈出了一个家族墓地的范围。按周礼，家族墓地的周围应有标志，是沟、是墙或其他？家族墓地中所埋的是有亲属关系的几代人。像 M1193 这样一座匽侯墓，它的旁边有没有匽侯夫人的墓或其他直系亲属的墓？这是要考虑的。

陈公柔

王曰太保：

《尚书·君奭·序》"召公为保，周公为师，相成王为左右"。《史记·周本记》"封召公奭于燕。"在成王迁殷顽民以后，记"召公为保"云云，盖采《君奭序》。《史记·燕召公世家》云"周武王之灭纣，封召公于北燕。其在成王时，召公为三公"。

铭称太保，是时王当为成王。

自"隹乃明乃鬯"至"大对乃享"：

为成王褒扬大保之辞。

《小盂鼎》"多君入服酉"。方濬益说"盖左右多君于眛爽时先入供郁鬯之事，既明乃格庙也。"铭文所述，可能和同类仪注有关。

自"令克侯于匽"至"虘霝骏敨"：

为时王对克的任命。既令克侯于匽，并令克旃（管理）羌、马、虘、邢、驭、敨等原属于殷王朝的一些方邦。卜辞有马羌、多马羌，皆在河内、河东一带。《卜辞综述》以为"马羌可能是马方之羌，可能是马方与羌方"，从本器铭文看，应指殷之羌方与马方。

乙辛卜辞有虘方，字亦乍虐。与羌、缌等并称为四邦方，其地处应相近。霝即邢，《左传》僖公二十四年"邢、晋、应、韩，武之穆也"。杜注"河内野王县西北有邢城"。王国维以为应为卜辞的盂。

驭，当即骏方，卜辞乍御方。随武王伐纣者有敨人，见《尚书·牧誓》。

"克□匽"，至"及有嗣"。

此段为记述克到任的行动。克下一字不能确识。当从止，或即《说文》𧺆（趣），走也；《玉篇》卒起走也，意为赴、趋一类的动词。

克既受命人匽，则"受民，受疆土"。

此处的有嗣，当包括其地多数原属于殷王朝的方邦首领。《春秋》隐公五年《公羊传》云"自陕以东，周公主之；自陕以西，召公主之"。是自陕郲陌即洛阳以西、以北包括河内、河东之广袤土地，皆由"召公主之"。因而在《尚书·顾命》中才能由"大保率西方诸侯入应门"。上述的有嗣，有些也应是西方诸侯。

传世的《大保簋》，因记王伐录子之役，当较此盉为早；而近年新出《堇鼎》堇因受匽侯之命而朝觐大保，似当较此盉、罍为晚。《西周铜器断代》（三）认为《寓鼎》、《寓盉》之作器者为召伯父辛之子，于九月才匽，匽侯易以贝，因而为其父辛作祭器。召公奭在成王既殁之后康王在位时代犹为大保，因此订凡有召伯父辛诸器"当属于康王初以后的康王时代。"铭中的克当和寓器的寓、《匽侯旨鼎》的旨为兄弟行，但旨不是第一个就封于匽的匽侯。

从匽侯克盉、罍的形制花纹上看，也应较匽侯旨鼎稍早（特别是攀古楼著录的《匽侯旨鼎》）。

王世民

这两件铜器的 43 字铭文，中心内容是"令（命）克侯于匽"五字。西周金文中类似的文例见于数器，例如：

康侯簋：征（诞）令（命）康侯，啚（鄙）于卫。

宜侯夨簋：王令虞侯夨曰，□侯于宜。

麦方尊：王令（命）辟井侯出□，侯于井。

伯晨鼎：王令（命）䧅侯曰，嗣（嗣）乃且考侯于䧅。

学者早就指出，这种文例与《诗经·鲁颂·閟宫》中的"侯于鲁""侯于东"正好相同。但鼎铭所记为周王对嗣位诸侯的重行册命，其他三器则为初封或改封（改封对新地说来，实际仍是初封）。新发现的克盉和克罍的铭文，既首先记述周王如何接受太保的"乃享"，末尾又提到"克□匽，入（纳）土眔（暨）厥嗣（司）"。虽然"克"下一字尚难女解释，这段话的大意应为作器者"克"到达匽地之后，收受那里的土地和职司。这进一步说明，二器铭文所记必为燕国初封之事，年代当属成王初期。那么，"克"只能是文献失载的第一代燕侯，就封于燕的召公之子。如此则这两件铜器，便是利簋和何尊发现以后，有关周初史事的最重要的考古发现。考虑到出土二器的墓，在琉璃河墓地中规格最高，有四条墓道，地处显著位置；与其他墓地相比，此墓的规模仅次于浚县辛村一号墓（该墓两条墓道），是目前所知有数几座西周时期身份最高的贵族墓葬之一。因此，断定其为第一代燕侯的墓葬，应该没有什么疑问。

两件克器铭文的内容既然如此，我们自然想到常被学者引用的《左传·定公四年》那段记载："昔武王克商，成王定之，选建明德，以蕃屏周"云云。当时，曾经分给鲁公"殷民六族"，分给康叔"殷民七族"，分给唐叔"怀姓九宗、职官五正"。宜侯夨簋铭文中，所分也有"在宜王人口（十）又七生（姓）"和"奠（郑）七白（伯）"。由此启发，令人怀疑"令克侯于匽"句以下，"旃羌伣䬊雩骏微"，或许与此有关。被役使者可能都是部族名称。羌为西方强族自不必说，羌和微又曾参与武王伐纣的征战。伣与甲骨文中曾被释为"兔方"之"兔"相近。据陈梦家先生推考，伣、䬊、骏均属武丁时代或武丁以后的多方，所处地理位置都与羌方邻近（《综述·方国地理》）。雩字，似乎也可视为地名或部族名，徐同柏在考释毛公鼎铭文"嗣公族雩叄有嗣"句时提出，雩为"鄠本字，读如扈，地近丰"（《从古》16、26）。如何正确理解毛公鼎铭另当别论，与"鄠"相对而言"雩"为本字是对的。前人早已指出："户、扈、鄠三字，一也，古今字不同耳。"如此理解，雩即被夏后启大战于甘所灭的有扈氏，但二者相距数百年，能否成立尚可斟酌。如果这样推断可备一说，则均为周人故地左近的部族，性质与殷民六族、殷民七族尚有不同。唐兰先生以为，宜侯夨簋中的"在宜王人十又七姓"和"郑七伯"，都是被受封者带去开辟这个新区的人（《史征》158页）。那么，克器所说便与之相近，同样是前去进行戍守和垦殖的一批人。

过去对第一代燕侯为谁存在着不同看法，不少学者主张燕侯旨鼎的作器者便是，唐兰先生则认为"匽侯旨非第一代燕侯，因尚有一鼎云'初见事于宗周'，跟邢侯簋之为初封之君的辞例不同"（《史征》148页）。现在看来，唐先生的意见是对的。即便可以将匽侯旨与克解释为同一个人，匽侯旨鼎既有"初见事于宗周"，年代也肯定稍晚。琉璃河所出堇鼎等器也是燕侯既封之后的。将这些器物，以及其他匽侯器和关联器联系起来，进行详细的比较研究对西周早期铜器的断代当有新的认识。

李学勤

琉璃河新出克盉、克罍铭文，是近年所发现最重要的西周金文之一，试释如次：

"王曰：'大保，惟乃明乃心，享于乃辟。余大对乃享，令克侯于匽，旃羌兔鄙雩驭㕟。'克䢃匽，入土罘氒嗣，用作宝尊彝。"

有若干地方需加说明：

（1）"惟乃明乃心"，前一"乃"字作主语用，较少见，同于《书·康诰》"朕心朕德惟乃知"、《君奭》"惟乃知民德"。"乃心"屡见于《盘庚》、《洪范》等篇。

（2）"享于乃辟"，"享"训为献，《易·大有·九三》"公用亨（享）于天子"。"乃辟"见《文侯之命》、大盂鼎等。

（3）"余大对乃享"，"对"，《广雅·释言》"答也"。

（4）"旃"系"旋"字之省（甲骨文"立史［事］"的"史"也有省"又"的，如《续存》2，803），和令方彝、师袁簋一样，读为"事"，义为任使。"羌兔鄙雩驭㕟"，意思是羌人名兔鄙（词见《诗·周南》）与御者名微。古代重视御者，如中衍为大戊御，造父为周穆王御，均载于史。

（5）"䢃"，字不易识，当读为"疆垂"之"垂"。"垂燕"意如疆燕，划定燕的疆界。

（6）"入土罘氒嗣"，"入"义为受、取；"嗣（司）"，有司，如《立政》"百司"。

铭文字体最近叔卣（《西周铜器断代》三，38）、作册大方鼎等器，应属康王或不早于成王晚年。

这篇铭文的重大意义，我以为至少有这样三点：

首先是确证了召公与燕的关系。《史记·燕世家》："周武王之灭纣，封召公于北燕。"《索隐》："亦以元子就封，而次子留周室，代为召公。"小臣䍙鼎（《录遗》85）有"召公建（从裘锡圭同志释）燕"语。此铭所说召公明心，当即明其留朝辅王之心，故王命克即其元子就封于燕。同出琉璃河的堇鼎（《中国古青铜器选》85）铭的燕侯，就是克。过去我提出燕侯旨是第一代燕侯（《考古》1975年5期278页），或有舛误，但旨的"父辛"即"召伯父辛"，《世本》又说燕自宣侯以上"皆父子相传，无及"，是否"克"是名，"旨"是字，实为一人？还值得考虑。

其次，是进一步证明燕国初封就在今北京。琉璃河以及过去在卢沟桥，已经出了不少有"燕侯"字样的青铜器，而燕侯自作之器尚以此为首见。克是代召公就封的第一代燕君，器出北京，是燕都开始即在当地的有力证据。

最后，这篇铭文又说明了出该两件器物的大墓的性质。该墓虽已盗残，所余盉、罍仍同铭成组，看来应即燕侯克的墓葬。这是第一次无疑地确定了一座周初的诸侯墓，在考古学上有重要的意义。

张亚初

下面，我们对太保罍、太保方盉的铭文进行解释。

首句铭文，是周王——周武王对太保召公奭的册命辞。这里，省略了武王册封其兄弟召公奭为燕国诸侯具体的命辞，只保留了"太保，唯乃明乃鬯，享于乃辟"这一句话。但是，从下文"余大对，乃享命，克侯于匽"，以及"克宪匽，入土及厥乱（治）"等文句，我们可以十分清楚地知道，这句话应该是周武王册封一召公奭册命辞中最后的一句话。这句话，是周武王告诫召公奭应该按时进行明祭和鬯祭。明是盟字之假。盟祭是一种什么样的祭祀呢？由铭文可证，很可能是一种肉食之祭。鬯字在这里应解作用鬯酒来进行祭祀，名词应作动词用。这里是指酒食之祭。用肉祭（盟）和用酒祭（鬯），相对为文，泛指进行各种规格较高的祭礼。"乃辟"，是你的君主。这里由于是祭祀的对象，应该是对周文王等先祖而言的。

下面"余大对，乃享令（命），克侯于匽"句，"对"是指被册命者太保对册命者周武王在册命完毕之后的对答称扬。"大对"之大，则表示召公奭对武王册命其为燕侯后的极其感激的心情。"余"指太保奭，也就是作器者。"乃享令"，享即享受。令、命古字通。"克侯于匽"之克训肩、任，引申义为能够。"余大对，乃享命，克侯于匽"句是说，太保奭大大地对答、奉扬武王的赐命，接受了这种册命，于是才能够称侯于燕国。

"克侯于匽"以下，"用作宝尊彝"之上，是全铭的第二个段落。事字省略又（手）形，是省写简体。事字既可训为名词职事，也可以训为动词治事。在这里，事字训治、训营，当动词用，指召公奭接受封侯以后到燕国去踏勘国土、进行封疆而言。"事羌、狸馼于驭、微"之羌、狸、驭、微，都是边疆上的四个地名，这四个地名，有些是可以与商周古文字材料中的地名对应起来的。但它们的具体方位则尚不清楚。下面紧接着说："克宪匽，入土眔厥乱"，克为副词，训能够。宪字下从表示行为的止，为繁构。此字，与"从穴之窦同"。《集韵》卷九入声第十五"窦、穴中出貌"（张滑切）。铭文使用了这个动词，比喻好像是刚从洞穴中走出来所见到的一片开阔的新天地似的，说明太保召公奭就封时无比喜悦的心情。入、内、纳古同字。"入土"即"纳土"，指接受燕地。眔训及。乱训治，《集韵》《玉篇》乱还训为理。作为动词讲，乱训为治理。名动二用，乱又可指被治理的人，就是指燕国领土上所统辖的黎民百姓和奴隶大众。"入（纳）土及厥乱（治）"，就是古代典籍和铭文中常见的"受民、受疆土"。

对这两件太保器的历史价值，主要可以从以下两个方面来看：

（1）这两件铜器铭文，充分证实了《史记·燕世家》"周武王之灭纣，封召公于北燕"的历史记载是很正确的。

《索隐》曾指出："以元子就封而次子留周室，代为召公。"召公奭本人把封国燕国安排就绪之后，又回到周王朝执掌朝政。他的元子是谁呢？从M1193出土拥有燕侯册封立国之宝的重器推测，召公所留在燕国的元子，应该就是这个墓的墓主人，这座墓具有级别规格极高的四条墓道，正与燕侯的身份相吻合。在对该墓出土的太保器铭文的断句时，有的同志读为"余大对乃享，令克侯于匽"。这样句读的结果，很自然就以为克是人名，是第一代燕侯的名字。这是我们所不能同意的。因为铭文之盟鬯之祭，通常是对祖先讲的，"享于乃辟"之辟，是指文王言。"享于乃辟"之后讲"余大对乃享"，只能认为是册封、对答奉扬之后立即享祭文王。这样的话，铭文显得不合情理了。我们认为，"余大对，乃享命，克侯于匽"，即太保在册封之后对扬王休，受命而得以称侯于燕。这样才文从字顺。当然，这两种不同认识，都有待于今后新的出土资料来做验证，今天还难断是非，姑且存以待考罢。

如果说，M1193的墓主人是第一位燕侯，他的名字是叫克，还是其他，尚不能弄清的话，那么第二代燕侯的名字则就比较清楚了。他就是匽侯旨鼎铭文中的匽侯旨。该鼎从器形到铭文，都有康王、昭王时期的明显特征。特别是款足分裆、花纹粗率的那件鼎，是昭王时期比较典型的一件铜器。匽侯旨当是康、昭时期人。凌源出土的匽侯盂，由同出的史成卣尊字上面已增加了两竖划，器形垂腹、盖上出角，同出的贯耳壶饰有网络纹等特征看，不能早于昭王。故匽侯盂的下限也应定为昭王。这个匽侯应该就是匽侯旨。陈梦家先生曾定之为成王器，失之过早（《西周铜器断代》二，99页）。第一代、第二代匽侯可作如下表示：

  第一代 M1193墓主人 武、成时期
  第二代 匽侯旨   康、昭时期

弄清这些情况，对先秦史，尤其是对燕国早期历史的研究，无疑是有所裨益的。

（2）这两件铜器是考古学研究中的新收获。

周武王在西周建国后不久就去世了，所以武王时期的铜器只有天亡簋、利簋等为数不多的几件。这两件太保的出土，无疑是周武王时期的又一批新的标准器。退一步讲，由于考虑到四足方盉形制的上下衔接问题，这两件铜器的年代可以稍稍往后拉一点。但它们铸造年代的下限绝不会晚于成王早期。比较稳妥一点讲，这两件器可以看做是武成间的标准器。就四足方盉讲，恐怕是目前所知最早的一件。由于在商器中未见其雏形，似乎可以这样说，四足方盉和利簋那样的方座簋一样，是周人特有的形制。更加重要的，这两件封建燕国诸侯铭文重器的出土，为琉璃河墓地确定为燕国诸侯墓地，提供了强有力的实物佐证。这对西周考古学研究来说，是十分有意义的。

刘 雨

京郊琉璃河燕国墓地新出燕侯克罍、盉，试作解释如下：

王曰："大保，隹乃明（盟），乃鬯享（飨）

于乃辟。余大封。"乃享（飨）。

令克侯于匽。事（剸）羌豸，

叡（祖）雩御微。克来

匽，入土眔又（有）嗣。

用作宝尊彝。

（1）王，指成王。

（2）大保，指召公奭。

（3）明，盟。服尊（《三代》11.32.1）"服肇夙夕明享"。沇儿钟"惠于明祀"。两

器之"明"皆应作"盟"。"盟"者，即"周公、大公股肱王室，成王劳而赐之盟曰："世世子孙，无相害也"之"盟"。

（4）辟，指成王。成王与召公虽为君臣，但辈分为叔侄，故尊称召公为"大保"，自己谦称"乃辟"。

（5）大封，封建诸侯大礼。金文封、对两字有时混用不别，如六年召伯虎簋（《三代》9.21.1）"对扬"就写作"封扬"。

（6）克，大保召公奭子或孙之名，最早为第二代匽侯。

（7）侯于匽，封侯于匽地。宜侯夨簋（《录遗》167）"侯于宜"、麦尊（西清8.33）"侯于井"、伯晨鼎（三代4.36.1）"侯于㔣"，皆其例。

（8）事羌豸。事，剚。《汉书·蒯通传》"慈父孝子所以不敢事刃于公之腹者，畏秦法也"。注："李奇曰：东方人以物臿地中为事。"豸，《周礼·封人》"凡祭祀饰其牛牲，设其楅衡，置其绖"。注："绖，著牛鼻绳，所以牵牛者。""羌豸"指羌人所贡献之拴了鼻绳的牛牲。或即拴了鼻绳的羌人牲。

（9）虘，祖。祖戊爵（三代16、25）"祖戊"，作"虘戊"、鄘平钟（《考古学报》1978年3期）"祖考"作"虘考"。《说文》"祖，始庙也"。段玉裁注："新庙为始。"《考工记》"匠人营国，左祖右社"。在铭中"祖"用为动词，即"建祖庙"。按照西周礼制，诸侯死，要建新庙，称"祢庙"或"祢宫"。

（10）御微，燕国地名，祖庙所在地。

（11）第四行克下一字，从止之宀。应为来字。

（12）入土，《逸周书·作雒》"诸侯受命于周，乃建大社于国中……将建诸侯，凿取其方一面之土，焘以黄土，苴以白茅，以为土封，故曰受列土于周室"。匽侯克所入之土即此"列土"。

（13）厥嗣，即有嗣。行政官员的统称，如"三有嗣"即指司土、司马、司工。

与克器同出的还有"成周"铭文兵器，因此其时代上限不得早于成王营建成周之前，不可能早到武王始封第一代匽侯的时代，匽侯克只能是召公奭的子或孙辈。最早是第二代匽侯。铭中记录其时大保尚健在，大保召公死于康王初年，因此，大体上说匽侯克在成王时代是可信的，不会晚至康王时。

传世有匽侯旨鼎（《三代》3、8）云"匽侯旨作父辛尊"。又有禺鼎（《录遗》94）、伯禺盉（《三代》14、9）皆云"作召伯父辛宝尊彝"。是知旨与禺应为兄弟行，同为召伯父辛之子。值得注意的是他们称其父为"召伯"，而不是"召公"。显然其父是召公奭的子或孙辈。从器物形制及铭文考察，匽侯克罍盉也早于匽侯旨鼎。因此，匽侯旨只能是召公奭的孙辈或重孙辈，最早是第三代匽侯。过去认为匽侯旨是第一或第二代匽侯，显然是弄错了。

杜廼松

下面对铭文中较重要者略作解释：

"王曰太保，佳乃明乃鬯"：西周铜器铭文篇首常有"唯王某年某月某日"的纪时，而此无。"鬯"，原义是一种祀神的酒，此处与"畅"通，《汉书·郊祀志》："草木鬯茂"，颜注："邕与畅同。"这一并列形容词是周王对太保的评价。

"享于乃辟"："享"，通飨，《左传·定公十年》："齐侯将享公戎。""辟"：《尔雅·释诂》："辟，君也。"

"余大对乃享"：此处的对有合义，"大对"即"大合"之义。

"命克侯于匽"：丹徒出土的宜侯夨簋铭："□侯于宜"，与此文例相同，是周王分封诸侯事。

"使羌马叡雩驭长"："羌马"即"马羌"，可能是羌人的一支。"叡"：有学者提出，"虐为且之籀文。且，往也。"（《金文诂林》卷五上）"驭长"，从上下文义看，似为地名。

"克□匽入土，罘乎乱"：克后一字，疑是"寓"字之或体。"罘"与"乎乱"之间省略了动词，否则即不可通。

铭文大意是说，周王称太保是贤明和豁达的人，太保宴飨国君，我大合（参加）你的宴飨。周王命令克作匽国的侯，并让马羌族迁于驭长。克去了匽土，并平定了匽地的乱。为纪念这些事情，制作了一件宝贵的铜器。

铭文内容价值很高。众所周知，西周建国后的第一代太保是召公奭，但他并不亲就燕侯位，而留在王室以辅朝政。代替他作燕侯的则是其元子，有学者根据匽侯旨鼎铭文指出，旨是第一代燕侯。但也有学者根据"匽侯旨作父辛蹲"铭提出，旨可能是第二代召伯的儿子，是召公奭的孙子（见冯蒸：《关于西周初期太保氏的一件青铜兵器》，《文物》1977年6期）。这一见解是值得重视的。我们以为罍、盉上的太保应是召公奭，他地位显赫，因此天子称他"乃明乃邕"，对他极为崇敬。铭文中的克应是代替召公奭的第一代燕侯，"克□匽入土"可作为明证。器铭对研究燕世系和青铜器断代等问题都会给人们以重新的思考。该器在时间上，大体可推定在成康之世。

铭文对研究分封制度、民族关系史、历史地理，以及社会生活、书法艺术都提供了重要资料。

刘起釪

文献中关于周初一个大国燕的历史资料太残缺了，西周有关燕的史料可说基本见不到，春秋时，燕不参与中原诸国交聘会盟活动，《春秋》一书记燕事极少，只在前期庄公时略记一二事，如山戎"病燕"（侵扰燕），齐桓伐山戎救之；到后期昭公时，又有齐高偃帅师纳北燕伯于阳之事。就这少数几项记载。过去赖以知道燕国史事的，唯有《史记·燕世家》。但自燕召公受封于燕后，一连九世无记载，直到西周之衰，厉王之世才见燕惠侯世次，仍无史事。直到战国之世，燕才成为七雄之一，有了盛名，才有《燕策》简记燕事。

但燕国始封者召公奭，和周公旦是奠定周王朝使之巩固发展的两大政治家。成王年少时，"召公为保，周公为师"（《尚书·君奭》语）。成王亲政后，则召公、周公分领天下，自陕以西召公主之，自陕以东周公主之"（《燕世家》语）。《索隐》："陕者，盖今弘农陕县也。"至于他的封国燕，《索隐》说"亦以元子就封"。而燕在当时为中原各国北边屏蔽，保障了诸夏经济与文化的发展，这在当时是一极重要的历史存在。可是文献资料严重不足，使我们对它的史实知道得很少，连它的首都究竟在哪里，因文献记载不清，使人们一直无法弄清楚。

到1930年，在文献之外开始调查发掘了易县的燕下都，才有可能获得新的认识。但真正使人高兴的是，直到新中国成立后通过考古专家们的努力，在今河北境内及辽西等地即旧燕国辖境获得了不少地下文物，才使我们对燕国逐渐有所了解。特别是1973年起，由中国社会科学院考古研究所和北京文物工作队发掘了房山县琉璃河燕国墓地和遗址，既获得了丰富的燕国初年原始文物资料，而且也为解决燕都所在提供了条件，这样的考古成就对解决历史问题真是具有无比的价值。

近年考古所和北京文物队的同志们又在琉璃河燕国墓地发掘了一巨型规模的大墓，出土文物之丰富令人惊喜，其中很多件铭文都有"大保"字样，按《召诰》记召公奉命往宅洛邑，诰文即说"惟大保先周公相宅"。又《顾命》称"召大保奭"。可知召公任官除《君奭》篇称为"保"外，当时亦称为大保。我在考古所殷玮璋同志处见到的铜罍铭文，开头即说"王曰大保"，后面说"命克侯于燕"。明确说封大保为燕侯，与《燕世家》之说合，而与该篇《索隐》说"以元子就封"者不合。是否这里"克"字可释为召公长子之名呢？因召公之后九世之名都不传，就无法作此认定。而在此铭文中，"克"作为动词"侯"字的助动词，却是妥切的。这样，就可解决历史上召公是否亲自受封燕国的问题。若进而论定这一大墓就是历史上有大影响的政治家召公的墓葬，那么它的意义就特别重大了，燕都所在也就迎刃而解了。这样的考古成就，和近年来国内几次巨大的考古成就一样，就将永留光辉于历史上了。

（原刊于《考古》1989年第10期）

太保罍、盉铭文的再探讨

张亚初

北京房山县琉璃河 M1193 出土的太保罍和太保方盉（或称克罍、克盉及余罍、余盉），由于它们记录了太保召公奭封于燕的重要史实，引起了人们普遍关注。它们虽然只有短短的 43 个字，由于从释字、断句到对铭文内容的理解，都有相当的难度，因此，学者们曾对铭文发表了相当分歧的意见[1]。本文拟在《纪要》发言的基础上，对二器铭文再作探讨。为关心此问题的同志，提供一点个人不很成熟的参考意见。

一、对若干字、词、句文例的分析

（一）关于"乃明乃鬯"之"明"

我在《纪要》中曾指出，铭文之"惟乃明乃鬯"之"明"，是"盟字之假"。这个"明"字，为什么不能用本字来释读，而必须看作"盟"的假借字，这是由"乃明乃鬯"这种词句格式的内在规律所决定的。《尚书·大禹谟》："乃圣乃神，乃武乃文"，《诗·斯干》："乃寝乃兴"之"乃"，用作句首和语中助词，并无实际义训。而且"乃"后的两个字，在字义上必然是意义相近或相对的两个关联字。上面的圣与神、武与文、寝与兴，都是这种关系的体现。由此可见，"惟乃明乃鬯"之"明"和"鬯"，必定是字义相近或相对的。鬯是芳香条畅上达用以降神的香酒。在这两器铭文中，它是指使用鬯酒祭祀祖先的祭礼。与之相对的明字，《说文》训照，卜辞作记时名，用指天刚亮的时候[2]。在铭文中明有明白、显明、贤明等义训[3]。明字的本义、引申意都与祭祀意无关，所以不适用于上述二器铭文。这就必须从通假字的角度来考虑其用法。从文献记载看，明字可与孟、命、名、萌、盟等字相通假[4]。比较合适的选择只有盟字。

盟字在殷墟卜辞中的用法，一般认为是祭祀用牲法[5]。在金文中的用法，除了姓氏人名外，就作祭祀名用[6]。我们认为，说盟是"用牲法"和"祭祀名"，都过于空泛、笼统。杨树达曾指出："甲文记御祀往往具攘疾之义"，"御为禳灾之祭"[7]。在卜辞中，盟祭与御祭经常连接在一起使用[8]。盟祭应是生者对祖先告事和表明孝享之心的一种祭祀，犹如近人每当遇到灾难病痛后便求告于神灵、烧香许愿一样。

盟字在西周铭文中，除了个别作氏名用，主要也是祭名：

刺鼎：刺肇作宝尊，其用盟䢼宫妫日辛。（4.2485）[9]
伯姜鼎：伯姜对扬天子休，用作宝尊彝，用夙夜明（盟）享于召伯日庚。（5.2791）

服方尊：服肇夙夕明（盟）享，作文考日辛宝尊彝。（11.5968）
子作鼎：子作鼎盟彝。（4.2018）
作祖丁鼎：捏作祖丁盟获（镬）。（4.2110）
戒鬲：戒作荠官明（盟）尊彝。（3.566）

"盟鬻""盟享"于祖先，此"盟"字义近鬻、享。这几个"盟"字作祭祀名，是显而易见的。正因为盟是祭祀名，所以在王孙诰钟等楚系文字中，或体作从示从明的䁤。"鼎盟彝"、"盟尊彝"、"盟镬"之"盟"字作祭器名用，这也是可以肯定的[10]。西周铭文之盟祭的性质，与殷墟卜辞相同。盟祭"文考日辛"、"召伯日庚"、"宫妇日辛"，为祖丁作盟祭的镬鼎，都是生者对其祖、父或其亡夫（召伯日庚）、亡妻（宫妇日辛）的祭祀。

应该指出，无论是在殷墟卜辞，还是在西周早期铭文中，盟字从未见一例可以理解为传统所说的会盟、盟誓的用法。盟誓之制，在西周早期，特别是周初，究竟怎样，还是一个尚待进一步探索的课题[11]。可见，用东周战国时期的文献记载的一套东西去硬套太保罍盉铭文，是否合适是有问题的。因为目前从当时实录的古文字资料来看，盟只不过是一种祭名，是生者对死者祭告、设誓、明心、许愿的一种祭礼，与后世处事双方杀牲载书以约、祭告山川神明的盟诅之制，有所区别。也就是说，早期的盟本指活着的人杀牲祭告祖先，后来才发展为活着的双方设誓歃血为盟，假神明以要不信，用神威来约束双方行为的礼仪。盟誓制度有一个发展过程。根据可靠对比资料分析，周初太保罍盉铭文中的"盟"字，不宜解释为太保与周王盟誓。比较合理的解释，应该是周王命令太保奭受封后应明心许愿、隆重祭告祖先，以示不忘祖先恩宠。

著名史学家王国维倡导的文献典籍与出土文物双重取证法，历来被学者们推崇为史学研究的不刊之论和基本准则。在怎样认识和解释周初太保器铭文的时候，我们当然不能完全根据后世的文献记载，而置地下出土的古文字原始资料于不顾。

（二）关于"享""余""大对"和"事"

铭文"王曰：太保，惟乃盟乃鬯，享于乃辟"之享，也是值得研究的。享字像台基上筑有享堂庙室之形[12]，本义是享将、孝享，是对死者亡灵的一个专用字。飨则为二人相向共食之形，造字本义是指活着的人而言的。但在殷墟卜辞中，由于事死如事生的传统观念，这两个字在使用时区分并不严格。生者用飨，死者除了用享字外，也可使用飨，甚至祭祀先祖飨字更为多见[13]。到西周时期，在文字使用方面，出现了更趋规范化的倾向。飨、享二字在使用时区别进一步明确。死者用飨虽然还能见到[14]，已经是个别的假借特例。

太保器中的盟、鬯、享是紧密相关的三个字。享就是孝享，是盟祭、鬯祭的归纳、总结和进一步说明。开头这句话的意思是，周王说："太保，你应该用盟祭和鬯祭来孝享你的君辟。"召公册封为燕侯之后，理应进行告庙之祭。西周册封和册命时，在赏赐物品中，常有鬯酒和酒具圭瓒之赐。宜侯矢簋（8.4320）、伯晨鼎（5.2816）就是其例。《诗·江汉》记载宣王册封召伯虎时说："釐尔圭瓒，秬鬯一卣，告于文人"，郑笺云：

"王赐召虎以鬯酒一卣，使以祭其宗庙，告其先祖诸德美见记者。"这正是对太保器铭文"鬯"与"享"二者关系的极好说明。根据上述西周时期享、飨使用的区别，享字也只能是作对已故祖先的用字。

我们在上面已经指出，"惟乃盟乃鬯"之"乃"，作助词用，并无实际义训。乃字在其他句式中有作表示时态的"曩者"的义训。但"乃某乃某"之"乃"，决不能解释为过去时态。这一句式中的乃字如果解释为过去时态，"乃文乃武"这些句子就都讲不通。"王曰：'太保，惟乃盟乃鬯，享于乃辟'"，这一句话中的盟祭和鬯祭，都不是过去式，而是将来式，是尚待进行的事。册封之后孝享先祖君辟，是符合周代礼制的。我们已经指出，享是用于已故祖先的用字，所以不适用于活着的时王——周武王。如果这个"辟"是指活着的周王，那么按照周人通常用字的规律，应该说"飨于乃辟"，而不能说"享于乃辟"。

其后的"余大对，乃享命"之"余"不可能是周王，而只能是指太保。所以有的学者称太保罍盉为余罍、余盉，是有一定道理的。"大对"是感激涕零的用语，在铭文中罕见。周王对太保用"大对"是有悖于情理的。这只能是臣下身份的太保对周王使用的口吻。

"乃享命"之"命"，就是《尚书·康诰》"明乃服命"之"服命"，训职事[15]。"乃享命"即乃接受就封燕国的职事。《诗·江汉》讲宣王对召公奭的后裔召伯虎的赐命礼时，有"于周受命，自召祖命"句，郑笺云："周，岐周。自，用也。宣王欲尊显召虎，故如岐周，使虎受山川土田之赐命，用其祖召康公受封之礼。岐周、周之所起，为其先祖之灵，故就之。"召伯虎在岐周采用了其先祖召公奭当年的赐命礼。这充分表明：周武王对召公奭的册封为燕侯之礼，是最为隆重的。地点是岐周宗庙。直到西周末年，该盛典还为周人所熟知。由此可证，燕国册命初封，的确是召公奭本人。这也正是《史记·燕召公世家》在召公之前冠以燕的原因所在。这些情况，与太保罍、盉铭文若合符节。

有的同志把"余"理解为周王，而且以"余大对乃享"为句。如果读成"余大对乃享，命克侯于匽，事羌、狸、叡、雩、驭、微"的话，"余"至"享"，"命"至"匽"，"事"至"微"就是三个并列复合句，主语便是"余"，即"周王"。这三句话的意思就应该是这样：周王大大感激你（太保）的献享，周王命令克称侯于燕，周王事（管理）羌、狸等六个族的臣民。如果这六个族是由周王去管理的话，当燕侯的究竟是谁？是克还是周王？不好理解。这种矛盾是由句读不当造成的。铭文之"余"必须理解为太保。应该在"命"字下断句。"克"不是人名。这样处理的话，就不会出现这种弊病。

我过去的句读是："王曰：'太保！惟乃盟乃鬯，享于乃辟。'余大对，乃享命，克侯于匽，事羌、狸徂于驭、微，克寰匽，纳土暨厥乱（治），用作宝尊彝。"大意是："周武王说：太保奭，应该进行盟祭和鬯祭，享孝于你的先王君辟。我太保大大地对答称扬封侯之事，于是享有其服命，能够称侯于燕，管辖治理南面从羌、狸开始，北面一直到驭、微之地的这一片土地，能够高兴地见到并称侯于广袤的燕地，接管了土地及其臣民，因此而作器纪念。"我们这样的句读和解释，显然是文从字顺的。

二、关于若干古文字的释读问题

铭文之貍即貍。貍是貍的俗体字。貍之作貍，犹貓之作猫。太保二器中的貍字，我们是根据早晚期材料上下联系，才得以推定下来的。首先，殷墟卜辞中有表示天气的用字阴霾之霾[16]。郭沫若谓"雨下从一兽形如猫，决为霾字无疑"[17]。此字下面所从即今天所说的野猫[18]。貍字正是貍猫象形，大大的眼睛，长长的上翘的尾巴，都是貍猫特征的表现。甲骨文中的貍字偏旁，与太保二器中的动物形字，是十分相似的。其次，在西周中期的貍尊铭文中（11.5904；《金文编》1263页），貍字由象形字演变为从里声的形声字。这个字《金文编》入之于附录。丁佛言、高田忠周曾释为貍。容庚未加采纳。李孝定曰："二家释貍，可从。"[19]按，此字释貍确不可易[20]。太保二器的貍字，写法互有出入。由于二器器盖同铭，有四张拓本，而发表的只是两件器盖铭文拓本。两器器铭拓本发表后，对貍字的辨识肯定会有所帮助。这个字的辨认，应该说是没有多大问题的。

窽字的辨认难度更大。这个字，在《纪要》中就有不同意见[21]。它在铭文中有从止不从止繁简二体。下面从止是表示行为的意符（动符），是它的繁体。犹如宦字作动词时加表示行为的意符止作寏一样（10.5399），寏就是宦的繁构形体。所以窽应以寏为正体。有的同志不明白古文字由于尚未完全规范化而经常累增义符的这种特点，误以为窽为正体，显然是不对的。后世字书中存有寏字，就是很好的证明。

寏字所从的叕，是正面直立的人形"大"，在其双手和双足上加饰短竖划，以表示手足用绳索系联束缚形。这手足上面的四竖划，是指示符号。《说文》："叕，缀联也。"叕即连缀之缀的初文本字。《说文》保存了叕字的古义。这个字最早见于殷墟卜辞。在西周铭文、战国古玺陶文以及睡虎地秦简中，都有其独体或偏旁出现。汤余惠、黄锡全、刘钊同志对叕和从叕之字，都做过详尽透彻的分析和考证[22]。汤余惠同志在古文字研究太仓年会大会发言时，刘钊同志在其博士论文中，都肯定了我对寏字的考释。我想，对寏字的考订，从文字形体讲，也应该是没有什么问题的。

寏字下面正是正面直立的人（大）形。正因为是人形，所以左右手和左右足都呈对称而略作下垂之形。有的铭文为了书写简便，左右手和左右足连贯起来作一横划，则是变体特例。这种书写形式，在西周中晚期的交君子叕组器鼎（5.2572）、簋（9.4565）、壶（15.9662）铭文中就有旁证，上面的双手就是用一平划来表示的。至于大形中间竖划出头，情况也与侯字、矧字所从的矢字下部出头相类[23]。文字书写上的微小误差和不规范，有时难免，古今都是如此。在考释古文字的时候，我们既要了解通常所见的正规写法，又要正确地把握变体特例。不掌握叕字的演变规律，不能正确辨别变体特例，就不能对寏字取得正确认识。有的同志误以为叕形是床榻之形。古文字中的床几形或作丩，或作丱，从来没有见到两个对称的床几合而为一，写成丱的。如果中间二平划的丱形可以解释为两个床几的合成体，上下左右对称下垂的字形就无法交待。可见两个床几合成的说法是不能成立的。

三代彝器虽说是子子孙孙永宝用的国宝重器，在书写浇铸铜器铭文时，错别字也在所难免而时有所见。有些错别字即使当时发现了，也因难于改动，只好将错就错而留传至今。所以，不但古代文献典籍有个校勘的问题，三代铭文也存在类似问题。举例来说，西周的仲再簋（7.3747）"仲再作又宝彝"由于又、厥二字形体相近，形近易于致讹。"作又宝彝"于文意不通。"作厥宝彝"则习见于他器。因此，我们通过铭文形体、文例的比较对勘，可以确定此"又"为"厥"之误字。"仲再作又宝彝"应该读为"仲再作厥宝彝"。春秋时秦公钟（1.262，1.265，1.267；1.268；1.269）的"克明又心"一词，考虑到师望鼎（5.2812）等器有"克明厥心"的熟语，"克明又心"之"又"不好解释，故也可确定此"又"应是"厥"之误字。"克明又心"应改读为"克明厥心"。太保二器中，罍铭器盖二拓之"入土暨厥乱"，盉铭器盖二拓则作"入土暨又乱"，字形都很清楚。通过对勘，可以确定盉铭之"又"是"厥"的误字。理由之一，同铭器对勘，应以文从字顺解释的文意畅通为原则，来确定哪个是正字，哪个是误字。"入土"之"土"，与"厥乱"之"乱"（训治，这里引申为被治理的臣民）相对为文，与典籍所载"受民受疆土"之词相吻合；理由之二，是铭文之又、厥二字形体相近，累见误字的例证；理由之三，又字与乱字相配之"又乱"不合文例。

有的同志不认为"又"是误字，把两件器中的"厥嗣"和"又嗣"拼凑在一起，读为"厥又（有）嗣"，以与文献中常见的"有司"相附会。嗣字根本不是"有司"之"司"。这一点，我们下面再谈。仅从添字解经角度讲，这种拼凑的释读犯了校勘学之大忌，实不可取。

所谓"有嗣"之"嗣"，罍铭与盉铭字形不同。罍铭从𠭯、从乙，应即乱字。盉铭则从𠭯、从攴，即敌或敵字。敵字所从手持鞭扑形，写得较小，而且手是从上向下的，不作通常所见的三个手指形，而是两个手指形，所以不易辨认。在古文字中，手的向上向下，有时并不很固定。例如专字，其所从的手，在甲骨文和金文中，都有从上从下两种不同写法[24]。手形三指作两指，在古文字中也屡见不鲜[25]。最直接而有说服力的例证，可以敌字为例。《甲骨文编》此字共收37个字形，从通常说的反文旁的有21例，从倒写的反文旁，即手在上部、手的方向向下的，竟达16例之多[26]。可见敌字从倒写的反文旁（即手向下的反文旁），是并不奇怪的。无论是罍铭之乱，还是盉铭之敵，笔画都是十分清晰的。

《说文》："乱，治也。从乙，乙，治之也。从𠭯[声]。""敵，烦也。从攴从𠭯，𠭯亦声。"乱、敵二字都以𠭯为声，故二字恒通。乱和敵都是从𠭯字孳乳分化出来的。𠭯字从幺（丝）从𠬪，是上下两手治丝的会意字。《说文》："𠭯，治也。幺子相乱，𠬪治之也。读若乱同。"𠭯是乱字的初文本字，最早见于殷代族氏铭文（12.6984），正作从𠬪、从幺形。在西周铭义中，才在幺的中部增"壬"[27]，作为治丝的义符[28]。瑚生簋（8.4292）："余弗敢𠭯"、牧簋（8.4343）："洒多𠭯"之"𠭯"即乱。乱字则进一步增加乙，作为治丝的意符。乙字本义为草木从土中抽出上达，故作委曲上出之形。乱多从乙，即以乙为抽丝、治理的义符。𠭯与乱是同一个字的早晚不同形体。它们不仅仅是"读若"的关系。

敵字从攴。攴是表示行为的动符，是表示丝既治而复经扑击而乱之。敵是为了区别阏、乱而从阏字派生出来的另一个新字。其本义是紊乱，引申为烦乱。《说文》训烦，已非溯义。从阏字分化出来的乱、敽二字义各有当，一训治，一训不治（紊乱）。后来，由于经典敽字通用乱字[29]，乱字才取敽而代之。这样，乱字就兼有治和不治正反两种义训。应该指出，敽字出现的时间是比较早的。虽然独体的敽字目前尚缺乏古文字资料可作比较，但在西周早中期之交的貉子卣（10.5409）铭文中，已有从敽的偏旁字出现，表明这个字的出现当早于或不晚于西周早中期。因此，敽字在周初的太保盉铭文中出现，是十分自然的事。敽字的考定，反过来证明我们对太保罍铭文中乱字的考释是确切无疑的。乱字与敽字音同字可通，所以它们在这两件同铭器中才得以通假使用。这是顺理成章的事情。根据我们上面的分析，罍铭之乱是正字，盉铭之敽则是乱字的假借字。"入（纳）土暨厥乱"就是接受土地及其治下的臣民。"入（纳）土暨厥敽"之"敽"用本字本义就难以解释。通过二器铭文对勘，我们才得以确定，敽是乱的假借字。

乱、敽二字的考订，一方面，考释出了两个新字，特别是从乙的乱字，过去只见于战国时期的诅楚文等较晚的材料，现在把它出现的历史提早到了西周初年。这对古文字研究是有意义的。另一方面，证明把这两个字释为嗣，把"入土暨厥乱"（或敽）说成"入（纳）土暨厥有嗣"，就不能成立。因为无论是罍铭之乱，还是盉铭之敽，右旁所从根本不是司字。

上面是就太保二器中的几个疑难字做了一点说明，特别是对乱、敽二字的考订，对正确释读铭文，有相当重要的关系，故不可不辨。

三、关于燕史研究的几个问题

太保二器铭文对燕史研究至关重要。下面谈三个问题。

（一）燕国是否为成王时所封

有的同志认为，召公奭封于武王，但武王时期没有就封，代召公就封的克，改命就封的时间在成王早期或成王晚期。根据这种说法，《燕召公世家》所说的武王封召公奭于北燕、燕建国于周初武王时期的记载并不可信。北燕的历史，在武王至成王早中期这一时间里，完全是一片空白。也就是说，燕国建国的历史要晚到成王早期，甚至要晚到成王晚期。我个人对此有不同的认识。

殷末纣王无道，箕子佯狂为奴而被纣王所囚。武王伐纣而命召公释箕子之囚。这一历史事实普遍地记载于《尚书》《左传》《论语》《史记》及《尚书大传》等典籍。《尚书大传·洪范》云："箕子不忍周之释，走之朝鲜。武王闻之，因以朝鲜封之（注云：朝鲜，今乐浪郡），箕子既受周之封，不得无臣礼，故于十三祀（周武王二年）来朝。"汉儒所说武王封箕子于朝鲜的传说，具体情况究竟如何，尚需进一步研究。但这种传说的真实性，从某种程度上讲，已由辽宁喀左北洞、北京房山县琉璃河、卢沟桥、北京顺义县金牛村等地所出大量箕族青铜器及箕族墓葬而得到了进一步印证[30]。

箕子在武王元年率族北去，武王二年又回访于周。这就是《周本纪》所说的"武王已克殷，后二年，问箕子殷所以亡。箕子不忍言殷恶，以存亡国宜告。"《尚书·洪范》"惟十有三祀，王访于箕子"云云；就是箕子对武王陈述的从政之道。箕子重访中原及其与中原的联系，还见于其他典籍。武王元年、二年的往返情况表明，这一地区的交通并不存在什么大问题。《国语·周语下》说："昔武王克商，通道于九夷百蛮"，其中也当包括这一地区。可见"四方扰攘，天下分崩，叛国林立，道里不通，故召公或其代就封适子不太可能在武王之世就封赴国"，这些推测，恐怕不一定符合历史实际。

诚然，武王时所封诸侯，因环境关系，延期到成王时期才就封的情况，确实是有的。例如鲁国，据《鲁周公世家》说始封于武王。但《诗·鲁颂·闵宫》"王（成王）曰叔父（周公），建尔元子，俾侯于鲁，大启尔宇，为周室辅，乃命鲁公，俾侯于东"的册命辞表明，周公子伯禽就封鲁国的时间，是在成王平定东夷之乱以后。但我们不能据此而一概而论说武王所封诸侯当时都没有就封，具体情况要具体分析。燕地并不存在像东夷这样强大的敌对势力。武王时燕侯就封并不存在什么问题。第一代燕侯就封的时间如果真要晚到成王晚期的话，许多早于成王晚期的燕国青铜器铭文（如例成王时的堇鼎、伯矩组器、箕侯亚父乙盉等），就无法解释。就太保二器铭文讲，驭字、羌字等都有殷代遗风，文学书体比成王早期的保尊、保卣也显得要早些，绝不可能晚到成王中晚期。对燕国立国时间估计过晚的话，一系列考古出土的遗迹遗物，在年代上也可能会造成安排困难而无所适从。

其实，武王封召公于燕、燕建国于武王时期，在过去的铭文中，也已提供了一定的信息。成王初年的太保簋（8.4140）铭文云："王伐录子听，献厥反（叛）。王降征令于太保。太保克敬亡（无）遣（谴）。王永太保赐休集（?）土。用兹彝对令（命）。"录即武庚禄父[31]。其子听就是太子听觚（12.7296）之太子听。此铭讲武庚禄父之子太子听随其父反叛周王朝。成王命令召公奭去征讨。召公任务完成得很好而无过失。因此而得到成王的奖赏。"王永太保赐休集土"之"永"，《说文》训长。这里意为继续。"王永太保赐休集土"，是说成王继续赏赐给召公以集这一块土地。因为武王已经赏给召公燕地、封其为燕侯，所以在这里用了个表示继续和又一次封地的"永"字。这是武王封召公奭于北燕的有力实证。总之，燕之册封和立国是绝不可能晚到成王晚期的。

（二）燕国是否是兄终弟及

有的同志认为，克与旨是兄弟，燕国在太保在世前所实行的是"兄终弟及"制，认为《世本》所载燕自宣侯以上"皆父子相传"的记载是错误的。这恐怕都是误解。

燕国共43世，召公以下8世失载。所以，关于燕国早期的世系，我们还不很清楚。唐兰先生在《西周青铜器铭文分代史徵》一书中，对燕国早期世系，曾发表过很好的见解。他在99页圉方鼎释文注释中指出："匽侯旨鼎说：'匽侯旨作父辛彝'，显然他是铜器中常常见到的召伯父辛的儿子，是召公奭的孙子。因此，我认为这第一代的燕侯就是召伯。召公与召伯，绝不是一个人。""召公的长子封燕，次子袭召公。所以，第一代燕侯应是召伯。"在146页穌爵铭文注释中也说："此召伯父辛，不是召公奭，应是召公之长子，为第一代燕侯，所以匽侯旨鼎只称父辛。"在148页匽侯旨鼎铭文说明中指出："𩛥爵、伯宪盉和宪鼎都说召伯父辛，那么，匽侯旨应与𩛥、宪为兄弟。召伯父辛应是第一代燕侯，当时的礼制有所谓'别子为祖'，匽侯旨是承继匽侯这一宗的，所以只说父辛而不说召伯了。𩛥、宪等则是继承召国的宗，即太保氏，所以说召伯父辛。"在148页宪鼎铭文的说明中又说："𩛥爵伯宪盉与此鼎都说召伯父辛，可见他们都是召伯父辛之子，与燕侯应是兄弟。此器说'在匽'，可见伯宪是继承召国的一支的，不过暂时来燕国罢了。"唐氏上述意见，可归纳为以下四点：一、召公奭的长子召伯就封于燕，为第一代燕侯，他死后庙号称为召伯父辛；二、召公与召伯绝不是一个人；三、伯宪、𩛥与燕侯旨，都是召伯父辛之子；四、伯宪、𩛥是继承召国的一支，属太保氏。

唐兰先生的这些见解是应该受到重视的。我们在《燕国青铜器铭文研究》一文中，也曾表述过与唐说相近的意见。我对唐说有下面两点修正：

（1）伯宪与𩛥并不是兄弟，实际上这是同一个人的名与字的不同称呼。这一点，从故宫博物院所藏的伯𩛥鼎（4.2407）铭文，已经得到证实；

（2）伯宪、𩛥与燕侯旨对召伯父辛，虽然同样称"父辛"，但并不都是"召伯父辛之子"。称父的含义有亲父与诸父的区别。燕侯旨是召伯父辛的长子。伯宪（𩛥）则是继召公一支而留佐王室的召公次子召仲的长子。伯宪（𩛥）在召伯父辛死后赴燕吊丧，为其诸父、大父召伯父辛作祭器。因是自召地赴燕，故曰"在燕"。他们是召伯父辛的子辈，故得称"父辛"。他们从召氏家族角度讲，故称第一代燕侯召伯父辛为召伯。如果按唐氏的说法，召公奭只有一个儿子即召伯父辛。这个召伯封燕后，召公采地召氏就后继无人。后来，才由召公奭的长孙、召伯父辛的长子伯宪去继承召氏家业。这显然既有悖于《燕召公世家·索隐》所说的召公"亦以元子就封，而次子留周室，代为召公"的记载[32]，有悖于周人重视长子继承、燕国诸侯一般讲要由长子继承的原则，也使西周早期的召公奭的次子召仲所作的卣、鼎等材料，难以作出合理解释。无疑，唐先生对这些问题是尚欠考虑的。虽有这种欠缺，唐氏意见的基本点，是发前人所未发，功不可没。重温唐氏意见，可以澄清目前流行的一些模糊认识。

现在，有的同志误以为召伯父辛就是太保召公奭。太保奭、召伯父辛就是M1193的墓主。有的同志误以为M1193墓主是克，克与燕侯旨是兄弟，并进而据此推导出燕国早期实行兄终弟及制这样的错误结论。其所以错误，因为它既与事实不相合，也与文献记载不相符。我们对西周早期有关铭文作通盘考虑后，曾拟定了召公家族的家谱图表，此不赘述[33]。

（三）是否是封燕六族

不少同志认为，太保器铭"事"后六个字，是周王封给燕侯的六个族的族名，与文献记载中的"殷民六族"、"殷民七族"相类。

我们认为，"事羌、狸𠭯雩驭、微"句中，𠭯读为徂，雩读为于。"事羌、狸徂于驭、微"，即治事（指封疆）从羌、狸至于驭、微之地。羌、狸、驭、微是所封燕国南北边界上的四个地名。这是讲"入（纳）土"（受疆土）即踏勘四至，进行封疆的具体内容和经过。封国建诸侯，必然要"封其四疆"（参《周礼·封人》），故有"事羌、貍徂于驭、微"之词。铭文只讲南北两个方面，当是以南北概指四至。

西周散氏盘（16.10176）铭文"陟雩，虘邀陜以西"，虘假为徂。梁十九年亡智鼎（5.2746）："穆穆鲁辟，徣省朔旁（方）"，徣即徂字初文。虘、徣都从虘声，故可相通。后世徣简化为徂。虘读为徂，不但音同可通，而且有辞例为据。雩字从雨、从于声。大盂鼎（5.2837）"在雩御事"，即"在于御事"。善鼎（5.2820）"余用匀屯鲁雩迈年"即"余用匀纯鲁于万年"。胡侯之孙鼎（4.2287）"鼾"作"鼾"。这都是雩、于音同字通之证。以上是"虘雩"读为"徂于"的文字学依据。同时，从辞语方面看，这两个字上下衔接连文；也不是偶然的。从某地徂于某地，是古代典籍中常见的词语。杜迺松同志在《纪要》中，把虘字训为往，认为"从上下文义看，似为地名"。他的意见是正确的。"事羌、貍徂于驭、微"句中"徂于"前后的羌、貍和驭、微四字，作为地名看待，是十分正确的。

不但从音韵通假和铭文辞例分析，可以确认羌、貍、驭、微四字是地名，而且在古代典籍和考古学资料方面，也进一步提供了可靠依据。我们对此已作过论证，这里就不另赘述[35]。

燕国边境在南面有貍地，在北面有微地[36]，这与太保二器铭文"事羌、貍徂于驭、微"所反映的情况完全吻合。这绝不会是偶然的巧合，而是历史的真实写照。《齐太公世家》说："乃使召康公命太公曰：'东至海，西至河，南至穆陵，北至无棣'"，《集解》引服虔曰："是皆太公始受封土地疆境所至也。"这正是诸侯国"封其四疆"的实例。齐国是如此，燕国也当如此。这是对"事羌、貍徂于驭、微"句铭文所作的极好的注释。

上述论证表明，把"事"后的六个字理解为六个族的意见，是不妥的。

注　释

［1］《北京琉璃河出土西周有铭铜器座谈纪要》（下文简称《纪要》），《考古》1989年10期第953页；陈平：《克罍、克盉铭文及其相关问题》，《考古》1991年第9期。

［2］徐中舒主编：《甲骨文字典》，四川辞书出版社，1988年，第747页。

［3］陈初生：《金文常用字典》，陕西人民出版社，1987年，第694、697页。

［4］高亨：《古字通假会典》，齐鲁书社，1989年，第321页。

［5］同［2］，第748页。

［6］同［3］，第697页。

［7］《卜辞琐记》32条"禦妇好"，《杨树达文集》之五，上海古籍出版社，1986年。

［8］《甲骨文合集》21247、34103、19923、32330；《英国所藏甲骨集》1977；《小屯南地甲骨》2707等材料。

［9］本文所引《殷周金文集成》资料，都只写器号。

［10］拙作：《殷周青铜鼎器名、用途综合研究》，《古文字研究》十八辑（待刊）。

［11］根据目前所见资料讲，古文字中的盟誓材料都是西周中期以后的。西周中期恭懿时期的佣生簋（8.4262—4265）铭文的"立（蒞）盟（歃）成甽"，就是双方为解决土地问题，杀牲歃血

为盟，以划定边界。这一点，我在古文字研究会太仓年会的论文《商周铭文疑难字研究》一文中，已经作过论证。这是目前可以确认的最早的盟誓材料。

[12] 同 [3]，第 593 页。
[13] 姚孝遂主编：《殷墟甲骨刻辞类纂》，中华书局，1989 年，第 139 页，第 734 页。
[14] 仅见沈子它簋、荀侯盘等为数不多的几例。
[15] 参屈万里《尚书今注今译》《康诰》文注释。
[16] 参孙海波：《甲骨文编》，中华书局，1965 年，第 454 页。
[17] 郭沫若：《卜辞通纂》考释《天象》，1933 年，第 85 页，417 片。
[18] 参《段氏说文解字注》、《说文通训定声》。
[19] 李孝定、周法高、张日昇编：《金文诂林附录》，香港中文大学出版社，第 2385 页。
[20] 丁、高二氏说貍尊之貍右旁为豸，是错误的。它是貍猫的象形。后世从豸，乃是文字规范化的结果。
[21] 参陈公柔、李学勤二先生发言稿。
[22] 汤余惠：《略论战国文字形体研究中的几个问题》，《古文字研究》十五辑，61 页；黄锡全：《𩁹𩁹考辨》，《江汉考古》1991 年第 1 期，第 65 页；刘钊：《古文字构形研究》，（待刊）。
[23] 参《金文编》第 372 页曾侯乙钟、子侯卣、薛侯壶铭文，第 373 页矧父觚铭文等。
[24] 参《甲骨文编》第 136 页，《金文编》第 1141 页 493 号字。
[25] 参《金文编》第 1142 页 495 号字。
[26] 《甲骨文编》，第 139 页、720 页，孙海波把手自上而下的形体与攺字分作两个字，是错误的。
[27] 林义光《文源》以为壬即滕之古文，《说文》训此为机之持经者。经字初文从壬，说明林说可信。乱字从壬，是以机之持经来表示条分缕析而治的意符。
[28] 参《金文编》第 273 页、第 962 页。
[29] 详桂馥《说文解字义证》、朱骏声《说文通训定声》乱、敵二字。
[30] 详拙作《燕国青铜器铭文研究》，收入中国社会科学院考古研究所建所四十周年论文集，（待刊）。
[31] 唐兰先生曾把此录字理解成方国名，是不妥的，参唐氏《西周青铜器铭文分代史征》第 81 页注①。唐兰释集为余字，称此器为余簋，也有可商。此字与通常所见的余字形体不同，我们暂释集字。集是封地名。
[32] 唐氏在同上 99 页已曾据典籍说"长子封燕，次子袭召公"，前后自相矛盾。
[33] 同 [30]。
[34] 同 [3]，第 320 页。
[35] 同 [30]。
[36] 同 [30]。

（原刊于《考古》1993 年第 1 期）

克罍克盉的几个问题

李学勤

1986年在北京房山琉璃河1193号墓出土的克罍、克盉[1]，因其铭文述及周初封燕史事，受到学者的广泛关注。除《考古》1989年第10期发表《北京琉璃河出土西周有铭铜器座谈纪要》外，殷玮璋、陈平、方述鑫、张亚初等先生先后撰有论文[2]，见仁见智，各有所获。在《座谈纪要》中，我曾略抒陋见，意犹未尽，及绎读诸文，又有进益。爰补叙于此，向方家请教。

罍、盉同铭，依罍盖行欵，试释如下：
王曰："大保，惟乃明乃心，享
于乃辟。余大对乃享，
命克侯于匽，旅羌兔
叡雩驭微。"克宅
匽，入土眔有嗣，
用作宝尊彝。

凡在《座谈纪要》里说过的问题，这里就不多谈了。

周王的话，是对召公所说。"惟乃明乃心"，前一"乃"字是主语。"心"字上两种笔多数不交叉，与"囟"字有别，请参看陈平文"金文囟、心二字比较图"。案师询簋云"敬明乃心"，虞钟云"克明厥心"（宝鸡太公庙秦公镈、钟云"克明又心"，"又"疑即"厓（厥）"之讹），叔尸镈、钟云"既尃乃心"、"弘猒乃心"，俱可参考。

"享"训为献，"对"训为答。"命克侯于匽"的"克"应为人名，《座谈纪要》中王世民先生列举的其他金文句例已足说明。

"旅"读为"使"。"雩"系连词，羌兔叡（置）、驭微各是一人。"微"字之释，据裘锡圭先生《古文字释读三则》（《古文字论集》，第395—404页。）

"宅"字原从"𣎵"，或增从"又"，方述鑫先生文释"宅"，极是。"克宅匽"句，"克"是主语，是很清楚的。

"入土眔有嗣"，"入"即"纳"。克侯于燕，其国土及职官归属王朝。

克作祭器，仅云"用作宝尊彝"者，是召公尚在。召公以老寿著称，今本《纪年》说他卒于康王二十四年。

我在《北京、辽宁出土青铜器与周初的燕》（《新出青铜器研究》第46—53页）小文中，曾推想金文中的燕侯旨是第一代燕侯。原因是《恒轩所见所藏吉金录》1、16燕侯旨鼎铭"燕侯旨作父辛尊"，故认为"铭中父辛即梁山所出宪鼎、宪盉的'召伯父辛'",此说系根据陈梦家先生《西周铜器断代》[3]。现在克罍、克盉出土,自宜对此加以修正。

仔细考虑,问题关键在于"召伯父辛"的理解。召公可称召伯,见《诗·甘棠》。如"召伯父辛"为一人,则燕侯旨只能是克之弟,此与《世本》所载燕自宣侯以上"皆父子相传,无及"相悖。或以克、旨为一名一字,但另一燕侯旨鼎云"燕侯旨初见事于宗周,王赏旨贝廿朋",于例又必是名。这里的问题就是"召伯父辛"应理解为两代,读作"召伯、父辛"。实际上,在爵称之下加以日名,也是没有的。

如此读法,有关世系可图示如次:

召公(召伯、大保)—克(父辛)┬旨
　　　　　　　　　　　　　　├宪
　　　　　　　　　　　　　　└穌

克是第一代燕侯,旨是第二代燕侯。梁山七器[4]中的宪鼎、宪盉的宪穌见于和爵的穌,都是燕的支子[5]。

附带谈到,宜侯夨簋的"虞公父丁"也应视为两代。这样,器主当系周章之孙柯相,见第四篇第十节。

注　释

[1] 琉璃河考古队:《北京琉璃河 1193 号大墓发掘简报》,《考古》1990 年第 1 期。
[2] 殷玮璋:《新出土的太保铜器及其相关问题》,同上;陈平:《克罍、克盉铭文及其有关问题》,《考古》1991 年第 9 期;方述鑫:《太保罍、盉铭文考释》,《考古与文物》1992 年第 6 期;张亚初:《太保罍、盉铭文的再探讨》,《考古》1993 年第 1 期。
[3] 陈梦家:《西周铜器断代》(三),52,《考古学报》1956 年第 1 期。
[4] 参看 Thomas Lawton, A Group of Early Western Chou Period Bronze Vessels. Ars Orientalis X, 1975。
[5] 唐兰:《西周青铜器铭文分代史徵》,第 146 页有"召伯父辛"为第一代燕侯之说。

(原刊于《走出疑古时代》,辽宁大学出版社,1994 年)

再论克罍、克盉铭文及其有关问题
——兼答张亚初同志

陈 平

笔者按：《考古》于1989年10期和1990年1期分别刊出了殷玮璋、张亚初等十位国内知名专家的《北京琉璃河出土西周有铭铜器座谈纪要》与殷玮璋先生《新出的太保铜器及其相关问题》两文。笔者主要因对这两文中殷玮璋、张亚初两先生的学术观点有些不同意见，遂草成《克罍、克盉铭文及其有关问题》一文提出商榷，获刊于《考古》1991年9期。《考古》于1993年1期又刊出张亚初同志《太保罍、盉铭文的再探讨》一文，集中对拙文提出不指名的反批评。因其文多有可商，故笔者又草成《再论克罍、克盉铭文及其有关问题》一文，仍投给《考古》编辑部，以期进一步展开讨论。不久，《考古》编辑部"经过研究"，决定对此稿"不拟刊用"，并于1993年8月10日掷还。现笔者将此稿改投《考古与文物》，希望能有幸在贵刊刊出，以倡明学术，以拓宽言路，并继续就教于张亚初同志和广大学术界同仁。

一九九三年八月十九日
于北京

顷读《考古》1993年1期载张亚初同志新作《太保罍、盉铭文的再探讨》（以下简称《再探讨》），获益匪浅；但也深感该文仍存在不少问题，尤其文中以"有的同志"的措辞，集中针对拙作《克罍、克盉铭文及其有关问题》（以下简称《问题》，原载《考古》1991年9期）一文提出了一系列不指名的批评，而这些批评又大多仍颇有可商。为明辨学术是非，笔者特再草此小文，与张亚初同志稍作商榷，并就教于学界诸多师友同好。

一、关于"嗣"、"乱"之争与"添字解经"

笔者在《问题》一文中，曾将同铭的克罍"入土眔⺈嗣"与盉铭"入土眔㝅嗣"句末的一字释为嗣；并认为罍铭"⺈（厥）嗣"二字的中间实漏刻或省去了一个㝅（有）字，而盉铭"㝅（有）嗣"二字的前面又实漏刻或省去了一个"⺈（厥）"字；觉得该句正确而完整的释读当以此二者互补，合为"入土眔厥有嗣"。

《再探讨》批评说："有的同志不以为'又'是误字，把两件器中的'厥嗣'和'又嗣'拼凑在一起，读为'厥又（有）嗣'，以与文献中常见的'有司'相附会，嗣字根本不是'有司'之'司'。这一点，我们下面再谈。仅从添字解经角度讲，这种拼凑的释读犯了校勘学之大忌，实不可取"。接着，他又说："所谓'有嗣'之'嗣'，罍铭与盉铭字形不同。罍铭从禸、从乙，应即乱字。盉铭则从禸、从攴，即敊或敊字"。

1. ㇇、㇌皆不误，脱漏理应补

在拜读完《再探讨》文中与上述问题有关的全部文字之后，笔者首先仍然"不以为'又'是误字"。因为张文所列"可以确定盉铭之'又'是'厥'的误字"的三条理由，我以为没有一条能够成立。张文理由之一曰："同铭器对勘，应以文从字顺、解释得文意畅通为原则，来确定哪个是正字，哪个是误字"。张文说的这个原则并不错，但具体运用得却不很理想。他说："'入土'之'土'，与'厥乱'之'乱'（训治，这里引申为被治理的臣民）相对为文，与典籍所载'受民受疆土'之词相合"。张文的意思是说该句前面讲的既是"受疆土"，那么后面的就该作"厥乱"，即那里被治理的臣民，表现"受民"的内容。然而，该句最后一字根本就不是什么"乱"字（按：这一点，下面将详论)，更不用说再将"厥乱"这一生造的词语拐个大弯，硬说成是"那里被治理的臣民"又是多么的迂曲牵强了。其实，"受民"的内容，罍盉铭早已用"事羌、㕆、馭、雩、驭、微"的方式在前面明确无误地表达过了（张文并不这么看）；故而，这里已无需再用"厥乱"加以重复了。我以为：该句前面作"受疆土"，后面的'入又（有）嗣'则表示接受"有司"，即燕地原有的政府机构。这比起张文的"入厥乱"来，文意岂不要畅通得多。故而，即使依照张文所列第一条理由，盉铭似也应以作"又（有）"者为近是。

张文理由之二曰："是铭文之又、厥二字形体相近，累见误字的例证。"其言下之意，此处之"又"也必是"厥"之误字。诚如张文所言，在两周金文中或许确有将㇇（厥）因形近而误书为㇌（又）字之例。然而，别处有这样错误，并不意味着此处也必有这样的错误。据我所知，在两周金文中也有将又字误书作㇇字这类相反的铭例存在。比如，在《縣妃簋》（三代·六·五五）铭"隹十又三月既望"句中的"㇌"字，就被误书成了㇇（厥）字。我们是否也可仅据此一条就将克罍铭之㇇（厥）一口断定是"又"的误字呢？我看不行。

张文所列理由之三是："又字与乱字相配之'又乱'不合文例"。其言下之意自然是"又乱"不可从，只有他的"厥乱"才可取。然而，张文所说"厥乱"之"乱"，其实根本就不是什么乱字，而仍应是嗣字。所谓"又乱"，只是张文依照自己的误释制造出来的怪物；其不合文例，恰可证明张释之误，而与笔者无关。笔者将其释"又（有）"，与"嗣"相配成"有嗣"，不仅大合文例，且能与金文和文献中常见的"有司"相印证[1]，可谓形合义顺，各得其所，恐怕应是该字较为正确的释读。

经对罍、盉原器仔细观摩后我发现（按：罍、盉二器现均藏于我所文物库房）：凡二器铭同文对应之处字体结构不同的，在同器中盖、腹二铭的对应之处却都完全保持一致。如罍器盖、腹二铭同作"窨"、"㇌"、"嗣"之处，盉器盖、腹二铭均一无例外地作"宀"、"㇇"、"㕣"。这一重要现象表明：罍、盉二范刻款各有其特定的书写习惯，显非出自一人之手；而同器之盖、腹二铭书写习惯如此统一，则定系一人之所为。一人偶尔刻错一字尚属情有可原；若同文二铭相同一字先后两次都刻错且始终未觉或虽觉而不改，这事儿就值得研究了。而罍、盉铭恰恰是两器作㇇作㕣相异，同器两铭作㇇作㕣相同，始终未改。比较合理的解释是：若依原稿而言两者必有一误；但事出巧合，如将罍铭㇇（厥）后视为省略了一"又（有）"字，和将盉铭㕣（有）前视为省略了一"㇇（厥）"字，两铭文意完全相同，并皆可通。故而器主及书款者才对有误者将错就错、隐忍而未改，在读这二器铭时也就将㇇、㕣二字互补，作"㇇㕣嗣（厥有司）"理解了。故而我以为：罍、盉铭中的㇇、㕣二字其实可看成谁也没有错，只是各自省略的字语稍有差异而已！"嗣"，在西周金文中常用如今日之"司"，以表示政府执事机构。由于受古汉语单音词多向双音词转化这一历史总趋势的影响，在商周时期就常在嗣（司）前附加一前缀虚字"又（有）"而构成双音词"有司"；但是，"有司"在使用中偶尔也可压缩还原成单音词"司"。用作"他"、"他的"、"那里的"讲的代词"厥"字，常与名词结合，组成"厥辟"、"厥有司"等名词性偏正词组。当这种词组在作动词的宾语时，"辟"与"有司"前缀加的限定代词"厥"有时也可省去。故而，推断罍铭"厥嗣"间脱漏或省略了一个"㕣（有）"字，与推断盉铭"有嗣"前脱漏或省略了一个"㇇（厥）"字，并进而推断铭款原意是"厥有司"，本都是校勘学中允许而又常见之事。类似的例子，在清儒对群经古籍的校勘中很平常，根本就扯不上是什么"拼凑"、"添字解经"，或"犯了勘学之大忌"。正因"厥嗣"和"有嗣"均可被理解成"厥有嗣"两种不同的省略句式，故而罍、盉铭才会将错就错，原封不改，以今日我们所见到的面目行世。与笔者看法类似的，在《纪要》中也大有人在。张长寿先生就曾以"入土眔厥（有）嗣"的方式，特地用括号将罍铭"厥嗣"二字中间省去的那个"又（有）"字补足了出来。

2. 罍铭之"嗣"，决非"乱"字

克器罍铭之"嗣"与盉铭之"嗣"，同嗣、乱、敽三字的确均有不少相似之处。故而，才有今日的这番嗣、乱之争的发生。业师张政烺先生在与笔者谈及克器铭此句时认为：这里的关键，是句末的那个字到底是"嗣"，还是"乱"？如果是"嗣"，即使将罍铭之㇇与盉铭之㕣合成"厥有"，问题也不大。而此句最末一字只能是"嗣"字，绝不会是"乱"字。

已有的金文研究成果表明：自西周降及春秋，金文中表示治乱义的乱字并不从乙旁，而仅以其左偏"矞"为之。《金文编》的"乱"字条，容庚先生仅从《召伯簋》（按：即《琱生簋》）铭"余弗敢矞"一语中录一"矞"字以充之，并还特地在其下注明道："乱，不从乙"（《金文编》962页，中华书局1985年7月出版）。相同的情况，还见之于《牧簋》"乃多矞"一语。同时，西周金文表示不治义的乱字，又往往借音近形殊的"爂"或"爂"为之。比如，《兮甲盘》"毋敢或纳乱宄"之"乱"就假"爂"以为之；《散氏盘》"余有爽乱"之"乱"，就假"爂"以为之。迄今为止，可以确认的从乙的乱字，在西周金文中仍是一例也无有。该字已有的古文字资料，最早见之于战国晚期的《秦诅楚文》中。《再探讨》将克罍铭之"𠚣"考定为从矞、从乙之"乱",并宣称他已把从乙之乱"出现的历史提早到了西周初期。"笔者以为《再探讨》所言仅是个孤例;况且,其右旁是否即"乙",其字是否即治乱之乱,也还大有疑问。因此,《再探讨》作此断言,似乎是过早了一点。

其实,克罍"𠚣"字的右符"⺁"并非"乙"字,故其整个字也绝非是"乱"字。甲骨文、金文中所有乙字的正体统统都作ㄣ形;而其变体仅方向相反,作S形而已。它们上部的直弯钩,皆微微斜置作⺄或⺁状;而其字最关键、最具辨义作用的特征,则是其下部均作ㄑ或ㄥ形,笔画的末端皆顺势向外作斜横向挑出。非如此,则不成其为乙字。而克器罍铭盖、腹的两个"𠚣"字(见图一),其右旁皆作⺁状,上部直弯钩横平竖直,根本无斜势,下部更无丝毫向外横向挑出之笔,是个极为规整端正的直弯折式拐把形。它们与《甲骨文编》、《金文编》所录乙字的笔形笔意有着根本的区别,绝对不可等同论。故而,克罍铭之"𠚣",决非从矞、从乙的乱字。《再探讨》略过罍铭"𠚣"之右旁与甲骨文、金文乙字的显著区别不计,硬将其字考定为"从矞、从乙"的"乱"字,未免过于粗疏了一些。

其实,这里的"⺁"应当就是金文"嗣"完全形的右符"司"字的一个特殊的、前所未见的省略形。图二的1—3是金文"嗣"的完全形,右符均为完足的"司"字。4—6右符"司"均省作"⺀",7的右符则省作"叮"。罍铭"𠚣"之右符"⺁",既可看成是在"⺀"的基础上再省去下部一短横而成,也可看成是在"叮"的基础上再省去下部一口而成者。其整个字,则仍是个"嗣"字,而不是"乱"字。

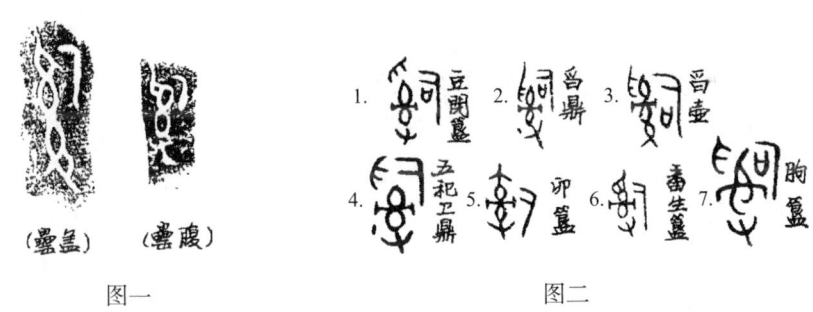

图一　　　　　　　　　图二

3. 盂铭之"𠚣",也决非"敲"字

《再探讨》在考定盂铭"𠚣"字时说:"盂铭则从矞、从攴,即敲或敲字"。他进一步论证道:"敲字所从手持鞭扑形,写得较小,而且手是从上向下的,不作通常的三个手指形,而是两个手指形,所以不易辨认"。接着,他又以《甲骨文编》攵字的37个字形为例,说攵字"从通常说的反文旁的有21例,从倒写的反文旁,即手在上部、手的方向向下的,竟达16例之多。"他想以此来证明克器盂铭"𠚣"字的右旁,就是"倒写的反文旁",从而便证明"𠚣"就是"敲"字,也就是乱字的别体。我们从图三不难发现,张文所云甲文"攵"字所从"倒写的反文旁"均作⺁、⺀、⺁与⺁诸形,都是在左侧或右侧先竖立一根作⺀状的鞭扑物,而后于另一侧的上方紧附一交叉作⺈或⺀状的

手而成。而盂铭"𤔲"之右符却作"ꑌ"形,是个右部作"ㄐ"状,左上侧再加一半圆弧组成的全封闭图形。它与"倒写的反文旁"ꑌ或ꑌ全然不同,根本就不能混为一谈。因此,"ꑌ"决非"倒写的反文旁",盂铭"𤔲"也决非敵或亂之异构。

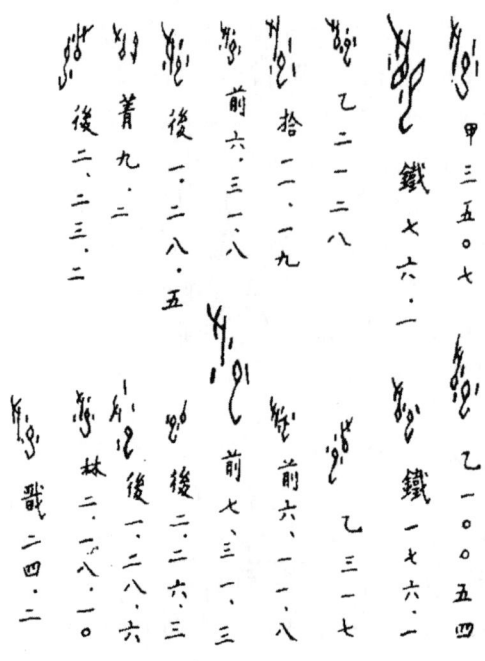

图三　甲骨文攼字形举例（倒写的反文）

其实,"𤔲"仍是金文"嗣"的一种特殊的、前尚未见的省略形。《金文编》"嗣"下收有不少将右符"司"之"ㄐ"变化作"ꑌ"形者,《静簋》"嗣"之右符"司"更直接省作了"ꑌ"形（见图五）。只要在此基础上稍加改动,将"ㄐ"画左上之小竖画再向下稍作延长,使之与下部上仰作ㄴ状的笔画合拢作ꑌ形;再将右竖稍向上出头,就成了与盂铭一模一样的"ꑌ"形了。《金文编》所录《㝬鼎》铭"嗣"正作"𤔲",其右符"司"之"ㄐ"部正省作"ㄐ"形（亦见图五）。故而,盂铭"𤔲"之右符"ꑌ",仍应是"司"的省略式,整个字也仍应是个"嗣"字。而铭中"又𤔲",显然即西周金文与先秦文献中所习见之"有司"。《再探讨》声称他所考释出的两个新字亂和敵,其实只是西周金文"嗣"字的两个前所未见的省形而已!

图四　　　　　　　　　　图五

二、对"窒"字考释的检讨与思索

克器铭中"窒"字至难释读，歧见也最多。笔者在《问题》一文中指出，该字于铭有窒、宓二形；并认为"前者为完全形，后者为简略形"；主张"推求字义自当以完全形者为准。完全形者上部为屋宇之形，中部艸画最不易识，笔者疑为金文床榻形符之繁变，下部当系止（即趾）符。其字总体盖作屋中置床榻，而一人举足至前之状。其音读虽一时难以确知，然其字义当不出趋、至二字"。

《再探讨》就笔者上述对窒字字形所作分析提出了批评。他说："有的同志误以为叕形是床榻之形。古文字中床几形或作爿，或作丬，从来没见到两个对称的床几合而为一，写成艸的。……可见两个床几合成的说法是不能成立的。"

拜领完张亚初同志的有关批评，又重读了他的有关考释以后，凭直觉我感到：张亚初同志将克器窒字的字形隶定为宓，或许是诸说中比较接近于正确的。但为什么，我一时还说不清，张亚初同志也没说太清。而笔者前此对艸符所作的两个床榻形的分析，则很可能是错了。张亚初同志的批评很有道理，我诚恳接受。

《再探讨》就器铭中宓、窒二字谁是正体发表意见说："窒字的辨认难度更大。……它在铭文中有从止、不从止繁简二体。下面从止是表示行为的意符（动符），是它的繁体。犹如宝字作动词时加表示行为的意符止作寔一样，窒就是宓的繁构形体。所以窒应以宓为正体。有的同志不明白古文字由于尚未完全规范化而经常累增义符的这种特点，误以为窒为正体，显然是不对的。"

张亚初同志上面所说的那个连"古文字由于尚未完全规范化而经常累增义符的这种特点"都"不明白"的"有的同志"，显然就是指我。然而，我在《问题》一文中只是说窒、宓二字"前者为完全形，后者为简化形。推求字义自当以完全形者为准"而已，压根儿就没有提到"正体"二字，也从未涉及"正体"问题，更不用说"误以为窒为正体"了。张文所谓"不明白"、"误以为"云云，真不知是从何说起？如果说因为我说了句"推求字义自当以完全形者为准"，便认定我是"误以为窒为正体"，那也未免有点太过武断了。

事实上，正体与累增义符孳乳字的关系十分复杂；认为推求字义应当以何为准，与认为谁是正体字是完全不同的两回事，两者不容相混。一般说来，当繁简二体并存并可互相换用时，繁简二体的字义既可完全等同，也可不同。不同时，简体往往可能表假借义，即用"明"表"盟"义；但有时繁体也可表本义，即用"盟"表"明"义。如果在甲骨文、金文中遇到繁简二体均见于同文之不同铭时（就像克器之窒、宓共见这样），而该字又属首见，无先例可资查考，我们就应当更加谨慎。这时，分析字形字义就以繁化的完全形为准。这倒并不意味着就认定它为正体，只是因为它所包含的信息毕竟要更多更全一些罢了。在《纪要》中，陈公柔先生云该字"当从止"，李学勤先生也取从止之"窒"以为说，刘雨同志也说该字"从止、从宀"。三位先生均取完全形者为准推求字义，看来笔者在这一点上还不是孤家寡人。张亚初同志怎能因别人的意见与已不合，就把别人肆意贬低成连"古文字由于尚未完全规范化而经常累增义符的这种特点"都"不明白"，以至"误以为窫为正体"呢？到底是谁"显然不对"，难道还不明白吗？

正如张亚初同志本人所言，他"对（克器铭中）窫字（笔者按：即铭中𡨄字）的考订，从文字形体讲"，"应该是没有什么问题的。"而他的贡献，恐怕也就仅仅在字形的考订方面；说到他对字义的考订，却实在大有可商。笔者以为：克器窫、窫二字未必就与𡨄、窫情况完全相同，二者字义也未必就完全相等。焉知这二者的关系就不像然、燃或明、盟那样，以窫兼具本义与假借多义，而窫却仅具后起的假借或引申义呢？

将克器铭𡨄、窫二字隶定为从𣬉的窫、窫或许是对的，但若要将它俩说成就是《集韵》作"穴中出貌"讲的那个从穴的"窫"字，恐怕就不一定对了。

首先，克器铭"窫"字从宀，而《集韵》的"窫"却从穴。在商周金文中，宀符与穴符从不混用，而张亚初同志却将这二者等同混用。这种说法，恐怕有些不妥。

其次，《集韵》"窫"释为"穴中出貌"，它与克器铭窫字的使用场合及对象也实在有些不合。尽管张亚初同志在《纪要》中向大家解释说："铭文使用了这个动词（即指作"穴中出貌"讲的那个窫字），比喻好像是刚从洞穴中走出来，所见到的一片开阔的新天地似的，说明太保召公奭就封时无比喜悦的心情"；但我听后仍然觉得这样讲貌似可以，其实却不通，甚至还很有些不伦不类。大家试想：当太保从周朝的京师出来、离开天子的身旁时，他就"好像是刚从洞穴中走出来"似的，这都把京师和天子看成什么啦？把召公奭自己又当成什么啦？这岂不是认天子为毒龙、视京师如虎穴了吗？召公一离京师便如离龙潭虎穴，如释重负；一到燕地便若破网归海之鱼"豁然开朗"，"所见到的"是"一片开阔的新天地似的"。合着召公原先在朝时大约尽受天子挟制，受气挨憋来着！我们不禁要问：这像是太保召公奭离朝就封吗？我看不像，倒是有点像当年伍子胥亡命出楚、刘玄德逃出许昌、离开曹营似的。太保召公奭本是周初少有的富于涵养与风度的大政治家，理当喜怒不露于形色；况且，据史料记载，他与天子关系最为融洽，仕途也一直顺风得意。他怎会刚被封了个燕侯，就如同鼠出蛇窝、羊离虎穴一般的欣喜若狂呢？又怎会不但当时喜，过后还要将这心绪形诸文字、着之鼎彝呢？难道他就不怕有人告发他心怀怨望、诽谤天子吗？显然，张文的这种解释是与太保召公奭作为受宠信尊隆的周室首辅大臣的崇高身份扞格不合的，是大大有悖于情理的，故此说断不可从。

考释古文字，丰富的古文献知识与深厚的古文字功力固然重要，但有时功夫却在"此"外，在于对世情事理的揣摩。若不谙情理，有时便会在全局性的问题上失于把握，从而使自己陷于进退维谷、难以自拔的窘境。张亚初同志在考释克器铭时将铭中的两个"克"字都强解为"能够"，将"𡨄"解为"穴中出貌"的"窫"，情况大约就正是这样。

金文"窫"、"窫"，仅一见于西周初年的克器铭；而后起字"窫"，也仅一见于北宋仁宗年间官修的字书《集韵》，二者相距几近两千余年。年代相隔得如此久远，即便是两个字形完全相同的字，也未必就是一脉相承的同一个字；何况，二者还一从宀、一从穴，存在着明显的差异呢？！《说文》中有个"圣"字，许慎解道："汝颖之间谓致力于地曰圣，从土从又，读若兔窟。"当代也有个"圣"字，外形可以说与《说文》所收音读若窟、取义为"致力于地"的那个"圣"完全相同；但它的音义却皆同于圣贤之圣，是圣的新制简化字，与《说文》那个"圣"音义风马牛不相及，渺不相关。类似的例子，在时代悬隔的文字中还可举出很多。可见，张亚初同志将周初克器铭之"窭"与北宋《集韵》之"窭"等同起来的做法，实在危险得紧。其正确的可能性，恐怕很难存在。

据我看来，克器铭之窭、窭虽大致可隶定为窭、窭，但其音义却仍在不可确知之数。考从叕之字有联缀、中止等义；而止符即趾符，又有行走之义，故窭或可作行到某房宇或某地前而中止之义解（在铭中的"某地"，就是"匽"）；其音读，似当从叕，或与辍、缀等字相近。

三、关于"乃明乃鬯"之"明"

1. 在"明"字释读上的同异

对嬰、盉铭"乃明乃鬯"句中的"明字"，我与张亚初同志的释读互有同异。将"明"看作盟的假借字，都读明为盟，这是我们二人之间的"同"。

我在《问题》一文中引《周礼》的《秋官·序官》、《王府》、《大宗伯》，指出盟尽管也用牲，但它不是什么"肉祭"，而应是血祭，是埋沉之祭；铭语"乃明乃鬯"之"明"虽通"盟"，但它并非仅作祭名用，而应作"会盟、盟誓"解；铭中的盟，应与《周礼·典命》和《春秋·桓公九年经》所记诸侯嗣子在代父为诸侯前所必需入朝天子进行的盟誓性质相同。

张亚初同志在《纪要》和《再探讨》两文中认为：铭语"乃明乃鬯"之"明"所表示的盟，应是盟祭，"是一种肉食之祭"，"是周武王告诫召公奭应该按时进行明（盟）祭"。他还总结、勾画出了一个盟的发展轨迹图。他认为：早期的盟本指活着的人杀牲祭告祖先，后来才发展为活着的双方设誓歃血为盟，假神明以要不信，用神威来约束双方行为的礼仪。他还认为：无论是在殷墟卜辞，还是在西周早期铭文中，盟字都作祭祀名用，只是生者对祖先告事和表明孝享之心的一种祭祀活动，从未见一例可以理解为传统所说会盟、盟誓的用法。故而，太保嬰、盉铭中的"明（盟）"字不宜解释为太保与周王盟誓，而应是周王令太保作盟祭，告先祖。

以上，就是我与张亚初同志在铭语"明（盟）"释读上的异。此异不在小，实大有论辩之必要。

2. 从甲骨、金文盟字论商与周初盟誓之存在

诚然，盟从一开始出现就伴随有对神明（按：包括对先祖）必要的祭祀和用牲活动，而且就目前可见的殷墟卜辞与商代、周初金文中的盟而言，似乎也都与祭祖活动有关；但这决不等于早期的盟只一种祭名，只是生者对祖先告事和表明孝享之心的

一种祭祀；决不等于在西周早期及其以前，作为存在于活着双方之间的盟誓和盟会就不存在。

盟字在卜辞与金文中，有时假借同音字"明"为之，如《伯姜鼎》之"夙夜明享"；有时则直接写作"盟"字。目前可见的最早的盟字，见于殷墟卜辞。《甲骨文编》卷七·七列举有十二例，其基本形则率作䀂，可隶定作䀂。上部之⊙，象窗棂形，是明的初文。所谓窗外月明，正是古人鲜明的观念。明字即系在其右加月符繁衍而来。其下部之皿，可隶定作皿，象供盛放歃血的簋敦之形。在西周早期铜器《鲁侯爵》铭中，其盟字下部更写作㿻；其上部皿中的那一点，更形象地显示出了器皿中所盛放的供歃血用的牲血。《说文》云："䀂，杀牲歃血，朱盘玉敦，以立牛耳。"《礼记·曲礼下》"涖牲曰盟"。孔颖达疏云："盟者，杀牲歃血，誓於神也。盟之为法，先凿地为方坎，杀牲於坎上，割牲左耳，盛以朱盘；又取血，盛以玉敦，用血为盟书。成，乃歃血而读书。"今殷墟卜辞"盟"字下既有供盛牲血为歃血之用的簋敦类器皿在，而歃血的直接目的，就是为了誓于神明。若商代之盟如张文所言仅是为了告事祭祖而根本就不设誓盟约，又要这供盟誓歃血时盛放牲血的簋敦类器皿何用呢？商代既已有了这供歃血盛血的簋敦类器皿，又安得尚无誓约盟辞之设呢？看来，盟之于商代即已含歃血设誓之内容，已可不再辩而自明。至今，尚无一例可以确凿证明商代与周初的盟只是生者对死者的告事，而绝对不含两个以上生人之间盟誓立约之可能。张氏之言，无乃不可乎！

我国商周时期盛行宗法制，法祖敬宗、奉祖先为神明乃其时尚。故而，其时生人之间的盟誓恐并不尽如后世仅限在社稷与日、月、山、林、川、泽诸神祇前举行；似也可在祖庙中，当着列祖列宗的神主灵位进行，以便请祖先在天之灵为证并监督执行。故而，张文所举《剌鼎》铭之"剌作宝尊，其用盟䕃宫妙日辛"，《伯姜鼎》铭之"用作宝尊彝，用夙夜明享于召伯日庚"，《子作鼎》铭之"子作鼎盟彝"，《作祖丁鼎》铭之"捏作祖丁盟获（镬）"等语，都不足以证明铭中之盟或明仅作单纯的祭祀名讲，而绝对不包含生人之间盟誓之可能。

3. 说"明""盟"二字与明器、盟器

张亚初同志在《再探讨》中所引《剌鼎》等六器铭中之"盟"或"明"字，除《伯姜鼎》与《服方尊》在"夙夜明享"句中作动词用外；其他四器铭之明或盟字，均在䕃、彝、镬、尊等器名之前作修饰限制性定语。所谓盟䕃、盟彝、盟镬与明尊，大约都是所谓的盟器。明、盟二字声同，例可互相通借；不仅明可通借作盟，反过来，盟也可通借为明。古文献中就不乏借盟为明，将明器称作盟器者，例如：象《孔子家语》之《曲礼·子夏问》中"夏后氏之送葬也，用盟器"，《曲礼·子贡问》中"其葬无盟器之赠"，《魏书·儒林传·刁冲传》中"又去挽歌方相并盟器杂物"等句。这些句子中的盟器之盟，皆借作明；所谓盟器，则皆是明器。张文例举之盟器也可能与之相同，其实都是明器。这样一来，《剌鼎》四器铭中之盟或明与克器铭"乃明乃鬯"之明（盟）其精神实质就完全不同了。因此，用它们来证明克器铭"乃明乃鬯"之"明"不能作盟誓讲，就不一定对路了。

说到明器，今之论者往往引证《礼记·檀弓上》传为孔子所说的那一段话，将其解释成"中国古代专为随葬而制作的器物"[2]。《礼记·檀弓上》云："孔子曰：'之死而致死之，不仁，而不可为也；之死而致生之，不知，而不可为也。是故，竹不成用，瓦不成味，木不成斲，琴瑟张而不平，竽笙备而不知，有钟磬而无簨虡。其曰明器，神明之也。涂车刍灵，自古有之，明器之道也。"其实，孔子的这种说法与今人对明器所下的定义，都只是狭义的明器。广义的明器，应当包括所有为供奉神明而制作的器物；也就是说，举凡专为供奉各神祠祖庙之神明而制作之器，和专为随葬死者而制作之器，统统皆可称之为明器。而为随葬死者制作之器其所以也可在明器之列，是因为生者往往视死者为神明之故。《礼记·檀弓上》"其曰明器，神明之也"，说的其实就是这么个道理。《左传·昭公十五年传》云："诸侯之封也，皆受明器于王室"。此处所言诸侯受之于王室的"明器"，肯定不是指专为随葬而制作的那种明器，而应是王室授予诸侯以让其供奉封土以内神祠祖庙众神明的祭器。张亚初同志所引《剌鼎》等四盟器，很可能就是这后一种意义上的明器。如将《左传·昭公十六年传》所言和《礼记·檀弓上》孔子所言之明器这二者相加之总和，才是广义的明器。《再探讨》所引《剌鼎》等四盟器，其实都是明器；而其铭中"明尊"、"盟鼎"之明、盟，其实都是明器之明，而与盟祭是两回事。故而，它们既不能证实周初盟只作祭名解，也不能用来否定笔者在《问题》文中将"乃明乃鬯"之"明"作盟誓解的拙见。

4. 周初及其以前的盟誓

盟誓，是专为去疑、要不信而设的。《说文》云："国有疑，则盟。"《国语·鲁语》则曰："夫盟，信之约也。"在古代社会中，只要疑惑存而不去，只要众人心理、行为上的岐义需要统一，只要不守信约的行为存在，盟誓就会产生并存在。古史传说和民族学资料表明：我国最晚到新石器时代的中、晚期，即考古学上的仰韶文化晚期至龙山文化时期，古史传说中的炎、黄五帝时代，盟会与盟誓这东西就已经出现并风行了。如无盟誓将各个小的氏族、部落首先从精神与道义上约束、一致起来，又怎会形成炎帝、黄帝、颛顼、帝喾与尧、舜、禹等大部落联盟及其领袖呢？无有盟誓，又何来的联盟呢？古文献中有许多关于周初及其以前就存在盟誓的记载，学者专家们在讨论出土盟书时也大多曾作过称引，本不劳我再加搜证。无奈张亚初同志坚持周初及其以前根本就不存在生人间盟誓之说，并以此与余说苦苦相诋，故我在此又不得不再稍加征引。《墨子·兼爱下》曾引大禹伐三苗前与群后众士所作之《禹誓》（按：同样内容，亦载于《尚书·虞书·大禹谟》），《尚书》有夏启伐有扈之《甘誓》，汤伐夏桀之《汤誓》，武王伐纣之《泰誓》与《牧誓》，《逸周书》有《商誓》。所有这些誓都是盟誓，是领袖、国君与三军将士间的盟誓，而所有这些誓都在周初武王兴周灭商以前。怎么能说周初及其以前没有盟会、盟誓的存在呢？河南有个孟津县，古又称盟津，据说即因武王伐纣于此会盟诸侯而得名。王充《论衡》即云："武王与八百诸侯咸同此盟，故曰盟津。"《礼记·檀弓下》"殷人作誓，而民始畔；周人作会，而民始疑。"这些，也都明确宣布了殷商及周初盟会誓约的存在。按古礼，盟必有盟书。这些盟书，一份随牺牲埋入地下，由地下神灵收执；当事各方则各执一份，藏之于祖庙或专门的官署。

这个官署就叫盟府。《左传·僖五年传》云："虢仲虢叔，王季之穆也。为文王卿士，勳在王室，藏在盟府。"《左传·僖公二十六年传》云："昔周公、太公股肱周室，夹辅成王，成王劳而赐之盟曰：'世世子孙，毋相害也。'载在盟府，太史职之。"这两则记载，前者云周文王时即有虢氏与王室的盟书藏在盟府；后者不仅证实周初成王时成王曾与周公、太公立过盟约，而且连成王宣读的盟辞内容都记录了下来。这些都堪称是周初即确有生人间盟誓的铁证，是任何人以任何借口都推翻不了、否认不掉的。张亚初同志所谓周初尚无盟会、盟誓之论，显然是失之偏颇的，是根本站不住脚的；他想以此论来否定我将克器铭"乃明乃鬯"之"明"说成是周王与太保和克盟誓的见解，恐怕也是徒劳的。

5. 关于双重取证法及其他

《再探讨》批评我引《周礼》《春秋》考释克器铭文是"用东周战国时期的文献记载的东西去硬套太保罍、盉铭文"，认为这样做"是否合适是有问题的"，是"完全根据后世的文献记载，而置地下出土的古文字原始资料于不顾"，是完全违背著名史学家王国维先生所倡导的历史文献与地下出土文物相结合的双重取证法准则的"犯规"行为。在张亚初同志看来，考释西周金文只能用西周当时实录的古文字资料和原始文献，东周战国时期成书的《周礼》《春秋》《左传》等古籍是统统不能用的。谁像我这样用了，就要被张先生讥之为"硬套"，斥之为违背了王国维所倡导的双重取证法。其态度之极端、偏执，简直比"疑古派"还"疑古派"。若照张先生的说法，历史文献中能用来考释西周金文的，恐怕就只剩下今文《尚书》中《周书》数篇、《逸周书》数篇（按：远非全部）和《诗经》中自西周传留下来的有数的几首了。其实，即使是这些，也不乏后人传抄时的改窜和羼入，也并不都符合张先生的标准。这样，历史文献可用者便几等于无了。请问：这还有什么"文献典籍与出土文物的双重取证法"可言呢？

《周礼》《左传》等文献虽成书于东周战国时期，然而这些书中记载的许多史实、掌故、典章、制度却渊源甚远，反映了相当多的春秋、西周甚至更古远的传统。这已是被无数事实所证明了的共识。因此，《周礼》《左传》等东周战国的文献考释西周金文的资格不仅不应被剥夺，相反，还应当将它们当成考释西周金文的利器与宝库加以提倡和重用。我们在考释西周金文时，西周的地下出土古文物、古文字资料及传世确出于西周的文献资料固然重要，但东周战国的《周礼》《左传》等晚出文献资料也决不容弃置和忽略。古文字原始资料在原始性、确凿性上固然优于文献典籍，但受出土数量和内容的限制，其在蕴含量、系统性上比之文献典籍有着明显的局限性。因而，凡地下出土文物资料中暂未发现的东西，历史上未必就没有；若文献典籍已言其有（按：若周初之盟誓），而于地下出土文物中暂未发现的，就更不可像张亚初同志那样，偏执地下出土文物、古文字资料之一端，而轻率地断言其无了。因为这恰恰是对"双重取证法"严重地违反。以上都是常识，是我们身体力行王国维先生所倡导的双重取证法时所必须随时加以注意的。我国著名汉语语言学家王力先生生前有句治学名言，叫做"说有易，说无难"。我愿与张亚初同志以王力前辈之言共勉。

张亚初同志既将别人引《周礼》《春秋》以考释克器铭斥之为"用东周战国时期的

文献记载的一套东西去硬套太保罍、盉铭文",那他在考证克器铭时就该将东周以下的文献一概抛弃不用才对。然而,他在考释时不但引用了东周战国的《左传》、《国语》、《论语》和两汉成书的《史记》、《说文》,甚至还引用了北宋官修的字书《集韵》。张亚初同志此举,岂不是"套"得更"硬"了吗?看来,考释西周金文时东周文献并非一概不能用,关键分谁用。张先生自己用,咋用都成,都是"活学活用";我用则咋用都不成,都是生搬硬套。如此学风,该给它下个什么评语?就不用我再置喙了吧!

四、关于燕史研究的几个问题

1. 燕国是否为成王时所封

笔者在《问题》一文中认为:召公奭虽曾在武王时名义上受封作了北燕侯,但武王时他及其子可能均未实际就封,实际就封可能在成王初期。上述观点决不意味着笔者认为《燕召公世家》所说武王封召公奭于北燕的记载并不可信。关于铭中"克"在"实际上初封还是再封"?笔者在《问题》一文中曾明确指出:"这两种可能在克身上其实都存在。"并针对这两种可能分别作了推测与交代。第一种可能,是当克为实际上而不是名义上的初封燕侯时,"其册命即位之年似当在成王早期";第二种可能,是当克为实际上而不是名义上的再封燕侯时,即在克前已先有一位兄长代召公奭就任燕侯时,其册命即位之年则有可能在成王晚期。而作为后者,克的就封之年与燕的被册封、立国之年显然是两码事,不应该也不可能被混同起来。张文说,有的同志认为"燕国建国的历史要晚到成王早期,甚至要晚到成王晚期"。如果他这里"有的同志"是指我,那他肯定是把我在作第二种可能性推测出的克就封之年与燕的被册封、立国之年混为一谈了。是他对我的小文没仔细看,还是他故意抛开我的假设前提曲解引申,藉以哗众取宠、耸人听闻?这一点,恐怕只有张亚初同志自己清楚。但有一点我是清楚的,即张亚初同志的这种批评属于无的放矢,找错了对象。

张亚初同志在《再探讨》中还引《尚书大传·洪范》有关武王封箕子于朝鲜与箕子于武王二年自朝鲜来朝的文献记载,反驳我在《问题》一文中提出的召公或其代就封适子因"四方扰攘,天下分崩,叛国林立、道理不通"故而不太可能在武王之世就封赴国"的说法。其言下之意是:箕子既能在武王元年、二年通过北燕而往返于朝鲜与中原两地,召公及其代就封适子就能去得北燕。此说乍听起来让人觉得颇有几分在理,但细细考究起来却并不尽然。

这首先要从箕子的身份与政治态度说起。箕子,是殷商王室的重要成员,是商朝的股肱重臣,是纣王的叔父,商朝重要诸侯大国箕国的封君。他虽不满纣王的昏暴之政,披发佯狂为奴,为纣所囚,但其心仍向着商室。故而,在被武王释放后,"箕子不忍周之释",才"走之朝鲜",采取了与周消极对抗的态度。因他是殷的"三仁"之一,在殷遗中威信极高,武王才对他格外笼络,就势便把他封在了朝鲜。商末周初北燕所在的今北京市与河北北部,本是商人的发祥地之一。商人的始祖契之子昭明,曾居于今河北泜水流域的砥石。商人的远祖王亥在与今河北易水流域的方国有易氏贸易时，被有易氏杀死，王亥子上甲微借助河伯的武力，终于击败有易，杀死了其君绵臣，进一步扩大了商人在今河北易水流域的势力。故而，近年有些学者撰文，认为商人起源于河北。在商末作为北燕所在地的今北京市与河北北部平原，与东夷所在的今山东、苏北等地区一样，也是商殷王族诸侯大国的重要封地，也是周初周人敌对势力较强盛而集中的地区之一。一百多年前，北京近郊卢沟桥曾出土周初"冀侯亚矢"铜盉一件；近年，北京琉璃河 M251 也有"其亚矢"铜鼎一件出土；辽宁喀左北洞，也有"冀侯亚矢"方鼎一件出土。这些铜器铭中的"冀"或"其"，应当与商末箕子的旧封国——箕国有紧密的关系。这些带有"冀"或"其"铭文铜器的出土表明：周初的北燕，很可能就是箕子原有封国箕国之所在。故而，箕子在商亡被武王释放后，就从这里出发，继续北逃，到了朝鲜。朝鲜原在箕国东北边外，与箕大约早有旧关系，故箕子之逃亡朝鲜，也是有相当背景与渊源的。燕山南麓的今河北卢龙、迁安一带，还有着商的另一个王族诸侯国——孤竹[3]。近年，辽宁喀左北洞出土了一件带有"孤竹"铭文的商末铜罍；《史记》则载有叩马而谏阻止武王伐纣、商亡后至死不食周粟的孤竹君之二子伯夷、叔齐。从伯夷、叔齐的表现可见，孤竹国反周向商的政治立场也至为明显。故而，武王在灭商甫毕，就急忙将其左膀右臂周、召二公分封于东夷的老巢鲁和殷顽遗民集中的北燕。这一重大举措，是武王经过深思熟虑，并对周、召二公寄予了厚望。张亚初同志所谓"燕地并不存在象东夷这样强大的敌对势力"云云，恐怕并不符合当时的历史实际。既然横亘在箕子由中原逃往朝鲜和由朝鲜返回中原途中的箕国与孤竹，一是箕子往日的封国，一是同属商王族的兄弟之邦孤竹，故而当箕子通过时自然是畅通无阻、高接远送。但若换了周朝的股肱重臣召公奭及其子，情况恐怕就正好要颠倒过来，变成兵来将挡、水来土掩了。故而，同样是这条路，在武王时箕子走得，召公就未必能走得。

此外，武王与成王早期召公所以迁延耽搁，未能去北燕就封，还可能同时另有一种原因。即这一时期周室初立，百废待举，正逢多事之秋，作为与周公并驾齐驱的周室前两位心腹股肱重臣，召公必须与周公一样，留在周都，辅拂武王与幼主成王。所以，一直拖到大约成王早期，周、召二公眼见实在不得脱身之国就封，才先后想出了以元子代就封的变通之策，让伯禽代周公就封于鲁，让召公元子×（按：这个×可能是克，也可能是先于克就封的克的兄长）代就封于北燕。

此外，如果我们假定罍、盉铭中对燕侯的册命就是实际上的而不是灭纣之初那种名义上的初封的话；那么，铭中的"太保"一语本身就带有极为鲜明的时代特征，他表明该器铭中之时王只能是成王，燕国君侯的实际初封早不过成王时期。陈公柔先生在《纪要》中指出："《尚书·君奭序》'召公为保，周公为师，相成王为左右'。……《史记·燕召公世家》云：'周武王之灭纣，封召公于北燕。其在成王时，召公为三公'。铭称太保，是时王当为成王。"陈先生的这一意见，无疑是正确的。张亚初同志忽略了"太保"一词的时代特征，将罍、盉铭中时王定为武王，是否有点考虑欠周呢？

2. 关于燕国是否兄终弟及

关于燕国的早期世系，召公以下八世史书俱已失载。《世本》说燕自宣侯"皆父子相传，无及"，恐也只是出于估计，并无多少实在根据，当时也不可能找到什么实在根据。否则，宋衷早就把燕自召公以下八世世系补足出来了。燕国的君位在召公奭在世以前究竟是父子相传，还是兄终弟及？恐怕目前还难以作最后的论定。笔者在《问题》一文中提出"燕国在太保在世前所实行的，当是事实上的'兄终弟及'制"，那也只是依据传世与新出金文资料试作的一种推论。它既可以讨论，也需进一步接受验证。看来，这个问题的关键，就是对《恒轩》16《匽侯旨鼎》铭的"父辛"与《害鼎》铭之"召伯父辛"及《录遗》85《小臣䖒鼎》、《日华》2·204《太史友甗》两铭中之"召公"怎样理解。截至目前，学术界对此的看法并不一致，迄无定论，恐怕也说不上谁误谁正。陈寿先生（笔者按：陈寿，乃陈公柔与张长寿二先生之联合署名）在《太保殷的复出和太保诸器》（《考古与文物》1980年4期）一文中认为：《害鼎》铭中的"召伯父辛"，应当就是太保召公奭。在《纪要》中，陈公柔先生又认为：克罍、盉"铭中的克当和害器的害、《匽侯旨鼎》的旨为兄弟行，但旨不是第一个就封于匽的匽侯"。唐兰先生和张亚初同志则认为：周初金文中的召公与召伯绝不是一个人。召公奭的长子封燕，是为召伯，也就是《害鼎》铭中的"召伯父辛"；次子召仲袭召封，为第二代召公。这种意见，也只是一家之言，还谈不上就数他正确；而且，其中也并非没有可商之处。

首先，其召公与召伯决非一人之说，就多半系出于某种直觉，并无充足的根据。古文献记载中的太保奭，可是在《史记·燕召公世家》中称召公，在《诗·国风·召南·甘棠》中又称召伯的。唐、张二先生想破旧立新，就必须拿出证据来。

其次，召公奭封燕的长子为召伯之说，本身就颇有自相矛盾之处。因为，当长子代就封于燕时，召公奭犹健在。在此之前，召公绝不可能将召之封爵预令其长子代袭；此后，长子已离京去燕，召之封爵也只能待召公奭死后由其仲子承嗣。代就封于燕的召公奭长子，无论从哪个角度看，他与召地、召爵都了无干系。他就封于燕后只可称燕侯，召伯的冠冕是加不到他头上去的。故召伯父辛还是实领召公、召伯之位又兼名义上第一代燕侯的太保召公奭方足以当之。

再其次，唐、张二先生召伯为召公封燕长子之说还有一个难以逾越的障碍。既然召伯为召公封燕之长子名号，那么在西周金文中召伯这一支就理当由代就封于燕的长子后裔们世袭，而与留在京师继承召公名位的召仲一支无关，其召伯之号自然也戴不到召仲后裔的头上。众所周知，西周厉、宣之世的重臣召穆公虎，应是留京承袭召公之位的召仲后裔无疑。然而，就是这个召穆公虎，在《琱生簋》二器铭中却均被称之为"召伯虎"。这，又该作何解释呢？所谓召伯或召伯父辛当为召公奭封燕长子之说，只怕是有些难以成立吧！

3. 是否是封燕六族

诚如张文所引证的那样，虘可读为徂，雽也可读为于，羌狸与驭微似也可作地名理解。但是在罍盉铭中，"虘、雽"并不是非要作地名讲不可；"羌龟虘雽驭微"六字，也不是作国族名讲就不成。"虘雽"在别的器铭中可作"徂于""至于"讲是一码事，它们在罍、盉铭中是否也只能作"徂于""至于"讲则另是一码事。有一个很明显的事实可能被张亚初同志忽略了：即在罍、盉铭中作介词"给、在、到"等义讲的"于"字，如"享于乃辟"之"于"，和"令克侯于匽"之"于"，二器盖、腹四铭中八个"于"字一律都写作"㐫"，没有一个写作"雩"的。显然，罍盉铭款的刻写者在书写习惯上是不将"于（㐫）"写作"雩"的。铭中的"雩"如借来表"于"义，那么同文四铭处于"雩"位置上的四个字也该有一个或两个写作"于"的。然而，它们却一律都作"雩"，而没有一个作"于"的。故而，别的器铭"雩"可通借作"于"，但在克器铭中则未必即可。故而，把"事"后六字理解为六族的意见未必就不妥，而象张文将"事"及其后六字作"治封疆之事从羌、狸而至于驭、微"解，未必就妥善。

五、对若干字、词、句文例的再分析

1. 关于"乃明乃鬯"之"乃"

笔者在《问题》一文中认为："乃明乃鬯"之"乃"，与《尚书·伪孔传·大禹谟》"乃圣乃神，乃武乃文"四个乃字用法近似，是没有实在意义而隐含表过去时态的助词，它与现代汉语"已经作了某事"中"已经"一类的词语作用相似。张文虽也同样认为铭语"乃明乃鬯"之"乃"与《大禹谟》"乃武乃文"之"乃"相近，但他认为："乃某乃某"之'乃'，决不能解释为过去时态。这一句式中的乃字如果解释为过去时态，'乃文乃武'这些句子就都讲不通。'王曰："太保，惟乃盟乃鬯，享于乃辟"'这一句话中的盟祭和鬯祭，都不是过去式，而是将来式，是尚待进行的事。"

张亚初同志说"乃字如果解释为过去时态，'乃文乃武'这些句子就都讲不通"，那么，按他的讲法说成将来式就讲得通吗？"将要文将要武"就通顺吗？我看，这才是真正的不通。杨树达先生《词诠》收有"乃"字在古书中的用法十三种，然尚未闻有如张氏所言表将来式者"乃"作为助词，仅表示已经存在的事实，它包括过去时和现在时，但却决不包括将来时。张亚初同志说克器"乃明乃鬯"之"乃"是"将来式，"不知根据何在？

其实，乃字如解释为过去时态，"乃武乃文"这些句子不见得就讲不通，关键就看你如何去讲。若照笨办法，把"乃武乃文"硬译成"已经武已经文"，看着自然欠通；但若换一个灵活的讲法，这句话就完全可以讲通，而且"乃"字仍表的是过去时态。《大禹谟》的"乃圣乃神，乃武乃文"，乃是臣工们对帝舜的赞美之辞，说的是帝舜任用禹、伯益等贤臣治国获得成功后，大臣们赞美帝舜"既已具备了圣明之德（乃圣），又已具有了神明之威（乃神）；既已有了武功之勋（乃武），又已有了文治之业（乃文）。"其语颇近于"亦圣亦神，亦武亦文"，都是表示舜已具有了双重的圣德或功业。句中连续使用的两个"乃"，就相当于现代汉语里的"既怎样了，又怎样了"的关联词作用。内里所隐含的，却仍是一个过去时态。克器铭之"乃明乃鬯"，也可作"我们既已作过了盟誓，又已做过了鬯祭"讲。读起来流畅，讲起来也通顺。

2. 关于"享于乃辟"之"享"与"乃辟"

说到在先秦古籍与金文中"享"字一般应施之于已故祖先、神明而不用之于生人，用于生人时一般当用"饗"字，我在《问题》一文中已经有所注意与阐明。文中我引朱氏《定声》"(享)字与饗别。享，神道也；饗，人道也"之言，要表达的就正是这个意思。但这也就是指一般情形而言，并不意味着在特殊情况下绝对不可突破。故而在文中我又说道："享在使用中，义复有引申。《定声》曰：'所尊者以神道事之，故亦曰享'。这就是孔注《尚书·洛诰》'汝其敬识百辟享'所云：'奉上谓之享'。《考工记·玉人》'诸侯以享天子'，正用此意。"既已有上引充实的依据，因此笔者才将"享于乃辟"当作太保将享献敬奉给他时王君上讲的。张亚初同志在批评我时，对我在《问题》一文中已经清楚陈述过的理由一直视而不见、避而不谈，只顾说他那"享"只能施之于已故先祖而不能用之于生人和时王的老调。我实在搞不明白：张亚初同志对笔者的上述交代说明是压根儿就没有看过呢？还是虽已知道，在文中却故意回避呢？

"享"字真的像张亚初同志所说的那样，只能施之于已故先祖而不能用之于生人吗？根据我考查的结果证明：情况并不是这样。在《问题》一文中，我已就《尚书·洛诰》《考工记·玉人》等先秦古文献中"享"亦可用于生人作了说明。其实，就是在西周金文中，"享"也不乏可用于生人之例。例如，在西周的《殳季良父壶》铭"用享孝于兄弟、婚媾、诸老"句中，"享"的被施用对象"兄弟、婚媾、诸老"就肯定都是当时的生人，而决不是已故的死者。类似的例子还见于西周铜器《克盨》铭，其文曰："隹用献于师尹、倗友、婚媾"。说的虽不是"享"本身，但"献"与"享"同意，经常连用，亦可参见"享"之可用于生人。最有说服力的，是西周中期著名铜器《伯戜方鼎》铭。其铭曰："安永褻戜身，毕复享于天子。"这里"享"的对象正是活着的天子，谁也不能把"天子"理解成死人。且臣享天子，正是孔注"奉上谓之享"的意思。

张亚初同志从"享"在西周时只能施之于已故先祖的固定概念出发，导出了克器铭之"享于乃辟"之"乃辟"只能是已故先王而不可能是健在时王的结论。辟，有表君王之义；乃，又可表代词"你的"。故"乃辟"，就是指"你的君王"。如此说来，张文将克器铭中周王对太保所言"乃辟"作"你的先王"讲，似亦无不可。其实，细究起来，这种讲法却是错误的。

凡以"辟"表君王义而组成的"乃辟"一语（按：也包括克器铭中之"乃辟"），几乎一无例外地都有一个共有的语言环境与场合对象：即它都是在君臣直接相对的场合，由君王说给臣下听的。这时君主口中的"乃辟"(你的君王)，实则就是臣下眼前的这位君王本人的自称。就先王而言，臣下的先王，其实也是君主的先王。故而君主在臣下前称先王是不用"乃辟"而将自己置身事外的，一般都直接称"先王"。因此，"乃辟"只能指臣下面前的时王本人，而决不能指先王。笔者对先秦文献和西周金文曾稍作检查，结果正好证明了这一点。先秦文献中的"乃辟"，我们可以阮刻《尚书正义》各篇中所出现者为例。

（1）《商书·说命上》：王曰："惟暨乃僚，罔不同心，以匡乃辟。俾率先王，迪我高后，以康兆民。"

（2）《商书·说命下》：王曰："惟后非贤不乂，惟贤非后不食。其尔克绍乃辟于先王，永绥民。"

（3）《周书·泰誓下》：王曰："肆，予小子，诞以尔众士，殄歼乃仇。尔众士其尚迪果，以登乃辟。……予克受，非予武，惟朕文考无罪；受克予，非朕文考有罪，惟予小子无良。"

（4）《周书·周官》：王曰："呜乎！三事暨大夫！敬尔有官，乱尔有政，以佑乃辟，永康兆民。"

（5）《周书·君牙》：王若曰："君牙！率乃祖乃考之攸行，昭乃辟之有义。"

（6）《周书·囧命》：王曰："呜乎！钦哉！永弼乃后于彝宪。"（"乃后"与"乃辟"同）

（7）《周书·文侯之命》：王若曰："父義和！汝克绍乃显祖，汝肇刑文、武，用会绍乃辟，追孝于前文人。"

西周金文中用"辟"作君王义的"乃辟"，仅见两例，它们是：

（1）《大盂鼎》："女（汝）勿剋余乃辟一人。"

（2）《毛公鼎》："欲女（汝）弗以乃辟圅（陷）于囏（难）。"

以上《尚书》例（1），乃商王武丁让贤臣傅说与同僚们同心去匡辅他们的"乃辟"，以便其能以先王为表率，以康兆民。此"乃辟"在文中与"先王"同见，显然非先王，而应是武丁自己。例（2），武丁又让傅说辅弼"乃辟"，以令其能"克绍先王"。此乃辟显然也是时王武丁本人。例（3），乃周武王让众士奋勇战斗，以便能让他们的"乃辟"战胜商受（纣）王，且句中另提到了作为先王的"文考"。其"乃辟"所指，显然非时王周武王莫属。例（4），乃周成王让三事及大夫敬守其官职，善治其政务，以辅佑他们的"乃辟"。"乃辟"而需要辅佑，非时王而何？例（5），"乃辟"要臣下君牙昭助他成为"有义"明君，自当也是时王。例（6）之"乃后"也要臣下辅弼，肯定也是时王。例（7）"乃辟"亦需臣下绍助，以使自己能追孝于前文人，亦当是指时王周平王。

金文例（1）之"乃辟"自称曰"余乃辟"，显系铭中时王之自称无疑。金文例（2）中的"乃辟"让毛公不要将其陷于难。"乃辟"而有可能会陷于难，自非已故之先王，而必是时王无疑。

以上九例说明：无论是在先秦文献还是在西周金文中，凡君王在对臣下训话时若使用以辟为君王义的"乃辟"，还未见一例可作"先王"理解者。所有这类文献与金文若要提及先王，或明言"先王"，或直称"文考"，或迳书"文、武"，而从来不以"乃辟"这类含混字眼囫囵言之。由此可见，克器铭中"享于乃辟"之"乃辟"决非什么已故先王，而只能是铭中的时王周王。而"乃辟"前的那个"享"，其施用对象自然也就是生人时王无疑了。

3. 关于"余大对"之"余"与"大对"

笔者与张亚初同志虽都把铭语"余大对"之"余"作相当于现代汉语"我"理解，

但笔者将其作铭中的周王自称,张亚初同志却认为它不可能指周王,而只能指太保。其理由是:紧跟在"余"后面的"大对","是感激涕零的用语,在铭文中罕见。周王对太保用'大对'是有悖于情理的。这只能是臣下身份的太保对周王使用的口吻"。

笔者在前面既已证实了"享于乃辟"的"享"也可以施之于生人,又已证实了作君王义的"乃辟"在文献与金文中只能指健在的时王;那么"享于乃辟"就只能作太保享献周王理解;那么在紧随"享于乃辟"语后那位刚刚接受了太保享献的周王,对太保的享献就必须有所表示和酬对。这个表示与酬对,就正是铭语"余大对乃享"中的"大对";而"大对"的理由正是因了"乃享"(即你的享,即太保的享);而"大对"这一动作的发出者——"余",就必然是前面接受太保"享"的周王无疑。铭中的周王应是周成王,他与太保召公奭虽义属君臣,却辈为叔侄。作侄儿的周成王对叔父召公的隆重享献报之以"大对",这不仅无悖于情理,而且还应在情理之中。张亚初同志说"大对"是形容臣下对君上感激涕零称扬的专用语。恕我眼拙,我是怎么也看不出这"大对"中有臣下对君上感激涕零之意。

4. 关于"乃享命,克侯匽"

张亚初同志为了使将"克"作副词"能够"讲与将受封与作器者都说成是太保的意见能自圆其说,在铭文的点断上颇作了些特殊处理。他将"命克侯于匽"这句谓宾连接得密不可分的句法结构硬行拆开,让"命"字归上句,凑成短语"乃享命",形成"余大对,乃享命,克侯于匽"的格局。这样,既可将"乃享命"说成是太保自称他"这就享有了周王的册命",又将及物动词"命"与明显该作其宾语的人名"克"拆散,力避形成将"克"作"能够"讲而"命"后又无必要宾语的尴尬局面。然而,笔者在又拜读了《再探讨》的诠释语译以后,仍深感其点断不免支离破碎,说解也扞格难通。张亚初同志既坚持周初的"享"只能用来表示生者对死者的祭献,在"乃享命"中又让生人太保去享受生人周王的册命,这岂不是作法自犯、自相矛盾吗?!至于张亚初同志将在"命克侯于匽"和"克罙匽"两句中一处处"兼语"位置、一处主语位置的人名"克"强解成副词"能够",让身为王叔、太保高位的召公在受封后还要连呼两声"能够"之有悖于语法世情,前文已尽其意,这里我就不多说了。至于说"能够",在现代汉语语法书中有能愿动词、副动词、同动词诸称,却从未见有称其为副词者,不知张亚初同志如此称呼何有依据?《再探讨》还将其认为义当做"穴中出皃"讲的铭语"罙"拐弯抹角地新译成"太保高兴地见到并称侯于广袤的燕地"。我却怎么也看不出这"穴中出皃"与张的新译解之间有什么相通之处来。张亚初同志自称其译解"文从字顺"。这种说法,会不会给人以言过其实之感呢?

张亚初同志批评我说:"有的同志把'余'理解为周王,而且以'余大对乃享'为句。如果读成'余大对乃享,命克侯于匽,事羌、狸、馭、雩、驭、微'的话,'余'至'享','命'至'微'就是三个并列复合句,主语便是'余',即'周王'。这三句话的意思就应该是这样:周王大大感激你(太保)的献享,周王命令克称侯于燕,周王事(管理)羌、狸等六个族的臣民。如果这六个族是由周王去管理的话,当燕侯的究竟是谁?是克还是周王?不好理解。这种矛盾是由句读不当造成的。"

应当指出：张亚初同志对我的点断所作的上述译解完全是一种误会或曲解，这与我的译解毫不相干。在汉语中有一种特殊句型，叫做"兼语句"。句中前边既有主语、谓语和宾语，在宾语后还有宾语的二重谓语和该谓语的二重宾语。由于中间宾语兼作前谓语的宾语和后谓语的主语，故称其为"兼语"，称其句为兼语句。如：

```
老师 ‖ 要求   同学    完成   作业
(一主) (一谓) (宾·主) (二谓) (二宾)
```

句中"同学"兼作前边一重谓语"要求"的宾语和后边二重谓语"完成"的主语，是谓"兼语"。克器铭"事羌髟䕡雩驭微"上承"余大对乃享，命克侯于匽"为句，既承先省略了主语"余"，又承先省略了一重谓语"命"和"命"的宾语"克"。如果把这些承先省略部分都在"事"前补足，则句作

```
余 ‖ 命   克   事   羌、髟、䕡、雩、驭、微
(一主)(一谓) 宾·主 (二谓)      (三宾)
```

这样，此句也就成了兼语句，兼语词"克"既是一重谓语"命"的宾语，又是二重谓语"事"的主语，事羌髟等六族的就不是"余（周王）"，而是由"余（周王）"任命的"克"了。当燕侯的当然是克，而不是周王。这一切都很好理解，也并无句读不当、矛盾之处。张亚初同志觉得不好理解，仁智之见固有以不同；恐怕对汉语的承先省略既不很熟悉，对汉语兼语句式又缺乏了解，大约也是其致惑的原故吧！

注　释

[1] 西周金文"有司"也很多见。如《䚷鼎》"以师氏眔有嗣（司）遂或（后国）戕伐脮"，《令鼎》"有嗣（司）眔师氏小子卿射"，《南公鼎》"南公有嗣（司）献作尊鼎"，《毛公鼎》"命女（汝）毁嗣公族雩（与）参有嗣（司）"，《散氏盘》"矢人有嗣（司）"，"堆人有嗣（司）"，"凡散有嗣（司）"等，不胜枚举。足见笔者将克器铭之"又（有）嗣（司）"释作"有司"决非是为了与文献中习见之"有司"相附会。

[2] 见《中国大百科全书·考古学》第335页《明器》条。

[3] 《史记索隐》引《地理志》曰："孤竹城在辽西令支县。应劭云：伯夷之国也，其君姓墨胎氏"笔者按：此墨胎氏，正是《史记·殷本纪》中《太氏公曰》所云"契为子姓，其后分封，以国为姓，有殷氏……目夷氏"之目夷氏。可见孤竹确乃商王之同宗支属封国。《史记正义》引《括地志》曰："孤竹古城在卢龙县南十二里，殷时诸侯孤竹国也。"

（原刊于《考古与文物》1995年第1期）

西周燕国铜器与召公封燕问题

任 伟

燕,甲骨金文写作"匽"或"郾",西汉以后之文献始作"燕"。西周时期的燕国是周王分封的北方诸侯国,自周初受封至战国时被秦灭,"社稷血食者八、九百岁,于姬姓独后亡"[1],在中国历史上占有重要地位。然而关于西周时期的燕国,文献记载很不详备,致使自太史公以来,后世学者聚讼纷纭、莫衷一是,其争论的焦点之一就在召公是否封燕和始封年代问题。而近年来北京琉璃河西周燕国遗址的发现,为我们逐步廓清这一燕国史事提供了可能。

一、克器铭文与第一代燕侯

关于召公奭封于燕的情况,史书有一些记载。如:

《史记·周本纪》载:"武王追思先圣王,乃褒封神农之后于焦……于是封功臣谋士……封召公奭于燕。"《史记·燕世家》载:

> 召公奭与周同姓,姓姬氏。周武王之灭纣,封召公于北燕。其在成王时,召公为三公;自陕以西,召公主之;自陕以东,周公主之。成王既幼,周公摄政,当国践阼,召公疑之,作《君奭》……召公之治西方,其得兆民和。召公巡行乡邑,有棠树,决狱政事其下,自侯伯至庶人各得其所,无失职者。召公卒,则民人思召公之政,怀棠树不敢伐,歌咏之,作《甘棠》之诗。自召公以下九世至惠侯。燕惠侯当周厉王奔彘,共和之时。

然而从以上记载我们不难看出,司马迁对召公封燕的具体情况好像也不甚明了,故行文中有些含糊其辞。况且"召公封燕"一事,先秦典籍《尚书》、《诗经》及《左传》等均未见有载,故而引起了后世学者的种种猜测和解释,甚至怀疑周初是否有"封召公于北燕"一事。

齐思和先生认为"若夫召公之封,尤有可疑。夫武既克殷,灭国甚多。择地而封,岂患无土?又何必远流之幽州之野?且戎狄杂错,召公又安得越之而有燕?窃蓄此疑久矣。后读《汉书·地理志》燕、吴故国皆在中原,始知其后来之燕、吴皆本夷狄而冒为姬姓者也。"[2]在齐先生看来,燕本为夷狄后冒为姬姓,"封召公于北燕"之事是不太可信的。童书业先生亦持有此观点,云:"史籍(指《燕世家》)所记燕世系及事多缺误,未可尽信。北燕来历迄今难考"[3]。

从地理位置看，京师镐京与幽燕地区之间，路途遥远，且要横渡黄河，交通极其不便，确实很难想象武王之世就会在如此偏远的地带封侯建国。故傅斯年先生就曾有"召公既执陕西之政，而封国远在蓟丘，其不便又何如？成王中季，东方之局始定，而周武王灭纣即可封召公于北燕，其不便又何如？"之类的疑问[4]。从前引《史记》文字看，周武王克殷之后即封召公于北燕了，然而召公本人至成王时还犹为三公，主陕西之政，似乎不曾就封。由周初形势看，克殷之后周人正处于从"小邦周"而转变为天下统治者的关键时期，天下局势未定，百废待兴，召公作为武王的得力助手，此时不大可能离开武王而就封于北燕。况且"武王克殷二年，天下未宁而崩"[5]，随后又发生了三监之乱、东征淮夷等重大事件，迫于形势召公长期留在周王身边，处理宗周朝务，不就封应是大有可能的。此类情况在先秦典籍中也是有反映的。如：

《尚书·君奭·序》："召公为保，周公为师，相成王为左右。"

《尚书·召诰·序》："成王在丰，欲宅洛邑，使召公先相宅，作《召诰》。"

《尚书·顾命》："惟四月哉生魄，王不怿，甲子，王乃洮沫水……乃同太保奭、芮伯、彤伯、毕公、卫侯、毛公。"

《尚书·康诰》："王（康王）出在应门之内，太保率西方诸侯入应门左。"

《诗经》《左传》等先秦文献中也有类似说辞。从以上记载我们可以看到召公历经武、成、康三世，确实一直在王朝奔走，不曾就封。对此考古资料亦可为证。如：

《太保玉戈》铭："六月丙寅，王才（在）丰，令太保省南或（国）……"（《陶斋古玉图》84）

此戈传出土于陕西岐山县城西南，现藏美国华盛顿弗利尔博物馆。"1979年李学勤先生出国讲学时曾亲见之。据李先生谈，此玉戈呈棕红色，玉质细腻温润，雕琢工致，十分美观。今据拓本量得，此戈援长50.5、宽9.2、内长16、宽8.8厘米。无胡。内上近栏处有圆形穿，径1厘米。铭文在戈援基部。"[6]李学勤先生定此戈为成王时器[7]，甚确。太保指召公奭，由此可知召公在成王时曾受命巡视过南土。

《旅鼎》铭："唯公太保来伐反夷年，在十又一月庚申……公易旅贝十朋，用作父□尊彝"（《三代》4·16·2）。

此鼎为一分裆鼎。说的是成王时太保征伐东夷之事。唐兰先生认为"此公太保当是明保，即明公。此保字从玉，绝非成王初期"[8]。陈梦家先生则认为"公太保是召公的生称"故宜定为成王时器[9]。陈说可从。由琉璃河出土克器铭文中"保"字皆从玉，可知"保"字是否从玉与时间早晚关系并不大。

《叔卣》两件同铭："唯王牵于宗周，王姜史（使）叔于大保，赏叔……叔对大保休，用作宝尊彝。"（《录遗》161）。

这里是说周王在宗周举行祭礼时，王姜派叔去见太保，太保给了叔一些赏赐。此器铭中之"王姜"当指周成王之君后。陈梦家认为应在成王之时，可从。

通过以上分析，我们可知从武王到康王之世，召公参加了伐东夷、省南国等重大事件，并且经常在宗周参与一些大型祭祀活动，种种迹象表明，召公不曾就封于北燕应无可疑。

那么，我们又该如何看待《史记》所载"周武王之灭纣，封召公于北燕"呢？对此，唐司马贞在《史记·燕世家·索隐》中解释道："召者，畿内采地，奭始食于召，故曰召公。说者或以为文王受命，取岐周故墟周、召地分爵二公，故《诗》有周、召二《南》，言皆在岐山之阳，故言南也。后武王封之北燕，在今幽州蓟县是也。亦以元子就封，次子留周室，代为召公。至宣王时，召穆公虎其后也。"此说当本郑玄《诗谱·周南、召南谱》："周公封鲁死谥曰文公，召公封燕死谥曰康公。元子世之，其次子亦世守采地，在王官，春秋时周公、召公是也。"郑玄、司马贞二人所说，弥补了《史记》中的一些矛盾之处。且元子代封这种情况，鲁国的分封亦可为证。《史记·鲁世家》云："（武王）遍封功臣同姓戚者，封周公旦于少昊之虚曲阜，是为鲁公。周公不就封，留佐武王。武王克殷二年，天下未集，武王有疾不豫……其后武王既崩，成王少……周公乃践阼代成王摄行政当国。于是卒相成王，而使其子伯禽代就封于鲁。"

凡此，我们认为郑玄、司马贞所说基本可信。周初召公受封时，其家族一分为二：一支就封于燕，世代为诸侯；一支留在宗周，世代为王官。此说随着1986年北京琉璃河西周燕国墓地《克罍》《克盉》等青铜器的出土，更得以证实。

《克罍》铭曰："王曰：'大保，惟乃明乃心，享于乃辟。余大对乃享，令（命）克侯于匽，旂（事）羌、马、䚵、雩、驭、微。克寓匽，入土眔厥司，用作宝尊彝。'"

此器出土于琉璃河墓地M1193，口为平沿，方唇，短颈，圆肩，鼓腹有圈足。盖上有圆形捉手。肩部有兽首状半环形双耳衔环。下腹部有一兽首形鼻。颈部有凸弦纹两周，上腹部有凹横一周，器盖和肩部分布有对称的圆涡纹4个和6个[10]。涡纹在殷代与西周早期习见，西周早期以后已较少见[11]。因而此器时代可定为西周早期。

铭文大意是讲，周王褒奖太保，并册命燕侯，授民授土之事。"旂"（事）字诸家解释不一，殷玮璋等先生释为国族名[12]。李学勤、张亚初、刘雨等先生释为"事"字[13]。可从。假如把"旂"字释为国族名的话，那么"克侯于匽"之后就没有了行为动词，而紧跟着又是几个名词，这样文句就有些不通。故释为"事"字较为合适。"羌"当是指羌方，为西北游牧民族，卜辞中习见，马方，卜辞中亦有，如"甲辰卜，争贞，我伐马方，帝受我又"（《乙》5408片）。卜辞中还有马羌、多马羌。陈梦家先生认为"马羌可能是马方之羌，可能是马方与羌方"[14]。由此器铭可知，马羌应指马方和羌方，当是两个相邻的方国。"䚵"作为商代的方国，于卜辞中常见（如《甲骨文合集》27994~27996、36528反，《小屯南地》3655，其时它与羌方、羞方、緫方被合称为四邦方，所处位置与羌方较接近）[15]。雩，王国维先生认为即商代的盂方。盂当为商之敌国，卜辞中多有征伐盂的内容。如"丁卯王卜贞……余其从多田于多白，正盂方"（《甲》2416），"王卜才澡贞……惟王来正盂方白炎"（《后》上18.6）。李学勤先生认为盂方有可能即沁阳的盂[16]。驭，金文与文献中驭与御通用，陈梦家先生认为御方是猃狁族的一支[17]，其活动范围当在太行山一带。卜辞中有"□寅卜，宾贞，令多马、羌、御方"（《殷墟书契续编》5·25·9）。看来驭与马、羌也相距不远。微，有学者认为此"微"即《尚书·牧誓》中，助周人克商之微。殷玮璋、刘士莪、尹盛平等先生认为此"微"乃商末子姓之微[18]。我们认为是有道理的。这样看来，燕国受封时其受民的成分是较为复杂的，既有北方羌、狁等少数民族，也有殷商子姓遗民。

铭文中最为关键的是"令（命）克侯于匽"一句，这关系到谁为第一代燕侯的问题。而其中至为紧要的"克"字，目前学界争议较大。观点大致可归为两类。第一类意见认为"克"是名词，作人名讲。李学勤、陈公柔、刘雨等先生持此观点[19]。其实青铜器铭文中"命某人侯于某地"之句式习见，如：

《宜侯矢簋》铭曰："王令（命）虞侯矢曰：□侯于宜。"（《录遗》167）

《麦方尊》铭曰："王令（命）辟井侯出补，侯于井。"

《伯晨鼎》铭曰："王令䖍侯曰：司乃且（祖）考侯于䖍。"（《三代》4·36·1）

因此，"令（命）克侯于匽"应是册命"克"为燕侯之意。"令"和"侯"都应是动词，而介于两个动词之间的"克"则必为名词。虽然定"克"为名词问题不大，但具体到"克"是否为第一代燕侯，却又有了分歧。李学勤、王世民、朱凤瀚等先生主张"克"应为第一代燕侯，且有可能为元子[20]。而刘雨先生则认为"克"最早第二代燕侯"[21]。两相比较，第一种看法较好。《诗·鲁颂·閟宫》可与克器相印证，其载"王曰叔父，建尔元子，俾侯于鲁，大启尔宇，为周室辅"，"乃命鲁公，俾侯于东，锡之山川，土田附庸"。这里王直呼叔父，却是封其子伯禽为鲁侯，其句式、语气、内容等与克器极为相似。因此我们从克器铭文内容分析，克受命侯于燕，且被"授民授土"，按理应是新封，故推定"克"为第一代燕侯较为合理。

第二类意见则认为"克"在句中是作助动词，有能够之意，受封为第一代燕侯的应是太保本人[22]。克器铭文中有两个"克"字，如果"令（命）克侯于匽"之"克"理解为助动词的话，则第二个"克"字就不容易解释通。故有必要再研究。至于称太保为第一代燕侯，我们认为似有商榷之处。今有青铜器《堇鼎》可为其反证。

《堇鼎》1975年7月出土于房山琉璃河黄土坡村第253号墓，铭文4行26字，铭曰："匽侯命堇，饴大保于宗周，庚申，大保赏堇贝，用作大子癸宝尊彝"（《琉璃河西周燕国墓地1973～1977》第106页）。

此鼎高62厘米，器口稍向内敛，口沿外折，方唇，立耳，鼓腹，兽蹄形足，两耳外侧各饰一组两头相对的龙纹，口沿之下有一周饕餮纹，以六条扉棱为鼻而成六组；腹部素面，三足根部各有一组饕餮纹，其下又有三道凸弦纹[23]。从其形制、纹饰看，当为西周早期铜器之佼佼者。铭文大意是：燕侯派堇到宗周给太保贡献食物，堇因受到太保赏赐而作器纪念。周初任职太保的只有召公奭一人[24]，故此太保为召公奭应无问题。而从鼎铭中我们看到太保是在宗周，且与燕侯非为一人，其二人是并世的，既然召公与燕侯并世，因而召公不为一代燕侯应无疑问。

综上所述，我们认为周初"封召公于北燕"是可信的，只是召公历武、成、康三世，一直留任京师，未曾就封，出任第一代燕侯的是其子"克"。郑玄、司马贞所谓的元子就封，次子留相周室，基本反映了历史事实。然而从以上分析中我们又觉察到，关于西周之燕的建国时间，考古资料和史书记载是互有出入的，司马迁所言武王之世封燕是与西周王朝对北疆的开拓进程不相一致的。下面我们就这一问题展开探讨。

二、西周燕国始封的年代

关于西周燕国的建国时间，先秦典籍未见有载。汉司马迁在《史记·周本纪》中提出是在周武王之时。但在《史记·三代世表》武王一栏中，却只记"周武王代殷。从黄帝至武王十九世"。对分封之事只字未提。而在成王一栏中，却记有鲁、齐、晋、秦、楚、宋、卫、陈、蔡、曹、燕共十一国，除秦国以外，其他十国都注明为"初封"。由此我们不难看出，太史公对周初齐、鲁、晋、燕等国之分封时间也是不甚清楚的。那么燕之分封可能会在武王之世还是成王之世呢？分析武王克殷之后的天下局势，我们认为当时周人的政治、军事势力是达不到古幽燕之地的。从文献记载看，周人攻下商都殷墟后，往北并没有进行长距离的用兵，故武王设置"三监"，其地理位置也基本上没有超出殷墟以北太远的。后世学者大概也看到了这一点，故傅斯年把寻找武王封召公之北燕的目光，放在了周人势力所及的河南郾城[25]。正如上文所论，燕之始封地，由北京琉璃河西周墓地的发现，可证其正位于幽燕之地，已无可怀疑。

《史记·鲁世家》云："武王克殷二年，天下未集，武王有疾不豫……其后武王既崩。"《尚书序》曰："武王崩，三监及淮夷叛。"以管叔为首的这场叛乱，把殷王子禄父也卷了进去。周公遂挥师东征平乱，《逸周书·作雒解》云："殷大震，溃降。辟三叔，王子禄父北奔。"试想假如武王灭纣后即在殷墟以北建立燕国的话，武庚大概也不会向北逃遁了。故燕的始封时间应不会早于"三监之乱"，结合当时的历史情况考虑，我们认为燕之始封最有可能是在成王亲政之后。此有出土文物资料可证。

据传清道光年间，山东寿张县梁山下出土了7件青铜器，即"梁山七器"，其中《大保簋》为其一。其铭曰："王伐录子䦩，䧗厥反，王降征令（命）于大保，大保克敬亡遣，王永大保，赐休余土，用兹彝对令（命）。"（《三代》8.40.1）

此器四耳作兽首形，兽角宽大，高出器口之上，垂珥。腹部饰兽面纹，兽面的双睛为器耳所隔。器高23.5、口径37.5厘米，现藏美国弗利尔美术馆[26]。从器形和纹饰看，当为周初时器。铭中"䧗"字，早年吴大澂和柯昌济曾指出是国名[27]。但学界多持异议，认为其应为发语词，在句中并无意义。自琉璃河出土《克罍》《克盉》之后，学者们以克器铭文与之相比较，多数人认为"䧗"应是方国之名，且距燕国不会太远[28]。"䧗"前文已讲过，是与羌方相距不会太远的一个北部方国。"录"字可释为地名，但具体地理位置，学界多有争议。郭沫若认为："'录'殆即《春秋》文公五年'楚人灭六'之六，旧称皋陶之后，地在今安徽六安县附近。"[29]陈梦家认为"此器记录子之反，王降征令于太保……所征之录，疑在南土"[30]。唐兰先生认为录子当与武庚禄父有关："录与鹿古字常通用，录子当在今河北平乡县一带，汉代为钜鹿县……今平乡在殷墟之北，一百余公里，王子禄父北奔，当即至此。录子䦩应是商王宗族。铜器中有天子䦩觚，天子即大子（太子），在商王族中地位极高。此时禄父当已死，祭以庚日，所以称为武庚，成王伐䦩，当是巩固其北疆。"[31]今由克器可知"䧗"在北土，而"录"地又与"䧗"接近，是可知唐氏独具慧眼，所论甚是。"赐休余土"唐兰先生解释为"赏给我土地"，"余当是第一人称代名词，作器者自称"[32]。陈梦家先生解释为"王使大保赐土于余土之地"[33]。这里似采用陈说为宜。"余土"的具体地望，限于资料，目前难以落实。由铭中"王降征令（命）于大保"可知此时成王已亲政。

王子禄父逃到北方以后，商人可能并不就此甘心失败，故继续进行叛周活动，成王即位后遂派召公前往征伐。召公尽心尽力受到了周王的赏赐。很有可能，周人就是通过这次北征，其军事、政治势力才达到了北土的"肃慎、燕亳"之地。今有西周铜器《小臣艅鼎》可证召公是到过燕地的。其铭曰："召公蠁燕，休于小臣艅贝五朋，用作宝尊彝。"(《商周金文录遗》85）

铭中第三字不易识别，陈梦家认为此字为"往"，"召公不在燕，而是往于燕"[34]。白川静认为此字像踏耤之状，应与农耕践土之礼仪有关[35]。于省吾先生释为"垦"字[36]。裘锡圭先生释为"建"字，意为召公建燕[37]。我们推测召公正是在北征"录子"之时到的燕地。燕地"左环沧海，右雍太行，北枕居庸，南襟河济，形胜甲于天下"[38]，而"由北京往北，经承德、凌源、宁城、喀左，再沿大凌河到朝阳、北票，通向我国辽阔的东北地区，正是周初自燕国到肃慎的重要通道"[39]。可见从地理位置看，燕地正是北方的战略要冲，是西周王朝的北方门户。出于开拓北疆"以藩屏周"的目的，成王遂封召公于燕，"谱"方也正是被召公平乱之后，才能得以封给燕侯的。然而当时"天下未宁"政治局势不允许召公就封，故其元子代封为燕侯。琉璃河1193号墓所出的《克罍》《克盉》铭文，反映的是正是这一历史事实。此墓中与克器同出的还有戈，其上铸有"成周"字样，这说明此墓的年代上限不得早于成王时期[40]。

然而也有学者定克器为武王时器，提出封燕是在武王之世[41]。我们在上文已分析过，克殷之后的政治、军事形势是不允许武王之世封燕的。而之所以把封燕的时间定在成王之世的另一个原因，乃是出于对克器铭文中"太保"一职设立时间的考虑，对于"大保"一职清人崔述有过很好的研究，其曰：

> 古之师保皆所以辅导人主，体隆礼重，故常以耆宿大臣为之。非若后世止为官阶以宠贵臣，虽子弟武夫皆可循次而迁转也。……召公在文王时无所知名，而至康王时犹存，则其年当与周公相若，少于武王者，不得为武王太保也。是以《史记·周本纪》于文王时无一言及于召公者，武王即位，乃云"召公、毕公之徒左右王"；其后召公凡屡见，皆称为"召公"，不称为太保，至成王世，迁殷遗民之后，乃云"召公为保，周公为师"。而《书·君奭篇》序亦云"召公为保，周公为师，相成王为左右。"然则是召公于成王时始为太保，不得为武王时豫书为太保也。周公不得为武王师，召公安得为武王保也！作伪《书》者盖见《召诰》、《顾命》之于召公皆称之为"太保"，不求其故，而遂于武王之世亦以是称之，正如《吕览》之称"武王使保召公与微子明"者然，皆由臆度而伪撰，是以考其时势而不符也[42]。

由此可知，召公在武王之世还不为太保，至成王即位后方得称太保。故把克器铭文中"王曰：'大保'"，之"王"定为成王，方合于成王之世开始拓展北土的历史事实。

那么对于司马迁所言的武王封召公于燕又该如何理解呢？是否《史记》所载毫无根据呢？我们认为，武王带领周人完成克殷之大功后，贵为周之开国元首，且周之分封制始于武王，如三监之设、黄帝及尧、舜、禹之后的分封都始于武王。后人因文献记载有阙，遂把成王之后的分封也都记在武王名下，这也是可以理解的。司马迁在言齐、鲁、燕等大国之分封时的游移其词即很说明问题。对此，孔颖达的解释颇有见地，他说：

> 由武王克商得封建诸国，归功于武王耳。此十五国或有在后封者，非武王之时尽得封也。《尚书·康诰》之篇周公营洛之年始封康叔于卫，《洛诰》之篇周公执政之年始封伯禽于鲁，明知武王之时兄弟未尽封也。僖公二十四年《传》称"周公吊二叔之不咸，故封建亲戚，以蕃屏周"，亦以周公为制礼之主，故归功于周公耳。九年《传》曰："文、武、成、康之封建母弟"，则康王之世尚有封国。宣王方始封郑，非独武王、周公封诸国也。

综上所述，周初之封邦建国并非一人一世所为，而是在不同的时间、不同的历史背景下，分封了不同类型的邦国。因而我们对每一封国的史事研究，都要结合当时的历史情况，具体问题具体分析。

讨论至此，燕的建国时间问题已基本清晰，那就是周人克殷之后，不久武王便有疾而终了。三监之乱时，王子禄父北奔，并不甘失败继续进行叛乱活动。至成王亲政，遂派召公征伐并拓展北疆，燕国之分封正是在这种历史背景下得以实现的。

注　释

[1]《史记·燕世家》，中华书局，1992年。
[2] 齐思和：《燕、吴非周封国说》，《燕京学报》28期，1940年。
[3] 童书业：《春秋左传研究》，上海人民出版社，1980年，第243页。
[4] 傅斯年：《大东小东说》，《中央研究院历史语言研究所集刊》第2本第1分册，1930年。
[5]《史记·封禅书》，中华书局，1992年。
[6] 庞怀靖：《跋太保玉戈——兼论召公奭的有关问题》，《周文化论集》，三秦出版社，1993年。
[7] 李学勤：《太保玉戈与江汉的开发》，《楚文化研究论集》第2集，湖北人民出版社，1991年。
[8] 唐兰：《西周青铜器铭文分代史徵》，中华书局，1986年，第216页。
[9] 陈梦家：《西周铜器断代（二）》，《考古学报》第10册。
[10]《北京琉璃河1193号大墓发掘简报》，《考古》1990年第1期。
[11] 朱凤瀚：《古代中国青铜器》，南开大学出版社，1995年，第402页。
[12] 殷玮璋：《新出土的太保器及其相关问题》，《考古》1990年第1期。
[13] 见《北京琉璃河出土西周有铭铜器座谈纪要》李学勤、张亚初、刘雨等先生的发言，《考古》1989年第10期。
[14] 陈梦家：《殷墟卜辞综述》，中华书局，1988年。
[15] 同[14]。
[16] 李学勤：《殷代地理简论》，科学出版社，1959年。
[17] 同[14]。
[18] 殷玮璋：《新出土的太保器及其相关问题》，《考古》1990年第1期；刘士莪、尹盛平：《微氏家族青铜器群研究》，文物出版社，1992年，第59页。
[19]《北京琉璃河出土西周有铭铜器座谈纪要》，《考古》1989年第10期。
[20] 见《北京琉璃河出土西周有铭铜器座谈纪要》李学勤、王世民等先生的发言，《考古》1989年

第 10 期；朱凤瀚：《房山琉璃河出土之克器与西周早期的召公家族》，《远望集》（陕西省考古研究所华诞四十周年纪念文集），陕西人民美术出版社，1998 年。

[21] 见《北京琉璃河出土西周有铭铜器座谈纪要》刘雨先生的发言，《考古》1989 年第 10 期。
[22] 见《北京琉璃河出土西周有铭铜器座谈纪要》张亚初，殷玮璋等先生的发言，《考古》1989 年第 10 期。
[23] 《琉璃河西周燕国墓地 1973～1977》，文物出版社，1995 年。
[24] 张亚初、刘雨：《西周金文官制研究》，中华书局，1986 年，第 1 页。
[25] 傅斯年：《大东小东说》，中央研究院历史语言研究所集刊第二本第一分册，1930 年。
[26] 陈寿：《大保簋的复出和大保诸器》，《考古与文物》1980 年第 4 期。
[27] 吴大澂：《愙斋集古录》，1919 年；柯昌济：《拌阁集中古录跋尾》，1935 年。
[28] 同 [19]。
[29] 郭沫若：《两周金文辞大系图录考释》，科学出版社，1957 年。
[30] 同 [9]。
[31] 唐兰：《西周青铜器铭文分代史徵》81 页，中华书局，1986 年。
[32] 同 [31]。
[33] 同 [9]。
[34] 同 [9]。
[35] 白川静：《金文通释》卷 1 下，第 462 页。
[36] 于省吾：《从甲骨文看商代的农田垦殖》，《考古》1972 年第 4 期。
[37] 裘锡圭：《释"建"》，《古文字论集》，中华书局，1992 年。
[38] 吴长元辑：《宸垣识略》卷一《形胜》，北京出版社，1964 年。
[39] 晏琬：《北京、辽宁出土铜器与周初的燕》，《考古》1975 年第 5 期。
[40] 同 [10]。
[41] 刘启益：《琉璃河新出太保二器琐记》，中国古文字研究会第八届年会论文。
[42] 崔述：《丰镐考信录》卷 8《辨，〈伪书旅獒〉及书序》条，《崔东壁遗书》，第 255、256 页。

（原刊于《考古与文物》2008 年第 2 期）

辽西青铜器窖藏和早期燕国兴衰

韩嘉谷

一

辽西大凌河上游频频出土商周青铜器，除喀左和尚沟A地点[1]和高家洞[2]两处是墓葬外，还有11个地点出土铜器，共76件，分别是：

（1）凌源马厂沟（海岛营子）[3]，1955年农民种地时在地表下15厘米左右发现，出土青铜器16件，包括鼎1、甗2、簋3、尊1、卣2、罍2、壶1、盂1、盘1，有2件不能复原。铜器出土地点为一处古文化遗址，文化层厚0.2～3米，包含有石器和陶器，附近未见葬具和人骨等痕迹，故确定为窖藏。朱凤瀚认为全部铜器都属西周早期[4]。广川守[5]认为其中的"鱼父癸"簋属殷墟晚期，匽侯盂、贯耳壶、鸭形尊属西周中期，其余属西周早期。铜器中5件有铭文，分别是"鱼父癸"簋、"蔡"簋、"匽侯作饙盂"、"史伐作父癸彝"卣、"戈作父庚尊彝"卣。

（2）喀左北洞村1号坑[6]，位于喀左县城北约15公里，1973年农民挖石头时发现，窖坑长方形，长约1.35米，宽约1.1米，坑口深0.2米，底深0.8米，共出土青铜器6件，包括瓿1、罍5。其中2号罍有铭文："父丁╳╳亚╳"六字。报告作者判定铜器年代都属殷代，朱凤瀚和广川守认为3～6号罍为殷末周初。

（3）喀左北洞村2号坑[7]，1973年发现，距1号坑约3.5米，长2.5、宽1.5米，坑口深0.2米，底深0.8～1.1米，坑内填土有夹砂褐陶绳纹罐片、甗足等。出土青铜器6件，包括方鼎1、圆鼎2、簋1、罍1、带嘴钵形器1，其中三件铜器有铭文，分别是："䟒"方鼎、"╳父辛"鼎和"作宝尊彝"簋。以䟒方鼎铭文最长："丁亥䟒商（赏）又（有）䟒婴贝在穆朋二十，䟒辰（扬）䟒商（赏）用作母己尊彝。"内底还有铭文："䟒侯亚䟒"。铜器的年代，除带嘴钵形器缺乏参照物外，朱凤瀚认为方鼎和父辛鼎属殷代晚期，其余皆西周早期，广川守认为父辛鼎属殷末周初，其余与朱凤瀚断代接近。

（4）喀左山湾子[8]，1974年发现，位于大凌河东岸的第一台地上，窖坑略成方圆形，长约1.2米，坑底距地面0.9米，共出土青铜器22件，有方鼎1、鬲1、甗3、簋10、尊1、卣1、罍3、盂1、盘状器1。其中15件有铭文，为"叔尹作旅"方鼎、"伯矩作宝尊彝"甗、"荷妹反作宝彝"甗、"童伯作宝彝"簋、"亚鹿"簋、"俪万义作宝尊彝"簋、盖铭为"╳隹父丁"的"舟父甲"卣、"鱼"尊等。朱凤瀚判定全部铜器属西周早期，广川守认为鱼尊和卣属殷代，童伯簋和俪万簋属西周中期，余皆属西周早期。

（5）喀左小波汰沟，1987年发现，报告尚未发表，具体埋藏情况不明。郭大顺文载出土铜器 14 件，并重点指出其中具有北方特色的铃首匙、悬铃方座簋、覆钵式器盖等[9]。李恭笃记为 10 件，即罍 5、圆鼎 1、铃首匙 1、夔纹鼎 1、簋 1、盘 1[10]。其中簋有铭文："王逨于成周，王赐圉贝用作宝尊彝。"在已公布的资料中，广川守定圉簋和饕餮纹圆鼎为西周前期后段。

（6）义县花儿楼[11]，1979 年发现，在距地表 1 米深的圆坑内，共出土青铜器 5 件，包括圆鼎 1、瓿 2、簋 1、俎形器 1。鼎、簋属殷墟晚期，二件瓿皆属西周早期。

（7）喀左小城子[12]，1941 年农民修路时出土铜鼎 2 件，属西周早期。

（8）朝阳[13]，弦纹鼎 1 件，具有二里岗期青铜器特征。

（9）朝阳大庙[14]，罍 2 件，属殷末周初。

（10）朝阳木头城子[15]，簋 1 件，年代不明。

（11）锦州市[16]，饕餮纹鼎 1 件，商代中期。

在上述 11 处铜器出土地点中，前 6 处可确定为窖藏，合计出土铜器 69 件。后 5 处不明是墓葬还是窖藏，共 7 件。可确定为窖藏的 6 处地点，都分布在大凌河上游，其中喀左 4 处，出土铜器达 48 件。如此多的商周青铜器集中在这个地方，并被窖埋地下，无疑值得研究。

二

对于这些窖藏青铜器的来历，学术界有两种意见。一种意见认为是燕国遗存。陈梦家在说到马厂沟匽侯盂和小城子铜鼎发现时，认为："此鼎的出土地与此次出铜器群之地相邻接，则此一带地方在西周初期当为燕人的重镇之一。"[17] 晏琬也认为："喀左马厂沟、北洞以及 1941 年咕噜沟大鼎等发现，说明燕国从一开始势力就延展到这样的地方。"[18] 杨建华更认为："它是燕山以北与琉璃河遥相呼应的一个据点。"[19] 另一种意见将之与当地魏营子文化相联系。郭大顺等在当地古文化遗存中分析出了魏营子类型后，认为"从多方面找到了这种类型同窖藏铜器的联系"，并提出了"探讨窖藏铜器性质及其所反映的历史内容的两个基点：①窖藏铜器不单是属于中原商和西周文化的问题，而是属于当地青铜文化；②这支青铜文化既拥有大批商周青铜重器，特别是包括部分燕器，又说明它与商文化及以后的燕文化关系密切，很可能就是燕文化分布在燕山以北的一支"。董新林更认为："铜器窖藏是魏营子文化的重要特征之一。"[20] 徐坚认为，"考古学中的此类窖藏往往标明了游牧居民势力的边缘"[21]，实际上也认为和魏营子文化相关。

但分析诸窖坑铜器内容，可发现多数青铜器窖藏和周人燕国政权关系密切，包括拥有本土因素较多的小波汰窖藏也是如此。小波汰窖藏出土有北方特点的铃首匙、悬铃方座簋和覆钵式器盖，但数量占多数的也是中原式鼎、簋、罍、盘等器。其中最可注意的是"王逨于成周，赐圉贝用作宝尊彝"铜簋铭文，"圉"的名字亦见于顺义牛栏山[22]和房山琉璃河[23]出土的铜器。牛栏山墓鼎铭作："圉乍比辛尊彝，亚盉侯夨。"琉璃河 M253 方鼎铭作："休朕公君，匽侯赐圉贝，用乍宝尊彝。"同出的还有三件同铭的瓿、簋盖和卣与小波汰簋铭同。这些铭文表明，圉是一位燕国高官，曾受到周王和燕侯的赏赐。琉璃河 M253 极可能即是圉的墓葬，共出土青铜礼器 22 件，另有 4 马 1 车的铜车马饰件、车轮和兵器、工具、玉饰件，铜器是圉为纪念周王和燕侯赏赐而铸。这些铜器最后都葬入了圉的墓，只有圉簋流落在小波汰，因此不得不用造型、花纹和圉簋盖相似的"白鱼"簋拼合。"圉"簋流落小波汰不外乎两种可能，一是由赏赐、馈赠等途径流传到辽西；另一种可能则是圉或其他人作为燕国官员被派遣到辽西时带到驻地的，这些官员到任后又获取了当地魏营子文化的铜器，从而形成了现在所见小波汰窖藏铜器的内容。

其他窖坑铜器的内容相对单纯一些。北洞 2 号坑之戜方鼎，是戜的上级妣对戜赏赐，戜为纪念妣赏赐而铸造了这件鼎。戜和圉一样，也出自吴族，有器底铭文"吴侯亚吴"可证。吴在甲骨文或金文又作吴，即其，是晚商至西周时期大族，安阳殷墟 5 号墓即出土有"亚吴"瓠[24]。入周后燕国政权中多有其族成员，除牛栏山圉墓外，还有传清末卢沟桥出土的盉铭："亚吴侯夨，侯赐亚贝，作父乙宝尊彝"[25]；琉璃河 M253 觯铭："吴史作祖己宝尊彝"。迁安马哨村墓出土以鼎、簋为组合的青铜器，簋底有一"吴"字[26]；昌平白浮墓出土的卜骨上有"吴祀"、"吴上下韦驭"字样，铜戈和铜戟上的"兀"字，是其异体[27]。给予戜赏赐的妣亦见于琉璃河 M209 鼎铭："妣作父辛宝尊彝"，知妣亦为燕国官员。此坑出土的其他器物，除带嘴钵形器缺乏参照物外，其余都是典型的中原式铜器，与小波汰相比，本土因素要薄弱得多。

山湾子窖藏所出都是中原式铜器，罕见当地因素。其中"伯矩"和"鱼"两个名称也见于琉璃河。伯矩见于琉璃河 M251 鬲铭和盘铭，鬲铭作："才戊辰，匽侯赐伯矩贝，用作父戊尊彝"；盘铭作："父伯矩作宝尊彝。"知伯矩也是曾受到燕侯直接赏赐的燕国高官。"鱼"见于琉璃河 M1043 爵铭："鱼鱼"[28]，和 M253 簋铭："白鱼作宝尊彝"。有趣的是盖在"白鱼"簋上的器盖，即是和小波汰圉簋同铭的那件簋盖，足见其间关系之密切。其他如叔尹方鼎、史方罍、父乙簋、父甲簋、庚父戊簋、尹簋、倗万簋、伯簋等，都应和建立燕国政权的周人集团有关。

马厂沟也罕见当地因素，除"鱼父癸"簋的"鱼"见于琉璃河外，"戈作父庚尊彝"卣的"戈"见于琉璃河 M251"戈父甲"瓠。"蔡簋"的蔡是周人诸侯国之一。器物中最引人注目的自然是"匽侯作饙盂"，"匽侯"铭文频频见于琉璃河出土铜器，如琉璃河 M1193 的克罍、克盉、匽侯舞戈、匽侯舞易[29]、M253 堇鼎、M251 伯矩鬲、M52 复尊、匽侯戟等，尽管还不清楚这些燕侯各是燕国世系中哪几位国君，但足以说明这一窖藏主人的地位及其和燕国政权的关系。

虽然窖藏铜器表现出和燕国政权千丝万缕的联系，但还并不能说明窖藏的主人即是燕国官员，因为铜器可以通过赏赐、馈赠、交流、乃至掠夺等不同途径变换归属，只有厘清其在辽西出现的历史背景，才能得出接近实际的结论。这么多镌刻有燕国高官名字的铜器集中出现在这个地区，表明燕国政权和这个地区关系密切。在文献记载中，这个地区商周时期属孤竹。杜佑《通典》云："营州柳城郡，古孤竹国也。"《辽史·地理志》云："兴中府，古孤竹国，汉柳城县地。"又云："营州，本商孤竹国。"辽营州即今朝阳，曾出土唐平辽府校尉上柱国杨律墓志，记其："述职北迁，避地柳城，故今为营州孤竹县人。"北洞 1 号窖藏 2 号罍铭文出土后，报告作者和唐兰[30]都将此铭文和孤竹国相联系。晏琬从文字学的角度，释"𣄴㝬"即"孤竹"。虽然学术界对此尚有不同看法，但《管子·大匡》记齐桓公北伐路线云："桓公乃北伐令支，下凫之山，斩孤竹，遇山戎。"凫之山"应是渤海傍海大道旁著名地理坐标"碣石"的谐音，前者取水鸟群集景象，后者取顶圆如碣形状，地在今山海关外一带。过"凫之山"后"斩孤竹"，表明已到了辽西，朝阳、喀左一带属孤竹之地殆属可能。

汉魏古籍记燕山南麓的卢龙一带为孤竹之地。《孟子》记孤竹君"居北海之滨"。《汉书·地理志》记辽西郡令支县"有孤竹城"。《水经·濡水注》具体记载了孤竹在濡水（今滦河）下游的位置。据此，南起渤海北岸，北至大、小凌河上游的朝阳地区，都应曾是孤竹之境。今在这个区域内见到的晚商时期文化遗存，南北并不一样，南境是围坊三期文化，见于卢龙阚各庄以花边鬲为代表的堆积[31]；北境是魏营子文化，由朝阳魏营子遗址[32]得名。从大、小凌河上游向南到热河山地都有分布，见于丰宁四、五道沟门[33]、城根营、滦平营坊[34]等地，南和卢龙地区的围坊三期文化相接。孤竹在金文中出现的徽识也不一样，北洞𣄴㝬的徽识作"亚𣄴"，传世的𣄴器都多作"亚疊"，如上海博物馆藏疊铭为："亚疊𣄴㝬"，释者认为𣄴和㝬也分别是两个部族[35]。同样的铭文还见于《三代吉金文存》卣铭、《殷周金文集成》鼎铭等。有人以为𣄴和疊是人名，可是琉璃河M1193出土克罍、克盉铭文中的𣄴，林沄认为和𣄴㝬疊中的𣄴是同一字，孤竹国即由其建立[36]。在克罍、克盉中，𣄴明确是周王赐给燕侯的六个部族之一[37]，说明孤竹是一个由多个部族组成的地缘性国家，朝阳一带是其北境。

孤竹在商朝末年已和周人政权建立了良好关系，《史记·伯夷列传》有"伯夷、叔齐在孤竹，闻西伯善养老，盍往归之"的记载。卢龙阚各庄[38]及其附近的滦县陈山头[39]、迁安马哨营[40]等商周之际墓葬，皆随葬以鼎簋为组合的青铜器，表明当地贵族已接受了周人的"重食"礼俗[41]。但当孤竹君看到周武王伐纣时"以暴易暴"的行为后，立即表现出对西周政权的强烈不满，孤竹和周人政权之间的关系立即恶化。《史记·伯夷列传》又记："武王已平殷乱，天下宗周，而伯夷、叔齐耻之，义不食周粟，隐於首阳山。"文献未记伯夷之后中子的政治态度，但此后孤竹长期销声匿迹，直到齐桓公北伐山戎时才重见史籍，已成了齐桓公讨伐的对象，其历史也至此结束。

孤竹和周人政权之间的关系变化，在考古资料中也有反映。南境卢龙一带曾多处发现商周之际贵族墓，后来便罕见西周时期遗存，包括继围坊三期文化后广泛分布于燕山南麓的张家园上层文化。北境辽西，孤竹所属的魏营子文化入周后明显受到冲击，魏营子文化得名的魏营子遗址，以及高家洞魏营子文化墓地，都变成了周人墓地。和尚沟魏营子文化墓地则出现波折，A地点发现的4座墓葬都属晚商时期，B、C、D三个地点发现的18座墓葬年代上限只能到西周中期，相当西周早期阶段空缺。尽管这些墓葬的随葬陶器一脉相承，但后者已不再用中原式青铜器随葬，而是夏家店上层文化的齿柄刀和来自辽东的短茎曲刃剑居突出地位，由刀、剑、环、泡等铜器构成的器物群，显示出这支文化从政治到经济生活都发生了重大变化。阜新平顶山石城址魏营子文化晚期陶器群，出现了较多具夏家店上层文化特征的鬲、盆等因素[42]；义县向阳岭魏营子文化晚期遗存，有人直接将其归入夏家店上层文化[43]。魏营子文化的这些变化，和文献中孤竹变为山戎盟友，一起"病燕"的历史一致。

上述孤竹和周人之间的关系变化，对了解青铜器在辽西出现的历史背景十分重要，至少有二点可以肯定：第一，既然入周后孤竹和周人政权已处于对立状态，周人便不可能对孤竹再有大规模、高规格的赏赐，因此这些和燕国政权有着千丝万缕的窖藏铜器，只能属于燕国官员。第二，面对孤竹君强烈的不满和抵触行为，周人必然会采取相应措施，最直接的办法便是派兵进驻，实行压制、威慑和防御。而大批燕军进驻便会使当地燕国高官云集，随之便出现供高官日常使用的青铜器不断积聚。马厂沟窖藏清理者注意到："这批铜器大部分有修补和焊接过的痕迹，在花纹的凸处和器体上带有黑炭灰屑，说明它们是生活实用品。"既然是燕国官员的日用品，则其数量和规格均和燕国驻军的规模和级别相关。那些具本土特征的铜器既然和燕器一起出土，也应已是燕国官员之物，极可能是燕国官员到孤竹后获得的战利品。那些和燕器一起出土的商式铜器，属于周人携带或掠夺所得的两种可能都存在，也属于燕国官员。

从目前所见情况看，当时周人采取的方式是依靠驻军在孤竹实行据点式统治，没有像在琉璃河建立燕国政权那样进行大规模军事殖民，所以迄今未见典型的周文化居住址，只发现数量不多的周人墓，更不见像在琉璃河出现的那种"组合状态"文化[44]。

三

朝阳魏营子发现9座周人墓，其中有2座墓出土盔、甲、车马器等铜器和金臂钏，应是燕国将领之墓，但均不见青铜礼器，约是墓主官阶较低，反映出青铜器在礼制中的庄重和珍贵。然而同时期却有成批青铜重器被埋到地下，发人深省。

对于这些窖藏的性质，有祭祀和保存器物两种说法。但是细读有关窖藏的报导，很难找到与祭祀有关的明确证据。马厂沟和小波汰的具体埋藏状况不明。山湾子窖藏是在一个面积约1平方米左右、略成方圆形的坑内，共埋了22件铜器，"这批青铜器在窖藏内的放置情况是：饕餮纹盂放在中心，盂上覆盖盘状器，盂四周放铜簋9件，再于北侧立置伯矩甗和子荷戈甗，再西为横置簋上的尊，卣靠近东壁，紧依着八父丁簋，簋上依次向西置横饕餮纹甗、涡纹罍、卣和涡纹罍之间为鬲，在饕餮纹盂之上横放牛纹罍、史方罍和饕餮纹簋"。这一报道给人的印象是，窖坑面积狭窄，形状不规整，出土器物年代参差不齐，摆放拥挤凌乱，很难和庄严的祭祀行为相联系，只能认为是为了保存器物而埋藏。花儿楼窖藏的报道是："距地表1米深的圈坑内，出土一批共五件青铜容器，器物堆放零乱，有的倒置和套装。"情况和山湾子相似。

有较多学者认为北洞1、2号坑是祭祀遗存，理由是坑的形状较规整，器物摆放较整齐，地点在大凌河东岸孤山的山冈中部，坑东南3米处有一块2米高的巨型立石等。但据报道，1号坑清理时已经塌陷，到接近底部时才确定为长方形，铜器的器内和四周都填满了碎石块，未见报导有与祭祀行为相关的痕迹。2号坑的铜器上面盖有一层不规则的石片，目的是为了保护器物。为了使器物上口平齐以便置放石板，因此依铜器高矮将坑底挖成北高南低斜坡状，并在个别较矮的器物下面垫以石块，这些措施也都是为了保存器物，看不出含有"可能是当时奴隶主为某种礼仪（如祭祀）而行的埋祭或窖藏"的因素，也只给人以器物无组合规律、年代参差不齐的感觉。至于孤山和山冈中部的突兀巨石，更可能是掩埋者为日后容易寻找而特意选择的地貌标记，两坑相距仅3.5米，各出土6件铜器，都在孤山巨石附近，广川守认为1号坑的瓿为殷墟中期，余皆为殷末周初或西周早期偏早，而2号坑的蝉纹鼎和宝鸡竹园沟7号墓鼎相似，已至西周早期偏晚[45]，前后相差数十年，只发现二个窖坑，未闻有关孤山和巨石的任何传说，很难认为这里是传统的祭祀场所。

既然在坑内外皆没有发现与祭祀相关的明确痕迹，便只能认为埋藏是为了保存器物。这些铜器在当时人们中并没有流转多久，根据是相关窖坑的年代。若按最晚的铜器作为判断窖坑年代的依据，马厂沟和山湾子约在西周早中期之际，北洞村2号坑和山湾子为西周前期之后半，义县花儿楼二件瓿皆属西周早期。北洞村一号坑的年代，报告先是认为殷代，后又在二号坑报告中认为"可能与二号坑同时或稍早"。按照这样的判断，这些窖坑之间存在有从西周初期到西周早中期之际的年代差异。但这是把各个窖坑孤立起来所作的判断，没有注意到它们之间的联系。这些窖坑有一个共同特点，即除北洞一号坑外，其他窖藏铜器都表现出和姬燕政权千丝万缕的联系。作为燕国高官的日常生活用具，都被埋到了地下，其中必有原因。从部分窖坑表现出忙乱迹象看，铜器的掩埋应是遇到了突发事件，不同地点的燕国驻军都同时被迫紧急撤离，将领们不得不把这些虽然珍贵但不便携带的日用品作掩埋保存，于是在各个驻军点留下了铜器窖藏。如果是这样，则各个窖坑中年代最晚的铜器虽然有差异，但窖埋的时间却是一样的，即都是在发生突发事件之时，根据凌源马厂沟、喀左山湾子等坑中年代较晚的铜器判断，约在西周早中期之际或稍晚。北洞一号坑铜器虽没有明确表现出燕文化特征，但和二号坑仅相距3.5米，都掩埋了6件铜器，年代可到西周初年，正是周人在辽西开始展现武力之时，这个时候周人不可能无缘无故地把铜器埋到地下，所以极有可能也和二号坑同时，即是发生突发事件时掩埋。

燕国将领们仓促把日用青铜器埋入地下离开孤竹，意味着燕国用以威慑孤竹的驻军离去，辽西形势发生了变化。这是辽西地区的大事，也是燕国历史上的大事，这一变化是否存在，需要更多资料证明。若把各方面的相关资料联系起来看，这一变化确曾发生，前面所说从西周早期到西周中晚期，魏营子文化和姬燕文化两类遗存之间的消长变化，即是整个变化的一部分。西周早期周人为惩治孤竹对西周政权的抵制，挟克商和平叛余威，派遣重兵进驻辽西，留下了魏营子、高家洞等周人墓，以及喀左、凌源、义县等地青铜器窖藏。与此同时，则是魏营子文化遗址和高家洞魏营子文化墓地变成为周人墓地，和尚沟墓地出现空缺，魏营子文化明显受到压制。可是在属于燕文化遗存的青铜器群被窖埋后，和尚沟墓地即奇迹般地得到恢复，并在此后的较长一段时期内，辽西地区很少再见典型姬燕文化遗存，燕国的强势尽失，孤竹从燕国的重兵压制下解脱出来，并成为山戎"病燕"的力量之一。这两种势力强弱易位，无疑是辽西形势发生大逆转的明确体现。

更重要的是，和辽西形势大逆转相关联的变化还发生在燕都琉璃河，时间也是西周早中期之际，根据是董家林古城和黄土坡墓地的历次发掘资料。在董家林古城发掘资料中[46]，西周早期盛极一时的燕国都城，西周早期以后呈现出了严重衰败迹象，主要表现在：①西周早期遗存分布广，堆积厚，内涵丰富，而西周中晚期的遗存较少；②筒瓦、陶范等重要发现均属西周早期，晚期只见一般生活用品；③城垣排水管使用年代为西周早期，西周中晚期已废而不用；④护城河内5、7两层堆积是在护城河有水时形成，年代在西周早期，晚期时已被填满，失去了防御功能；⑤在东城墙和北城墙内侧均发现西周早期墓打破内附墙的现象，北城墙西段及西北角发现西周时期灰坑和房址打破内附墙，城墙已得不到有效保护；⑥城址堆积早晚两期差异较大，其间"有一定缺环"，尽管1996年在护城河堆积中发现西周中期遗物，在过去定为西周早期的遗物中也可能"包括一些在年代上相当于一般所说的西周中期的东西"，但数量很少，必是约在西周早中期之际，城内发生过剧烈的社会动荡，以致使文化堆积不能正常延续。黄土坡墓地的情况和城址基本一致，在《琉璃河西周燕国墓地》一书列入登记表的54座墓葬中，西周早期39座，占73%；西周中期7座，占13%；西周晚期8座，占14%，所有随葬青铜礼器的墓葬和车马坑都属西周早期，曾煊赫一时的燕国墓地，从西周中期起已风光不再。因此都城的发掘报告认为："西周晚期琉璃河城址的性质已发生了变化，它已由燕国的都城变为一般的居民点。"有研究者还认为："琉璃河遗址作为燕国都城主要属西周早期，其废止年代当在早中期之交或稍晚。"[47]

类似的变化线索还出现在古文献中，这便是《史记·燕召公世家》记载的"自召公已下九世至惠侯。"《索隐》："并国史先失也。"所谓"国史先失"，核心内容是牒谱散佚，世系失传。燕国是按照宗法制建立起来的国家，戎与祀是立国之本，世系牒谱对于政权延续至关重要，然而却出现了召公至惠侯之间七世空缺事，显然是发生了严重变故所致。牒谱的保存和宗庙有关，联系到董家林古城堆积早晚期之间出现缺环，目前能确定为西周中期的遗物极少，表明必是在西周早中期之际，燕国都城曾遭到浩劫，以致使西周中期的文化堆积不能正常延续，宗庙毁坏更在情理之中。《史记·十二诸侯年表》记："燕惠侯二十四年当共和元年。"即公元前841年，则燕惠侯元年为公元前865年，上距召公建国约180年，相当于西周中期之末。但这并不是说造成都城遭袭、宗庙被毁的事件发生在此时，而是应在更早以前，并且距燕惠侯也已有相当长一段时间，因为从燕惠侯开始的世系是由燕惠侯后世建立的，是当时所能链接到谥号犹存的最早燕君，更早的燕君谥号由于时间相隔更久已无法追溯，因而不得不留下了从召公到惠侯之间的七世空白，成为燕国历史上的一大谜团。

辽西青铜器从不断积累到被窖埋地下，董家林都城和黄土坡墓地从极盛一时到急速衰败，宗室世系从召公到惠侯之间空缺，反映的应是同一个事实，即燕国西周早中期之际确是发生过严重事件，因而出现由强变弱的历史性转折。但这一事件必是由外部势力造成，因为内部权力之争不可能毁弃牒谱，使都城也失去防御功能。只有外部势力的突然打击，才有可能使涉及戎、祀两个方面的设施多遭毁坏。根据文献资料和目前所见燕国周围古文化遗存的分布情况，此使燕国遭到如此沉重打击的外部力量，只有燕山迤北的夏家店上层文化。该文化由赤峰夏家店遗址得名[48]，开始形成于商代晚期，即是发现于什克腾旗龙头山遗址的龙头山类型[49]。西周时期发展成为以宁城为中心的南山根类型[50]，向南分布到热河山地，在隆化转山、西南沟[51]、滦平后台子[52]、丰宁城根营[53]、平泉东南沟[54]等地多处发现其遗址和墓葬。南山根、小黑石沟[55]等地出土的大批铜器，包括礼器、兵器、工具和装饰品等，工艺精湛，构思奇巧，集中反映了这支文化达到的成就。相当西周早期的蓟县刘家坟张家园上层文化地层中，出土有夏家店上层文化陶片[56]；西周中期昌平白浮墓[57]出土的马首、鹰首、铃首刀、剑，以及刀、匕、斧、凿等器，其造型特征莫不与南山根同类铜器息息相通，表明其已较早地进入了燕山南麓。宣化小白阳[58]、唐山小官庄[59]、徐水解村[60]、宝坻安桥[61]等地发现的夏家店上层文化遗存，显示出以都城琉璃河为中心的燕国腹地尽处其包围之中，向燕国发起突然袭击并摧垮其防御力量的非这支文化莫属。

夏家店上层文化是山戎部落遗存[62]。《管子·大匡》记齐桓公北伐，斩孤竹后即遇山戎，表明其地望和孤竹毗邻，应位于孤竹北境辽西以远的赤峰地区，那里正是夏家店上层文化的核心分布区。喀左和尚沟、阜新平顶山、义县向阳岭等魏营子文化晚期遗存中出现较多夏家店上层文化因素，是孤竹在山戎帮助下得到复苏，并和山戎一起"病燕"时形成。更重要的是夏家店上层文化的强势特质，《管子·大匡》记齐桓公在谋划北伐前，称山戎为"北州侯"，当时北方能和此称号相匹配的只有夏家店上层文化。齐桓公在鲁庄公三十年（公元前664年）北伐山戎，一举摧毁山戎、孤竹等方国部落，夏家店上层文化和魏营子文化尽皆结束，表明夏家店上层文化为山戎遗存的时空条件皆合。当夏家店上层文化向燕国发动攻击之时，大凌河上游的燕国驻军首当其冲，于是被迫仓促撤离，燕国将领们不得不把日用青铜器就地掩埋作暂时保存。

夏家店上层文化的军队在攻破燕国在大凌河上游的防线后，继续乘势南下，直趋燕都，现在尚不能肯定当时是否曾占领了燕都，但对燕都曾造成的剧烈冲击毋庸置疑。本文根据发掘资料，列举了琉璃河都城西周早期以后出现的六点衰败迹象，最可注意的是其中第六点，即城内至今未见明确的西周中期地层，早晚两期之间还显示出"有一定缺环"。这种文化遗存不能正常循序堆积，以及器物群前后嬗迭失去有规律演变的现象，只能在出现了极大社会动荡后才会发生。因此这一现象的存在，表明琉璃河都城在西周早中期之际，确实应该发生过包括统治集团成员在内的居民大批出走，以致使城内居民骤减，居住址中断正常堆积。待到城内再度聚集起一定数量居民时，已经时过境迁，居民成分和居住点都发生了变化，原先盛极一时的燕都，变得和"一般的居民点"没有多少区别。致使研究者认为，燕国在西周早中期之际已经迁都，黄土坡墓地邦墓小区内的墓葬"贯穿整个西周"，是"这些家族的人并未因迁都而迁离此地"。

迁都是一件大事，史载燕国的第一次迁都是在春秋早期的燕桓侯时期，西周早中期之际是否已有迁都有待更多资料证明。但有一点可以肯定，燕国遭山戎打击后国势一落千丈，长期处于衰败状态。《左传》庄公三十年记："冬，遇于鲁济，谋山戎也，以其病燕故也。"此"病燕"过程即是从西周早中期之际山戎南犯开始的。《春秋谷梁传》庄公三十年记："燕，周之分子也，职贡不至，山戎为之伐矣。"范宁注："言由山戎为害击燕，使之隔绝于周室。"《史记·齐世家》记齐桓公伐山戎回国时，"命燕君复修召公之政，纳贡于周，如成康之时"。都表明了山戎"病燕"时期的燕国处境，不只失去了诸侯大国的地位，甚至连正常活动也受到限制。此时的燕国实际上已濒临亡国边缘。《汉书·刑法志》说齐桓公"北伐山戎为燕辟路，存亡继绝。"《新序·杂事四》

也说："齐桓公……北伐山戎，为燕开路，三存亡国，一继绝世。"都是燕国陷入亡国险境的真实纪录。司马迁说："燕北迫蛮貉，内措齐、晋，崎岖强国之间，最为弱小，几灭者数矣。"其中险遭灭国的第一次危机即应是山戎"病燕"。陷于亡绝境地的燕国只能勉强维持世系，其统治集团成员也不可能再享受到一般诸侯贵族的特权。《琉璃河西周燕国墓地》报告记录西周中晚期有一些墓葬，除随葬成组的陶器外，还有小件铜器和玉石器等，或即是困境中燕国贵族的正常待遇，因为整个国家正遭受着经常的、无休止的掠夺，贵族的窘境也就显而易见。

山戎所以能使燕国如此长期陷入困境，是因为燕山地区的其他土著部落都广泛参与。燕国政权的建立和齐、鲁有所不同，齐、鲁建国之时，一开始便遭到了当地土著部落的顽强抵制，相互间的较量在西周初年即发生，周人在平定管、蔡、武庚叛乱的同时，也征服了徐、淮、莱夷等部落。燕国的建立过程相对平静，除因孤竹国表现出强烈的抵触行为而派兵震慑外，大多数土著部落的势力都被保存了下来。然而西周政权和土著部落之间的矛盾是客观存在，无法避免。随着西周王朝鼎盛期过去，燕山土著部落和周人政权之间的矛盾终于全面爆发，但较量的结果却是以燕国落败告终。山戎是以游牧经济为主的部落，南犯燕国主要是为了掠夺，并不以占领土地为目的，因此燕国得以维持宗室世系。山戎在把燕国变成为不断汲取财富的势力范围后，又把掠夺触角伸向更远的中原地区。《后汉书·西羌传》注引《竹书纪年》记："后二年（约公元前 790 年），晋人败北戎于汾隰，戎人灭姜侯之邑。"《左传》隐公九年（前 714 年）记："北戎侵郑。"《左传》桓公六年（公元前 706 年）记："北戎伐齐。"按照《左传》鲁庄公三十年（公元前 664 年）："齐人伐山戎。"杜预注："山戎，北戎。"知侵郑、侵齐的北戎都是山戎。山戎势力的不断扩张构成了对中原政权的威胁，于是转化成为中原政权和燕山土著之间的较量，引发齐桓公北伐。《左传》记齐桓公于鲁庄公三十年"谋山戎"，翌年六月便"献戎捷"，前后经历了约半年左右时间，山戎、孤竹等燕山土著部落皆被击败乃至灭亡。但由于燕国遭受了近三百年的磨难，国势过于羸弱，因此后来无力阻止白狄在太行山区建立一系列小国[63]，以及东胡部落继孤竹、山戎后在辽西崛起[64]，其衰弱的国势一直到燕昭王时才得到根本改变。

注　释

［1］ 辽宁省文物考古研究所：《喀左和尚沟墓地》，《辽海文物学刊》1989 年第 2 期。

［2］ 辽宁省文物研究所：《辽宁喀左高家洞商周墓》，《考古》1998 年第 4 期。

［3］ 热河省博物馆筹备组：《热河凌源县海岛营子村发现殷代青铜器》，《文物参考资料》1955 年第 8 期。

［4］ 朱凤瀚：《古代中国青铜器》，南开大学出版社，1995 年。

［5］ 〔日〕广川守（著）、蔡凤书（译）：《辽宁大凌河流域的殷周青铜器》，《辽海文物学刊》1996 年第 2 期。

［6］ 辽宁省博物馆等：《辽宁喀左县北洞村发现殷代青铜器》，《考古》1973 年第 4 期。

［7］ 喀左县文化馆等：《辽宁喀左县北洞村出土的殷周青铜器》，《考古》1974 年第 6 期。

［8］ 喀左县文化馆、朝阳地区博物馆、辽宁省博物馆：《辽宁省喀左县山湾子出土商周青铜器》，《文

物》1977 年第 12 期。
[9] 郭大顺：《试论魏营子类型》，《考古学文化论集（1）》，文物出版社，1987 年。
[10] 李恭笃、高美璇：《试论燕文化和辽河流域青铜器文化的关系》，《北京建城 3040 年暨燕文明国际学术研讨会会议专辑》，北京燕山出版社，1997 年。
[11] 辽宁义县文物保管所：《辽宁义县发现商周铜器窖藏》，《文物》1982 年第 2 期。
[12] 满洲古迹古物名胜天然纪念物保存协会：《顾乡屯》第二辑，1942 年；陈梦家：《西周铜器断代》（二），《考古学报》（第十册），1955 年。
[13] 辽宁省博物馆文物工作队：《概述辽宁省考古新收获》，《文物考古工作三十年》，文物出版社，1979 年。
[14] 同 [13]。
[15] 同 [13]。
[16] 同 [10]。
[17] 陈梦家：《西周铜器断代》（二），《考古学报》（第十册），1955 年。
[18] 晏琬：《北京、辽宁出土铜器和周初的燕》，《考古》1975 年第 5 期。
[19] 杨建华：《燕山南北商周之际青铜器遗存的分群研究》，《考古学报》2002 年第 2 期。
[20] 董新林：《魏营子文化初步研究》图九甲组，《考古学报》2000 年第 1 期。
[21] 徐坚：《喀左铜器群再分析：从器物学模式到行为考古学取向》，《考古与文物》2010 年第 4 期。
[22] 程长新：《北京市顺义县牛栏山出土一组周初带铭青铜器》，《文物》1983 年第 11 期。
[23] 北京市文物研究所：《琉璃河西周燕国墓地》，文物出版社，1995 年。
[24] 曹定云：《"亚其"考——殷墟"妇好"墓器物铭文探讨》，《文物集刊》（2），文物出版社，1980 年。
[25] 潘祖荫：《攀古楼彝器款识》，《国家图书馆藏金文研究资料丛刊》（第 10 册），北京图书馆出版社，2004 年。
[26] 李宗山等：《河北省迁安县出土两件商代铜器》，《文物》1995 年第 6 期。
[27] 北京市文物管理处：《北京地区的又一重要考古收获》，《考古》1976 年第 4 期。
[28] 中国社会科学院考古研究所、北京市文物工作队：《1981～1983 年琉璃河西周燕国墓地发掘简报》，《考古》1984 年第 5 期。
[29] 中国社会科学院考古研究所等：《北京琉璃河 1193 号大墓发掘简报》，《考古》1990 年第 1 期。
[30] 唐兰：《从河南郑州出土的商代前期青铜器谈起》，《文物》1973 年第 7 期。
[31] 河北省文物研究所：《河北卢龙县东阚各庄遗址》，《考古》1985 年第 11 期。
[32] 辽宁省博物馆文物工作队：《辽宁朝阳县魏营子西周墓和古遗址》，《考古》1977 年第 5 期。
[33] 白光：《河北丰宁早期墓综述》，《文物春秋》2008 年第 1 期。
[34] 郑绍宗：《有关河北长城区域原始文化类型的讨论》，《考古》1962 年第 12 期。
[35] 上海博物馆：《上海博物馆藏青铜器》，上海人民美术出版社，1964 年。
[36] 本刊记者：《北京琉璃河出土西周有铭铜器座谈纪要》，《考古》1989 年第 10 期。
[37] 林沄：《释史墙盘中的"逖虘髟"》，《林沄学术文集》，中国大百科全书出版社，1998 年。
[38] 唐云明：《河北境内几处商代文化遗存记略》，《考古学集刊》（第二辑），中国社会科学出版社，

1982年。

[39] 孟昭永:《河北滦县出土晚商青铜器》,《考古》1994年第4期。

[40] 李宗山等:《河北省迁安县出土两件商代铜器》,《文物》1995年第6期。

[41] 张长寿:《商周时代的青铜容器》,《考古学报》1979年第3期;李丰:《黄河流域西周墓葬出土青铜礼器的分期与年代》,《考古学报》1988年第4期;陕西师范大学中国青铜文化研究中心:《西周重食文化的新认识》,《考古与文物》2009年第1期。

[42] 辽宁省文物考古研究所等:《辽宁阜新平顶山石城址发掘报告》,《考古》1992年第5期。

[43] 辽宁省文物考古研究所:《辽宁省义县向阳岭青铜时代遗址发掘报告》,《考古学集刊》(第13辑),中国大百科全书出版社,1999年;辽宁省文物考古研究所:《辽宁省考古工作五十年》,《新中国考古五十年》,文物出版社,1999年。

[44] 陈光:《西周燕国文化初论》,《北京文博》2000年第1期。

[45] 卢连成、胡智生:《宝鸡强国墓地》,文物出版社,1988年。

[46] 中国社会科学院考古研究所等:《琉璃河燕国古城发掘的初步收获》,《北京文博》1995年第1期;北京大学考古学系等:《1995年琉璃河周代居址发掘简报》,《文物》1996年第6期;田敬东:《琉璃河遗址发掘述略》,《北京建城3040年暨燕文明国际学术研讨会议专辑》,北京燕山出版社,1997年。

[47] 刘绪、赵福生:《琉璃河遗址西周墓文化的新认识》,《文物》1997年第4期。

[48] 中国科学院考古研究所内蒙古工作队:《内蒙古赤峰药王庙、夏家店遗址试掘简报》,《考古》1961年第2期;中国科学院考古研究所内蒙古工作队:《赤峰药王庙、夏家店遗址试掘报告》,《考古学报》1974年第1期。

[49] 齐晓光:《内蒙古克什克腾旗龙头山遗址发掘的主要收获》,《内蒙古东部区考古学文化研究文集》,海洋出版社,1991年。

[50] 中国科学院考古研究所内蒙古工作队:《宁城县南山根遗址发掘报告》,《考古学报》1975年第1期;辽宁省昭乌达盟文物工作站等:《宁城县南山根的石椁墓》,《考古学报》1973年第2期;李逸友:《内蒙古昭乌达盟出土的铜器调查》,《考古》1959年第6期。

[51] 王为群:《河北隆化县发现的两处山戎墓群》,《文物春秋》2008年第3期。

[52] 承德地区文物保管所等:《河北滦平县后台子遗址发掘简报》,《文物》1994年第3期。

[53] 董新林:《魏营子文化初步研究》(图九乙组),《考古学报》2000年第1期。

[54] 朱永刚:《夏家店上层文化的初步研究》,《考古学文化论集(1)》,文物出版社,1987年。

[55] 项春松、李义:《宁城小黑石沟石椁墓葬调查清理报告》,《文物》1995年第5期。

[56] 韩嘉谷等:《蓟县邦均西周时期的遗址和墓葬》,《中国考古学年鉴》,1987年。

[57] 同[27]。

[58] 张家口市文物事业管理所、宣化县文化馆:《河北宣化县小白阳墓地发掘报告》,《文物》1987年第5期。

[59] 安志敏:《唐山石棺墓及其相关的遗物》,《考古学报》(第七册),中国科学院,1954年。

[60] 河北省文物工作队:《河北徐水解村发现古遗址和古城垣》,《考古》1965年第10期。

[61] 韩嘉谷:《天津古史寻绎》,天津古籍出版社,2006年,第55页。

[62] 韩嘉谷:《从军都山东周墓谈山戎、胡、东胡的考古学文化归属》,《内蒙古文物考古文集》,中

国大百科全书出版社，1994年；林沄：《中国北方长城地带游牧文化带的形成过程》，《燕京学报》新十四期，北京大学出版社，2003年。

[63] 韩嘉谷：《试说狄人侵燕和"燕文公迁燕"》，《首都博物馆丛刊》（第17辑），2003年。

[64] 韩嘉谷：《长城地带青铜短剑水的考古学文化和族属》，《中国考古学会第八次年会论文集》，文物出版社，1991年；韩嘉谷：《寻找东胡遗存》，待刊。

（原刊于《北京文博》2011年第1期）

北京琉璃河燕国墓地出土铜器的成分和金相研究

张利洁　孙淑云　殷玮璋　赵福生

一、琉璃河西周燕国遗址的考古发掘

琉璃河西周燕国遗址位于北京市房山区琉璃河镇，距市区 43 千米。面积为 5.25 平方千米。遗址包括古城址和墓葬区。据考证，古城址为西周初周王所封燕国的都城。

1962 年，北京市文物工作队对这个遗址做了调查，后在刘李店和董家林村进行了小规模的试掘。1964 年，当地村民挖地窖时发现 2 件青铜礼器，经勘探认定为墓葬区。从 1973 年开始在此进行了多次考古发掘[1]。

1973~1977 年，共发掘西周墓葬 61 座，车马坑 83 座[2]。出土铜器有礼器 70 件，兵器 79 件，工具 9 件，杂器 59 件，车马器 300 余件。此外有 3 座墓还出土了铅器。对琉璃河古城址进行了钻探和小规模发掘，推知古城的始建年代应不晚于西周初期。

1981~1986 年，在黄土坡村西北、京广铁路东西两侧进行的考古发掘共清理西周时期墓葬 121 座，车马坑 21 座[3]。此外还发掘了城墙。其中大、中型墓葬中出土了不少青铜器。M1193 是一座带四条墓道的大型墓葬，出土的铜盉、罍上均有铭文，记载了周王褒扬太保、册封燕侯和授民授疆土的史迹，具有重要学术意义。有研究者认为这 2 件有铭之器是召公之子"克"所作[4]，也有学者认为系太保作器[5]。该墓中还出土铜兵器等，其中 1 件戈（M1193 : 62）上有"成周"等铭文。此墓的随葬器物均不晚于康王时期，故墓葬的年代推定为西周早期的成康时期。M1193 的椁木经 ^{14}C 测年，结果为公元前 1015~前 985 年[6]。

1995 年 8~11 月的发掘工作，在 F10 区和 F11 区早期居址发现了陶范，其中包括青铜容器范，表明遗址中曾有铸铜作坊[7]。推测以往墓葬所出的铜器，有一部分可能是本地铸造。

1996 年春、秋季，为配合"夏商周断代工程"的年代学研究，对琉璃河遗址又进行了发掘，包括西周城墙 2 处，灰坑 116 座，墓葬 1 座。重要收获之一是在出土的卜甲中有 3 片带有文字，其中 96G11H108①:4 上刻有"成周" 2 字。H108 地层关系明确，是琉璃河遗址中年代最早的西周遗存之一，木炭的 ASM 测年结果为公元前 1053~前 954 年[8]。有字卜甲的钻凿和文字继承周人传统，但又有独到之处[9]。

在已发掘的西周诸侯国遗址中，除琉璃河燕国遗址外，重要的遗址为数不多。主要有发掘于20世纪30年代初的浚县辛村卫国墓，但资料不完整；曲沃天马—曲村晋国墓地，资料虽然丰富，但缺乏西周早期诸侯一级的墓葬；三门峡上村岭虢国墓地，时代偏晚，属两周之际；平顶山应国墓地则发表资料尚少[10]。因此，琉璃河燕国墓地成为我们研究周代早期丧葬制度的重要材料。琉璃河遗址是目前唯一的一个既有城址又发现诸侯墓葬的周初封国遗址。墓葬中出土的大量青铜器，也为研究燕国早期青铜铸造技术及其在中国青铜文化进程中的地位，提供了宝贵的实物资料，因而在冶金史研究方面具有重要价值。

二、琉璃河铜器的成分和金相检测

这次从1981~1986年发掘的琉璃河西周燕国墓地12座墓葬和1997年发掘的1个探方出土金属器中，选取了35件。取样原则是不破坏形体完整或已经修复的器物，样品均采自残破兵器、车马器和杂器；在满足检测分析需要的前提下，取样尽可能小，并尽可能在检测完毕后予以修复；同一墓葬出土的器物尽可能按不同器形取样，以增强代表性，同一器形则取自不同墓葬，以增强可比性；鉴于M1193的考古意义重大，重点对此墓出土器物进行考察，近三分之二的样品选自此墓。

1. 取样情况

对35件器物（铜器33件、铅矛1件、铜器内残留沉淀物1件）取样共制成41个样品。详细情况见表一。

表一 琉璃河西周燕国墓地取样墓葬出土金属器物数量与取样数量统计表

墓葬编号	容器礼器		车马器		兵器		工具		其他		总数		备注
	出土	取样	出土	取样	出土	取样	出土	取样	出土	取样	出土	取样	
86BLM1193	3		30	9	35	11	5		15	1	88	21	
83BLM503					8+2	1+1					8+2	1+1	2件铅制兵器其中取样1件
83BLM1130					2	1					2	1	
82BLM1019					6	1					6	1	
82BLM1087			16		4	1					20	1	
82BLM1029					24	2					24	2	
82BLM1099			31		9	1					40	1	
86BLM1015			21	1							21	1	
81BLM1013			4								4		
81BLM1010	1								3	1	4	1	
82BLM1056			2	1							2	1	均为车害
合计	4		104	12	91+2	18+1	5		18	2	219+2	32+1	

注：探方中出土的残铜块样品（97LG10T1916：1161981）和M508出土的兽面纹尊内沉淀物（BLM508）未统计在内

2. 成分与金相检验

选择器物的适当部位进行切割取样，以切割面为检测面用镶样机进行镶样，经磨光和抛光，达到检测要求。

对于完全锈蚀的样品，不经浸蚀处理，在矿相显微镜下观察其锈蚀产物；对于尚有金属存在的样品，先不经浸蚀，在金相显微镜下观察夹杂物，然后用三氯化铁盐酸酒精溶液浸蚀，在金相显微镜下观察其组织形态（金相分析所用金相显微镜型号为NEOPHOT21，矿相分析所用偏光显微镜型号为 Olympus BH-SP-751）。

经金相检验过的所有样品经喷碳处理使之导电，用扫描电子显微镜进行观察和通过X射线能谱仪测定样品成分，分析采用扫描电镜能谱分析无标样定量分析法进行（扫描电子显微镜为英国剑桥公司生产的 S-250MK3 型，能谱仪为 LinkAN10000 型）。本实验激发电压采用20kV，计数时间为50s。

车軎样品（82BLM1056：9）因应用X-射线能谱仪所测的结果有较大误差，故进而应用原子吸收光谱（AAS）和化学滴定法进行确定。

根据分析得到的样品主要成分组成，进行材质分类，分类原则为：当青铜样品中某合金元素的含量超过2%时，认为是冶炼中人为添加的，命名为"某青铜"。对检测结果进行初步总结，具体见表二～表四（铜器内沉淀物样品（BLM508）均不在统计之内）。

表二　器物类型和成分的关系

材质	铜戈	矛	铜镞	铜戟	刀	铜泡	车軎	兽面	马饰	车軏	铜饰	半管	铜块	合计
铜–锡	6	2		1									1	10
铜–锡–铅	5		2	1	1	7	1	1	1	1	1			21
铅–铜–砷							1							1
铜–铅												1		1
纯铅		1												1
小计	11	3	2	2	1	7	2	1	1	1	1	1	1	34

表三　器物类型和加工方式的关系

加工方式	铜戈	矛	铜镞	铜戟	刀	铜泡	车軎	兽面	马饰	车軏	铜饰	半管	铜块	合计
铸造	6	3	2	1		7	2	1	1	1	1		1	26
热锻	4													4
铸造、冷加工	1			1	1									3
锻打												1		1
小计	11	3	2	2	1	7	2	1	1	1	1	1	1	34

表四　成分和加工方式的关系

成分 \ 方式	铸造	热锻	铸造、冷加工	锻打	合计
铜–锡	6	2	2		10
锡–铜–铅	18	2	1		21
铜–铅–砷	1				1
铜–铅				1	1
纯铅	1				1
小计	26	4	3	1	34

这批样品主要是兵器和车马器，器形有铜戈、矛、铜镞、铜泡。从铜器的成分来看，铜—锡—铅合金占有大多数（21件），含砷的样品有1件，锡青铜样品有10件，纯铅样品1件，铅青铜1件。铜器的铜、锡、铅含量由直方图表示（图一）。从加工方式来看，本批经金相检验的33件铜器样品中，25件未见任何加工痕迹，为典型的铸造组织，4件为热锻组织，3件具有冷加工组织（7件具有加工组织的样品全部取自兵器戈、戟、刀的锋刃部）。车马器中仅1件完全锈透的半管状物具有锻打的痕迹。具有代表性样品的金相组织见图二～五。值得提及的是，车軎样品（82BLM1056∶9）经采用原子吸收光谱分析并结合化学滴定进行确证，所得平均成分为Cu为21.80%、Pb为63.27%、S为2.05%、As为1.49%。其组织形貌为：在铜砷α固溶体基体上分布有大量带条纹状富砷相、铜的硫化物和铅；铅呈不同体积的球状，硫化物呈球状、不规则状或细条状，有的呈包裹在球状铅表面的壳状（图六）。局部区域可见大片黑色铅。此车軎应是一件铅基合金。以上样品均经三氯化铁盐酸酒精溶液浸蚀。

三、讨　论

1. 合金成分与器物类型的关系

X-射线能谱分析结果表明，琉璃河铜器的合金成分主要是Cu、Sn、Pb，含有少量Fe、S元素。除1件车軎含砷外，其余铜器未检测到有其他杂质元素存在。制作材料以锡青铜和铅锡青铜为主。33件铜器中，10件器物为锡青铜，占30.3%；21件器物为铅锡青铜，占63.6%。

表二显示，10件锡青铜中9件为兵器，1件为残铜块。13件车马器及泡饰中除1件为铅青铜、1件为铅砷青铜外，其余全部为铅锡青铜。兵器中共有9件为铅锡青铜，但其含铅量多在3%左右，普遍低于车马器的含铅量。说明器物类型与合金成分有着密切的关系。从铜、锡、铅含量分布直方图（图一）上可以进一步直观地看出兵器的含锡量一般高于车马器，而兵器的含铅量一般低于车马器及其他器类。有学者曾对20世纪70年代发掘的琉璃河西周墓地出土的10件铜器进行检测分析[11]。样品中3件兵器

均为锡青铜，含锡量在 11%～17%；6 件车马器的含锡量在 7.17%～15.95%，其中 3 件铅锡青铜的含铅量高于 5% 而低于 10%。这个分析结果与本文的分析结果是相似的。

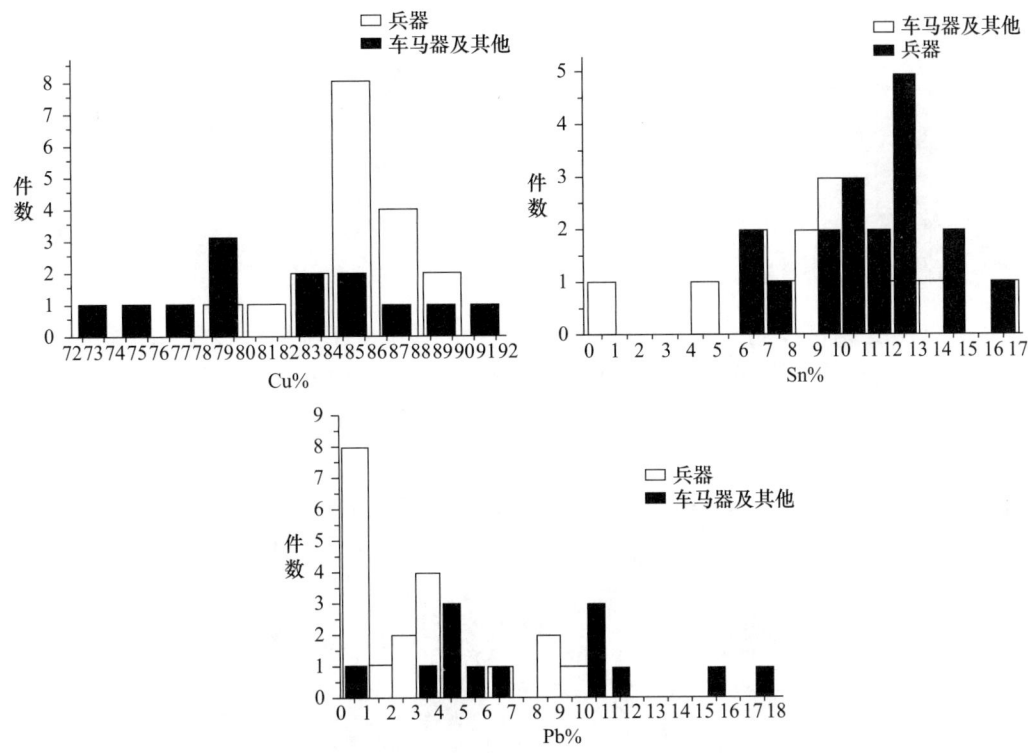

图一　琉璃河西周铜器铜、锡、铅含量分布直方图

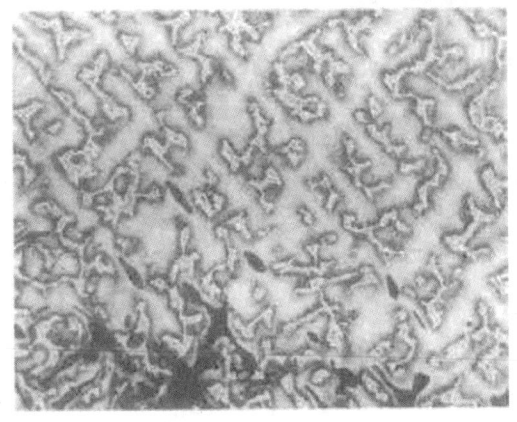

图二　矛（BLM1193：128）金相组织 ×250 锡青铜铸造组织：α 树枝晶及（α+δ）共析组织

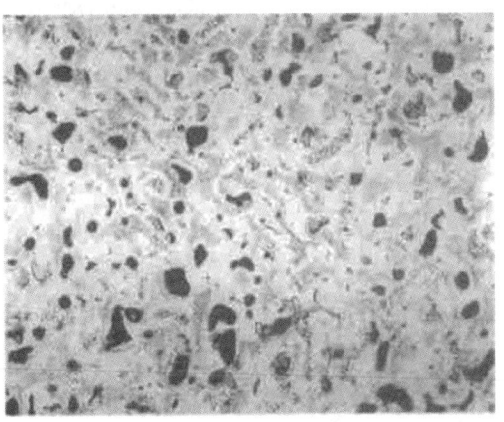

图三　戈柄（BLM1130：2）金相组织 ×250 锡铅青铜铸造组织：α 树枝晶及（α+δ）共析组织、颗粒状铅及硫化物

图四 戈尖（BLM1193∶8）金相组织 ×250 锡青铜热锻组织：α 再结晶晶粒及孪晶、细小铅颗粒及残留的（α+δ）共析组织分布于晶界

图五 戈尖（BLM1019∶122）金相组织 ×200 锡青铜冷加工组织：α 树枝晶拉长变形、大量滑移带、（α+δ）共析组织分布于晶界

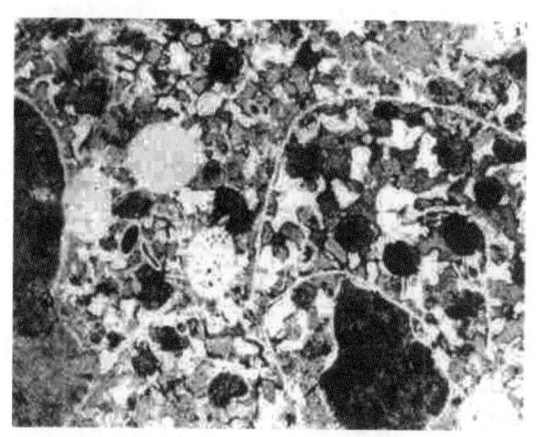
图六 车舌（82BLM1056∶9）金相组织 ×200 铅铜砷合金铸造组织：铜砷 α 固溶体基体、带条纹状富砷相、大量铜的硫化物和铅

　　根据不同类型器物的用途，采用不同的铅、锡配比，不是琉璃河西周铜器才开始出现的现象。对盘龙城商代中期遗址出土铜器的分析结果显示，尽管所检测兵器和工具的数量少，但兵器和工具的含铅量低于礼器的含铅量这一现象仍很明显[12]。关于锡、铅配比对合金性能的影响的认识，应是古代工匠在长期生产实践中逐渐形成的，属于经验层次的认识。

　　分析结果表明，琉璃河西周铜器在合金成分上不仅继承了商代的技术，而且有了进一步提高。琉璃河铜器中锡和铅被控制在更适当的范围内，从而可以获得更加良好的机械性能。例如，9件锡青铜兵器中有7件锡的含量在12%～14%，1件为11%，1件为16.5%，总的分布范围为11%～17%。铸造锡青铜的机械性能受合金成分的影响，主要取决于组织中（α+δ）共析体所占的数量。含锡量在10%～17%范围内的锡青铜具有高的抗拉强度、较高的硬度和一定的延伸率。本批琉璃河墓地的锡青铜兵器含锡量均在此范围内，因此具有良好的机械性能。

所分析的21件铅锡青铜器物中，除1件铜泡（样品1972）完全锈蚀，所测成分数据不予考虑外，其余20件中75%的样品含铅量低于9%，只有5件的含铅量高于10%，而且低于17%，这5件器物均为车马器。兵器的铅含量多在3%左右。这20件铅锡青铜的含锡量在5%～14%之间，其中80%的样品集中在7%～11%。铸造铅锡青铜的合金成分与机械性能的关系，根据T.Chase所绘的三角图[13]可知合金硬度随含锡量的增加和含铅量的减少而增加；合金的抗拉强度在含锡量为5%～20%、含铅量低于10%的范围内较高；合金的延伸率随锡、铅含量的增加而降低，在锡和铅的含量均小于10%的范围内，合金的塑性尚好。考虑合金的综合机械性能，则含锡量在5%～15%、含铅量小于10%的铅锡青铜具有较高的硬度和抗拉强度，并有一定的塑性。所检测的琉璃河铜器中，85%的铅锡青铜器物的成分在这个范围内。特别是兵器，含铅量在3%左右、含锡量在7%～11%之间，布氏硬度（HB）达90～110，抗拉强度（σ_b）达$3 \times 10^7 kg/m^2$左右，延伸率（δ）达30%～20%，具有良好的机械性能。

综上所述，琉璃河西周墓地所出青铜器不像盘龙城商代墓地等所出青铜器那样含有很高的铅，且含锡量也在适宜范围内，故机械性能良好，而其中兵器的机械性能更优于车马器。

2. 金相组织显示制作技术成熟，材质优良

金相检验结果显示，此批样品中的铸造铜器显微组织普遍较为均匀，（α+δ）共析组织、铅和硫化物夹杂弥散分布于α枝晶间，铅和（α+δ）共析体的形态一般较小、呈分散状。未见大的球状和块状形态的铅存在，也未发现铅的比重偏析现象。硫化物大多数为硫化亚铜，也有含铁的硫化物存在，未发现富铁相和其他杂质元素形成的特殊相。此外，样品的组织致密，未见集中的缩孔和疏松存在。总之，金相检验的结果显示出，这批铜器具有很好的材质。

影响铜器显微组织的因素有成分、器形、尺寸、铸造工艺、加工方式、使用情况和埋藏环境等，其中成分和组织的关系十分密切。琉璃河墓地经检验的33件铜器含锡量均小于17%，属于低锡青铜。所以析出的（α+δ）共析组织的量适中，金相观察其形态多较小、呈分散状均匀分布。这种材质避免了因大量δ相出现而导致的脆性，具有较高的强度、硬度。根据金属学对Cu-Sn-Pb三元合金的研究，组织中铅的大小、形态、分布状况对器物的性能有很大影响，以颗粒状或细枝晶状均匀分布较为理想。随着合金中含铅量的增加，金相组织中铅由细小分散的颗粒逐渐发展为大的枝晶形、球形，由于铅本身硬度低（HB值为4），造成青铜合金硬度下降。同时由于铅的数量增加和形状的改变，对基体的割裂作用增大，造成青铜合金抗拉强度和抗冲击值的下降。琉璃河墓地的铅锡青铜器物由于含铅量不高，大多数小于9%，而兵器的含铅量则多在3%左右。铅的形态和分布都较为理想，使材料具有良好的机械性能。

此外，琉璃河铜器的杂质元素较少，只检测到铁和硫，它们都以硫化物的形式存在。由于没有其他的杂质元素，未见特殊的物相存在，这也说明琉璃河铜器使用的原料较纯净，铅、锡的含量适中，并根据兵器、车马器不同用途有意识地增减合金元素的含量，显示出合金技术的成熟性。此批铜器组织致密，未见集中的缩孔、疏松存在，与铸造技术的成熟有关。

金相检验结果还显示，在所分析的18件兵器中，有4件铜戈的尖部有再结晶晶粒和孪晶组织，表明器物经过加热锻打；其中，样品86BLM1193：8戈的组织中出现滑移带，表明其局部经冷加工。另有3件兵器（刀82BLM1099：14、戟82BLM1029：66、戈82BLM1019：122）的尖部组织有滑移带存在，表明经过冷加工。这7件经加工成形的器物均为锋刃兵器。其他11件经检验未发现加工组织的兵器，取样部位均不在锋刃部，而是取自胡部、柄部、勾部等部位。这些兵器的尖部是否也经热锻或冷加工，未进行检验，推测亦应具有加工组织。所检验的3件兵器中[14]，1件戈（出自BLM253）的组织中有孪晶，1件戈（出自BLM105）的组织中有滑移带，这2件器物亦为锋刃器；另1件兵器为盾饰，不属锋刃器，为铸造而成。与本文的检验结果一致。

铸造的青铜合金经热加工可减少成分偏析，使高锡的脆性δ相分解或减少，α固溶体中的锡含量均匀化，并可消除铸造缺陷，使其组织致密，改善机械性能。若热加工后再经过冷加工，其硬度会有所提高。铸后冷加工是指器物成形后，某些部位于再结晶温度以下又经加工才最后完成。其显微组织特点是铸造组织的偏析依然存在，同时有冷加工滑移带存在。冷加工在变形过程中产生形变应力，使变形抵抗力及其他与变形抵抗力相关的机械性能（如硬度、抗拉强度）得到提高。

据此，所检测的琉璃河墓地青铜兵器尖部热锻和冷加工组织的存在，表明它们具有良好的刺杀性能，这是材质优良、技术成熟的又一表现。但也不排除某些组织中的滑移带是在使用过程或埋葬时的毁器过程中形成的。

总之，以上分析表明琉璃河燕国青铜器材质优良，具有较高的制作技术水平。

3. BLM1193与其他墓葬出土器物技术比较

BLM1193作为第一代燕侯的墓葬，与琉璃河其他墓葬的铜器在成分、组织及加工方式方面是否存在差异，是一个值得探讨的问题。

此次共检测21件出自BLM1193的铜器，包括11件兵器和10件车马器；检测出自其他墓葬的铜器10件，其中7件兵器，3件车马器。

由成分分布和金相组织比较可以看出，在成分、组织与加工方式方面，BLM1193的器物与其他墓葬的器物之间未发现明显差异，这说明在青铜器技术方面是相同的。这一结论仅限于兵器和车马器，对于青铜礼器的成分之间是否存在差异，尚需进一步的工作来确证。

4. 琉璃河燕国遗址与其他西周遗址青铜器的成分与组织的比较

在已有的关于西周早期青铜技术的研究中，对宝鸡强国墓地、洛阳北窑墓地和沣西张家坡墓地出土铜器的研究较为深入。对宝鸡强国墓地出土青铜器研究涉及成分、组织、铸造工艺、铅同位素比测定几方面[15]。其中属于西周早期成康时期铜器成分定量分析结果表明，在所分析的18件兵器成分数据中，13件的含铅量低于10%（其中2件含铅量低于2%），另外5件含铅量高于10%，最高含铅量为16.3%。在所列49件车马器与杂器中，2件含铅量高于20%，1件低于2%，其余46件器物的含铅量分布于2.6%～16.7%之间。含锡量2件低于2%，41件含锡量集中于8%～16.6%。总体而言，弫国墓地青铜合金的特色是铅含量高而且含铅器物普遍，兵器的含铅量较车马器及杂器低，而且含量范围较为集中。

对洛阳北窑西周墓地出土的25件青铜器物进行了成分检测，其中15件西周早期器物的成分，除1件泡饰含锡达19.4%以外，其余样品的含锡量范围为4.4%～16.9%；除1件明器戈含铅为26.6%以外，其余样品含铅的范围为0～10%[16]。北窑墓地的器物普遍表现含铅量低的特征，车马器的成分表现出含铅量低而含锡量高的特征。

对张家坡墓地出土的西周早期青铜器中26件样品进行研究[17]，分析结果表明青铜器以Cu-Sn-Pb类合金为主，共21件，占样品的81%。Cu-Sn合金2件、Cu-Pb合金3件。兵器、工具的铅含量低于容器。兵器铅含量大多在2%～8%。容器铅含量大多超过10%，最高达27.2%。含铅器物普遍、含铅量较高是其突出的特点。兵器戈是此次研究的重点，所分析的8件戈中，1件Cu-Sn合金，锡含量达21.8%；1件Cu-Pb合金，铅含量为6.9%；6件Cu-Sn-Pb合金，锡含量在6.7%～19%，铅含量在2.2%～11.1%。戈的合金成分不太集中。金相检验表明合金成分不同，组织差异较大，实用戈刃部都经热加工，有的还经冷加工，使戈的使用性能得以提高。

通过以上4个墓地兵器成分的比较（图七）可以看出，琉璃河墓地与北窑墓地兵器的成分配比相近，且分布集中（含铅量范围为0～4%，含锡量范围为7%～15%）；而弫国墓地和张家坡墓地的兵器中则铅锡青铜所占比例较高，锡青铜较少，且成分分布较分散。在车马器及杂器等器物的成分上，由于琉璃河、弫国和北窑3个墓地车马器及杂器都有成分分析数据，具有比较的可能，结果如图八所示。而张家坡分析中除1件铜泡外，没有车马器和杂器，集中分析的是礼器。为作参考之用，在此将铜泡和13件礼器成分分析数据也绘入图八。从图八可以看出：琉璃河墓地与弫国墓地车马器和杂器的成分分布范围相近，且铅含量分布近似，而弫国的器物锡含量偏高；北窑墓地的器物锡含量分布较分散，总体上高于琉璃河的器物而与弫国墓地的器物类似。由于样品数量上、种类上的比例不同，各地成分数据分布的集中度表现不一。弫国墓地的数据呈现分群的态势，而琉璃河和北窑的数据则较为分散。张家坡铜泡和礼器铅、锡含量数据呈分散状态，锡、铅含量较高的样品数量明显多于其他3个遗址。

对比图七和图八显示出：琉璃河、北窑、宝鸡、张家坡兵器和工具的成分分布虽然有一定差别，但明显较车马器、杂器、礼器要集中，说明在兵器、工具的成分配比方面有一定的一致性，其合金应由铜、锡、铅按一定比例配制，适当的成分配比表明当时对成分与合金性能的关系有一定认识。这种一致性缘于均处于西周早期中原青铜文化区内[18]。在此文化区内，无论王室还是诸侯国都重视兵器的作用，故制作规范，质量较好。而车马器、杂器、礼器成分分布较分散，则可能与使用回炉重熔的破旧铜器有关。张家坡铅、锡含量高的特点与分析的器物类型有关，因为礼器的器型较复杂、花纹较细致，增加一定的铅、锡含量对提高铸造性能有利。

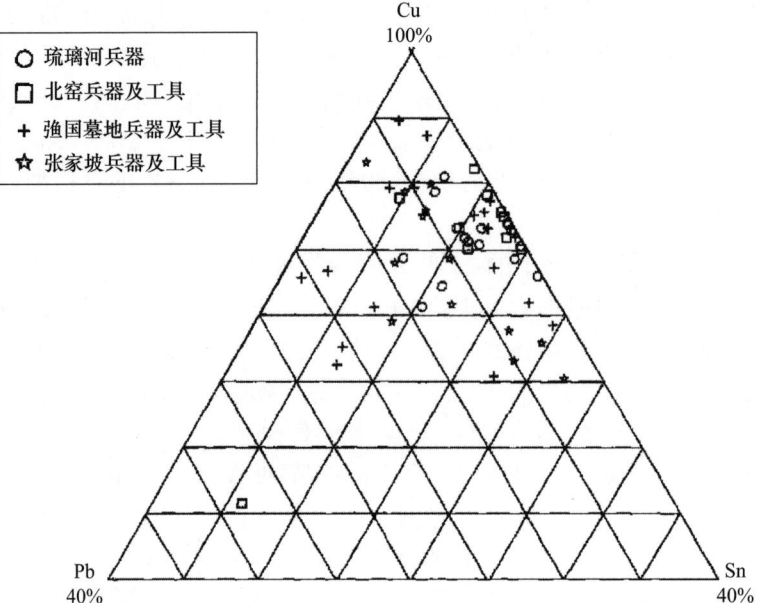

图七 琉璃河、北窑、弓鱼国、张家坡墓地兵器及工具合金成分分布图

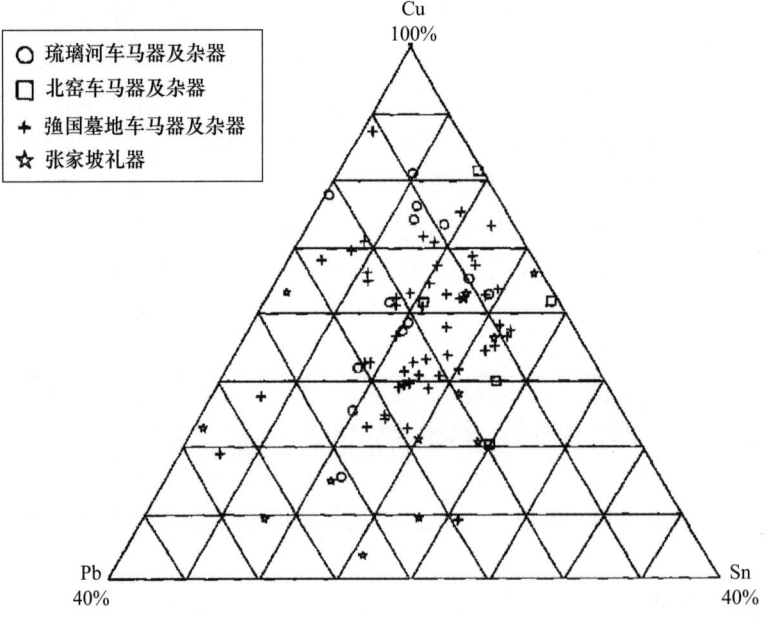

图八 琉璃河、北窑、弓鱼国墓地车马器、杂器及张家坡礼器合金成分分布图

以上4个遗址的器物在形制和成分上存在一定差异，可能与它们在地域上的分布有关，不同地域的文化因素有别。北窑地处王畿地区，张家坡为西周丰京所在，代表的是中原西周文化的主流；宝鸡地处中原与甘青、巴蜀的交通要道，弓鱼国器物深受甘青文化和巴蜀文化的影响，而琉璃河的器物则包含北方文化因素[19]。综上所述，主要

合金成分的差异可能与西周早期王室及各诸侯国的地理位置和文化因素不同有关。在技术上表现为冶炼所用矿产资源也有所不同，如对琉璃河和彊国墓地铜器铅同位素比测定的结果显示，二者差异相当明显（图九），说明使用的矿产有别。

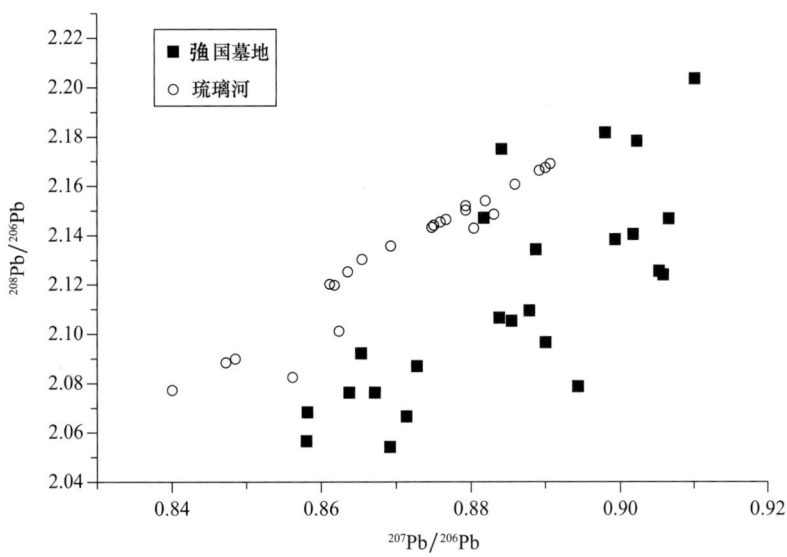

图九　彊国墓地与琉璃河墓地铜器铅同位素比值分布对比图

5. 关于铅铜砷车舎的鉴定

车舎样品（82BLM1056∶9）经测定，除含有63.27%铅外，还含有21.80%的铜、2.05%的硫和1.49%的砷。砷和硫作为杂质元素有可能来自铜矿，如黝砷铜矿［$(Cu,Fe)_{12}As_4S_{13}$］、硫砷铜矿（Cu_3AsS_4）等。在古代，这些铜砷共生矿的冶炼产物为砷铜，并含有硫。砷和硫也可能来自铅矿，冶炼得到的粗铅中含硫和砷。铜对硫和砷的亲和力要比铅对硫和砷的亲和力大，当熔化粗铅与铜配制合金时，砷、硫与铜结合，生成Cu_2S以及铜砷化合物（如Cu_3As、Cu_5As_2等）。

这件样品无论成分还是组织都具有特殊性。组织不仅有大量的球状铅，还有成片的纯铅区域，铅存在严重的偏析现象。铸造技术欠佳。这种材质表现出质软、硬度低、熔点低的特点，与作为车舎的使用性能极不相称，推测其并非实用器。至于为何选用铅基铜合金铸造车舎的问题，有待进一步研究。

四、结　　论

对琉璃河西周燕国墓地出土青铜器的组织与成分的研究表明，这批青铜器的成分配制是与商周青铜器技术的发展趋势一致的，与燕国在西周的地位、特别是召公在周初的政治地位相称。其加工工艺体现出较高水平，说明西周早期燕国的青铜器制作已形成一定规范，合金成分的配比及加工方式与器物的使用性能相适应，对合金成分的控制更趋严格。检测结果表明，BLM1193 大墓与琉璃河墓地其他墓葬出土的兵器、车马器在制作技术方面没有明显差别。琉璃河、强国、北窑、张家坡墓地出土的器物，在成分配比特别是兵器的成分方面具有一致性，是它们与处于相同时代的同一文化圈有关；而器物的主要合金成分又存在一定差别，则是与地域和文化因素不同有一定关系。

注　释

[1] 北京市文物工作队：《北京房山县考古调查简报》，《考古》1963 年第 3 期；琉璃河考古队：《北京附近发现的西周奴隶殉葬墓》，《考古》1974 年第 5 期。

[2] 北京市文物研究所：《琉璃河西周燕国墓地（1973～1977）》，文物出版社，1995 年。

[3] 中国社会科学院考古研究所等：《1981～1983 年琉璃河西周燕国墓地发掘简报》，《考古》1984 年第 5 期。

[4] 琉璃河考古队：《北京琉璃河 1193 号大墓发掘简报》，《考古》1990 年第 1 期。

[5] 殷玮璋、曹淑琴：《周初太保器综合研究》，《考古学报》1991 年第 1 期；殷玮璋：《新出土的太保铜器及相关研究》，《考古》1990 年第 1 期。

[6] 夏商周断代工程专家组：《夏商周断代工程 1996～2000 年阶段成果报告》（简本），世界图书出版社，2000 年。

[7] 北京大学考古学系等：《1995 年琉璃河周代居址发掘简报》，《文物》1996 年第 6 期。

[8] 同［6］。

[9] 琉璃河考古队：《琉璃河遗址 1996 年度发掘报告》，《文物》1997 年第 6 期。

[10] 刘绪、赵福生：《琉璃河遗址西周燕文化的新认识》，《文物》1997 年第 4 期。

[11] 何堂坤：《几件琉璃河西周早期青铜器的科学分析》，《文物》1988 年第 3 期。

[12] 郝欣、孙淑云：《盘龙城商代青铜器的检验与初步研究》，湖北省文物考古研究所《盘龙城》（上），文物出版社，2001 年。

[13] W T Chase, Thomas O Ziebold. Ternary Representation of Ancient Chinese Bronzes Composition. Archaeological Chemistry-II, Advance in Chemistry Series 171. American Chemical Society. Washington, D. C. 1978. P304.

[14] 同［11］。

[15] 苏荣誉等：《强国墓地青铜器铸造工艺考察和金属器物检测》，卢连成、胡智生主编《宝鸡强国墓地》，文物出版社，1988 年。

[16] 洛阳市文物工作队：《洛阳北窑西周墓》，文物出版社，1999 年。

[17] 杨军昌：《陕西关中地区先周和西周早期铜器的技术分析与比较研究》，北京科技大学博士生学位论文，2002 年。

[18] 李伯谦：《中国青铜文化的发展阶段与分期系统》，《中国青铜文化结构体系研究》，科学出版社，1998 年。

[19] 同［1］《北京附近发现的西周奴隶殉葬墓》。

（原刊于《文物》2005 年第 6 期，本文的文字略有删改）

北京琉璃河燕国墓地出土铜器铸造工艺的考察

李秀辉　孙淑云　张利洁　殷玮璋　赵福生

　　琉璃河西周燕都遗址位于北京市房山区琉璃河镇，距市区 43 千米。遗址范围包括洇城、刘李店、董家林、黄土坡、立教、庄头等村落，东西长 2.5、南北宽 1.5 千米，面积为 5.25 平方千米[1]。该遗址是 1962 年北京市文物工作队在房山县进行田野考古调查时发现的，当时只在刘李店和董家林进行了小规模试掘，1973 年以后才进行大规模发掘。遗址内涵主要有古城址、居住址和墓葬区三部分，其中古城址据考证为西周燕国始封时的都城，居住址则发现了古代的房基、窖穴、灰坑等遗迹。

　　燕国是周的重要诸侯国之一，也是终周一代存在时间最长的诸侯国，它始封于成王时期，灭于嬴秦的一统。其地理位置对周王室有重要的屏藩作用，是重要的战略缓冲地带，也是中原地区与北方游牧部族进行经济、文化交流的通道。在中国传统史料中，关于燕国特别是其早期情况的记载语焉不详。考古发现弥补了史料的空白，特别是琉璃河西周燕都遗址的发掘，取得了重大而丰硕的成果。

　　鉴于青铜器在考古和科技史研究中的重要地位，北京科技大学冶金与材料史研究所对琉璃河燕国墓地出土的 34 件器物取样进行合金成分分析和组织观察，还对墓地出土的 14 件铜器进行了铸造工艺的考察。

　　成分分析表明：锡含量集中分布于 6%～15%，铅含量分布于 12% 以下。根据铸造铅锡青铜布氏硬度和抗拉强度三元图，此铅、锡含量范围的青铜其机械性能较好。统计还表明：兵器的锡含量一般高于车马器及其他器类；兵器的铅含量一般低于车马器及其他器类。由于锡铅青铜的强度和硬度随锡含量的增加和铅含量的降低而增加，所以兵器的机械性能优于车马器及其他器类。这说明西周初期燕国制作青铜器时可根据不同器物的用途要求，而有意识地选择青铜合金的配比。对于戈、戟、刀类兵器，为适应其刺杀功能对较高硬度、强度的需要，适当地增加锡的含量而减少铅的含量。铜泡、马饰、车舌等器物则不需要如兵器那样高的硬度，所以相应增加铅的含量而减少锡的加入量。

　　金相组织观察表明，此批样品铸造组织致密，铅和硫化物夹杂分布一般较均匀。部分兵器如戈、戟、刀的尖部进行了热锻或冷加工，其目的一方面是为了使尖部厚度减薄而呈尖锐状，另一方面冷加工可使材料的硬度有所增加，进一步加强兵器的刺杀能力。

　　对琉璃河燕国墓地出土的 14 件铜器进行铸造工艺考察，涉及的铜器有：尊 2 件（83BLM503：23、M508：11），簋 2 件（M508：15，M1149），提梁卣 2 件（82BLM1043、M1190：5），鼎 2 件（82BLM1043：20，立东 M1），爵 1 件

（82BLM1043∶29）、 觯 1 件（82BLM1043∶2） 甗 1 件（M1149∶1）、子罍 1 件（M1149∶8）、銮 2 件（M253∶28，M253∶33）。

现根据各器物的形体结构、器物上遗留的铸造痕迹（如范缝、浇口、补块等）和铸造缺陷（如气孔、浇不足等）的观察结果（表一），并与同时代同类型器物进行比较，探讨北京琉璃河燕国墓地铜器的铸造工艺及其特点。

一、铸造方法

纵观这 14 件青铜器，从铸造方法来讲，主要使用了浑铸法和分铸法。其中尊（83BLM503∶23，M508∶11）、簋（M508∶15、M1149）、爵（82BLM1043∶29）、方鼎（82BLM1043∶20）、觯（82BLM1043∶2）、銮（M253∶28，M253∶33）、圆鼎（立东 M1）均采用浑铸法铸成；提梁卣（82BLM1043）、凤鸟纹提梁卣（M1190∶5）、甗（M1149∶1）、子罍（M1149∶8）均采用分铸法铸成。这表明，北京琉璃河燕国墓地的青铜器铸造技术与殷商时期青铜器铸造技术是一脉相承的，仍是以娴熟的范铸法使器物成形，但又有所发展和创新。具体体现为芯撑的使用，对保证合范的精度、提高青铜器铸造质量和成品率起到了十分重要的作用。另外，盲芯的设置减少了器物壁厚的差异，使得铸件基本上满足同时凝固的条件，为最终获得质量好的铸件创造了条件。

周建勋曾对北京琉璃河燕国墓地所出的 70 件青铜器进行了考察分析[2]，其中仅有 4 件采用了分铸法，这 4 件器物中 3 件为提梁卣（ⅡM251∶6，ⅡM253∶4，ⅡM253∶6），1 件为簋（ⅡM253∶14）。由此可见，该青铜器群以浑铸法为主流。下面对 14 件器物的铸造工艺进行分析探讨。

1. 甗（M1149∶1）

铜甗是上甑下鬲式的蒸炊器（图一，1），在甑鬲结合处急束腰。在束腰处器内有三凸齿，齿上可架镂空箅，以便置物，并使蒸汽与水流通。箅部以环与甗体相固定，可以肯定两者是分铸而成。结合一体，则肯定有铸造先后之分。若先铸箅，则必须将箅夹于甗腹芯中，即甑鬲结合处，但由于此处束腰，而箅的大小与束腰处尺寸近似，必将甗腹芯一分为二，导致铸型装配易发生偏差，造成成形困难。而且由于环的成形，只能在甗腹芯中掏出一小孔，通过箅上的小圆孔而不触及箅体，这样弯曲的小孔，从甑部芯穿入再从鬲部芯穿出，几乎是不可能实现的。若箅后铸，也难以成形。因为箅与其挂钩的配合间隙极小，几乎触及甗体，况且甗腹体积有限，在如此小的空间内用两半范（其中一半范上还得用"开槽下芯法"制作提钮）与环配合制作箅，而且挂钩还须在甗腹芯上掏孔成形，操作难度很大。

因此，挂钩是制作甗的主要困难所在。观察发现，挂钩与甗体上接壤处有铜堆积，且下接处变细，搭在鬲部上，其断面为圆形，表面经过打磨。表明若挂钩与甗体浑铸，就根本无法在甗腹内打磨。经过上述观察分析，甗的铸造关系已十分清楚：挂钩与甗体并不是简单的分铸铸接，而是甗体、箅、挂钩先各自铸造成形，而后挂钩套箅，再与甗体铸焊在一起（图一，2）。

表一 北京琉璃河燕国墓地出土铜器的铸造工艺考察总结

序号	器物	原标号	器形特征	铸造方法	铸型设计	具体工艺 浇注位置	具体工艺 芯撑设置	备注
1	甗	M1149：1	上甑下鬲式的蒸饮器，在甑两结合处急束腰，齿上可架镂空箅。箅部三凸齿，以环与甑体相固定。挂钩与甑体上接壤处有铜堆积，且下接处变细，搭在甗部上，其断面为圆形，表面经过打磨。甗足为空心足	分铸：甑体、箅、挂钩先各自铸造成形，尔后挂钩套箅，再与甑体铸焊在一起	3腹范、1腹底范、1腹芯	甑体采用倒浇，浇口设在足部末端	挂钩处要铸一预留孔，该孔可以设置泥芯撑来支撑腹芯	挂钩和箅是两半分型
2	凤鸟纹提梁卣	M1190：5	卣由卣体、卣盖和提梁组成。提梁和卣盖各自独立，与卣体上腹的两半圆形环耳相合，配合间隙很小，而套合结构又被提梁两端兽头所掩盖，使提梁的摆动环耳内侧倒向一侧。卣腹半圆形环耳上下两侧向外侧，都有垂直方向的范缝，而且这条范缝与其上下卣体的垂直范缝相重合	分铸：卣体先铸，塑卣体模→翻制卣体外范（两半范）→制作卣体腹芯和圈足芯→组成铸型一进行浇注	卣体：2外范、1腹芯、1圈足底范、1腹范；卣盖：2外范、1芯范；提梁：对称分型、羊首单独作模，即使用活块模	卣体：采用倒浇，浇口设在圈足边缘；卣盖：采用倒浇，浇口设在盖缘	卣体底部、卣盖发现有铜芯撑	腹底范上刻划网格，利于排气、排渣
3	提梁卣	82BLM1043	形态与凤鸟纹提梁卣（M1190：5）近似。分铸、铸形设计、浇口设置、铸造过程同上。但它表面锈蚀比较严重，提梁断裂，卣体上的环耳已断。从整体技术水平看不如M1190：5凤鸟纹提梁卣。在卣体底部也未发现刻划及铜芯撑存在					
4	子罍	M1149：8	由罍体、罍盖、圆形组成。在罍盖上的兽头孔内、定在罍体上的弦纹，通体空底棱有花纹，而且有八条棱，在八条棱中心都有一条垂直向的范缝	分铸：罍体模与罍体相塑而成	罍体铸型：8块罍体外范、1罍体腹芯、1圈足边范、12圈足芯、6只兽首泥芯、罍盖铸型：8块外范、1内芯、2块握手外范、1握手盲芯	罍体采用倒浇，浇口设在圈足边缘；罍盖采用倒浇，浇口设在罍盖下缘	在腹芯的端部加有铜芯撑以支持固定圈足芯、罍盖外范上设置12个铜芯撑来支撑固定内芯	罍体腹底与圈足交接处设置6条三角形加强筋；握手内有盲芯

续表

序号	器物	原标号	器形特征	铸造方法	铸型设计	浇注位置	芯撑设置	备注
5	方鼎	82BLM1043:20	鼎底部有刻划，呈双"十"字状	浑铸	4腹范、1底范、1腹芯；四腹芯中每一腹棱对称的两块以扉棱拼合而成的花纹范拼合而成，足范与腹底范连在一起	倒浇，浇口设在鼎足		独立耳芯；铸型中有足芯（盲芯）存在
6	圆鼎	立东M1	鼎底部有刻划，呈三角形状	浑铸	3腹范、1底范、1腹芯；鼎足是由腹外范和腹底范及足芯形成	倒浇，浇口设在鼎足		耳芯是由腹芯带形成，铸型中有足芯（盲芯）存在
7	簋	M1149	簋腹底有菱形状刻划	浑铸；簋耳是单独制范，以兽鼻对开，分别制范，拼合成簋耳范，再与簋体外范合范	2腹外范、1腹内范、1腹底范、2簋耳范、2簋耳芯、3个簋足芯	器体倒置浇注，浇口开在簋足上		簋耳内残留有泥芯，推测簋足内也应有泥芯（盲芯）
8	簋	M508:15		浑铸	2腹外范、2簋耳范、2簋耳芯、1腹内范、1圈足芯	倒置浇注，浇口开在圈足上		簋耳内残留有耳芯
9	爵	82BLM1043:29		浑铸；在鋬下的位置分为上、下两部分，上部分爵体由2外范构成，下部爵范由3外范加1爵底范组成，2块鋬外范、1块鋬内范，为鋬单独制范，内有中空的鋬芯，鋬足是对开内芯	5块外范（上2块、下3块）、1爵底范、2块鋬外范、1块鋬内芯	侧浇，浇口设在爵鋬处		

续表

序号	器物	原标号	器形特征	铸造方法	铸型设计	浇注位置	芯撑设置	备注
10	尊	83BLM503:23		浑铸	两半分型，2腹范，1底范，1腹芯	倒置浇注，浇口开在圈足上		
11	尊	M508:11		浑铸	两半分型，2腹范，1底范，1腹芯	倒置浇注，浇口开在圈足上		
12	觯	82BLM1043:2		浑铸	两半分型，2腹范，1底范，1腹芯	倒置浇注，浇口开在圈足上	在腹芯端部设置有铜芯撑来支持固定圈足芯	
13	銮	M253:28	銮铃镂空、对称，銮柄中空					
14	銮	M253:33	銮铃镂空、对称，銮柄中空	浑铸	銮铃部位：对开范，铃内设置泥芯；銮柄部位：4块外范，1柄内芯组合。銮铃外范和銮柄外范以榫卯结合。	在銮柄的端部发现浇口痕迹，说明铜銮是从柄端处浇注成形的	銮柄是中空的，且銮柄壁上有工艺孔，也就是銮柄内芯泥芯撑处留下的孔洞	

 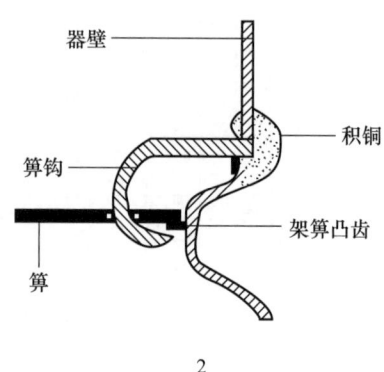

图一　铜甗（M1149∶1）
1. 整体外观　2. 器壁、箅与箅钩的配合方式

观察甗的底部范缝，可知甗体的分型为三腹范、一腹底范、一腹芯。在挂钩处要铸一预留孔，该孔可以设置泥芯撑来支撑腹芯。挂钩和箅是两半分型。甗足为空心足，这也是铸造工艺的一种需求。

此甗与陕西宝鸡弻国墓地出土的5件铜甗的制作技术相近[3]，说明西周时期铸造青铜甗的工艺是较普遍的技术。

2. 提梁卣（82BLM1043，M1190∶5）

以凤鸟纹提梁卣M1190∶5为例。卣由卣体、卣盖和提梁组成。提梁和卣盖各自独立，与卣体上腹的两半圆形环耳相套合，配合间隙很小，而套合结构又被提梁两端兽头所掩盖，提梁的摆动不致倒向一边，此构想颇具匠心。在卣腹半圆形环耳内侧和外侧都有垂直方向的范缝，而且这条范缝与其上下卣体的垂直范缝相重合。根据这些现象推测卣体、卣盖、提梁的制作顺序，可断定提梁不可能先于卣体铸造。另外，由于卣体和卣盖子母口相扣合，甚为严密，而且在卣体泥模两端都有大芯头，卣盖模无法与卣体模同时配合做出，使得卣体和卣盖子母口紧密配合，所以只有在卣体铸造成形后，卣盖模才与卣体相配合塑成，因此卣体应先铸。其制作过程是：塑卣体模（图二，1）→翻制卣体范（两半范）（图二，2）→制作卣体腹芯和圈足芯（图二，3）→组成铸型（图二，4）→进行浇注。

由于青铜卣要求形体完整、壁厚均匀、没有气孔和浇不足等缺陷，同时作为礼器，还要求纹饰华美清晰。从铸型装配方面考虑，腹芯较大，倒浇可以解决悬芯问题，在腹底范上刻划网格（图二，5），可以排气、排渣，所以采用倒浇的方法较为合理。倒浇时圈足芯是悬芯，它的固定是保证器物型腔几何尺寸即器物顺利成形的关键。在燕国墓地出土青铜器中，解决这一问题的重要措施是安置铜芯撑。在 M1190：5 铜卣的卣体底部观察到了铜芯撑的存在。这样，在卣体的腹芯端头上设置铜芯撑就可以支持上面的圈足。

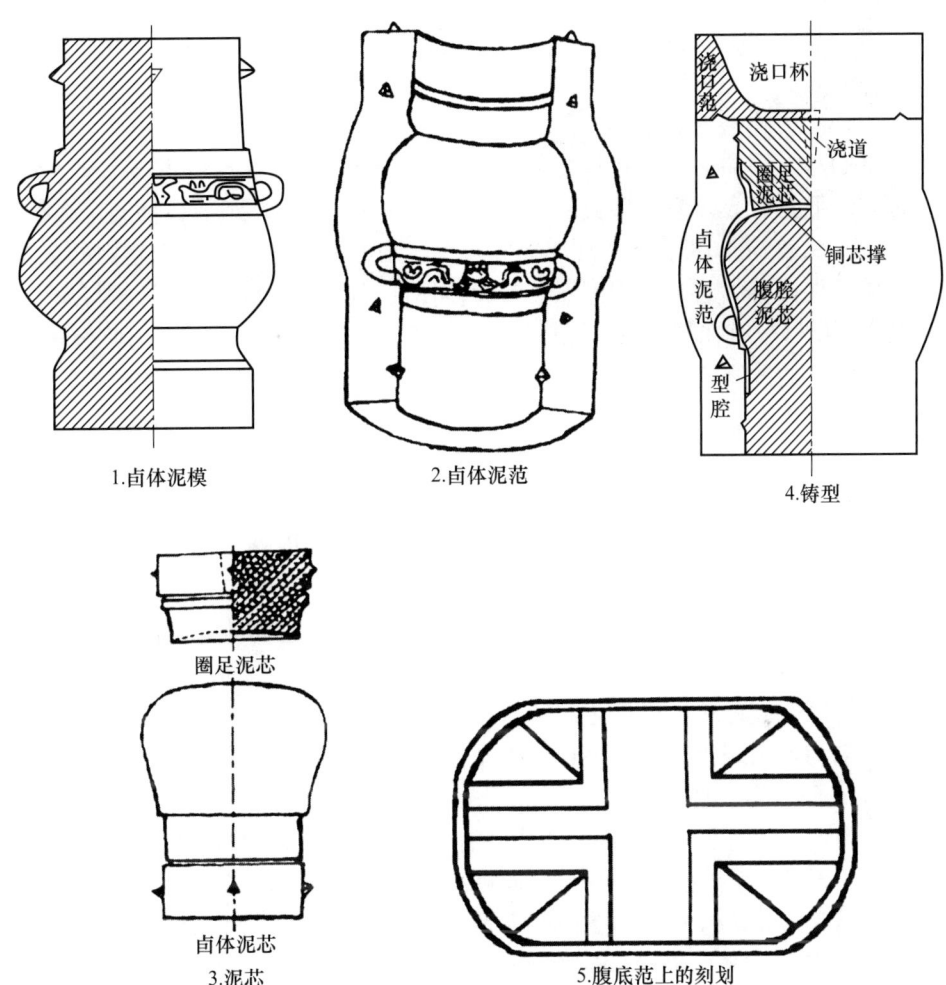

图二　凤鸟纹提梁卣（M1190：5）

　　卣盖的制作过程与卣体是一致的。为了保证卣盖器形完整、纹饰清晰，同样采用倒浇，而且盖芯的固定同样是设置铜芯撑。

　　卣体铸造成形后，即在其上制作提梁泥模。提梁两端各饰一羊首，衔着提梁与卣体的套接结构。羊角盘卷而外翘。据观察，提梁是整体铸成，提梁的成形必须使用活块模，即羊首单独作模。活块模的采用使提梁分型简单化，对称分型即可。分型面确定后，即在先铸卣体上堆泥以备制模。主体模直接塑制，羊角独自做成活块模，并在活块模与主体模结合处作出榫卯以便组合。制成后将提梁主体模的提梁部刮去即成为提梁底范。由于卣体和提梁套接，所以必须将包在泥中的环耳掏出，但不能将环耳的泥全部剔除，否则浇注时提梁与卣体会连为一体。环耳上泥层的厚度就是两环套接的间隙。

提梁卣（82BLM1043），形态与凤鸟纹提梁卣（M1190∶5）近似，也应经过上述相同的铸造过程。但它表面锈蚀较严重，提梁断裂，卣体上的环耳已断。从整体技术水平看不如M1190∶5凤鸟纹提梁卣。在卣体底部也未发现刻划及铜芯撑存在。

3. 子罍（M1149∶8）

所观察的这批铜器中，外形最为复杂的一件是子罍M1149∶8（图三，1、2），通体饰有花纹，而且有8条镂空扉棱。子罍有罍体、罍盖、圆环组成，环固定在罍体上的兽头孔内，罍盖与罍体配合严密。罍盖与罍体是分别铸作，但由于它们配合紧密，在罍体泥模两端都有大芯头，盖模无法与罍体模同时配合做出，使得罍体与罍盖子母口紧密配合，所以只有在罍体铸造成形以后，罍盖模与罍体相塑而成，因此罍体先铸。

根据罍体上的残留铸造痕迹，在8条扉棱中心都有一条垂直走向的范缝，说明罍体是沿扉棱分为8块范（图三，3），每块范两边各做出镂空扉棱的一半范。

观察罍体上兽首与罍体的连接处，兽首（共有6只，两两对称）应是单独制模（活块模），以兽鼻对开制作兽首外范，并做出与罍体相接的榫卯。兽首外范在罍体外范上对应位置与两块罍体外范在组合模上组合为罍体的一面外范，四面外范再组合成罍体的外范。据观察，在4只带孔兽首耳内残留有泥芯，证明6只兽首耳内部均是中空的，在2只兽首耳泥芯中掏孔预埋圆环。所以整体上，罍体铸型是由8块罍体外范加12块兽首范加6只兽首耳泥芯加1罍体腹芯加1圈足芯组合而成的。由于圈足芯较大，为了支持固定圈足芯，在腹芯的端部加有铜芯撑。为了防止在罍体腹底与圈足交接处因铸造应力产生裂纹，在此处还设置了6条三角形加强筋（图三，4）。并且考虑器物本身的要求，采用倒浇的方式。

罍盖的制作方法与罍体相同。罍盖中央有一握手，没有发现与扉棱相通的范缝，考虑铸型工艺的要求和这批铜器的特点，推测握手是单独制作外范，而且握手内也设有盲芯。罍盖的铸型应是8块外范加2块握手外范加握手盲芯加1内芯组合而成。由于内芯很大，在外范上设置了12个铜芯撑来支撑固定内芯（图三，5）。同样采用了倒浇的方式。

4. 铜鼎（82BLM1043∶20、立东M1）

根据实际考察，82BLM1043∶20方鼎、立东M1圆鼎均是采用浑铸法铸造而成，分型形式也较为简单。82BLM1043∶20方鼎为4腹范加1底范，分型示意图如图四。4腹范中每一腹范又由2块以扉棱对称的花纹范拼合而成。立东M1圆鼎为3腹范加1底范，如图五所示。

这两件铜鼎的制作方法相同，但细节有所不同。如这两件铜鼎的鼎耳均为方立耳，从铸造痕迹观察，两铜鼎鼎耳耳芯的设置方式不同。方鼎的鼎耳耳芯是独立耳芯，而

北京琉璃河燕国墓地出土铜器铸造工艺的考察 · 115 ·

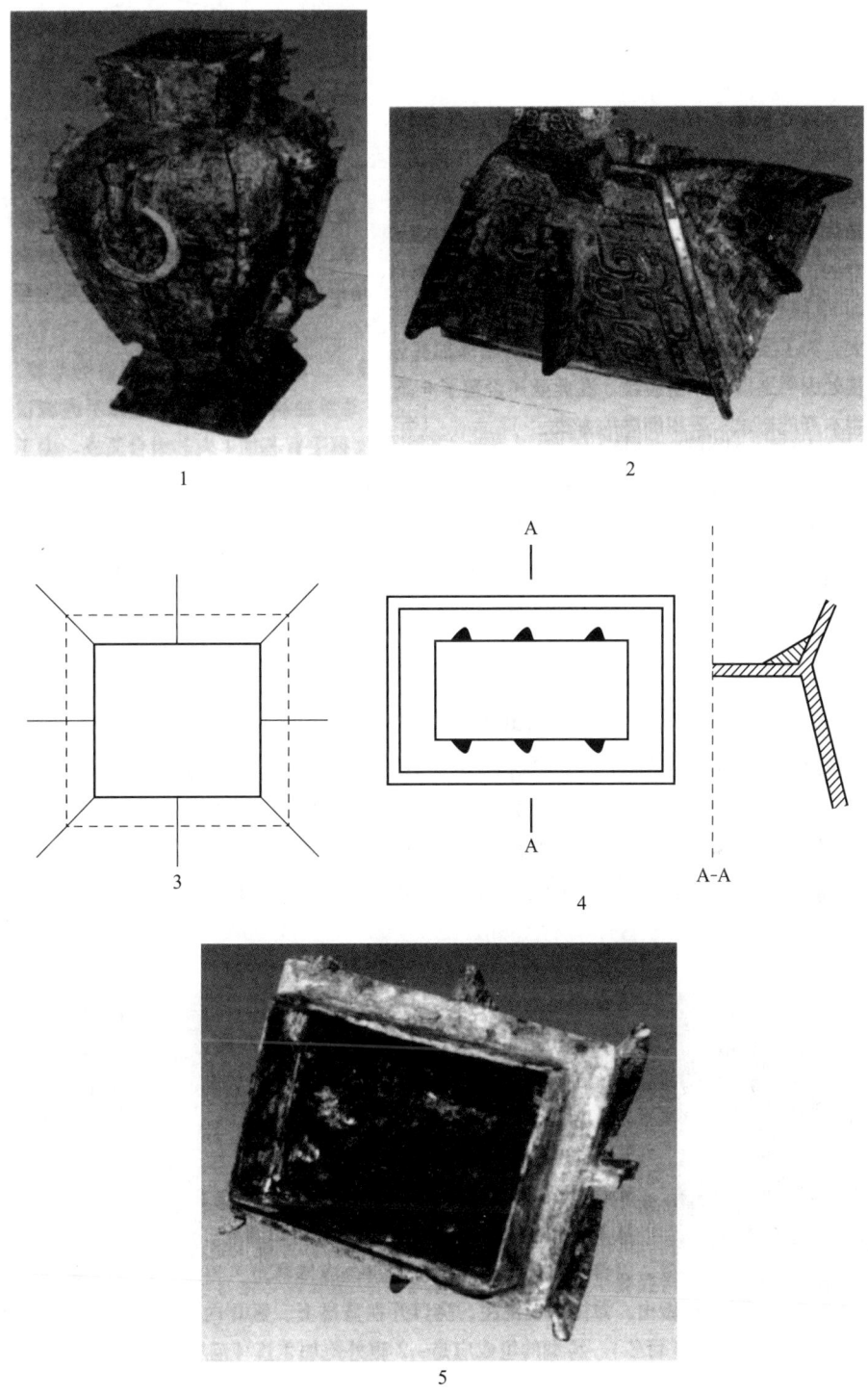

图三 子罍（M1149∶8）
1. 整体外观 2. 罍盖外形 3. 罍体的分型方式 4. 罍体腹底加强筋的分布 5. 罍盖内壁可见铜垫片

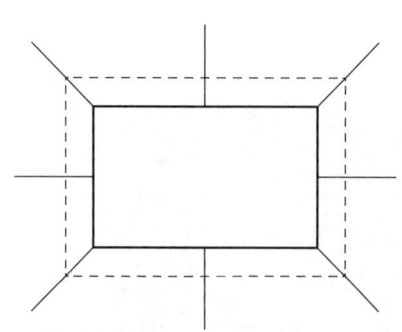 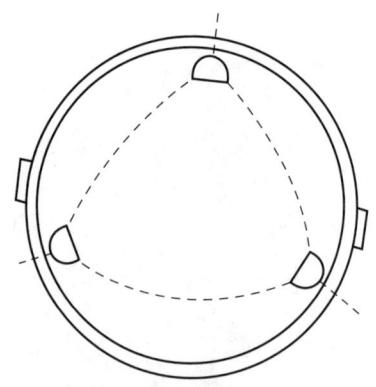

图四　方鼎（82BLM1043∶20）的分型方式　　　图五　圆鼎（立东 M1）的分型示意图

圆鼎的鼎耳耳芯是由腹芯自带形成的。

方鼎鼎足的足范是与腹底范连在一起的，而圆鼎的鼎足是由腹外范和腹底范及足芯形成。由于鼎足的直径远远大于腹壁的厚度，为了使其壁厚均匀，鼎足铸成空心，铸型中有足芯（盲芯）存在。在方鼎鼎足的铸造缺陷（浇不足）处露出了泥内芯，证实了以上判断。

5. 铜簋（M508∶15，M1149）

M508∶15 铜簋（图六）与 M1149 铜簋形制差别较大，但制作均采用了浑铸法。

从 M1149 铜簋上残留的铸造痕迹可以看出，簋体是浑铸法铸成，但簋耳是单独制范，以兽鼻对开，分别制范后拼合成簋耳范，再与簋体外范合范。簋足是在腹底范上做出。器体倒置浇注，浇口开在簋足上。簋耳内残留有泥芯，推测簋足内也应有泥芯（盲芯）。铸型的组成应是：2 腹外范加 2 簋耳范加 2 簋耳芯加 1 腹内范加 1 腹底范加 3 个簋足芯。在铜簋腹芯底上有刻划（图七）。

 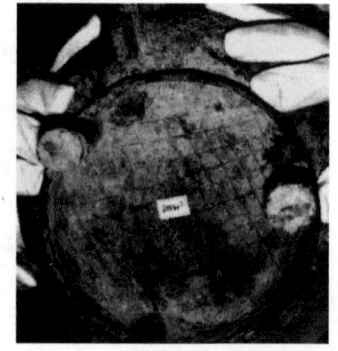

图六　M508∶15 簋耳内可见泥芯　　　图七　M1149 簋底部菱形刻划

M508∶15 铜簋的铸造工艺要简单一些，铸型由 2 腹外范加 2 簋耳范加 2 簋耳芯加 1 腹内范加 1 圈足芯组成。也是倒置浇注，浇口开在圈足上。簋耳内残留有耳芯。

6. 铜爵（82BLM1043：29）

此铜爵（图八）的铸型也比较简单，在鋬下的位置处分为上、下两部分，上部分爵体由 2 外范构成，下部爵足由 3 外范加 1 爵底范组成。鋬是单独制范，为对开范，内有泥芯，因此鋬是中空的。铜爵的铸型是由 5 块外范（上 2 块，下 3 块）加 1 爵底范加 1 爵内芯加 2 块鋬外范加 1 块鋬内芯组成。

7. 铜尊（83BLM503：23、M508：11）和铜觯（82BLM1043：2）

此三器（图九、一〇）制作工艺非常简单，是以两半分型，由 1 底范加 1 腹芯加 2 腹范组合，利用圈足浇成形。由于 82BLM1043：2 铜觯的圈足芯较大，在腹芯端部设置有铜芯撑来支持固定圈足芯。

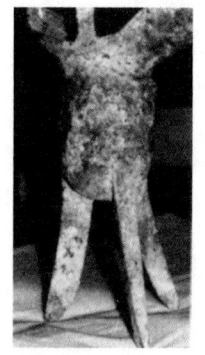  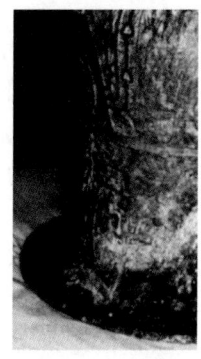 

图八 铜爵（82BLM1043：29）鋬下腹壁及柱上铭文　　图九 铜尊（83BLM503：23）纹饰中可见范线　　图一〇 铜觯（82BLM1043：2）纹饰中可见范线　　图一一 铜銮（M253：33）柄壁上有泥芯撑脱落后形成的孔洞

8. 铜銮（M253：28，M253：33）

铜銮的制作也比较简单。銮铃处是对开范，铃内泥芯中埋有一小石块。銮柄处是由 4 块外范与柄内芯组合。銮铃外范和銮柄外范以榫卯结合。銮柄是中空的，且銮柄上有工艺孔，是銮柄内芯泥芯撑脱落后留下的孔洞（图一一）。在銮柄的端部存有浇口的痕迹，说明铜銮是从柄端处浇注成型的。

二、铸造工艺中的几个问题

1. 分型方式

在 14 件青铜器中，分型面的设置依据铜器器形特点而定。对于具有对称平面的器物，如尊、觯、圈足器、卣等，其分型面即取某一对称面。以凤鸟纹提梁卣

（M1190：5）为例，卣体以提梁两挂耳所在的平面为对称面两半分型。而三足器的分型则要依足而定，圆鼎（立东 M1）的分型方式如图五所示。此外，扉棱处、纹饰的分段处，也大都是分型面所在地。如方鼎（82BLM1043：20）对应于四面腹壁设置四块腹外范，而每一块腹外范又由两块以腹壁扉棱为对称的花纹范拼合而成，如图四所示。

2. 浇注系统的设置

对于青铜容器而言，为保证腹芯装配的稳定和器物口沿表面致密光洁，在设置浇注系统时，多采用倒置浇注的方式。本文涉及的器物均为倒置浇注。

3. 芯撑的设置与使用

在 14 件青铜器中，除 2 件铜銮外，均是容器，都有一定的腹腔，在其铸型中必有一个腹芯。对于圈足容器，还有一个圈足芯。三足器中，也有较大的腹底范。因此在铸型装配时，存在着对这些芯、范的支撑固定问题。为了保证器物型腔几何尺寸的准确，在容器的铸型组合中必然要用到芯撑。M253：28、M253：33 两件铜銮虽然不是容器，但由于器形特殊，銮柄中空，需较大的悬芯，为了固定也使用了芯撑。

另外，铸造工艺要求器物壁厚均匀。为此，如 M508：15 铜簋的簋耳、82BLM1043：20 方鼎的鼎足、M1149 铜簋的簋耳内部均设置泥芯，做成中空形。因此无论是在耳内还是在足内设置泥芯，都必须有一组芯撑来支撑固定这些盲芯，否则就无法成形。

燕国墓地青铜器所用的芯撑可分为范、芯自带泥芯撑和外加铜芯撑。自带泥芯撑在器物成形后会脱落形成孔洞，如铜銮。

芯撑的使用对于保证铸出完好的薄壁青铜礼器是一个行之有效的工艺措施。在合范浇注时，多数情况下铜质芯撑并没有被浇入的青铜液熔化掉。由于芯撑的厚度与器体壁厚难以尽同，加上芯撑与器体成分上的差异，使得各自表面铜锈的颜色多少有所区别，常能用肉眼直接在器物上找到部分铜芯撑的痕迹。若器物表面锈蚀严重，很难判断是否使用了铜芯撑，此时可借助 X 射线机的无损检测来解决。

周建勋曾利用 X 射线机对北京琉璃河燕国墓地所出的 18 件青铜礼器进行 X 射线的检验。检验结果表明，有 16 件铜器在铸造时使用了铜芯撑，而且芯撑的分布还有一定规律。这说明在西周早期，在铸造青铜器时使用芯撑已是一种十分成熟的工艺技术。

4. 盲芯的使用

琉璃河出土的青铜器较广泛地使用了盲芯。在以前检验的 17 件铜鼎中，除 1 件小鼎（IIM205：60）为明器以外，其他 16 件鼎足内均有盲芯。盲芯的固定靠盲芯上凸起的四棱形自带泥芯撑。

从大量商周青铜器的铸造工艺设计来看，基本上都是尽力保证全器壁厚度尽可能一致。反映在器物形制上就是内腔形状随外形而改变，在器物的厚大处加入盲芯，合范时由自带芯撑固定，以此减少器物的壁厚差异。器物壁厚均匀意味着金属在凝固过程中各部分温度差较小，同时凝固的倾向性大，所以器物的设计基本上满足了同时凝固的条件，为获得完好的铸件创造了条件。盲芯的设置对青铜器的铸造质量有很大影响。

5. 器物的底部刻划

在所观察的 14 件铜器中，82BLM1043：20 方鼎、立东 M1 圆鼎、M1149 簋、M1190：5 凤鸟纹提梁卣、M1149：8 子罍共 5 件器物底部有刻划。刻划有定位的作用。

刻划分为二类：

第一类刻划凸起较高，如方鼎（图一二）、圆鼎（图一三）、子罍，这些刻划起的是加强筋的作用。因器物腹底薄，从铸造工艺和实际使用考虑，都需要加强。金属液充型后，将型腔的气体和夹杂物排浮在上边，所以这类刻划还有减少夹渣、憋气和气孔等铸造缺陷的作用。

第二类刻划凸起较小，如凤鸟纹提梁卣、簋，其主要能起到集渣以及减少夹杂、憋气和气孔之类的铸造缺陷的作用。

 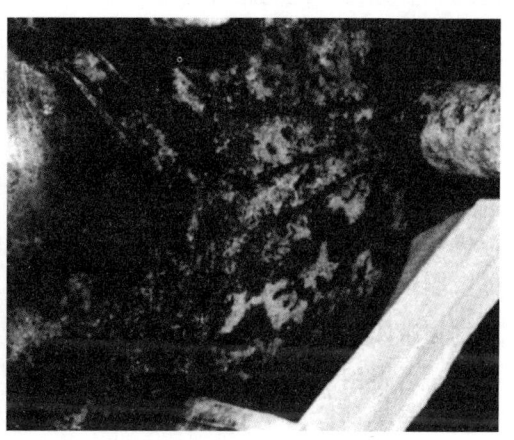

图一二　方鼎（82BLM1043：20）底部刻划　　图一三　立东 M1 圆鼎底部刻划

6. 器物铭文的铸造方法

在所观察的 14 件铜器中，7 件有字数不等的铭文。铭文均是阴文，铭文底部比较平滑、深浅基本一致，铭文面与器物面在一个平面上，弧度一致，相互间没有接痕。据此，推测这种铭文的制作方法应是在范上按字或按行贴泥片，刻成范阳文，铸成正阴文。这种方法不限铭文字数，不需预制铭文范模。

三、小　结

综上所述，琉璃河燕国墓地青铜器的铸造工艺特点大体归纳如下：

（1）所有青铜器都是用泥（陶）范法浇注而成，未发现采用其他的铸造方法。鼎、簋、尊、甗、爵等礼器的分型形式、浇注系统的设计等，均继承了殷商时期的工艺。

（2）大多数器物，如尊、簋、鼎、爵、觯等，以浑铸法成形。

（3）为了保证器物型腔的几何尺寸，芯撑的使用极为广泛，铜质与泥（陶）质芯撑并用。泥芯撑多为泥芯或泥范自带，既有用以支撑固定鼎足的泥芯，也有用于支撑子罍盖握手内泥芯的。芯撑的使用是以商代青铜工艺为基础的。相对于商代青铜器，燕国墓地青铜器的不同之处在于铜芯撑已广泛使用。铜芯撑多用于支撑和固定容器腹部和底部的范和芯。

（4）为了尽力保证器物的铸造工艺合理，使铸件壁厚均匀，在鼎足、簋耳、盖部握手等厚大部位内设置泥芯。对于一些较为重要的器物，在器壁相交处设计了加强筋（如M1149∶8子罍），以防铸件凝固收缩时发生拉裂、冷裂等缺陷。

（5）有相当部分的礼器底部都有刻划，可能是出于定位、增加铸件强度，防止和减少夹渣、憋气等缺陷的考虑。

总之，北京琉璃河燕国墓地青铜器的铸造工艺技术具有西周早期特点，仍以娴熟的范铸法使器物成形，是以殷商时期的铸造工艺为基础的，并有所发展：芯撑的广泛使用，对保证合范的精度、提高青铜器铸造质量和成品率起到了十分重要的作用；盲芯的设置减少了器物壁厚的差异，使得铸件基本上满足同时凝固的条件，为最终获得质量好的铸件创造了条件。1995年的考古发掘中曾有陶范出土，表明琉璃河遗址在西周时期有铸铜作坊存在。

注　释

[1] 北京市文物研究所编：《琉璃河西周燕国墓地1973～1977》。文物出版社，1995年，第2页，图一。

[2] 周建勋：《商周青铜器铸造工艺的若干探讨》，《琉璃河西周燕国墓地（1973～1977）》（附录一），文物出版社，1995年，第254～270页。

[3] 苏荣誉、胡智生等：《強国墓地青铜器铸造工艺考察和金属器物检测》，《宝鸡強国墓地》（附录二），文物出版社，1988年，第530～638页。

（原刊于《商周青铜器的陶范铸造技术研究》，文物出版社，2011年）

召公家族

大保鼎与召公家族铜器群

朱凤瀚

一、大保鼎与成王方鼎

现藏天津博物馆的大保鼎（图一）[1]，是一件西周早期的青铜重器，其内腹壁上有"大保铸"三字铭文，大保即是召公。大保鼎的形制富有时代性，又非常有特色，其造型虽然仍保持殷末方鼎的大致形制，但腹底平，不似殷末商式方鼎腹底多已微凸，特别是四柱足，相对于甚浅的鼎腹来说，尤为细长而挺拔，使整个鼎形显得极端高耸而有尊贵感。

图一　大保方鼎（康王时，现藏天津博物馆）

大保鼎的特色还表现为双耳上各有二相向的伏兽。此前，耳上伏兽的造型只见于属商后期的江西新干大洋洲出土的铜器（图二），但大洋洲器一耳上所立均是单兽。

图二　江西新干大洋洲商墓出土大方鼎（XDM∶8）

该鼎另一可称为特色的是，其四柱足中部铸接有四个带鳞片纹的圆环，这在现存西周器物中更是绝少见到，此种构造近同于所谓"鼎形温食器"，是为了架设炭火盆以加热鼎实。

大保鼎在造型上体现出的特色艺术，证明周人在克商前，应已有了反映自己族群的审美意识的青铜器工艺。

与大保方鼎形制有某些共同处的是现藏美国纳尔逊美术馆的成王方鼎（图三）及现藏于旧金山亚洲艺术馆的斁𩛥方鼎（图四），它们均是西周早期的器物[2]。此所谓"成王方鼎"是为祭成王所作鼎，并非成王所铸鼎，与通常以作器者名器名之原则不合，故严格而言，可称"成王鄩（尊）方鼎"。两件鼎的耳上亦均为双伏兽的造型。

图三　成王方鼎（康王时，现藏纳尔逊美术馆）

图四 㺇𣄰方鼎及铭文（西周早期，现藏旧金山亚洲艺术馆）

西周早期有作册大方鼎（图五）[3]，其铭文曰：

公来鑄（铸）武王、成王异鼎，隹（惟）三月既生霸己丑，公赏作册大白马，大扬皇天尹大保室，用作祖丁宝障彝，隽册册。

图五 作册大方鼎（现藏华盛顿弗利尔美术馆）

陈梦家先生曾以为，此作册大方鼎铭文所提到的召公所铸祭祀武王、成王的异鼎，可能就是大保鼎与"成王尊"方鼎[4]，但二者形制虽近同，仍有差异，而且其大小亦有较大的差别，大保方鼎高达57.6厘米，而"成王尊"方鼎高仅有28.5厘米。故陈先生又说"这两鼎（按，即指大保方鼎与'成王尊'方鼎）原非一对，但原来或有'大保铸''武王奠'和'大保铸''成王奠'的两对，异鼎之异或是比翼之义"[5]。

召公所铸的武王、成王鼎确可能如陈先生所言，是两对方鼎，即：

"大保铸"（A1）"武王障"（B1）
"大保铸"（A2）"成王障"（B2）

也许我们见到的仅是 A1 与 B2。

召公长寿，其在成王故去后仍在世。《论衡·气寿》言召公"至康王时，尚为太保"，故召公可为二王作器，作器时间自然应是在康王时。因而大保方鼎、成王方鼎皆可以此断定为康王时器。

二、关于"梁山七器"

大保方鼎据传在清代出土于山东寿张东南之梁山县（今山东梁山，郓城县东北），同出有七器。《涵清阁金石记》曰："济宁钟养田（衍培）近在寿张梁山下得古器七种：鼎三、彝一、盉一、尊一、甗一，此（按：指宪鼎）其一也，鲁公鼎、牺尊二器，已归曲阜孔庙。"《缀遗斋彝器款识考释》则记曰："咸丰间山左寿张所出古器凡三鼎，一簋，一甗，一盉，其铭皆有'大保'及'召伯'等文，许印林（瀚）明经定为燕召公之器，而以出山左为疑。"

综合以上说法，此所谓梁山七器比较可能的内涵应包括：

1. 宪鼎

佳九月既生霸辛酉，在匽，侯易（赐）宪贝、金，扬侯休，用作召伯父辛宝尊彝，宪万年子子孙孙宝光用。大保（图六）[6]。

图六　宪鼎及其铭文（约康王末至昭王时期，现藏清华大学图书馆）

2. 大保方鼎

大保铸（见图一）。

3. 有"大保"或"召公"字样的鼎一（下落不明）

4. 大保簋

王伐录子𦔻，叡厥反，王降征令于大保，大保克敬亡（无）遣（谴），王侃大保，易休余土，用兹彝对命（图七）[7]。

图七　大保簋及铭文（约成王时，现藏华盛顿弗利尔美术馆）

5. 伯宪盉

白（伯）宪作召伯父辛宝障彝（图八）[8]。

图八　伯宪盉及其铭文（约康王未至昭王）

6. 小臣艅尊

丁巳，王省夔，享，王易（赐）小臣艅夔贝。佳（惟）王来征尸（夷）方。惟王十祀又五肜日（图九）[9]。

图九　艅尊及其铭文（商末器，现藏旧金山亚洲艺术馆）

7. 大史㐭甗

大史㐭作召公宝障彝（图一〇）[10]。

图一〇 大史㐭甗及铭文（康王末至昭王，现藏日本泉屋博古馆）

以上七器中，除第六器小臣艅尊外，余六器从铭文可知均当为召公家族器。但六件器物并非同时之器，㝬鼎已作垂腹状，素面，仅饰双弦纹，其年代应已至康王偏晚至昭王时，伯㝬盉年代亦当相同。大保鼎，应属康王时器。大史㐭甗是为召公所作器，则不会早于康王晚期，或即在康、昭王之际。大保簋铭文记"王伐录子聖"，学者多以为"录子聖"即商王帝辛（纣）之子"录父"，应在成王时，是召公较早时所作器。

此七件器中，召公自作器当是被作为先人之礼器遗存于其家族，除小臣艅尊有可能是召公东征所获战利品外，余六件均属召公家族器，应是由召公后人伯憲或大史㐭集合在一起的。但召公家族之器，何以会在山东梁山出土，其实情已难以得知。或有召公后裔分封至此。

陈梦家先生认为"梁山七器"中的牺尊，即是现存日本白鹤美术馆的另一件大保自作器大保鸟形卣（图一一）[11]，但据白鹤美术馆记录，此卣"传河南省濬县出土"，如是，则与卫国有关。不在七器之中。

图一一 大保鸟形卣及铭文（日本白鹤美术馆藏）

三、召公器群与召公家族

梁山七器中的宪鼎铭文对于了解召公家族之构成非常重要。该铭末之"大保"即是宪的氏名,宪以召公官职为氏,证明宪即是召公之后人,属召公家族之一支。但大保氏是否即畿内召氏,似还不能确定,可能是召氏另一称呼,但似乎更可能是与畿内召氏平行的一个召公家族支脉。

召公曾受封于燕,有房山琉璃河燕国墓地 M1193 出土的克罍、克盉二器铭文(图一二、图一三)[12] 为证。其铭文有曰:

王曰:大保,惟乃明乃心,享于乃辟,余大对乃享,令(命)克侯于匽。

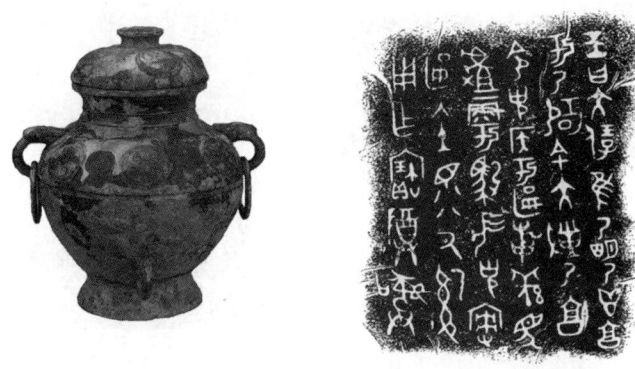

图一二 克罍及其铭文(成王时,现藏首都博物馆)

图一三 克盉及其铭文(成王时,现藏首都博物馆)

"侯"在当时是王朝派驻边域兼有封君身份的军事长官,由此铭得知,"克"是第一代燕侯。在西周早期,王朝常册封重要的姬姓贵族作畿外封君,受封者多是家族之长子,而次子留居王畿,世代任王朝卿士,如鲁国伯禽为周公长子,受封为鲁侯,周公次子一支,则世代居王朝,为"周公"。因此外封的一支在家族内拥有较高的宗法地位。在啚鼎铭中可见啚作为召公后代,到了燕国,受燕侯赏赐,要扬燕侯之休,显然在召公家族内,燕侯的宗法地位要高于啚。所以如此,即当是因为在召公家族内,燕侯一支是召公长子所立,啚所在之大保氏则为小宗分支,啚虽未必在政治上受命于燕侯,但在本宗族内自当尊奉燕侯在召公家族内的地位。

啚鼎铭文中另一值得注意的问题是,啚所为作器者是"召伯父辛"。上举"梁山七器"中的伯啚盉也言"伯啚作召伯父辛宝尊彝"。"召伯父辛"究竟是何人?

在召公家族器群(即召公家族成员所作青铜器)中,以下诸器也是为"召伯父辛"或"父辛"所作:

伯龢作召伯父辛宝尊彝(鼎,现藏故宫博物院)(图一四)[13]。

图一四　伯龢鼎及其铭文(约康王时,故宫博物院)

龢作召伯父辛宝尊彝(爵,现藏故宫博物院)(图一五)[14]。

图一五　龢爵及其铭文(约康王时,故宫博物院)

匽侯旨作父辛尊(鼎,现藏上海博物馆)(图一六)[15]。
旨作父辛彝(壶,香港私人收藏)(图一七)[16]。
以上四器从形制看,匽侯旨鼎已显垂腹,作风素朴;伯龢鼎亦已显垂腹;龢爵腹

图一六 燕侯旨鼎及铭文（约康昭之际，现藏上海博物馆）

图一七 旨壶（约康昭之际，现存香港私人藏家）

微垂，双柱已接近銎上；（匽侯）旨壶已属橄榄形。以上诸器年代均当在康王晚期至昭王时期，即康昭之际。

匽侯旨所作器，还有一件鬲鼎，今藏日本泉屋博物馆（图一八）[17]，其形制属西周早期偏早，亦当成王时，与克罍、克盉年代相距较近。匽侯旨继克为匽侯的时间既亦在成王时，那么克为匽侯的时间即较短。旨为其子或为其弟的可能都存在。

图一八 匽侯旨鼎及铭文（成王时期，日本泉屋博物馆）

匽侯旨与前引克罍、克盉铭文所见第一代匽侯克的关系，是父子还是兄弟，也与"召伯父辛"为何人有直接关系。唐兰先生曾认为"召伯父辛应是召公之长子，为第一代燕侯，所以匽侯旨鼎只称父辛"[18]。但如果是这样，非属匽侯支系的伯宪（属大保氏）、伯龢（可能属畿内召氏）即不大可能为已从召氏分出去另立宗氏的畿外封君匽侯作器。所以唐先生说的这种可能似当排除。如此，"召伯父辛"的身份只有两种可能性：

其一，"召伯父辛"只是伯害、伯龢的父辈，并非"匽侯旨"所为作器之"父辛"。那么召公家族的世系关系即是：

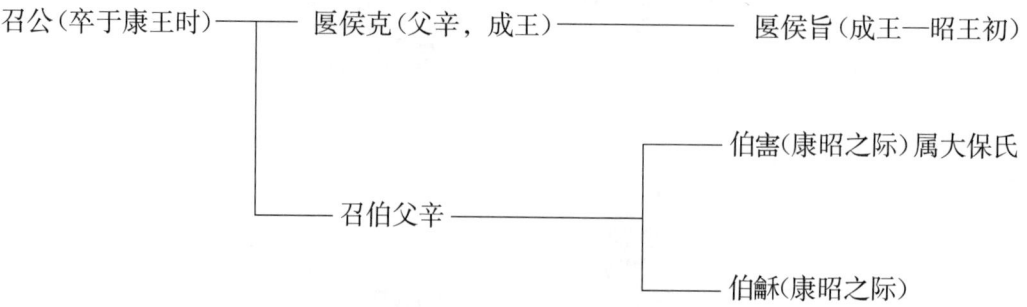

除召公外，括号中的年代均是根据所制青铜器的年代确定的。"召伯父辛"是留在畿内的召氏宗子，由于匽侯一支已独立于召氏之外，召氏自成宗氏，故召氏宗子可以"伯"为称。这一种可能的世系关系存在的问题是：史载召公长寿，应在康王时才去世，从伯害与伯龢所作器来看，他们活动的年代都会早到康王，这样"召伯父辛"作"召伯"的年代即会过短。此外，匽侯克与其同辈的"召伯父辛"皆用共同的日名"辛"，也过于巧合。

其二，"召伯父辛"亦即是匽侯旨所为作器之"父辛"，是召氏、大保氏与匽侯这一支共同尊奉的先人，则这共同的先人只能是召公。匽侯旨所以只称"父辛"而不称"召伯父辛"，当是由于匽侯一支虽在理论上仍属召公家族，但西周时畿外封君自第二位封君开始实质上已是另立宗氏，不再以召氏为称，故匽侯旨虽仍要为召公作器，而名义上已不再属于召氏，因此亦不再称召公为"召伯"，只称为"父辛"，以示与召氏名义上的脱离。而伯害以召公官职大保为氏，称召公为"召伯"，亦是强调其家族与召公、召氏的关系。"召伯父辛"如是召公，则匽侯旨亦是召公之子，应该是作为召公长子的首任匽侯克之弟。

但是召公是否可以称"召伯"，还需要讨论一下。近年来发现的𣄴公簋铭文（图一九）曰：

图一九　𣄴公簋及其铭文（《考古》2007年第3期）

觏公作齋姚簋，遘于王令易（唐）白（伯）侯于晋。唯王廿又八祀[19]。

此唐伯即是第一位晋侯燮父，为唐叔虞之子。唐叔并未称"唐伯"而是仍以在王室内的辈分"叔"为称，表示其个人尚遵从王室内宗法制度，持小宗身份，其家族尚未完全从王室中分立出来。而自其子燮父这一代始，其家族才正式从所出的王族中脱开独立为宗，故燮父可以"唐伯"为称。此应该即是《礼记·大传》中讲周代宗法制时所云"别子为祖，继别为宗"。由此簋铭可知，西周时出身王室的始封君之第二代可以称"某（国名或氏名）伯"。召公可以称"召（氏名）伯"，显然也应是封于召（畿内地名）的封君的第二代。这说明，召公不会是武王的亲兄弟。

召公非武王亲兄弟，只是从兄弟，也和史籍记载相合。《史记·燕召公世家》曰："召公与周同姓，姓姬氏。"司马迁在《史记·鲁周公世家》中记周公时则曰："周公旦者，周武王弟也"，明显与讲召公时的笔法不同。《燕召公世家》集解引谯周曰："周之支族，食邑于召，谓之召公。"这些记载皆可证召公非武王同胞兄弟。北大汉简《周驯》言文王有子四人，应只是指亲子。

召公可称"召伯"，亦见《诗经·召南·甘棠》："蔽芾甘棠，勿剪勿伐，召伯所茇。蔽芾甘棠，勿剪勿败，召伯所憩。蔽芾甘棠，勿剪勿拜，召伯所说。"毛传曰："召伯，姬姓，名奭，食采于召"，孔颖达疏云："经三章皆言国人爱召伯而敬其树，是为美之也。"《史记·燕召公世家》亦言："召公巡行乡邑，有棠树，决狱政事其下，……召公卒，而民人思召公之政，怀棠树不敢伐，哥咏之，作《甘棠》之诗。"如此，则《甘棠》所颂"召伯"必是召公。是召公确亦称"召伯"。

这样，在认定"召伯父辛"即召公的情况下，召公家族结构及其与周王室的关系，即可以示意如下：

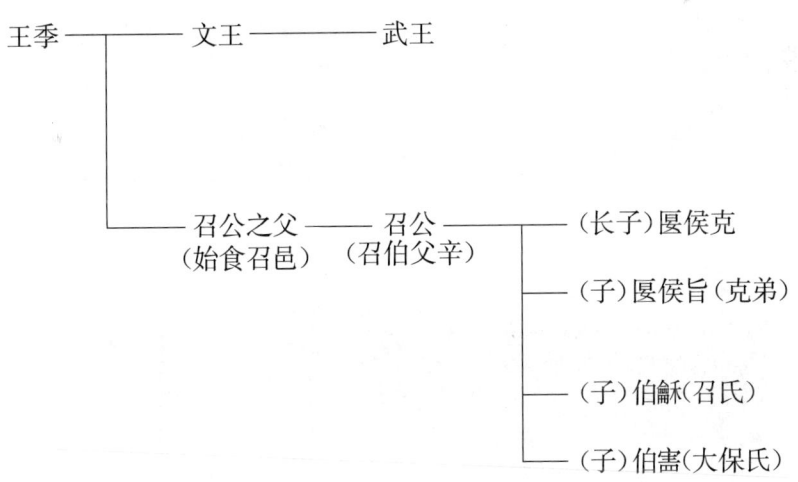

召公后裔留在王畿内世为"召公"者，其家族即称召氏，唯伯龢是否确属此召氏，未可确知，暂置于此。另一称"大保"氏的一支，如上文所述，其是否为召氏另一别称，尚不能定，此亦暂与召氏区别，作为与召氏平行的另一支。现存青铜器中除上面所提到的外，尚有其他为大保氏贵族所制器，如：

䎽方鼎　"䎽作尊彝。大保"（图二〇，《商周青铜器铭文暨图像集成》01863，现藏日本黑川古文化研究所）[20]。

图二〇　䎽方鼎及铭文（现藏日本黑川古文化研究所）

䎽戈　"大保"（内一面），"䎽"（内另一面）（图二一，洛阳北窑西周墓地 M161∶5）[21]。

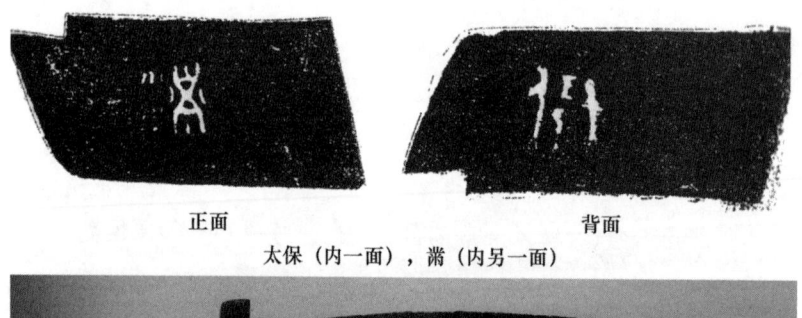

正面　　　　　　　　　背面
太保（内一面），䎽（内另一面）

图二一　䎽戈及其铭文（洛阳北窑西周墓地 M161∶5）

𫓧戟　"大保"（内一面），"𫓧"（内另一面）（图二二，河南濬县辛村出土，现藏华盛顿弗利尔美术馆）[22]。

无论以上两种可能何种为是，都存在一个问题，即"伯宪"与"伯龢"皆为"召伯父辛"作器而均可称"伯"，这点实不好理解。"伯龢"如是召氏，或即召氏宗子，自然可称"伯"。伯宪与伯龢二人只能是兄弟，但均可称"伯"，或说明此种情况下所使用的"伯"非为兄弟辈分之称。属大保氏之伯宪所以亦可称"伯"，似是因为大保氏已独立，大保氏与召氏就像匽侯一支一样，亦已独立于召氏外了，成为一独立宗族，故作为其族长之宪，亦可称"伯"。这类"伯"称，亦可以认为是独立的家族族长之称，而非亲称。

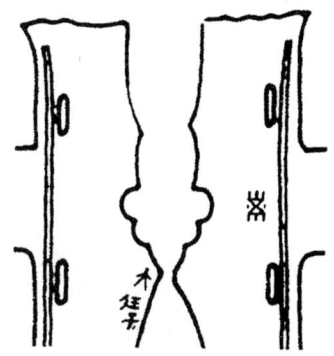

图二二　𫓧戟（河南濬县辛村出土。现藏华盛顿弗利尔美术馆）

由以上大保方鼎而讨论及召公器群，又进而论及召公家族世系，因而牵涉到西周封建家族与宗法制度的若干重要问题，由于资料限制，所论仍有一些推测之处与不尽明白之处，均有待再做更深入的探考。由以上论述亦可知，西周青铜器与作为"出土文献"之一种的青铜器铭文，对于西周历史研究的重要价值，当然这种价值需要我们对这些器物所附载之信息做深层次的钩沉来体现。

注　释

［1］　吴镇烽：《商周青铜器铭文暨图像集成》（以下简称《铭图》），上海古籍出版社，2012年，01065。

［2］　分别见《铭图》01064、02345。

［3］　《铭图》02390。同铭器现存四件，分别见《铭图》0239—02393。传1929年同出土于河南洛阳邙山麓之马坡。

［4］　陈梦家：《西周铜器断代》67 作册大方鼎，中华书局，2004年，第93页。

［5］　同［4］。

［6］　《铭图》02386。

［7］　《铭图》05193。

［8］　《铭图》14752。

［9］　《铭图》1785。

［10］　《铭图》03305。

［11］　陈梦家：《西周铜器断代》23 大保簋，中华书局，2004年，第44、45页。

［12］　《铭图》13831、14789。

［13］　《铭图》01900。

［14］　《铭图》08569。

［15］　《铭图》01716。

［16］　御雅居：《吉金御赏》，香港，2012年，第76页。

［17］《铭图》02203。
［18］ 唐兰：《西周青铜器铭文分代史徵》，中华书局，1986年，第148页。
［19］ 拙作《觋公盨与唐伯侯于晋》，《考古》2007年第3期。
［20］《铭图》01863。
［21］《铭图》16494。
［22］《铭图》16495。

（原刊于《叩问三代——中国出土文献与上古史国际艺术研讨会论文集》，中国社会科学出版社，2014年，收入本文集时略有改订）

西周早期的召公家族世系
——以青铜器铭文为中心的考察

李宝军

召公是西周历史上的著名人物，他辅佐武王灭商，征讨东夷，平定三监之乱，省视南国，立下了显赫战功，但是对于召公及其家族的有关情况，史书却语焉不详，虽有学者做过专题论述，但却结论不一，不尽如人意。笔者不揣鄙陋，今在前人研究的基础上从有关青铜器铭文材料出发，试对西周早期召公家族的世系情况作进一步的整理。目前与召公家族有关的铜器虽多但主要集中在几组铜器上，笔者将其归纳为燕（匽）侯组、召伯父辛组、太保（或作大保）组三组，现就这三组铜器铭文所涉及的召公家族世系做一梳理。

一、燕（匽）侯组

涉及召公家族的燕（匽）侯组铜器主要有[1]：

1. 克盉

王曰："大保，惟乃明乃鬯，享于乃辟。余大对乃享，令（命）克侯于匽，旃（事）羌、马、䰜、雩、驭、微。"克寓匽，入土眔厥司。用作宝尊彝[2]（图一）。

2. 匽侯旨作父辛鼎

匽侯旨作父辛尊（图二）。(《集成》4·2269[3])

3. 匽侯旨鼎

匽侯旨初见事于宗周，王赏旨贝二十朋，用作有姒宝尊彝。(《集成》5·2628)

4. 燕侯旨卣

燕侯旨作姑妹宝尊彝[4]。

从所引铜器铭文看，西周早期的燕侯可考者有燕侯克、燕侯旨。克器铭文主要记述了周王册封克为燕侯并授民之事。从铭文可以看出，召公有一子名克，被周王封为燕侯。关于这一点，郑玄《诗谱·周南召南谱》说："周公封鲁死谥曰文公，召公封燕

图一　克盉
（采自《北京琉璃河1193号大墓发掘简报》图四，2）

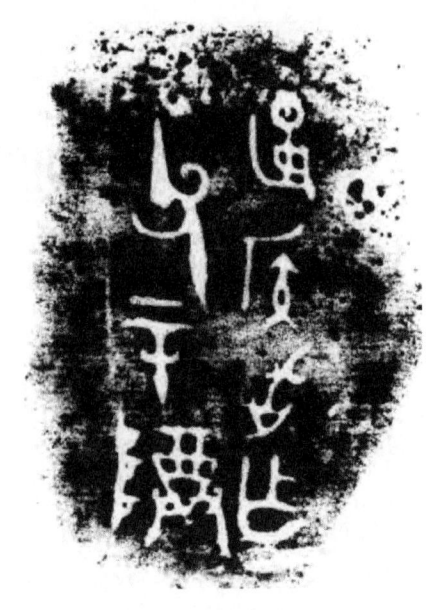

图二　匽侯旨作父辛鼎
（采自《集成》4·2269）

死谥曰康公。元子世之，其次子亦世守采地，在王官，春秋时周公、召公是也。"《史记·燕世家》"索隐"也说："召者，畿内采地，奭始食于召，故曰召公。……后武王封之北燕，在今幽州蓟县是也。亦以元子就封，次子留周室，代为召公。至宣王时，召穆公虎其后也。"从文献记载中可以看出：西周早期的召公家族世系至少应有两支，一支为留周室世守采地的次子，一支为代其就封燕侯一职的长子。关于燕侯一支的情况，从克盉铭文中可以推知：克为召公长子，代召公就封为第一代燕侯。另外考古材料也证实了召公并未就封一事[5]，随着北京琉璃河燕国墓地的发掘，目前学界普遍认为封燕乃成王时事。当时召公留在宗周，以元子代封为燕侯，第一代燕侯即克罍、克盉铭文中的"克"，第二代燕侯为旨[6]，燕侯一支的世系大致如此。对于燕侯一支的世系学者间所存在的争论在于克和旨的关系。有学者认为他们是兄弟关系，旨之所以能够接替克成为燕侯是因为克子早亡而又别无子嗣，堇鼎铭文中的太子癸即是燕侯克之子[7]。也有学者认为二人乃父子关系[8]。我们认为两者应是父子关系，只有这样才能解释清楚"召伯父辛"这一称谓（关于该部分的解释见下文）。

　　铜器铭文中的燕侯除上论燕侯克、燕侯旨外，琉璃河M1193即克墓还出土有一批铭有"匽侯舞"的器物，这些铭文见于戟和铜泡上，其中戟内上铭有"匽侯舞戈"，I式铜泡背面也多有"匽侯舞"或"匽侯舞昜"的铭文[9]。殷玮璋先生据此认为舞乃一代燕侯之名，并指出被今人释为"舞"的字或即召公之名"奭"字，或舞字为召公本名，奭字则为他称[10]。对此陈平先生进行了反驳，陈氏认为舞非人名，"而是燕侯为供宫廷乐舞中的'武舞'而作的'舞器'"[11]。苏建洲以战国燕兵器为例对此说作了补充，他认为燕王职剑铭文中的"武無者"即"武舞者"，武舞表明这种剑是武舞（大武之舞）所用的武器[12]。杨泓先生通过研究发现，西周时期的铜戟出土数量较少，且多集中在少数中型以上墓葬内,有很大一部分应是仪仗用具[13]。关于舞器,《周礼·司干》说:"司干掌舞器……大丧,廞舞器,及葬,奉而藏之。"《周礼·司兵》云:"祭祀,授舞者兵。大丧,廞五兵。"孙诒让疏曰:"廞兵者,葬前一日则陈之祖庙之廷,葬日至圹则陈之墓道,及窆则奉而藏之椁中见内也。"[14]琉璃河 M1193 出土的铜泡应是"朱干设锡"中的"锡",即古代盾上的附饰[15],另外《周礼·宰夫》郑玄注云:"大丧,王、后、世子也。"M1193 为燕侯克之墓,其中出土的铜戟和盾应是当时的舞器,这也符合文献的记载,如此则铭文中的舞不当作人名,当为舞器之义。

二、召伯父辛组

目前铭有召伯父辛的器物主要有:

1. 伯宪鼎

唯九月既生霸辛酉,在匽,侯赐宪贝、金,扬侯休,用作召伯父辛宝尊彝。宪万年子子孙孙宝,光用大保(图三)。(《集成》5·2749)

图三 伯宪鼎
(采自《集成》5·2749)

2. 伯宪盉

伯宪作召伯父辛宝尊彝。(《集成》15·9430)

3. 伯龢鼎

伯龢作召伯父辛宝尊彝(图四)。(《集成》4·2407)

图四　伯龢鼎
（采自《集成》4·2407）

4. 匽侯旨作父辛鼎

匽侯旨作父辛尊。(《集成》4·2269)

5. 旨作父辛爵

旨作父辛爵世[16]。

6. 龢父辛爵

龢作召伯父辛宝尊彝。(《集成》14·9089)

关于伯宪鼎的铭文释读，有学者将该铭文的最后一部分断为"宪万年子子孙孙宝光用，大保"，进而认为伯宪以大保为氏[17]。陈梦家先生曾指出："'大保'二字或在'某作宝尊彝'之后，或在其前而皆有空隔，故知其用作'族名'。"[18]据此，陈先生将该句断为："宪万年子子孙孙宝。光用大保。"细观该铭拓片，"大保"与其他字之间并无明显空隔，故知该"大保"非族名，乃职官之称，即指召公，故从陈先生之断句。

关于诸器铭文中的"召伯父辛"（旨作父辛爵中的"父辛"应是其简称，同墓出土的卣盖内有铭文"燕侯旨作姑妹宝尊彝"，可知爵铭的"旨"即燕侯旨）到底为谁，学者众说纷纭。任伟先生在总结历家学说的基础上提出："召伯父辛应是召公次子，留守宗周王朝继承父职，爵称当是'召伯'。"[19]甚确，但任先生同时认为"（召伯父辛）其长子为伯宪亦世为王官。留守宗周的可能还有召公另一子，其长子为伯龢"[20]。关于伯宪为召伯父辛长子并代袭其职世为王官的观点恐怕值得商榷。首先，伯宪诸器清末出土于山东寿张（今山东阳谷），从地域上看，寿张远离宗周，留居王朝的召伯采邑恐不至此。再者，若伯宪为召伯父辛长子，则应承袭王官之职，其称应为召伯或召伯某或召某公（如《集成》3·587所收录的召伯毛鬲，《左传》中所称召伯廖、召穆公之类），但从铜器铭文上看，其称名却是"伯宪"，故笔者倾向于认为伯宪乃召伯父辛之子，但绝非长子。既非长子，何以称伯？关于这一点，朱凤瀚先生已有论述。朱先生认为："西周时期一宗族中凡宗氏或独立分支家族之长皆可在私名前加'伯'。'伯某'之'伯'未必皆是按诸兄弟亲属关系统一排的行辈。"[21]伯宪既非召伯父辛长子，其之所以能称伯，乃是因为其为召氏宗族中分立的一支的缘故。既如此，那么伯宪的采地何在？陈梦家先生认为器物的出土地梁山当为伯宪的"居住之邑"[22]。与伯宪鼎同出的器物还有一件大保簋（《集成》8·4140），大保簋铭云："王伐录子耵，厥反，王降征令于大保，大保克敬亡遣，王永大保，赐休余土，用兹彝对令。"陈寿先生认为："大保所受之余土，或即前述小臣艅犀尊所记之艅土"，并引贝冢茂树观点，认为梁山应是殷末小臣艅的封地[23]。关于大保簋中的"录子耵"，白川静氏首指其为商纣之子禄父，今清华简《系年》篇所载正证其说[24]。那么我们似乎可以作这样的推断：在周初平定三监之乱的过程中，大保召公曾追击殷王子禄父，为了表彰他的功绩，成王将余土（即梁山一带）这个地方赏赐给了召公，召公死后，余土成为其自立分支的一支孙伯宪的采地[25]。如此似可解释伯宪诸器为何出土于梁山及器物中的称谓。

既然伯宪不是召伯父辛的长子，那么其长子是谁？关于这个问题，文献失载，考古出土或传世器物中亦无佐证，尽管如此，但召伯父辛长子世袭其职，则其采地应在宗周一带，此说或有待日后考古发现之印证。有学者认为陕西周公庙遗址及其附近为周公采邑所在地[26]，若确，则召公在陕西王畿内也应有采邑存在，而且承袭召公爵位与采邑的次子即召伯父辛很可能就在此。另外，从考古资料来看，西周时期周原地区确实存在着大量的世家大族[27]。因此下面附带讨论一下陕西境内出土的与召公家族有关的一组铜器——琱生诸器。目前发现的与琱生有关的器物主要有：

（1）五年琱生尊2件，出土于陕西省扶风县五郡西村铜器窖藏，两件器物形制、纹饰、铭文基本相同。均为侈口，方唇，束颈，腹斜直下收，凹底。颈下部饰重环纹一周，腹部饰三角折带纹。铭文云："隹（唯）五年九月初吉，召姜以琱生爐五帅、壶两，以君氏命曰……琱生对扬朕宗君休，用作召公尊鍑……"[28]（图五）

（2）召伯虎盨，出土于洛阳市东郊邙山南麓，器身整体作横长椭方形，敛口，有盖，腹微鼓，附耳高于器口，柱足，盖顶有两两相连的矩尺形扁钮，盖与腹上部饰窃曲纹，腹下部饰瓦纹。器内底和盖内顶各有相同铭文"召伯虎用作朕文考"[29]。除洛阳出土盨外，传世召伯虎器尚有五年召伯虎簋（又称五年琱生簋，见于《集成》8·4292），原著录于《捃古录金文》，铭文云："隹（唯）五年正月己丑，琱生又事……召伯虎曰：'余既讯……余或至我考我母令。'琱生则堇圭。"该器现藏美国耶鲁大学博物馆。

（3）六年召伯虎簋（又称六年琱生簋，见于《集成》8·4293），原著录于《积古

图五　五年琱生尊
（采自《陕西扶风五郡西村窖藏青铜器窖藏发掘简报》图三一）

斋钟鼎彝器款识》，现藏国家博物馆，铭文云："隹（唯）六年四月甲子，王在莽。召伯虎告曰：'余告庆……亦我考幽伯幽姜令……'琱生对扬朕宗君其休，用作朕剌（烈）祖召公尝簋，其万年子子孙宝用享于宗。"

上述器铭中的琱生又见于师㝨簋，即簋铭中的"宰琱生"，另外还有琱生鬲（《集成》3·00744），鬲铭："琱生作文考宫仲尊鬲，琱生其万年子子孙孙永宝用享。"该器出土于陕西麟游、扶风、永寿交界处。据铭文可知，宫仲为琱生之父。宝鸡杨家沟西高泉村秦墓曾出土两件周生豆[30]，铭"周生作尊豆，用享于宗室"，琱可作周[31]，亦是召氏器物。

从上述器物铭文看，琱生与召伯虎同为召公后裔，其中召伯虎即西周厉王、宣王时的重臣召穆公，见于《诗经》《史记》等文献记载。五年琱生簋、五年琱生尊、六年琱生簋三器铭文可连读，其内容记述了同一件事情。尽管学者在个别铭文的隶定与铭文内容及人物关系上还存在争议，不过对于召伯虎为召氏大宗，琱生为小宗这一点上是一致的。大部分学者也赞同召伯虎之父母为幽伯、幽姜，琱生与召伯虎为同宗兄弟，琱生之父为宫仲[32]。出土召伯虎盨的M906，发掘简报认为"很可能是召伯虎之父幽伯之墓"[33]，若该墓为幽伯之墓，则表明承袭召公爵位的次子家族葬在洛阳地区，这与琱生诸器出土于陕西扶风的情况不符。李学勤、张懋镕先生认为岐山刘家原一带是当时召公的采地，张懋镕则进一步推测周公庙墓地是召公家族墓地[34]，联系琱生诸器的出土，似乎可以认为今天的周原一带应是召公家族的主要采地所在，召氏宗子即召伯父辛应居于此。当然，并不能排除幽伯未葬于陕西采邑之可能，抑或召氏家族墓地本就在洛阳一带，只是限于目前的考古发掘未被发现而已。尚有另一可能，即召公家族固有之采邑在宗周地区，洛阳地区有该家族的汤沐邑，因战乱或其他原因幽伯病故后葬于此，或召伯虎以其盨赗赙于同族。

除以上所论外，在召伯父辛组器物中尚有伯穌鼎和穌父辛爵两器，关于上述器铭中的"伯穌"，按上引朱先生观点[35]，其似乎亦为召氏宗族中自立一支的宗族长，至于其与召伯父辛的关系，囿于材料，目前尚不得知。

还有一个问题，就是燕侯旨所称之"父辛"是谁？朱凤瀚先生认为应是伯宪鼎中的召伯父辛。笔者同意朱先生的观点，商周时期存在有后世族人祭祀非直系的前代先人并为此铸器纪念的情况[36]，而且，在商代"父不仅可以用来称呼一己的生父，还可以用来称呼生父的兄弟"[37]，西周早期去商不远，故父辛之称中的父应为己父之兄弟。燕侯旨乃燕侯克之子，故称呼其叔父为父辛，之所以省掉召伯只称父辛，大概因为燕侯一职已由克继承，故克这一系从此与"召"这一爵称无关[38]，这也符合《世本》关于燕国世系"自宣侯以上，皆父子相传，无及"的记载。

三、大（太）保组

据殷玮璋、曹淑琴两位先生统计[39]，有太保铭的器物共有24件，其中铜器23件。本文讨论的太保组器物，专指以太保为族氏标识的这类，其标准从陈梦家先生之说。陈先生曾指出："'大保'二字或在'某作宝尊彝'之后，或在其前而皆有空隔，故知其用作'族名'。"[40]根据陈先生的观点，在24件器物中符合这一标准的有7件，再加上洛阳北窑墓地出土的太保菁戈，共11件，现将这11件器物罗列如下：

1. 彌方鼎

5件，形制相同，均为夔形足，铭文书写格式一致，均为"彌作尊彝，太保"（铭文见于《集成》者有三器，编号4·2157-2159，图六，传寿张梁山下出土），其中有两件鼎作"彌作宝尊彝，太保"，多一"宝"字。

图六 彌方鼎

（采自《集成》4·2159）

图七 叔造尊

（采自《洛阳北窑西周墓》第87页图四七，2）

2. 禽方鼎（《集成》4·2372）

现藏日本黑川古文化研究所，铭文作"太保，禽作宗室宝尊彝"。

3. 戟

已残，长21.3厘米，长胡三穿，著柲的内末处镂空，呈牛角形，紧邻镂空处内的正反两面各有一牛头形纹饰，铭文一面为"太保"，一面铭"旨"，1931年出土于河南浚县辛村，现藏美国弗里尔美术馆。冯蒸先生认为其可能是仪仗用具[41]。

4. 戈

4件，出土于洛阳北窑M161。援本较宽，基部饰阳文兽面或夔纹，援呈弧形向下，长胡二穿，内下有一缺角。铭文与上述戟相同，戈内正面铸有铭文"旨"字，背面铸有"太保"二字[42]。

上述器物铭文主要涉及的人物是"旨"。关于旨，殷玮璋、曹淑琴先生认为"旨"与"禽"当为同一人，是作器者[43]。蔡运章先生认为北窑之戈与弗里尔美术馆的戟，当是一人所作，并释"旨"字为"耩"，认为"耩可能是召公奭的次子，可能是M161的墓主"[44]。冯蒸先生认为，旨可能是召公的儿子一辈[45]。洛阳北窑墓地的发掘报告也认为"（太保旨戈）铭中的'太保旨'当是指召公奭的儿子"[46]。以上几位先生的意见甚确，可以肯定的是旨为召公之子，与"禽"为同一人，以上诸器当均为旨所作，旨所作之器后逐渐流散。从北窑墓地来看，旨当居于成周，死后并葬于此。旨虽为召公之子，因其留居成周，当不是留守宗周世袭其职的次子。

另外，北窑墓地还出土有叔造尊（又称叔遂或史遂尊）。该尊出土于M347，喇叭口，中腹外鼓，圜底，高圈足，器内底部铸有铭文："叔造作召公宗宝尊彝。父乙。"（图七）报告云："铭文中的召公是指召公奭。……召公宗应是指召公奭的宗庙，'父乙'是叔造的父亲。从尊的形制、纹样和铭文特征判断，其时代当属康昭时期，故铭中'父乙'当是召公奭之子，此尊的作器者叔造则是召公之孙。"[47]结合太保旨戈的有关情况，则旨有可能为叔造之父辈。通过北窑墓地我们可以看出，召公的一个儿子旨（与叔造尊中的父乙可能为同一人也可能为两个人）留居于成周，这里应是召公家族的另一支，该支以官职太保为氏[48]，这也符合"官有世功，则有官族"[49]的文献记载。此外，瑞典斯德哥尔摩远东古物馆有一件大保盘，为韦森氏藏品，时代为西周早期，盘内铸有四字铭文"大保郯铸"（《集成》16·10054）。吴镇烽认为郯为"召公奭的后裔，以太保为氏"[50]，则此太保郯应与太保旨为同一支。如此则太保氏一支的谱系为：旨（或父乙）、叔造，郯亦属太保支。

四、结　　论

通过以上分析，我们似乎可以得出这样的结论：西周早期的召公家族世系主要有三支：召公长子克受封为燕侯，其子世袭燕侯一爵为燕侯旨；召公次子召伯父辛承袭了召公的爵位与采邑，世居宗周，召伯虎和琱生乃其后裔；召公另有一子⿰居于成周，以职官太保为氏，属于该支的还有郔、父乙、叔造。至于伯宪、伯龢乃召公之孙辈，其父均已不可考。

注　释

[1] 本文仅著录有明确燕侯名称的器物，他器仅有"匽侯"爵称但无名者一概不收，如《集成》6·3614匽侯簋。
[2] 《北京琉璃河出土西周有铭铜器座谈纪要》，《考古》1989年第10期；另有一同铭器物克罍，见中国社会科学院考古研究所、北京市文物研究所琉璃河考古队：《北京琉璃河1193号大墓发掘简报》，《考古》1990年第1期。
[3] 以下所引铜器铭文编号除特别注明外，均引自《殷周金文集成》（中国社会科学院考古研究所编，中华书局，1984～1994年），简称《集成》。
[4] 山西省考古研究所大河口墓地联合考古队：《山西翼城县大河口西周墓地》，《考古》2011年第7期。
[5] 任伟：《西周燕国铜器与召公封燕问题》，《考古与文物》2008年第2期。
[6] 张长寿、殷玮璋主编：《中国考古学·两周卷》，中国社会科学出版社，2004年，第197页。
[7] 陈平：《堇鼎铭文再探讨》，《古文字研究》第二十二辑，中华书局，2000年，第91页。
[8] 李学勤：《克罍克盉的几个问题》（初刊《第二届国际中国古文字学研讨会论文集》，香港问学社有限公司，1993年），收入氏著《走出疑古时代》，辽宁大学出版社，1994年；张懋镕：《再论"周人不用日名说"》，《文博》2009年第3期。
[9] 中国社会科学院考古研究所、北京市文物研究所琉璃河考古队：《北京琉璃河1193号大墓发掘简报》，《考古》1990年第1期。
[10] 殷玮璋：《新出土的太保铜器及其相关问题》，《考古》1990年第1期。
[11] 陈平：《克罍、克盉铭文及其有关问题》，《考古》1991年第9期。
[12] 该剑收录于《集成》16·10305，铭文为"郾王职作武無者剑"，苏建洲：《战国燕系文字研究》，台湾师范大学国文研究所硕士论文，2001年，转引自吴婷薇：《西周早期燕国金文与召公奭事迹研究》，台湾中兴大学中国文学系硕士学位论文，2006年。
[13] 杨泓：《中国古兵器论丛》（增订本），文物出版社，1985年，第161页。
[14] 孙诒让撰，王文锦、陈玉霞点校：《周礼正义》，中华书局，1987年，第2547～2548页。
[15] 殷玮璋：《新出土的太保铜器及其相关问题》，《考古》1990年第1期。
[16] 山西省考古研究所大河口墓地联合考古队：《山西翼城县大河口西周墓地》，《考古》2011年第7期。
[17] 唐兰：《西周青铜器铭文分代史征》，第147页中华书局，1986年；冯蒸：《关于西周初期太保氏的一件青铜兵器》，《文物》1977年第6期。
[18] 陈梦家：《西周铜器断代》，第46页，中华书局，2004年。
[19] 任伟：《西周早期金文中的召公家族与燕君世系》，《中国历史文物》2003年第1期。
[20] 同[19]。

[21] 朱凤瀚：《房山琉璃河出土之克器与西周早期的召公家族》，《远望集—陕西省考古研究所华诞四十周年纪念文集》，陕西人民美术出版社，1998年。

[22] 同[18]，第97页。

[23] 陈寿：《大保簋的复出和大保诸器》，《考古与文物》1980年第4期。

[24] 李学勤：《清华简〈系年〉及有关古史问题》，《文物》2011年第3期。

[25] 冯蒸先生亦认为"这个宪应该是召公的孙子一辈"，并指出其父为召伯，但却认为铭文中的"太保"为族氏铭记，认为宪属于太保氏，说详氏文：《关于西周初期太保氏的一件青铜兵器》，《文物》1977年第6期。

[26] 曹玮：《太王都邑与周公封邑》，《考古与文物》1993年第3期；《周公庙西周墓葬群重大发现专家谈》，《文博》2004年第5期。

[27] 详见朱凤瀚所著《商周家族形态研究》（增订本）第二章"西周家族形态"第五节"周原考古发现所见西周世族制度与贵族家族之聚落形态"的有关论述（天津古籍出版社，2004年，第338~374页）。

[28] 宝鸡市考古队、扶风县博物馆：《陕西扶风县新发现一批西周青铜器》，《考古与文物》2007年第4期；宝鸡市考古研究所、扶风县博物馆：《陕西扶风五郡西村西周青铜器窖藏发掘简报》，《文物》2007年第8期。

[29] 洛阳市文物工作队：《洛阳东郊C5M906号西周墓》，《考古》1995年第9期。

[30] 宝鸡市博物馆、宝鸡县图博馆：《宝鸡县西高泉村春秋墓发掘记》，《文物》1980年第9期，铭文著录于《集成》9·4682、4683。

[31] 论证可参看王辉：《㺇生三器考释》，《考古学报》2008年第1期；连劭名：《周生簋铭文所见史实考述》，《考古与文物》2000年第6期。

[32] 王辉：《㺇生三器考释》，《考古学报》2008年第1期。

[33] 同[29]。

[34] 李学勤：《青铜器与周原遗址》，《西北大学学报》1981年第2期；张懋镕：《关于周公庙墓地性质的另类思考》，《文博》2004年第5期；张懋镕：《召公采地考补证》，《西北第二民族学院学报》（哲学社会科学版）1991年第2期。

[35] 同[21]。

[36] 陈英杰先生认为仲子彝（《三代吉金文存》6.36.1）的作器者就不是"日乙"的直系后代，而应当是他的侄辈或侄孙辈。说见陈英杰：《商代铜器铭文作器对象的考察》，《考古与文物》2006年第6期；周言先生通过对强家村铜器群的研究认为"西周曾经存在过后代贵族祭祀非直系前代祖先、并为此铸器纪念的礼制"，详见氏文：《也谈强家村西周青铜器群世系问题》，《考古与文物》2005年第4期。

[37] 赵林：《殷契释亲：论商代的亲属称谓及亲属组织制度》，上海古籍出版社，2011年，第16页。

[38] 吴婷薇：《西周早期燕国金文与召公奭事迹研究》，台湾中兴大学中国文学系硕士学位论文，2006年。

[39] 殷玮璋、曹淑琴：《周初太保器综合研究》，《考古学报》1991年第1期。

[40] 同[18]，第46页。

[41] 冯蒸：《关于西周初期太保氏的一件青铜兵器》，《文物》1977年第6期。
[42] 洛阳市文物工作队：《洛阳北窑西周墓》，文物出版社，1999年，第108页。
[43] 殷玮璋、曹淑琴：《周初太保器综合研究》，《考古学报》1991年第1期。
[44] 蔡运章：《太保箙戈跋》，《考古与文物》1982年第1期。
[45] 同［41］。
[46] 洛阳市文物工作队编著：《洛阳北窑西周墓》，文物出版社，1999年，第82～86页。
[47] 同［46］，第361～362页。
[48] 陈絜先生认为太保氏为召氏家族的一支，"其采邑大概就在东土（徐土？）……其宗子可能是㷅，但也可能另有其人"。（陈絜：《燕召诸器铭文与燕召宗族早期历史中的两个问题》，《中国社会历史评论》第一卷，天津古籍出版社，1999年，第16～24页）陈氏关于太保氏为召氏家族一支，其宗子可能是㷅的观点是对的，但认为太保氏采邑在东土则值得商榷。
[49] 杨伯峻编著：《春秋左传注》"隐公八年"，中华书局，1981年，第62页。
[50] 吴镇烽：《金文人名汇编》（修订本），中华书局，2006年。

（原刊于《洛阳考古》2013年第3期）

燕国史事研究

蓟、燕分封与北京地区早期城市地理问题[*]

唐晓峰

西周初年，周王朝在今北京地区先后分封了蓟与燕，蓟在北，燕在南。这两个封国各自建有都城，迄今为止我们所知北京地区城市发展的历史由此开始。侯仁之先生于20世纪50年代曾专门撰文，考察北京地区早期城市历史地理问题[1]。在北京城址确立、城市起源的问题上，侯先生着重分析了古代蓟城（故址位于今宣武区一带）的地理特征，并以此为基础，论述了北京城历久不衰的历史地理原因。六七十年代，考古学者在北京房山县董家林村发现燕都遗址，许多考察北京城起源问题的学者的注意力遂转移到了董家林，并开始将董家林燕都认作北京城的前身。

根据文献与考古两方面的资料看，探讨北京城的历史地理渊源，不应过分夸大董家林燕都的地位，更不能只谈燕不言蓟（虽然蓟城遗存尚未被发现）。另外，不少作者不正面考虑（或不了解）学术界对于封燕时间问题的研究成果，而一味地引用《史记》等书的笼统说法，认为武王克商之年即召公封燕之年，又根据克商之年逢哈雷慧星出现，于是算出克商封燕的具体年代，作为北京城的建城之始。这些做法都是不够审慎的。

本文归纳有关学术成果，对蓟、燕分封时间与北京地区早期城市地理的某些问题再做讨论。基本观点是：周武王灭商之后，即分封了一些"先圣王"的后裔，其中的蓟国为黄帝（一说尧）之后，核心范围应主要在今永定河以北。蓟国的都城"蓟"，应是北京地区史载最早的城市。燕国的分封是成王时事，略晚于蓟国，它的范围主要在永定河以南，燕国的都城燕，是北京地区第二座最早的城市。蓟城与燕城的并存、对峙，也就是北京地区最早的城市地理格局。蓟城与燕城对峙的格局并没有维持很久，由于燕国势力强于蓟国，燕国很快灭掉蓟国，灭蓟之后，燕国放弃了原来的都城，而将自己的国都改设在蓟城，北京地区遂出现了以一座中心城市为主的格局。这一城市地理格局的变化绝非偶然，而是有着深层的地理原因。

《史记·周本纪》云："武王追思先圣王，乃褒封神农之后于焦，黄帝之后于祝，帝尧之后于蓟，帝舜之后于陈，大禹之后于杞。于是封功臣谋士，而师尚父为首封。封尚父于营丘，曰齐。封弟周公旦于曲阜，曰鲁。封召公奭于燕。封弟叔鲜于管，弟叔度于蔡。余各以次受封。"仅仅根据以上笼统的记载，很容易以为分封诸侯都是在武

---

[*] 国家教委留学回国人员启动基金资助项目。

王的时候，蓟、燕是同时由武王分封的。但如果全面考查有关西周分封的各类历史记载，则可以发现分封不是武王一人所为，蓟、燕并不是同时受封，而是武王时封蓟，成王时封燕，两者一前一后，相隔大约不到10年。对《史记》等记载的笼统性，历代学者早有察觉，如《左传·昭公二十八年》孔疏曰："由武王克商得封建诸国，功归于武王耳。"意思是，分封的功劳算在武王头上，但事情不一定都是武王做的。近代学者如王国维也发现这一情况，他在《殷周制度论》一文中指出：武王克纣之后，只是立武庚置三监而去，而未能抚有东土。直到后来成王时出了武庚之乱，在周公的率领下始以兵力平定东方，克商践奄，灭国五十，随后建康叔于卫、伯禽于鲁、太公望于齐、召公之子于燕。今日专门研究西周分封问题的学者也多持这种看法，如晁福林说："《史记·燕世家》谓：'周武王之灭纣，封召公于北燕。'这个说法验诸其他史载，殊不可信。"[2]西周的武、成、康时期是盛世，封建之事一直在进行，而主要诸侯国的分封过程，基本上完成于周公东征后的一段时间，但直至康王尚有封国。《左传·昭公二十八年》孔疏云："九年《传》曰：'文、武、成、康之封建母弟'，则康王之世尚有封国。宣王方始封郑，非独武王、周公封诸侯也。"

对《史记》等古代文献笼统称武王"封召公奭于燕"的说法，王宇信曾进行详细辨析，认为这里所称的武王并不是具体的武王，而是"宏观的武王"，它"是西周初期的同义语"。他指出：周武王伐纣灭殷以后，周初的分封是随着西周王朝所能控制地区的逐步扩大，不断地进行的。在周武王时，周人势力仅达河、淇间的殷商故都。在周武王宣布西周王朝"受天而命"的庆典上，有可能分封一部分诸侯。但因所征服土地有限，自然数目不会很多。而更大规模的分封诸侯，则应在周公东征，诛灭武庚、管、蔡，践奄、伐薄姑，取得对东方广大地区的实际控制以后。因此，后人谈论周初的分封时，或将其皆归之于武王。之所以如此，即《左传》僖公二十四年疏所说：是因为武王克商，"乃得封建兄弟，归功于武王耳。亦非武王之时已建五十五国，其后不复封人也"。西周王朝的分封制度，为周武王所发轫。而西周王朝之所以能实行分封，又是因为武王伐灭了商王朝。因此，从这个意义上说，西周初期几个不同王世的封国，就都成为"武王"所为了。这个"武王"当然不是微观的、具体的武王，而是表示一段时期的宏观的"武王"时期[3]。

周武王在灭商之后两年便去世了，根据武王在世时的政治地理形势、周人的控制范围、以及召公本人的具体情况，武王不可能立即封召公于北方的燕地[4]。西周王朝对于东方辽阔地域的实际控制，是在周公摄政、践奄以后。《逸周书·作雒解》记周公立"二年，又作师旅，临卫政殷，殷人大震溃。降辟三叔，王子禄父北奔，管叔经而卒，乃囚蔡叔"。"王子禄父北奔"，一方面说明北方还是周人尚未有效控制的地区，还存在殷人势力，另一方面又向周人提出了不仅需严格控制东方，也需严格控制北方的政治要求。召公封燕，太公封齐，周公封鲁，正是针对这些政治需要所做的重要地理部署。这些分封奠定了周朝东、北两个方向的疆域，如后来的周景王所说"蒲姑（齐）、商奄（鲁），吾东土也……肃慎、燕亳，吾北土也"[5]。

召公封燕代表着在中原兴起、日益强盛的国家政权对今北京地区的正式统辖。这一事件是北京地区历史地理上的重大事件。而略早封的蓟国，与燕国的分封性质有别,在历史地理意义上大为不同。《史记·周本纪》称:"武王追思先圣王,乃褒封神农之后于焦,黄帝之后于祝,帝尧之后于蓟,帝舜之后于陈,大禹之后于杞"。此处所说的"褒封"与后来的封齐、封鲁、封燕不同。《公羊·隐公元年》何注:"有土嘉之曰褒,无土建国曰封"。"褒封"的黄帝、尧、舜之后,又称"三恪"。《礼记·郊特牲》孔疏引古《春秋左氏》:周封黄帝、尧、舜之后谓之三恪。郑玄驳许叔重《五经异义》云:"恪者,敬也。敬其先世而封其后,与诸侯无异"。《左传·襄公二十五年》也提到三恪:"而封诸陈,以备三恪"不过,对于"三恪"的尊敬已不如对夏商"二代",《礼记·乐记》:"武王克殷,反商,未及下车,而封黄帝之后于蓟,封帝尧之后于祝,封帝舜之后于陈","下车而封夏后氏之后于杞,投殷之后于宋",即所谓二代。清人孙希旦指出:"杞、宋皆郊,而黄帝、尧、舜之后未闻有此,则三恪之礼杀于二代矣。"[6]《礼记·郊特牲》:"天子存二代之后,犹尊贤也。尊贤不过二代。"关于褒封,《周本纪》说得很清楚,其对象为先圣王之后,他们是各地的旧有部族,本有人民、土地,只须在名义上"嘉之",承认其在当地的权力,相对来说,周王朝对它们的直接控制力则不会很强。蓟国是褒封出来的,是周人对尚不可及之地进行的名义上的分封,不可能履行一套严格的封树仪式。蓟代表的是当地旧有势力,不是周王室的亲嫡力量,最终被代表周王室的燕国灭掉也是事在必然。

褒封蓟国一事,说明今北京地区在商末周初之时存在一个明显的当地势力,这股势力可能根基久远,并且有"先圣王"之后的名义,所以武王要对其褒封,以安定北方局势。这一独立的政治群体的核心应是永定河之北的蓟城,其包括的区域可能有北京小平原的北部以及燕山地带。这一情况是理解早期北京地区人文分布形势的重要线索,它与北京小平原北部陆续发现的早期重要人类文化遗存的情况恰恰吻合。如北京北部顺义县牛栏山金牛村曾发现一座西周墓,其中出土铜器铭文上多有"䣉"字,葛英会考证䣉通蓟[7],则此墓应为蓟国贵族的墓葬,这说明蓟国的核心地带在北京小平原北部。现知东周时期蓟城已成为燕国的都城,考古工作者在北京广安门外以及宣武门至和平门一带调查,曾采集到饕餮纹瓦当等建筑构件,发现有夯土、水井等遗迹,推测蓟城应在这一带[8]。

西周所封的姬姓燕国,尽管在名称上十分古老,但它实际上所代表的政治势力和文化面貌在北京地区来说都是新的。它的出现是有计划、有目的的政治行为,而不是自然发展的结果。燕国始受封者为召公之子克。武王死后,武庚作乱,大保召公奉命征讨,武庚(禄父)"北奔"(《逸周书·作雒》),召公随之北上,达到燕地(《小臣𫐓鼎》:"召公替埶(艺)燕")。成王因召公之功,"令克侯于燕"(克盉、克罍铭文)。商时期的北方,是考古学的张家园上层类型文化的分布范围,有许多部落方国,曾是商王朝的与国。如"妟"和商王朝曾互通婚姻,孤竹和商王朝亦有贡纳关系。将召公封于燕地,正是要控制这些原来的商人旧好。从方位上看,最初所封燕国的范围不应越过永定河,它向北面的节节扩张是后来的事。

从考古资料上观察,今北京地区,从新石器时代开始,是中原系统文化与北方系统文化交汇折冲地带。在长期交往中,两者虽互有进退,但北方系统文化往往占有优势。在新石器时代的前仰韶时期,这里是上宅文化、雪山一期文化分布的南缘。龙山时期，中原系统的河北龙山文化曾据有此地，到了夏和早商时期，即进入青铜时代以后，本地区是夏家店下层文化大坨头类型的分布地域。在董家林古城西面不远的刘李店，1973年曾发现大坨头类型的墓葬两座，其特点与随葬物同密云凤凰山、平谷刘家河、昌平雪山相同。据考古工作者调查，夏家店下层文化基本上以北易水为界，与南面的先商文化、早商文化相对峙。早商而后，继夏家店下层文化大坨头类型而崛起的，是与其有一定渊源关系的张家园上层类型。张家园上层类型文化比大坨头类型文化向南分布的范围要广，但其总体特征与晚商文化不同[9]，旧有的蓟、燕方国文化应属于这个文化。总之，以上情况说明，从新石器时代直到商代，北京地区基本上是在北方系统文化分布范围之内。

但是，自西周初年开始，这里开始分为南、北两个文化地理单元，而这一格局的改变，恰是从西周初年召公封燕和董家林古城的兴起开始的。据考古学研究[10]，西周早期，以董家林古城——燕都为中心，出现了中原系统的文化，其分布范围大致在燕都（董家林古城）周围约30千米。当时蓟、燕两城对峙的城市地理格局正反映了南、北两个人文地理单元的情况。不过，两个文化并存和两个中心城市对立的局面，并不适应北京地区的地理条件，不是一种稳定形态。南面强有力的中原文化迅速向北面扩展，至西周中晚期，中原系统的燕文化扩大到燕都周围70~90千米的范围。至春秋时期，它已越过燕山山脉，基本上排挤、融合了张家园上层类型。战国时代，甚至一度推进到了今辽宁省和内蒙古自治区地区[11]。

燕文化的北扩导致双城对峙局面的终结。原蓟城代表的文化虽走上末路，但蓟城地理位置的优越性从未丧失。燕都虽政治文化背景远胜蓟城，但地理位置毕竟不佳。两城发展的结局是：南面的燕城在西周后期便被废弃不用[12]，而北面的蓟城则不断发展壮大，很快成为北京地区唯一的中心城市。在永定河北部建立中心城市，是北京城市地理格局的稳定形态，反映了北京地区城市历史地理的一个本质特点。蓟城一带，因其地理位置优越，后人在同一地点反复修建城市，所以早期蓟城的遗址很难保存下来。而燕城因废弃之后再无任何人在这里建立大型城镇，故遗址得以保存至今，即房山董家林古城遗址。我们今天，理应珍惜董家林燕都遗址，但不要以遗址"论英雄"：有遗址则为重要城市，无遗址则不予理会。

董家林地区自身的历史说明，这里并不是城市发展的优越地点，西周封燕之前这里并没有城市出现。而燕国在此立都也历时不长，不久便放弃此地，迁都北去。燕都迁走之后，两千多年，这里再无城市出现。关于董家林城址的初期考古报告，因地层关系尚未清晰，便笼统称为"商周城址"。因此有人以为燕国始封之前，这里已是商时某一方国部落的政治中心，燕国的始封只是鸠占鹊巢而已。后来，遗址地层查清，确知城址纯粹为西周早期遗址，并不牵涉商代。观察周围情况，在"董家林古城内外迄今并未发现大规模的能与都邑相称的张家园上层类型的遗存，今后即使有该类型遗存的出土，那至多能证明这里曾是该类型的一个居民点，并不能说明更多的东西"[13]。鉴于这些情况，李伯谦先生明确指出，"燕国的始封只是鸠占鹊巢而已"的说法，"是不能成立的"[14]。

燕国始封不是鸠占鹊巢，但燕都北迁却是鸠占鹊巢。《史记·周本纪》正义：燕、蓟二国"因燕山、蓟丘为名,其地足自立国。蓟微燕盛,乃并蓟居之,蓟名遂绝焉"。推测在西周后期,燕国吞并蓟国,并迁都于蓟城,转变了都城的地理位置。《正义》所云"蓟名遂绝"是指国名,不是指城名。徙居某城而沿用其名是当时的惯例,燕国徙居蓟城,也保留了原来"蓟"的名字,遂开始了燕"以蓟为国"的时代[15]。燕国都蓟是燕国得以发展壮大,雄踞北方的一个重要人文地理条件。侯仁之先生早年所阐述的蓟城位置的优越性,不能因董家林遗址的发现而被忽视。北京城的历史地理本质的早期体现者,是蓟城,不是董家林的燕都。

注　释

[1] 侯仁之:《关于古代北京的几个问题》,《文物》1959年第9期。

[2] 晁福林:《试论西周分封制的若干问题》,《西周史论文集》(下),陕西人民教育出版社,1993年。

[3] 王宇信:《史记"封召公奭于燕"的武王为宏观"武王(时期)"说》,《北京建城3040年暨燕文明国际学术讨论会会议专辑》,北京燕山出版社,1997年。

[4] 详见齐思和《西周地理考》,《燕京学报》第30册,1946年;晁福林和王宇信上揭文。

[5] 《左传·昭公九年》。

[6] 孙希旦《礼记集解》。

[7] 葛英会:《燕国的部族及部族联合》,《北京文物与考古》(第一辑),1983年。

[8] 北京市文物研究所:《北京考古四十年》,北京燕山出版社,1990年。

[9] 李伯谦:《北京房山董家林古城址的年代及相关问题》,《北京建城3040年暨燕文明国际学术讨论会会议专辑》,北京燕山出版社,1997年。

[10] 《北京琉璃河出土西周有铭铜器座谈纪要》,《考古》1989年第10期。

[11] 李伯谦:《张家园上层类型若干问题研究》,《考古学研究》(二),北京大学出版社,1994年。

[12] 董家林古城的年代下限,根据护城河的遗物,可以看出护城河到西周晚期已失去其防卫功能,极有可能意味着城市功能的改变。城址内与淤满护城河的地层同时的遗迹单位内不见了高等级遗物,参考墓地内到西周晚期也已没有高等级的墓葬,而只有小型墓葬等情形,表明在西周晚期琉璃河城址的性质已发生了变化,它已由燕国的都城变为一般的居民点。也就是说琉璃河古城作为燕国都城的使用时间是在西周早中期(参见琉璃河考古队:《琉璃河遗址1996年度发掘简报》,《文物》1997年第6期)。

[13] 李伯谦:《北京房山董家林古城址的年代及相关问题》,《北京建城3040年暨燕文明国际学术讨论会会议专辑》,北京燕山出版社,1997年。

[14] 同[13]。

[15] 《韩非子·有度》:"燕襄王以河为境,以蓟为国。"

（原刊于《中国历史地理论丛》1999年第1期）

"晏即匽"质疑

葛英会

一

郭沫若先生在《周代彝铭的社会观》[1]一文曾说:"燕……系自然生长的国家,与周或通婚姻,或通盟会而已。"侯仁之先生在《关于古代北京的几个问题》[2]这篇文章中也表述了同样的观点:"燕仍是随着地方生产的发展而自然生长的一个奴隶制国家,并不是从周朝的分封才开始的。"上引郭、侯二老的推断,目前在历史考古学界已成为共识。有关周代的燕,由于既有史籍的若干记载,又有近年西周燕国故城的发掘,它的存在已成为确信无疑的史实。基于这一点,人们便很自然地联想到:燕既是一个自然生长的国家,那么,它是由一个什么样的部族发展而来的呢?这个部族在商代的状况如何?这在燕国早期历史的讨论中,已经成为人们关注的一个重要问题。学者们从历史文献、出土文献及考古学文化等不同角度追寻、探索燕及燕文化的历史渊源,使有关这个问题的研究逐步深化。在有关这个问题的研究中,最具影响的是由董作宾先生发端的"晏即匽"论断。这个论断后经吴泽先生《中国历史大系·古代史》一书援用,更加扩大了它的影响。在近年有关燕国早期历史的讨论中,亦为学者们纷纷援引。本文作者在悉心校阅了殷卜辞相关资料之后,认为"晏即匽"仍是一个需要重加审定的议题。在此不揣冒昧,拟由提出这个论断的原始资料入手,在考察、分析的基础上,表明自己对该问题的看法,敬祈识者赐教。

二

20世纪30年代初,董作宾先生在《帚矛说》[3]一文中,将见于殷墟甲骨记事刻辞的 &释作"晏",并说:"晏即匽,亦即郾国。卜辞有'晏来'之语,知当为国族名。金文匽侯旨鼎作 &,子璋钟作 &,郾王戈又加邑旁作郾,所从之 &即晏。郾亦作燕,即后之燕国。《左传》昭公九年'肃慎、燕亳吾北土也',燕地在今河北易州一带。"有关周代金文匽、郾即燕,是钟鼎彝器文字研究已经解决的问题,董作宾先生把殷甲骨刻辞的 &部族看作西周金文匽国的前身,则是一个有待审慎研究的重要议题。1934年,郭沫若先生就同类甲骨文资料写成《骨臼刻辞之一考察》[4],只把该字的下半隶写为女,上部则照原样做了摹写。1961年增订出版的《甲骨文编》亦将该字作为未识字入于附录。这说明,将甲骨文 &释作"晏",在古文字研究中,并未得到广泛赞同。

三

董作宾先生据当时所见的甲骨文资料统计，"帚晏记载凡八，省去帚者五"，即下引一类内容的甲骨刻辞：

(1) 戊戌，帚㚔示一屯，岳。（缀229）
(2) ……帚㚔……，中，宾。（粹1482）

甲骨刻辞中，"帚㚔"一称，又有省去帚字单称㚔者：

(3) 己巳，㚔示一屯，㱿。（南诚6）
(4) ……㚔示二屯，古。（粹1481）

上引诸条都不是卜辞，而是一种与占卜无关的记事刻辞。通过以往的研究，已知这类刻辞是有关商王臣僚、嫔妃征收、审视（上引刻辞的示即借为视，义为审视）卜用龟甲兽骨（刻辞若干屯即若干束、若干捆）的记载。这里所谓商王嫔妃，即甲骨刻辞的"帚某"，以上所引刻辞（1）（2）的帚㚔即商王武丁的嫔妃之一。刻辞（3）（4）单称㚔者，是帚㚔的省称。

甲骨文帚字，不是现今汉语中的帚字，而是妇人之妇。甲骨文"帚某"即"妇某"，妇字是代表身份的，这种身份就是商王嫔妃。

甲骨文"帚某"，帚下所系之字，王国维、郭沫若都以为是女字。古时男子二十冠而字，女子许嫁而字。这种女字在殷墟甲骨文中乃是商王嫔妃所出自部族的名称。丁山先生在《甲骨文所见氏族及其制度》一书中，认为"凡是卜辞所见的妇某，某也是氏族的省称。"胡厚宣先生也持同样的看法，认为"殷代女子若帚某之类，皆其名，亦即姓也。""亦即所来自之国族。"[5] 古时所谓"女子称姓"，甲骨文所载商王嫔妃便是如此。这里的姓即族，族即姓。卜辞有集合称谓"多姓"，即典籍中的百姓。

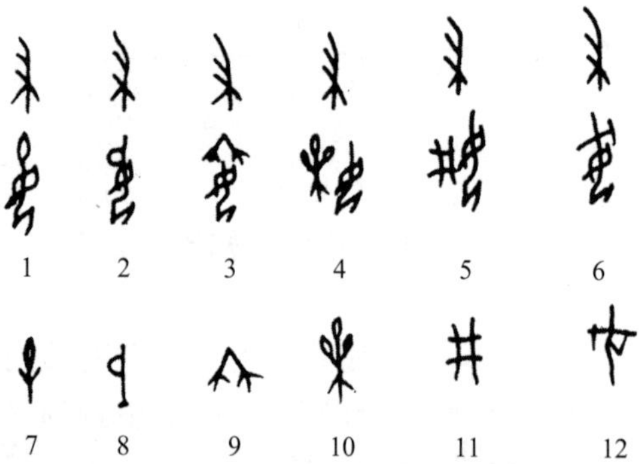

甲骨文所见妇名，单武丁时期就有数十名之多，其事迹较显著者如妇好、妇妌、妇嫀、妇娟等，妇下之字，去掉女旁，都是当时有名的氏族或部族的名称。如图一所摹，横列上排为妇某之称，下排为甲骨文部族名称，上下一一对应，上排妇下所系之字，即由下排的族称加女旁而成。

依照这样的惯例推论帚㚔，㚔字去掉女旁的部分也应是一个部族的名称，但这个字不是日，所以加女旁也不可能是晏。因为在难以尽数的甲骨文日字或从日之字

图一

1. 粹1480 2. 合集17541 3. 合集17508臼 4. 合集39667 5. 粹878甲 6. 合集17532臼 7. 林2.25、6 8. 合集6367 9. 乙4525 10. 粹1034 11. 存2.54、7 12. 人985

中，没有一例与该字女旁以上部分相同。日字为圆圈中加点或小横划，而这个字女旁以上部分写作中间宽、两头尖近似橄榄的形状，其间绝无带点者。尽管因甲骨文出于刀笔，日字的外廓并不能写作正圆，战国兵器铭文亦因是刻款，郾字所从日字作锐折的三角形，但与甲骨文◇字女旁以上部分相比，其形体上的差异是不容混淆的。所以可以认为：这个字不可能是晏字，从而也就与西周金文匽字无关。

四

如图一.1所示，◇字应是图一.7所摹◇部族的族姓。不过，在与女旁合书时，该字下部已与女字上部合为一体，合作一体的部分成为两者共用的笔画。这种合书借笔的例子在甲骨文、金文中很常见。如图一.2与8，6与12所示，2、6女旁以上部分，均与8、12所摹之字有所不同，其原因是8、12的一些笔划在与女旁合书时，成为共同的或互为借用的笔画了。

◇字不加女旁，也是一个部族的名字，见于下引卜辞：

（5）癸巳王卜贞：旬亡祸，在㴲。

癸丑王卜贞：旬亡祸，在齐㴲。（后上15、12）

（6）己巳王贞：启乎兄曰："孟方共人，其出伐◇㠯高，其令东于高"。（林2.25.6）

◇字诸家多无释，陈梦家《殷墟卜辞综述》释为矛，并谓："孟方共人即集众，出伐于矛㴲高，故王令东会于高以御之。后上15、12是卜旬卜辞，癸巳在矛㴲，癸丑在齐㴲，相隔两旬，而齐㴲在商丘附近，似矛自亦在商丘不远之地，故曰东会于高"。上引（5）（6）两辞的◇与齐，都是商代部族名称。㴲，罗振玉、杨树达皆读为次。次，师所止也。卜辞"在◇㴲"，"在齐㴲"，记述两地皆商王伐孟方途中驻军的处所。

殷卜辞中，还有冠以的京名：

（7）癸亥贞：旬亡祸，在㠯。癸未贞：旬亡祸，在㠯。

癸酉贞：旬亡祸，在㠯。（邺3、40、7）

上引卜辞（6）有◇自、（7）有㠯，《说文》："自，小𨸏也。"《尔雅·释诂》："丘绝高谓京。"甲骨文的自、京都应是与丘意义相近的词，◇或称自，或称京，都是指该部族聚族而居的地方。这里所谓的自、京，大概与典籍中商丘、营丘、蓟丘的丘意义近同。

我们所以将上引甲骨文字的◇字作为部族的名称，同时期的金文资料可以提供有力的佐证。在商代后期的青铜器铭文中，◇同样是一个部族的名称（或徽号）。《三代吉金文存》19·10·2即著录了◇这个部族徽帜，是在一件青铜戈内部正、背两面都铭有◇这个徽号。北京大学考古系旧藏有一件銎内青铜戈，内尾正、背两面也都铭有这个部族徽号。又如图二所摹《殷文存》下83著录的一件青铜戈，内部正面为◇，背面为亚启。

图二

这一件器物所关涉的两个部族名称，也见于上引卜辞（6）。尽管我们尚不能确切说明两者之间存在何种关系，但两者的名字铭刻于同一器物，其事迹又载于同一卜辞，足以说明金文、甲骨文的♀应是同一部族的名称。

五

金文、甲骨文的♀字，陈梦家先生释矛，不确。今按该字应释为阜。阜，《说文》从艸作草，云："草，草斗，栎实也。一曰象斗。"段注云："按此言栎者，即栩也。陆玑云：栩今柞栎也，徐州人谓栎为杼，或谓之栩，其子为阜，或言阜斗，其殼为汁，可以染阜。今京洛及河内多言杼汁，或云橡斗。"又云："按草斗之字俗作阜，作皂，于六书不可通。"此字应如金、甲文字所书作♀，乃是栎实或曰橡斗的象形。许慎《说文》所言栎实指该字上部中间宽、两头尖形似橄榄的部分，该字下部的竖笔加两侧上举的两笔，应即栎实的壳，亦即所谓阜斗者。段氏不解阜字原本是象形字，因而才误将阜、皂视为俗字，并以阜字从白从十，于六书不可通。

阜为栎树所结的果实，可知阜与树木相关。上引卜辞（7）的 字，在另外的卜辞中又写作 ，即阜字又可从木，也是阜为栎实的一个佐证。

六

殷卜辞有" 来"之语，也是有关阜部族事迹的记载。关于来字，甲骨学界以为在这里不用作往来的来，其字的含义应是供纳。卜辞所谓 来，是阜部族向商王朝聘供纳的记录。可由下引卜辞加以说明。

（8）我来三十。（丙39）
（9）奠来五（乙1101）
（10）古来马，不其来马。
　　　贞古来尤，古不其来犬。（乙5305）
（11）贞：画来牛，弗其来牛。（丙74）

上引（10）（11）记古、画二部供纳马、牛、犬事宜，省略了牲畜的数目；（8）（9）二辞仅记我、奠二部供纳牲畜的数目，而省去了畜类的名称。如"阜来"或其他"某来"者，则是这类甲骨刻辞的最简形式，其所纳牲畜名称及数目皆略而不载。

七

清光绪年间，吴大澂作《愙斋集古录》，率先把商周青铜器铭文的 字释为燕，近时北京大学邹衡教授采吴氏说，并录引关键资料对 即燕作出了论证[6]。本文作者也在几篇探讨有关 的青铜器铭文的文章中，对 部族及其分支作了详尽的申论。迄今所见铭😀有这个部族徽号的青铜器，约有近百件之多，这些器物的年代属西周初期的居多，属商代后期的约占总量的四分之一。属于商代的😀器，一部分据传出土于安阳殷墟，一部分即出土于燕国故地，特别是古燕都即今北京地区。属于周初的😀器则绝大部分出土于古燕国的疆域以内。所以，从其出土区域及所属年代反映出来的😀部族与古燕国的密不可分的关系，也为将😀释为燕提供了极为有力的旁证。

有关燕部族的事迹，也见于殷墟甲骨卜辞。商王祖庚、祖甲在位时期，😀（即该部族的代表）是商王室贞卜集团的主要成员之一。可见，在商代后期，燕已经成为商在北方的一个重要邦国。

八

考古资料表明，见于商代后期青铜器铭文的😀部族徽号，也流行于西周初年燕国青铜器铭文，可知该部族是自商至周自然生长延伸的。😀部族作为商的通婚、通盟部族，并未因商覆灭及周封召公于燕而消亡。令人费解的是在周初燕国青铜器铭文中又出现了匽这个国族称谓。我们认为，这如同周人称商为殷一样，匽也是周人对😀部族所采用的一个字异音同的称呼。匽这个国族名称的出现以及匽、😀两种称呼共见于同一彝器的现象，开始于西周初期并仅限于西周燕器，就是对这个疑问的最好的解说。

注　释

[1] 郭沫若：《中国古代社会研究》，人民出版社，1964年。
[2] 董作宾：《帚矛说》，《文物》1959年第9期。
[3] 侯仁之：《关于古代北京的几个问题》，《安阳发掘报告》第四期。
[4] 郭沫若：《骨臼刻辞之一考察》，《古代铭刻汇考》，日本文求堂，1933年。
[5] 丁山：《甲骨文所见氏族及其制度》，《甲骨学商史论丛》初集。
[6] 邹衡：《夏商周考古学论文集》，文物出版社，1980年，第269～271页。

（原刊于《北京文博》1995年第1期）

"燕亳"寻踪

韩嘉谷

一、关于"燕亳"的释读

"燕亳"一词见于《左传·昭公九年》詹桓伯语："我自夏以后稷、魏、骀、芮、岐、毕，吾西土也。及武王克商，蒲姑、商奄，吾东土也；巴、濮、楚、邓，吾南土也；肃慎、燕亳，吾北土也。"文字表明，燕亳是周武王克商后臣服周人的方国部落之一，地在原商朝本土以北。由于名称中的"燕"字及其所在地望，人们便将其和召公燕国相联系。宋罗泌《路史·国名纪》云："召公初封春秋之燕亳，以其僻远，有寝丘留俟之意。"但此说没有引起人们重视，长期以来杜预将燕和亳分成两个小国的解读一直是主流。唐孔颖达《春秋左传正义》引《春秋释例·土地名》云："燕国，蓟县也。亳是小国，阙不知所在，盖与燕相近，亦是中国也，唯肃慎为远矣。"近人杨伯峻《春秋左传注》对此作进一步发挥："燕是北燕，都于今北京市，已为解放后考古发掘所证实。由北京往北，经承德、凌源、宁城、喀左，再沿大凌河至朝阳、北票，通向辽阔之东北地区，此一带为周初由燕去肃慎之重要通道，又多有商、周遗物出土。"关于亳，则认为"当时以'亳'为地名者甚多，盖殷商都亳，而都城屡徙，亳名不变，如今河南商丘东南之南亳、偃师县之西亳、商丘县北之北亳，皆不足为'北土'之亳。"对"燕亳"未作正式表态。

陈平《燕史纪事编年会按》一书从《路史·国名纪》说，其云："这里的'燕'与'亳'不应用顿号从中断开，而应将这两字连读为'燕亳'，只作一个地名来理解。它与陕西的杜亳、商丘的南亳与北亳、偃师的西亳、郑州商城的郑亳一样，是一个偏正结构的复合式地名。"[1]若将詹桓伯的"燕亳"和《陈璋圆壶铭》《陈璋方壶铭》中"燕亳邦"结合起来研读，"燕亳"两字不分开的读法无疑是正确的。陈璋圆壶1982年发现于江苏盱眙县南窑庄战国铜器窖藏[2]，铭文为："佳王五年，奠昜陈旻（得）再立事岁，孟冬戊辰，齐臧钺孤，陈璋内伐燕亳邦之获。"陈璋方壶出土情况不明，现流落美国，铭文内容和圆壶仅相差一字，"齐臧钺孤"作"大臧钺孤"[3]。这两件铜器铭文都是记载齐宣王五年（前315年）齐国大将陈得再立事之时，陈璋献纳铜器，镌铭说明系征伐"燕亳邦"时获得。若把"燕亳"二字分开，铭文所记便不知所云，因为一件铜器不可能分属二国。"燕亳"二字下所缀的"邦"字，按《说文》"邦，国也"的解释，也只能理解为"燕亳之邦（国）"，而不是燕和亳二个邦国。

铭文所说的这场战事，史籍多有记载，史实清楚。《史记·燕召公世家》记燕王哙"三年，国大乱，百姓恫恐。……孟轲谓齐王曰：'今伐燕，此文、武之时，不可失也.'王因令章子将五都之兵,以因北地之众以伐燕."文中的"章子"即是铭文中的陈璋,"北地"是指商周黄河尾闾以南、战国黄河尾闾以北的土地,又称"河北之地"或"阳地"[4],这片土地在齐桓公时曾一度按"古礼"割让给燕国,但齐桓公的后继者凭实力一直占领着。陈得是《史记·田敬仲完世家》记载的田臣思,又称田忌,《索隐》云:"《战国策》作田期思,《纪年》谓之徐州子期,盖即田忌也。"此人被称作"徐州子期",是因为和"徐州"有特殊关系。此徐州是"北地"上的齐国边城,《史记·田敬仲完世家》记:"简公出奔,田氏之徒追执简公于徐州。"《索隐》曰:"徐音舒。徐州齐邑,薛县是也,非九州之徐。"《正义》曰:"齐之西北界上地名,在渤海郡东平舒县也。"汉东平舒故城是今静海县西钓台遗址,城址犹存,保存有颇丰富的战国和汉代遗存,出土有"陈和"戳记陶量和"舒"字戳记陶豆等齐国文物,"陈和"是齐国"田氏代齐"过程中最后完成政权交接的齐相田和,"舒"是平舒简称,有西钓台东南35千米处大港区沙井子出土的"平舒散戈"为证。《史记》记齐威王答梁惠王称:"吾吏有黔夫者,使守徐州,则燕人祭北门,赵人祭西门,徙而从者七千余家。"显示出徐州(舒州、平舒)的战略地位。值得注意的是,在西钓台还出土一件印有"⿱旦彡"字戳记的陶罐[5],写法和《陈璋圆壶》的"⿱旦彡"字相同,既然陈得称"徐州子期",则此陶器极可能即是陈得的私家器皿,表明陈得是齐军驻守平舒(徐州)的"北地之众"将领,故有"徐州子期"之称。齐军从这里出发入侵燕国,最为捷便。《孟子·梁惠王》记齐军攻入燕都后,"杀其父兄,系累其子弟,毁其宗庙,迁其重器",这些铜器即是这样落入了齐人之手。需要指出的是,当时齐国入侵的只有燕国一个国家,别无称"亳"的小国,因此"燕亳邦"只能是指燕国。

齐人把燕国称作为"燕亳邦",中间加一"亳"字,必有其原因。陈梦家解释云:"此器为田章入伐燕都亳邦之所获。"[6]按此解释,"亳邦"似是指燕国都城,也可理解为燕国都城的一个去处。但他接着又说:"亳邦是燕",似乎又是指燕国,概念游离。就字义讲,亳一般是对商人都城的专称,邦为国,将这二字结合在一起称呼某国、某国都城或某国都城的一个去处,于古文献无例。李学勤释"燕亳邦"三字中的"亳"字云:"疑此为动词,读为'薄',《广雅·释诂》:'至也。'是说陈璋上献伐燕至其都城的俘获。"[7]此解说将"邦"字放在了都城位置,亦不妥。许慎云:"古者城郭所在曰国,曰邑,而不曰邦。邦之言封也,古邦、封通用。"如果将"邦"作都城讲,文句中的"亳"也就显得多余,因为直接称"燕邦"岂不更简单明了,所以中间加"亳"字必另有含义。

约是"亳邦"二字连在一起不好解读的缘故,周晓陆从句读入手,把铭文的最后一句点读为:"陈璋内,伐燕亳,邦之获。"[8]此点读没有必要。这句铭文原本很简单,是说明陈璋献纳的这件铜器系征伐燕国时获得,词句通畅顺达,意思清晰明了,加点读反而有画蛇添足之嫌。周文对"燕亳"的解释也难苟同,其云:"亳即亳社,宗庙之谓,《左传·定六年》鲁阳虎'盟国人于亳社',《左传·哀六年》鲁国'以邾子益来,献于亳社。''燕亳'当指燕国建于首都之亳社。"把"亳社"说成"宗庙之谓",显然不妥,因为二者性质不同。《礼记·中庸》云:"宗庙之礼,所以祀乎其先也。"《礼记·祭法》云:"共工氏之霸九州也,其子曰后土,故祀以为社。"一祭祖先,一祭土神或谷神，二者不能混为一谈。对于以宗法制为基础的周人政权来说，宗庙的地位远比毫社重要。故《左传》庄公二十八年云："凡邑有宗庙先君之主曰都，无曰邑。"表明宗庙具有都城标志的意义。齐人发动战争的目的是兼并燕国，因此齐军侵入燕都后，便"毁其宗庙，迁其重器"。像陈璋壶这样精美绝伦的铜器，十分可能即是宗庙之物。

林沄从音韵学的角度解释"燕亳邦"，说"战国时代，通假盛行，亳和貊既然古音同属铎部唇音字，貊自然可以写作亳。"陈璋壶铭中的'燕亳邦'还是理解为'燕貊之邦'最为合理"。[9]此说把"亳"解释为"貊"，不仅在音韵学上有据，也符合詹桓伯将"燕亳"归入蛮貊的立场，而且还点出了齐人称燕国为"燕亳邦"，是出于将之比作蛮貊的蔑视心态，十分精辟。可是他在"补记"中又说："燕、亳不该连读为一词"，"燕亳理解为燕和貊是合适的。"这样又将燕和貊分成了两个实体，不仅于文句难以读通，于史实也不符，因为如前所说，在陈璋获得铜器的这场战事中，除燕国外，绝无另有一个叫做"亳"或"貊"的小国，何况一件铜器绝不可能获于两个国家。

对此，陈平的解释也较为妥贴，其云："壶铭中'燕亳邦'三字，似应作为一个名词性偏正词组来理解更合适。其中心词是'邦'，邦即是国，故'相邦'又是'相国'。哪个'邦'呢？是'燕亳'这个'邦'。"按此解释，铭文的最后一句可析读为："陈璋内（纳）伐燕亳邦之获。"意思清晰明了。但由于陈也认为"'亳'乃商人对都邑的专称"，"'燕亳'也者，最初应当就是商殷族之方国燕国的都城"，因此在有关"燕亳"的论述上，有若干说法需要澄清。

陈说詹桓伯口中的"燕亳"是"继承了殷末商人先燕国的'燕亳'之旧"，"北燕国的代名词"，不确。詹桓伯是在叙述周人势力的扩展过程时提到"燕亳"的，将之和东土的蒲姑、商奄，南土的巴、濮、楚、邓，北土的肃慎并列，明显认为"燕亳"属蛮夷戎狄部落。詹桓伯说这些部落集团在武王克商后都归顺了周，其中根本没有将"燕亳"作为"北燕国"代名词的意思。对于周人来说，蛮夷戎狄部落都是异类，作为周景王特使的詹桓伯，不可能将属蛮夷戎狄的"燕亳"和召公建立的周人政权北燕国混为一谈。

陈说"燕亳"为"商殷族之方国燕国的都城"，而此都城"不可能是别处，它只能是作为北燕初都的北京房山琉璃河商周遗址董家林的那座商末周初古城。"此说和董家林古城的发掘结果不符。1962年琉璃河遗址调查试掘，当时对刘李店、董家林二处遗存的年代和文化性质判断曾存在不同看法，简报者定为商代[10]，而北大学生的实习报告认为属西周[11]。1981年笔者在《京津地区商周时期古文化发展的一点线索》一文中曾申述此观点，并指出有些研究者"把一些西周早期遗存误认为晚商遗存"的错误[12]。1995年北京大学考古系和北京市文物研究所联合进行发掘，简报称："这次在城墙夯土内和打破城墙、叠压在城墙内护坡的层位中获得少量陶片，其特征与居址西周早期同类器相同。据此可以认为琉璃河遗址古城始建于西周早期。"[13]这是有关董家林古城始建年代的权威结论，肯定此城是周人燕国所建，不能是"商殷族之方国燕国的都城"。商代"燕亳"如果建有都城，确有可能在这一带，但绝不是董家林古城。

陈说董家林古城"实际上是继承了殷末商人先燕国的'燕亳'之旧"。此说又抹煞了以董家林古城为代表的周人燕国文化和商代燕亳遗存之间的本质区别。在董家林古城出土的陶器中，包含有周、商和本土三种基本文化因素，陈光称之为"组合状态文化"[14]。但这三种因素及其所起作用是不一样的，并且还有其形成过程。最初出现的这类"组合状态文化"只有周文化和本土文化两种因素结合，见于镇江营遗址商周遗存第三期第一段[15]，器物群分别以最具谱系特征的筒腹鬲和弧裆鼓腹鬲为代表，筒腹鬲承袭镇江营商周二期的高领鬲，而弧裆鼓腹鬲在第二期不见，属于周文化陶鬲谱系[16]，先周时已经出现，见于武功郑家坡[17]、沣西遗址[18]、扶风北吕[19]等先周遗址和墓葬。报告关于"西周中期，周文化势力达到镇江营遗址"的说法，显然忽视了这种鬲的来源，然而这种陶鬲恰恰是判断此文化性质的决定性因素。到三期二段才出现能和殷墟晚期直接链接的袋足鬲，面貌开始和董家林古城早期陶器群一致。而袋足鬲的出现透露出一个历史信息，即这是周成王平叛后向各诸侯国分遣"殷遗"后形成的遗存，没有这种袋足鬲的一段遗存形成在分遣"殷遗"以前，同样也早于董家林古城。根据琉璃河1193号墓克罍、克盉[20]等相关资料，董家林古城应建于周成王敕封召公元子姬克为第一代燕侯以后，因此一段遗存应产生于姬克封燕以前的召公建国时期。从这一变化过程中可以看到，镇江营三期一段遗存虽然由于时间跨度短，堆积相对薄弱，但其中的周文化因素则是灭商后周人势力开始进入这个地区的标志，代表新生的燕国政权，在当地文化的发展演变中起着主导作用，不能和商代的"燕亳"遗存混为一谈，笔者曾称之为"周人的燕国文化"和"姬燕文化"，以区别于商代"燕亳"和典型周文化[21]。

说"燕亳"和周人燕国政权存在本质区别，并不是说二者之间没有关系。首先是名称上的联系，《史记·周本纪》记："于是封功臣谋士，而师尚父为首封。封尚父於营丘，曰齐。封弟周公旦于曲阜，曰鲁。封召公奭于燕。封弟叔鲜于管，弟叔度于蔡。余各以次受封。"文中对齐、鲁二国的都城地点和国名都特意加以说明，是因为太公和周公二人的封地和建国地点前后都有变化。太公封地在营丘，但赴任建国时遭到了当地夷人的强烈阻挠，即《史记·齐太公世家》记载的"莱侯来伐，与之争营丘。"因此不得不把封国建在了原商人军事据点叫做"齐"的地方，约即甲骨文中的"齐师"所在地，取国名为"齐"，到成王平叛后才以营丘为都。周公的封地曲阜是商代奄国所在地，即《史记正义》引《括地志》说的："兖州曲阜县奄至，即奄国之地也。"《韩非子·说林》记周公建国过程云："周公旦已胜殷，将攻商盖（奄）。辛公甲曰：'大难攻，小易服，不如服众小以劫大。'乃攻九夷而商盖（奄）服矣。"可见也是因奄国势力强大而另择地点，这个地方就是河南鲁山一带的夏商时期鲁邑，故取国名曰鲁。燕国没有关于名称的说明，必是一开始便建在了一个叫做燕的地方，这个地方即是商代方国燕亳所在地，罗泌把二者联系到一起，但没有说明依据。《陈璋壶铭》的"燕亳邦"三字是对二者关系的最好说明，只有召公燕国的所在地是原燕亳之地，才可能称作"燕亳邦"。可是又必须注意二者的区别，詹桓伯说的"燕亳"是指商代属于戎狄阵容的土著"燕亳"，而齐人的"燕亳邦"是称呼建国于"燕亳"故地的周人燕国。

召公燕国和商代燕亳的另一层关系，是文化的利用和承袭。属于戎狄阵容的燕亳，其遗存应是构成西周燕国文化三种基本因素之一的本土因素，按今天这个地区所见晚商时期遗存，应属围坊三期文化范畴，入周后演变为张家园上层文化[22]，其分布范围北起京津地区，南达唐河流域[23]。这个范围内晚商时期分布有众多土著部落，迄今留下名字的燕山南麓如孤竹、令支、无终、其、蓟等，太行山东麓北段如屠何、且、秽（追）、貊（獏）、北等，燕亳是其中之一。召公受周武王之封，挟克商余威到燕亳之地创建燕国，以军事殖民方式建立政权，其人员相对当地土著居民来说无疑是少数，所以只有依靠政策才能赢得成功。周人在晚商时已与燕山地区土著建立了较好关系，孤竹君归周的故事便是最好说明。这种关系在古文化遗存中也有体现，如被认为是先周文化的郑家坡类型和围坊三期文化一样，陶器群都含有"花边鬲"[24]，蓟县围坊遗址还出土先周式沿面微凹的陶鬲[25]，先周文化的"这种渗透可能使得当地居民，尤其是贵族在文化心理上不排斥周人，而是认同周人。"[26]正因为如此，燕山地区多处发现商周之际土著贵族墓，随葬以鼎簋为组合的青铜礼器，见于卢龙闫各庄[27]、滦县陈山头[28]、迁安小东山庄[29]、马哨村[30]、蓟县张家园[31]、刘家坟[32]等地，应是当地土著接受周人"重食"礼俗的表现。召公建立的燕国，对当地土著居民没有采取排斥态度，因此一开始便产生了周文化和本土文化相结合的遗存，而且此后本土因素一直是姬燕文化的重要组成部分，到西周晚期时仍可见到特征鲜明的本土因素器物，甚至春秋以后出现的"燕国鬲"也可能是本土因素孑遗。召公燕国在原商代"燕亳"土地上建立，文化内容又长期保留本土因素，这可能也是齐人称燕国为"燕亳邦"的理由之一。《战国策·燕策一·张仪为秦破从连横谓燕王》章记燕王语曰："寡人蛮夷辟处，虽大男子裁如婴儿。"燕昭王且以"蛮夷辟处"自喻，何况欲将燕国兼而并之的齐人，有此蔑视性称呼完全可以理解。然而文化因素延续并不等于政治实体也得到延续，在召公燕国建立以后，原先的"燕亳"作为政治实体可能没有存在多久，从燕国"并蓟居之"等举动看，"燕亳"的命运可想而知。

二、燕亳和燕京之戎

燕亳成为召公封国的建国之地，除了优越的地理条件外，和山西北部地区燕京之戎之间的关系或是更重要的原因，后者是周人的宿敌，而燕亳却与之有着千丝万缕的联系。

燕京之戎活动见于《后汉书·西羌传》："太丁之时，季历复伐燕京之戎，戎人大败周师"。《古本竹书纪年辑校订补》作："大丁二年，周人伐燕京之戎，周师大败。"伐"燕京之戎"的季历是周武王的祖父，周人历史上的一位重要人物。《史记·周本纪》记："公季修古公遗道，笃于行义，诸侯顺之。"此"诸侯顺之"的背后是频繁的武力征伐，即《帝王世纪》说的："太丁之世，王季伐诸戎。"《竹书纪年》记商王武乙"三十四年，周王季历来朝，武乙赐地三十里，玉十瑴，马八匹"。翌年，"周王季伐西落鬼戎，俘二十翟王"。在解决了西北面的戎狄后又转而向东，文丁二年伐燕京之戎，四年伐余无之戎，同年"周王季命为殷牧师"。七年伐始呼之戎，十一年伐翳徒之戎。季历的武力扩张构成了对商朝的威胁，最后终于被殷王所杀，即《晋书·束晳传》所记之"文丁杀季历"。从此开始，商、周两大集团间的争斗便上升为中国社会矛盾的焦点，最后以周武王克商告终。在季历的扩张战争中，唯一的败绩是对燕京之戎的征伐，周人自然不会忘记这一耻辱，因此当武王克商后，周人为实现对全国统治，大封"功臣谋士"，在各地建立藩屏周室的诸侯国之时，终于将和燕京之戎有着千丝万缕联系的燕亳，定为召公封国的建国之地，进行压制和奴役。

燕亳和燕京之戎之间的联系，清晰地表现在如下方面：

1. 名称相通，即"京"和"亳"二字在古文献中有通用的例子

《左传》襄公十一年记："秋七月己未，同盟于亳城北。"杜预注："亳城，郑地"。而《公羊》和《谷梁》两传均作"同盟于京城北"。正因为如此，近年考古界对郑州出土陶片上的一个字是亳是京（或亭）进行了热烈讨论[33]。既然郑地的"亳城"可以称作"京城"，则"燕亳"自然也可以称作"燕京"。

2. 地理信息相连

燕京之戎聚居的燕京山，是今山西北部的管涔山，雷学淇《竹书纪年义证》曾有详细考证："《淮南子·坠形训》曰：'汾出燕京。'高诱注云：'燕京，山名也，在太原汾阳，水所出。'《十三州志》曰：'汾水出武州之燕京山。'《水经》曰：'汾水出太原汾县北管涔山。'郦注云：'燕京山亦管涔之异名也。'……据此，燕京山当殷末衰为戎所据。"燕京之戎所在的燕京山和燕亳所在的北京小平原之间，有着相通的地理信息，这便是燕山和燕水。《淮南子·坠形训》云："维湿北流出于燕。"是说向北流的湿水出于燕山。庄逵吉校刊受《水经注》的影响，把玉田县北境之燕山看做是此山，其云："湿字当作灅，灅水出右北平俊靡县东，南至无终入庚，庚水至雍奴入海。"此改动无据，并且与地理形势不合，因为限于地势，这一带的河流皆南流，绝无北流者。其实《水经注》的灅也曾被讹作"湿"，王先谦校注云："官本曰：'灅原本及近刻并讹作湿。'《说文》：'灅水出雁门阴馆累头山，东入海。力追切。'《魏书》作灅，已讹舛，若湿则不得读力追。今从《说文》为正。"此说极是。《水经》记灅水"出雁门阴馆县，东北过代郡桑乾县南"。郦道元注云："灅水又东北流，左会桑干水，县西北上下洪流七轮，谓之桑干泉，即溹涫水者也。耆老云：其水潜承太原汾阳县北燕京山之大池。池在山原之上，世谓之天池。……故老相传，言尝有人乘车于池侧，忽遇大风，飘之于水，有人获其轮于桑干泉，故知二水潜流通注矣"。桑干水出大池后东北流，过涿鹿后转向东南，穿北京小平原，迳蓟城，注渤海，其上游完全符合"维湿北流出于燕"的记载，故《淮南子》湿（灅）水所出的"燕"应是桑干泉所出的燕京山，湿（灅）水相当后世之永定河及其上游桑干河。

《山海经·北山经》有燕山、燕水之目，其云："北百二十里曰燕山，多婴石，燕水出焉，东流注于河。""河"是古代对黄河的专称，此"河"是商周时期的黄河，也就是《禹贡》所记的"禹河"，即《史记·河渠书》"厮二渠以引其河，北载之高地"的西渠，沿太行山东麓山前洼地东北流，入海地点在今天津市[34]。黄河沿太行山东麓北流，使发源于太行山区的河流也都随其入海。《山海经》记自沁水以下有十三条河流注入黄河，其中包括燕水，燕水在滱水（今唐河）之下，其间隔有姜、般二水，燕水之下还有历虢、伦、绳三水入注黄河。限于地势，这些河流最远不能越过今蓟运河，因此位居倒数第四的燕水，位置正和流迳北京地区的瀑水接近，《淮南子》出于燕的湿（瀑）水，应当就是《山海经》出于"燕山"的"燕水"，燕京之戎和燕亳分处燕水上下游。

3. 文化亲缘，这一点可追溯到"龙山时代"

昌平雪山遗址发现的雪山二期遗存[35]，部分陶器具有龙山文化后岗类型特征，但多数器物却与河套、陕北等地的龙山文化接近，尤以鸡冠状扳耳鬲、绶带纹斝等器引人注目，见于忻州游邀[36]、蔚县筛子凌罗[37]、太谷白燕[38]、汾阳杏花村[39]、离石乔家沟[40]、神木石峁[41]、新华[42]、塞峁[43]、清水河白泥窑子[44]、准格尔旗朱开沟[45]、大庙疙旦[46]等地，勾勒出了龙山文化中的一个特殊群体，其分布范围"北至阴山脚下，东到桑干河下游及太行山西麓，南过太原盆地，西抵吕梁山及秃尾河水系。"[47]雪山遗址是其最东面的一个点。由于鸡冠状扳耳鬲、绶带纹斝等器物见于汤阴白营早期龙山文化[48]，笔者曾认为此龙山文化特殊群体的出现，和"流共工于幽陵，以变北狄"的历史传说有关[49]。

进入青铜时代，这个范围内出现了光社文化[50]、大坨头文化[51]、朱开沟文化[52]、新华文化[53]等多种考古学文化名称，彼此间文化面貌依然相近，邹衡即认为光社文化包含有夏家店下层文化（应为大坨头文化）相似的特征[54]，而朱开沟文化与和大坨头文化之间，研究者也认为"存在一定的共性。"[55]由于气候环境的变化，约从距今四千年前后开始农牧分界线逐渐南移，引起商朝对北方方国部落的大规模征伐，朱开沟文化因此结束。然而商人的胜利只是昙花一现，不久北方文化的南下势头迅速反弹，彼此间的联系更加密切，如清涧李家崖文化[56]、柳林高红类型[57]、蓟县围坊三期文化等，独具特征的花边鬲成为共同标志。

"燕亳"故地所在的琉璃河一带，按目前所见晚商时期考古学文化的分布形势，应属围坊三期文化范围，但迄今尚未见有关此类遗存的报道，有些所谓"商代遗迹"，例如1978年清理的H78[58]，实际上是较早时期进入关中地区的商文化，融入周人阵容后随召公建燕来到琉璃河，因此表现出类似西安老牛坡、扶风壹家堡遗存的特征[59]。不过从董家林古城的"组合状态文化"中，却可推断商周之际存在于这个地区土著遗存的基本面貌，应是与距琉璃河35千米处镇江营商周第二、三期相似的遗存，因为以高领鬲为主要代表的本土因素在两地完全相同，而且还可从这种陶鬲所属的遗存中，看到这支文化发展演变的信息。

按照发达的花边鬲和甗、钵等器物特征，镇江营商周第二期遗存可归入围坊三期文化范畴，但地方特征明显，其中最引人注目的是B型V式高领鬲[60]，特点是"颈腹间无夹角，呈圆滑曲线"，可直接和镇江营商周三期的A型高领鬲以及琉璃河居址的A型高领鬲链接，是本土遗存中最具代表性的因素。对于这种鬲的来源，研究者在编排演变序列时，往往将其和颈腹有夹角的高领鬲相联系，以为是由这种陶鬲演变而来。其实和B型V式高领鬲相似造型的陶鬲，在山西地区广泛存在，出现年代远早于镇江营，如太谷白燕、太原光社、柳林高红都有出土，年代跨度从早商延及晚商[61]。楼烦庙湾、清水河西岔出土的高领鬲，造型和镇江营 B 型 V 式高领鬲更加接近[62]，不同的只是后者有双扳手，西岔文化年代为晚商至西周早期，庙湾陶鬲不晚于相当殷墟二期的白燕五期。当然镇江营高领鬲没有扳手，可能是因为这个地区较早的大坨头文化等的鬲都无扳手，其实上面说到的白燕、光社、高红鬲也都无扳手。颈腹有夹角是大坨头、围坊三期陶鬲的传统形式，但领部一般都不高，可是在镇江营，以及距镇江营不远的涞水渐村[63]，都出土颈腹有夹角的高领鬲，成为围坊三期文化分布范围内的区域性特点之一，这极可能是受颈腹间无夹角高领鬲传入的影响，而不是颈腹间有夹角鬲向无夹角鬲演变。楼烦河家庄[64]二段出土领似筒形的高领鬲残片以及较多平跟鬲足，也都见于镇江营遗址，这些特征鲜明的因素亦表明两地关系的密切，而这里正近燕京山地区。

镇江营报告说："商周第二期遗存的陶器形制、制陶方式等主体方面继承了商周第一期遗存，但不是商周第一期遗存的简单继续。A 型高领鬲和领部附加堆纹等方面都呈现出新的气象。可以这样理解，在商周第一期遗存发展到二里冈上层之后的阶段，受到了一种具有高领鬲、领部附加堆纹、绳纹粗而僵直的文化的冲击，这种外来的新文化因素属于北方长城沿线地区。"这基本上是大坨头文化蜕变为围坊三期文化的普遍现象，但其中以 B 型 V 式高领鬲为代表的因素，无疑在这支文化的地方特征形成和发展中更具核心意义，相当围坊三期的镇江营二期之时，这种鬲仅见于镇江营和涞水渐村[65]，数量不多，可是到相当张家园上层的镇江营商周三期之时，便成了本土因素中的主要代表，即使在琉璃河居址的早期陶器群中也是如此。此后这种鬲在唐山古冶[66]、蓟县张家园[67]、青池[68]、涞水炭山[69]等遗址均能见到，应是已作为姬燕文化的组成因素向周围传播。

琉璃河一带是"燕亳"故地，这里晚商时期本土文化的形成和发展应和"燕亳"历史有关。以颈腹间无夹角高领鬲为代表的一类因素，在本土文化中最为活跃，起着主导作用，而这类因素的源头来自山西，和晋北一带古文化关系更加密切，这表明"燕亳"部族极可能是来自山西的一支，和当地居民结合而成，这也应当是"燕亳"和"燕京之戎"为何名称相通、地理信息相连的原因。这支文化原晋地的旧族称燕，故来到琉璃河一带后也称燕，但已形成为新的部族实体。周人为区分二者，于是以"燕亳"和"燕京之戎"分别称呼。称琉璃河一带者为"燕亳"，当如林沄所说：亳为貊，指其为戎狄异类。对晋地旧族则用和"亳"形近义通的"京"字称呼，称为"燕京之戎"，但"京"字不能直接表达貊的意思，故另加"之戎"二字帮助说明。由于燕族在商代和周人结下了宿怨，因此召公建立燕国之时，琉璃河一带的"燕亳"便成为第一个被周人占领和奴役的对象，尽管从董家林古城的出土遗物中，可看到土著居民在周人政权下付出的艰辛劳动，但他们的墓葬却不能进入黄土坡燕国墓地。

注　释

[1]　陈平：《燕史纪事编年会按》，北京大学出版社，1995 年。

[2]　姚迁：《江苏盱眙南窑庄楚汉文物窖藏》，《文物》1982 年第 11 期。

[3]　中国科学院考古研究所编辑：《美帝国主义劫掠的我国殷周青铜器集录》，科学出版社，

1962年。
- [4] 韩嘉谷：《天津海河以南出土文物和燕齐之间的"阳地"》，《北京文博》1999年第4期。
- [5] 华向荣、刘幼铮：《静海县西钓台古城址的调查和考证》，《天津社会科学》1983年第4期。
- [6] 同[3]。
- [7] 李学勤等：《盱眙壶铭与齐破燕年代》，《文物春秋》1989年创刊号。
- [8] 周晓陆：《盱眙所出重金络鎛·陈璋圆壶读考》，《考古》1988年第3期。
- [9] 林沄：《"燕亳"和"燕亳邦"小议》，《史学集刊》1994年第2期。
- [10] 北京市文物工作队：《北京房山县调查简报》，《考古》1963年第3期。
- [11] 李伯谦：《北京房山董家林古城址的年代及相关问题》，《北京建城3040年暨燕文明国际学术研讨会会议专辑》，北京燕山出版社，1997年。
- [12] 韩嘉谷：《京津地区商周文化时期古文化发展的一点线索》，《中国考古学会第三次年会论文集》，文物出版社，1984年。
- [13] 北京大学考古学系等：《1995年琉璃河周代居址发掘简报》，《文物》1996年第6期。
- [14] 陈光：《西周燕国文化初论》，《北京文博》2004年第6期。
- [15] 北京市文物研究所：《镇江营与塔照》，中国大百科全书出版社，1999年。
- [16] 陕西省考古研究院商周考古研究部：《陕西夏商周考古发现与研究》，《考古与文物》2008年第6期。
- [17] 宝鸡市考古工作队：《陕西武功郑家坡先周遗址发掘报告》，《文物》1984年第7期。
- [18] 中国社会科学院考古研究所：《武功发掘报告》，文物出版社，1988年。
- [19] 扶风县博物馆：《扶风北吕周人墓地发掘简报》，《文物》1984年第7期。
- [20] 中国社会科学院考古研究所等：《北京琉璃河1193号大墓发掘简报》，《考古》1990年第1期。
- [21] 韩嘉谷：《燕史源流的考古学考察》，北京市文物研究所编：《北京文物与考古》第二辑，1991年。
- [22] 韩嘉谷、纪烈敏：《蓟县张家园遗址青铜文化遗存综述》，《考古》1983年第4期；蒋刚、王志刚：《关于围坊三期文化和张家园上层文化的再认识》，《考古》2010年第5期。
- [23] 保定地区文管所：《河北唐县洪城遗址的调查》，《考古》1996年第5期。
- [24] 韩嘉谷：《花边鬲寻踪》，《内蒙古东部地区考古学研究文集》，海洋出版社，1991年。
- [25] 天津市文物管理处考古队：《天津蓟县围坊遗址发掘报告》，《考古》1983年第10期。
- [26] 蒋刚：《夏商西周文化对其西方和北方地区文化渗透的方向性和层级性》，《考古》2008年第12期。
- [27] 唐云明：《河北境内几处商代文化遗存记略》，《考古学集刊》第二辑。
- [28] 孟昭永：《河北滦县出土晚商青铜器》，《考古》1994年第4期。
- [29] 唐山市文物管理处等：《河北迁安县小山东庄西周时期墓葬》，《考古》1997年第4期。
- [30] 李宗山等：《河北省迁安县出土两件商代铜器》，《文物》1995年第6期。
- [31] 天津市历史博物馆：《天津蓟县张家园遗址第三次发掘》，《考古》1993年第4期。
- [32] 韩嘉谷等：《蓟县邦均西周时期的遗址和墓葬》，《中国考古学年鉴》1987年；纪烈敏：《蓟县出土的商周青铜礼器》，《天津市历史博物馆馆刊》第4期，天津古籍出版社，1994年。
- [33] 邹衡：《郑州商城即汤都亳说（摘要）》，《文物》1978年第2期；石加：《"郑亳说"商榷》，

《考古》1980年第3期。

[34] 韩嘉谷：《论第一次到天津入海的古黄河》，《中国史研究》1982年第3期。
[35] 鲁琪、葛英会：《北京市出土文物展览巡礼》，《文物》1978年第4期。
[36] 忻州考古队：《山西忻州市游邀遗址发掘简报》，《考古》1989年第4期。
[37] 张家口考古队：《1979年蔚县新石器时代考古的新收获》，《考古》1981年第2期。
[38] 晋中考古队：《山西太谷白燕遗址第一地点发掘简报》，《文物》1989年第3期。
[39] 晋中考古队：《山西汾阳、孝义两县考古调查和杏花村遗址的发掘》，《文物》1989年第4期。
[40] 晋中考古队：《山西楼烦、离石、柳林三县考古调查》，《文物》1989年第4期。
[41] 陕西半坡博物馆：《陕西神木石峁遗址试掘简报》，《史前研究》1983年第2期。
[42] 陕西省考古研究所：《陕西神木新华遗址1999年发掘简报》，《考古与文物》2002年第1期。
[43] 陕西省考古研究所陕北考古队：《寨峁遗址发掘简报》，《考古与文物》2002年第3期。
[44] 汪宇平：《内蒙古清水河县白泥窑子村的新石器时代遗址》，《文物》1961年第9期。
[45] 内蒙古文物考古研究所：《内蒙古朱开沟遗址》，《考古学报》1988年第3期。
[46] 内蒙古文物考古研究所：《内蒙古准格尔旗煤田黑岱沟矿区文物普查述要》，《考古》1990年第1期。
[47] 杨杰：《晋陕冀北部及内蒙古中南部龙山时代考古学文化初探》，《内蒙古中南部原始文化研究文集》，海洋出版社，1991年。
[48] 安阳地区文物管理委员会：《河南汤阴白营龙山文化遗址》，《考古》1980年第3期。
[49] 韩嘉谷：《土方历史的考古学探索》，《内蒙古文物考古文集》（第二辑），中国大百科全书出版社，1997年。
[50] 解希恭：《光社遗址试掘调查简报》，《文物》1962年第4、5期。
[51] 韩嘉谷：《大坨头文化陶器群浅析》，《中国考古学会第七次年会论文集》，文物出版社，1992年。
[52] 王乐文：《朱开沟遗址出土遗存分析》，《北方文物》2004年第3期。
[53] 孙周勇：《新华文化述论》，《考古与文物》2005年第3期。
[54] 邹衡：《关于夏商时期北部地区诸邻境文化的初步探讨》，《夏商周考古学论文集》，文物出版社，1980年。
[55] 王乐文：《论朱开沟遗址出土的两类遗存》，《边疆考古研究》第3辑，科学出版社，2004年。
[56] 张映文、吕荣智：《陕西清涧县李家崖古城址发掘》，《考古与文物》，1988年第1期。
[57] 同[40]。
[58] 北京市文物研究所：《北京房山琉璃河遗址发现的商代遗迹》，《文物》1997年第4期；李华：《关于房山琉璃河城址、墓地年代的几点看法》，《北京建城3040年暨燕文明国际学术研讨会会议专辑》，北京燕山出版社，1997年。
[59] 韩嘉谷：《从刘李店78H1说姬燕建国》，《北京文博》2001年第4期。
[60] 见注[15]图117—6。
[61] 蒋刚：《论白燕文化及其相关问题》，《考古与文物》2009年5期，图七。
[62] 马志明：《"西岔文化"初步研究》，《考古与文物》2009年第5期。
[63] 河北省文物研究所：《河北涞水渐村遗址发掘报告》，《文物春秋》1992年增刊。

[64] 见注[57]图六。

[65] 同[64]。

[66] 河北省文物研究所:《唐山市古冶商代遗址》,《考古》1984年第9期。

[67] 天津市历史博物馆考古队:《天津蓟县张家园遗址第二次发掘》,《考古》1984年第8期。

[68] 纪烈敏:《燕山南麓青铜文化谱系及其演变》,《边疆考古研究》第1辑,科学出版社,2002年。

[69] 拒马河考古队:《河北易县涞水古遗址试掘报告》,《考古学报》1988年第4期。

（原刊于《北京文博》2010年第4期）

说　匽

曲英杰

自清末发现匽侯铜器以来，学界对于以"匽"为周初召公所封燕国之本称这一点已形成共识。然有关此匽与燕之间关系的解说则似不够圆通，此匽与亳的关系亦多存疑惑之处。本文拟就这一问题做一些探讨，以求有助于燕史与燕文化研究。

一、匽　与　燕

据《史记·燕召公世家》载："召公奭与周同姓，姓姬氏。周武王之灭纣，封召公于北燕。"其所记当本于《世本》："召公居北燕。"而宋衷曰："有南燕，故云北燕。"由此，史家多注意北燕与南燕之别；对于北燕为召公所封，与"匽"合而为一则深信不疑[1]。尽管史书所载燕君世系错乱[2]，方言有燕与北燕之分[3]，考古发现其文化面貌各自成一系[4]，仍多牵合成说；而很少考虑到另作新解，以合于史实。实际上，在周代于北燕之地很可能是北燕与匽分为两国，长期并存。

就铜器铭文可知，以匽称国始于周初。今北京市房山区琉璃河镇北董家林村发现有西周时期古城址，其东南黄土坡一带发现有大面积的匽国墓地，出土多件带有"匽侯"铭文的青铜礼器和兵器等，特别是M1193大墓中所出的克罍克盉诸器明确记有周王册封匽侯之事，发掘者判定其当即为周初匽都城之所在[5]，可信。其地西部及南部有大石河（即琉璃河）自北而南、折而向东流过。大石河在汉魏时期称圣水。《水经注·圣水》载："圣水又东经玉石山，谓之玉石口。山多珉玉燕石，故以玉石名之。其水伏流里余，潜源东出。又东，颓波泻涧一丈有余，屈而流也。东过良乡县南（此句为经文）。圣水南流，历县西转，又南迳良乡县故城西，王莽之广阳也。有防水注之。水出县西北大防山南，而东南流经羊头阜下，俗谓之羊头溪。其水又东南流，至县东入圣水。圣水又南与乐水合。水出县西北大防南山，东南流，历县西而东南流注圣水。又东过其县故城南，又东迳圣聚南，盖藉水而怀称也。又东与侠河合。……又东过阳乡县北（此句为经文）。圣水自涿县东与桃水合。水首受涞水，于徐城东南良乡西分垣水，世谓之南沙沟，即桃水也。……桃水又东迳涿县故城北。……桃水又东北与垣水会。水上分涞水于良乡之桃水，世谓之北沙沟。故应劭曰：垣水出良乡。……垣水又东经涿县北，东流注于桃。故应劭曰：垣水东入桃。阚骃曰：至阳乡注之。今案经脉而不能屈也。桃水东入阳乡，东注圣水。"汉代于此置良乡县。魏晋以后，良乡县治所北迁至今窦店村西[6]。故《水经》言圣水"东过良乡县南"，而《水经注》言"圣水南流历县西转，又南迳良乡县故城西。……又东过其县故城南，又东经圣聚南。"其"圣聚"，当为魏晋以后良乡故城以东之一聚落[7]，不在今董家林村。其"圣水"，不见于《汉书》。《汉书·地理志上》载涿郡属县"良乡，侯国。垣水南东至阳乡入桃。"此良乡于西汉末一度封于赵共王子刘交[8]，故注为侯国。其"垣水"，当指流经良乡县境的较大河流，而不可能是指《水经注》所载之桃水支流垣水。且与注文所记垣水至涿县（今河北涿州）北注入桃水不合，而与注文所记圣水至阳乡（今涿州东北）合于桃水相符。由此推知，汉以前阳乡以上圣水当称垣水，汉魏之际方改称圣水，并以圣水统称阳乡以下桃水，而另移垣水之称于桃水支流。其地临垣水，又曾为匽都城所在，将此二者联系起来考虑，则垣水极有可能是由匽水演变而来。古音垣、匽同属元部，垣属匣纽、匽属影纽，同为喉音，可互转[9]。《说文解字》云："匽，匿也。从匚、妟。"段玉裁注："匽之言隐也。《周礼·宫人》：为之井匽。郑司农云：匽，路厕也。后郑云：匽猪为霤下之池，畜水而流之者。按二说皆谓隐蔽之地也。"[10]古圣水（垣水）经玉石山下伏流一里余，正为隐蔽之形，故有匽水之称。周初召公受封于此，因建国都于匽水之侧面称匽国、匽侯。又，《说文解字》云："匚，衺徯有所夹藏也。从乚，上有一覆之。凡匚之属皆从匚，读若徯同。"段玉裁注："衺者，衺也。徯者，待也。夹者，盗窃怀物也。迆衺相待，有所窃藏。故其字从乚，而上复有一覆之。会意。"而《说文解字》释乚为"匿也。象迟曲隐蔽形。凡乚之属皆从乚，读若隐。"段玉裁注："象逃亡者自藏之状也。"其乚为隐字之古文，象自藏之状，与匚（藏物之状）并有隐蔽之义。因形旁可互换，故古匽字有匽、匽二体。今检铜器铭文，属西周早中期者如匽侯鼎、匽侯盂、宪鼎等，其匽字皆从乚作匽；至西周晚期所作器如克鼎、匽公匜等，始见作匽者。由此推测，匽字似当以匽为本体、匽为变体。又依克鼎铭文匽作、匽公匜铭文匽作匽等例[11]，其形旁似不当作匚，而当作匚，以示所覆盖者仅为所怀之物，并不包括盗窃者。另在琉璃河匽国墓地中出土有匽侯戟（M52：22），属西周早期，其匽字作形[12]，从乚、○，当亦为变体。○即古圆或圜字[13]，古音属元部、匣纽，与妟相近，故可声旁互换。与此相类，古燕币中为大多数学者释为"明"字者，实际上当亦属匽字之变体。其币形呈尖首刀状，盛行于春秋战国时期，早期面文作、等；后演变为、等，外笔圆折成半圆形弧线；再演变为、等形，因字体作横椭圆状，外笔超出刀身外郭而出现断笔现象。其字，或以为从刀、从口而释为召，或以为从日、从勿而释为易，或以为从日、从月而释为明，或以为是玄鸟（燕子）的象形字而释为妟（匽）等[14]。其释匽者囿于所谓象玄鸟安居巢中的分析，混匽与燕为一字，显然过于牵强，故无法为大多数学者所接受。而若视、等为匚之变形、○为妟之代换、等为匽字的变体，则应该说是近于情理的。如此，所谓"明"字之惑，便涣然冰释。由此似可以做进一步推论，其匽水改称垣水，或即由断笔字讹变而来（古亘字作形，与相近，增土旁而为垣字；二者音亦相近）。又，古圣字有作、者[15]，与亘、等相近。汉桂阳太守周憬功勋碑铭云："懿贤后兮发"[16]。洪适注""为"圣"字。此水后又称圣水，当即是由垣（亘）水演变而来。因一水二称，故移垣水之名于桃水支流。其匽水之名既被匽人用为国称，则终周之世似不会有变。其改称垣水当在秦汉以后，而至东汉以后渐为圣水所取代。

匽人自周初立国，至战国之末为秦所灭，其本称皆作"匽"，或加邑旁作"郾"，而不作"燕"。就迄今所见出土文物而言，以"燕"代称"匽"，当以汉初马王堆帛书《战国纵横家书》等为最早。另在阜阳汉简《诗经·邶风》中有"燕燕于飞"（今传本）作"匽匽于非""宴尔新昏"作"燕尔□□"等例[17]。考虑到诗书多承传有绪，则如同《战国纵横家书》一类写本在战国中晚期已以"燕"假"匽"，似并非没有可能。其时唯有匽国，南燕、北燕皆已不存，故以"燕"为匽国之代称不会发生淆误。至于《世本》所言"召公居北燕"，是指北燕之地，不当与此视为同例。而在《春秋》经传中记此匽国史事者唯两见。《春秋·庄公三十年》载："冬，公及齐侯遇于鲁济。齐人伐山戎。"《左传》记："冬，遇于鲁济，谋山戎，以其病燕故也。"杜预注"齐桓行霸，故欲为燕谋难。燕国，今蓟县。"《谷梁传》言："齐人者，齐侯也。其曰人，何也？爱齐侯乎？山戎也，其爱之何也？桓内无因国，外无从诸侯，而越千里之险，北伐山戎，危之也。则非之乎？善之也。何善乎尔？燕，周之分子也，贡职不至，山戎为之伐矣。"又，《左传·昭公七年》载："（正月）癸巳，齐侯次于虢。燕人行成曰：'敝邑知罪，敢不听命？先君之敝器，请以谢罪。'公孙晳曰：'受服而退，俟衅而动，可也。'二月戊午，盟于濡上。燕人归燕姬，赂以瑶瓮、玉椟、斝耳，不克而还。"[18] 其《左传》与《谷梁传》之"燕"当为后改，原当做"匽"[19]。在《国语·齐语》中所记管仲对齐桓公言北伐"以燕为主"；《郑语》中记史伯言："当成周者，南有荆蛮、申、吕、应、邓、陈、蔡、随、唐，北有卫、燕、狄、鲜、虞、潞、洛、泉、徐、蒲，……"其"燕"，均明显是指匽国，原当皆作"匽"。另有《诗经·大雅·韩奕》云："溥彼韩城，燕师所完。"毛传曰："师，众也。"郑玄笺言："溥，大；燕，安也。大矣，彼韩国之城，乃古平安时众民之所筑完。"其去古未远，所释当合于诗之原意。依此，其"燕"，与匽国、燕国均无关。

除以上所辨，在《春秋》经传中单称"燕"者，如《左传·隐公五年》记"卫人以燕师伐郑"，《春秋·桓公十二年》记鲁公"会宋公、燕人，盟于谷丘"，《春秋·桓公十三年》记鲁公等与"齐侯、宋公、卫侯、燕人战"，《左传·桓公十八年》记"王子克奔燕"，《左传·庄公十九年》记"卫师、燕师伐周"，《左传·庄公二十年》记"郑伯和王室，不克，执燕仲父"，《左传·襄公二十一年》记齐公族"叔孙还奔燕"，《左传·定公十年》记晋"成何奔燕"等，当皆指南燕。其为姞姓国，地在今河南延津县东北，战国时属魏，汉时置燕县，属东郡[20]。其"燕"，当即此南燕国之本称。《说文解字》云："燕燕，玄鸟也。籥口、布翄、枝尾，象形。"其国名很可能是缘于此燕燕鸟，而简作"燕"。传世铜器庚壶铭文载齐庄公时齐将"庚率百乘舟，大鄘（举）从河台（以）巫伐燕□丘"；又记另一战事，"其王乘驻（牡）輿（舆）台（以）□燕师，庚捷其兵辀车马，献之于庄公之所。"其"燕"作 [21]，当即指南燕国。其北临于河（即黄河，古时在今郑州以北作东北流向），故齐将庚率舟师从河以伐燕。

关于北燕，最早见于《春秋·襄公二十九年》载："齐高止出奔北燕。"《左传》记："秋九月，齐公孙虿、公孙灶放其大夫于北燕。乙未出。书曰出奔，罪高止也。"《谷梁传》言："其曰北燕，从史文也。"在此以前，《左传·襄公二十八年》有记："夏，齐侯、陈侯、蔡侯、北燕伯、杞伯、胡子、沈子、白狄朝于晋。"杜预注："燕国，今蓟县。"此后，《春秋·昭公三年》载："北燕伯欵出奔齐。"杜预注："不书大夫逐之而言奔，罪之也。书名，从告。"孔颖达疏言："传称燕大夫比以杀公之外嬖，公惧，奔齐，是被逐而出，非自去也。传又云：书曰北燕伯欺（原文如此）出奔齐，罪之。是仲尼新意。"《左传》记："九月，（齐）子雅放卢蒲嫳于北燕。燕简公多嬖宠，欲去诸大夫，而立其宠人。冬，燕大夫比以杀公之外嬖，公惧，奔齐。书曰：北燕伯欵出奔齐。罪之也。"《谷梁传》亦言："其曰北燕，从史文也。"由此可知，"北燕"之名原出《春秋》，当为时称，其意在区别于"燕"（即南燕）。其"欵"，或作"欸"，自古有之，故孔颖达引《春秋》经传作"欵"而无异文（阮元《校勘记》不见有辨，另宋王应麟《诗地理考》等亦引作"欵"）。而杜预注以此"北燕"混同于"匽"，以"欵"为此出奔的"北燕伯"之名，虽为后世所从，然似未必合于史实。查《春秋》有关诸侯国君出奔的记载，或书名，或不书名，而均可示以内、外之别[22]。相比之下，"北燕伯欵"似并不与之同例。联系到《春秋·昭公六年》载"齐侯伐北燕。"《左传》记："十二月，齐侯遂伐北燕，将纳简公。晏子曰：'不入，燕有君矣。民不贰。吾君赂，在左谄谀，作大事不以信，未尝可也。'"及《春秋·昭公十二年》载"齐高偃帅师纳北燕伯于阳。"《左传》记："齐高偃帅师纳北燕伯欵于唐，因其众也。"《谷梁传》言："纳者，内不受也。燕伯之不名，何也？不以高偃挈燕伯也。"在此燕简公出奔，其国已另立国君的情况下，为区别两个北燕伯，若"欵"为燕简公之名，《春秋》似不会不书。而《左传》于"北燕伯"后增书"欵"字，并改"阳"作"唐"（据杜预注，阳即唐），似当视为广存异说[23]。至于《谷梁传》所释，不书燕伯之名，是为了不与齐大夫高偃相提并论，显系牵强附会。其"欵"，既不为私名，则最有可能为国名。或当如楚称荆楚（一为他称、一为本称）之例[24]，其国以"北燕"为他称，而以"欵"为本称[25]。《春秋》书"欵"于"北燕伯"之后，当属附注、说明的性质。其之所以标注"欵"之本称于燕简公出奔齐之事，当是从此"北燕伯"所告。很可能其时以"北燕"之称通行于世，而本称"欵"已鲜为人知。

在铜器铭文中有一多与亚形合书之字（图徽）作 𠃉、𠃊、𠂉、𠂊 等状，一般释读为矣、𠂉、矣等[26]。当以释矣为妥[27]，而含义则需重加分析。其上作廿形以象龠口，中为布翅两分之状，下为枝尾与鱼尾同[28]，正为燕鸟之象形[28]，与甲骨卜辞中释燕字者如 𠃉 等极相类[30]。《尔雅·释鸟》云："巂周、燕燕、鳦。"邢昺疏言："燕燕，又名鳦。郭云：一名玄鸟，齐人呼鳦。此燕燕即今之燕，古人重言之。……孙炎、舍人以巂周、燕燕、鳦为一物三名。"《说文解字》云："巂周，燕也。从隹，山象其冠也，咼声。一曰：蜀王望帝婬其相妻，惭亡去，为子巂鸟，故蜀人闻子巂鸣，皆起曰是望帝也。"段玉裁注："巂周、子巂异物而同字。《文选·七命》：鹖髀猩唇。李云：《吕氏春秋》曰肉之美者巂燕之髀。此燕名巂周之证。"又注；"《曲礼》：立视五巂。借为规字。汉之越巂，即此字，音髓。"由此推知，其矣当即巂周，与燕燕为同物而异名。矣字不见于典籍。《说文解字》有𠤰字，其释曰："𠤰，未定也。从匕、矣声。矣，古文矢字。"而矢字下不载。《说文解字》又有疑字，其释曰："疑，惑也。"疑字古文又有作 𢥧 者[31]，或有可能为矣之变形。此𠤰、疑二字当皆从矣得声（其义或亦可能由燕鸟飞翔不定、使看不清引申而来；

许慎以夋为古文矢字，显系猜测，并无根据），如此，则夋当读如疑。古音疑属之部、疑纽；雟属之部、匣纽，周属幽部、章纽，其音相近。雟周当为夋字之缓读[32]。其夋，形有可能为北燕人所造，音属北燕方言；称雟周则有可能为中原人所模拟[33]，如同称子雟鸟一般；义则同于燕，故其国有燕之他称（为别于姞姓之燕而称北燕）。《左传·昭公九年》记周景王使詹桓伯言于晋曰："及武王克商，……肃慎、燕、亳，吾北土也。"其燕，当即为他称，原文作燕。又《逸周书·王会》载："俞人虽马。"孔晁注："俞，东北夷。虽马，雟如马，一角；不角者曰骐。"其俞（古音属侯部、喻纽），当为夋字之假借，即指北燕（国）。其贡品虽马，或有可能为虽、马二种，即肉之美者雟周与骏马，均为当地特产。又依俞人在会堂序列与稷慎（肃慎）、秽人、良夷、发（当即亳）人等相近，亦可判知其当为北燕。若以上所论有理，则《春秋》经传所记"北燕伯款"当依孔颖达疏所引作"北燕伯欸"，"欸"即北燕国之本称夋，增欠旁作欸，"款"为形之讹。带有夋字的亞夋诸器多出土于今河南安阳、北京房山及卢沟桥、辽宁喀左等地，时代早者可至商代后期，晚者在西周时期[34]。由此推知，此一部族当很早即存于北燕之地，且与中原地区联系密切，后即以族徽夋称国。据《春秋·哀公十五年》载："夏五月，齐高无㔻出奔北燕。"时在周敬王四十年（公元前480年），可知至春秋末期，夋国犹存。

其夋国所在，旧无确指。《水经注·鲍邱水》载："（蓝）水出北山，迳无终县故城东。故城，无终子国也。……其水又南入灅水。灅水又西南入于庚水。《地理志》曰：灅水出俊靡县，南至无终东入庚水。庚水，世亦谓之柘水也，南经燕山下。"《隋书·地理志中》载渔阳郡属无终县"有燕山、无终山"。《括地志》载："燕山在幽州渔阳县东南六十里。"其无终县（无终子国）与无终山在今天津蓟县境，燕山在今河北玉田县境，二地相连。考古学研究表明，这一带有存在一个古国的可能，其文化面貌在夏商时期属夏家店下层文化，西周时期属围坊上层类型，春秋时期属张家园上层类型，前后一脉相承，具有明显的土著特征[35]，或即为此夋人长期居存的中心区域之所在。其所临燕山，很可能是由燕鸟群栖而得名，或原当以北燕方言称夋山，而后改称燕山。至于无终国，很可能是在春秋晚期方迁于此地[36]，于是有夋与无终二国并存。无终山之命名当在此时。至战国之世，此二国之地皆归属于匽。

二、匽与亳

亳与燕相关，已见上引。此外，又有亳与匽相关者，见于陈璋壶铭文[37]。其曰："隹王五年，奠易陈得再立事岁，孟冬戊辰，大（圆壶铭作齐）臧钱孤，陈璋内（入）伐匽亳邦之获。"所记为齐宜王时齐将陈璋伐匽、亳之事。壶原为匽器，壶口内沿刻有匽国文字，自名"重金络罐"；后为陈璋所获，又于壶圈足外加刻此铭以志。其燕与匽虽相别为二，然亳则合二为一，当为与燕、匽相邻之国。

亳之所在，古已失传。《左传·昭公九年》记詹桓伯言："肃慎、燕、亳，吾北土也。"下孔颖达疏引《土地名》云："燕国，蓟县也；亳是小国，阙，不知所在，盖与燕相近，亦是中国也；唯肃慎为远夷。"江永《春秋地理考实》言："亳，无考。《史记·秦本纪》：宁公与亳战，亳王奔戎。皇甫谧曰：西戎之国也。或谓亳指此，盖西周之北土也。"近世丁山则以"燕亳"连读，以为"燕亳者，近于幽燕之亳也"[38]。其地该在蒲水的源头蒲阳山附近，蒲通于亳。此说虽不无启示性，然由此而使"燕"成为修饰限制词（在詹桓伯所例举的西土魏、骀、芮、岐、毕，东土蒲姑、商奄，南土巴、濮、楚、邓等无一作此种结构，即如燕亦不加限制词作北燕），无视其存在，似不符合原意。而如果是进一步联系陈璋壶铭文所记"匽亳邦"，就更加使人感到以"匽亳"连读实无法讲通；反之，将其断读为"匽、亳"，视"亳"为至战国中期犹存之邦（国），则可就相关名物而寻其所在。至于以"亳"为"貊"等解说[39]，将其二者混同为一，很可能亦与史实相违。

上引《国语·郑语》记史伯言："当成周者，南有荆蛮、申、吕、应、邓、陈、蔡、随、唐，北有卫、燕、狄、鲜虞、潞、洛、泉、徐、蒲，……"其"燕"当做"匽"，而"蒲"当即"亳"[40]。依韦昭注："潞、洛、泉、徐、蒲，皆赤狄，隗姓也。"则"亳"之所在似当在"赤狄"之域即今山西、河北交界地带[41]。《史记·赵世家》载赵烈侯六年（公元前403年）被命为诸侯后，"番吾君自代来，谓公仲曰：'君实好善，而未知所持。今公仲相赵，于今四年，亦有进士乎？'公仲曰：'未也。'番吾君曰：'牛畜、荀欣、徐越皆可。'公仲乃进三人。"《集解》引徐广曰："番音盘。常山有番吾县"《正义》曰："《括地志》云：番吾故城在恒州房山县东二十里。番、蒲，古今音异耳。"《赵世家》又记赵王迁四年（公元前232年），"秦攻番吾，李牧与之战，却之。"《正义》曰："上音（即指番音）婆，又音盘，又作蒲。"而《六国年表》记此事作"鄱吾"。《索隐》云："鄱音婆，又音盘。县名，在常山。"其"番吾"又见于《战国策·赵策二》载苏秦说赵王言："秦甲涉河踰漳，据番吾，则兵必战于邯郸之下矣。"张仪说赵王言："军于渑池，愿渡河踰漳，据番吾，迎战邯郸之下。"其地在汉代置蒲吾县，属常山郡，位于今河北平山县西南，北隔滹沱河与三汲灵寿古城（中山国都）相望[42]。战国初年，魏灭中山，其地亦不属赵，故番吾君不可能为赵国封君，当为原存之国。其番有二音，由又作蒲可知当读为婆，属歌部、并纽；吾属鱼部、疑纽。而蒲属鱼部、并纽，正为"番吾"急读而得。反之，"番吾"亦可由"蒲"字缓读而得。由此推知，此番吾国当即蒲国，亦即亳国。因系土著夷狄之属，中原人称其名往往以音近之字标识，故或急读为一字，或缓读为二字。在这一点上，正与"奊"又读为"巂周"相类。此番吾君后不见于记载。中山桓公复国后迁都于灵寿，此番吾、中山二国当并存之，故在齐宣王时，齐将陈璋伐匽而并伐亳邦。赵惠文王三年（公元前296年），赵灭中山，番吾归赵亦当在此前后。而后有苏秦、张仪说赵王之事。

此番吾（亳）原当为土著大国（族），很早即居存于此一带，故言及周初之事或与肃慎、燕并举，或与匽、卫等共论。其之得名或缘于水。《水经注·浊漳水》载："大白渠首受绵蔓水。绵蔓水上承桃水。水出乐平郡之上艾县，东流，世谓之曰桃水，东迳靖阳亭南，故关城也。及（又）北流，迳井陉关，下注泽发水，乱流，东北迳常山蒲吾县西，而桃水出焉，南经蒲吾县故城西，又东南流迳桑中县故城北。"赵一清释曰："《太平寰宇记》平定军平定县下云泽发水一名毕发水。"据《太平寰宇记》卷五十载："平定县，本汉上艾县地，属太原郡，后汉属常山国，晋属乐平郡。……毕发水一名阜浆水，亦名妒女泉，源出县东北董卓垒。今其泉初出大如车轮，水青碧，泉傍有祠，土人祀之。妇女炫服靓妆，必兴雷雨，故曰妒女泉。《郡国志》云：介之推之妹也，《故老传》云：此泉中有神似鳖，昼伏夜游。神出，水随神而涌。其水东北流，入井陉界。"又载："董卓垒在县东北八十里。《水经注》云：毕发水经董卓垒东。"《太平寰宇记》卷六十一载："真定县，本汉中山国之东垣邑也。"……蒲泽，郦道元注《水经》云：滹沱河水又东经常山城北，又东南为蒲泽，济水有梁焉，俗谓之蒲泽口。"其所引两条《水经注》文不见于今传本，当为佚文。其上艾县在今山西平定县境；常山城当指北魏时常山郡城，在今河北石家庄市东北。《水经注》所记"泽发水"当为毕发水之讹。"毕发"，似当作"滭泼"。《诗经·豳风·七月》云："一之日觱发"。《说文解字》引作"一之月滭泼"。段玉裁注："按觱、发，皆假借字。滭、泼，乃本字。"[43]其"滭"因形近而误为"泽"，"泼"假借为"发"，而讹为"泽发水"。因《水经注》有脱文，已无法搞清此毕发水之去脉，或有可能是在流经蒲吾城后又继续东流而入"蒲泽"，如此，则其或有可能亦称"蒲水"。古音毕（滭、觱）属质部、帮纽，发（泼）属月部、帮纽，可急读为"蒲"，或谐音作"番吾"。古蒲（亳）国当即因临于此水而得名。由此又使人联想到《逸周书·王会》所载："发人麃。麃者，若鹿，迅走。"据孔晁注："发，亦东夷。迅，疾。"其"发人"，很可能即为此蒲人[44]。因此地多高山峻岭，故有比鹿还善跑的麃作为贡品。依"亚矣"之例，蒲（亳）人亦当有此一类徽文，究作何形，限于识见，无从推知。

如上所论，周初召公受封于北土，因建都于匽水之侧（今北京西南琉璃河）而称匽国，终周之世不曾改变。而所谓北燕，当与之别为两国，是指今河北玉田县境的矣国，矣即巂周（燕鸟名），为区别于南燕（今河南延津县境）而称北燕。所谓亳，当即番吾国，在今河北平山县境。至春秋战国之际，此匽、矣（北燕）、亳三国犹并存于北土。

注　释

[1] 匽侯旨鼎铭文首见于潘祖荫编著的《攀古楼彝器款识》，刊行于清同治十一年（1872年）；而后又著录于吴大澂编著的《恒轩所见所藏吉金录》，刊行于光著十一年（1885年）。潘祖荫释"此匽当为燕之假借字"，为后学者所从。参见方濬益：《缀遗斋彝器款识考释》卷四。

[2] 《史记·燕召公世家》及《十二诸侯年表》《六国年表》等所记燕君世系与《春秋》经、传和《竹书纪年》等不尽相合，唐司马贞作《索隐》已多指出；清梁玉绳在《史记志疑》中更直言其误。今人葛英会在《燕国的部族及部族联合》一文（载《北京文物与考古》（第一），1983年），陈平在《燕史纪事编年会按》一书（北京大学出版社，1995年）中亦均注意到此一问题。

[3] 参见陈梦家：《西周铜器断代二》中《西周之燕的考察·北燕方言》，《考古学报》（第十册），1955年。

[4] 参见韩嘉谷：《燕史源流的考古学考察》，载《北京文物与考古》（第二辑），1991年。

[5] 北京市文物工作队：《北京房山县考古调查简报》，《考古》1963年第3期；郭仁、田敬东：《琉璃河商周遗址为周初燕都说》，《北京史论文集》（第1辑），1980年；琉璃河考古队：《1981～1983年琉璃河西周燕国墓地发掘简报》，《考古》1984年第5期；琉璃河考古队：《北京

琉璃河 1193 号大墓发掘简报》，《考古》1990 年第 1 期；北京市文物研究所：《琉璃河西周燕国墓（1973～1977）》，文物出版社。1995 年。

[6] 北京市文物研究所拒马河考古队在《北京市窦店古城调查与试掘报告》（载《考古》1992 年第 8 期）推断窦店古城址为汉良乡县所在，似误。拟另撰文予以考辨。

[7] 《说文解字》云："聚，会也。从从，取声，一曰：邑落曰聚。"如《后汉书·郡国志一》载河南尹雒阳有唐聚、上程聚、士乡聚、褚氏聚等。

[8] 据《汉书·王子侯表》，汉成帝绥和元年（公元前 8 年）封赵共王子刘交梁乡侯，十六年而免。

[9] 钱大昕：《十驾斋养新录》卷五《字母》言："凡影母之字引而长之则为喻母，晓母之字引长之稍浊则为匣母，匣母三、四等字轻读亦有似喻母者，古人于此四母不甚区别。"

[10] 《周礼·天官·宫人》载："宫人掌王之六寝之脩，为其井匽，除其不蠲，去其恶臭。"郑玄注："井，漏井，所以受水潦。蠲，犹洁也。……郑司农云：匽，路厕也。玄谓匽猪，谓雷下之池，受畜水而流之者。"贾公彦疏："谓于宫中为漏井以受秽，又为匽猪使四边流水入焉。"

[11] 其克鼎铭见《三代吉金文存》卷四，第 4～41 页，匽公匜铭见《三代吉金文存》卷十七，第 31 页。

[12] 北京市文物研究所：《琉璃河西周燕国墓地 1973～1977 年》图 119。

[13] 《墨子·经上》曰："圜，一中同长也。"参见裘锡圭：《文字学概要》，第 110～111 页，商务印书馆，1988 年。

[14] 参见朱活：《匽币管窥——略谈匽国货币的几个有关问题》，《古钱新探》，齐鲁书社，1984 年；石永士、王素芳：《燕国货币的发现与研究》，《中国钱币论文集》（第二辑），1992 年。

[15] 参见高明编：《古文字类编》，第 135 页，中华书局，1980 年。

[16] 《隶释》卷四。

[17] 阜阳汉简整理组：《阜阳汉简〈诗经〉》，《文物》1984 年第 8 期。

[18] 据《春秋·昭公六年》载："冬，叔弓如楚。齐侯伐北燕。"《昭公七年》载："春，王正月，暨齐平。"《左传》记："春，王正月，暨齐平。齐求之也。癸巳，齐侯次于虢。……"于经文下杜预注："暨，与也。燕与齐平。前年冬，齐伐燕。间无异事，故不重言燕。从可知。"孔颖达疏言："暨，与。《释诂》文也。此直言暨齐平，不知是谁与齐平。《谷梁传》云：以外及内曰暨。谓此为鲁与齐平。贾逵、何休亦以为鲁与齐平。"当以《谷梁传》等所释较确，齐侯伐北燕、鲁与齐平及齐侯次于虢等，凡三事，杜预以其相连为一事，有误。

[19] 《左传·哀公五年》载："齐燕姬生子不成而死。"其"燕姬"，当即上记"燕人"所归者，原当做"匽姬"。

[20] 《左传·隐公五年》杜预注："南燕国，今东郡燕县。"又，《左传·宣公三年》载"郑文公有贱妾曰燕姞"，杜预注："姞，南燕姓。"

[21] 庚壶原藏于清内府，著录于《西清续鉴甲编》，今存于台北故宫博物院。其铭文多为锈所掩，张光远先生使用 X 射线线透视等法审得全铭应为 179 字，并作《春秋晚期齐庄公时庚壶考》，《故宫季刊》第十六卷第三期，1982 年；张政烺先生又作《庚壶释文》，载于《出土文献研究》，文物出版社，1985 年。本篇引文从张政烺先生所释。

[22] 如《春秋》记桓公十一年，郑庄公卒，突（厉公）归于郑，郑忽（昭公）出奔卫。桓公十五年，郑伯突出奔蔡，郑世子忽复归于郑。昭公二十一年，蔡侯朱出奔楚。昭公三十年，吴灭徐，徐

[23] 《左传》记国名、地名等多与《春秋》相异,如《春秋·桓公五年》载:"州公如曹。"《左传》记:"淳于公如曹,度其国危,遂不复。"

[24] 《诗经·商颂·殷武》云:"挞彼殷武,奋伐荆楚。"《国语·晋语八》记叔向言:"昔成王盟诸侯于岐阳,楚为荆蛮。"《古本竹书纪本》载:"周昭王十六年,伐楚荆。"又狱驭簋铭文载:"狱驭从王南征,伐楚荆。"贞簋铭文载:"贞从王伐荆。"《春秋·庄公十年》载:"荆败蔡师于莘。"《左传》记:"楚败蔡师于莘。"《春秋·僖公元年》载:"楚人伐郑。"《左传》记同。而后均以楚称之。据此,楚国当以"楚"本称,"荆"为他称。

[25] 葛英会在《燕国的部族及部族联合》一文中提出商周时代族名、人名、地名往往是三位一体,"北燕伯欸"之语不是指某一个公侯而言,言"伯欸"即可指代燕,是以族称作首领称谓。欸可能是疑(即矢)字之讹,"伯欸"之称为亚矢是燕之徽号提供了一个佳证。其说颇具启示性。然以矢为燕字古文、以矢与匽同为一国,则似不确。

[26] 参见王献唐:《黄县莒器》第二部分,山东人民出版社,1960年。

[27] 刘心源首释此字为矣。其在《奇觚室吉金文述》卷六释吴卣铭文言:"<图>即<图>,古文矢字,见《说文》矢下。古器多有亚吴二字,或云吴亚。吴字或正或反,或旁有羑文,象矢脱手发出形。"并附形同者以资参考。

[28] 参见《说文解字》燕字释文及段玉裁注。

[29] 吴大澂在《愙斋集古录释文賸稿》上册释匽侯鼎铭文言:"<图>,古燕字,与匽侯盉<图>字同。召伯所封国也。"又,刘体智在《善斋吉金十录》之二《礼器录》卷一释亞燕鼎铭文言:"据燕侯盉拓本证之,亞形下当即燕字之上半截,象燕之形也;下作<图>,象燕在巢形。"其以矢、匽上下连读为燕,不确;而以矢象燕形则可取。

[30] 参见李孝定:《甲骨文字集释》卷十一。

[31] 见《康熙字典》定部疑下所附。

[32] 古音有疑与求、柔、浮(并属幽部)等叶韵之例,参见朱骏声:《说文通训定声》颐部疑字。其疑、匽二纽同属喉音(亦有以疑纽属牙音者,则发音部位相近于喉)。故可相通。

[33] 宋代出土的晚商器褟卣铭文有"王锡褟甾贝在寓"。其褟甾,是否即褟周(或与之音近),不能确定,姑存疑。释文从晏琬:《北京、辽宁出土铜器与周初的燕》,载《考古》1975年第5期。器铭著录见于《啸堂集古录》,原称商兄癸卣。本人曾就此诸教于李学勤先生,谨致以谢意。

[34] 参见晏琬:《北京、辽宁出土铜器与周初的燕》;邹衡:《关于夏商时期北方地区诸邻境文化的初步探讨》,《夏商周考古学论文集》,文物出版社,1980年。

[35] 参见韩嘉谷:《燕史源流的考古学考察》。其文认为此古国有可能即是周封召公以前的土著燕国(族)。而西周至春秋时期的文化遗存则当属无终国。

[36] 关于无终国的记载见于《左传》襄公四年、昭公元年及《国语·晋语七》等。其居迁之地,依诸家考辨,当原在今山西太原境,而后迁于今天津蓟县境。参见《左传·襄公四年》杨伯峻注。

[37] 陈璋壶有二,一为方壶,出土地点及时间不详,后流落海外,现藏美国费城宾夕法尼亚大学大

学博物馆,《三代吉金文存》卷十二有著录,称奠壶;一为圆壶,1982年出土于江苏盱眙县南窑庄,经辨识,其与陈璋方壶为同铭器。参见周晓陆:《盱眙所出重金络罏·陈璋圆壶读考》,《考古》1988年第3期。

[38] 丁山:《商周史料考证》第16页,中华书局,1988年。

[39] 参见林沄:《"燕亳"和"燕亳邦"小议》,《史学集刊》1994年第2期。

[40]《春秋·哀公四年》载:"亳社灾。"《公羊传》引作"蒲社灾"。又,《礼记·郊特牲》载:"薄社北牖.使阴明也。"可知古音亳、蒲、薄互通。

[41] 赤狄之属见于《春秋》经传者有潞氏、甲氏、留吁、铎辰等,其活动范围参见吕思勉:《赤狄、白狄考》,《吕思勉读史札记》,上海古籍出版社,1982年。

[42] 参见河北省文物研究所:《河北平山三汲古城调查与墓葬发掘》,《考古学集刊》(6),中国社会科学出版社,1989年。

[43]《说文解字》欠部,段玉裁注本。

[44] 关于发人的记载又见于《大戴礼记·五帝德》载虞舜时服国:"北山戎、发、息慎。"《少闲》载:"海外肃慎、北发、渠搜、氐、羌来服。"《史记·五帝本纪》所载同《五帝德》。《汉书·武帝纪》载元光元年诏贤良书述周代事同于《少闲》。另有《管子·揆度》载:"发、朝镁之文皮。"《轻重甲》载:"发、朝鲜不朝。"据此,称"发"者似当有二,一为此蒲人;另一发在近朝鲜之地,或称北发。

(原刊于《考古与文物》2000年第6期)

"燕亳"与"燕亳邦"考辨

尚友萍

西周时期，周人在谈到周朝的境域时说："及武王克商……肃慎燕亳，吾北土也。"（《左传》昭公九年）。其中肃慎为我国东北地区少数民族的称呼，是大家共有的认识，没有疑义；但对"燕亳"是连读为一个词，还是分开读为两个词，在古代即分为两派。分开读为两个词者如唐代孔颖达，他在《左传·正义》中云："燕国，蓟县也。亳是小国，阙，不知所在。盖与燕相近，亦是中国也。"分别指燕国和亳国。将"燕亳"连读的开先河者是宋人罗泌，他在《路史·国名记·五》中说："燕，召公初封，春秋之燕亳。"显然，他所说的燕亳，其实就是北燕国。罗泌此注的依据出于《左传》"肃慎燕亳吾北土也"那句话，应该是没有疑问的。两种意见分歧的局面一直延续至今，仍没有结果。随着近年出现的陈璋圆壶和早年流于美国的陈璋方壶上"燕亳邦"铭文的破译[1]，大多数研究者赞成"燕亳"连读，从而打破了过去的平衡，使燕亳连读一方取得了压倒的优势。但是，这并不是问题的结束。

本文仍坚持燕、亳应该分开读的意见，因为燕和亳是两个国名，同时也是两个地域的名称。

一、对于"燕亳"释为"燕貊"的商榷

林沄先生也是燕、亳分开读的主张者。他赞成把"燕、亳看作并列的两国的断句法"，这自然是应该肯定的；但他将"亳"读为"貊（也可以写作貉）"，似也有可商榷之处。

林先生主张读亳为貊，是因为燕曾灭貊，并举《山海经·海内西经》文字为据："貊国，在汉水东北，地近于燕，灭之（按：燕字之后很可能本来有重文号'='，在传抄时脱落。这是古书中常见的现象）。"[2]

林先生按语的意思是说，经文中的"灭之"前漏掉了"燕"字，其文字应为"燕灭之"。陈璋圆壶和方壶是齐宣王五年（前315年）进攻燕国时的战利品，林先生认为：貊是后进民族，齐人在壶上刻字称燕为"燕貊"，含有轻蔑、鄙视的意思。

目前学界所说的貊国，一般指我国东北地区的北貊。由于经文说貊国在汉水东北，所以汉水也只能在东北地区寻找。如张博泉先生说："汉水即《汉书·地理志》辽东郡番汗县下注引应劭的'汗水'，今东辽河。"[3]据此解释经文引出的必然结果，就是燕国的疆域已达东辽河，只是还没有越过东辽河；而貊在东辽河东北与燕国隔河相望。——只有如此才能解释貊"地近于燕"。可历史事实告诉我们，这样的假定是不

存在的。

由"及武王克商……肃慎燕亳，吾北土也"可知，"燕亳"在西周初年就已经存在。考古材料证明，从商周之际直至春秋中期，在燕山山地北面以辽西文化区的西拉木伦河与老哈河为中心，是夏家店上层文化的分布地域[4]。东辽河在什么地方？以现在的行政区划看，它在辽河上游跨越辽宁北部与吉林两省。由此可知，在燕国的早中期历史上，燕国疆域远未达到东辽河，更何谈与貊隔河相望。燕国经略辽西、辽东已是战国时期的事了。《史记·匈奴列传》载："其后燕有贤将秦开，为质于胡，胡甚信之。归而袭破走东胡，东胡却千余里。……燕亦筑长城，自造阳至襄平，置上谷、渔阳、右北平、辽西、辽东郡以拒胡。"由此我们可以得出两点结论：第一，在秦开破走东胡以前，生活在燕北境的是东胡，而不是远在东辽河之外的貊。也就是说，当时的貊与燕之间还夹着一个东胡，——同样谈不到貊"地近于燕"。第二，襄平，今属辽宁辽阳，是燕北长城的最东端，也是最北端。如果经文中的貊果真在辽河上游的东辽河东北，这就是说，直至战国中晚期以后，貊仍旧远在襄平即燕国边境的北面。这与貊从西周初年起即与燕国为敌的历史完全不合。据此我们说：经文中的汉水与貊均不在辽东，而是另有所指。此其一。

其二，周初早期有貊。林先生举容庚《商周彝器通考》中的貊器为例："该器铭文中说到貊子（貊国的君主）在吕地受周王赐予的三只鹿，说明当时貊君和周王有直接的接触。"那么，吕地在什么地方？杨伯峻注《左传》成七年"子重请取于申、吕以为赏田"曰："吕，古国名，姜姓，周穆王时所封，《尚书》有《吕刑》，即吕侯所作。《郑语》云'申、吕方强'，则当周幽王九年国势尚盛，此时则早灭于楚。故城在今河南南阳市西。"[5]翻开地图，我们在吕地西南可看到一条大河———汉水。汉水是一条西北—东南流向的河流，其东北方向即是中原大地，而吕地所在的今河南南阳市正处于汉水东北方向的不远处。这样一来，貊和吕地附近汉水的关系一下子就拉近了。据此我们说：经文所说的貊与汉水均在今河南南阳附近，而不在遥远的东辽河。

其三，《汉书·高祖纪上》有"北貊、燕人来致枭骑助汉"之语，这是发生在汉高祖四年（前203）八月的事。其中的"燕人"自然是秦破燕后随燕王喜"徙居辽东"的燕王残部；"北貊"，《汉书》注引应劭曰："北貊，国也。"有"北貊（貊）"自然就有和它相对的"南貊（貊）"。如此说来，周初在吕地接受周王赏赐的貊君，则是南貊无疑。

其四，明确了南貊、北貊之分，那么，"其地近燕"的燕，自然也是南燕了。隐五年《传》"卫人以燕师伐郑"，桓十二年《经》"秋七月丁亥，公会宋公、燕人盟于谷丘"，其中的燕皆是南燕。杨伯峻先生注曰："燕有二，一为北燕，《史记》有《燕昭世家》者也。此为南燕，孔《疏》云：'南燕国，姞姓，黄帝之后也。小国无世家，不知其君号谥。'"[6]据杨伯峻注，春秋时南燕国故址在今河南省延津县。古人居地迁徙是经常发生的事，南燕在西周初年当在吕地附近，不会远至黄河以北的延津。

其五，《山海经》基本上是以中原为坐标定方位的。经文的文字出于《山海经》的《海内西经》[7]，其所记地域为"海内西南陬以北者"，正与吕地及吕地附近的汉水方位相合。如果说貊和汉水均在辽东，则大谬了，一是与《山海经》所记方位不合，二是吕地至辽东数千里之遥，可谓山高水远，周王赐给貊国的三只鹿是活蹦乱跳的活物，貊人又如何将其护送到辽东？

其六，司马迁在《燕召公世家》中说："燕外迫蛮貊，内措齐、晋，崎岖强国之间，最为弱小，几灭者数矣。"由此看来，蛮貊自始至终是燕国的劲敌，燕国何曾"灭之"？由《史记·匈奴列传》的秦开"归而袭破走东胡，东胡却千余里"看，貊人只是被秦开赶到千里之外的北方而已。事实证明，直至西汉初年"北貊国"依然存在，"致枭骑助汉"就是明证。经文所载灭貊之"貊"应该是南貊，灭貊之"燕"应该是南燕，根本与北燕、北貊无关。

综上所述，我们可以肯定地说，经文中的汉水不是什么东辽河，而是《诗经》中《汉广》《江汉》所歌咏的汉水，即今流经河南省西南端与湖北交界处的汉水。燕和貊都位于汉水东北，与吕国相距不会很远，其燕为南燕，其貊为南貊。当我们站在南燕国和南貊国的背景之下看经文，经文内容顿时豁然开朗，原先的窒碍全消。

当然，我们承认东北地区存在一个北貊国，但北燕未曾灭北貊，也是不必怀疑的事。

何谓灭国？先秦时期的国都是由血缘亲属关系结构起来的氏族部落，所谓灭国是绝其祭祀，占有其土地与国民。如果北貊的国民确曾因灭国而归入燕国，那齐国人将貊加诸于燕从而以"燕貊"称燕，还算说得过去；可是在燕未曾灭貊的情况下称燕为"燕貊"，那就毫无道理。因此说，"亳"读为"貊"是不可取的。

二、燕与先燕文化：试解与质疑

和燕文化有关的"燕"字，按内涵的不同可区分为两个概念，一个是国名燕，另一个是指一定区域的地理名词。

《史记·燕召公世家》："召公奭与周同姓，姓姬氏。周武王之灭纣，封召公于北燕。"《集解》云："《世本》曰：'居北燕。'宋忠曰：'有南燕，故云北燕。'"北燕与南燕相对，显然是姬周所建殖民国家的名称。《史记》称北燕，是事后追记之语，意思是说：封召公在北燕建国的那个地方。

《尔雅·释地》："燕曰幽州。"燕也是国名，意思是说：燕国所在的这个地方叫幽州。

《吕氏春秋·有始》："北方为幽州，燕也。"意思是说：北方为幽州，是燕国的疆域。郭璞注云："自易水至北狄。"——注的是燕国疆域，这个燕自然也是国名。

《史记·周本纪》："武王……封召公奭于燕。"燕应该指地域，意思是说，把召公奭封在燕这个地方。

西晋皇甫谧《帝王经界纪》："燕地在燕山之野，故国取名焉。"这里的燕也是地名。

"燕"字何处为国名，何处为地名，要具体问题具体分析，不可一概而论。"肃慎、燕、亳，吾北土也"之"燕"，释为国名或地名似乎都不算错。

总而言之，"燕"字不管按国名解释还是按地名解释，都和"燕亳"无关。

在姬周建立殖民的燕国以前有没有一个土著的燕国，目前正在讨论之中。按目前的资料看，答案应该是肯定的。殷墟甲骨文有一个"匽"字，如"匽其来"。"匽"即被认为是金文中的匽、郾，方国名，即人们所说的先燕国。甲骨文中还有一个叫"匽妇"的人。可见这个匽在商代与商王朝是有交往的[8]，但它也仅仅是当时无数方国中的普通一份子，未必如一些人想象的那么强大。

夏商周时期号称"天下万邦"。《尚书》第一篇《尧典》就有"协和万邦"；《左传》哀七年有"禹合诸侯于涂山，执玉帛者万国"。所谓万邦、万国也并不是准确的统计数字，只是极言其多罢了。商灭夏后，汤在"三千诸侯大会"上就天子位（《逸周书·殷祝解》）。周朝建国之初，"武王遂征四方，凡憝国九十有九国，……凡服国六百五十有二"（《逸周书·世俘解》）。进入春秋时期，这种国与国之间的兼并仍如火如荼地进行。如《吕氏春秋·直谏》："后荆国，兼国三十九。"《韩非子·有度》："荆庄王并国二十六，开地三千里。""齐桓公并国三十，启地三千里。"《韩非子·难二》："（晋）献公并国十七，服国三十八。"这些被灭之国叫什么名字，其文化如何，我们都不得而知了，但我们于此可见当时小国林立，数量之多。

在燕山南北的夏商周时期，古文献所提到的古族、古国有：殷、有易、河伯、孤竹、令支、无终、肃慎、东胡、山戎等。其中有的是国名，如殷、有易、河伯、令支、无终等；有的是许多族群的统称，如肃慎、东胡、山戎等，其中包含多少国已不得而知。按当时小国林立的密度估计，从易水到燕北长城的广大区域内，曾经存在的国家有上百个甚至数百个，应该说不算夸张。随着国家之间的互相兼并，其发展趋势自然是国家数量越来越少，一些大国开始出现。但在春秋时期，这一地区的国家数量仍然很多。《史记·匈奴列传》载："燕北有东胡、山戎。各分散居溪谷，自有君长，往往而聚者百有余戎，然莫能相一。"司马迁说的是和秦穆公（前659~前621年）同时的事，可见当时土著族群还有很多，那个匽国不过是其中之一罢了。

目前学界有一个普遍的倾向，就是急于将考古学文化与族属挂钩，这样做往往是靠不住的，因为一种考古学文化并不一定对应一个族群。

在夏商时期，燕山以北存在的是夏家店下层文化。在商周时期，燕北地区在已有的夏家店下层文化和夏家店上层文化之间，又分析出一个与前后二者存在传承关系的魏营子类型[9]。在燕山以南的冀北和京津唐地区，除夏至早商时期的大坨头文化和先商及商文化以外，商周时期主要是围坊三期文化和张家园上层文化[10]。当然，这些考古学文化还划分为若干不同的类型，但是，不管划分出多少类型，它们都不可能做到与当时那么多的土著族群一一对应。

到目前为止，我们对匽国的历史还一无所知，我们还无法把它从那么多不知名的土著方国中区别出来，当然也就不可能将某一考古学文化或某一类型的考古学文化与这个匽国对应和挂钩。因此，那个和燕文化对应的专指土著匽国的先燕文化概念，实在有重新考虑的必要。

先燕文化与约定俗成的先商文化、先周文化显然不同。先商文化与商文化、先周文化与周文化是同一族群的文化，只是阶段不同而已。而先燕文化与燕文化却是完全不同的两个族群的文化。按照上引《匈奴列传》的文字，土著族群在春秋的前半期还顽强地存在并保持着自己的文化。燕国在北方筑长城并置辽东五郡，应该是在燕昭王（前311～前279年）时期，那时也并没有将土著族群完全同化，因为还有被赶到千里之外的许多土著。即使在燕南地区，土著族群被燕国消灭的相对要少，表现为臣服的族群还是多数。昌平白浮西周墓葬的出土文物就说明了这一问题：其中一部分类同于琉璃河大墓，说明他们接受了燕文化；但一部分青铜武器和工具不见于燕文化[11]。在周代，不管是周民族还是土著民族，都还生活在按血缘亲属关系结构起来的氏族部落中，当时还没有出现任何一个按地域划分国民的国家，因此，即使对于臣服于燕国的土著族群，他们的氏族部落体制还原封不动地保持着。白浮墓地表现出来的文化的多样性，正与臣服于燕国的土著族群文化吻合。不能因为他们部分地接受了燕文化，就否认这些土著族群及其文化的存在。

鉴于土著晏国文化与燕文化并不是同一族群不同阶段的文化，鉴于燕地土著文化并不仅仅是晏国文化，鉴于土著族群及其文化直到春秋前半期在燕地还顽强地存在，目前学界所使用的先燕文化概念实有重新考虑的必要。我们建议将燕国建立前后在燕地存在的土著文化，称之为燕地土著文化，或燕国原住民文化，以与西周燕国的燕文化相区别。

三、亳的得名源于博水

自从西晋皇甫谧在《帝王世纪》中提出"殷有三亳"的观点以来，后世文献都异口同声地将亳与商朝都城直接挂钩，把亳看作商朝都城的代名词。这样的认识直到如今仍没有改变。"所谓'亳'，字意当为京"，"'亳'为商人都城专称"等等，就是这一认识的典型例证。这实在是历史的误会。笔者认为："亳是商族人对居住地的专有称呼，并不是商族人称呼都城的专有名词；也就是说，商族人的都城可以名'亳'——因为它也是商族人的居住之地，但名'亳'者却不一定是都城。"[12] 由于笔者对此已有专文讨论，本文不打算再作系统论证，只扼要叙述有关内容。

《世本·居篇》云"契居蕃"，蕃即亳，是说商的始祖契最初居住在博水流域。博水即亳水。《尚书序》云："汤始居亳，从先王居。"是说汤回到了祖先契居住过的亳地——博水流域。博水发源于太行山东麓的望都故城附近，流经今保定地域的清苑、蠡县，在今安新县安州南注滱水（今唐河）后入黄河。商族人为什么以"亳"字来命名自己的住地？我们可以从造字的角度求之。甲骨文中有"亳"字。丁山先生说："亳字，像草生台观之下形，当然是堡字本字。"又说："正像小城之上筑有台观，所以保障人物安全的。"[13] 亳字上部的确象台观之形，正是"高"字的略写，所以罗振玉释"亳"时引《说文解字》曰："从高省，乇声。"[14] 而《说文解字》释高："崇也，象台观高之形。"正可相互发明。但丁山说"亳"字下部象草，不确。于省吾先生谓："甲骨文亳字所从之乇，与宅字下从之乇形同。"[15] 据此我们看到，"亳"字的下半部分，显然是"宅"字的略写，二者结合起来，"亳"的意思是建在高处的住宅，所指即居民点。博水流域正处在古黄河的下游，地势低洼，"在全新世之初是浅水湖泊环境"[16]，由此可知早期商族人生活环境的一般。由于古人写字并无规范要求，所以"亳"字有时也写作博、薄、蒲、番、蕃等。在商族人看来，正像人有一个固定的名字一样，居住地也有一个固定的名称，这个名称就是"亳"。所以，无论商族人迁徙到哪里，他们都把自己的住地称之为"亳"。——这就是博水以外有那么多亳的原因。由于博水是亳字的源头，所以最初的亳地在古博水流域的今保定地区。

由先商文化的考古资料看，商族人有一个逐步南迁的历史。他们离开博水流域后，自然会有其他族群填补此处的空白。西周幽王末期，周朝史伯向郑桓公介绍东都洛邑北面的国家："北有卫、燕、狄、鲜虞、潞、洛、泉、徐、蒲。"《国语·郑语》韦昭注云："卫，康叔之封；燕，邵公之封；皆姬姓也。狄，北狄也。鲜虞，姬姓在狄者也。潞、洛、泉、徐、蒲，皆赤狄，隗姓也。"这里的"蒲"即"亳"。《春秋·哀四年》有"亳社灾"，《公羊传》作"蒲社"，云："蒲社者何？亡国之社也。社者，封也。其言灾何？亡国之社盖掩之，掩其上而柴其下。"《礼记·郊特牲》作"薄社"，云："天子大社，必受霜露风雨以达天地之气也。是故丧国之社屋之，不受天阳也。薄社北牖，使阴明也。"蒲、薄与亳，古相通也。这个属于赤狄隗姓的蒲之所以名蒲（亳），是因为他们来到了博水流域的蒲（亳）地，就像姬周来到燕地建国而称燕是一个道理。《国语·郑语》将蒲与燕并列———这是燕、亳为两个国家的铁证。燕、亳不可连读：燕则燕，亳则亳耳。

四、释"燕亳邦"

陈璋壶是齐国伐燕时所获燕国宝物，其上有齐国后来加刻的铭文。专家们的解读略云：

陈梦家："惟王五年，……陈璋内伐匽亳邦之隻。"[17]

邹衡："惟主五年，……陈璋内（入）伐匽（燕）亳邦之隻（获）。"[18]

李学勤、祝敏申："惟王五年，……陈璋内伐匽亳邦之获。"[19]

以上释读有一个共同点：其中"燕亳邦"是连读的。既然是连读，那说明在大家心目中"燕亳邦"是一个国家，而非两个国家。在这一派意见中，以下两位先生的解释具有代表性。陈梦家先生说："此器为田章入伐燕都亳邦之所获。……亳邦是燕。"并举《左传》之"肃慎、燕亳，吾北土也"为据[20]。陈平先生说："'燕亳邦'，相当于'燕亳国'或'燕京国'，所指即燕国。"[21]

周晓陆先生的释文与大家略有不同："佳王五年，……陈璋内（入），伐匽（燕）亳，邦之隻（获）。"[22]

周先生认为事件主体由三个小句子构成："陈璋入，伐燕亳，邦之获"，并逐项解释说："'内'即入字"；"'燕亳'当指燕国建于首都之亳社"；"邦"字，是"齐国自谓"，"邦之隻（获）"者，意为齐国得到了它。

周先生虽然对"亳"字做了新解，并将其与"邦"字分开读，但在"燕亳"不是两个国家而是一个国家即燕国这一点上，与以上诸家并无不同。

以上释读都有合理之处，也都有可商榷的地方。下面谈谈我的看法，以就教于各位专家。

既然已经证明《国语·郑语》中的蒲国即亳国，那么这个蒲国自然就是"燕亳"中的"亳"，同时也是"燕亳邦"中的"亳邦"。"燕亳"即燕、亳——燕国和亳国，当然也可以称燕邦、亳邦——在先秦文献中，邦和国在语义上是可以相通的，邦就是国，如"天下万邦"，其实就是"天下万国"。"燕亳邦"者，不过是燕邦、亳邦的略称罢了，所谓燕邦、亳邦同样指燕国和亳国，——是两个国家。

当然，这个结论还需要从齐伐燕的事件本身得到证明。

关于这次战争，《史记》之《燕召公世家》《六国年表》，《战国策》之《燕策》《齐策》，《孟子》之《梁惠王下》《公孙丑下》，以及《今本竹书纪年》等，均有记载，只是个别情节有出入甚至有矛盾的地方。当时，燕王哙把燕君之位禅让给他的相国子之，可国人不服，将军市被、太子平进攻子之；子之反攻杀了市被。动乱持续几个月，燕国人都痛恨这场动乱，所以齐人打来时无人抵抗。据《史记·燕召公世家》："孟轲谓齐王曰：'今伐燕，此文、武之时，不可失也。'王因令章子将五都之兵，以因北地之众以伐燕。士卒不战，城门不闭，燕君哙死，齐大胜。燕子之亡二年，而燕人共立太子平，是为燕昭王。"《史记·六国年表》将此事系在燕王哙七年（前314年），将"燕人共立太子平"系在燕王哙九年，第二年为燕昭王元年（前311年）。燕王哙在七年已死，至九年才立燕昭王，其中有两年燕国无君。燕国世系为什么会出现两年的空白期呢？答案很清楚——这两年燕被齐国占领。《孟子·梁惠王下》载："齐人伐燕，胜之。宣王问曰：'或谓寡人勿取，或谓寡人取之。以万乘之国伐万乘之国，五旬而举之，人力不至于此也。不取，必有天殃。取之，何如？'"由此看来，齐国用50天伐燕，在攻取了燕国最南端的下都（或曰位于今雄县，或曰位于今易县）后，并没有马上撤出，而是占领了燕国。孟子不主张占领燕国，他劝齐宣王说："今燕虐其民，王往而征之，民以为将拯己于水火之中也，箪食壶浆以迎王师。若杀其父兄，系累其子弟，毁其宗庙，迁其重器，如之何其可也？天下固畏齐之强也，今又倍地而不行仁政，是动天下之兵也。王速出令，反其旄倪，止其重器，谋于燕众，置君而后去之，则犹可及止也。"事件的发展如孟子所希望的那样：齐宣王放弃了对燕国的占领，两年后燕国立燕昭王，其实相当于复国。

俗话说"城门失火，殃及池鱼"，蒲（亳）是燕的近邻，齐国攻占了万乘之国的燕，隔壁的蒲（亳）自然不会幸免于难。正是靠着陈璋壶铭文，我们知道了过去所不知道的一段历史——齐国曾攻占燕、蒲（亳）两国。现已查明，燕南长城的最西端位于易县塘湖镇西边的一座山——大科罗头——的山顶，然后由南易水北岸入徐水县、安新县境，蜿蜒东去。燕南长城徐水、安新段的南部，正是我们所说的古博水流域，即蒲（亳）国所在地。燕最后复国了，蒲（亳）的结局如何，由于资料缺乏，就不得而知了。

陈璋即是《史记》中伐燕的章子，也是《战国策·秦策》中的田章。当时的齐国已是田齐，田氏即陈氏，见《史记·田敬仲完世家》。铭文中的"内"字，多数引用者将其释为"入"，曰"陈璋入伐燕亳"或"陈璋入伐燕亳邦"。"入"和"伐"不管是连读还是断开读，二者针对同一对象都是语义的重复。"入"和"伐"都有用军事手段侵入他国的含义。《左传》隐十年："宋人、卫人入郑，蔡人从之伐戴。"入和伐语义相同。如果入取单纯的"进入"义，入和伐就更不能搭配。什么叫"入伐"？伐就要入，难道还有伐而不入的吗？由此看来，"内"释为"入"是不能成立的。其实，铭文中的"内"字同"纳"。就像铭文中的"隹"同"惟"、"隻"同"獲""穫"一样，"内"是"纳"的略写，其义如《辞源》"纳"的第三个义项：收藏、藏入的意思。"陈璋纳"是说此壶被陈璋收藏；"伐燕、亳邦之隻（获）"，是说此壶的来源：它是陈璋伐燕邦、亳邦得来的。全句的意思是：陈璋收藏了（此壶），它是陈璋伐燕邦、亳邦获得的。事情的本来面目应该是：齐宣王为了奖励陈璋伐燕邦、亳邦的功劳，把壶赏给了他；为了纪念这件事，陈璋自己加刻了铭文。

按我的理解，上引铭文应该是这样的："隹（惟）王五年，……陈璋内（纳），伐匽（燕）、亳邦之隻（获）。"

本文的结论是："燕、亳"是两个国家，不应连读；"燕、亳邦"即燕邦、亳邦，也是两个国家；在周代，它们是相同的两个国家。燕是北燕，出于姬周；亳、亳邦，就是《国语·郑语》中的那个蒲，出于赤狄，隗姓——这是周代的事，与商族无关。

注　释

[1] 《江苏出土"陈璋圆壶"破译铭文有重要发现》，香港《大公报》1986年10月22日。转引自周晓陆：《盱眙所出重金络鐳·陈璋圆壶续考》，《考古》1988年第3期。

[2] 林沄：《"燕亳"和"燕亳邦"小议》，《史学集刊》1994年第2期。

[3] 张博泉：《肃慎、燕亳考》，《东北考古与历史》1982年第1期。

[4] 中国社会科学院考古研究所：《中国考古学·两周卷》，中国社会科学出版社，2004年，第515～518页。

[5] 杨伯峻：《春秋左传注》，中华书局，1981年，第833页。

[6] 同[5]，第45页。

[7] 吴承志在《山海经地理今释·卷六》一书中认为，《海内西经》之"貊国"和"孟鸟在貊国"等4条是错简。然郝懿行及袁珂均认为此处的孟鸟即《海外西经》之灭蒙鸟，也就是说，他们并不认为"貊国"在《海内西经》错误，也不认为《海外西经》记灭蒙鸟的经文是错简。同时，又因为《海内西经》和《海外西经》所记内容、方位相同，所以"貊国"和"孟鸟在貊国"两条属于《海内西经》没有问题，不是错简。参看袁珂：《山海经校注》，上海古籍出版社，1980年，第283、293～294、207页。在这里我要说的是：一些专家之所以说《海内西经》之"貊国"和"孟鸟在貊国"两条是错简，是因为他们以"北貊"解经文，没有看到历史上还有一个"南貊"。

[8] 徐中舒主编：《甲骨文字典》，四川辞书出版社，2005年，第1316页。

[9] 郭大顺：《试论魏营子类型》，《考古学文化论集》，文物出版社，1987年。

[10] 蒋刚、王志刚：《关于围坊三期文化和张家园上层文化的再认识》，《考古》2010年第5期。

[11] 韩建业：《试论北京地区夏商周时期的文化谱系》，《华夏考古》2009年第4期。

[12] 尚友萍：《先商文化源头考辨》，《文物春秋》2011年第5期。

[13] 丁山：《商周史料考证》，国家图书馆出版社，2008年，第26页。

[14] 转引自于省吾主编：《甲骨文字诂林》，中华书局，1999年，第1958页。
[15] 于省吾：《甲骨文字释林》，中华书局，1979年，第168页。
[16] 《中国考古学·夏商卷》，中国社会科学出版社，2003年，第92页。
[17] 陈梦家：《美帝国主义劫掠的我国殷周铜器集录》，科学出版社，1962年，第138～139页。
[18] 邹衡：《夏商周考古论文集》，文物出版社，1980年，第268页。
[19] 李学勤，祝敏申：《盱眙壶铭与齐破燕年代》，《文物春秋》1989年创刊号。
[20] 同［17］。
[21] 陈平：《燕亳与蓟城的再探讨》，《北京文博》1997年第2期。
[22] 周晓陆：《盱眙所出重金络罍·陈璋圆壶续考》，《考古》1988年第3期。

（原刊于《文物春秋》2014年第5期）

从王国维《北伯鼎跋》看周初"邶入于燕"的史事*

陈 致

绪 论

1919年王国维在《北伯鼎跋》中，因北国铜器出于河北而提出"邶即燕，鄘即鲁"的重要论断，然征之商周史事，纣子武庚与三监据以叛之地，不当远自燕鲁求之，故陈梦家复提出"邶入于燕"的主张。自王国维、陈梦家二氏之后，又有傅斯年"燕始封在邶"说以及金岳"周初两邶国"说，歧说迭出，莫衷一是。然邶与燕的关系问题，实则关涉到周初建国时期一些重大史事，现有的西周史著作，在此问题上多语焉未详。如杨宽及许倬云的《西周史》虽对王国维"邶即燕，鄘即鲁"的论断质疑，但对邶国燕国始封时期的论述，终嫌语焉未尽[1]。本文考察王国维与陈梦家二氏所据以论断之证据，又根据20世纪后来发现的现有的考古与古文字资料，对邶国和燕国的关系问题试图作一综合性考察，本文认为以现有的文献、彝铭、卜辞和考古资料来看，可作出推断如下：邶国始封仍在朝歌之北故殷之地，武庚与三监之乱起，国与殷遗俱移，是有北子之国与北伯之国。北伯之国随武庚先徙入商奄之地，复遹"入于燕"。至召公北定燕地，殷遗之叛始平，其子亦获封于燕。本文提出此推论，所期者能邀学者更深入地探讨这一问题。

观堂先生以地下发现的资料，包括金石龟卜文字的资料来从事商周史的研究，大约始于1912年至1913年先生三十六七岁时。在其1914年与罗雪堂先生的书中说："比年以来拟专治三代之学因先治古文字，遂览宋人及国朝诸家之说。"[2]其治三代之学的取径，要言之，乃先从金石龟卜文字入手，考核三代典章制度。早期著作如《明堂庙寝通考》《释币》皆此例。由金石龟卜文字结合经传的研究，举凡三代的史实、制度、地理、民族、都邑，几无不涉入。自1915年，观堂先生撰写《鬼方昆夷玁狁考》起，其三代之学又开辟一新气象规模。同年撰写的《三代地理小记》九篇，揭示了观堂在方法上真正采取了地下材料与传世文献相接合的"二重证据法"。此地下材料，不惟金石龟卜文字而已，而是包括古器物的型制，出土地点，地方特色以及器物年代等。

---

* 本文初刊于《从王国维〈北伯鼎跋〉来看商周之际的一些史事》，《台大历史学报》31期（2003年6月），第1～43页。文章内容于原文基础上略有增补。

王国维先生的著名论断："凡古今的新学问，未有不赖于新发现者"。先生所处之时代，正当新发现迭出，又当西学东渐，以先生的渊博加敏锐，故能于商周史领域，别开生面，于方法、角度、问题、视野上均开启一代学术风气，其影响至今未歇。其所创树的现代史学方法，至今为人们所依循。本文拟从王国维研究古邶国与商周嬗代的两篇名文《商三句兵跋》与《邶国鼎跋》入手，来窥视一下观堂治古史的方法对后世学者所起的指示方向的作用，并沿此方向重新检讨静安先生的一些论断。

王国维于1917年撰写的《商三句兵跋》云：

> 商句兵三，出直隶易州。今归上虞罗叔言参事。其一铭曰："大祖日己祖日丁祖日乙祖日庚祖日丁祖日己祖日己。"其二曰："祖日乙大父日癸大父日癸中父日癸父日癸父日辛父日己。"其三曰："大兄日乙兄日戊兄日壬兄日癸兄日癸兄日丙。"凡纪祖名八，父名六，兄名六。三器之文，蝉嫣相承，盖一时所铸。曩见吴县吴愙斋中丞所藏一戈，有乙癸丁三字，不得其解。以此三器例之，盖亦祖父之名矣。……其器出易州，当为殷时北方侯国之器。而其先君皆以日为名，又三世兄弟之名先后骈列，皆用殷制，盖商之文化，时已沾溉北土矣。尝读《山海经》纪王亥有易事，恒以为无稽之说，及读殷人卜辞，见有王亥王恒诸名，乃知《楚辞·天问》中"该秉季德"一节，实纪殷之先祖王亥王恒及上甲微三世之事，与《山经》《竹书》相表里。二书言王亥托于有易，《天问》作"有狄"。古者易狄同字，有狄即有易。盖商自侯冥治河，已徙居河北，远至易水左右。逮盘庚迁殷，又从先王故居，则今易州有殷人遗器，固不足怪。往者嘉兴沈乙庵先生语余，箕子之封朝鲜事，非绝无渊源。颇疑商人于古营州之域，凤有根据。故周人因而封之。及示此器拓本，先生又谓《北史》及《隋书·高丽传》之大兄，或犹殷之遗语乎？此说虽未能证实，然读史者不可无此达识也，因附记之[3]。

王国维从商三句兵的出土地址、铭文内容、铭文所透露的商代制度，再结合文献的考据，得出商之文化已沾溉北土的重要结论，后文我们将会谈到，观堂先生的这一发现，不但具有预见性，而其研究的方法，更是影响深远。后来学者正是按照这样的研究方法，对不断新出现的甲骨金文材料和古器物考古资料，进行梳理，并与文献考据相结合，进一步证实了商文化沾溉北土的论断，而且对此沾溉的深度和广度有了更深入的认识和更全面的把握。

1919年，王国维又撰文《北伯鼎跋》云：

> 彝器中多北伯北子器，不知出于何所？光绪庚寅，直隶涞水县张家洼又出北伯器数种。余所见拓本，有鼎一卣一。鼎文云："北伯作鼎。"卣文云："北伯煅作宝障彝。"北盖古之邶国也。自来说邶国者，虽以为在殷之北，然皆于朝歌左右求之。今则殷之故虚得于洹水，大且大父大兄三戈出于易州，则邶之故地自不得不更于其北求之。余谓北即燕，鄘即鲁也。邶之为燕，可以北伯诸器出土之地证之。邶既远在殷北，则鄘亦不当求诸殷之境内。余谓

廊与奄声相近。《书·雒诰》："无若火始燄燄。"《汉书·梅福传》引作"毋若火始庸庸。"《左文十八年传》"阎职"，《史记·齐太公世家》《说苑·复恩篇》均作"庸职"。奄之为廊，犹燄阎之为庸矣。奄地在鲁。《左襄二十五年传》："鲁地有弇中。"[4]汉初古文礼经出于鲁淹中，皆其证也。邶廊去殷虽稍远，然皆殷之故地。《大荒东经》言王亥托于有易，而泰山之下亦有相土之东都。自殷未有天下时，已入封域。又《尚书疏》《史记·索隐》皆引汲冢古文盘庚自奄迁于殷，则奄又尝为殷都，故其后皆为大国。武庚之叛，奄助之尤力。及成王克殷践奄，乃封康叔于卫，封周公子伯禽于鲁，封召公子于燕，而太师采诗之目，尚仍其故名，谓之邶廊，然皆有目无诗。季札观鲁乐，为之歌邶廊卫，时犹未分为三，后人以卫诗独多，遂分隶之于邶廊，因于殷地求邶廊二国，斯失之矣[5]。

《邶国鼎跋》从彝器的出土，铭文考释，结合传统的训诂声韵之学，研究商周嬗代之际的古史，其所提出的问题看似不大。然"邶即燕，廊即鲁"，语足惊人。其惊人处在于：

其一：自来作古史者，只知邶国在殷都朝歌左右，从未想到邶与燕有什么关系。

其二：邶若是燕，则燕国之始封未必归为召公，而或为殷余遗民。自来治古史者，从未想到燕国与殷遗有何种关系？

其三：结合其《商三句兵跋》中所提出的"商文化沾溉北土"说，则周初之燕，与殷文化又有什么关系？此亦前之学者虑所未及也。

故观堂先生提出的这个论断，不管它是否精确，实际上却关涉到整个商周之际的历史地理，商周文化的面貌以及享祚八百年、几与有周一代相终始的北方大国燕国的建国问题。

一、三监与古邶国

古邶国史事无征，可稽考者惟散见于载籍中的数语。其地按照传统文献所载，当在朝歌东北某处。周初，武王灭商，分封先代的君辟之后，即所谓"三恪"，又封商纣（帝辛）之子武庚以殷之遗民，又分封武王兄弟"三监"以监视武庚[6]。而关于武庚始封之地以及三监究竟是谁？邶国究竟是谁的封国？其地在哪里？文献中向有不同的说法，诸种说法亦颇有抵牾。古来学者们讨论此问题时所依据的主要材料，不外乎以下数种，今胪列之如下，以便参核论证：

1.《逸周书·作雒》

武王克殷，乃立王子禄父，俾守商祀。建管叔于东，建蔡叔霍叔于殷，俾监殷臣。武王既归，成岁十二月崩镐，肂予岐周。周公立，相天子，三叔及殷东徐奄及熊盈以略。周公召公内弭父兄，外抚诸侯。九年夏六月，葬武王于毕。二年，又作师旅，临卫政殷，殷大震溃。降辟三叔，王子禄父北奔，管叔经而卒，乃囚蔡叔于郭凌。凡所征熊盈族十有七国，俘维九邑。俘殷献民，迁于九里。俾康叔宇于殷，俾中旄父宇于东[7]。

2.《汉书·地理志》

　　河内本殷之旧都，周既灭殷，分其畿内为三国，《诗》风邶、庸、卫国是也。邶，以封纣子武庚；庸，管叔尹之；卫，蔡叔尹之：以监殷民，谓之三监。故《书序》曰："武王崩，三监畔"，周公诛之，尽以其地封弟康叔，号曰孟侯，以夹辅周室；迁邶、庸之民于雒邑，故邶、庸、卫三国之诗相与同风。邶诗曰"在浚之下"，庸曰"在浚之郊"；邶又曰"亦流于淇"，"河水洋洋"，庸曰"送我淇上"，"在彼中河"，卫曰"瞻彼淇奥"，"河水洋洋"。故吴公子札聘鲁观周乐，闻邶、庸、卫之歌，曰："美哉渊乎！吾闻康叔之德如是，是其卫风乎？"至十六世，懿公亡道，为狄所灭。齐桓公帅诸侯伐狄，而更封卫于河南曹、楚丘，是为文公。而河内殷虚，更属于晋。康叔之风既歇，而纣之化犹存，故俗刚强，多豪桀侵夺，薄恩礼，好生分[8]。

3. 晋皇甫谧《帝王世纪》

　　自殷都以东为卫，管叔监之，殷都以西为鄘，蔡叔监之，殷都以北为邶，霍叔监之，是为三监[9]。

　　士安所言，与《史记·周本纪》正义略同，张守节所本或为《帝王世纪》。《帝王世纪》又云："周公营成周，居邶鄘之众"。[10]

4. 汉郑玄《诗邶鄘卫谱》

　　武王伐纣，以其京师封纣子武庚为殷后，庶殷顽民被纣化日久，未可以建诸侯，乃三分其地置三监，使管叔蔡叔霍叔尹而教之[11]。

　　邶鄘卫国的初建，与周之灭商关系至巨。商亡之后，武王分封诸叔兄弟，乃立三监以治殷遗。关于"三监"之名的由来，以及三监究竟是哪三监？王引之《经义述闻》卷三中指出其有两说[12]：一本《汉书·地理志》"邶，以封纣子武庚；庸，管叔尹之；卫，蔡叔尹之：以监殷民，谓之三监。"是则"三监"分指武庚、管叔、蔡叔（二叔）。一说"三监"为武庚与管叔鲜霍叔处合称，无蔡叔度，此说仅见于《商君书·刑赏篇》；以上两说都以"监"字为监治之义，所监治者，殷余遗民也。而郑玄《诗邶鄘卫谱》别立异说："武王伐纣，以其京师封纣子武庚为殷后，庶殷顽民被纣化日久，未可以建诸侯，乃三分其地置三监，使管叔蔡叔霍叔尹而教之"。这种说法是以为"三叔"为"三监"，即管叔鲜、蔡叔度与霍叔处也，所监者武庚也。故此"监"为监视之义[13]。

关于邶之君究竟是谁，文献有这几种不同的记载。武庚被封于邶说出于《汉书·地理志》，并见于《路史·国名纪》[14]。此前文献中并无定论。关于邶国之名的由来，董作宾据《路史》认为，甲骨文中地名〇〇〇（北）诸字即是邶字（《商代龟卜之推测》,《安阳发掘报告》一期），陈槃[15]与日人白川静[16]岛邦男[17]皆从其说。

1 H08345
贞我勿涉于東北。　　　〇〇〇〇于東北。

2 H08346
庚子〔卜〕，宁，贞〔我〕涉于東北。　　　中子〔卜〕,宁,贞〔我〕涉于東北。

3 H08409
〔贞〕虎方其涉河，東北其□。　　　〔贞〕〇〇〇〇〇〇,東北〇□。

4 H14330
(4)〔贞〕勿〔發〕于〔東〕北。　　　(4)〔贞〕〇〔發〕于〔東〕北。

5 W01648
(2)才敖，東北，賁妥。　　　(2)才敖,東北,賁妥。

6 H30439
(8)贞其涉兕西北。　　　(8)〇〇〇〇西北。

此北字从两人相背从水。若依董、陈诸氏之说，此北字是水名，邶国盖因北水而得名。唐兰释此字为"兆"，并指出"卜辞用为地名，即洮也"[18]。则此水应是洮水。《左传》经庄公二十有七年："春，公会杞伯姬于洮。"杜预注："洮，鲁地。"《左传》经僖公八年"春，王正月。公会王人、齐侯、宋公、卫侯、许男、曹伯、陈世子款，盟于洮。"杜预注："洮，曹地。"是除西北之洮水之外，中原曹（山西）、鲁（山东）一带别有一水称洮。上引甲骨文中〇字若为洮字，当即此曹、鲁之洮。而据詹鄞鑫先生根据战国秦汉文字考证，〇字为兆字之初形，其所列字形表中，尤以《睡虎地秦简》中诸字例相类。詹鄞鑫先生更据《说文》："垗，畔也。"以及《周礼》诸书注疏中释兆为茔域诸说，以为甲骨文中的〇为"川河的某一边"[19]。如果詹说成立，那么甲骨文中的〇字实与古邶国无涉。

《路史·国名纪》邶："今滑之白马有鄁水。"[20]文献如《说文解字·邑部·邶》："故商邑，自河内朝歌以北是也。"《诗邶鄘卫谱》："自纣城而北，谓之邶。"是则邶之得名以其在纣都之北也。王国维以为邶国不当就殷都朝歌左右求之，但武庚初封之邶，若远至易水涞水流域，则去殷都八百余里，于情理不合。武王初破商都，即行分封武庚及三叔等。《史记·周本纪》明言："封商纣子禄父殷之余民。武王为殷初定未集，乃使其弟管叔鲜、蔡叔度相禄父治殷。"《逸周书·作雒》则言："武王克殷，乃立王子禄父，俾守商祀。建管叔于东，建蔡叔霍叔于殷，俾监殷臣。"又说周公"又作师旅，临卫政殷，殷大震溃。降辟三叔，王子禄父北奔，管叔经而卒，乃囚蔡叔于郭凌。"王子禄父所初封之地，即使不是殷都，也当在殷都附近，否则如何管理殷之遗民？陈槃指出：

> 邶之地望，或曰在朝歌以北，或曰在东，或曰在南。案今汤阴县东南三十里有邶城镇（《一统志》彰德府二古迹邶城条引旧志），安阳县东三十里、汲县东北，并有邶城（前者见《彰德府志》四古迹，后者见《读史方舆纪要》四九卫辉府汲县），滑县之白马城有鄁水（《路史》，已见前）。《邶风·凯风》之篇之所谓寒泉，所谓浚，则在滑县东七里——今河北之濮阳县（《凯风》："爰有寒泉，在浚之下。"《诗地理考》一："《通典》：'寒泉，在濮州濮阳县东南浚城。'《水经注》："濮水枝津，东迳浚城南而北，去濮阳三十五里。城侧有寒泉冈，即《诗》'爰有寒泉，在浚之下。'"案濮阳县，故城在今河北濮阳县南"。）如以此等处为邶国故地，是邶当在纣城（淇县）之东北，亦即殷都（今安阳县）之东南矣[21]。

汤阴县东南三十里之邶城镇，钱宾四先生在《史记地名考》中已指出。钱又引《通典》："鄘城在新乡县西南三十二里。"则鄘在汲县东南[22]。以此视之，邶国武庚初封，当在殷都附近，而不当远自易水、涞水流域求之。

王国维在《邶伯鼎跋》中指出，邶即燕，是周初分封召公的北燕。这是一个重要的论断，然而王国维没有进一步说明，何以古邶国又称为燕？武庚又与此燕国有什么关系？文献中明确记载，燕为召公始封之国，与武庚所封之邶似了无相涉？邶国之以北为名，一说因其所在地域在殷都朝歌之北[23]，一说因其地靠北水[24]。若云邶即是燕，则难以解释武王灭商，为监殷民，何以封武庚远至易水涞水流域？若邶是燕，鄘是鲁，燕鲁相去千里，武庚又庸能邀聚管蔡而为叛？既已叛周，周公临卫，又庸能一举而令殷大震溃，辟三叔？这些问题王国维都未加解释。

从出土的铜器来看，以北为铭可能与古邶国有关的铜器有以下多件：

（1）西周早期《北子宋盘》铭文曰："北子宋作文父乙宝隣彝。"（《殷周金文集成》，10084，以下简称《集成》）。

（2）西周早期《北子作母癸方鼎》。铭文曰："北子作母癸宝隣彝。"（《集成》2329）

（3）西周早或中期《北子觯》："北子乍宝隣彝。其万年孙孙子子永宝。"（《集成》6507）现藏故宫博物院。盖器同铭，现仅存盖。盖器铭首字相近而不同，器铭作⿱形，似"北子"二字合文，盖铭作⿱形，字不识。

（4）西周早期《北子⿱作旅彝》（《集成》6476）

（5）西周早期《北子作彝》："北子乍彝"（《集成》5762）清宫旧藏，现藏上海博物馆。

（6）殷器《北子父辛卣》盖铭："北子⿱父辛。"器铭："⿱父辛"（《集成》5165）盖铭中"北子"二字是合文，二人相背，中一"子"字。《集成》定为殷器，未审何据。此为传世铜器，与其他北子器参互看来，亦可能是西周早期器。

（7）西周早期《北子鼎》："北子㗊"（《集成》1719）此器1961年于湖北江陵县万城西周墓出土，现藏湖北省博物馆。器铭"北子㗊"与前举例6殷器《北子父辛卣》盖铭首三字同文。未审何以。

（8）西周早期《䇂北子甗》："䇂北子㗊"。（《集成》847）与前举例7北子鼎同出，铭文后三字与例7例6盖铭首三字同文。现藏湖北省博物馆。

（9）西周早期《北子耳[25]簋》："㕣（翏）[26]乍（作）北子耳簋，用兴[27]厥祖父日乙，其万年子子孙孙永宝"1961年于湖北江陵县万城西周墓出土，现藏荆州地区博物馆。

（10）西周早期《北柞簋》："㕣（翏）乍（作）北柞簋，用兴厥祖父日乙，其万年子子孙孙永宝"1961年于湖北江陵县万城西周墓出土，现藏荆州地区博物馆。

（11）西周早期的《北伯尊》："北伯乍宝䆫彝"，1890年河北涞水县张家洼出土。（《集成》5890）

（12）西周早期的《北伯卣》："北伯乍宝䆫彝"，1890年河北涞水张家洼出土，现藏美国波士顿博物馆。《美国集录》A617云："此器《三代》11.26.2误以为尊，《小校》2.46.4误以为鼎。"[28]容庚《商周彝器通考》："光绪十四年秋，出于河北涞水县釜山，二尊同出，同铭。"[29]

（13）西周早期《北伯作鼎》，1890年河北涞水县张家洼，与《北伯卣》《北伯尊》等同出。《贞松堂》云："光绪十六年直隶涞水张家洼出土古器十余，皆有北伯字，此鼎其一也。今不知藏谁氏。"[30]

（14）西周早期的《北伯邑辛簋》铭文云："北伯邑辛作宝䆫彝。"现藏故宫博物院。（《集成》3672）

（15）西周早期的《北伯作彝鬲》，又名《北伯彝》（《攈古》1.34上），又名《北伯鬲鼎》（《缀遗》4.14下）。[31]吴式芬《攈古录》云："湖北汉阳叶氏藏筠清馆著录作鬲。"《缀遗》："右北白鬲鼎铭四字，叶东卿兵部所藏器据拓本摹入。"

1961年湖北江陵县万城西周墓出土的《北子鼎》、《䇂北子甗》、《北子耳簋》、《北柞簋》为西周早期器。其出土地点与邶国大有出入。[32]郭沫若说："江陵的一批（铜器）比较古，当是西周初年的东西。铭中有北子、北柞，北即邶鄘卫之邶。邶国疆域，在今河南汤阴或者淇县附近，不能远至江陵。北国器在江陵出土，可能是经过曲折的经历，为楚国所俘获。"郭氏断其为邶国铜器，未申论其依据。郭氏又云："铭文中有'父乙'（小臣尊、小臣卣、小臣觯）及'日乙'（北柞簋）等称谓，所谓'以日为名'，旧多以为殷人习俗，实则周初至懿王时亦尚有遗留"[33]。西周上半段铜器中固多以日为名者，其实仍是殷人习俗，这些铜器器主盖多殷遗贵族也。从北子诸器铭文的内容来看，北子无疑也是殷遗贵族。铭文中北子耳与北柞若为受祭人，则作器者可能是其子嗣。

那么北子诸器与北伯诸器究竟有何关联？其他传世北子器作器者或名"北子宋"（例1），或名"北子䇂"（例4），或名"北子㗊"（例6例7例8），北子当为一封君[34]。商周之际诸侯"子""伯""侯"互称者其例不鲜。殷代有唐国（《合集》892反、7440反），可能是侯爵（《合集》39703曰"侯唐"），但在彝铭中则称"子"（殷代金文《唐子祖乙觯》《唐子祖乙爵》)[35]。成王灭唐，以其地封叔虞，仍袭其国名。春秋有唐惠侯（《左传》宣十二），《左传》定三则有"唐成公"，乃唐惠侯之后，此为南方近楚地之唐，殆非唐叔之唐也。西周早期金文中如荣国的封君既称子（《荣子旅》《荣子》诸器）又称伯（《荣伯》诸器）[36]。(《裘卫盉》) 单子（《单子卣》、《单子伯盘》）又称单伯（《裘卫盉》《扬簋》）。至春秋时犹然。如蔡侯《蔡侯鼎》《蔡侯匜》）亦称蔡子（《蔡侯匜》），陈公之称陈子（《陈子匜》）陈侯（《陈侯簋》《陈侯簠》）。商周之交彝铭"子""侯""伯"互称，其中有些是爵名，有些则是一般的尊称，似不当皆以爵名视之。北伯、北子诸器若皆属于邶国，那么其爵位或"子"或"伯"，抑或二者皆非爵名，皆为敬辞。但是，若云北伯、北子同属于周初之邶，那么有两个问题不好解释：其一，北伯诸器出于易州，北子诸器其中四件出于江陵，余为传世铜器，不知所自，江陵易州，两地悬隔，相去郜燕，又岂能同出一国。郭沫若的解释是江陵所出北子器可能是邶亡后，流入楚国。据《文物》报导，北子诸器所藏是西周中期墓葬。也有可能是邶亡之后，部分邶国殷遗携器南逃；或为周人所获，周人南征时又携至此。此说虽差可解释，但也不免留下疑问。其二，若北伯、北子同属于周初之邶，邶国之存在自武王灭商，至三监乱平，其间不过数年时间，何以会有这么多邶君？若说这是一两个邶君的不同名字，很难取信。

此外，还有一个可能是北伯器与北子器不同属于一个邶国。殷周时期异国同名者颇多。卜辞亦有异地同名存在，如敦与盂就有两个[37]。周代如虢之有东西，唐之有南北，皆类此。然周代的几个虢国之间和两个唐国之间一样都有关联。唐国前已说明，若虢国，雷学淇在《介菴经说·下阳在五虢于北》说里指出：

> 周有五虢，而郭不与焉。成周之初，止有东虢西虢。贾逵《解诂》云：虢仲封东虢，制是也，虢叔封西虢，虢公是也。幽王之时，东虢之君虢叔，骄侈怠慢，恃势而亡，未尝迁都。西虢之君石甫，为王卿士，谗谄巧从，灭焦而迁于河北之下阳，是为北虢。其故都之在雍者，令支庶守之，是为小虢。《竹书》云："晋文侯六年，虢人灭焦。"《春秋经》云："僖公二年，虞师晋师灭下阳。"《史记·秦本纪》云："武公十一年，灭小虢。"此之谓矣。三传皆谓下阳非国都，此实传闻之误，非经之正义。案：《春秋》书灭者三十一，皆谓用大师以胜人之国也。僖公二年书灭下阳，此后遂无虢事。则虢都在下阳，即于是年灭可知，一证也。《国语》史伯告桓公，谓成周之西，有虞、虢、晋、隗、霍、杨、魏、芮。今案虞晋等国皆在古大河之北冀州竟中，不应虢国独在河南豫州竟内，二证也。《汉书·地理志》曰："东虢在荥阳，西虢在雍州，北虢在大阳。"三证也。焦之国土，河南北，国都本在上阳，其曰下阳者，焦之下都，河北之巖邑也。虢石父既已灭焦，乃徙居北邑，不处其国都者，盖石父比于褒姒以乱王室，后见太子出奔，西戎屡寇，逆知西周必乱，小虢难以安居，且知众之怒己必深，势去将及，乃巧托迁徙之计，越在冀方。意谓上阳犹是王畿，不如下阳之越竟乃免也。后因此亦竟免于祸。此史记所以斥曰巧从，史迁所以斥曰巧佞矣。东迁以后，郑武公灭东虢，秦武公灭小

虢，于是北虢独存，桓王时，虢仲亦为王卿士，因下阳阻于大河，行有不利，乃以上阳为下都，时往居之，是为南虢。……下阳上阳本皆西虢之迁都，而宗庙社稷实在下阳，而不在陕。《周官》注曰："毁其宗庙社稷曰灭。"故《经》于僖公二年书灭下阳，重宗社也。下阳虽灭，其君犹在上阳，故晋又用师败之，其君乃出奔卫，《传》以君在为辞，故系之于僖公五年也[38]。

观虢事而可知，彝器中有"北伯""北子"，可能也如虢之分为东西南北一样，是由一国分出。始封之邶在朝歌之左右。武庚乱后，其一支脉南下至今江陵是为北子之国，另一支脉则随武庚北上，是为北伯之国。

出土于直隶涞水、易水流域的邶伯铜器多件，这并非偶然。陈梦家指出："北白诸器出于燕地，乃西周初邶国之器，似可无疑。方氏（濬益）以北子之器亦属诸邶，尚待考证。北白、北子之器皆仅限于西周初期，可认作武、成间殷遗的铸作。成王诛武庚，更封卫、宋、燕而北器遂亡。北器出土之地，或以为邵公封地。"[39]据此，陈梦家乃提出"邶入于燕"之说。以为三监乱后，邶遂并入于燕国，故邶国铜器乃出于燕地。

近年来，有学者以为所谓邶国，早在商代即已存在。卜辞中有"北土"、"北方"之名。其中有代表性的卜辞如下：

北土

H08783
(1) 贞，乎牛于北土。〔1〕

H09745
(1) 甲午卜，⋛贞，北土〔1〕
受年。〔一〕二三四五〔一〕二三四五〔六〕
〔六〕
(2) 甲午卜，⋛贞，北土〔2〕
不其受〔年〕。〔一〕〔二〕〔☒〕〔一〕〔二〕三三三
三四五六

H09747
(1)…北土受年。〔一二〕(1)…〔一〕〔二〕三三四五二告六七

H09748
丙寅…北土〔受〕年。

H09749
(1) 北土不其受年。(1)

H09752
贞，北〔土〕其受〔年〕。
十月。

H10185

…北土〔不〕冀。　　　…⍺⍴〔？〕？

H33049

(2) 癸酉，貞，方大出，（2）
立中于北土。一

H33050

(1) …方出，比北土，弗戋（1）　…？？？⍺⍴？？⍺⍴…
北土…

H33050

(2) □□貞，业來告…比北（2）
土，其疫告〔于祖〕乙、父□□？？业？告…？⍺⍴？來告
丁…　　　　　　　　　　　〔于〕乙？？…

H33205

(2) …封于北土歸。　　（2）　…？于⍺⍴？

H36975

(5) 北土受年。吉。　　（5）　⍺⍴？年？

H40044(重見 H40044)

…北土…冀。　　　　　…⍺⍴…？

T01066

(1) □□，貞，皋以伐…〔于〕(1) □□？？？？…〔于〕⍺⍴
北土。二　　　　　　　　二

T01066

(3) 癸酉，貞，皋以伐…北（3）
土。二　　　　　　　　　　二

北方

H14294

(4)〔北方曰〕伏鳳曰　（4）　〔⍺？曰〕？？曰？
殳。

H14295

(7) 辛亥卜，内，貞帝于（7）
北方曰伏，鳳曰殳，
奉〔年〕。一二三二〔羊〕　一　二　三　二　
告四

H32030

(4) 辛亥卜，北方其出。（4）

H14294

(4)〔北方曰〕伏鳳曰　（4）　〔⍺？曰〕？？曰？
殳。

H14294

(4)〔北方曰〕伏風曰　（4）
殹。

H14295

(7) 辛亥卜，内，貞帝于　（7）
北方曰伏，鳳曰殹，
求〔年〕。一二三二〔二〕
告　四

H32030

(4) 辛亥卜，北方其出。（4）

H33244

(3) 北方受禾。　　　　（3）

H33247

北方受禾。

T00423

(4)〔寅〕〔北〕〔方〕（4）
〔受〕禾。

T01066

(5) □〔寅〕，貞，王…　（5）
北方，重□伐令空□
方。

T01066

(9) 庚寅，貞，王其正〔北〕（9）
方。

T01126

(3) 北方。一　　　　　（3）

T02170

(3) 于北方叙，單。　　（3）

T01379

(2) 于北方□南鄉。　　（2）

考古所《小屯南地甲骨》谓"北土""北方"可能是殷代方国名，即邶国。如此则邶国非武庚始封，商代晚期已经是一独立的方国；并且邶国不当自殷都附近求之，而王国维所说远至易水涞水流域，庶几近之[40]。金岳考察甲骨文中的北方，指出其为商代在北土的一个历史较长的方国名，并指出其地也如王国维所说在易水涞水流域[41]。据此金岳先生并指出商周之际实有两北国，一为卜辞中所见的"北土"、"北方"，其地在北伯、北子诸器所出之易水、涞水流域，铭文中的北伯㠱、北伯邑辛庶为此国两代不同的君主，其国为周初的燕国所灭；一为朝歌左右之邶，为武庚所封，三监乱后，其国入于卫，而武庚北奔。金岳先生所说颇有见地。然甲骨文中之"北方""北土"究竟是方国名还是对北土方国的泛称，尚有疑问。因文献与考古资料的缺乏，两北国之说虽可备一说，但亦不能排除其他的可能性。为便于说明问题，本文将关于古邶国的现有资料列一简表如下：

	朝歌左右之北国说	易水涞水之北国说	邶入于燕说	两北国说
文献资料	邶为武庚所封，其地当在殷都朝歌附近	无征	邶为武庚所封，其地当在殷都朝歌附近。入燕无征	邶为武庚所封，其地当在殷都朝歌附近。其他北国无征
甲骨文	有"北方""北土"之名，然不确知其所在	有"北方""北土"之名，然不确知其所在	有"北方""北土"之名，然不确知其所在	有"北方""北土"之名，然不确知其所在
金文	无征	北伯诸器出于易水涞水流域	北伯诸器出于易水涞水流域	北伯诸器出于易水涞水流域。北子四器出于湖北江陵。其他北子诸器不知出处

以上表所列推断，关于古北国实有以下几种可能性：
① 甲骨文之"北方""北土"为泛称，而非国名。
② 甲骨文之"北方""北土"即易水涞水附近之国名。
③ 甲骨文之"北方""北土"所指乃殷都附近之方国名。

本文认为欲解开古北国之谜，"北方""北土"是泛称还是专指是关键所在。殷墟卜辞中固有"东土"（《合集》7084、7308）"西土"（《合集》6357、7082、9741正、17397正、20628、36975，《屯南》1049）"南土"（《合集》896、20576正、20627、36975）"北土"（《合集》8783、33049、33050、33205、36975）之称，实皆非方国名。《合集》36975甲骨文曰："己巳王卜贞…岁商受…王卜曰吉，东土受年，南土受年吉，西土受年吉，北土受年吉。"《合集》36976甲骨文曰："乙未卜贞今岁受年，不受年，南受年，东受年。"以此对读，则"北土"必非专指，实指殷之北土。其他方名加土皆类此，不烦举证。故金岳文中所举诸甲骨文词例，如："呼田来北"（《明》750）、"北祸"（《合集》9811正、16927～16929）、"北其受佑"（《合集》8787）、"北方受禾"（《佚》956）、"呼黍于北，受年"（《合集》9535），此中之"北"皆为方位词，非专指一"北国"。金岳文中所举《屯南》1066卜辞：

(1) □□，贞阜以伐…〔于〕北土。二

(2) 暮。

(3) 癸酉，贞阜以伐…北土。二

(4) …以伐…。

(5) □〔寅〕，贞，王…北方，

惟□伐令金□方。

(6) 丁亥，貞□令蒋〔取〕□□方。　(6)

(7) 丁亥，貞，王令保老因医商。　(7)

(8) 丁亥，貞，王令陕彭因医商。　(8)

(9) 庚寅，貞，王其正〔北〕方。　(9)

此处"北方""北土"间用，所指亦非特有"北方"一国，盖北土方国之统称。胡厚宣对卜辞四方风名和"中商"的考释，此学者们所熟知。此外，《左传·昭公九年》："王使詹桓伯辞于晋曰：'我自夏以后稷，魏、骀、芮、岐、毕，吾西土也。及武王克商，蒲姑、商奄，吾东土也；巴、濮、楚、邓，吾南土也；肃慎、燕亳，吾北土也。吾何迩封之有？文武成康之建母弟，以蕃屏周，亦其废队是为。'""北方""北土"应该是商畿甸外的北土方国的统称，非确有"北国"之一国的存在。以此视之，据甲骨文证商代已有一"北国"存在一说尚不能成立。故以现有的资料来看，商周之际我们已知的只有一个北国，即武王灭商后所封之邶。

那么，北伯铜器究竟是否周初邶国的铜器？周初，武庚封于邶，北伯是否武庚本人？若是武庚，武庚何以又名"㺿"、又名"邑辛"？从现有的资料来看，北国诸器的归属有如下可能：

①北伯诸器皆属武庚本人，则武庚又名㺿、邑辛，这种可能性虽然不大，但不是没有。

②北伯诸器，不属于武庚本人。那么周初之邶，恐怕也不是武庚所主。此北国与武庚了无相涉。以文献资料看，这种可能性应该最小。

③北伯诸器，不属于武庚本人。但是为武庚所属之邶鄘卫三国中邶国国主所有。

以上三种可能中，我认为第三种可能性较大。从最早的文献《逸周书·作雒》篇所记来看，"武王克殷，乃立王子禄父，俾守商祀"。其间并无武庚被封为邶之君的记载，同样文献中也无管蔡霍实封于邶鄘卫的记载。而"建管叔于东，建蔡叔霍叔于殷，俾监殷臣"。东即鄘，殷为卫，所谓监殷臣者，若监为监视之义，则鄘与卫皆有殷臣为其主，武王别遣管蔡霍三叔监之。而邶似乎另有其君，由武庚本人直接辖制，邶之君为殷余遗民无疑。邶之君曰"㺿"、曰"邑辛"，可能同人异名，也可能是两代不同的邶君。

显然这里唯一的解释就是，武庚守商祀，所辖包括邶鄘卫三国。其国主俱为殷遗。武庚居于朝歌以北之邶国，成王周公平定三监之乱，武庚并没有死于此役，而是如《逸周书》中所说"王子禄父北奔"。至于北伯诸器见于今河北易水涞水流域，恐怕是邶君携其宝器从禄父北奔，至于今易水涞水流域，也就是燕国境内。而其另一支脉则流徙他处（可能是今江陵），别建一北子之国。余下的问题是，王子禄父北奔是从何时何地开始北奔的？又北奔最终至何处？

二、古燕国的名称和始建

《史记》集解引谯周曰："周之支族，食邑于召，谓之召公。"召公始封在召，至于召之所在，《史记索隐》云："召者，畿内菜（采）地。奭始食于召，故曰召公。或说者以为文王受命，取岐周故墟周、召地分爵二公，故诗有周召二南，言皆在岐山之阳，故言南也。"可见其初封在岐山之阳，周之故地。《索隐》又说："后武王封之北燕，在今幽州蓟县故城是也。亦以元子就封。而次子留周室代为召公。至宣王时，召穆公虎其后也。"《索隐》所告诉我们的是召公自己并未就燕封国，而是以元子就封。

而始封的燕在哪里？傅孟真（斯年）先生必是受王国维"郾即燕"说的影响，别出新说，以为燕之初封应当在郾国附近，在《大东小东说》中他指出燕国始封在今河南偃师：

> 燕字今经典皆作燕翼之燕，而金文则皆作郾，箸录者有郾侯鼎、郾侯戈、郾王剑、郾王喜戈，均无作燕者。郾王喜戈见周金文存卷六第八十二叶，郾王大事剑见同卷补遗。其书式已方整，颇有隶意，其为战国器无疑。是知燕之称郾，历春秋战国初无二字，经典作燕者，汉人传写之误也。燕即本作郾，则与今河南之郾城有无关系，此可注意者。在汉世，郾县与召陵县虽分属颍川汝南二郡，然土壤密迩，今郾城县实括故郾召陵二县境。近年郾城出许冲墓，则所谓召陵万岁里之许冲，固居今郾城治境中。曰郾曰召，不为孤证，其为召公初封之燕无疑也[42]。

傅孟真先生的主要论据有二：一是燕作国名，金文中皆作郾。经典作燕，是汉人传写之误；二是今偃城县实括故郾、召陵二县境。傅先生所论现在看来，尚不能成立。关于第二点，王采枚在其《论周初封燕及其相关问题》一文中，提出了很有力的反证。王引《水经·颍水注》："东南经召陵县故城南，春秋左传僖公四年，齐桓公师于召陵责楚贡不入即此处也。城内有大井，径数丈，水至清深。阚駰曰：召者，高也，其地邱墟，井深数丈，故以名焉。"所以召陵之名与召公本人并无关系[43]。另外，从金文和文献资料来看，召公被封于燕以后，实际上是以元子就封，自己或者未就国，或者被封以后不久即返回了成周。死后葬于燕的可能性也不是很大。

关于第一点，傅斯年所说的也不确切。从发现的商周青铜器来看，西周春秋时期的青铜器，国名皆以匽字。而"郾"作国名，多见于战国晚期。西周时期的有匽国名的铜器铭文如下：

①西周早期的《匽侯簋》铭文云："匽侯作姬承障彝。"（《集成》3614）现藏山东济南市博物馆。

②考古所藏《匽侯盂》器盖同铭："匽侯乍旅盂。"（《集成》，10303，10304）西周早期。

③中国历史博物馆所藏《匽侯盂》一器，1955年辽宁凌源县海岛营子村出土。铭文曰："匽侯乍饙盂。"（《集成》10305）皆为西周早期彝器。

④西周早期《宪鼎》："隹九月既生霸辛酉在匽侯易宪贝金匽侯休用作召伯父辛宝障彝宪万年子子孙孙宝光用大保。"梁山七器之一，现藏清华大学图书馆（《集成》2749）。

⑤西周早期的《堇鼎》，铭文："匽侯令堇饴大保于宗周庚申大保赏堇贝用作太子癸宝彝。✶"1975年北京房山县琉璃河黄土坡253号墓出土，现藏首都博物馆[44]。

⑥西周早期的《圉方鼎》："休朕公君匽侯易圉贝用作宝障彝。"1974年房山县琉璃河黄土坡253号墓出土（《集成》2505）。

⑦西周早期的《白矩鬲》："在戊辰匽侯易白矩贝用作父戊障彝。"1975年北京房山县琉璃河黄土坡253号墓出土，现藏首都博物馆（《集成》689）。

⑧西周早期的《匽侯天戟》，1974年房山县琉璃河黄土坡50号墓出土（《集成》10953）。

⑨西周早期的《匽侯戈》，1981年到1983年北京房山县琉璃河1029号墓出土。正反两面分别铭有"匽""侯"两字（《集成》10887）。同出尚有《匽侯舞戈》（《集成》11011）。

⑩西周早期的《克罍》《克盉》，1986年北京房山县琉璃河1193号墓出土。两器铭文相同，均器盖同铭，铭文曰："王曰：'太保，隹乃明，乃鬯享于乃辟。余大对乃享，令克侯于匽。✶、羌、马、叡、驭、微，克由、匽，入土眔（及）厥司。'用作宝障彝。"[45]

⑪西周早期《匽侯旨作父辛尊》，北京城外出土，潘祖荫、王懿荣旧藏（《集成》2269）。

⑫西周早期《匽侯旨鼎》，现藏日本京都泉屋博古馆。七字匽侯旨鼎为北京城外出土。此器二十字，铭文云："匽侯旨初见使（事）于宗周王赏旨贝廿朋用作有始（姒）宝障彝。"（《集成》2628）。成王康王时期。

⑬《大克鼎》，光绪十六年陕西扶风县法门寺任村出土，现藏上海博物馆。铭文曰："易女田于匽。"《贞松堂》："当时出土凡百二十余器，克钟、克鼎及中义父鼎并在一窖中（《贞松》3.35）。"[46]

⑭西周早期的《小臣䛒鼎》："召公建匽休于小臣䛒贝五朋用作宝障彝。"

⑮《匽伯圣匜》，西周晚期器，现藏故宫博物院，铭文云："匽伯圣作正匜永用。"（《集成》10201）。

⑯《亚疌侯夨盉》："疌侯，亚夨。匽侯易亚贝，用乍父乙宝障彝。"商周之际[47]。清末北京卢沟桥出土。

⑰《长陵盉》："匽铸。"

⑱《复尊》："匽侯赏复册衣、臣妾、贝。用乍父乙宝障彝。癸。"20世纪70年代北京房山县琉璃河黄土坡52号墓出土，现藏首都博物馆[48]。康王时器。

⑲《复鼎》："匽侯赏复贝三朋。复用乍父乙宝障彝。癸。"1970年北京房山县琉璃河黄土坡52号墓出土，现藏首都博物馆[49]。康王时器。

⑳《攸簋》："匽侯赏攸贝三朋，攸用乍父戊宝障彝，启（肇）乍（作）䋛（纪）。"1970年代北京房山县琉璃河黄土坡53号墓出土，现藏首都博物馆[50]。康王或康昭之

际时器[51]。

㉑ 西周早期《匽侯盾》饰："匽侯。"1970 年代北京房山县琉璃河黄土坡出土，现藏首都博物馆[52]。

㉒ 西周早期《匽侯盾》饰："匽侯舞易。"1970 年代北京房山县琉璃河黄土坡 252 号墓出土，现藏首都博物馆[53]。

㉓《匽侯舞易铜泡》："匽侯舞易。"西周早期[54]。

㉔ 西周早期《匽侯戈》：内两面各有铭文一字，为"匽""侯"。20 世纪 80 年代初北京房山县琉璃河黄土坡出土，现藏首都博物馆[55]。

㉕ 西周早期《匽侯舞戈》：内上有铭文为"匽侯舞戈。"20 世纪 80 年初北京房山县琉璃河黄土坡与例 24 同出，现藏首都博物馆[56]。

以上所列的匽国铜器显示，除去几个不详出处的铜器外，其他匽侯器，多出于河北北京附近，如《匽侯旨作父辛尊》西周早期《匽侯旨鼎》，还有琉璃河出土的多件匽侯器及与匽国有关的铜器，出于山东的梁山七器《大保方鼎》《宪鼎》，中国历史博物馆所藏《匽侯盂》一器出自辽宁凌源。则匽国的始封不当在今河南郾城甚明。其都邑自当于河北北京一带寻之。近年来，考古学家以北京琉璃河的考古发现为基础，对燕国于西周时期最早的都城作了许多研究。1973 年至今北京房山琉璃河西周墓地的发掘、西周董家林古城的调查，以及其他燕文化遗址的发现，使学界同仁基本上都倾向于燕国始封于北京地区。一般的观点都认为，召公始封于燕，其时当武王初灭商，其都即今北京房山琉璃河董家林古城[57]。

春秋战国时期，"匽""郾"二称互见，如以下彝铭：

① 《匽公匜》铭文："匽公作为姜乘盘匜万年永宝用。"此器现藏台湾中央博物院。《殷周金文集成》谓属春秋时期彝器，未审何据（《集成》10229）。陈梦家《西周铜器断代》谓为西周晚期器，应当比较确切[58]。

②《匽侯载器》："匽侯载畏□愁□哉教民□□祇敬禍祀休以为□皇母。"战国时器。现藏美国宾州大学博物馆[59]。

③《陈璋方壶》："大壮孔陈璋内伐匽亳邦之隻（获）。"战国中期[60]。

④《陈璋圆壶》："大壮孔陈璋内伐匽亳邦之隻（获）。"

⑤《燕西宫壶》，春秋时期，铭文："郾""西宫""右征尹"。

⑥《包山文书》145 号"郾客登余善"。

此数器出处俱失考。铜器资料显示，战国晚期，用"郾"以指代国名为多，如平山三器（中山国铜器）铭文，郾王职[61]郾王喜[62]郾王詈[63]郾王戎人[64]诸器。而傅孟真先生所谓经典中用"燕"字，是汉人传写之误云云，余亦颇有所疑。考古文字资料中用于国名的"燕"字，最早的应当是马王堆汉墓出土的《春秋事语》和《战国纵横家书》。前者不避刘邦字讳，当抄写于公元 200 年之前，其中《燕大夫章》叙述燕、晋两国战争的史事，国名均书为"燕"。《战国纵横家书》避刘邦讳，抄写当略晚于《春秋事语》[65]，其中多记述苏秦献书燕王事。两书国名皆写作"燕"。以此看来，"燕"取代"郾""匽"，必非汉儒传写之误，而是发生在战国至汉初这段时期。以"燕"代"郾"或"匽"，指代北方的燕国，其原因可能很复杂。然以下几点是不争的事实：其一，秦汉间，"燕"字被大量扩大使用，为"郾""匽""宴"的异体或流行字。经传中以"燕"代"宴"，例不胜举。如《诗·小雅·蓼萧》："既见君子，孔燕岂弟。"郑玄《笺》："燕，安也。"此"燕"固通"宴"。《诗·鲁颂·閟宫》："鲁侯燕喜，令妻寿母。"郑玄《笺》云："燕，燕饮也。"是亦其例。而在阜阳汉简《诗经》中，《诗·邶风·谷风》："宴尔新婚，如兄如弟"作"燕尔新婚"。至秦廷燔书，于《诗》《书》六国史记百家语，特欲禁绝。《史记》中李斯所拟办法，所谓"非博士官所职，天下敢有藏诗书、百家语者，悉诣守尉杂烧之"。又"敢偶语《诗》《书》者弃市"。经典的传承自秦火之后，多由今文经重新写出。汉承乱秦，经典废绝。乃立博士官，以为纂绪载记。然汉儒缀学，其偏亦如刘歆所云，至于"信口说而背传记，是末师而非往古"。傅斯年先生所谓汉人传写之误，并非无据。惟"燕"字代"郾""匽"，以《春秋事语》视之，非自汉始。陈梦家则云："春秋金文燕作匽，战国金文增邑作郾。凡此匽字，潘祖荫说'当为燕之假借字'（《攀古》1.5），是正确的。秦汉之际，不知何故凡匽国一律改为燕。朱骏声《说文通训定声》嬴下云：'《郑语》嬴、伯翳之后也。伯翳子皋陶偃姓，盖以偃为之，偃嬴一声之转。'如其说可立，则匽之改燕当在秦灭燕之后，以匽为秦姓，所以改去之。"[66]陈氏此说，以前不太相信，但参覈更多的文献和出土文字之后，始认为具有极大的可能。秦之先世，亦出东方风偃集团，偃字固其本姓，秦既灭北方之郾（燕）国，为避其先世讳，乃易"郾"之国名为"燕"。《史记·秦本纪》："太史公曰：秦之先为嬴姓。其后分封，以国为姓，有徐氏、郯氏、莒氏、终黎氏、运奄氏、菟裘氏、将梁氏、黄氏、江氏、修鱼氏、白冥氏、蜚廉氏、秦氏；然秦以其先造父封赵城，为赵氏。"《秦本纪》更云柏翳一名大费，佐舜调训鸟兽，舜赐姓嬴氏。嬴偃一声之转，秦之先亦以偃为姓。剔除其传说的成分，考诸《世本》及其他载籍，若徐、郯、江、黄、莒皆东方风姓偃姓之国。而燕（匽、郾）为召公后，是姬周宗族，秦或以其不当以己姓为国名，乃易其国名为燕。阜阳汉简的发现，更提供了一个旁证。阜阳汉墓墓主是夏侯竈，竈卒于汉文帝十五年（前165年）。阜阳汉简中，《诗·邶风·燕燕》首句作："匽匽于飞"，《诗·邶风·谷风》第二章"宴尔新婚"的"宴"字则作"燕"，阜阳简中另有"燕王"之称。是知国名已改用燕，其改似着意为之。

综上所述，西周春秋时期北方的燕国，应当称为"匽国"，而"燕国"用以指称北燕，乃秦汉以后所改窜之名。先秦时期如有"燕国"的话，那也只有一个姞姓黄帝之后的南燕，与北方姬姓召公之后的匽国了不相涉[67]。

琉璃河商周遗址的发掘，董家林古城的发现，使大多数燕史研究者认为，董家林古城就是西周时始封的燕都。然而董家林古城时代被确定在最晚不晚于商末，其结构与郑州商城相似，建成时期应当与郑州商城相先后，也在二里岗下层时代[68]。这样一来，燕在周初建国以前，已别有一个古国在该地存在。郭沫若、侯仁之等先生曾以为，燕国乃自然生长的一个国家，其存在早在周灭商之前。葛英会先生更认为：

> 金文资料证明，燕国有文字可考的历史，可以上溯到商代的祖庚祖甲时期。从这个时期直到商代晚期，燕国社会中的一个显而易见的事实，就是严

重地残存着部落联盟的遗痕。如果以燕地的考古资料与文献记载相互证发，又可发现，在西周以至春秋战国七八百年中间，燕的国家仍是建立在部落联合的基础之上。部落与部族联合的存在，是燕国历史上封地、都邑、世系诸种问题的症结所在[69]。

燕国史是否可上溯到商代祖庚祖甲时期，尚有待讨论。但是董家林古城早在武王灭商之前已经存在确是不争的事实。葛英会所据以论证的一个最重要的证据是"亚矣"族徽的青铜器物。带有"亚矣"族徽的铜器，在1982年北京顺义金牛村曾有发现[70]。葛认为"矣"字保留了燕子的象形特征，燕子正是殷人玄鸟崇拜的图腾，此应是燕国国名的由来。葛先生的观点固然很有意思，但是他忽略了一点是，"燕"作为国名是在秦汉时期以后（详见上文），最早不早于战国晚期。经典中虽以燕为国名，但经典实经秦汉时期以后人抄写之后得以流传，尚不足为依据。战国以前的金石简帛文字中，国名的燕无例外地写作"匽"或"郾"，故若"矣"字果为燕子的象形，恐亦非其国名的由来，殷人的所谓玄鸟崇拜，实与燕子无关，而是对鸷鸟和鸟的神性的崇拜。关于这一点，笔者另有一文专门论述，这里不再赘言[71]。

那么，商代晚期的燕地的古国，又名什么？《史记·周本纪》正义引《括地志》云："燕山在幽州渔阳县东南六十里。徐才《宗国都城记》云：'周武王封召公奭于燕，地在燕山之野，故国取名焉。'"按照徐才的说法，燕国之名取自燕山，以其在燕山之野。然而，常征先生考证，今北京之燕山古称"卑耳山"（《国语》、《管子》）、"碣石山"（《战国策》《史记》）、"不咸山"（《山海经》），卑耳碣石的东端被称为燕山，不能早于战国时期[72]。所以实际上，燕山乃因燕国燕地而得名，并非国以山而得名。那么商代晚期的燕地古国究竟何名？从北京附近发现的匽国诸器看来，其古名即为"匽"。前文所举，1986年北京房山县琉璃河1193号墓出土的西周早期《克罍》《克盉》。铭文曰："王曰：'太保，隹乃明乃鬯，享于乃辟。余大对乃享，令克侯于匽。旂、羌、马、䖒、雪、驭、微，克宅匽，入土眔（及）厥司。'用作宝尊彝。"按照殷玮璋[73]、张亚初的看法，此是太保（即召公奭）对扬周王封土授苴茅的一篇铭文。殷玮璋并认为琉璃河1193号墓就是太保召公奭的墓。克罍盉铭文辞意云："周王说：'大保！你将你祭祀的牺牲、玉帛和美酒献享于你的君主。我嘉许你的奉献，命令你（克）作匽侯，旂、羌、马、䖒、雪、驭、微从你（克）宅匽[74]，匽诸地（国或族）皆入你（克）的版图，由你（克）统管'。克于是铸作了此宝物彝器。"但是"克"如按殷、张两先生的看法是助动词的话，似不文[75]。此处克当做人名，或为君奭本人，或为其就封于匽的元子（《史记·周本纪》索隐，金文中曰匽侯旨）[76]。然再参核西周早期的《宪鼎》："隹九月既生霸辛酉在匽，侯易宪贝金，扬侯休，用作召伯父辛宝尊彝，宪万年子子孙孙宝光用大保"。此器是清代道咸年间发现于山东寿张的梁山七器之一。铭文大意是说："九月上旬的辛酉日，宪在匽地，匽侯赐宪贝与金，宪对扬匽侯的封赏，乃作召伯父辛（召公奭）宝物彝器，宪将子孙累世铭记大保（召公）的恩赏。"陈梦家以为召伯父辛是对召公奭的追称，侯乃匽侯旨，召伯就封于匽的元子，宪是召伯另外一子。[77]旨赏宪此事发生在召公故去而匽已经底定之后。如克罍盉铭文中的克是召公元子，当即封于匽的第一代匽侯旨。西周早期的《小臣𩵦鼎》："召公建匽休于小臣𩵦贝五朋用作宝䵼彝。"第三字笔画甚多不易辨识，裘锡圭释为"建"，白川静释为"籍"，方述鑫释为"封"，唐兰释为"馈"，于省吾释为"垦"[78]。本文从裘锡圭先生说。不管克是太保召公奭本人，还是他的元子匽侯旨，克罍盉铭文至少说明初定燕地是太保本人与其元子共同膺命的。

而克罍盉铭文中"令克侯于匽"一句，更说明在召公父子入燕地以前或者伐燕地以前，此地已名为"匽"，或者已经有个古国名"匽"。此国是商的属国。《左传》昭公九年："王使詹桓伯辞于晋曰：'我自夏以后稷、魏、骀、芮、岐、毕，吾西土也。及武王克商，蒲姑、商奄，吾东土也；巴、濮、楚、邓，吾南土也；肃慎、燕亳，吾北土也。吾何迩封之有？文武成康之建母弟，以蕃屏周，亦其废队是为。'""燕亳"之名，金文中为"匽亳"，见上文引《陈璋方壶》铭文。铭文中所称之"匽亳"即指燕国。另有《陈璋圆壶》同铭。丁山、陈梦家俱有说。丁山云："燕亳者，近于幽燕之亳也"一说，金文《陈璋方壶》《陈璋圆壶》铭文得到印证。在这里，詹桓伯所谈得比较明确，"及武王克商"以后，东土的蒲姑、商奄，南土的巴、濮、楚、邓；北土的肃慎、燕亳始纳入周的版图。燕亳也是其中之一。亳是商的都邑名，称燕为燕亳，亦可见商代晚期的匽国，并非小国，具有相当的地位，至少可与蒲姑、商奄等大国相埒。这也进一步印证了王国维在《商三句兵跋》所发现的"商文化沾溉北方"说。

三、召公的东征与北上

那么，召公父子厎定匽地被封于匽究竟在什么时候？文献中关于燕国的始封，主要依据是《史记》与《汉书·地理志》的记载。《燕世家》：

召公奭与周同姓，姓姬氏。周武王之灭纣，封召公于北燕[79]。

《周本纪》：

封商纣子禄父殷之余民。武王为殷初定未集，乃使其弟管叔鲜、蔡叔度相禄父治殷。已而命召公释箕子之囚。命毕公释百姓之囚，表商容之闾。命南宫括散鹿台之财，发巨桥之粟，以振贫弱萌隶。命南宫括、史佚展九鼎保玉。命闳夭封比干之墓。命宗祝享祠于军。乃罢兵西归。行狩，记政事，作《武成》。封诸侯，班赐宗彝，作分殷之器物。武王追思先圣王，乃褒封神农之后于焦，黄帝之后于祝，帝尧之后于蓟，帝舜之后于陈，大禹之后于杞。于是封功臣谋士，而师尚父为首封。封尚父于营丘，曰齐。封弟周公旦于曲阜，曰鲁。封召公奭于燕。封弟叔鲜于管，弟叔度于蔡。余各以次受封。

《汉书·地理志》亦云："武王定殷，封召公于燕。"传统学者多遵从《史》《汉》之说。在其《西周之燕的考察》中，陈梦家也采用《史记》的说法，以为武王封召公于燕。然而，王国维据邶国彝器而得出"邶即燕，鄘即鲁"的论断影响至巨。陈梦家在论述邶国铜器时又不能撇开，反而基本上接受了王国维"邶即燕"的论断，指出："周武王灭纣之后，分殷国为三：即鄘邶殷。及武庚与管蔡叛周，成王周公讨之，于是邶入于燕，鄘封微子开为宋，殷封康叔为卫。由此可知武王胜殷以后分殷民为三，而成王伐武庚以后分殷民为二。"[80]分殷民为二即《史记·管蔡世家》所云："其一封微子启于宋，以续殷祀，其一封庚叔为卫君，是为卫康叔。"陈梦家"邶入于燕"论断看似是在《史》《汉》文献与王国维"邶即燕"之间的折中，实则不免自相龃龉。若从《史》《汉》为说，召公于武王灭商时已被封于燕，则三监乱后，邶与鄘当或入于卫，或入于宋，何遽入燕？邶入燕是因武庚战败后偕其民逃去的？还是武庚败殁后，其追随者及其国土被重新纳入召公的燕国。如果是前者，武庚战败，没有理由投奔到敌人召公那里去；如果是后者，武庚身歼国除，其土其民入于燕，史传经籍金石文字中怎么没有片言记载？特别是《左传》定公四年子鱼（卫大夫祝佗）备述成王时期伯禽、康叔、唐叔之封，以及殷遗的分派。邶为殷遗之首，既入于燕，子鱼焉能置而不论？《书序》并言："武王崩，三监畔，周公诛之，尽以其地封弟康叔，号曰孟侯，以夹辅周室；迁邶庸之民于雒邑。"则三监乱后，邶国的殷遗并无入燕之事，而是或迁于雒邑，或入康叔之封。《左传》襄公二十九年吴季札聘鲁观乐，闻邶鄘卫之歌，而言卫康叔之德。是以邶国之殷遗于三监乱后，并于卫的可能是最大的。

近年来，琉璃河铜器的发现，更进一步否定了陈梦家"邶入于燕"的说法。如前文所述，召公父子在入匽就封以前，匽是商的属国，而召公父子入匽时，以铜器的时代来看，已经是成康年间的事了。再看《史记·周本纪》的记载，显然太史公把武庚、管、蔡、焦、祝、蓟、陈、杞、齐、鲁、燕的分封当作一次同时进行的。然而，按照《史记·鲁周公世家》的记述，周公被封于鲁时未就国，《齐太公世家》则说太公初封于营邱时尚为小国，东夷乱后，始得专征伐之权而大。《鲁周公世家》另外记载：

> 鲁公伯禽之初受封之鲁，三年而后报政周公。周公曰："何迟也？"伯禽曰："变其俗，革其礼，丧三年然后除之，故迟。"太公亦封于齐，五月而报政周公。周公曰："何疾也？"曰："吾简其君臣礼，从其俗为也。"及后闻伯禽报政迟，乃叹曰："呜呼，鲁后世其北面事齐矣！夫政不简不易，民不有近；平易近民，民必归之。"

如果此记载可信，那么周公子伯禽，与齐太公之就封，应当较晚。《左传》定公四年："因商奄之民，命以伯禽而封于少皞之墟。"[81]《诗·鲁颂·閟宫》云："敦商之旅，克咸厥功。王曰'叔父！嘉尔元子，俾侯于鲁。'"鲁伯禽之封就国与康叔封卫，唐叔之封约略同时，都是在三监叛乱、周公东征之后。是以一个可能是齐鲁燕之封都是在三监乱后成王时期，另一可能是武王初次分封时，齐鲁燕虽被遥封，但太公周公召公皆没有或不能就国[82]，因为此三国为故殷之薄姑、商奄和燕亳所据。

关于东征的史事，文献中多有记载，这里不再赘述。值得注意的是东征的参与领导者，究竟是谁？而且东征以后的情况如何？《书·大诰》记载了成王命周公东征的情况："天亦惟休于前宁人，予曷其极卜，敢弗于从，率宁人有指疆土。矧今卜并吉，肆朕诞以尔东征，天命不僭，卜陈惟若兹。"从《大诰》内容来看，东征本是由周公先行的，故《诗》《书》典籍中每云"周公东征"，而罕言成王召公。《㽙方鼎》铭文云："隹周公东征伐东尸、丰白、尃古，咸戈"。周公首先东征，伐东夷、丰伯和薄姑，并且重创了这几国。故东征事，虽然成王与召公咸与其役，但周公实起了最重要的作用。这也是为什么东征之役，典籍中往往只言周公不及他人。《书·蔡仲之命》："成王既践奄，将迁其君于蒲姑。周公告召公，作《将蒲姑》。"此述成王来到奄之后，与周公、召公共议徙奄君于薄姑。而召公伐东夷，金文中有明确记载。《旅鼎》铭文曰："隹公大保来伐反夷年，才十又一月庚申，公才（在）盩师。公易旅贝十朋，旅用作父隮彝。"以文献和金文的资料参互看起来，周公成王召公东征似乎并非同时。盖由周公先行，成王召公后至。《旅鼎》铭文特标"公大保来伐反夷年"，已透露出周公先征，召公后至的消息。

成王的路线：

《书序》："成王归自奄，在宗周，诰庶邦，作《多方》。"成王在东征践奄取得战果之后不久就回到了宗周。《书·多方》亦说："惟五月丁亥，王来自奄，至于宗周。"郑玄说："凡此诸叛国，皆周公谋之，成王临事乃往，事毕则归。"[83]

周公的路线：

以《书·多方》所载："惟五月丁亥，王来自奄，至于宗周。周公曰……"视之，则周公事毕亦随成王还至宗周，《史记·鲁周公世家》记周公卒于丰，是亦一证[84]。然《吕氏春秋·古乐》云："成王立，殷民反。王命周公践伐之。商人服象，为虐于东夷，周公遂以师逐之，至于江南。乃为《三象》，以嘉其德。"周公或者更往南进一步征伐南淮夷徐夷等殷遗。两说中，当以前说较为可靠。

召公的路线：

《书·大诰》云："武王崩，三监及淮夷叛。周公相成王，将黜殷，作大诰。"又云："予得吉卜，予惟以尔庶邦，于伐殷逋播臣。"所谓殷逋播臣者即武庚等三监乱后逃出的殷遗。周公等先平定三监在邶鄘卫的叛乱，继而东征。东征的原因固然是东国对三监叛乱的响应，实际上也与三监乱中逋逃的殷遗有关。《竹书纪年》："成王二年，奄人、徐人及淮夷，入于邶以叛。"这句话可以理解为奄徐淮夷在邶鄘卫叛时，西进而入邶的领土参与了叛乱，更多史料显示这不是史实，故所谓"入于邶以叛"，是说奄、徐、淮夷加入了邶国叛乱的联盟。史载召公亦参加了东征之役。《保卣》铭文中亦载："乙卯，王令保及殷东或[国]五侯。"

所谓"殷东国五侯"，陈梦家认为是指齐、鲁、燕、管、蔡，而保则指武庚[85]。平心则主张保是明保。黄盛璋、孙稚雏则认为保就是太保召公奭，而殷东国五侯则是薄姑、徐、奄、熊、盈随武庚叛乱的五侯，而此东国五侯皆在今山东江苏一带，是故殷的附属国[86]。《保卣》铭文的理解关键在于"及"（及）字。其义于古文字中象人被执之形，陈梦家认为是并列连词，郭沫若、黄盛璋解释为"逮捕"，甲金文中应作抓获、追及之义，彭裕商释为"至"，并解释"王命保及殷东国五侯"为"王命保至殷东国五侯之处，转交王赐与的六种物品"[87]。保究竟是不是太保召公奭难遽断言。五侯究竟何指，也很难确定，但显然是于召公发生过或者战争或是往来的东国殷商旧部[88]。《史记·周本纪》也提到召公参予东征的史事："召公为保，周公为师，东伐淮夷，残奄，迁其君薄姑。"[89]

然东征之后召公的去向则为史之阙文。梁山七器为我们提供了一些召公东征以后的一些线索。学者陈寿以为梁山七器是曾经驻扎在今山东梁山的召公一族的铜器，窖藏于西周初[90]。梁山七器中的《太保簋》铭文记录了武庚之叛及太保召公平叛的史事：

> 王伐彔子耴。歔厥反。王降征令于太保，太保克苟（敬）亡遣。王永太保，易休余土，用乍兹彝对令[91]。

铭文中的彔子耴究竟是何人，是解释铭文的关键。杜正胜以为彔子耴当是武庚之子，在其《殷遗民的遭遇与地位》一文中，杜称：

> 关于禄父的来历，汉代已有异说。太史公以为禄父即武庚（《殷本纪》、鲁、卫、宋与管蔡等《世家》），《尚书序》《微子之命》《伪孔传》也说武庚一名禄父。但《毛诗·邶鄘卫谱》孔颖达疏引《尚书大传》曰："武王杀纣，立武庚，继公子禄父"。《论衡·恢国》篇云："立武庚之义，继禄父之恩"。武庚与禄父别为二人。不过《尚书大传》又说"使管叔、蔡叔监禄父，禄父及三监叛"。显然和《管蔡世家》所谓"二人相纣子武庚禄父治殷遗民"一样，禄父即是武庚，可见《书传》对于"武庚""禄父"是否一人犹疑不决。惟据今见金文材料：禄父和武庚当分别为二。大保簋曰："王伐彔耴子，歔厥反，王降征令（命）于太保，太保克苟（敬）亡遣"。（《三代》8.40）大保即召公君奭，估计其年代，彔子耴之叛可能在成王晚年。世传有王耴子匜（《缀遗》14.39）、天子耴觚（《三代》14.31.3）和多亚耴彝（《三代》6.49.1），足证彔子耴是殷王子孙。彔子耴叛，周天子派遣召公征伐，未及周公，当与武庚无关，彔和武庚不是同一人，多亚耴彝云"用作大子丁彝"，天耴子觚亦曰："天子耴作父丁彝"，则彔子耴与武庚也不是亲兄弟。不过，彔耴子因属于殷王族，故自称"王子"，表示他的出身，而称"天子"可能是反叛时的僭号，后人犹尊美曰"厘王"（彔伯䌛簋），是有其家族背景的[92]。

本文以为杜先生区分武庚与禄父为二人，尚缺乏足够的证据。别武庚禄父为二人，除《诗·邶鄘卫谱》所引《尚书大传》"武王杀纣，立武庚，继公子禄父"和《论衡·恢国》"立武庚之义，继禄父之恩"两条文献材料之外，似乎别无证据。而在这两条汉代文献材料中，如杜先生所见，文献本身也是矛盾的，《诗·邶鄘卫谱》所引《书传》有"立武庚"三字，而《诗·豳风·破斧》疏[93]及《左传》定公四年疏[94]所引的《书大传》，皆无"立武庚"三字，读如："武王杀纣，继公子禄父"，"武王杀（纣）以继公子禄父"。我们看到的《书大传》"立武庚"之说，一则可能是抄刻书者据《论衡》而误加增改，掇拾遗闻，未深究覈；一则可能是《论衡》作者王充采用了别本《书传》遗说。其他资料都显示武庚为禄父。《史记·殷本纪》;《卫康叔世家》;《鲁周公世家》;《管蔡世家》;《宋微子世家》迳称之为武庚禄父。《竹书纪年》先言"武庚叛"，后言"王师灭殷，杀武庚禄父"[95]。《逸周书》第言禄父，不言武庚。而他书则第言武庚，而不言禄父。《白虎通·姓名篇》云："禄甫元名武庚"《书大传·洪范》郑玄注："武庚字禄父，纣子也。"颜师古《汉书·地理志》注："武庚即禄父也。"则直指其为一人。是则武庚禄父当为一人无疑。

武庚禄父为一人，金文中有彔子耶，又有称"王子耶"[96]"天子耶"[97]"多亚耶"者，是否皆为武庚？[98]案"武庚"是其庙号，如殷先王盘庚、武丁、武乙例。是以美称加上日名。禄父之名，本当做彔父，"禄"字所从之"示"乃周秦间所加为意符[99]。"父"为殷周之际男子的美称，"子"是其初封时爵位。以此视之，武庚、禄父、彔子耶皆为一人耳。《逸周书·作雒》篇成文在周初，故知其为禄父，与金文"彔子耶"之称相合。

王子耶之称标明其人是王子，商周时期所称王子者无例外是王之子，其例如纣的叔父王子比干（《孟子》《庄子》《韩非子》《荀子》）周桓王之子王子克（《左传》桓公十八年）周惠王之子王子带（《国语》《左传》《史记》）。武庚为帝辛之子，故有王子之称，如《逸周书》中既称其为"王子禄父"，又称为"王子武庚"。"天子"则可能为武庚僭号时自称。然天子耶觚铭文曰："天子耶作父丁彝"。那么此天子耶亦有可能非武庚。是则别有一名耶者，亦称天子。叩其两端，难得索解。

"多亚耶"是否武庚呢？商周之际，亚是地名，亦是职名。张懋镕《史密簋与西周乡遂制度——附论"周礼在齐"》对"亚"字分析，利用金文、甲骨文与《书·酒诰》互读，给人以很大的启发。张氏指出在《史密簋》铭文中，有"遂人乃执鄙宽亚"一句。宽亚与执鄙对文。所谓亚者，相对边鄙而言，当指畿内之地。能相印证者，甲骨文中"亚"与殷商疆域中的四至：东土、西土、南土、北土对文，与卜辞中"商"和四至对文相类。《书·酒诰》："越在外服，侯甸男卫邦伯，越在内服，百僚庶尹惟亚惟服宗工越百姓里居。"是亚为内服之一职名[100]。另外西周晚期的《黻簋》铭文："王曰：'黻，命汝司成周里人眾诸侯大亚。'"可证西周晚期，大亚仍是一内服王官职名。唐兰指出多亚之爵名亦见于甲金文。如《铁云藏龟》第51页有"多亚"之称[101]，《辛巳彝》曰："王饮多亚"。[102]多亚者，适与武庚的身份相称，《史记·周本纪》明言："封商纣子禄父殷之余民。武王为殷初定未集，乃使其弟管叔鲜、蔡叔度相禄父治殷。"《逸周书·作雒》则言："武王克殷，乃立王子禄父，俾守商祀。建管叔于东，建蔡叔霍叔于殷，俾监殷臣。"是则武庚之初封在殷之畿内，而畿内又分三国，邶鄘卫或各得亚之称，武庚守商祀，为其首领。故武庚之称为多亚耶，良有以也。多亚耶彝云"用作大子丁彝"，此大子丁不知何人。

《大保簋》所记的正是召公在东部与彔子耶（王子禄父）之战。大保簋是清道光咸丰年间发现的山东梁山出土的梁山七器之一。其他六器为《大保方鼎》《大史友甗》《白宪盉》《宪鼎》《大保鸮卣》《鲁公鼎》[103]。清人所说的寿张梁山，即今山东梁山县，其地位于今山东曲阜西北约50千米处，也就是商末周初，古奄国的左近。自奄国北上至燕地所经由之地[104]。"奄"文献中又名"商奄""商盖"[105]。奄与商同属东夷民族，奄之地曾经是殷先王南庚、阳甲和盘庚所都[106]。故三监之叛，奄实与其谋，并与薄姑、徐、盈等殷商旧部群起相应。召公与王子禄父在奄地之战，显然以召公的胜利告终，其后乃有召公父子北上定匽的征伐。

四、余 论

部分地同意陈梦家邶入于燕之说的同时，我怀疑三监叛后，武庚初奔之地，并非今河北，而是今山东一带。而在东国之叛被平定后，始北上而遁至燕地。从金文资料与文献资料相比照来看，武庚之叛并非在故殷之地彻底平定，《尚书大传》中说："周公摄政，一年定乱，二年克殷，三年践奄。"[107]《集解》引《括地志》云："兖州曲阜县奄里，即奄国之地也。"《史记·周本纪》亦云："初，管、蔡畔周，周公讨之，三年而毕定，故初作大诰，次作微子之命。"[108]《史记·鲁周公世家》："管、蔡、武庚等果率淮夷而反。周公乃奉成王命，兴师东伐，作大诰。遂诛管叔，杀武庚，放蔡叔。收殷余民，以封康叔于卫，封微子于宋，以奉殷祀。宁淮夷东土，二年而毕定。诸侯咸服宗周。"[109]而在此东征战役中，召公亦与其事。东征之战之后，周公专征伐于南方，召公则在北方。

梁山七器，以及近来琉璃河铜器的发现提供了武庚在北方活动的一些线索。琉璃河铜器中的克罍克盉铭文、匽侯鼎与堇鼎铭文都提到了一些北方的战事，这些资料显示召公的确曾远征殷遗至北燕。在这里摧毁了商遗民的最后根据地。

许多考古学家和历史学家曾认为商民族起源于我国东北地区。陈梦家注意到我国北方民族的起源神话的相似性之后，提出商民族起源于远至今朝鲜一带[110]。傅斯年则认为商民族也是古少皞民族的一支，起源于我国东北沿海地区，而山东兖州则是其最初的根据地之一[111]。到了70年代，金景芳根据文献资料也指出商文化起源于我国北方，其主要依据是《世本》中所说"契居番"和《书序》中"昭明居砥石"两句话[112]。丁山、高去寻、林沄等从商周史学家和考古学家的角度把商文化的起源定于今河北北京一带。并且指出文献中所说的"番"和"砥石"位于今河北和北京地区[113]。

如果商文化北方起源说能够成立的话，王子禄父（武庚）的北奔似也在情理之中。匽既是商民族的起源地也是其避居地。武庚北奔之匽，所寻求的无非是重整积蓄力量，以期再战，志图恢复。

匽之地名与商族祖先的其他名称一样都与其图腾信仰有一定的关系。殷祖名如夒、王亥、喾、俊皆如此例。商周时期的地名，我们看到有不少是与此匽字有关，如偃、偃师、鄾城、偃朱以及郾，而这些地名都与商民族有这样那样的关联。商周时期异地同名的现象所在皆有。此名往往是重要的都邑名、国名、部族名等。如"殷""商""亳"等皆一名数地，周人的"周""京""虢"等也是如此。此与当时各部族国家都邑的迁徙有关。匽之国名，何独不然？河南有之、河北有之，乌足为怪？以匽为名不无可能是商人的图腾信仰在作怪。陈梦家曾认为：商人所崇拜的"鶠"（匽）是凤凰，亦即玄鸟。我则认为所崇拜的是鸟（匽、鶠）的神秘性和神性，在现实中是对鸷鸟和猛禽的畏惧和认同。《诗·邶风·燕燕》学者常征引来谈商人的燕图腾问题。笔者曾撰文认为《诗·邶风·燕燕》，实际上也是周初商遗民的一首歌诗，而其作者很有可能是武庚。[114] 比较有意思的是，"燕燕"一词，在马王堆汉墓帛书《德行篇》中作"嬰嬰"（此嬰字固可能是匽的音假，但也可能为晏、匽之讹变），阜阳汉简作"匽"，上海楚简作"𪄸（鷗鷗）"[115]，恐怕很难说都是假借自"燕"。其诗本文恐怕应当是"鷗鷗于飞"。鷗字所代表的是商人所崇拜的鸟的神性，通常形象化为凤凰，而非燕子或乌鸦。

  人类学家杜克海姆（Emile Durkheim，又译涂尔干）曾经指出，在图腾文化中，一个宗族通过象征意义的手段崇拜自身[116]。被借用来崇拜自身的符号，与本族的安全、良好的生存状态以及继续求存的意念相关联。商人以神秘的鸟和鸟的神性为其宗族的象征符号，其心目中圣洁的可敬事物往往与鸟有关。其宗族的祖先与鸟有关，其宗族所创建、经略、经历的圣地也与鸟有关，甚至其宗族的经历、经验和情感亦可用匽鸟这一象征符号来启示表达。族人也本此宗族的象征符号来认同个人与其族类，并区分本族与异族，这种图腾圣物的象征意义，能够延及数世，只要这个族群作为群体仍然存在，或者这个群体的文化生命仍然存在，其图腾的象征意义便依然存在。晚至战国时期，宋国的最后一代国君宋康王[117]，于七百余年后，仍然执著地梦想着恢复和光大故殷的荣耀。比较有意思的是他名为"偃"[118]，立后十一年而自立为王，以光大殷族为职志。据《战国策·宋策》，王偃的争霸之心是由看到小鸟生大鸟而引发出来的：

    宋康王之时，有雀生鸇于城之陬。使史占之，曰："小而生巨，必霸天下。""康王大喜，于是灭滕，伐薛，取淮北之地，乃愈自信，欲霸之亟成。"[119]

  鸟之小而生巨，在康王心中引起图霸的信念。宋本微子后，亦被称为殷，《史记》载："君偃十一年，自立为王。东败齐，取五城；南败楚，取地三百里；西败魏军，乃与齐、魏为敌国。盛血以韦囊，县而射之，命曰'射天'。"偃急于称霸，光大殷国，其迹昭然。诸侯畏惧，皆曰"桀宋"。并说："宋其复为纣所为，不可不诛"。故王偃立四十七年而身死国灭。

  武庚之北遁，寻求其故地匽的庇护，和商末箕子北奔一样，需求的是其族群的庇护，也如春秋时期逃难公子都托庇于母国。然而禄父北奔之后，召公父子追奔逐北，消灭了殷的属国匽，仍因其地而就封。召公厎定北方匽地之后，即以殷遗之匽为其国名，一如武王灭商之后分封殷遗于邶鄘卫一样。不改国名，可能是出于安抚政策的需要。所以对武庚来说，故地匽毫未能栖身，反而为周人造就了一个北方的匽国，国祚八百年，与有周一代相终始。

  现在回头看来，我们似乎应当修正王国维先生"邶即是燕"和陈梦家先生"邶入于燕"的说法，似乎可以说是"邶遁于燕"。而换个角度来看，邶与匽都是殷遗的国家，最后又同在一处沦于败亡，那么，王国维先生"邶即是燕"的说法，又可以说是精确不刊。八十余年来关于邶国问题和燕国始封问题的研究，依然循着观堂先生所指示的方法路向继续深入，学者们所依据的也仍是观堂先生所提出的基本方法。而凭借新材料新认识，这一方法本身又在不断地精确化和否定王国维先生最初的论断，否定的同时，我们又不得不赞叹静安先生的预见性和洞察力。

注 释

[1] 杨宽：《西周史》，上海人民出版社，1999年，第131页；许倬云《西周史》，联经出版事业公司，1993年，第116~117页。

[2] 吴泽：《王国维全集：书信》，华世，1985年，第40页。

[3] 王国维：《观堂集林》，中华书局，1959年，第883、884页。

[4] 刘起釪谓："按高士奇《春秋地名考略》、江永《春秋地理考实》皆谓鄑中在临淄至莱芜间，为齐地。此误记。"见刘起釪《周初的"三监"与邶鄘卫三国及康叔的封地问题》，见《古史续辨》，中国社会科学出版社，1991年，第524页。

[5] 王国维：《观堂集林》，第884~886页。

[6] 见黄怀信、张懋镕、田旭东：《逸周书汇校集注》，上海古籍出版社，1995年，第545、546页。

[7] 黄怀信、张懋镕、田旭东：《逸周书汇校集注》，第544、555页。

[8] 《汉书》卷二八下，中华书局，1962年，第1647、1648页。

[9] 《史记·周本纪》正义引，见皇甫谧：《帝王世纪》，收入《二十五别史》，齐鲁书社，1998年，第43页；徐宗元：《帝王世纪辑存》，中华书局，1946年，第90页。

[10] 《史记·刘敬传》正义引，见徐宗元：《帝王世纪辑存》，中华书局，1964年，第91页。

[11] 郑玄《邶鄘卫谱》，见阮元校刻《重刊宋本十三经注疏》，中华书局，1980年，第295页。

[12] 王引之《三监》，见《经义述闻》卷三，江苏古籍出版社，2000年，页50下~53下。

[13] 见刘起釪：《周初的"三监"与邶鄘卫三国及康叔的封地问题》，见《古史续辨》，第515~520页。

[14] 《路史·国名纪·丁·邶》："武庚之封"。陈槃：《春秋大事表列国爵姓及存灭表譔异》，第464页下。

[15] 陈槃：《春秋大事表列国爵姓及存灭表譔异》，第464页。

[16] 白静川：《诗经蠡说》。见《中央研究院历史语言研究所集刊》外编第四种，第88页。

[17] 岛邦男：《殷墟卜辞研究》，第375页。

[18] 于省吾：《甲骨文字诂林》第146页。

[19] 詹鄞鑫：《释甲骨文"兆"字》，《古文字研究》第24辑，中华书局，2002年，第123~129页。

[20] 《路史·国名纪》，第37页，《四部备要》本。

[21] 陈槃：《春秋大事表列国爵姓及存灭表撰异》，第467页。

[22] 钱穆：《史记地名考》，商务印书馆，2001年，第298~299页。

[23] 许慎：《说文解字》，第131页。

[24] 陈槃：《春秋大事表列国爵姓及存灭表撰异》卷五，第464页上~464页下。

[25] 字形作"𠂤"似《杞伯𠂤》器中之"𠂤"字。《释文》隶定作"耳"字，可从。参照《王子耳觚》、《天子圣觚》之耳字，颇类"耳"旁之反书。

[26] 字形作⻎，不识。《集成》释作⻎，从羽从夷，《殷周金文集成释文》（以下简称《释文》）释作翏，皆未能从。见中国社会科学院考古学研究所编《殷周金文集成释文》，中文大学出版社，

2001年，第3993页。

[27]《释文》隶定为"兴"，惟其中间漫漶难辨，不类ㅂ（凡、同），文义颇类《四祀邲其卣》中"文陣武帝乙宜之 (陣)字，殆祭祀之义。李学勤释为"遗"，以为是"追"字的音假，殆追孝、追享之义。见李学勤《长子、中子好别子》，《故宫博物院院刊》2001年第6期，第3页，注9。

[28]《集成》，5299. 刘体智：《小校经阁金石文字》，大通书局，1979年。"北伯㲽鼎"旁注云："庚寅易州出土。"

[29] 容庚：《商周彝器通考》上，大通书局，1973年，第422页。

[30]《集成》，1991年。罗振玉：《贞松堂集古遗文》，2.22。

[31]《集成》，506。方濬益：《缀遗斋彝器考释》，台联国风出版社，1976年，第318页。

[32]《考古》1963年第4期，第224页；《文物》1963年第2期，第54页；《集成》，1719。

[33] 见郭沫若：《跋江陵与寿县出土铜器群》，《考古》，1963年第4期，第181页。

[34] 李学勤先生在《长子、中子和别子》一文中指出河南鹿邑太清宫所出"长子口"的长字为长子、次子的长，金文中亦有"中子䛒"的"中子"，皆序其行第，而非国名。然释江陵北子诸器的北子为别子，尚可商榷。理由如下：其一，李先生所据《书·舜典》："分北三苗"与《三国志·虞翻传》注引郑玄云："北，犹别也。"但揣其句意，"犹"并不等于说"北"就是"别"。《仪礼·乡射礼》："不方足。"郑玄注："方犹并也。"然"方"不等于"并"。其二，李先生解释别子为支子，然金文未有以"嫡""适""庶""支"自铭之例。其三，西周早期《北子耳簋》："㲽（䎃）乍（作）北子耳簋，用兴厥祖父日乙，其万年子子孙孙永宝。"䎃（长）是作器人，北子耳是受祭者，在这里按金文惯例作器人应是受祭人的子嗣或其他亲属。没有理由特别在铭文中指出受祭人是支子。故本文不从李先生此说。见李学勤：《长子、中子和别子》，第1～3页。

[35] 当然也有可能殷周之际不止一个唐国，以文献记载来看，很可能有两唐国，一在晋，一属楚。在晋者尧之后，周初唐人作乱，为成王所灭，乃封叔虞于唐。属楚者或说成王灭唐后，更封尧后刘累裔孙，乃曰唐；或说成王封叔虞于唐后，其子燮父之后，别封于唐。见陈槃：《春秋大事表列国爵姓及存灭表譔异》，册5，第404～406页。

[36] 荣伯之名亦见于《书·周官》："成王既伐东夷，肃慎来贺，王俾荣伯作贿肃慎之命。"伪孔《传》曰："荣，国名，同姓诸侯为卿大夫。"见阮元校刻《十三经注疏》，中华书局，1981年，第236页。《史记·周本纪》："厉王即位约十年，好利，近荣夷公。"是荣氏一族，显于西周之世。彝器中《荣子》之器约有十余件，多为西周早期制作，《荣子方彝》《荣子盘》《荣子戈》出于洛阳、开封等地。荣伯之名亦数见于彝铭，西周中晚期作品较多，如卯簋、康鼎、同簋、辅师嫠簋（辅师嫠簋铭中的荣伯郭沫若谓即荣夷公）。见郭沫若：《辅师嫠簋考释》，收入《文史论及》，人民出版社，1961年。

[37] 锺柏生：《殷商卜辞地理论丛·卜辞中所见殷王田猎地名考》，台北艺文印书馆，1989年。

[38] 雷学淇：《介庵经说》卷七，页4下～6上，《续修四库全书》，上海古籍出版社，1995年，册176，第179、180页。

[39] 陈梦家：《西周铜器断代》卷三，第149页。

[40] 中国社会科学院考古学研究所：《小屯南地甲骨》，第922、923页。

[41] 金岳：《滹沱河商族方国考——论燕初并灭商族方国》，《文物春秋》1995年第2期，第59～69页。
[42] 傅斯年：《大东小东说》，《国立中央研究院历史语言所集刊》第二本第一分（1930年），第101、102页。
[43] 王采枚：《论周初封燕及其相关问题》，见《燕文化研究论文集》，中国社会科学出版社，1995年，第151、152页。
[44] 《文物》1978年4期，第27页。《集成》，2703。
[45] 殷玮璋、曹淑琴：《周初太保器综合研究》，《考古学报》1991年第1期，第1～21页。
[46] 《集成》，2836。
[47] 罗振玉：《三代吉金文存》，14，10，7。
[48] 《考古》1974年第5期。
[49] 《考古》1974年第5期。
[50] 《考古》1974年第5期。
[51] 李学勤：《北京、辽宁出土青铜器与周初的燕》，见《新出青铜器研究》，文物出版社，1990年，第47页。
[52] 《考古》1974年第5期，第315页。《集成》，11860。
[53] 《考古》1974年第5期，第315页。《集成》，11861。
[54] 《考古》1990年第1期，第30页。
[55] 《考古》1984年第5期，第414页。《集成》，11887。
[56] 《考古》1984年第5期，第414页。《集成》，11011。
[57] 见王灿炽：《北京建都始于公元前1057年》，《中国地方志》1982年第6期；侯仁之：《论北京建成之始》，《北京社会科学》1990年第3期。
[58] 陈梦家：《西周铜器断代》卷二，第86页。
[59] 《集成》，10583。《集成》说明为战国时器，未审何据，以其字体现之，颇疑为春秋以前器物。
[60] 中国科学院考古研究所、北京市文物管理所、房山县文教局、琉璃河考古工作队：《北京附近发现的西周奴隶殉葬墓》，《考古》1974年第5期，第309～321页。《集成》，9703。
[61] 郾王职诸器见《集成》，11304，11480，11483，11514～11521，11526，11527，11634，11634等。
[62] 郾王喜诸器见《集成》，11277，11278，11482，11522，11523，11528，11529，11583～11585，11606，11607，11612～11617等。
[63] 郾王詈诸器见《集成》，11305，11350，11497，11524，11540，11530等。
[64] 郾王戎人诸器见《集成》，11273～11276，11498，11525，11531，11543，11536～11539等。
[65] 《马王堆汉墓帛书》整理小组以为当抄写于公元195年前后。见《马王堆汉墓帛书》整理小组：《马王堆汉墓帛书》第三编，文物出版社，1976年，册一，《出版说明》，第1页。
[66] 陈梦家：《西周铜器断代》二，见王梦旦《金文论文选》第一辑，第86、87页。
[67] 南燕国之姓，或作"佶"（《姓觿》），或作"结"（《路史后记》），或作"吉"（《诗·小雅·都人士》郑玄笺），其封地在今河南卫辉东南35里废胙城县。王夫之曰："其字或作郲。"见陈槃《春秋大事表列国爵姓及存灭表譔异》册二，第188、189页。

[68] 郭仁、田敬东：《琉璃河商周遗址为周初燕都说》，见陈光汇《燕文化研究论文集》，中国社会科学出版社，1995年，第123页。

[69] 葛英会：《燕国的部族及部族联合》，见《燕文化研究论文集》，第27页。

[70] 程长新：《北京顺义县牛栏山出土一组周初带铭铜器》，《文物》1983年第11期。

[71] Chen Zhi, "A Study of the Bird Cult of the Shang People," *Monumenta Sericccca* 47（1999）：127~147. 中译修订稿《殷人鸟崇拜研究》，收入《人文东方：旅外中国学者研究论集》，上海文艺出版社，2002年，第214~235页。

[72] 常征：《召公封燕及燕都考：兼辨燕山、燕易王、燕昭王》，见《燕文化研究论文集》，第133、134页。

[73] 《周初太保器综合研究》，《考古学报》1991年第1期，第1~21页；张亚初：《太保罍、盉铭文的再讨论》，《考古》1993年第1期，第60~67页。

[74] "罍"字不识。克罍盖铭中下多一"止"形作罍。殷玮璋疑其为方国名，其他学者都以为是动词。或释其字义为趋、至（陈平），或释为从"宀"从叔（张亚初），或释为"堻"（孙华），方述鑫释为"宅"（《太保罍、盉铭文考释》，《考古与文物》1992年第6期，第51页），李学勤从之（《克罍克盉的几个问题》，《第二届国际中国古文字学研讨会论文集》，香港：问学社有限公司，1993年，第205~208页）。

[75] 尹盛平同意殷玮璋张亚初的意见，认为"克"是助动词，是"能够"的意思，并指出其文例与《诗·鲁颂·閟宫》："俾侯于鲁"、《禹鼎》"克夹召先王"、《大保簋》"大保克敬亡遣"相类。余按金文中克作"能"解固多，但"令克侯于匽"、则不文。尹以为"令"字后宾语省略，其义当作命令太保能够侯于匽。命令某人侯于匽，文义贯通，略无滞碍；命令某人能够侯于匽，仍不辞。且下文"克罍匽"明言，克膺王命而罍匽。克是人名当无问题。尹盛平：《新出太保铜器铭文及周初分封诸侯授民问题》，见《西周史论文集》，陕西人民教育出版社，1993年，第221页。

[76] 陈平：《克罍、克盉铭文及其相关问题》，见《燕文化研究论文集》，第266~277页。同意克为人名者，有陈公柔、李学勤、刘雨、杜迺松、孙华等学者。见《北京琉璃河出土西周有铭铜器座谈纪要》，《考古》1989年第10期，第953~960页。

[77] 陈梦家：《西周铜器断代》三，第170、171页。

[78] 于省吾：《从商代甲骨文看商代的农田垦殖》，《考古》1972年第4期。

[79] 王叔岷云"案《御览》二百引此纣作殷，无北字。（一六二引此有北字。）《艺文类聚》五一引此亦无北字，《风俗通·皇霸篇》《金楼子·说蕃篇》并同。"见《史记斠证·燕召公世家第四》，《文史哲学报》第19期，第39页。

[80] 陈梦家：《西周铜器断代》卷一，第7页。

[81] 杨伯峻：《春秋左传注》，第1537页

[82] 傅斯年：《大东小东说》指出，齐太公之处封当为吕，《书·顾命》称其子丁公为吕伋，父子称吕，吕必为其封邑。东征之后，吕乃东迁而为齐。可备一说。见《国立中央研究院历史语言所集刊》第二本第一分（1930），第103~106页。郭克煜、梁方健、陈东、杨朝明合著《鲁国史》认为周公东征前，伯禽已被封于今河南鲁山一带。亦可备一说。见《鲁国史》，人民出版社，1994年，第45页。

[83] 《书序》正义引，见杨宽：《西周史》，第155页。
[84] 夏含夷（Edward L.Shaughnessy）认为此丰地盖与周故地之丰异地同名。前者位于鲁国境内。周公卒于丰乃卒于其封地内。可备一说。见夏含夷《周公居东新说：兼论〈召诰〉〈君奭〉著作背景和意旨》，收入陕西历史博物馆：《西周史论文集》，陕西人民教育出版社，1993年，第872～887页。
[85] 陈梦家：《西周铜器断代》，第157页。
[86] 关于保卣铭文的考释，见孙稚雏《保卣铭文汇释》，《古文字研究》第5辑（1981年1月），第191～210页。
[87] 彭裕商：《保卣新释》，《考古与文物》1998年第4期，第68～72页。彭并以为此处"保"非指召公。
[88] 蒋大沂：《史记汉兴以来诸侯年表》："太公封于齐，兼五侯地。"认为五侯是齐地的蒲姑氏等五个殷商旧的属国，但不包括徐、奄、熊、盈。此说虽未能必，但以现有资料来看，五侯为蒲姑氏等五个殷商旧国的可能性最大。见《保卣铭文汇释》第198页。
[89] 《史记》卷一，第133页。
[90] 见陈寿：《大保簋的复出和大保诸器》，《考古与文物》1980年第4期。见杜正胜《古代社会与国家》，第342页。
[91] 罗振玉：《三代吉金文存》卷八，第40页。
[92] 杜正胜：《古代社会与国家》，台北：允晨文化实业股份有限公司，1992年，第529～530页。
[93] 阮元校刻《十三经注疏》，中华书局，1981年，第398页。
[94] 阮元校刻《十三经注疏》，第2134页。
[95] 《竹书纪年》卷下，第1页下。
[96] 王子耳匜，见于省吾：《商周金文录遗》，1957年，14.39。
[97] 铭文云"天子耳作父丁彝"。见《天子耳觚》，见罗振玉：《三代吉金文存》，卷一四，第31页。《集成》，7296。
[98] 罗振玉：《三代吉金文存》，卷六，第49页。
[99] 高鸿缙：《字例》二篇，第208页。见周法高《金文诂林》，第4473页。
[100] 张懋镕：《史密簋与西周乡遂制度—附论"周礼在齐"》，《文物》1991年第1期，第26～31页。
[101] 按"多亚"一称，卜辞中多见。见姚孝燧《殷墟甲骨刻辞类纂》，第1115页。《合集》5677中"庚辰卜令多亚犬"指人。《合集》20249："乙丑在多亚"，30296："丁丑其祝王入于多亚"则指地。另有"作多亚"（《合集》21705、21707）、"不言多亚"（《合集》21631），不审何谓。
[102] 丁山：《甲骨文所见氏族及其制度》，中华书局，1988年，第47页。唐兰所举之《辛巳彝》即杜正胜所举之《多亚耳彝》，亦名《丽簋》，其铭文曰："辛巳，王饮多亚耳享京丽易贝二朋。用作大子丁🐾。"见《集成》，3975。
[103] 鲁公鼎，陈梦家疑为《周公作文王鼎》，因"清代学者多误读周字作鲁"。程梦家：《西周铜器断代》二，第80页。
[104] 谭其骧：《中国历史地图册》册一，第13、14页。

[105] 见《墨子·耕柱》《韩非子·说林上》。

[106] 《竹书纪年》载:"(男庚)三年自庇迁于奄。""(阳甲)元年壬戌王即位居奄。""(盘庚)元年丙寅王即位居奄。"故奄乃盘庚迁殷以前殷王三代所都。见《竹书纪年》卷上,台湾中华书局,1980年,页14下~15上。

[107] 刘恕:《资治通鉴外纪》卷三,第11页下,《四部丛刊》本。

[108] 《史记》卷四,第132页。

[109] 《史记》卷三三,第1518页。我认为三监叛后,徐蒲姑奄亦叛,周公东征,成王与召公亦与其役。而东国之战,实引发了后续的两场征战:一向北,由召公主其事,盖因"王子禄父北奔",故召公追奔逐北;一向南,由周公主其事,因徐夷淮夷之变,故有周公南向用兵之事。

[110] 陈梦家:《商代的神话与巫术》,第495~497页。

[111] 傅斯年:《夷夏东西说》卷三,第822~893页。

[112] 金景芳:《商文化起源于我国北方说》,《中华文史论丛》第7辑(1978),第65~70页。然金景芳先生的主要依据是《世本》中所说"契居番"和《书序》中"昭明居砥石"两句话。前者见郦道元《水经注》卷三,商务印书馆,1935年,第122页,"契居番"亦见于《路史·国名纪》(丙,第19页,《四部备要》本)及《帝王世纪》(徐宗元《帝王世纪辑存》,第61页)。"昭明居砥石"见孔颖达注《书序》(尚书注疏及补正)卷一,台北:世界书局,1963年,第2页上)。

[113] 丁山:《商周史料考证》,中华书局,1988年,第16~23页。

[114] Chen Zhi, "A New Reading of Yen-yen, Mao 28 of the *Book of songgs*," *Y'oung Pao* 85. 1(1999) : 1~22.

[115] 《上海博物馆藏战国楚竹书》,上海古籍出版社,2001年,第28,163页。

[116] 杜克海姆(E.Durkheim)和莫斯(M.Mauss):'De quelques formes primitives de classification: contribu-tion à l'étude des représentations collectives', *Année Sociologique*, vol.VI, pp.1-72, Paris, 1903 (English edition, translated by Rodney Needham, *Primitive Classification*, London and Chicago, 1963).

[117] 关于宋康王,见《史记》卷三八,第1631~1632页。钱穆疑康王(宋王偃)即传说中的徐偃王。见钱穆:《先秦诸子系年》,东大图书有限公司,1990年,第318~321页。

[118] 或以为偃乃王之谥,然《战国策》《吕氏春秋》《墨子》《新序》诸书,俱以偃谥康王,《荀子·王霸篇》称其谥为"献",钱穆指出,谥法无偃,偃王疑为王偃之倒文,钱穆《先秦诸子系年》,第370、371页。则"偃"固其名也。

[119] 何建章:《战国策注释》,中华书局,1992年,第1219页。

(原刊于《周勋初先生八十寿辰纪念文集》,中华书局,2008年)

北京琉璃河出土的西周卜甲
与召公卜"成周"
——召公曾来燕都考

曹定云

一、琉璃河西周卜甲之发现

1996年春、秋两季，北京市文物研究所、北京大学考古系和中国社会科学院考古研究所组成琉璃河考古队，对北京琉璃河西周燕国都城遗址进行考古发掘，取得了丰硕的成果[1]。尤其是在96LG11H108灰坑中出土的三片有字卜甲最引人注目。其中G11H108①：5为腹甲残片，正面刻有"其叙囗余"四字[2]，背面有双联方形凿；G11H108③：10为甲尾残片，正面刻"用贞"二字，背面亦为双联方形凿；G11H108①：4为腹甲甲首，正面刻有"成周"二字，背面甲首经过掏挖，正中凿一小坑，边棱以内有数组双联方形凿（图一）。这三片卜甲是北京西周燕国都城遗址此次发掘最为重要的发现之一，它们对于探索燕国建国历史中的某些关键问题具有特殊价值。

此次发现的卜甲是典型的周式卜甲：甲首经过掏挖，留有宽约0.5厘米的边棱；方形凿，凿坑排列整齐、密集；每个双联方形凿由一个正方形凿和一个长方形凿组成，后者破前者一边，正方形凿在内，长方形凿在外，左右甲对称；灼痕较大，方形凿内被灼呈焦黑状，有的竟灼破边框。卜甲上的文字也具有明显的周式特点：文字横向纵行；贞字上部带"卜"。以上特征均明显有别于殷式卜甲。

关于卜甲的时代，发掘者指出："H108①：4上的"成周"两字，具有明确的时代意义。"成周"为成王时所建的东部都邑，何尊铭文发现后，此观点已成定论。在灰坑108中发现"成周"字样的卜甲，表明H108的年代不应早于"成周"的建城年代，即其上限不超过成王时期"[3]。这个结论基本上是可信的。发掘者还指出："从卜甲出土情况看，这些卜甲当非有意保存，而是随意扔弃的，可能是"已则弃去之"，其年代当与灰坑年代同时。经近年发现和初步整理，琉璃河居址遗存可分为前后两期，前期相当西周早期。从器物变化特征看，早期又可进一步细分……H108所出器类与西周早期偏早者相似，故其年代相当于西周早期偏早阶段，即接近于成王时期"[4]，这为我们进一步考察卜甲的年代提供了依据。

这三片卜甲，发掘者认为"至少分属两个以上个体"[5]，此说似可商榷。因为，这三片卜甲分别出自龟甲的头部、腹部、尾部，除头部卜甲稍大外，腹部、尾部卜甲都很小，而且字体风格一致，很难说它们不会是一龟之折。殷墟出土的卜甲中，一片大的龟甲碎为几十片甚至上百片乃为常事，不足为奇。从内容上看，第1片"其叙□余……"，"余"可能是占卜主体，凡称"余"者，其地位都很高，不是王就是地位极高的大臣，这在殷周卜辞中已是常例；第3片"成周"可能是占卜之结果；第2片"用贞"二字是用辞，意即"用此贞也"。因此，这三片卜甲在内容上互相联系，所载是一件完整的事情，不应当割裂，可能与占卜"成周"有关。

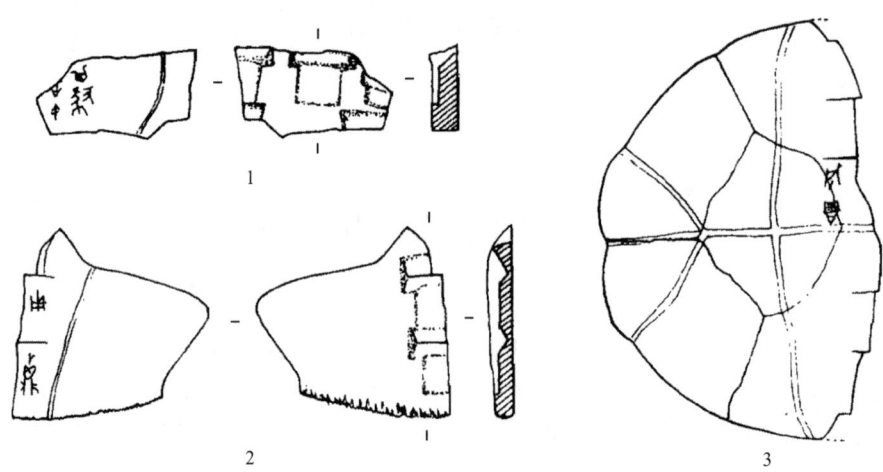

图一 琉璃河出土卜甲
1. G11H108①：5　2. G11H108③：10　3. G11H108①：4

二、卜甲为召公卜"成周"时遗物

琉璃河西周遗址所出卜甲文字中，"成周"二字最为重要。目前所知周原以外的西周卜甲为数不多，而这些为数不多的西周卜甲都是十分重要的，都是为大事而卜，琉璃河卜甲亦不应例外。卜甲直言"成周"二字，而不言"在成周"，说明该片卜甲与占卜"成周"有关。西周燕国本是召公封地，而召公又是西周初年最具权威的占卜者，当时最重大的事情几乎都和他的占卜相联系。关于这一点，我在《河北邢台市出土西周卜辞与邢国受封选址》一文中，已作过详细论述[6]。如今，燕国封地内又出现了带有"成周"字样的卜甲，人们会很自然地将此事与召公相联系。

召公，一作邵公，名奭，据《史记》记载，与周王同姓，可能因才华出众而受文王重视，采邑在召（今陕西歧山西南），故称为召公或召伯。他因辅佐武王灭商有大功而被封于燕，成王时任太保，与周公一起共同辅佐成王。召公的特长是占卜，这非常重要。在当时的社会生活中，占卜者是神的意志的转达者，具有无上的权威。正是由于这个原因，摄政的周公也要尊重召公的意见，与其共同处理国政。

武王在灭商的战争过程中，曾以洛邑作为活动中心，并准备在灭商以后将政治中心迁移到此处。这件事史载有征，《史记·周本记》："太史公曰：周伐纣，居洛邑"；

何尊铭："……唯武王既克大邑商，则廷告于天，曰：余其宅兹中或（国）……"。当时所谓的"中国"，就是指以洛邑为中心的广大中原地区。周在灭商以前乃西方小邦，灭商以后要想巩固自己的统治地位，必须将政治、军事重心移到中原来。这是作为政治家的周武王的明智之举，也是他的远见卓识。但灭商后仅两年周武王便去世，未能实现夙愿。成王即位之后，作为辅佐大臣的周公和召公，要完成武王的遗志，将统治重心移至中原，营造洛邑。《史记·周本纪》："成王在丰，使召公复营洛邑如武王之意"，成王当时年幼，这个意见必然出自周公。"如武王之意"，就是要按照武王的意思来营造洛邑，实现他的遗愿。可见这件大事，很快被西周最高统治集团提上议事日程，将付诸实施。

营造一座新的城池，首要的事情就是相宅，这件大事自然落到了召公的身上。《尚书·召诰》："成王在丰，欲宅洛邑，使召公先相宅，作召诰"，伪孔《传》："相所居而卜之，遂以陈戒"。这是召公受命卜宅的历史记载。召公受命之后赶到洛邑，为选址而占卜。《尚书·洛诰》中周公对此事有详细说明："予惟乙卯，朝至于洛师。我卜河朔黎水；我乃卜涧水东，瀍水西，惟洛食"，伪孔《传》："我使人卜河北黎水上，不吉；又卜涧瀍之间，南近洛，吉"。《洛诰》又云："我又卜瀍水东，亦惟洛食。併来以图及献卜"，孔颖达《正义》引郑玄《注》："今洛阳。将定下都迁殷顽民故并卜之，遣使以所卜地图及所卜吉兆来告成王"。这里的"予"即"余"，周公自称；这里的"我卜"并非周公自卜，而是召公卜，是召公受命先期到达洛邑所作的准备之事。周公到达后，同意召公的选择，将所卜地图和吉兆送告成王。《尚书·洛浩序》："召公既相宅，周公往营成周，使来告卜。"可见营造新邑一事完全是召公和周公合作所为，召公卜宅在先，周公营造在后，召公先期的占卜起着至关重要的作用。

新邑之落成在成王五年，此事何尊铭文有明确记载："唯王初迁宅于成周……唯王五祀。"《逸周书·作洛》云："（周公）及将致政，乃作大邑成周于中土"，这条记载说明，成周之营建是在周公摄政的晚期。周公摄政一共七年，成王五年是周公摄政的晚期，与史实基本相符。同时，这条记载还证明，周公摄政并未另立年号，而是尊成王之年号为年号。那种认为周公摄政曾另立年号的说法是与历史相违的。

新邑在落成之前称为"洛师"，这在前引的《洛诰》中有明确记载。"师"者，为军旅所驻之地，这是武王伐纣时曾在此驻军的真实反映，灭商以后，这里仍当驻有重兵。新邑落成之时，应该有一个新的地名。殷周时代，地名一般是和部落之名相联系：商人居住过的不少重要地方都叫"商"，周人居住过的重要地方则叫"周"。我们现在确知周人居住过的地方名"周"者有四处。一是《花东》102、《花东》321[7]中所载的"中周"，此"中周"既是人名，又是国名和地名。关于"中周"地望，据我们初步推断，若在今陕西彬县、旬邑一带，则离断泾遗址不会太远[8]。至于为什么叫"中周"目前仍不得其解。二是"岐周"，这是古公亶父所迁之地，因附近有岐山，故名"岐周"，是周人的兴隆之地。三是晋南的周阳县，《涑水经》："西过周阳县南"，《注》云："《竹书纪年》晋献公二十五年正月翟人伐晋，周有白兔舞于市，即是邑也"这里所以名"周"，可能与周初分封过一些姬姓诸侯国有关[9]。四是本文讨论的"成周"，这是周人灭商以后在中原地区建立的政治、军事重镇。为何名"成周"？我认为，应与成王所迁之都有关。何尊明言"唯王初迁宅于成周"，这是"成周"之名首次出现，时间是在成王五年。"成周"是成王所迁（居）之"周"，故云"成周"，这是一种合理的解释。"成周"之名很可能是召公所取，其时间应该在新邑快要落成之时。琉璃河西周卜甲上"成周"二字应与此有非常密切的关系，可能就是占卜取名的结果。因此，琉璃河出土的西周卜甲，应是召公为"成周"取名的遗物，其时间当在成王五年下半年的后期。

三、"成周"卜甲是召公带入燕都

占卜"成周"的卜甲在燕都发现，是一个值得研究的问题。"燕"本是召公封地，《史记·燕世家》云："召公奭与周同姓，姓姬氏。周武王之灭封，封召公于北燕"，《索隐》："……后武王封之北燕，在今幽州蓟县故城是也"。这表明燕国最早之封在西周初年，其封地应在今日的北京附近。而琉璃河西周城址和墓地的发现，则为此作了最好的验证。琉璃河西周古城遗址是召公"北燕"之所在，而占卜"成周"之卜甲，就是在此处发现，这绝不是巧合，二者之间应有必然的联系。

史籍记载表明，召公受封之后，并没有到燕地为侯，而是以元子就封；他本人继续留在宗周，辅佐成王。北京琉璃河1193号大墓[10]出土的克罍、克盉说明了这一点。二器铭云："王曰：太保，唯乃明，乃鬯享于乃辟，余大对乃享，令克侯于匽（燕）……"，说明克是第一代燕侯。琉璃河253号墓[11]出土的堇鼎铭："匽（燕）侯命堇饴大保于宗周。庚申，大保赏堇贝……"，这是堇受燕侯之命到宗周向大保进献礼物，而后大保又赏赐堇贝。此大保就是召公，这充分证明了召公确实没有就任燕侯，第一代燕侯也确实不是召公。这一历史事实基本可以定论。

召公未就任燕侯，并不等于他没有到过燕都，这是两个不同的问题。从当时的情况看，召公不可能不到燕都。第一，在平叛武庚叛乱的过程中，"周公和召公是分路进行的：周公征讨的重点在东面和东南，即伐淮夷、奄和薄姑；召公征讨的重点在东北，追击北奔的禄父和其他的反夷。平定叛乱之后的一段时间内，东北一路的政务实际上由召公管理"[12]。在这种情况下，他不可能不到燕都，因为燕地乃东北一路的咽喉之地，是殷代燕国之所在[13]。燕国之稳定关系到西周王朝的安危。作为东北一路的最高行政长官，召公不能置燕国于不顾。第二，周初大分封后（大分封实际是在平定武庚叛乱之后）召公曾到过今河北的邢台，为邢国受封建城选址而占卜[14]。邢国乃周公之子的封邑，召公到此为选址而占卜，肯定是受邢侯之请、周公之托。燕国不仅是召公自己的封邑，而且他的长子在此就任。邢国建城选址他都曾前往，更何况是燕国。基于以上两个原因，召公周初到燕都完全是情理之中的事。

召公卜建"成周"应当在成王五年，卜建邢国都城则是在卜建"成周"之后。邢国再往北不远就是燕国封地，成周、邢都、燕都三点一线，三个地方的选址都可能是卜自召公。他到邢国卜选城址，可能是路过，顺便而为，而到燕国卜选城址才是真正要办的大事，这三件事情在时间上相距较近。召公为"新邑"卜城选址的卜甲，文献明确记载已由王史献交成王检验。而他为"成周"占卜取名的卜甲，形成年代在"成周"快要落成之时，没有必要马上献交成王，而是随身携带。如此重物，只有他可以随身携带，别人是不能携带的。而这片占卜"成周"的卜甲，恰恰在燕国都城遗址被发现，这是召公到达燕国都城的最好证明。

根据以上情况，可以得出这样的结论：琉璃河西周卜甲不是燕国本国的占卜之物，而是召公为"成周"占卜取名时的遗物，是召公到达燕国后所遗留。"成周"卜甲被带到燕都后，不会很快被扔弃。此物原本是要由召公带回宗周的，但后来由于某种原因而被遗留在燕地，久而久之也就进入了H108坑中。发掘者将此坑的时代定在"成周"建成之后的西周早期，应当是可信的。往事已成为历史，但我们仍可通过考古发现的珍贵遗物，窥看数千年前的精彩一幕。

注　释

[1] 琉璃河考古队：《琉璃河遗址1996年度发掘简报》，《文物》1997年第6期。
[2] 该片左下最后一字简报未释，细审应为"余"字。
[3] 雷兴山、郑文兰、王鑫：《北京琉璃河遗址新出卜甲浅识》，《中国文物报》1997年3月30日。
[4] 同[3]。
[5] 琉璃河考古队：《北京琉璃河遗址发掘又获中重大收获》，《中国文物报》1997年1月12日。
[6] 曹定云：《河北邢台市出土西周卜辞与邢国受封选址——召公奭参政占卜考》，《考古》2003年第1期。
[7] 中国社会科学院考古研究所：《殷墟花园庄东地甲骨》，云南人民出版社，2003年。《花东》102、《花东》321分别指该书第102、321片卜辞。
[8] 曹定云、刘一曼：《殷墟花园庄东地出土甲骨卜辞中的"中周"与早期殷周关系》，《考古》2005年第9期。
[9] 同[8]。
[10] 中国社会科学院考古研究所、北京市文物研究所琉璃河考古队：《北京琉璃河1193号大墓发掘简报》，《考古》1990年第1期。
[11] 北京市文物研究所：《琉璃河西周燕国墓地》，文物出版社，2005年。
[12] 同[6]。
[13] 曹定云：《殷代燕国考》，《人文与社会》第2期，台湾义守大学人文与社会学报编辑委员会出版，2003年。
[14] 同[6]。

（原刊于《考古》2008年第6期）

燕都兴废、迁徙谈

陈　平

一、初都"燕亳"的兴废与迁徙

当今中国史学界一般认为，姬姓燕国的初都是位于今北京市房山区琉璃河镇董家林村的那座古城。但这一认识来之不易，是历史考古工作者经过了三十多年的辛勤发掘和潜心研究才获得的真知硕果。

三十多年前，在房山琉璃河古燕都遗址未被发现时，人们对这个问题的有关认识基本上还处于一片混沌之中。从东汉班固的《汉书·地理志》到清儒江永的《春秋地理考实》，许多古书都说燕国的初都就是今北京城区以内的古蓟城；唐人张守节在《史记正义》中引徐才《宗国都城记》为据，说燕国的初都应当位于唐渔阳（今密云县）东南六十里的燕山之野；宋代官修地书《太平寰宇记》又说，燕国的初都应在北宋易县境内的废涞水县城一带；先秦古籍《礼记·乐记》说，周武王已把蓟城先封给了黄帝之后；而《史记·周本记》又说，周武王把蓟城先封给了帝尧之后；唐人陆德明在《经典释文》中说，封于蓟的黄帝之后与召公奭同姓姬，因此召公奭就是封于蓟的黄帝之后；宋人欧阳忞《舆地广记》又说，武王先封黄帝之后于蓟，封召公于北燕，而后成王时更封召公于蓟为燕；近人傅斯年与台湾学者陈盘等先生认为，姬姓燕国的初都应在今河南郾城，位于今京津冀辽的北燕是后来迁封的结果；近代学者齐思和先生早年又认为，北燕不是周初王室宗支姬姓的封国，而是春秋时期姬姓戎狄部族的自立之国。真可谓众说纷纭，但却无有一是。这是因为真正的燕国初都北京房山琉璃河董家林古城尚未被人们发现和认识。那时大家都如瞎子摸象，在黑暗中乱闯。是考古工作者凿破混沌，发现、发掘并公布了北京房山琉璃河董家林古城和黄土坡出有周初郾（燕）侯铭文铜器的古墓等重要考古资料，证实了这里便是西周早期最初的燕国都城。

说到燕国初都董家林古城的始建年代，我们就不能不联系到《史记》与《左传》等古籍的有关记载。《史记》的《燕世家》与《周本纪》都只说周武王封召公于燕或北燕，却没有像提到太公时说封之于营丘曰齐，或像提到周公时说封之于曲阜曰鲁。这似乎表明：召公当初的封国与都邑同名，皆为"燕"；而这个以燕邑为都的燕国，显然在召公被封以前的商代就已经存在多年了。它应当就是《左传》昭公九年詹桓伯提起的那个"燕亳"。"亳"，为商代都城的专称，就像周代称都城为"京"，楚人称都城为"郢"一样，商代与商国族的特色均极鲜明。这个始建于商代燕国的燕亳城，应当就是董家林周初燕国都城渊源所自与直接前身。燕国初都承袭于商代燕亳的形式，可能有两种。一，是直接沿用商代燕亳城垣之旧构，稍加增修而成；二，是在商代燕亳城以内、以外或近侧另筑新城，名称则仍沿商代燕亳之旧。

对董家林燕国初都的始建年代，人们的认识也有一个进化过程。20世纪八十年代初，主持琉璃河遗址发掘的郭仁、田敬东先生，曾依据1976年发现两座商末周初小墓分别打破东城与北城墙内护坡的现象，撰文认为该城的始建年代最迟不晚于商末[1]。这一意见，一度曾得到不少学者的支持与赞成。1995年8月，在琉璃河燕文明国际学术研讨会上，李伯谦等几位先生发言，把田文所说打破董家林古城内护坡的那两座小墓的年代改定为周初，并断言这种打破为同期打破，推定城垣的始建年代既不晚于但也不早于周初。当时，由于所谓"同期打破"拿不出充足的实证，对那两座小墓的年代究为商末周初还是周初也认识不一，因此有些学者仍然认为：以上现象，至多只能说明董家林古城始建年代的下限不晚于周初，却不足以证明其上限不能早到晚商。1995年至1996年，考古工作者对董家林古城首次作了较大规模的发掘，总面积近三千平方米，解剖城墙三处，出土陶、石、玉、骨等各类遗物千余件。在北城墙内护坡上又发现一座打破该内护坡的周初小墓，在东城墙北部发现用卵石堆砌而成的东西向排水沟一道，在96G108号灰坑发现刻有"成周"等字样的有字卜甲三片。关于打破北城内护坡的周初古墓，原报道推测它与78M2一样，应与某种筑城仪式有关[2]。如果真是如此，那当然是籍以判定该城当兴建于周初的佳证。然而，田文所说76年发掘的MI、M2（按：即近期报道所说78M1、M2）和新近发掘的一座打破城墙内护坡的周初小墓，资料至今均未正式发表。三墓到底是否与某种筑城仪式有关，因而可资之判定城垣始筑于周初，外人无法置喙。这不能不说是件令人遗憾的事情。因此，我们呼吁发掘者尽快公布这三墓的全部原始资料，以期展开讨论，解决有关学术问题。出有"成周"等甲骨的96G108号坑，原报道从地层与出土器物字体等方面判定其年代亦为周初。这当然可以作为该城始建年代的下限不晚于周初的一个辅证，但同样也不能限定其上限不得早至晚商。最能说明董家林古城始建年代的过硬材料，是原报道称在城墙夯土内出有少量西周早期陶片的重要现象。如果该城是一次筑成的，或陶片出于最早期地层，且为夯土中年代最晚之陶片，而年代又确属周初，再结合城墙内护坡被三座周初墓打破的现象综合判断，自然足可得出该城只能兴建于周初的唯一结论。而上述几个假设，似乎都还有待于进一步得到证实。应当指出：周初或西周早期，仍然是一个不够确定的年代学概念，即使董家林古城确被敲定为兴建于周初，它仍与确定武王伐纣、召公封燕于公元何年之间有着相当的距离。因此，对有关发现在年代学上的意义，既不可估计过低，但也不可估计过高。

笔者认为，武王灭纣与封召公于燕之年，并不完全等于北京建城或建都之年。因为要说建城，在今日北京市范围内，在商代早就建成了燕亳与蓟邑两座城；要说建都，这两座城也分别是商代燕、蓟两国的都城。此外，武王灭纣、封召公于燕之年，也不完全等于姬周北燕实际建国、兴筑董家林古城之年。因为文献与考古资料都说明，召公封燕与召公之子实际代就封于燕可能并不同步，后者可能要滞后到成王初年。在1995年8月琉璃河燕文明国际学术研讨会上，笔者曾提交论文，根据琉璃河1193号大墓所出克器铭事燕六族中有位于今山东、河南交界处的永城县酂城镇一带的徐淮东夷古赵国族的重要线索，作出了克确为召公首位代就封于燕的元子、其至燕就封之年不得早于周初成王命周、召二公东征徐淮反夷获胜之年的判断[3]。如果董家林古城是召公元子克至燕后所新筑，那么该城的兴建之年，似乎同样也不得早于成王命周、召二公东征徐淮反夷获胜之年。即令将来能完全证实董家林古城乃易地另筑于周初，从而表明笔者所假设的董家林古城承袭商代燕亳的第一种形式（于旧城址上增修）不存在，但也不能排除其承袭的第二种形式（于商代燕亳城以内、以外或近侧另筑新城）存在的可能性。董家林古城的边长仅八百余米，比之与其地位相当的齐临淄故城、鲁曲阜故城边长达三千米左右者规模过于偏小，因此曲英杰先生推测董家林现已发现的古城或许只是原燕国初都的宫城[4]；北京大学的严文明教授在1995年8月琉璃河会议发言中，也提醒人们要注意在董家林古城附近是否还另有商城。以上两位先生的意见，我以为很值得重视。到底在董家林古城的外围或近侧是否还另外潜伏着一座商代的"燕亳"城，确实是一个值得追寻或弄清的问题。

由于在最近的发掘中发现城墙内护坡部分地段被西周晚期层位打破和护城河被包含有西周晚期陶片的淤泥层所覆盖，因此有关报道判定该城的废弃年代不晚于西周晚期的说法，我以为是大体正确而可信的。当然，从另一个角度推测，该城废弃年代也有可能早到西周中、晚期之际。至于其废弃的原因，由于文献缺载和相应考古发现的不足，目前还只能作一些推测。我以为，其第一种可能性，或是因遇洪水战乱一类的天灾人祸，该城已严重被毁，故而不得不弃旧图新。据报道，该城南垣已于早期被大石河洪水冲毁，如果其年代恰在西周中、晚期之际，则其事就不失为该城废弃之一由。第二种可能性，或是另外已寻得、占有了更为理想的新都，故而主动弃旧图新。而后这一种可能性，似乎与蓟城始为燕都的年代多少有点关系。

二、上都蓟城的兴废与迁徙

从《礼记·乐记》武王克殷反商未及下车而封黄帝之后于蓟，或《史记·周本记》武王封帝尧之后于蓟的有关记载分析，最晚在武王克殷前的晚商，蓟城就应已存在多年了。其城的始建年代，则是个未知数。至于姬周燕国何时始以蓟城为都，史无明文，难以确言。但周初武王时肯定没有把蓟封给召公作燕都，唐人陆德明《经典释文》中被武王封于蓟的黄帝之后即召公姬奭的说法也显然是靠不住的。从董家林燕国初都至西周中、晚期之际方始废弃的迹象分析，宋人欧阳忞《舆地广记》中所谓武王先封召公于燕，成王更封召公于蓟为燕的说法，同样也是不可靠的。唐人张守节《史记正义》"蓟、燕二国俱武王立"、后"蓟微燕盛，乃并蓟居之"的意见虽差可称是，但燕人究于何时方始并蓟而居之、又于何时始以蓟为都？也是史无明文，还要靠我们去探求。前两年，我在一本小书中曾推测，燕并蓟为都之年或许在西周的中期或晚期[5]。最新的考古成果显示，燕国初都董家林古城的废弃年代最晚不晚于西周晚期[6]。那么，其最早也就完全可以早到西周的中期或中、晚期之际。如果假定燕人在废弃了董家林初都后就迁往蓟城的话，那么笔者前两年所作燕人以蓟为都在西周中期或晚期的推测，似乎侥幸还有几分道理。

笔者认为，琉璃河燕国初都被废弃的原因，更大的可能或许是那时燕人已先期攻占兼并了比起初都更为理想的都城——蓟城。从晚清光绪年间在卢沟桥、1976 年在昌平白浮、1982 年在顺义牛栏山三地均有带䇲侯或䇲、㠱（䇲的异文）字样的有铭青铜器出土的情况分析[7]，夹在这三地之间的上古蓟城，很可能就是与䇲形音两近而相通的商代北方大国箕国的都邑，也是当时中国北方最大的都邑。燕人兼并蓟邑后即以其为新都而弃其董家林初都，从情理上还是讲得通的。不过，从燕人并有蓟到以蓟为都，从以蓟为都到以蓟为上都，可能并非同时之事，其中或许还有一段年代间隔。并蓟有之，或在西周中、晚期之际；以蓟为都，或在西周晚期偏早；以蓟名曰上都，则有可能要晚到战国中期的燕昭王之世。

史学界在过去几年中曾有一个流传极广、影响极大的说法，说是燕国以蓟为都当始于春秋中期燕襄公或燕襄王之世。其唯一的根据，则是成书于战国晚期或秦代的《韩非子》一书中《有度篇》里的"燕襄王以河为境，以蓟为国"这样一句话。论者认为，史于燕国无襄王，故《有度》中"以蓟为国"（按：亦即为国都）的燕襄王，当是谥号为"襄"而仅见于春秋中期的燕襄公之误[8]。有的学者基于这一想法，在引用《有度》时干脆便将书中的"燕襄王"改成了"燕襄公"[9]；有的则直接便说，是春秋中期的燕襄王将蓟城当作了国都[10]。必须郑重指出：这一流行说法及其各种表现形式，从根本上讲都是错误的，有的甚至还属于一种常识性错误。首先，只是《史记》于燕无襄王，而决非"史"于燕无襄王。《汉书·武五子传》云："且燕国虽小，成周之建国也，上自召公，下及昭襄。"其中居于晚下之燕昭襄王，当即《韩非子·有度》中的燕襄王。《战国策·秦三·秦客卿造谓穰侯章》云："君欲成之，何不使人谓燕相国曰：'因天下之力，伐雠国之齐，报惠王之耻，成昭王之功。'"《战国策》此章，仍完整保存在前些年湖南长沙马王堆汉墓出土的《战国纵横家书》第十九章《秦客卿造谓穰侯章》中。不同的是在《战国策》作"成昭王之功"之语，在《战国纵横家书》中赫然正写作"成昭襄王之功"[11]。这便以铁的证据表明：《纵横家书》中的燕昭襄王，就是《战国策》中的燕昭王；在历史上燕昭王有双谥曰燕昭襄王，就好比秦昭王亦有双谥作秦昭襄王一样；其谥号合之则为燕昭襄王，两析而言之，则一为燕昭王，另一为燕襄王；《韩非子·有度》中"以河为境，以蓟为国"的"燕襄王"，就是战国中期的燕昭王，而决非春秋中期的燕襄公之误。燕在战国中期的燕易王十年（公元前 323 年）始称王之前，从无国君称王[12]。因此，根本就不存在什么春秋中期的燕襄王，这乃是一个常识。总之，以《韩非子·有度》"燕襄王以河为境，以蓟为国"为据，将燕以蓟为都的起始年代定在春秋中期的燕襄公或所谓的"燕襄王"时期是完全错误的，此说应尽快予以纠正。此外，客观地讲，燕始以蓟为都之年，恐怕也不至于晚到战国中晚期的燕昭王之世。从董家林古城废弃于西周晚期的迹象看，燕国很可能在这时就已经以蓟为都了。当然，这只是一种推测，确否似乎还有待于将来进一步证实。

蓟城在西周中、晚期可能曾为燕都，于春秋早期末燕都可能曾随桓侯徙临易，于春秋晚期燕悼、共时可能曾徙都于蓟或中都，于战国中期文公时可能又曾徙易，而于战国中期昭王时曾徙都于易县下都武阳城，而同时兼有上、中二都。蓟城燕亡后，秦汉仍为蓟城至唐幽州，辽为南京。至金，拓其东西南三面为中都。元徙大都后，蓟城方最后废弃。明嘉靖后，复为北京外城所据。西晋元康时永定河冲垮蓟城东面，蓟城可能曾作过一次距离为一至二里余的水平东移（详论见下文有关章节和拙文《燕亳与蓟城的再探讨》）[13]。

三、关于"燕桓侯徙临易"

燕国除有可能在西周中、晚期之际曾把都城自今房山琉璃河董家林迁徙到位于今北京市区宣武门、和平门一带的古蓟城之外[14]，此后还曾作过多次迁徙。其中上距迁都蓟城最近的一次，有可能就是《世本》所载发生在春秋早期晚段的"燕桓侯徙临易"。考《史记·燕世家》载燕计有一桓侯、两桓公。先秦古籍于公、侯每相混，而《史记集解》将《世本》之语附于春秋早期晚段的燕庄公之父燕桓侯（公元前698~前691）名下，表明其作者刘宋裴骃认为"徙临易"的当即这位"桓侯"。然而，《集解》的上述认定是否可靠，却有待商量。郦道元《水经·易水注》云："易水又东径易县故城南，昔燕文公徙易，即此城也。"史载燕前后有二文公，而战国中期的燕文公（前361~前333）之父恰为燕桓公，当然也可呼为燕桓侯，而临易与易又本为一地，故清儒张澍在给《世本》"燕桓侯徙临易"语作注时先引《水经注》上则，然后说："是徙易者非桓侯矣。桓侯父宣侯，子庄公。"其言下颇有《世本》"徙临易"之"桓侯"非春秋时父宣侯子庄公之桓侯而应为战国时子为文公之桓公之意。汉人宋忠注《世本》燕桓侯所徙之临易曰："今河间府易县是也。"汉河间府易县故城，《括地志》云，在唐幽州归义县东南十五里，其地即燕桓侯徙都之临易；清《一统志》云，其地在清保定府雄县西北，某地当即在今河北雄县西北。

1966年与1979年，位于河北雄县城西北11千米的容城县晾马台公社西北阳村，曾出土过春秋战国时期燕国的铜壶一、铜鼎一、铜壶盖二。一铜壶口沿阴刻有"左征"二字；一铜壶近铺首处阴刻有"西宫"二字，壶口与盖沿都阴刻有"右征尹"三字。简报的作者认为：这些文物年代属春秋战国时期，出土地点又位于燕地国都临易即易京一带，"西宫"等有铭铜器的出土为探讨燕国易京位置提供了珍贵的实物资料[15]。1981年春，河北容城县的考古工作者在晾马台乡进行了考古调查，结果在该乡南阳村又发现了"燕国城"和"晾马台"两座大型春秋战国时期燕国的台地文化遗址，征集清理出了有铭铜器、陶器及骨器等文物40多件。"燕国城"遗址出有带"易市"陶文的陶碗一件；1958年在南阳遗址附近曾出土过"燕王职戈"一件；1981年又于此发现铜鼎二、"西宫"铜壶一、"左征"铜壶盖一、银盘一；1984年出土过燕首刀币百余枚；1988年又出土过铭为"燕侯载之萃锯"的铜戈三件、燕刀币二百余枚、铜凿、陶鬲、罐、豆、筒瓦等各类文物数十件，陶罐肩部也有"易市"陶文。在南阳遗址以东三公里的古易水今大清河西侧，在雄县城西北八公里的古贤村，还发现有"大城"遗址一座。古贤村原名古县村，即汉儒宋忠所言"燕桓侯徙临易"所在的汉河间府易县故城所在之村。古贤村古城仍在，分为"大城"与"南城"两城，"大城"南北长1000米，东西长1200米[16]。其分南、北两城的格局，与今河北易县燕下都武阳城分为东、西二城，赵都邯郸分为南、北大小二城，均十分相似。容城南阳遗址的"燕国城"与"晾马台"两处高台文化遗址，很可能也是南北二城的格局。铜壶上的"左征"、"右征尹",当系燕都内府之官署名;而"西宫"铜壶与"易市"陶器的发现,更与燕国之都城宫禁直接相关。种种迹象均足以说明,从河北雄县古贤村"大城"到容城晾马台"燕国城"之间,应为燕国古都临易与易京之所在。过去,有的学者曾以这一带所出铜器年代属战国中晚期与燕桓侯、燕文公时代不符和这一带尚无能确定其为燕易京之故城址为由,否定这里当为燕都临易与易京之所在,而将燕都临易与易京指为今河北易县的燕下都[17]。现在看来,这一类意见恐怕是不对的。南阳遗址位于容城县东十四公里、雄县城西北十一公里处,古贤村古城遗址位于雄县城西北八公里处,二者均与清《一统志》所指燕都临易在"今保定府雄县西北"的记载相符。三柄带有"燕侯载"铭文的铜戈在南阳遗址的出土,说明南阳遗址有可能在早于燕文公五代的燕成侯载时或更早就已作了燕都。看来,《世本》"燕桓侯徙临易"和《水经·易水注》"燕文公徙易"的两则记载,也许都没有错。南阳遗址(包括晾马台)因出有早于燕文公五世的燕成侯载铜戈,有可能就是春秋早期燕桓侯所徙之临易;而其东三公里的雄县古贤村大城,则有可能就是燕文公所徙的易京。

"徙临易"的如果确实是春秋早期末的燕桓侯,则从时间上相距燕国初都董家林燕亳故城所废弃的西周中、晚期之际将近二百年。这近二百年燕都既不在董家林,也不在临易,出现了一段空白。这段空白,必须由另一座都城作为中间过渡。这座居中过渡的燕都,不可能是春秋战国之际才兴建的窦店古城燕中都,也不可能是战国早期才兴建的今河北易县的武阳城燕下都。最为理想而可能的选择,便是商代即已建成、后来被称作上都的蓟城。这就是为什么我们会认为董家林古燕都废弃于西周晚期早段后燕都最有可能往蓟城迁徙,然后春秋早期晚段桓侯再从蓟城迁都临易的理由。

燕都在春秋早期晚段的燕桓侯时曾经迁往临易,这在古文献中也是有据可凭的。据《左传》载,昭公七年(前536)春,齐景公曾联合晋军大举伐燕而纳燕惠公,燕国新君悼公不得已而屈辱求和,与齐师会盟于濡上。这个濡上,清儒顾栋高《春秋大事表》认为当在"今安州、任丘间"。其地正处临易所在容城、雄县间的古贤村与晾马台正南方约百里之遥。燕与齐盟于濡上,正是春秋晚期燕悼公时燕都恰在其正北不远的临易的确证,也正是春秋早期晚段燕桓侯曾徙都临易而延续至悼公时的确证。

至于燕桓侯自蓟城南徙临易的原因,据我推测,主要可能是为了躲避日益猖獗的"戎祸"。燕北迫蛮貊,与山戎、无终北狄诸部相邻。自春秋早期始,北戎诸部南侵燕、齐之势便愈演愈烈。桓侯之父燕宣侯五年(前706),史有山戎越燕而伐齐之事[18];桓侯之子燕庄公二十八年(前663),史又有山戎病燕、齐桓公率师远征千里伐山戎以救燕之事[19]。蓟城在燕国五都中最为居北近戎,燕桓侯自蓟城将都邑南徙临易以避戎祸,也就是情理中事了。

四、中都"窦店古城"的兴废与迁徙

燕国自春秋早期晚段桓侯徙临易之后,其都城又曾作过多次迁徙。由于这些情况史阙有间,因此我们还只能作一些推测。燕既北迫于蛮貊,复又南边于强齐,是一个南北受敌的严峻局面。春秋中期初年的齐桓公北伐山戎救燕,使燕既一度缓解了来自北方戎狄的威胁，同时由于齐桓公时与燕修好，故而来自南边强齐的威胁暂时也还没有形成，燕国此后曾享受了一段平静的岁月。然而，好景不长，大约在百年之后春秋晚期的齐景与燕惠、悼之世，由于燕惠公于其六年因宠信奸佞而酿成内乱逃亡奔齐，齐景公便借纳惠公为名，于前536和前530年两次邀约中原霸主晋国，联兵大举伐燕[20]。一霎时，在燕都临易城南，齐、晋大军压境，兵临城下，形势岌岌可危。据我估测，燕都第一次从临易迁出，有可能就发生在齐景公第一次大举伐燕的次年（前535）或稍后。迁都的直接原因，自然是此前齐、晋对燕的大举侵伐；其目的，也是为了远避来自南边强齐的军事威胁。这次迁徙发生后，临易作为燕国南边军事重镇仍存而未废，故而于其城中方有战国时代文物的发现。

至于这次燕都迁徙的去向，多半应由南向北，若不是重新迁回了故都蓟城，就是迁到了位于蓟城以南近百里、董家林初都以北数里的窦店古城燕中都。燕中都的名称，最早似见之于北宋官修地书《太平寰宇记》。在其书的卷六九《幽州良乡县》条，有"在燕为中都，汉为良乡县"之说。其中的燕，于文居汉代之前；而明《永乐大典》存《顺天府志》卷十三《良乡县》条又云："春秋、战国时，在燕为中都，西汉置良乡县。"[21]；明确指出文中的燕当是先秦姬姓之燕国，其为燕都则当在春秋、战国时期。这一点，与笔者将中都始为燕都之年推定在春秋晚期的燕悼公之世，无疑是吻合的。

以上两则文献中所说的作为燕中都及其后身的西汉良乡县，文献与考古资料均表明，它应当就是今北京市房山区窦店村西的那座"窦店古城"。因它又位于芦村东北，过去又曾称它为"芦村古城"。1957年至1958年，河北省文物工作队踏查该城后，了解到该城外城分为内、外两重，并初步判定其时代约在战国至汉代，名其为"芦村古城"[22]。1959年，北京市文物工作队再次调查此城，改名为"窦店古城"，判定大城的外墙为"郭"，探明大城内还设子城，从大城夯土中所出陶片推断大城的筑城年代"当是战国末期到西汉"，在汉为良乡县城[23]。1962年，北京市文物工作队第二次调查该城，进一步推断大城内之小城的兴建年代不早于辽代[24]。1986年至1990年，北京市文物研究所拒马河考古队又先后两次对该城作了调查和试掘，结果进一步认定窦店古城的外围大城应兴建于战国早期，而废弃于北魏时期；外城以内的小城，则应兴建于北魏时期大城废弃之后，而废弃于五代[25]。

从以上历次调查、试掘的情形看，对大城的兴建年代似乎有渐次前提的趋势。战国早期与春秋晚期密迩相邻，许多遗物的形态均相近而难以截然划分。因此，窦店古城的兴建年代也并不排除在将来进一步试掘或正式发掘后再次前提到春秋晚期的可能。即使照目前该城大城兴建于战国早期的说法，也与明《顺天府志》所云其"春秋、战国时，在燕为中都"的记载和笔者春秋晚期燕都自临易迁中都的推断相去不远；如将来能进一步上提到春秋晚期，那就更加吻合不悖了。还有一点需作补充说明，窦店古城初为燕都时可能并未增"中都"之名，其"中都"之称或当得之于战国的燕昭王时期。

五、关于"燕文公徙易"

燕都由蓟城或中都再次发生迁徙，我以为有可能是发生在公元前373～前333年战国中期燕桓公、文公之世的事情；其迁往之地，应为与其故都临易密迩相邻的汉河间府易县、今河北雄县城西北八公里的古贤村易都。造成这次迁徙的原因，有可能是此前燕国与其强邻齐国交兵曾取得的先后两次极为难得的胜利。其一，为《史记·燕世家》所载燕釐公三十年（前373）"伐败齐于林营"之役；其二；为《竹书纪年》所载燕文公七年（前355）"齐师及燕师战于泃水，齐师遁"之役。

这两次难得的胜利，大大鼓舞了燕人的勇气与斗志，为巩固南土边防并谋求向南发展，似乎有必要、也有可能要迎强而上，将都城南迁。故而才有了燕桓公、文公之世重将国都迁回南边故都临易的壮举。故《水经·易水注》云："易水又东径易县故城南，昔燕文公徙易，即此城也。"文公徙易的具体时间，我以为当在其七年（前355）再次胜齐师之后。燕之易都与临易近在咫尺，古每以其为一地，皆在汉之河间府易县、今之河北雄县西北。但战国中期燕文公所徙之易都，好像并非完全因循沿用春秋燕桓侯所徙故都临易之旧，而有可能是在临易东侧数里外另起炉灶、重新构建的。这个易都，大约就是位于河北容城晾马台桓侯临易以东三公里、今河北雄县西北八公里的古贤村古城。文公徙易后，燕之故都蓟城、中都应皆存而未弃。它们作为燕土的重镇大邑，大约到燕昭王时又被正式命名作了燕国的上都和中都。

六、下都"武阳城"的兴废

自战国中期燕文公徙易以后，燕都在公元前312年或稍后的燕昭王初年，可能又迁往了位于今河北省易县的下都武阳城。大约与此同时，燕昭王又将旧都蓟城与窦店古城重加增修，与武阳城一道，依次将它们分别命名为燕国之上都、中都和下都。于是，燕国从此便同时而兼擅三都之盛。然而，从有关史书的记载分析，这三都的地位并不完全等同。其中上都蓟城最重，当为燕国之首都；下都武阳城次之，而中都居末。发生这次重大国都迁徙的原因，无疑应是公元前315年燕国的王哙、子之之乱。当时王哙搞禅让闹剧，主动让位于国相子之，太子平不服，起兵攻击，齐宣王乘乱兴兵大举伐燕，攻占易都达数年之久，"毁其宗庙，迁其重器"，在最后撤兵时可能又将易都夷为了平地。燕昭王当国亡都废之余继位，卧薪尝胆，招贤纳士，励精图治，志在克齐而雪耻。迁都于今河北易县之下都武阳城，复增益其上、中二都，便是其文治武功之一项。

关于今河北易县下都武阳城的兴建之年，前些年有学者总结为四说：其一为春秋早期燕桓侯徙临易说，二为战国中期燕文公徙易说，三为燕昭王所城说，四为战国末年燕太子丹续建说[26]。其中一、二两说，乃是将皆位于今河北容城、雄县之间为燕桓侯所徙之临易和为燕文公所徙之易误植在了下都武阳城名下，似当置而不论；第四说所言乃"续建"而非"始建"，也与我们讨论的议题不合；第三说即燕昭王所城说，本之于《水经·易水注》之"燕之下都擅武阳之名"、"武阳盖燕昭王之所城也"的记载，影响最大，也最为学界所宗信。

随着燕下都考古发掘与研究的不断开展，学界对燕下都城的始建之年，见解也屡有更新。近年，有学者依据燕下都出土遗物多有早至战国中期伊始的迹象，将燕下都城始建之年定在了战国中期伊始[27]。如以通行的公元前 475 年为战国之始的话，战国中期伊始则当处于公元前 390 年前后的燕釐公在位期间。在近年刚出版的《燕下都》报告中，作者将春秋早期晚段燕桓侯所徙之临易当成了燕下都武阳城，将春秋早期当作了燕下都始建之年[28]。我们认为，从陈梦家先生开始的，否定将燕桓侯所徙之临易和燕文公所徙之易置于传统的汉河间府易县（今河北雄县西北），而将这二城置于今河北易县燕下都的说法[29]，由于近年雄县古贤村与容城县晾马台两处燕都古城及城中带有"易市""西宫""左征""燕王职戈""燕侯载戈"等字样文物的发现，已被证明为并不正确。而传统的临易与易都在汉河间府易县（今河北雄县西北）的说法，也已被证明为确凿有据。在这种情势下，似乎已不宜再坚持燕下都武阳城即燕桓侯所徙临易和燕文公所徙易的观点。从易县燕下都出土文物的时代看，确如报告所言，几乎自商代经西周而至春秋战国均有。燕下都有东西两城，报告认为当以东城为主，西城则是稍后为保卫东城而建的，所以东城的年代应当略早于西城。据报告介绍，西城夯土中出有战国早期的陶片，其兴建时间应不晚于战国早期，而东城的兴建就应当更早一些。那么，能不能因此就说燕下都东城始建于春秋时期了呢？我看可以。但能不能就说燕国以武阳城为下都就始于东城始建的春秋时期了呢？我看目前还证据不足，不能这么说。这是因为一座城市的建城与建都之年是相互关联而又相互区别的两回事。武阳西依太行边于三晋，南临平川面向三齐，北倚燕山前卫蓟都，其险要的战略地位，可能很早就使它成了边于燕南土的军事重镇和大城要邑；但它作为都城、特别是正式被定名为燕之下都，却似乎应是燕昭王时的事情。

历史上怯懦无为的国君遇兵祸强敌，往往迁都以避其锋，逃而远之；可是倘遇雄才大略的英主，则往往迁都而近敌，以便攻而取之，战而胜之。比如秦自庄公都西垂后，文公东猎陈仓、宪公东迁平阳、德公都雍、献公东进栎阳、孝公都咸阳，可谓步步东进，向山东诸侯逼近。正因如此，始皇方能最后完成一统大业。燕昭王之南进下都武阳，也是这样。唯其如此，他才能命乐毅率五国联军大败齐师与济西，破齐都临淄，下齐七十余城，一洗王哙之耻。下都虽南邻劲齐，却西依强盟赵国，进可攻而退可守。故燕昭之迁都武阳决非一时逞强，而是谋定而后动的壮举。

注　释

[1]　郭仁、田敬东：《琉璃河商周遗址为周初燕都说》，《北京史论文集》第一辑，1980 年。

[2]　琉璃河遗址考古队：《北京琉璃河遗址发掘又获重大成果》，《中国文物报》1997 年 2 期 1 月 12 日第一版；赵福生：《琉璃河遗址访谈录》，《北京文博》1997 年第 1 期．

[3]　陈平：《克器事燕六族集释考证》，《北京建城 3040 年暨燕文明国际学术研讨会文集》，北京燕山出版社，1997 年 3 月。

[4]　曲英杰：《先秦都城复原研究》，黑龙江人民出版社，1991 年 8 月。有关章节见该书 287 页。

[5]　陈平：《燕史纪事编年会按》，北京大学出版社，1995 年 7 月。有关内容，见该书下册 218 页。

[6]　同[2]。

[7]　《殷周金文集成》15、9439；北京市文管处：《北京地区的又一重要考古收获——昌平白浮西周木椁墓的新启示》，《考古》1976 年第 4 期；程长新：《北京顺义牛栏山出土一组周初带铭青铜

器》,《考古》1983 年第 11 期。
[8] 韩嘉谷:《燕史源流的考古学考察》,《北京文物与考古》第二辑,北京燕山出版社,1991 年。
[9] 徐自强:《关于北京先秦史的几个问题》下,《北京史论文集》第 2 辑,1982 年。
[10] 葛英会:《燕国的部族及部族联合》,《北京文物与考古》第一辑,1983 年;北京市文物研究所:《骄傲与辉煌——纪念北京建城 3040 年》,《中国教育报》1995 年 6 月 10 日第 4 版;辽金城垣博物馆展厅陈列《辽金以前的北京》一章展板前言。
[11] 马王堆帛书整理小组整理注释:《战国纵横家书》,文物出版社,1976 年。
[12] 《史记》之《周本纪》、《燕世家》;杨宽:《战国史》,上海人民出版社,1980 年。
[13] 陈平:《燕亳与蓟城的再探讨》,《北京文博》,1997 年第 2 期。
[14] 北京市文物局考古队:《建国以来北京市考古和文物保护工作》,《文物考古工作三十年》,文物出版社,1979 年 11 月。
[15] 孙继安、徐明甫:《河北省容城县出土战国铜器》,《文物》1982 年第 3 期。
[16] 孙继安:《河北容城县南阳遗址调查》,《考古》,1993 年第 3 期。
[17] 瓯燕:《试论燕下都城址的年代》,《考古》1988 年第 7 期。
[18] 《史记》之《周本纪》《燕世家》《齐世家》《匈奴列传》。
[19] 《左传》庄公三十年、《史记》之《燕世家》与《齐世家》。
[20] 《左传》昭公九年、《史记》之《燕世家》与《齐世家》。
[21] 明《永乐大典》存《顺天府志》,北京大学出版社,1983 年。
[22] 冯秉其等:《房山县古城址调查》,《文物》1959 年第 1 期。
[23] 刘之光等:《北京市周口店区窦店土城调查》,《文物》1959 年第 9 期。
[24] 北京市文物工作队:《北京房山县考古调查简报》,《考古》1963 年第 3 期。
[25] 北京市文物研究所拒马河考古队:《北京窦店古城调查与试掘报告》,《考古》1992 年第 8 期;《燕中都城址调查与试掘》,《北京文物与考古》第 3 辑,1992 年。
[26] 瓯燕:《试论燕下都城址的年代》,《考古》1988 年第 7 期。
[27] 同 [26]。
[28] 河北省文物研究:《燕下都》,文物出版社,1996 年。
[29] 陈梦家:《西周铜器断代（二）》《考古学报》第十册,1955 年 12 月。

（原刊于《北京社会科学》1998 年第 1 期）

燕文化研究

琉璃河遗址西周燕文化的新认识

刘 绪 赵福生

北京琉璃河遗址西周早期燕侯墓葬的发现，无疑为确定该遗址为燕国始封地提供了有力的证据，这一点已得到学术界较普遍的认同。因此琉璃河遗址是认识早期燕文化最理想最典型的遗址，是京津地区夏商周时期文化性质和年代最明确的遗址，显然，对该遗址西周文化遗存的认识有着重要的学术意义。

以往对琉璃河遗址西周燕文化的认识主要根据两部分发掘材料，一是1962年对居址小规模试掘的材料[1]；二是1973年以来对包括燕侯在内的燕国墓地的发掘材料[2]。由于其文化面貌未能充分体现，因而对西周燕文化的认识很不全面。1995年对琉璃河遗址的发掘弥补了过去的缺失[3]，一大批居住址的材料不仅使我们较全面地认识到西周时期燕文化的面貌，同时也为深入探讨燕文化与其他文化的关系提供了依据。

一

依初步整理得知，琉璃河遗址西周时期居址遗存明显分为早晚两期，此点突出表现在陶器特征上。早期陶器夹砂陶占65%以上，泥质陶占30%左右。红褐陶较多，约占20%。纹饰中以绳纹为主，占70%以上，其中交错绳纹多见，并有一定数量细绳纹和旋断绳纹。其次是素面陶，占15%左右。早期陶器种类多，即使同种器物亦往往有多种形态。常见的器物有鬲、簋、瓮、罐、盆、甗等，还有少量鼎、甗、壶、豆等。这些器物的特征如下。

鬲 形态最为多样，大别之有三类，一类与殷墟第四期无足根分档鬲相似，即《1995年琉璃河周代居址发掘简报》(以下简称《简报》)所称袋足鬲[4]。此类鬲体形一致，仅唇部少有区别，多数为方唇上翻，与殷墟四期者近同；少数为圆唇内叠，呈倒勾状，这种特征见于本期多种器物唇部。绳纹一般偏粗，根据对部分单位的统计，此类鬲约占全部鬲的1/2。第二类是联档鬲，这类鬲的形态不完全相同，可分两型，其一是弧档，锥足，《简报》称为C型，与中原地区西周早期流行的弧档鬲相类，唯瘪档少见，唇部多圆而内叠，呈倒钩状，绳纹多交错压印，锥足上的绳纹往往呈横向或螺旋状，这种弧档鬲多为灰褐色。其二是弧裆近平，多为柱足，即所谓中原地区西周时期流行的仿铜鬲，不过，这种鬲在中原西部尤其是洛阳以西均饰绳纹，而琉璃河遗址除有绳纹者外（如《简报》A型），还常见素面者。素面仿铜鬲多夹近似云母或蚌末的物质（待测定），部分器表呈银灰色。在各类鬲中这种仿铜鬲体形最小，与中原地区所见同类鬲相比，大小相若。第二类鬲数量亦较多。第三类是高领鬲，数量较少。这类鬲体形大，直口或微侈，高领，高裆，长袋足，实足部粗大。多夹云母或蚌末，且多呈灰褐或红褐色，少数为紫褐色。三空足分别模制后再对接在一起，实足后安。通体饰僵硬的交错绳纹，有的形若方格，口部有一周与唇平齐的宽堆纹。

簋　早期簋形态单一，多泥质灰色，制作较精。敞口，厚唇，鼓腹。腹上多饰细绳纹并加波折状三角划纹，有的在器内折沿处饰一道旋纹，其特征与殷墟晚期者很难区分。

瓮　依器体大小分为两类，大体瓮即《简报》所称直领瓮，是最大的器物之一，很难复原。小口，平唇内勾，直领，广肩，深腹。肩与腹上饰绳纹，折肩处饰一周附加堆纹，堆纹上又压印绳纹。相同的堆纹有时在腹部附加几周。小体类即《简报》所称小口瓮。与多数器物相比，小体瓮器体并不算小，乃属偏大之器。小体瓮为小口，广肩。多数领较高，侈口。有夹砂和泥质之别。夹砂者有的为圆唇，有的圆唇内叠。肩与腹上饰绳纹，其中大部分还加饰多道旋纹。泥质者比夹砂者制作精细，纹饰多样，依肩部纹饰看有以下四种，其一饰绳纹，其二饰旋纹，其三饰绳纹带和素面带，间以旋纹，其四绳纹上加饰波折状双线划纹，有的将双线内绳纹抹去。有些小体瓮的肩部还安两个厚三角形竖耳。

罐　体小于瓮，口径与腹径之比大于瓮。侈口，卷沿，多为圆方唇。饰绳纹。

盆　与部分甗形制相同，若不看底则难以区分。依口唇特征分为两类，一类侈口，圆唇内叠，呈倒勾状，多为折沿。上腹饰绳纹，或加饰旋纹，下腹为素面。另一类侈口，方唇，多为卷沿。腹上、下均饰绳纹，或在上腹加饰一周凹状压印纹。

甗　除与盆形体相同者外，还有一种腹部较瘦，通体饰绳纹，领部饰一周附加堆纹。无论何种形制的甗，甗底多为4或3个三角形孔，也有的为大圆单孔。

鼎　多数体较小，与平底柱足鬲相当。圜底或圜底近平，柱足。素面，或底部存有绳纹，大部分在腹部相间贴塑圈乳钉和扉棱各三个，扉与足相对。夹云母或蚌片，不少呈银灰色。

甑　为数很少，夹砂，多为褐色，饰绳纹。口部与腰外多有一周堆纹，箅托或有或无。

壶　口甚小，圆方唇，颈较长，圆鼓腹，颈腹间有对称环状双耳。口部素面，腹部多饰交错绳纹。数量少。

豆　弧盘，粗把，素面。形与中原地区西周早期者相同，少见。

与早期陶器相比，晚期夹砂陶增多，占80%以上，泥质陶相应减少。灰陶增加而褐陶减少。在纹饰中交错绳纹和旋断绳纹也没有早期多。器物种类较早期单调，即使同类器物，其形制也没有早期复杂。主要器物的特征如下。

鬲　早期所见的三类鬲，晚期只有两类，即第一、二类，第三类高领鬲不见。在一、二类鬲中，又以第一类为主，第二类很少。第一类的形制基本同早期，唯沿面有多道旋纹，矮裆由分裆变为弧裆。

簋　有两种形制，一种为喇叭状大敞口，薄唇，瘦腹，高圈足。腹部往往有两道旋纹。《简报》称为 A 型Ⅲ式，根据墓葬陶簋的排比，可知本式簋已接近 A 型簋的最晚形态，与《简报》A 型Ⅱ式簋相比有很大变化，其间尚有缺环。另一种为敛口簋，《简报》称为 B 型。这种簋制作较精，特征一致，均为敛口，鼓腹，圈足较矮。腹部多饰瓦纹，属仿铜陶器。晚期出一种器盖，制作亦较精细，盖面亦饰瓦纹，直径与敛口簋的口径相当，二者应相配使用。

瓮　数量减少，高领大体类不见，小体类领较矮。纹饰不及早期复杂，以绳纹为主。

盆　未见完整器，依口部特征来看，沿面多有一或数道旋纹。

甑　未见完整器，底上穿孔不同于早期，为中部一圆孔，其外围一周（或两周）小圆孔或梭形孔。

豆　数量仍不多，但比早期有所增加。个体一般比早期稍大，盘与把分界明显，把较细，中部多有一道凸棱。

二

上述表明，琉璃河周代居址早晚两期遗存有着较大变化。早期遗存陶器种类繁多，文化因素复杂，诚如《简报》所言，既有强烈的周文化作风，如为数较多的联裆鬲；又有浓厚的商文化气息，如无足根分裆袋足鬲、侈口厚唇簋等。还有一定数量当地土著文化成分，如高领鬲、小口瓮等。这三种因素的器物在诸多单位共存，而未见一处某一种因素器物单独存在的单位。在器物局部特征方面，同一风格的特征往往见于不同文化因素的器物上，如唇部内叠呈倒勾状的作风，见于三种文化因素多种器物；唇部上翻之鬲口既见于商式分裆鬲，又见于周式联裆鬲，交错僵硬的绳纹既见于周式联裆鬲，又见于土著高领鬲，等等，反映了时代的共性，说明三者为同时期文化遗存，而非不同时期文化遗存之混合。由于上述形态的联裆鬲除在关中地区可早到商代（即先周文化）之外，在其他地区均属周代，所以琉璃河居址早期遗存属周代无疑，这恰与姬姓燕国分封的史实相合。至于早期遗存相当于周代什么时候，以下三条理由证明相当于西周早期，其年代上限可达周初。

第一，商文化因素的器物与殷墟晚期同类器物特征非常接近，若无周文化因素共存，则很难断定年代属商还是属周。如方唇上翻，绳纹较粗的分裆袋足鬲，厚唇侈口，绳纹上加饰三角划纹，内壁近口处有一道旋纹之簋等，是殷墟三、四期常见的器物，说明琉璃河居址早期遗存的年代应与殷墟晚期紧密相衔。

第二，土著文化因素的器物有些方面与围坊三期文化的器物接近，如夹蚌末红褐陶，僵硬的交错绳纹，口外饰堆纹的鬲等。围坊三期文化是京津地区商代晚期的考古学文化，这些相同的因素表明二者有密切联系，在年代上亦不会相去太远。

第三，早期器物中有些器物见于本遗址西周早期燕国墓葬中，而这些墓葬中还出有年代较明确的青铜器，如《简报》中 G11H33A 型联裆鬲与 IM53 之鬲相同；《简报》中 G11T2603④之 A 型Ⅰ式簋与 IM52 之簋相同等[5]，而 IM53 和 M52 均属西周早期。

特别是M52还出多件有"匽侯"铭文的铜器，有人曾定为康王时[6]，实则还可提早。另外，《简报》中G11H33之A型联裆鬲和陶鼎，与白浮M3所出陶鬲和陶鼎相同，白浮M3亦属西周早期[7]。

琉璃河周代居址晚期遗存的陶器远没有早期复杂，文化因素单一。有不少器物是中原地区西周中晚期常见的器物，如小体平裆鬲、把上有凸棱的豆、敛口瓦纹簋等，还有的器物则流行于中原部分地区，如为数较多的无足袋足鬲，主要见于洛阳以东地区。此种鬲虽源自商文化，但在长期生产和使用过程中已融入了周文化的制法，在西周中晚期大部分为联裆，沿面有多道旋纹。其他一些器物虽与中原地区同类器相同，但亦受到后者一定影响，如多孔甑等。不难看出，本阶段与中原地区仍保持着密切联系，其年代亦不晚于西周。至于确切年代为何时，考虑到与居址早期遗存差别较大，多种器物变化突然，二者之间当有一定缺环。结合本遗址墓葬的分期排比，我们认为居址晚期遗存的确切年代应属西周晚期。

在黄河中下游地区，制陶术自二里头文化开始走向下坡路以来，周代已步入尾声，到秦汉时期已基本上从人们必备的日用器物（如炊器）中退出。在这一过程中，周代的步伐似乎走得更快，仅就器物种类而言，西周早期普遍较多（当然不多于夏商），往后则越来越少，琉璃河居址陶器的演变规律亦与此相符。

三

根据以往的调查，琉璃河周代遗址包括洄城、刘李店、董家林、黄土坡、立教、庄头六个彼此相邻的自然村，约东西长3.5、南北宽1.5千米[8]。1995年发掘期间，我们再次对该遗址进行了调查，从地表遗物和断面堆积的分布来看，居址内涵最丰富之处位于董家林和刘李店一带，即董家林古城及其以西部分地段，其他地方堆积较少。就各时期遗存而言，上述西周早期遗存分布最为普遍，不仅在董家林古城内大量存在，而且还见于刘李店、立教和庄头等地。其次是西周晚期遗存，主要见于董家林古城及刘李店村东一带，它地少见。此外，该遗址还有少量战国遗存。墓葬比较集中地分布在古城城外东南部黄土坡村，另外在古城内、立教、刘李店和齐家坟也有零星发现[9]。这些墓葬大部分属西周早期，西周中晚期者相对较少。

居址中最引人注目的是董家林古城，这是现知西周时期两座有城垣的古城之一。该城始建年代和使用年代的确定直接涉及燕国都邑的迁徙，是燕国历史中的大事。对此，已有学者论及。关于该城的始建年代，有两种意见，一种认为"最迟不应晚于商末"[10]；另一种认为属西周早期[11]。1995年在解剖东北部城垣的发掘中，于夯土内获得少量陶片，其中特征较明显者亦属西周早期，如《简报》图一二∶7、11，这和过去的发现是一致的[12]。说明城垣的始建年代不早于周初。由于城垣被76城M1打破，而76城M1所出陶簋其与黄土坡IM52相同，M52又被大家一致判定为西周早期，所以该城的始建年代不晚于西周早期，很可能属于周初。可知后一种意见是正确的。这里还应指出的是，琉璃河遗址虽经多次调查和发掘，但周代以前的文化遗存，仅在城址以外发现极少的夏家店下层文化墓葬[13]和个别灰坑。1995年的工作在这方面亦特别留意，结果仍无新的发现。据此推测该遗址在周代以前除夏家店下层文化时期有少量居民活动之外，其他时期无人居处。夏家店下层文化的下限年代不晚于殷墟第一期，而琉璃河遗址的夏家店下层墓早于殷墟第一期，这表明在相当于殷墟第一（或更早）至四期的商时期，这里当是一片渺无人烟的原野，周初燕国城垣的兴建第一次给这里带来繁荣。如果认为董家林古城始建于商代晚期，显然与考古发现不符。

关于该城的使用及废弃年代，有学者根据城内西周晚期遗物的大量存在，认为应在西周末年[14]。对这一问题的认识涉及对该城性质的认识，因为作为国都之都城自有其使用和废止年代，可当国都迁去不再作为都城时，只要城内尚有居民居住，城垣等设施就可能被继续使用一段时间，然后才彻底废弃。在探讨任何一座城址的使用和废弃年代时，这两个方面都必须考虑到。根据琉璃河遗址周代遗存的存在状况，认为董家林古城彻底废弃于西周末年是合适的，因为该遗址西周晚期遗存尚较多，其后突然减少甚至消失，只有零星战国时期遗存。但作为都城的废止年代是否为西周末年，目前尚难论断。我们只能根据现有资料进行初步推测。

琉璃河遗址被认为是西周燕国都城的根据主要是古城和燕侯墓地的存在。1995年的发掘又为此提供了新的证据，在西周早期层位中发现了筒瓦和陶范，这两种遗物都不是一般周代遗址所具有的，西周早期筒瓦的发现在全国没有几处，主要见于丰镐遗址及其周原等地。筒瓦的发现说明这里有规模可观的大型宫殿式建筑，其拥有者应该是死后葬在城外的燕侯。陶范的发现说明这里还有铸铜作坊，考古发现证明，在夏商周时期的遗址中，凡有铸铜作坊者大多是都城所在。琉璃河遗址也应如此。

燕都到底废止于何时，已获资料有以下几点值得注意。

第一，居址中西周早期遗存分布广，堆积厚，内涵丰富，相对而言西周中晚期遗存较少。

第二，居址中与都城有关的重要发现如上述筒瓦和陶范等均属西周早期，中晚期还未发现。

第三，1995年在解剖东北部城垣的发掘中于城垣基部发现一排水沟（G1），沟内出有少量陶片，时代可辨者均属西周早期，如《简报》图一二：9、10、12，未见中晚期遗物。发掘证明此排水沟是城垣的一部分设施，其使用年代为西周早期。虽然这一发现并不能作为断定城垣使用年代下限的证据，但该排水沟在西周中晚期废而不用的原因亦应作出合理的解释。在以往对城垣的多处发掘中，发现较多西周晚期灰坑打破城垣，而西周早期灰坑打破城垣的现象很少，这也应有其发生的原因。排水沟的废弃与晚期灰坑对城垣的较多打破似有内在联系。

第四，在已发现的各类墓葬中，西周早期墓为数最多，据《琉璃河西周燕国墓地》（以下简称《墓地》）对20世纪70年代所掘60余座墓的分期统计，西周早期墓占半数以上。这与居址早期遗存丰富，中晚期遗存相对较少的状况相一致。

第五，已发掘的所有出青铜礼器的墓葬绝大多数属西周早期，包括燕侯墓在内。只有个别墓可晚至中期前半，西周晚期未见青铜礼器墓。

以上诸点表明，与都城有关的发现基本都属西周早期，最晚可至中期前半，其后缺少类似发现，因此，我们可初步认为，琉璃河遗址作为燕国都城主要属西周早期，其废止年代当在早中期之交或稍晚。这是据现有资料作出的推测，是否正确有待今后的考古发现证实。

四

在对西周诸侯国遗址的考古发掘中，获得诸侯及其以下各种级别墓葬的遗址为数不多，过去有辛村卫国墓[15]，近年来有天马—曲村晋国墓[16]、上村岭虢国墓[17]、平顶山应国墓[18]以及琉璃河燕国墓等。辛村卫国墓发掘于20世纪30年代初，采用探沟寻找再行发掘的方法，未能大面积揭露，所获资料不完整。天马—曲村晋国墓资料丰富，但缺少西周早期诸侯一级（晋侯）墓葬。上村岭虢国墓属两周之际，时代偏晚。平顶山应国墓发表的资料较少。比较而言，琉璃河燕国墓地无疑是研究周代早期丧葬制度的重要材料。

琉璃河燕国墓地分南北两区，南区位于京广线东侧（Ⅱ区）；北区位于京广线西侧（Ⅰ区）。南区既有大型燕侯墓，又有一般中小墓，被一致认为属姬燕墓地。北区均为中小墓，未见大型墓，由于设腰坑和殉狗的现象较多，故有学者认为这与殷墟晚商墓多腰坑多殉狗的情况相同，应为殷遗民墓。其实，腰坑和殉狗的现象并非商人专有，对此已有学者指出[19]。腰坑早在新石器时代就已出现，比如湖北房县七里河龙山时代墓[20]和甘肃永登蒋家坪马厂类型墓[21]，这两种考古学文化与商人无关。二里头文化也有发现[22]。即使商代也不仅见于商人墓，如陕西长武碾子坡墓[23]、西安老牛坡墓[24]、山西灵石旌介墓[25]等。其中碾子坡墓被有的学者判定为先周墓[26]，且有学者认为与辛店文化有关[27]。西周墓葬中有腰坑和殉狗的墓很多，《沣西发掘报告》发表182座西周墓，其中55座有腰坑及殉狗，约占总数的1/3。《考古学报》1980年第4期发表1967年发掘的124座张家坡西周墓中，42座有腰坑（狗不详），亦占总数的1/3。这类墓从西周早期到西周晚期一直存在，都不可贸然视为殷遗民。商人墓葬确实流行腰坑和殉狗的习俗，西周时期也确实有殷遗民存在，如何判断是否为殷遗民，腰坑和殉狗仅提供了是的可能，但并非唯一的标准，关键还要看墓葬其他方面，尤其是随葬品的特征。琉璃河遗址北区墓的随葬品与周人墓更为相似，而少有殷人墓作风。与琉璃河遗址南区墓比较，很难区分二者有多大不同。因此，我们认为北区墓也是姬燕墓地。

南北两区墓葬的分布都有一定规律，即各区墓又分若干小区，小区与小区之间有一段空白地带。其中北区墓因压在村庄下未发掘，难分准确，但至少可分为4小区。南区墓也因村庄所压全貌不明，就发掘部分来看也可分为4小区。各类规模的墓葬在分布上有以下规律：

（1）燕侯级大型墓在南区，而且集中于同一小区，本小区与其他小区有明显分界。
（2）大型墓所在的小区内有少量小型墓，时代与大型墓相同，均属西周早期。
（3）中型墓往往与小型墓分布在同一小区。
（4）除大型墓所在的小区外，其他小区的墓大多时代不一。

以上规律也见于晋国和虢国墓地。在天马—曲村遗址晋国墓地中，晋侯夫妇大墓集中分布在遗址中部，独立为区，有少量小型墓位于大墓墓侧，时代与大墓相同。中型墓和小型墓分布在遗址西部，可分很多小区。在上村岭虢国墓地中，被认为是虢国国君的墓都位于墓地北区，同区还有其他规模的墓，其中有的为女性。而包括虢太子在内的中型墓和小型墓分布在墓地南区，南区也可分为若干小区。

　　燕晋虢三处墓地也有一定区别，但上述相同之处还是比较清楚的，这应该是周代埋葬制度的具体体现。有了这一认识，并结合文献记载，便能对琉璃河燕国墓地做出进一步解释。

　　根据《周礼》等文献记载，周代实行族葬制，墓地分公墓与邦墓两类，有专人管理。对此，有学者曾做过探讨[28]。这方面以天马—曲村遗址晋国墓地最为典型，独立为区的晋侯夫妇墓地显然是晋国的一处公墓区，而该遗址西部的中小墓葬区是晋国邦墓区[29]。至于少数大墓墓侧身份不高的小型墓，诸多方面表明应是大墓的陪葬墓。上村岭虢国墓地北区也被认为是虢国公墓区[30]，那么南区当为虢国邦墓区。对照晋、虢墓地，可知集中葬在一地的燕侯墓就是一处燕国的公墓区。这里所说的燕国公墓区是指大墓集中的小区，并不包括整个南区其他小区，其他小区墓应属燕国邦墓。依《墓地》发表的墓葬分布图推测，已发掘和探明的燕侯级大墓约有6座，很可能如同晋虢国两国公墓那样，也包括了夫人墓在内，若这种推测不误，则约有三座是燕侯墓。三代燕侯的年数约当西周早期而稍有不足。由于这些大墓紧邻黄土坡村民舍，很可能还有大墓压在民舍下。至于大墓附近与大墓同时的小型墓也应是陪葬墓。与晋虢国两国邦墓相比，燕国邦墓较为分散。邦墓区的各小区应即《周礼》所谓"私地域"，为一小的家族墓地。小区的墓往往不属同一时期，有的贯穿整个西周，这一点和公墓区有所不同，说明这些家族的人并未因迁都而迁离此地，至少一部分人如此。

五

　　在考古学文化研究中，在对某两种文化或两处遗址进行比较时，往往把此文化（或遗址）的墓葬材料与彼文化的居址材料相比较。墓葬和居址虽有内在联系，但毕竟是两个不能等同的范畴，所得结论可能有误。以往对琉璃河西周燕文化的研究就存在这样的问题。本文拟对琉璃河遗址本身的墓葬和居址材料做些分析。

　　说明墓葬和居址关系的考古学材料主要是陶器。有关墓葬陶器，琉璃河燕国墓地出土不少，无论是组合还是器物特征，均与周墓相同。在陶器组合方面，最常见的是鬲、簋、罐，这种组合是中原地区西周早期典型的周墓组合，中原周墓在西周中期发生了盆簋数目分别增减的变化，而琉璃河燕墓却从西周早期到西周晚期一直固守鬲、簋、罐的组合不变。其他器物虽种类不及中原多，但绝大多数见于中原地区，如豆、瓿（《墓地》称圈足罐）、壶、尊、三足瓮（《墓地》称斝）等。只有这里的仿铜陶鼎在中原地区罕见。在器物特征方面，鬲主要为联裆类，显属周系统。虽然也有商系统无足根袋足鬲，但数量很少。簋有敞口和敛口两种形态，其中敞口簋的早期形态在中原地区西周早期常见，唯晚期形态在中原少见。敛口簋的特征亦与中原所见相同。罐的形态较多，有些亦见于中原地区。至于豆的特征和变化则与中原地区完全相同，把由粗变细，中部由无凸棱到有凸棱，器体一般早期较晚期稍小。至于瓿、壶、尊和三足瓮的特征则很难与中原地区同类器区分。由此可见，墓葬陶器的绝大部分因素属周文化系统。然而，居址陶器却并非如此，文化因素相当复杂，尤其是西周早期，这在前文已经提到。与墓葬相比，二者有很大不同。

以居址和墓葬各自出土数量最多的陶鬲来说，居址中商式分裆袋足鬲数量很多，并呈增长趋势，西周早期约占陶鬲总数的1/2，西周晚期占2/3以上。与此相应，周式联裆鬲则逐渐减少，西周早期与袋足鬲数量相当，到西周晚期仅占陶鬲总数1/4左右。然而在墓葬中袋足鬲很少，依《墓地》提供的统计数据，西周各时期墓共出陶鬲72件，其中袋足鬲只有2件，余均为联裆鬲。至于土著因素的高领鬲，墓葬中一件未见。其他器物只见于遗址不见于墓葬者很多，兹不赘举。

在同一遗址同一考古学文化中，居址和墓葬的器物不尽相同是普遍的现象，任何一方面都不是该文化的全部，在确定文化属性或与其他遗址的文化遗存进行比较时，此点必须考虑到。如果把琉璃河遗址墓葬材料当做燕文化全部，那就看不到土著因素，对商文化因素也估计不足，若进一步与其他遗址比较，就会出现偏差。琉璃河居址材料所显示的复杂性显然不能用周文化予以概括，其形成的社会原因很可能是由于当时确有三种部族的人在此居住，即姬姓周人、殷遗民和土著燕人。

注　释

[1] 北京市文物工作队：《北京房山县考古调查简报》，《文物》1965年第3期。

[2] 琉璃河考古工作队：《北京附近发现的西周奴隶殉葬墓》，《考古》1974年第5期；《1981～1983年琉璃河西周燕国墓地发掘简报》，《考古》1984年第5期；《琉璃河西周燕国墓地》，文物出版社，1995年。

[3] 北京大学考古学系等：《1995年琉璃河周代居址发掘简报》，《文物》1996年第6期。

[4] 同[3]。

[5] 同[2]。

[6] 晏琬：《北京、辽宁出土铜器与周初的燕》，《考古》1975年第5期。

[7] 北京市文物管理处：《北京地区的又一重要考古收获——昌平白浮西周木椁墓的新启示》，《考古》1976年第4期。关于白浮M3的年代，学术界意见不一，有认为属西周早期，有认为属西周中晚期，我们以为前者正确。

[8] 同[2]。

[9] 琉璃河考古队20世纪70～80年代发掘资料，1995年调查得知，刘李店村北和齐家坟村南出土过完整的个体不大的西周陶器，前者还出有西周铜戈，当为墓中随葬器物。

[10] 郭仁、田敬东：《琉璃河商周遗址为周初燕都说》，《北京史论文集》第1辑，1980年。

[11] 柴晓明：《论西周时期燕国文化遗存》，1995年"北京建城3040年暨燕文明国际学术研讨会"论文。

[12] 殷玮璋先生在1995年召开的燕文明国际学术研讨会上提到，80年代发掘城坦西北角时，于夯土中获得西周陶片。

[13] 琉璃河考古工作队:《北京琉璃河夏家店下层文化墓葬》,《考古》1976年第1期。

[14] 同[11]。

[15] 郭宝钧:《浚县辛村》,科学出版社,1964年。

[16] 有关晋侯墓地的材料见《文物》1993年第3期、1994年第1期、1994年第8期、1995年第7期;《三晋考古》第一辑,山西人民出版社,1994年。

[17] 有关虢国墓地的材料见《文物天地》1992年第1期;《华夏考古》1992年第3期;《文物》1995年第1期;《河南考古四十年》,河南人民出版社,1994年;《上村岭虢国墓地》,科学出版社,1959年。

[18] 有关应国墓地的材料见《考古》1981年第4期、1985年第3期,《考古与文物》1983年第1期;《华夏考古》1988年第1期、1992年第3期;《河南考古三十年》,河南人民出版社,1995年。

[19] 胡谦盈:《试谈先周文化及相关问题》,《中国考古学研究》(二),科学出版社,1986年。

[20] 湖北省博物馆等:《房县七里河遗址发掘的主要收获》,《江汉考古》1984年第3期。

[21] 张学正等:《谈马家窑、半山、马厂类型的分期和相互关系》,《中国考古学会第一次年会论文集》,文物出版社,1979年。

[22] 中国社会科学院考古研究所二里头队:《1980年秋河南偃师二里头遗址发掘简报》,《考古》1983年第3期。

[23] 中国社会科学院考古研究所泾渭工作队:《陕西长武碾子坡先周文化遗址发掘记略》,《考古学集刊》第6辑;胡谦盈《南邠碾子坡先周墓葬和西周墓葬》,《中国考古学论丛》,科学出版社,1993年。又见注[19]。

[24] 西北大学历史系考古专业:《西安老牛坡商代墓地的发掘》,《文物》1988年第6期。

[25] 山西省考古研究所等:《山西灵石旌介村商墓》,《文物》1986年第11期。

[26] 同[23]。

[27] 邹衡:《夏商周考古学论文集》,文物出版社,1980年。

[28] 《商周考古》:文物出版社,1979年。

[29] 刘绪、罗新:《天马—曲村遗址晋侯墓地及相关问题》,《三晋考古》第一辑,山西人民出版社,1994年。

[30] 同[17]。

(原刊于《文物》1997年第4期)

西周燕文化与张家园上层类型

赵福生　刘　绪

以往对西周燕文化的认识主要根据北京琉璃河遗址的墓葬发掘材料，对张家园上层类型的认识主要根据天津张家园等遗址的居址发掘材料。前者被普遍认为属周文化系统，后者被视为土著文化的代表，二者同时存在于京津地区。在分布上，前者居内，后者半环其外，因而得出土著文化尚游离于西周燕文化之外的结论[1]，以为西周燕国是一个默默无闻的弱国，并未根本改变北京以外的文化面貌[2]。

居址和墓葬是两个不能等同的范畴，且不说不同的遗址或不同的考古学文化，即使在同一遗址同一考古学文化中，居址和墓葬的器物不尽相同是普遍的现象，任何一方面都不是该文化的全部。在确定文化属性或探讨不同遗址文化遗存的关系时，此点必须考虑到，否则便可能以偏概全，得出不符实际的结论。过去对西周燕文化和张家园上层类型关系的认识就存在这样的问题。1995年以来，琉璃河遗址进行了连续大规模发掘，获得一批丰富的居址材料[3]，这不仅为全面认识西周燕文化提供了依据，同时也为探讨燕文化与其他文化的关系创造了条件。本文即根据这些新的材料，谈谈西周燕文化与张家园上层类型的相关问题。

一、琉璃河遗址燕文化的基本特征

北京琉璃河遗址是西周燕国最早的都城遗址，黄土坡燕侯墓葬和董家林西周城址的发现与认定充分说明了这一点[4]。1996年在城内西周早期单位中发现的刻有"成周"二字的卜甲又为此提供了新的证据。因此，琉璃河遗址是认识西周燕文化最理想最典型的遗址，也是京津地区夏商周时期诸考古学文化中文化性质和年代最明确的遗址。显然，对该遗址西周文化遗存的全面认识至为重要。

琉璃河遗址西周墓葬的材料发表了不少[5]，时代包括整个西周时期。这些墓均为竖穴土坑，南北向。约1/3的墓有腰坑，坑内或墓室填土中常见殉狗。部分中型墓还有殉人。随葬品中的铜礼器无论组合还是器物特征都与中原周墓所见无大区别，不少铜器铭文中铸有"匽侯"字样。至于陶器组合与特征亦与中原周墓所见相近，比如在陶器组合方面，最主要的器物是鬲、簋、罐，这是中原地区西周早期墓的典型组合。其他还有几种器物大部分也见于中原地区西周墓，如豆、瓿、壶、尊、三足瓮等。只有为数不多的无足根袋足鬲及厚唇簋与殷墟晚期同类器相似，陶鼎在中原地区西周墓中罕见。总之，从总体上看，这些墓的大部分因素属周文化系统，极少部分因素承自商文化。墓地的主人应该属姬姓燕人，上自燕侯，下至平民。

居址材料并不像墓葬材料显示的那么简单，西周早期和西周晚期有一定区别。就西周早期而言，文化因素更为复杂，表现在陶器上，既有明显的周文化作风，如为数较多的周式联裆鬲；又有浓厚的商文化气息，如无足根袋足鬲和厚唇簋；还有独特的土著文化成分，如叠唇高领鬲等。从各自数量上很难辨明哪种因素占主导地位。由于这三种因素的器物在许多单位共存，而未见一处某种因素器物单独存在的现象，而且在器物局部特征方面同一风格的特征往往见于各种因素的器物上，如口沿内折略呈倒钩，交错拍印的僵直绳纹，等等。所以我们认为这三种因素的器物为同时期文化遗存，是同一考古学文化共同体，其创造者除姬姓周人外，还包括殷遗民。至于土著文化因素的存在，可能确是土著人所为，也可能是受到土著文化的影响所致。但无论属哪种情况，既然三者共同存在于西周燕国都城，当然都属燕文化，而不能把任何一种因素排除在燕文化之外。

到西周晚期，居址陶器种类比早期减少，部分器物消失，如叠唇高领鬲等，即使同类器也没有早期复杂。所见器物有不少是中原地区西周中晚期常见的器物，如小体联裆鬲、把上有凸棱之豆、敛口瓦纹簋等。还有的器物流行于中原部分地区，如为数较多的口沿有多道旋纹的无足根袋足鬲等。可以看出，本阶段与中原地区亦保持着密切联系，所包含的文化因素远不像早期那样容易区分，已形成了比较固定的文化特征，这当是各类文化因素长期融合的结果。

二、京津地区与燕文化有关的发现

在京津和与之相邻的部分地区，属于燕文化或含有燕文化因素的发现已有不少，由于过去对燕文化缺少全面了解而未能引起充分注意。

在居住址方面，北京地区主要见于房山区，计有塔照、镇江营[6]、皇后台[7]等遗址，在昌平雪山遗址也有发现。所见陶器与琉璃河者相同，仅在制作上稍显粗糙。在天津地区也有多处遗址发现燕文化因素遗存，以往被全部划归张家园上层类型，其中有资料可查的主要是以下两处。

一是蓟县张家园遗址。该遗址曾发掘三次。第一次发掘简报提到第三层出有"少量折沿浅腹鬲片，与北京房山琉璃河西周鬲相似"[8]。第二次发掘简报讲的更明确，称该遗址"还发现了这一地区西周早期常见的宽折沿、矮足、特粗绳纹鬲的口沿和残片"[9]。宽折沿、矮足和特粗绳纹鬲当指本文所言琉璃河遗址的无足根袋足鬲，属商文化因素。第三次发掘简报也说该遗址的第四类遗存中经常有"典型西周文化特征的陶器"与其他器物伴出。简报作者在另一篇论文中较详细地列举了这些周文化特征的陶器，并明确指出与琉璃河遗址所出相同[10]。遗憾的是，虽然三次简报都提到这些周文化（即燕文化）器物，并承认是常见之器，但未发表图像资料，我们依文字描述推测，这些陶器主要应为联裆鬲、无足根袋足鬲和厚唇簋等。至于琉璃河遗址所见叠唇高领鬲等器物则是张家园遗址更多见的器物，简报中均有详细介绍。

二是蓟县邦均遗址。该遗址俗称"刘家坟"，20世纪80年代发掘过两次[11]，所出器物"多与天津蓟县围坊遗址上层和张家园遗址上层"的相同，其中"有较多的弧裆鬲、灰陶簋"，"周文化因素较上述遗址（指围坊和张家园——笔者注）突出"。这些认识大体正确，所谓周文化因素的弧裆鬲和细绳纹灰陶簋就是琉璃河遗址西周早期常见的联裆鬲和厚唇簋。同时，该遗址还出有大量叠唇高领鬲，亦与琉璃河所见相同。

据韩嘉谷等先生介绍，与邦均遗存相同的遗址在天津还有蓟县西山头、宝坻牛道口和歇马台等处[12]。其陶器群都是"由燕山土著系文化和西周文化双重因素构成，以土著文化因素为主，西周文化因素亦居醒目位置"[13]。此所谓西周文化因素显然是燕文化因素。

在京津地区附近，燕文化遗存也有不少发现，见于发表的资料有河北涞水炭山遗址。该遗址1985年试掘[14]，其第二期不少器物与琉璃河遗址西周早期器物相同，如琉璃河遗址所见的三种鬲，颈部有一周堆纹的甑等。此外，北京大学考古系与河北省文物研究所于1987年在保定以北调查和试掘时，在涞水张家洼、北封、墩台和松山等遗址也发现有这类遗存[15]，时代多属西周早期。在易县燕下都东沈村6号居址中，无论西周早期还是西周中晚期，所见器物大部分与琉璃河者相同，没有太大区别[16]。

在墓葬方面，与琉璃河姬姓燕墓明显相同者只有昌平白浮的三座[17]。这三座墓除有较多北方系兵器、工具外，其他方面无论是墓葬形制、棺椁结构，还是葬品组合与特征都与琉璃河所见无大区别。尤其是陶器和甲骨文的相同，更能说明白浮墓确属燕文化范畴。

由以上发现可知，燕文化或燕文化因素在京津地区并不罕见。

三、对张家园上层类型的认识

张家园上层类型赖以命名的张家园遗址虽发掘多次，但这一时期的材料仍显零碎和贫乏，三次发掘简报发表的复原陶器包括简单器形者总共没有几件，依此而名为一个考古学文化类型颇为勉强。由于受材料不足的局限，因而对其认识的准确度也受到很大影响，各家意见难免产生大的分歧。其中关于它和围坊上层（三期）遗存的关系以及所属年代主要有两种意见。

一种是把张家园遗址上层和围坊遗址上层遗存当做同一考古学文化，或称为"围坊三期文化"[18]，或称为"张家园上层文化"[19]、"张家园文化"[20]。认为这种文化取代了燕山以南的夏家店下层文化，年代相当于商代晚期至周代某阶段，其间没有缺环。目前主张这种意见的学者较多。

另一种意见把围坊遗址上层和张家园遗址上层遗存区分为前后相衔的两种考古学文化，称前者为"围坊三期文化"，其上限年代与二里冈上层相接，下限年代为商周之交。称后者为"张家园上层文化"，其年代相当于西周早期。这种意见以韩嘉谷先生为代表[21]。

可以看出，两种意见既有相异之处，又有相同之点。相异之处是围坊上层与张家园上层是否属同一考古学文化；相同之处是都认为围坊上层与张家园上层在年代上相延不断，只不过第一种意见把他们统一划分为若干期段，第二种意见则视为前后相衔的两种文化。

我们认为第二种意见更贴近实际，理由如下：

第一，经仔细核查围坊遗址上层的材料，没有发现一件张家园上层常见的叠唇高领鬲[22]，也未发现一件张家园上层所具有的西周早期燕文化流行的周式联裆鬲和商式无足根袋足鬲以及厚唇簋等典型器物。这些器物在张家园上层类型中占有很大比重，比较而言，不能说二者之间没有发生重大变化。与围坊上层遗存类似者还见于宣化李大人庄和涞水渐村等遗址[23]，说明这类遗存在京津地区普遍存在，围坊上层的发现并非偶然。

第二，在保定北部地区调查与试掘的材料中，有的遗址如涞水北封、墩台、炭山等都是具有比较单一的张家园上层一类遗存的遗址，其文化特征基本与琉璃河遗址西周早期接近，而与围坊上层相似的器物较少，表明二者之间区别很大。

第三，据天津宝坻歇马台遗址的发现[24]，该遗址上部地层包含有早晚两种堆积，一种是以直领加堆纹鬲为代表的器物群；另一种是以叠唇高裆柱足鬲（即本文所谓"叠唇高领鬲"）为代表的张家园上层陶器群。从地层上为二者的区别找到了证据。

第四，周初姬姓燕国的封建是京津地区商周时期发生的重大事件，这必然会使该地区的考古学文化发生一定变化，上文所举西周早期燕文化因素器物在京津地区的大量发现恰与此相符。

有鉴于此，把围坊上层与张家园上层区分为两种文化是合适的。

关于张家园上层类型的年代，其上限不早于西周早期，因为该类型中包含有较多的西周早期周系和商系器物，以上已有详论。其下限年代当不晚于西周中期。据琉璃河遗址的发现，属张家园上层类型的典型器物只见于西周早期而不见于西周晚期。这种现象发生在琉璃河遗址，固然可理解为在燕国腹地张家园上层类型因素已被完全改造，但也可认为在西周晚期张家园上层类型已不复存在，至少在燕地或燕国周邻一定范围内不复存在，否则，相邻的两种文化总应该互有影响。琉璃河遗址的发现是这样，天津地区和保定北部地区的发现也是这样。上文所举张家园上层类型中所包含的周系和商系器物均属西周早期而未见西周晚期者。据云在天津邦均遗址发现有西周中期墓打破张家园上层类型堆积的地层关系[25]，虽然不能依此作为确定张家园上层类型下限年代的绝对证据（因为同一文化同一期别的遗迹与地层亦可相互打破），但只要把这一发现与上述张家园上层类型中只见西周早期而不见西周晚期燕文化遗物的现象联系起来，就会得出张家园上层类型的年代下限有可能不晚于西周中期的推断。

如果张家园上层类型的年代确实仅相当于西周早期或早中期，那么它是京津地区夏商周时期诸考古学文化中年限最短的一种文化。它与姬燕文化同时出现而又很快消失，则使它们之间的关系显得更耐人寻味。

过去对京津地区西周时期考古学文化的了解主要限于张家园上层类型，而且多数人又把它与晚商时期的围坊三期文化混为一体，因而使土著因素的特征显得更加突出。在有关张家园上层类型资料的报道中，也都是强调土著因素，对该类型包含的西周燕文化中周系统和商系统因素介绍很少。这就使人们产生一种印象，即张家园上层类型是京津地区商周时期最主要的土著考古学文化。与此相应，以往对西周燕文化的认识则主要限于琉璃河遗址周系统因素突出的墓葬材料。这种局限也使人们产生一种印象，即燕文化不仅单一，而且分布范围不大。两种印象联系在一起，就是燕国弱小，被强大的土著文化所包围。实际情况并非如此，西周早期燕文化并不单纯，它是一种多因素的考古学文化，其中包含不少张家园上层类型的土著因素，而张家园上层类型也包含一定数量周系统和商系统因素。二者的关系是一种你中有我、我中有你的包容关系，只不过在分布地域上，距燕都越近则周系和商系因素越多，土著因素越少；距燕都越远则土著因素越多，周系和商系因素越少，很难把二者的分布范围区分开来，也很难说何者强大，何者弱小。从这一点来说，二者很可能为一码事，即燕文化。当然，在张家园上层类型材料尚不丰富和系统的条件下，我们还不能把它划归燕文化，但它在京津地区的出现确与西周燕国的建立有直接关系，至少受到了燕文化的强烈影响，周初的燕未必像以往估计的那样弱小。

四、相关的几点思考

西周燕文化和张家园上层类型的关系比较复杂，除以上所论外，还有不少问题颇值得思考。

（1）张家园上层类型与围坊三期文化的关系确实比较密切，比如前者的叠唇高领鬲显然与围坊三期的堆纹直领鬲属同一系统，二者数量较多的罐和敛口钵等特征相近，传承关系明显。张家园上层类型中的土著文化因素来自围坊三期当无疑问，至于它们是否为同一文化，本文所论只是一种初步看法，有待更多的资料予以证实。

（2）目前对京津地区西周中晚期的考古材料所知甚少，除琉璃河遗址外，其他遗址这一时期的考古学文化面貌都无法说清，因而张家园上层类型的去向很不明朗，这是需要今后注意探讨的问题。琉璃河遗址西周中晚期燕文化的确定有助于这一问题的解决。

（3）关于京津地区商文化的存在，以往普遍认为有两个时期最为突出。第一个时期相当于二里冈上层至殷墟第一期；第二个时期相当于商周之际。对第一个时期的认识大致不误，对后一时期的估计则只讲对一半，因为"商周之际"结论得出的主要根据是商系器物无足根袋足鬲和厚唇簋等的普遍发现。如上所述，这些器物根本不见于围坊三期，是西周早期才流行的，它随姬姓燕国的出现而出现。这种现象似可说明燕国在周初受封时，如同鲁、卫那样，也获有殷民若干族，只是文献中未能留存下来而已。

（4）燕和蓟是西周封国中最边远的诸侯国，依琉璃河遗址燕文化的面貌和墓葬所出金文材料可知，燕国与周王朝有着密切的联系。那么在双方相互来往的路线上还应分布着若干周王朝的封国，只有这样才能保证燕与周交往的畅通。这条路线可能是太行山东麓一线。在文献记载中，太行山东麓的南端有卫和邢二国，邢以北缺少记载。70年代元氏县軧国铜器的发现，表明元氏一带可能是周之封国軧的领地[26]。满城要庄西周时期的周文化遗存也应属某一封国[27]。有人还认为涞水张家洼为周初所封郱国所在[28]，很有可能。估计在这一线上还会有更多的周文化系统的遗存被发现。

注　释

[1] 拒马河考古队：《河北易县涞水古遗址试掘报告》，《考古学报》1988年第4期。

[2] 天津市文物管理处考古队：《天津蓟县围坊遗址发掘报告》，《考古》1983年第10期。

[3] 北京大学考古系等：《1995年琉璃河周代居址发掘简报》，《文物》1996年第6期。

[4] 刘绪、赵福生：《琉璃河遗址西周燕文化的新认识》，《文物》1997年第4期。

[5] 琉璃河考古工作队：《北京附近发现的西周奴隶殉葬墓》，《考古》1974年第5期；《1981～1983年琉璃河西周燕国墓地发掘简报》，《考古》1984年第5期；北京市文物研究所《琉璃河西周燕国墓地》，文物出版社，1995年。

[6] 北京市文物研究所：《北京市拒马河流域考古调查》，《考古》1989年第3期。

[7] 据笔者调查所知。

[8] 天津市文物管理处：《天津蓟县张家园遗址试掘简报》，《文物资料丛刊》第1辑。

[9] 天津市历史博物馆考古队：《天津蓟县张家园遗址第二次发掘》，《考古》1984年第8期。

[10] 天津市历史博物馆考古部：《天津蓟县张家园遗址第三次发掘》，《考古》1993年第4期；韩嘉谷、纪烈敏：《蓟县张家园遗址青铜文化遗存综述》，《考古》1993年第4期。

[11] 韩嘉谷等：《蓟县邦均西周时期遗址和墓葬》，《中国考古学年鉴·1987年》；赵文刚等：《蓟县邦均周代遗址》，《中国考古学年鉴·1988年》。

[12] 天津市历史博物馆等：《天津宝坻县牛道口遗址调查发掘简报》，《考古》1991年第7期。

[13] 同[10]。

[14] 同[1]。

[15] 据北京大学考古系实习资料。

[16] 河北省文物研究所：《燕下都》，文物出版社，1996年。

[17] 北京市文物管理处：《北京地区的又一重要考古收获》，《考古》1976年第4期。

[18] 同[9]；沈勇：《围坊三期文化初论》，《北方文物》1993年第3期。

[19] 张忠培等：《夏家店下层文化研究》，《考古学文化论集》第1集，文物出版社，1987年；李伯谦：《张家园上层类型若干问题研究》，《考古学研究》，北京大学出版社，1994年。

[20] 张立东：《试论张家园文化》，《北京建城3040年暨燕文明国际研讨会专辑》，北京燕山出版社，1995年。

[21] 同[10]。

[22] 天津市历史博物馆考古部：《1979～1989年天津文物考古新收获》，《文物考古工作10年》，文物出版社，1991年。

[23] 张家口市文物事业管理所：《河北宣化李大人庄遗址试掘报告》，《考古》1990年第5期；河北省文物研究所：《河北涞水渐村遗址发掘报告》，《文物春秋》1992年增刊。

[24] 同[22]。

[25] 同[10]。

[26] 河北省文物管理处：《河北元氏县西张村的西周遗址和墓葬》，《考古》1979年第1期。

［27］ 河北省文物研究所：《河北满城要庄发掘简报》，《文物春秋》1992年增刊。
［28］ 石永士：《关于周初封燕的几个问题》，中国第三届西周文明国际学术研讨会论文提要及演讲，1996年于洛阳。

（原刊于《跋涉集————北京大学历史系考古专业·75届毕业生论文集》，北京图书馆出版社，1998年）

试论西周燕文化中的殷遗民文化因素

雷兴山

以往已有不少学仁对西周燕文化遗存进行了多方面有益的探讨，但对其所含殷遗民文化因素的分析，却因材料的局限而不够深入。北京琉璃河遗址乃西周燕国都城之所在[1]，近年对其遗址的发掘，使我们对西周燕文化有了更加全面的了解，自然是探讨这一问题的理想遗址。

本文拟通过对琉璃河遗址西周燕文化诸文化因素构成与变化的分析，揭示殷遗民文化因素的发展概况及其历史原因，并冀由此个案的研究而对其他遗民文化的探讨有所启示。

一

琉璃河西周居址遗存明显分为早、晚两大期，每期尚可进行更细的划分。其年代从西周早期至西周晚期，跨西周一代[2]。

早期陶器陶质以夹砂居多，数量超过65%以上，而泥质陶较少，仅30%稍强。夹砂陶系中以褐色为主，灰陶次之，泥质陶系中以灰陶占大宗。纹饰以绳纹占绝对优势，约近80%，其中，中绳纹的比例远远超过偏粗绳纹。绳纹之外，尚见极少量堆纹、旋纹和弦纹等。

早期遗存的文化因素可分为四组。

第一组因素以A型联裆鬲为代表（有关琉璃河遗址器物的型式皆引自注[2]，下同），另有仿铜鼎、B型素面联裆鬲、I式豆、BI式盆等器物。A型联裆鬲多侈口或卷沿，尖圆唇，弧裆近平。素面鬲形制近同联裆鬲，唯素面，器表呈银灰色。盆为卷沿，施绳纹。豆为弧盘腹，柄较粗。这组因素的特征同于关中宗周文化，当为周文化无疑。但与宗周文化相比，不见典型的折肩罐和圆肩罐。

第二组因素以I式袋足鬲为代表，此外尚有AI、AII式簋、AI式盆、B型甗等器物。袋足鬲多宽沿，沿面微凹，缘部起棱，方唇，微折或折沿，大袋足，无实足根，裆甚低，整体形态与殷墟四期同类器近同。簋多为细泥质灰陶，唇面微鼓，唇部断面呈三角形，腹上多施细绳纹，并加施三角划纹，有的在器内壁折沿处施一道凹槽，总体特征几乎与殷墟文化完全一致。盆、甗类口部多近同，窄平沿，斜颈，内折沿，甗底孔为三角形。盆、甗器身施旋断绳纹的特点亦同于殷墟商文化。因此，该组文化因素当承袭殷墟商文化。

第三组因素以A、B型高领鬲为代表，还有施多道旋纹的盆、甗等器物。高领鬲均为夹砂陶，红褐色或红胎灰褐色，高领高裆，长袋足，器体修长，口部多施一周附加堆纹，腹部施僵直绳纹，足部为交错或旋转绳纹。另见一种盆甑类器物，夹砂红褐色，所夹砂粒较大，内沿唇下有一道沟槽，呈倒勾状，腹施多道旋纹，排列细密，其间为绳纹。这组因素同当地土著文化特征相同，当来源于张家园上层类型文化[3]。

第四组因素乃以上三种文化的混合因素，可分为三类。一类是周文化与商文化的混合因素，如一种联裆鬲，上部同于分裆袋足鬲，唯口径较小，而下部却为联裆。另一类是周文化与张家园上层类型文化的混合素，如C型联裆鬲，红褐色，口部圆唇内叠，呈倒勾状，同于张家园上层类型特征，下部却为周式联裆。再一类是商文化与张家园上层文化的混合因素，如一种盆，除口唇部为倒勾状外，其余部分为商文化特点。

在以上四组文化因素中，前两组因素所占比例较大，而其他两组的数量均甚少。周文化与殷商文化因素数量相当。

晚期夹砂陶比例上升，接近80%，而泥质陶的数量不足20%。陶色以浅灰色为主，另有少量灰皮褐胎陶，几乎不见红褐陶。纹饰仍以绳纹为主，另见少量旋纹、附加堆纹等。

同早期丰富多彩的文化因素构成情况相比，晚期遗存文化因素的构成则显得单调。晚期器物种类大大减少，几乎不见早期第三、四组文化因素。鬲主要以Ⅱ式袋足鬲为代表，同早期相比，器体变高，陶胎变薄，陶色为浅灰色，沿面施数周旋纹，裆由分裆变为联裆，但整体形态与早期相差不大，一望即知当为早期殷商文化因素中袋足鬲的直接发展。这种鬲的比例占全部陶器的60%以上，同周式联裆鬲甚少见的现象形成鲜明对照。早期的商式簋变为敞口、薄唇，以AⅢ式为代表。新出现了B型簋，敛口，上腹施数周弦纹。其他器类如罐、瓮等，所占比例均甚小。由此可见，晚期占主导地位的文化因素显然是以袋足鬲为代表的殷商文化因素。

与居址相比，墓葬中随葬陶器的种类较少，两者的文化面貌有较大的差异。墓葬随葬品中所见陶鬲绝大多数为联裆鬲，甚少见袋足鬲，有两种陶鬲共存一墓的情况。凡张家园上层文化的器类或相关因素均不见于墓葬中。墓葬随葬品应为当时居民有意识选择后的摆放之物，可能更代表了当时人们思想上的观念，因此，它不能全面反映西周燕文化遗存诸文化因素构成与变化的真实情况。

二

琉璃河居址西周早期遗存第二组因素为殷商文化因素无疑，但这组因素是在西周早期才传播到琉璃河遗址，还是继承当地更早的商文化因素发展而来的呢？换言之，有商一代，北京地区的考古学文化面貌如何？这一问题不仅是探索该组因素的产生背景，更是判定其族属等问题的关键。

据李伯谦先生的研究[4]，北京地区在早商文化时期为夏家店下层文化大坨头类型的分布地域，大致以易水为界，夏家店下层文化同易水之南的先商——早商文化相对峙。"二里冈时期，早商文化曾一度沿太行山东麓向北推进到壶流河流域，但很快又退缩回去"。

即使琉璃河地区曾在早商时期受过商文化的影响，有一些商文化因素遗留下来，但也绝不会是琉璃河西周早期遗存中殷商文化因素的来源。因为后者中的殷商文化因素，如袋足鬲，其形制几乎与殷墟四期文化的特征很难区分，几乎不可想象，由早商之时遗留在北京地区的商文化因素经过几百年的变异，况且是在其他文化中的变异，尚能发展到如此形态。

李伯谦先生认为，继夏家店下层文化之后，分布在北京地区的考古学文化是张家园上层类型文化。若将张家园上层类型文化与殷商文化相比，两者的陶器无论是在器物特征，或是陶系、纹饰等方面都是风格迥异，两者决不为同一文化体系。

1987年，河北省保北考古队在涞水境内试掘了丁渐村、墩台、北村、张家洼和周家庄五处遗址，皆发现有张家园上层类型文化遗存[5]，其年代至少从殷墟一期开始，一直延续到西周早期。在北京地区以南的保北地区发现张家园上层类型文化，也证明了北京地区在晚商时期为张家园上层类型文化的分布地。

保北地区张家园上层类型文化在晚商偏晚阶段，几乎不见殷商文化因素，因而，地处其北的北京地区当更少见殷商文化因素。

由上可知，琉璃河西周早期殷商文化因素决非承袭本地的文化因素，而是同周文化一样，都是由中原迁移而来。这一考古学文化面貌上的重大变动，当是召公封燕的历史结果。

我们知道，入周以后，商文化的部分传统已溶为周文化的重要组成部分，诸如商式簋，已成为宗周文化的有机组成部分。但是，在其它一些西周封国，如晋、齐、鲁等封国遗存文化中，甚少见如琉璃河西周早期殷商文化因素那样，器物种类多，特别是袋足鬲的数量几乎与联裆鬲数量相当，殷商文化因素的比例与周文化因素相若。这种现象当非一般考古学文化间传承的结果，而是有其深刻的历史原因，河南洛阳北窑等遗址的西周文化遗存为揭示这一原因提供了一面可资对比的明镜。

洛阳北窑西周遗存可分为两期，其年代从西周初年到穆王前后，与琉璃河西周早期遗存的年代大致相当[6]。洛阳北窑西周遗存所含文化因素大致分为两组[7]。一组以B、C型袋足鬲为代表（有关北窑遗址陶器的型式皆引自注[6]，下同），此外尚有A型与B型簋、B型盆、A型与B型甗等器物。这组因素明显来源于殷墟商文化，应为殷商文化因素。若同琉璃河西周早期遗存的第二组因素相比，两组在器物特征上完全一致。另外一组因素以联裆鬲为代表，这组因素显系周文化因素。

洛阳西周墓葬中的随葬陶器也可分为两组文化因素，即以联裆鬲为代表的周文化因素和以分裆袋足鬲为代表的殷商文化因素[8]。

关于洛阳西周早期遗存中殷商文化因素的族属，古史中记载颇多。《尚书·序》曰："成周既成，迁殷顽民。"《今本竹书记年》成王五年："迁殷民于洛邑。"《汉书·地理志》河南郡："洛阳，周公迁殷民，是为成周。"学术界的意见也基本一致，即为殷遗民。

琉璃河西周早期燕文化遗存与洛阳西周早期遗存相比，两者都是以周文化和殷商文化为主体，两者的殷商文化因素特征几乎相同，且最重要的是，都是以殷商文化的特质因素分裆袋足鬲为代表。因此，我们可以认为，琉璃河西周早期燕文化中的殷商文化因素当为殷遗民之文化。

西周建立之初，周人以自己少数之人有效控制其东方广大民众的有效方法之一，就是把商人迁移到周人直接控制的地区。《左传》定公四年有一段著名的记载："昔武王克商，成王定之，选建明德，以藩屏周……分鲁公……殷民六族：条氏、徐氏、萧氏、索氏、长勺氏、尾勺氏……分康叔……殷民七族：陶氏、施氏、繁氏、锜氏、樊氏、饥氏、终葵氏……皆启以商政，疆以周索"。正是在这种迁徙殷遗民的大背景下，一部分殷遗民被迁徙到了燕国。

1986年，在琉璃河遗址1193号大墓中出土了克盉、克罍[9]，克罍铭文曰："王曰……事羌、马戜、雩、驭、微……"。其中"羌……微"等六字都是殷商时期的方国或族名，他们被迁于燕，同周王封鲁时所授的殷民六族、封卫时所授的殷民七族的性质类同，同为授民。但考诸它们的地理位置，虽有不清楚的地方，但多与商族无关。有的学者认为"微"族是殷商氏族[10]，根据是在周原遗址发现的微氏家族青铜器。有关微人的记载和争论颇多。《尚书·牧誓》《史记·周本纪》及散氏盘铭中记载微人随武王伐纣，为灭商之功臣。商代之微似不止一个，琉璃河之微与以前所见之微关系如何，尚需仔细研究，恐不能轻易画等号。

在以往的琉璃河燕国墓地的发掘中，发掘者根据京广铁路把墓地划分为Ⅰ区和Ⅱ区，并根据Ⅱ区墓有腰坑和殉狗的现象，提出这些墓应为殷遗民之墓[11]。这一提法有欠妥当，有学者已详细论证了这一问题，认为这些墓也应是姬燕之墓[12]。

总之，无论是古文献还是出土文献，均无殷遗民被迁于燕的明确记载，而以往墓葬方面研究的有关提法又有欠科学。所以，居址材料中殷商文化因素的发现意义重大，借此可确定部分殷遗民被迁于燕的史事，补史籍之所阙。

三

由以上分析可知，琉璃河西周遗存中殷商文化因素早晚期一脉相承，典型器物袋足鬲在形制上虽有少许变异，但其大的特征尚未改变。早期的殷商文化因素与周文化因素的比例相若，并相互交融。在西周一代漫长的文化整合中，殷商文化因素逐渐占据优势，至西周晚期，燕文化竟发展成为殷遗民文化因素为主的状况。

殷遗民文化因素在琉璃河遗址或曰在西周燕文化中的这种发展变化状况同其他地区殷遗民文化因素的发展变化情况有无差别呢？

鲁国是周公的封国，周天子授其殷民六族。兖州西吴寺[13]、曲阜鲁国故城[14]等遗址的西周文化遗存大体代表了鲁文化的全貌。在西周早期，鲁文化中仅见极少量的殷商文化因素。如在西吴寺周文化第一期第一、二段中有极少量袋足鬲（标本H86∶1、H565∶1），与殷商文化中的袋足鬲相似，应是承袭商文化而来，而且几乎不见在其他西周文化中常见的商式簋。这一时期文化因素的构成以周文化和当地夷人的成分占绝对优势，殷商文化因素微乎其微。自西周中期开始，周文化因素逐渐增多，到西周晚期已占据主导地位。而在西周中期时几乎不见殷商文化的原性因素，到西周晚期时殷商文化因素似已销声匿迹。这些殷商文化因素可能是接受了一点商文化的影响,尚不能肯定地判断其是殷遗民文化。

由于无法明确齐鲁两国在西周时期的疆域,现只能以临淄后李西周墓葬作为齐文化的代表[15]。墓葬的年代多为西周早期,随葬品所反映的文化因素有两种,一是以联裆鬲为代表的周文化因素,一是以素面鬲为代表的夷人文化因素,另有少量商式簋。因考古材料的局限,现无法了解西周晚期齐文化的特点,但齐、鲁两国地域相连,在西周晚期两者的考古学文化面貌应大致相同。

卫国是康叔的封国,其领地大体包括了今河南北部和河北南部。在西周早期,卫国文化表现出浓厚的商文化特征,宗周文化因素的特征并不太突出[16]。自此以后,周文化因素的比例逐步加强,殷遗民文化因素相对减弱,但依然存在,未被周文化同化掉。至西周晚期,殷遗民文化因素和周文化因素共存。如在河北磁县下潘汪遗址[17],既见以袋足鬲为代表的殷遗民文化因素,又见以联裆鬲、豆等为代表的周文化因素。

河南洛阳是西周王朝的东都,为殷遗民集中聚居地之一。西周早期殷遗民文化因素的情况已如上述,可分为殷遗民文化和宗周文化两类。自早期开始,两类因素共存并相互交流融合,在此文化整合过程中,周文化因素逐渐占据优势,至西周晚期,殷商文化因素仅有少量存在,洛阳地区的周文化同关中宗周文化已无太大差别。

有些研究者根据出土铜器铭文的分析认为,商灭之后,有大批商人被迁往关中,处于西周王畿之内[18]。但在洛阳以西、最主要的是在关中地区,罕见袋足鬲等殷商文化因素。

由上分析可以看出,殷遗民文化因素在燕国文化中的发展变化状况,均不同于上述各种情况。因此,我们不妨把燕国殷遗民文化因素的这种状况称之为"殷遗民文化琉璃河模式"。

我们平时所说的"殷遗民文化"并不是一个考古学文化的概念,"'考古学文化'是考古学中的特别术语,与一般历史学、社会学、民族学等所用'文化'一词有着不同的含义。某某考古学文化通常是某个时期、某一分布地域而具明显特征的一群遗迹和遗物共同体的总称"[19]。这里的"殷遗民文化",在考古学上应称为殷遗民文化因素,而"殷遗民文化"这一概念更近于文化人类学上"文化"的概念。"琉璃河模式"的提法有些近似于考古学文化、类型命名的惯例,是指以琉璃河遗址为代表的殷遗民文化因素,在所有殷遗民文化因素发展、变化诸情况中的一个类型。

灭商之后,周初的局势十分不稳,武庚叛乱使周人认识到如何处置殷遗民乃是关系到西周王朝存亡的大事。殷遗民文化在不同地区有着不同的表现,这当是周人对殷遗民所采取的政治措施各异的结果。

齐国与鲁国是在商的方国薄姑和奄的基础上建立的,这里本是商文化的分布区,加上所迁的"殷民六族",这里本应有大量的殷商文化因素,可是,入周后商文化因素却十分稀少。分析其主要原因,当是因为薄姑和奄的叛乱之故。在武庚叛乱中,薄姑和奄是积极的参与者,周公东征,大动干戈之后才将东方稳定。为使东方长期稳定,周人有可能采取强硬措施,减弱商文化,使这种不稳定因素趋于消亡。顺便提及的是,无论鲁国实行的"变其俗,革其礼",还是齐国实行的"因其俗,简其礼",我认为这些政策主要是针对当地夷人的,鲁文化中夷人文化因素少,而齐文化中夷人文化因素多，正是这一事实的说明[20]。

卫国所在正是商代晚期商王朝都城及其畿内地区，周天子命康叔"启以商政"，对殷民采取怀柔政策。《尚书·康诰》命康叔必须继续商的法律，尊重殷商的传统。其文曰："……惟弘王应保殷民……"；"王若曰……汝乃以殷民世享"。分予康叔的七族，多是有技能的氏族，周人对这些有专长的殷遗民给予特殊照顾，《酒诰》篇在严令不许酗酒时却说："惟殷之迪，诸臣惟工，乃湎于酒，勿庸杀之，姑惟教之。"周人对成周之地的殷遗民恩威并施，《尚书·多士》篇就是对他们的训诫，一方面恫吓他们"非我一人奉德不安宁，时惟天命"，一方面又安抚他们"尔乃尚有尔土，尔乃尚宁干止"。几篇诰命一再声称殷商原有的社会结构不必改变，在此情况下，殷遗民文化因素当然能得以保留发展。

迁往关中的殷遗民可能受到了不同的待遇。大量殷遗民铜器的发现，表明殷遗贵族并未沦为奴隶而又成为周之新贵族。下层殷民则不然，在周人稳固的后方，周人对他们当然不会"启以商政"，在"周政""周索"的高压之下，一点微弱的殷商文化因素很快就会被强大的周文化所溶化。

殷遗民文化琉璃河模式的特点同齐鲁及关中地区殷遗民文化的特点截然相反，而近同于卫国和成周之地，这表明周人对燕国的殷遗民所采取的政策近同于后者，即"启以商政"，施以怀柔政策。不同的是，燕国远离宗周文化，燕国的殷遗民文化由此而得以从容发展，以至于在西周晚期时，燕国的殷遗民文化因素竟远远超过卫与成周之地。

四

一个王朝或部族文化灭亡以后，如何在考古学上辨认它的遗民文化因素，这是一个有关考古学文化传承关系及民族迁移等方面的理论问题，殷遗民文化琉璃河模式的提出或许对此问题有所启示。

（1）遗民文化因素同其原来的文化相比，可能有较多的继承，但往往在器物种类上有所减少，有时甚至仅保留一两种特质因素。如洛阳和卫国之地的殷遗民文化因素比殷商文化的器类有所减少，而琉璃河遗存中仅保留商式袋足鬲等几类。

（2）无论在新石器时代，还是以后，考古学文化因素的传播是极为普遍的，可以说还没有一个考古学文化不受任何外来的影响。有时这种传播的距离还非常远。所以，如果单凭几件相似的器物而判定其为遗民或移民文化，那就会与实际不合。

因此，要判定遗民文化，就必须如琉璃河模式那样，有几种原行文化的常见器类（而不是几件器物）相伴而存。特别是必须有特质文化因素，如袋足鬲之于殷商文化一样。有学者在研究夏遗民文化时，就忽略了夹砂中口深腹罐为夏文化的特质因素，如果没有发现这种器类，那么对夏遗民的迁移问题就无法从考古学上谈起了。

（3）无论各种文化因素的比例如何，遗民文化因素总是和后继文化因素相伴共存，并相互交流、融合，绝不是其原来文化一成不变的发展。琉璃河西周早期遗存是这样，洛阳和卫国文化也是如此。有人提出二里头文化第四期为商灭夏以后的夏遗民文化，但在二里头文化第四期遗存中却看不到夏、商文化大量共存、融合的现象，显然这种看法是不合适的。相反在二里冈下层文化遗存中却能看到这一现象。

（4）后来文化可能对遗民的原行文化因素有所吸收，甚至把一些器物作为自己文化中有机的组成部分，但对对方的特质文化因素却排斥。在琉璃河西周晚期的墓葬中，周人墓的随葬陶鬲依然是联裆鬲，表现出其强烈的宗族观念，就是在居址中，袋足鬲也由商式的分裆变为周式的联裆。

对殷遗民文化的研究不仅有其理论意义，而且还有着重要的实践意义。

第一，我们以往对先商文化、商文化都有过深入的研究，虽然在某些重大问题上尚有分歧意见，但有关商人在夏商时期活动的时空框架已基本清楚。相比之下，有关商人在入周后的活动，即有关殷遗民情况的研究却甚少。殷遗民在入周后的分布情况，各自的文化面貌，他们的地位和待遇如何，等等诸如此类问题，一直很少有人问津，这不能不是有关商人考古中的一大遗憾。

第二，西周建立之初，最重大的事情就是有关商遗民的问题。纵观西周各诸侯国文化"基本上是以周文化与原先商文化或土著文化融合的产物，它们与宗周文化及它们相互之间又有一定的区别"[21]。目前对周文化的研究尚未进入到细致分区的程度，对殷遗民文化因素的研究，无疑将加深对周文化的认识，是推动周文化深入研究的一个重要方面。

注　释

[1] 郭仁、田敬东：《琉璃河商周遗址为周初燕都说》，《北京史论文集》，北系史研究会，1980年；殷玮璋：《琉璃河遗址与周初燕都》，《中国第三次西周文明国际学术研讨会论文提要》，中国先秦史学会，1996年。

[2] 北京大学考古学系等：《1995年琉璃河周代居址发掘简报》，《文物》1996年第6期；北京市文物研究所等：《1995年琉璃河墓葬区发掘简报》，《文物》1996年第6期。

[3] 天津文物管理处：《天津蓟县张家园遗址试掘简报》，《文物资料丛刊》第一辑，文物出版社，1977年；天津市历史博物馆考古队：《天津蓟县张家园遗址第二次发掘》，《考古》1984年第8期；天津市历史博物馆考古部：《天津蓟县张家园遗址第三次发掘》，《考古》1993年第4期；李伯谦：《张家园上层类型若干问题研究》，《考古学研究》（二），北京大学出版社，1994年。

[4] 李伯谦：《北京房山董家林古城址的年代及相关问题》，《北京建城3040年暨燕文明国际学术研讨会会议专集》，北京燕山出版社，1997年。

[5] 拒马河考古队：《河北易县涞水古遗址试掘报告》，《考古学报》1988年第4期；河北省文物研究所：《河北涞水渐村遗址发掘报告》，《文物春秋》1992年增刊；张立东：《试论张家园文化》，《北京建城3040年暨燕文明国际学术研讨会会议专集》，北京燕山出版社，1997年。

[6] 叶万松、余扶危：《洛阳北窑遗址陶器的分期研究》，《考古》1985年第9期。

[7] 叶万松、余扶危：《中原地区西周陶器的初步研究》，《考古》1986年第12期。

[8] 张剑：《河南洛阳西周墓葬陶器初探》，《中原文物》1993年第1期。

[9] 中国社会科学院考古研究所、北京市文物研究所琉璃河考古队：《北京琉璃河1193号大墓发掘简报》，《考古》1990年第1期。

［10］ 许倬云：《西周史》（增订本），生活·读书·新知三联书店，1994年。
［11］ 北京市文物研究所：《琉璃河西周燕国墓地》，文物出版社，1995年。
［12］ 刘绪、赵福生：《琉璃河遗址西周燕文化的新认识》，《文物》1997年第4期。
［13］ 国家文物局考古领队培训班：《兖州西吴寺》，文物出版社，1990年。
［14］ 山东省文物考古研究所等：《曲阜鲁国故城》，齐鲁书社，1982年。
［15］ 据王永波先生于1996年在洛阳"中国第三次西周文明国际学术研讨会"上的报告。会下，又承蒙王先生厚意，参阅了全部器物卡片。
［16］ 郭宝钧：《浚县辛村》，科学出版社，1964年。
［17］ 河北省文物管理处：《磁县下潘汪遗址发掘报告》，《考古学报》1975年第1期。
［18］ 吕文郁：《西周王畿殷遗民考略》，《西周史论文集》，陕西人民教育出版社，1993年。
［19］ 邹衡：《关于考古学理论和方法上的几个问题——与梁星彭同志讨论》，《考古与文物》1982年第6期。
［20］ 王迅：《东夷文化与淮夷文化研究》，北京大学出版社，1994年。
［21］ 李伯谦：《中国青铜文化的发展阶段与分区研究》，《华夏考古》1990年第2期。

（原刊于《北京文博》1997年第4期）

从考古发现看西周燕国殷遗民之社会状况

任 伟

周人以"小邦周"取代了"大邑商"之后,首先面对的问题就是如何稳定天下局势,而国家局势的稳定与否,又取决于周人对待殷遗民的政策是否妥当。据传武王克殷之后,曾就如何治理殷商遗民的问题,垂询于周公、太公和召公三位重臣,最后武王采纳了周公的建议,"使各居其宅,田其田,无变旧新,唯仁是亲"[1]。此一政策成为周人对待殷遗民的主导方针。然而不久,却发生了管、蔡与武庚策动的"三监之乱",此次叛乱使周王室意识到,对殷商原来的一些强宗大族如果也采用"居其宅,田其田,无变旧新"的政策的话,这些强宗大族由于势力庞大,根深蒂固,是很容易结伙叛乱的。但从另一方面讲,周人又不得不安抚、利用这些殷遗贵族。针对这一情况周王室便对一些殷遗大族采取了一些变通的新政策,或迁往异地,或分而治之。《尚书·多士》《多方》即是周人对待殷遗民政策的集中体现。"我有周惟其大介赉尔,迪简在王庭。尚尔事,有服在大僚。"[2]殷遗贵族只要臣服于周,他们还是会被周王朝重用的。朱凤瀚先生曾对殷遗诸氏族的境况,归纳为五种类型进行过研究[3]。

周王室分封的一些重要诸侯国,其居民除了当地土著殷遗民外,也有一部分是随其分封而迁徙来的殷遗氏族。那么北方大国燕国建立时,是否也分得了一些殷遗民呢?如果有,这些殷遗民研究与探索在燕国的社会生活中又扮演着什么样的角色呢?对此,史籍无载。然而近年来燕国考古工作的一系列成果,却为我们探索这一问题提供了线索。

一、由青铜器铭文看燕国殷遗民之状况

1986年琉璃河考古队在琉璃河墓地发现了M1193号大墓,由其所出克罍、克盉铭文,我们知道了燕国受封时也是被"授民授土"的。二器铭文一致,铭文:"王曰:'大保,惟乃明乃心,享于乃辟。余大对乃享,令(命)克侯于匽,旂(事)羌、马、叡、雩、驭、微'。克寓匽,入土眔厥司。用作宝尊彝。"旂(事)字诸家解释不一,殷玮璋等先释为国族名[4]。李学勤、张亚初、刘雨等先生释为"事"字[5]。可从。假如把"旂"字释为国族名的话,那么"克侯于匽"之后就没有了行为动词,而紧跟着又是几个名词,这样文句就有些不通。故释为"事"字较为合适。"羌、马、叡、雩、驭、微"六字,学者多以为是分封给燕国的六个国族名,是比较正确的。羌当是指羌

方，为西北游牧民族，卜辞中习见。马方，卜辞中亦有，如"甲辰卜，争贞，我伐马方，帝受我又"（《乙》5408片）。卜辞中还有马羌、多马羌。陈梦家先生认为"马羌可能是马方之羌，可能是马方与羌方"[6]。由此器铭可知，马羌应指马方和羌方，当是两个相邻的方国。赦，是与羌方相距不会太远的一个北部方国。雩，王国维先生认为即商代的盂方。盂当为商之敌国，卜辞中多有征伐盂的内容。如"丁卯王卜贞……余其从多田于多白，正盂方"（《甲》2416）。"王卜才潢贞……惟王为正盂方白炎"（《后》上18·6）。李学勤先生认为盂方有可能即沁阳的盂[7]。驭，金文与文献中驭与御通用，陈梦家先生认为御方是猃狁族的一支[8]，其活动范围当在太行山一带。卜辞中有"口寅卜，宾贞，令多马、羌、御方"（《殷墟书契续编》5·25·9）。看来驭与马、羌也相距不远。微，有学者认为此"微"即《尚书·牧誓》中助周人克商之微。殷玮璋、刘士莪、尹盛平等先生认为此"微"乃商末子姓之微[9]。我们认为是有道理的。这样看来，燕国受封时其受民的成分是较为复杂的，既有西北羌、狁等少数民族，也有殷商子姓遗民。

商周青铜铭文中常见的氏族"举"，有可能与子姓之微有关系。1973年至1974年在发掘琉璃河西周墓地时，于M52出土了复鼎、复尊两件铸铭青铜器。

复尊铭曰："匽侯赏复䌷衣、臣、妾、贝，用作父乙宝尊彝。举。"

此器为喇叭形口，鼓腹，圈足，足边外侈。颈下端饰两周平行弦纹，腹部上下各饰一周双勾的夔龙纹，圈足上部饰两道平行弦纹[10]。形制、纹饰均与河南浚县辛村60号墓出土的铜尊相似[11]。时代当在西周早期。

复鼎铭曰："侯赏复贝三朋，复用作父乙宝尊彝。"

此鼎为直口，口沿外折，方唇，直耳作绚状，鼓腹，柱足。口沿下饰一周夔龙纹，腹部无纹饰[12]。器形为商周之际常见的形制。

铭文末所缀之符号"举"，学术界释读不一。或读为"异"[13]，或读为"冀"[14]，或释为"子"[15]，或释为"举"[16]，当以释为"举"字为妥（为便于打印下文以举字代替）。此字郭沫若先生认为是国族徽号，谓"乃古代国族之名号，盖所谓'图腾'之孑遗或转变"[17]。"举"族是一个古老的部族，最迟在武丁时就已存在。甲骨文卜辞中既有"举"。

已卜……命举……（《乙编》7079）

贞，举不其乎来。（《前编》6·12·6）

族名为"举"的青铜器商代就有，如：

"子光商（赏）小子启贝"。（尊，《三代》11·31·5）

"子商（赏）小子省贝五朋，省扬君商（赏）"。（卣，《三代》13·38·2）

"子易（赐）〔龟〕贝"。（匜，《博古》20·33）

以上器铭末都缀有族氏号"举"。另外，安阳殷墟西北冈HPKM1601出土一件铜簋，器铭中亦有此族氏号[18]。朱凤瀚先生认为此族氏应该在商族共同体的范围内[19]。那么"举"族具体为商王朝属下的那一族系呢？秦建明、张懋镕先生认为"举"族应是殷人八大姓氏之一[20]。丁山先生认为此族乃是殷周间一诸侯国名，故地在山西省河津县一带[21]。史树青先生则指出"举"族属东夷人方[22]。黄盛璋先生则主张此族即甲骨文中微方伯之微族，属殷商王朝的一个异姓方国[23]。葛英会先生提出此族乃燕部族联合中的一个分族（或部族）[24]。刘士莪、尹盛平先生则提出此族属商末微子启之微族[25]。李伯谦先生分析诸家之说，认为"举"族可能是商代晚期居于商都西北的一个异姓国族[26]。我们认为以目前的资料还难以断定燕国的"举"族之"复"是否就是"子"姓商族，但"举"族属于商共同体应该是没有问题的。这样看来，燕国的"举"族之"复"应该是商亡后才臣服于燕侯的。由"复"常受到燕侯的赏赐看，应是很受燕侯重用的。同墓所出还有爵、鬲、觯等青铜礼器和戈、戟、刀、矛、剑、盾饰等兵器。从盾饰上所铸之"匽侯"二字看，"复"有可能是燕侯属下的一位武士，社会地位不低。

燕国的另一个殷遗大族是𠭯族，商周时期的𠭯族青铜器目前发现很多。唐兰先生曾提出此𠭯即箕子之箕[27]，可信。

1973年辽宁喀左北洞发现了两处铜器窖藏[28]，其中北洞二号坑出土一方鼎。铭曰：

"丁亥，戉商（赏）又（有）正斐要贝，才（在）穆朋二百，斐辰（振）戉商（赏），用作母已尊□。𠭯侯，亚匙。"（《集成》5·2702）

铭文大意是，箕侯亚匙族之斐受到了戉的赏赐，并用得来的贝为母已作了祭器。唐兰先生认为"此器之戉疑是燕之公族"[29]。李学勤先生根据受𠭯赏赐的几件青铜器如夫尊（《西甲》5·5）、孝卣（《三代》13·34·3）等均属晚商器，推定此鼎为商代末年器[30]。可信。由此可知，殷商晚期箕侯亚匙族已活动于今北京、辽宁一带。

亚盉（《三代》14·10·7）相传出土于北京卢沟桥。此器腹为壶形，柱足，饰有兽面纹。由其形制和字体看当为周初时器。铭曰：

"箕侯，亚匙。匽侯易（赐）亚贝，用作父乙宝尊彝。"

由铭文内容看，此时𠭯侯之亚匙已臣服于燕侯，并很受燕侯重用。

另外，𠭯侯亚匙族铜器还有出土于琉璃河M251的𠭯亚匙鼎（《集成》3·2035），以及北京顺义县牛栏山出土的成组箕亚匙青铜礼器，有鼎1、尊1、提梁卣1、爵2、觚2、觯1，这些器物上都铸有箕亚匙族氏号，为西周早期器[31]。

以上均说明，𠭯亚匙族在商亡后，仍然活跃在当时的政治舞台上。商代时的族氏号的继续使用，表明这一氏族组织在召公封燕后被保留了下来。正如李学勤先生所言："周初复与𠭯侯氏的亚都服事于燕侯，是所谓的'殷遗'。"[32]他们并没有沦为奴隶，仍是社会上层的一个组成部分。

著名的《堇鼎》是出土于琉璃河墓地M253的一件铜器，与其同出的成组青铜礼器中铸铭者还有9件。如圉方鼎、圉簋、圉甗、圉卣等。

堇鼎曰："匽侯命堇，饴大保于宗周，庚申，大保赏堇贝，用作大子癸宝尊餗。〓。"（《集成》5·2703）堇受燕侯的委派到宗周去给太保敬献食物，可见堇定为燕侯之近臣。

圉方鼎铭曰："休朕公君，匽侯易（赐）圉贝，用作宝尊彝。"（《集成》4·2505）

圉簋铭曰："王奉于成周，王易（赐）圉贝，用作宝尊彝。"（《集成》7·3825）圉在成周受到了王的赏赐，可见其地位之高。

圉卣（《集成》10·5374）、圉甗（《集成》3·935）器铭同于圉簋。以上诸器由器形看，都是西周早期器物。

唐兰先生认为堇鼎中的"堇"当是商代奴隶主贵族之后[33]。此器铭末所缀的族氏号在商代器中常见，因此唐先生所言可信，"堇"必为殷遗。张亚初先生根据堇鼎与圉方鼎等器同出一墓，以为"堇"、"圉"当是父子关系，"圉"是此墓墓主[34]。如果此推测不误的话，那么这一殷遗家族在殷亡后，就成为了燕侯之近臣、燕国的世官，其家族的地位是很高的。

攸簋出土于琉璃河墓地M53，由其墓内有殉人和殉狗看，应为殷遗。器铭曰："侯商（赏）攸贝三朋，攸用作父戊宝尊彝，启作䇷。"

此器，口微敛，沿外折，鼓腹，腹两侧各接一个象头錾耳，下接三只虎形足。簋盖被4条扉棱分成四等份，每段各饰一只长尾大鸟，鸟纹空间填以雷纹。口沿下在两耳中间前后各饰一突起的兽头，两兽头与两耳将簋腹周等分4段，每段亦各饰一长尾大鸟，鸟纹间填以雷纹[35]。由器形、纹饰看，时代应在西周早期。因此"侯"必为西周燕国之侯。这样看来"攸"所在之氏族，西周早期已臣服于燕侯，并受到了燕侯之重用。

当然，燕国的殷遗民远不止我们上面所举这些，从中我们不难看出燕国对于顺从于己的殷遗族氏采取的主要是怀柔安抚政策，不仅保留其原来的族氏组织，允许其使用旧有的族氏徽号，而且给予他们一定的社会地位。这样一方面可以拉拢团结他们，另一方面也可以利用这些殷遗贵族的势力，来加强燕国统治者的力量。这些都是周王室制定的殷遗政策的具体体现。

二、琉璃河西周燕国墓地所见周人家族与殷遗民家族之等级差别

琉璃河西周燕国墓地，位于北京房山琉璃河遗址中部的黄土坡村北及董家林古城以东一带。发掘者以京广铁路为界将铁路以西的董家林古城东的墓葬区称为Ⅰ区墓葬，铁路以东的黄土坡村墓地称为Ⅱ区墓葬。

截至20世纪90年代，琉璃河墓地共发掘、清理墓葬200多座，其中1973~1977年的发掘已发表了正式报告，其余的仅发表了发掘简报，多数资料正在整理中。（除特别注明外，本文所用资料将以《琉璃河西周燕国墓地（1973~1977）》为主。下文简称《墓地》。）

据《墓地》可知，Ⅰ区共发掘墓葬32座，Ⅱ区29座。如按时代划分，西周早期墓34座，其中18座分布在墓葬Ⅰ区，16座分布在Ⅱ区。西周中期墓7座均为小型墓，其中6座分布在Ⅰ区，1座在Ⅱ区。西周晚期墓8座亦均为小型墓，2座在Ⅰ区，6座在Ⅱ区。结合《1981~1983年琉璃河西周燕国墓地发掘简报》[36]及《北京琉璃河1193号大墓发掘简报》[37]整体来看，琉璃河墓地西周早期墓明显多于中晚期墓，并且出有铜礼器的大中型墓也多属西周早期。这些情况，均可说明西周中期燕国可能已迁都

于蓟。

墓葬 I 区目前未发现大型墓，已发掘的 32 座墓中，中型墓只有 5 座，多数为小型墓。墓中随葬陶器的组合基本上以鬲、簋、罐为主。埋葬习俗上，墓坑上部及棺下腰坑中均有殉狗现象，有 6 座西周早期墓和 1 座中期墓还有殉人。"这些现象都和商代晚期的殷人埋葬习俗相同"，"墓主很可能是殷的遗民"[38]。

II 区目前共发现大型墓 5 座，中型墓 20 余座，小型墓 100 多座[39]。墓中随葬陶器以鬲、罐为主。墓葬习俗上，少数墓葬有殉狗和腰坑现象，殉人现象除 M202 外，其余各墓未见。M202 南墓道东壁上发现的人头骨[40]，是否与商人墓中的殉人现象具有完全相同的含义，亦是值得再研究的。不难发现，II 区墓葬在陶器组合、墓葬习俗方面与 I 区墓葬相比还是有着明显差别的，《墓地》称"这种差别应是族属不同的一种反映"[41]，此墓地应是分封到燕国的周人墓地。由商周墓葬的一般规律看，我们认为这一推断应是正确的。结合此区 1193 号大墓所出克罍、克盉铭文看，这一墓地应该是燕侯的家族墓地。

以上两处墓地从其墓室的面积、随葬品的种类和数量上相比较，是可以看出殷遗民与周人是有等级差别的。

首先 I 区墓地没有发现大型墓葬，这说明虽然周人给予了殷遗民一些优待政策，但并没有让他们进入燕国的统治核心阶层，故也没有相应级别的大型墓葬出现。II 区的大型墓主要集中在该墓地的西南部。

从中型墓葬这一层次上看，I 区的中型墓在数量上也不如 II 区的多。同时虽然 I 区的中型墓基本上都随葬有青铜礼器和兵器，但数量上一般不如 II 区中型墓随葬的多。如 I 区 M52 随葬青铜礼器有鼎 1、尊 1、鬲 1、爵 2、觯 1。M53 随葬青铜礼器为簋 1、尊 1、爵 1、觯 1、匕 1。M54 有青铜礼器鼎 1、簋 1、盘 1[42]。由以上几墓看，墓主应属"士"这一阶层。II 区的中型墓有些随葬青铜礼器多的有 6 鼎 4 簋，少的也仅是 1 鼎 1 簋的规格。但总体规格等级是远远高于 I 区中型墓的。如 IIM251 随葬铜礼器就有鼎 6、簋 4、鬲 2、爵 2、觯 3 等。

从小型墓葬这一层次上看，两区墓中随葬品差别不是太明显，基本上都是以陶器和装饰品为主，少数墓中随葬有青铜兵器。但从随葬品数量上来说，I 区小型墓整体上看是不如 II 区小型墓的。他们这一层次应是燕国的平民，部分随葬兵器的可能是燕国的士兵。虽同属平民阶层，然而殷遗平民的社会地位、富庶程度整体上还是要比周人差一些。

以上两处墓地，都有固定的墓地范围，两者相距大约有 400 多米的距离。在其各自的范围内往往十几座墓相聚合，墓制、葬俗亦相同，这说明西周时期燕国的周人与殷遗民实行的仍是族葬制度。

需要特别提及的是，II 区墓地中有少数墓葬在葬俗上与商人有相近之处。如 M254 填土中有殉狗一只，随葬的陶簋也是属商文化系统的；M264 底部也挖有腰坑并殉狗一只；M1126 墓底有腰坑一个，殉狗一只[43]。那么我们又该如何解释这种现象呢？召公氏族乃周之分支，原在豫西一带，受殷商文化影响较浓，而这种影响不仅表现在铜器铭文的"日名"上，部分族人在葬俗上也有可能受了殷商文化的影响。这些现象表明燕召氏族作为燕国的统治者，虽然周文化是其主体文化，但他们对殷商文化并没有完全抛弃，殷商文化的某些因素对他们还是深有影响的。

还有一个现象我们需要稍加说明。琉璃河古城遗址中出土有明显张家园上层文化（土著文化）特色的陶器，这表明周人在建立燕都后曾经与当地土著人共同生活在同一城中。然而在琉璃河墓地中却并没有发现相应文化的土著人墓葬，这说明土著文化是墓地使用者所排斥的一种文化，他们不允许土著人葬于周人自己开辟的墓地中。对于联系较为密切的商文化，周人是部分接纳的，殷遗民墓葬与周人墓葬相距不远，既是例证之一。由此看来，土著人的社会地位在燕国当是居于最下层的。

三、小　结

综上所述，周人以蕞尔小邦灭了大邦殷之后，殷人势力在人数上仍远多于周人，且并不甘心失败，迫于这种形势需要，周人不得不对殷遗势力采取怀柔安抚的政策，以稳定局势。同时周人在分封诸侯国时，对殷遗民采用了分而治之的方法，许多殷遗民被迁往各诸侯国。燕国在分封时也分得了一些殷遗民，其中的殷遗贵族仍是燕国统治阶层的组成部分，仍具有相当的社会地位，但其并没有进入燕国统治阶层的核心，他们与周人贵族仍是有相当的等级差别的。多数殷遗民成为了燕国平民阶层的组成部分。总体上看，殷遗民的社会地位不如周人，但比当地土著人社会地位要高。

注　释

［1］《说苑·贵德篇》。
［2］《尚书·多方》。
［3］朱凤瀚：《商周家族形态研究》，天津古籍出版社，1990年，第279-296页。
［4］殷玮璋：《新出土的太保器及其相关问题》，《考古》1990年第1期。
［5］见《北京琉璃河出土西周有铭铜器座谈纪要》李学勤、张亚初、刘雨等先生的发言，《考古》1989年第10期。
［6］陈梦家：《殷墟卜辞综述》，中华书局，1988年。
［7］李学勤：《殷代地理简论》，科学出版社，1959年。
［8］同［6］。
［9］殷玮璋：《新出土的太保器及其相关问题》，《考古》1990年第1期；刘士莪、尹盛平：《微氏家族青铜器群研究》，文物出版社，1992年，第59页。
［10］北京市文物研究所：《琉璃河西周燕国墓地》，文物出版社，1995年。
［11］郭宝钧：《浚县辛村》，科学出版社，1964年。
［12］同［10］。
［13］四川大学古文字研究室甲骨文字典编写组：《甲骨文一字多形问题》，《古文字研究论集》（《四川大学学报》丛刊第十辑），1982年。
［14］丁山：《说冀》，《历史语言研究所集刊》第1本第2分册。
［15］秦建明、张懋镕：《说亞》，《考古与文物》1984年第6期。

[16] 于省吾：《释蔑》，《考古》1979 年第 4 期。

[17] 郭沫若：《殷周青铜器铭文研究》，科学出版社，1961 年。

[18] 李济：《殷墟出土伍拾叁件青铜容器之研究》，《古器物研究专刊》第 5 本。

[19] 朱凤瀚：《商周家族形态研究》第 191 页，天津古籍出版社，1990 年。

[20] 同 [15]。

[21] 同 [14]。

[22] 史树青：《无㝬鼎的发现及其意义》，《文物》1985 年第 1 期。

[23] 黄盛璋：《西周微氏家族窖藏铜器群初步研究》，《历史地理与考古论丛》，齐鲁书社，1982 年。

[24] 葛英会：《燕国的部族及部族联合》，《北京文物与考古》总第 1 辑，1983 年。

[25] 刘士莪、尹盛平：《微氏家族青铜器群研究》第 58-78 页，文物出版社，1992 年版。

[26] 李伯谦：《蔑族族系考》，《中国青铜文化结构体系研究》，科学出版社，1998 年。

[27] 唐兰：《西周青铜器铭文分代史徵》，中华书局，1986 年。

[28] 辽宁省博物馆等：《辽宁喀左县北洞村发现殷代青铜器》，《考古》1973 年第 4 期；喀左县文化馆等：《辽宁喀左县北洞村出土的殷周青铜器》，《考古》1974 年第 6 期。

[29] 同 [27]。

[30] 晏琬：《北京、辽宁出土铜器与周初的燕》，《考古》1975 年第 5 期。

[31] 程长新：《北京市顺义县牛栏山出土一组周初带铭青铜器》，《文物》1983 年第 11 期。

[32] 晏琬：《北京、辽宁出土铜器与周初的燕》，《考古》1975 年第 5 期。

[33] 同 [27]。

[34] 张亚初：《燕国青铜器铭文研究》，《中国考古学论丛——中国社会科学院考古研究所建所 40 周年纪念》，科学出版社，1993 年。

[35] 同 [10]。

[36] 琉璃河考古队：《1981～1983 年琉璃河西周燕国墓地发掘简报》，《考古》1984 年第 5 期。

[37] 琉璃河考古队：《北京琉璃河 1193 号大墓发掘简报》，《考古》1990 年第 1 期。

[38] 同 [10]。

[39] 《琉璃河西周燕国墓地》发掘大型墓 1 座，中型墓 3 座，小型墓 25 座；《1981～1983 年琉璃河西周燕国墓地发掘简报》称发掘大型墓 3 座，中型墓约 20 座，小型墓 100 余座。《北京琉璃河 1193 号大墓发掘简报》之 1193 号墓为大型墓。

[40] 同 [10]。

[41] 同 [10]。

[42] 同 [10]。

（原刊于《中原文物》2001 年第 2 期）

论北京房山琉璃河西周遗址殷遗民墓的腰坑殉狗

印 群

盛行于殷商墓葬中的腰坑殉狗葬俗也多见于殷遗民的墓葬里[1],构成了墓葬制度中一项重要的内容,北京房山琉璃河西周遗址[2]殷遗民墓葬里亦经常发现腰坑殉狗现象,而且在该遗址中,腰坑殉狗的现象并非仅局限于殷遗民墓,在周人墓里也有发现。本文将通过对北京房山琉璃河西周遗址殷遗民腰坑殉狗墓的具体考察来探讨该遗址殷遗民腰坑殉狗墓的等级结构、时代特点及文化因素的相互影响等问题。

一、西周时期琉璃河遗址殷遗民墓与周人墓的腰坑殉狗

1. 西周琉璃河遗址腰坑殉狗的殷遗民墓

西周时期腰坑殉狗的殷遗民墓合计16座,即IM54、IM105、IM1、IM3、IM20、IM21、IM23、IM31、IM50、IM58、IM4、IM6、IM19、IM51、IM60、IM13。在西周时期琉璃河遗址殷遗民腰坑殉狗墓中,腰坑殉狗头向可辨的有15座,其中腰坑殉狗头向朝北的有6座,占40%,而腰坑殉狗头朝南(西南)的有9座,占60%;在西周琉璃河遗址殷遗民腰坑殉狗墓里,腰坑为椭圆形的占68.75%,长方形及正方形的腰坑各占25%及6.25%。详见表一。

表一 琉璃河遗址西周时期腰坑殉狗殷遗民墓统计表[3]

墓号	墓葬规格 长×宽	墓向	葬具	殉狗位置数量	腰坑殉狗头向及姿势	随葬品	腰坑 长×宽	年代
IM54	铜器墓,墓室面积: 3.85米×2.4米 (9.24平方米)	4度	一棺一椁	腰坑1 填土1	头朝北,颈部有1铜铃	青铜鼎1、簋1、盘1;陶鬲12、簋5、觯1、罐17;青铜车马器和玉石器等	椭圆形, 1.2米×0.57米	西周早期
IM105	陶器墓,墓室面积: 3.75米×2.1米 (7.88平方米)	348度	一棺一椁	腰坑1 填土1	殉狗头朝南	陶鬲1、簋3、罐4;青铜兵器7件(枚)和车马器等	椭圆形, 1米×0.4米	西周早期

续表

墓号	墓葬规格 长×宽	墓向	葬具	殉狗位置数量	腰坑殉狗头向及姿势	随葬品	腰坑 长×宽	年代
IM1	陶器墓,墓室面积：（约）2.9米×1.32米（3.83平方米）	353度	一棺	腰坑 1 填土 1	头朝南（前腿捆在后背）	陶鬲1；青铜兵器2件（枚）等	椭圆形，1米×0.45米	西周早期
IM3	陶器墓,墓室面积：2.57米×1.2米（3.08平方米）	351度	一棺	腰坑 1 填土 1	头朝北	陶鬲1、罐2	长方形，0.74米×0.35米	西周早期
IM20	陶器墓,墓室面积：2.72米×1.28米（约3.48平方米）	360度	一棺一椁	腰坑 1 填土 1	头朝西南	陶鬲2、簋1、罐1；青铜兵器8件（枚）等	正方形，0.54米×0.54米	西周早期
IM21	陶器墓,墓室面积：2.8米×1.18米（约3.3平方米）	357度	一棺一椁	腰坑 1 填土 1	头朝南	陶鬲2、簋1、罐1等	椭圆形，1.15米×0.52米	西周早期
IM23	陶器墓,墓室面积：2.43米×1.37米（约3.33平方米）	353度	一棺	腰坑 1 填土 1	头朝南	陶鬲1、簋1	长方形，0.8米×0.37米	西周早期
IM31	陶器墓,墓室面积：2.85米×1.35米（约3.85平方米）	6度	一棺一椁	腰坑 1 填土 1	头朝北	陶鬲2、簋2、壶1；青铜兵器1件	椭圆形，0.82米×0.48米	西周早期
IM50	铜器墓,墓室面积：3.15米×1.9米（约5.99平方米）	2度	一棺一椁	腰坑 1 椁顶 1	头朝北	青铜鼎1、鬲1、爵1、觯1、尊1、铃1；陶罐4和玉器等	椭圆形，0.85米×0.36米	西周早期
IM58	陶器墓,墓室面积：2.45米×1.08米（约2.65平方米）	345度	一棺一椁	腰坑	头朝南，狗骨架仰卧，前腿在腹部，后腿呈蜷曲状，颈部有1枚贝	陶鬲2、簋1、罐3等	椭圆形，0.6米×0.34米	西周早期
IM4	陶器墓,墓室面积：2.62米×1.05米（约2.75平方米）	354度	一棺	腰坑 1 填土 1	头朝北	陶鬲1、簋2、罐2	长方形，0.64米×0.5米	西周中期
IM6	陶器墓,墓室面积：2.55米×1.25米（约3.19平方米）	360度	一棺一椁	腰坑 1 填土 1	头朝南，前腿捆在背部	青铜铃2；陶鬲1、簋1、罐1等	椭圆形，1.2米×0.58米	西周中期
IM19	陶器墓,墓室面积：2.76米×1米（2.76平方米）	354度	一棺一椁	腰坑 1 填土 1	头朝南，颈旁边发现贝	陶簋1、罐1、鼎1等	椭圆形，0.95米×0.37米	西周中期
IM51	陶器墓,墓室面积：3.5米×1.8米（6.3平方米）	355度	一棺一椁	腰坑	头朝南，俯卧，前腿捆在背部，后腿朝前屈	陶鬲4、簋4、簋盖1、罐3、壶1；玉石器等	椭圆形，0.92米×0.46米	西周中期

续表

墓号	墓葬规格 长×宽	墓向	葬具	殉狗位置数量	腰坑殉狗头向及姿势	随葬品	腰坑 长×宽	年代
IM60	陶器墓，墓室面积：2.78米×1.4米（约3.89平方米）	5度	一棺一椁	腰坑1	头朝北，呈俯卧状	陶鬲3、簋2、罐2；玉、蚌器等	长方形，0.96米×0.4米	西周中期
IM13	陶器墓，墓室面积：3.2米×1.67米（约5.34平方米）	3360度	一棺一椁	腰坑1 填土1		陶鬲2、簋4、豆2、罐2等	椭圆形，0.57米×0.48米	西周晚期

2. 西周琉璃河遗址腰坑殉狗的周人墓

西周时期琉璃河遗址发现了腰坑殉狗的周人墓仅有一座，即西周早期的ⅡM264。关于西周时期琉璃河遗址周人墓腰坑殉狗的具体情况详见表二。

表二 西周时期琉璃河遗址周人墓腰坑殉狗统计表

墓号	墓葬规格 长×宽	墓向	葬具	殉狗位置数量	殉狗头向及姿势	随葬品	腰坑 长×宽	年代
ⅡM264	陶器墓，墓室面积：3.5米×1.5米（5.25平方米）	10度	一棺一椁	腰坑1	头朝南	陶鬲2、簋1、罐8；青铜兵器4件（枚）；青铜工具、车马器和玉、蚌器等	长方形1.1米×0.4米	西周早期

3. 西周琉璃河遗址非腰坑殉狗的殷遗民墓

考古发现的西周时期琉璃河遗址非腰坑殉狗殷遗民墓共7座，包括西周早期的IM52、IM53、IM65、IM66、IM108和西周中期的IM32及西周晚期的IM17，详见表三。

表三 西周琉璃河遗址非腰坑殉狗殷遗民墓统计表

墓号	墓葬规格 长×宽	墓向	葬具	随葬品	年代
IM52	铜器墓，墓室面积：4.3米×2.2米（9.46平方米）	358度	一棺二椁	青铜鼎1、鬲1、爵2、觯1、尊1；陶簋1、罐11；青铜兵器、工具和原始瓷器等	西周早期
IM53	铜器墓，墓室面积：3.4米×2.1米（7.14平方米）	20度	一棺二椁	青铜簋1、爵1、觯1、尊1；陶鬲5、簋2、罐11；青铜兵器、工具和玉石、蚌器等	西周早期
IM65	铜器墓，墓室面积：2.84米×1.38米（约3.92平方米）	15度	一棺	青铜爵1；陶簋1、罐2；铅兵器1和石器等	西周早期
IM66	陶器墓，墓室面积：2.1米×1.1米（2.31平方米）	10度	不详	陶簋2、尊1、罐1	西周早期

续表

墓号	墓葬规格 长×宽	墓向	葬具	随葬品	年代
IM108	陶器墓，墓室面积：约2.89米×1.35米（约3.9平方米）	344度	一棺	陶鬲2、簋1、罐4；青铜铃2；玛瑙和蚌饰	西周早期
IM32	陶器墓，墓室面积：2.48米×1.1米（约2.73平方米）	6度	一棺	陶鬲2、罐1和器盖1	西周中期
IM17	陶器墓，墓室面积：3米×1.48米（4.44平方米）	356度	一棺一椁	陶鬲2、簋4、罐2、豆2和蚌饰等	西周晚期

二、西周时期琉璃河遗址殷遗民墓与腰坑殉狗周人墓之比较

（一）西周时期琉璃河遗址殷遗民墓之比较

1. 西周琉璃河遗址腰坑殉狗殷遗民贵族墓基本特征

西周琉璃河遗址 IM54 与 IM50 这两座腰坑殉狗殷遗民墓都随葬青铜礼器，为西周早期贵族墓葬。这两座墓的葬具都是二重葬具（一棺一椁）；墓室面积从 9.24 平方米到 5.99 平方米；随葬青铜礼器从 3 件至 5 件，随葬陶器从 35 件至 4 件；西周琉璃河遗址 IM54 与 IM50 的腰坑殉狗都是头朝北；腰坑皆为椭圆形，从腰坑的长度来看，IM54 的腰坑长 1.2 米，属于最长的腰坑之一。腰坑殉狗的殷遗民贵族墓在该遗址殷遗民贵族墓里占 40%，非腰坑殉狗的殷遗民贵族墓合计 3 座，也都属于西周早期，在该遗址殷遗民贵族墓里占 60%。非腰坑殉狗的殷遗民贵族墓中，三重葬具（一棺二椁）的约占 66.67%，单重葬具的约占 33.33%；非腰坑殉狗的殷遗民贵族墓的墓室面积从 9.46 平方米到约 3.92 平方米（IM52 为 9.46 平方米、IM53 为 7.14 平方米、IM65 约为 3.92 平方米）；非腰坑殉狗的殷遗民贵族墓随葬青铜礼器从 6 件至 1 件（IM52 为 6 件、IM53 为 4 件、IM65 为 1 件），随葬陶器从 18 件至 4 件。

2. 西周琉璃河遗址腰坑殉狗殷遗民平民墓基本特征

西周琉璃河遗址有腰坑殉狗的殷遗民平民墓合计 14 座，在该遗址殷遗民平民墓里约占 77.78%，在琉璃河遗址腰坑殉狗殷遗民平民墓中，西周早期的 8 座，西周中期的 5 座，晚期的 1 座。

上文已述，西周琉璃河遗址腰坑殉狗之殷遗民贵族墓中，腰坑殉狗头朝北的为 100%，腰坑为椭圆形的为 100%。在西周琉璃河遗址腰坑殉狗殷遗民平民墓中，腰坑殉狗头朝北的约占 28.57%；腰坑呈椭圆形的约占 64.29%；二重葬具（一棺一椁）的约占 71.43%，单重葬具的约占 28.57%；墓室面积从 7.88 平方米到 2.65 平方米；随葬的陶器从 14 件至 1 件。

其中西周早期 8 座腰坑殉狗殷遗民平民墓腰坑殉狗头朝北的有 2 座（IM3 和

IM31），占 25%，而腰坑殉狗头朝南的有 6 座，占 75%，腰坑呈椭圆形的占 62.5%，西周早期腰坑殉狗殷遗民平民墓的墓向都朝北，二重葬具（一棺一椁）的占 62.5%，单重葬具的占 37.5%，墓室面积从 7.88 平方米到 2.65 平方米，随葬陶器从 8 件至 1 件；西周中期 5 座腰坑殉狗殷遗民平民墓腰坑殉狗头朝北的有 2 座，占 40%，腰坑殉狗头朝南的有 3 座，占 60%，墓向亦皆为北向，腰坑呈椭圆形的占 60%，二重葬具（一棺一椁）的占 80%，单重葬具的占 20%，墓室面积从 6.3 平方米到 2.75 平方米，随葬陶器从 14 件至 3 件；西周晚期的 1 座腰坑殉狗殷遗民平民墓，其墓向为 360 度，腰坑呈椭圆形，葬具为二重葬具（一棺一椁），墓室面积是 5.34 平方米，随葬陶器 10 件。

3. 西周琉璃河遗址非腰坑殉狗殷遗民平民墓基本特征

在琉璃河遗址非腰坑殉狗的殷遗民墓里，有 3 座青铜礼器墓和 4 座陶器墓，在非腰坑殉狗的殷遗民墓里各约占 42.86% 和 57.14%。西周琉璃河遗址非腰坑殉狗的 4 座殷遗民平民墓在该遗址殷遗民平民墓里约占 22.22%。在琉璃河遗址非腰坑殉狗的殷遗民平民墓里，二重葬具（一棺一椁）的 1 座，在该遗址葬具可辨的 3 座非腰坑殉狗殷遗民平民墓里约占 33.33%，单重葬具的 2 座，在葬具可辨的 3 座非腰坑殉狗殷遗民平民墓中约占 66.67%；非腰坑殉狗殷遗民平民墓的墓室面积从 4.44 平方米到 2.31 平方米；在琉璃河遗址非腰坑殉狗的殷遗民平民墓里，随葬陶器从 10 件至 4 件。

其中，西周早期的 2 座非腰坑殉狗殷遗民平民墓的墓向分别为 10 度和 344 度，单重葬具的占 50%，葬具不详的占 50%，墓室面积从约 3.9 平方米到 2.31 平方米，随葬陶器从 7 件至 4 件；西周中期的 1 座非腰坑殉狗殷遗民平民墓的墓向是 6 度，为单重葬具墓，墓室面积约是 2.73 平方米，随葬陶器 4 件；西周晚期的 1 座非腰坑殉狗殷遗民平民墓，其墓向是 356 度，葬具为二重葬具（一棺一椁），墓室面积是 4.44 平方米，随葬陶器 10 件。

4. 西周琉璃河遗址殷遗民墓的对比

（1）琉璃河遗址西周早期腰坑殉狗殷遗民平民墓与西周中晚期腰坑殉狗殷遗民平民墓之对比

琉璃河遗址西周早期腰坑殉狗殷遗民平民墓的葬具中，二重葬具的达 62.5%，西周中期二重葬具的为 80%，单重葬具的为 20%，西周晚期则是二重葬具；西周早期腰坑殉狗殷遗民平民墓墓向都为北向，西周中期的墓向也皆是北向，西周晚期的墓向为正北向；西周早期腰坑殉狗殷遗民平民墓墓室面积是 7.88～2.65 平方米，西周中期的墓室面积是 6.3～2.75 平方米，西周晚期墓室面积为 5.34 平方米；西周早期腰坑殉狗殷遗民平民墓随葬陶器是 8 件至 1 件，西周中期的随葬陶器是 14 件到 3 件，西周晚期则随葬陶器 10 件；西周早期腰坑殉狗殷遗民平民墓的腰坑形状呈长方形（方形）的是 37.5%，呈椭圆形的是 62.5%，西周中期腰坑呈椭圆形的是 60%，西周晚期的腰坑形状为椭圆形；西周早期腰坑殉狗殷遗民平民墓腰坑殉狗头向南者为 75%，西周中期头朝北的为 40%，头朝南的达 60%；西周早期腰坑殉狗殷遗民平民墓腰坑最长的（IM21）是 1.15 米，西周中期的腰坑最长为 1.2 米，西周晚期腰坑长度为 0.57 米。

（2）西周琉璃河遗址腰坑殉狗殷遗民平民墓与非腰坑殉狗殷遗民平民墓之对比

西周早、中、晚期琉璃河遗址非腰坑殉狗殷遗民平民墓和腰坑殉狗殷遗民平民墓的墓向皆朝北；西周早期琉璃河遗址非腰坑殉狗殷遗民平民墓的葬具里，单重葬具者为50%，葬具不详者为50%，而腰坑殉狗殷遗民平民墓的葬具中，二重葬具的达62.5%，单重葬具者为37.5%，西周中期非腰坑殉狗殷遗民平民墓的葬具是单重葬具，而腰坑殉狗殷遗民平民墓的葬具中，二重葬具占80%，单重的占20%，西周晚期琉璃河遗址非腰坑殉狗殷遗民平民墓和腰坑殉狗殷遗民平民墓使用的则都是二重葬具；西周早期琉璃河遗址非腰坑殉狗殷遗民平民墓的墓室面积为3.9～2.31平方米，而腰坑殉狗殷遗民平民墓的墓室面积是7.88～2.65平方米，西周中期非腰坑殉狗殷遗民平民墓墓室面积约为2.73平方米，而腰坑殉狗殷遗民平民墓的墓室面积是6.3～2.75平方米，西周晚期琉璃河遗址非腰坑殉狗殷遗民平民墓墓室面积为4.44平方米，而腰坑殉狗殷遗民平民墓墓室面积为5.34平方米；西周早期琉璃河遗址非腰坑殉狗殷遗民平民墓的随葬陶器是4～7件，而腰坑殉狗殷遗民平民墓之随葬陶器为1～8件，西周中期非腰坑殉狗殷遗民平民墓随葬4件陶器，而腰坑殉狗殷遗民平民墓随葬陶器是3～14件，西周晚期琉璃河遗址的非腰坑殉狗殷遗民平民墓与腰坑殉狗殷遗民平民墓都随葬10件陶器。

西周早期琉璃河遗址非腰坑殉狗殷遗民平民墓与腰坑殉狗殷遗民平民墓葬具差别大，前者仅50%有葬具，且仅为单重葬具，后者皆有葬具，且二重葬具占62.5%；西周中期非腰坑殉狗殷遗民平民墓为单重葬具，而该期腰坑殉狗殷遗民平民墓葬具的80%为二重葬具，只有20%是单重葬具；到西周晚期非腰坑殉狗殷遗民平民墓与腰坑殉狗殷遗民平民墓使用的都是二重葬具。西周早期琉璃河遗址非腰坑殉狗殷遗民平民墓和腰坑殉狗殷遗民平民墓的最大墓室面积相差较大，前者为3.9平方米，后者为7.88平方米，相差一倍有余；西周中期非腰坑殉狗殷遗民平民墓与腰坑殉狗殷遗民平民墓的墓室面积相差得更大，前者（约）为2.73平方米，后者为6.3平方米；西周晚期琉璃河遗址非腰坑殉狗殷遗民平民墓和腰坑殉狗殷遗民平民墓墓室面积十分接近，相差不到1平方米；西周早期琉璃河遗址非腰坑殉狗殷遗民平民墓和腰坑殉狗殷遗民平民墓随葬陶器最多者数量接近，分别是7件和8件，二者仅差1件；西周中期非腰坑殉狗殷遗民平民墓与腰坑殉狗殷遗民平民墓的随葬陶器最多者数量差别大，分别是4件和14件，二者相差10件；西周晚期琉璃河遗址非腰坑殉狗殷遗民平民墓和腰坑殉狗殷遗民平民墓的随葬陶器数量是一致的。

（3）西周琉璃河遗址腰坑殉狗殷遗民贵族墓与非腰坑殉狗殷遗民贵族墓之对比

西周琉璃河遗址腰坑殉狗的殷遗民贵族墓在该遗址殷遗民贵族墓里占40%，非腰坑殉狗的殷遗民贵族墓在该遗址殷遗民贵族墓里占60%，二者的年代都属于西周早期。在该遗址，有腰坑殉狗的殷遗民贵族墓的葬具都是二重葬具，墓室面积分别是9.24平方米和5.99平方米，随葬青铜礼器分别是3件和5件；而在非腰坑殉狗殷遗民贵族墓里，三重葬具者约占66.67%，单重葬具者约占33.33%，非腰坑殉狗殷遗民贵族墓墓室面积分别是（IM52）9.46平方米、（IM53）7.14平方米和（IM65）3.92平方米，非腰坑殉狗殷遗民贵族墓随葬青铜礼器分别是（IM52）6件、（IM53）4件及（IM65）1件。

腰坑殉狗殷遗民贵族墓在数量上少于非腰坑殉狗殷遗民贵族墓；腰坑殉狗殷遗民贵族墓葬具皆为二重葬具，而非腰坑殉狗殷遗民贵族墓葬具大多为三重葬具，仅少数是二重葬具；腰坑殉狗殷遗民贵族墓墓室面积居第一位（9.24平方米）和第二位的（5.99平方米）分别小于非腰坑殉狗殷遗民贵族墓之第一位（9.46平方米）和第二位的（7.14平方米）；腰坑殉狗殷遗民贵族墓随葬青铜礼器居第一位（IM50，5件）和第二位的（IM54，3件）分别少于非腰坑殉狗殷遗民贵族墓随葬青铜礼器居第一位（IM52，6件）和第二位的（IM53，4件）。

（二）西周早期琉璃河遗址腰坑殉狗殷遗民平民墓与腰坑殉狗周人墓之对比

西周琉璃河遗址腰坑殉狗周人墓有1座，即西周早期的陶器墓IIM264。在该墓中，腰坑殉狗头朝南，腰坑为长方形，葬具为二重葬具（一棺一椁），墓向是10度，墓室面积为（3.5米×1.5米）5.25平方米，随葬陶器11件（陶鬲2、陶簋1、陶罐8），腰坑长度是1.1米。

与琉璃河遗址西周早期腰坑殉狗殷遗民平民墓的墓室面积（2.65~7.88平方米）相比，琉璃河遗址西周早期腰坑殉狗周人墓的墓室面积为5.25平方米，仅次于该遗址腰坑殉狗殷遗民平民墓墓室面积最大的IM105（7.88平方米），而大于该遗址其他西周早期腰坑殉狗殷遗民平民墓；与西周早期腰坑殉狗殷遗民平民墓随葬陶器数量（随葬陶器从1~8件）相比，琉璃河遗址腰坑殉狗周人墓随葬的11件陶器，其数量多于该遗址西周早期腰坑殉狗殷遗民平民墓中出土陶器最多的IM105（8件陶器）；西周早期琉璃河遗址腰坑殉狗周人墓的腰坑殉狗头朝南，与该遗址大多数（75%）西周早期腰坑殉狗殷遗民平民墓腰坑殉狗头向一致；和西周早期腰坑殉狗殷遗民平民墓之腰坑呈长方形（方形）的占37.5%的情况相对比，西周早期琉璃河遗址腰坑殉狗周人墓的长方形腰坑不同于在西周早期腰坑殉狗殷遗民平民墓里占大多数（62.5%）的腰坑呈椭圆形者；西周早期琉璃河遗址腰坑殉狗周人墓的葬具是二重葬具（一棺一椁），与该遗址西周早期腰坑殉狗殷遗民平民墓中的多数墓（62.5%）相一致；西周早期琉璃河遗址腰坑殉狗周人墓的腰坑长度为1.1米，仅次于该遗址西周早期腰坑殉狗殷遗民平民墓腰坑长度最大的IM21（1.15米），而长于该遗址其他西周早期腰坑殉狗殷遗民平民墓之腰坑长度；西周早期琉璃河遗址腰坑殉狗周人墓的墓向是北向（10度），这与该遗址全部8座西周早期腰坑殉狗殷遗民平民墓的墓向一致。

三、结　　语

（1）从数量上看，西周琉璃河遗址腰坑殉狗殷遗民贵族墓在该遗址殷遗民贵族墓里属于少数，该遗址非腰坑殉狗殷遗民贵族墓在墓室面积、葬具和随葬青铜礼器数量诸方面总体规格上高于腰坑殉狗殷遗民贵族墓。西周时期该遗址殷遗民贵族墓中的多数墓（包括最高一级贵族）并未坚持保留腰坑殉狗葬俗，保留腰坑殉狗葬俗的仅是少数贵族，暗示出包括最高一级贵族在内的多数殷遗民贵族墓墓主在该葬俗上似已有妥协迹象，甚至似乎向周人贵族看齐，西周时期该遗址周人贵族墓尚未发现有腰坑殉狗者。

西周早期该遗址周人（平民）墓墓主仅有一例腰坑殉狗者，到西周中期和晚期都未再见到有腰坑殉狗的周人墓墓主，这既反映出了文化因素的交流，也暗示了该遗址虽也有周人墓墓主受到了腰坑殉狗葬俗的影响，但仅限于个别的地位低下的周人，相比之下，该遗址腰坑殉狗殷遗民平民墓数量达14座，约占该遗址西周腰坑殉狗墓的82.35%，是腰坑殉狗墓的主流。

（2）琉璃河遗址腰坑殉狗殷遗民平民墓由西周早期经中期至西周晚期，墓向保持不变；葬具重数呈增加态势；墓室面积则逐步递减；腰坑形状由椭圆形占优势，变为仅见椭圆形；腰坑最大长度到西周晚期降为不足西周早、中期的一半，反映出西周晚期腰坑里所殉的狗似已不大了。

除了从西周早期起即相同的墓向之外，琉璃河遗址非腰坑殉狗殷遗民平民墓与腰坑殉狗殷遗民平民墓在葬具、墓室面积、随葬陶器数量等方面由西周早期的差别很大，到西周晚期变得十分接近，甚至其葬具和随葬陶器的数量完全相同，墓室面积也相当接近，反映出琉璃河遗址非腰坑殉狗殷遗民平民墓与腰坑殉狗殷遗民平民墓从西周早期到晚期，在葬具、墓室面积及随葬陶器数量等重要方面逐步趋同，以至于最后腰坑殉狗似已影响不了墓葬的其他方面了，该葬俗原有的较大影响已基本消失。

（3）西周早期琉璃河遗址腰坑殉狗周人墓腰坑殉狗头向和大多数西周早期腰坑殉狗殷遗民平民墓腰坑殉狗头向一致，即腰坑殉狗头朝南，这反映出在腰坑殉狗头向方面该遗址西周早期周人墓与殷遗民平民墓的主流是一致的。西周琉璃河遗址腰坑殉狗周人墓的墓向和殷遗民墓墓向一致，皆为北向，这些墓葬都是土圹竖穴墓，其墓向即墓主的头向。西周时期中原一带墓向朝北者相对比较多[4]，安葬时的方向应是在一定信仰支配下所形成的[5]，《礼记·檀弓下》载："葬于北方北首，三代之达礼也，之幽之故也"[6]。因为分布于一定地域的某个文化共同体内存在共同信仰或传统，所以其埋葬方向上即有相当的一致性，当新文化共同体形成后，该信仰或传统亦可能无变更地传下去[7]。西周琉璃河遗址腰坑殉狗周人墓与殷遗民墓的墓向一致朝北，这在一定意义上也是一种佐证。

琉璃河遗址西周早期随葬青铜礼器的周人墓与殷遗民墓都分别为5座，但殷遗民墓随葬青铜礼器总数还不到周人墓随葬青铜礼器总数的40%[8]。无独有偶，西周早期琉璃河遗址腰坑殉狗周人墓随葬陶器数量明显超过该时期该遗址各腰坑殉狗殷遗民平民墓，这与该遗址西周早期周人贵族墓随葬青铜礼器数量远远多于殷遗民贵族墓的情况相一致。

关于西周王朝把殷遗民分封给诸侯国君，历史文献对此有所记载，《左传》定公四年："分康叔以……殷民七族。陶氏、施氏、繁氏、锜氏、樊氏、饥氏、终葵氏……皆启以商政，疆以周索。……分唐叔以……怀姓九宗……启以夏政，疆以戎索"[9]。周人这种把殷遗民分封给诸侯国君的政策，显然是一种分化瓦解政策。

综上所述，随着包括最高一级贵族在内的多数殷遗民贵族墓墓主在腰坑殉狗这样重要的葬俗上所采取的似向周人贵族看齐的做法，殷遗民贵族逐步向周人贵族靠拢，而腰坑殉狗葬俗在该遗址殷遗民平民墓从西周早期到晚期墓葬中的影响也明显淡化甚至基本消失。在殷遗民墓逐渐失去自身特点的同时，殷遗民被周人逐步同化。由此周人贵族既稳定了政权，还通过吸纳归附的殷遗民贵族，进一步扩大了其统治基础。

注　释

［1］印群：《改革开放30年来的殷遗民问题研究》，《中国考古学会第十一次年会论文集》，文物出版社，2010年。

［2］北京市文物研究所：《琉璃河西周燕国墓地》，文物出版社，1995年。

［3］由于琉璃河遗址IM22、IM24、IM26这三座墓的年代早于西周时期（印群《先秦考古探微》，人民日报出版社2004年），故本表中不予收录。

［4］印群：《黄河中下游地区的东周墓葬制度》，社会科学文献出版社，2001年。

［5］中国科学院考古研究所、陕西省西安半坡博物馆：《西安半坡》第219页，文物出版社，1963年。

［6］引自《礼记正义》卷九，见《十三经注疏》，中华书局，1980年，第1302页。

［7］王仁湘：《我国新石器时代墓葬方向研究》，《中国原始文化论集——纪念尹达八十诞辰》，文物出版社，1989年，第331页。

［8］印群：《论琉璃河遗址西周早期墓随葬的青铜礼器与兵器》，《夏商都邑与文化》（一），中国社会科学出版社，2014年。

［9］引自《春秋左传正义》卷五十四，第432、433页，见《十三经注疏》，中华书局，1980年，第2134～2135页。

西周燕国文化初论

陈 光

西周燕国，今京、津及河北北部，召公之封地。自西周早期分封始，地处北方民族的环围之中，曾是周王朝的东北屏障。

但是，文献里有关燕的记载甚少，尤其西周时期的燕国，自第一代燕侯起，有八世燕侯无任何文献记载，直至第九世燕惠侯继位时，已是公元前864年。也就是说，西周早、中期历时约二百年的历史，在文献中处于空白状态。因此，要了解这一段历史，考古发掘的实物资料的释读尤为重要。

从考古学的角度界定燕国文化，研究其产生、发展以及与周边文化的碰撞、选择、排斥、覆盖的过程，是对燕国初期历史的一种再现，进而理解燕国对不同族属的土人的统治方式。

本文拟从西周燕国文化的等级层面区分入手，就西周时期燕国态势展开讨论。

一、相关概念的界定

自二十世纪70年代初，北京市琉璃河燕国墓地的"匽侯"铜器的出土及附近城址的调查之后，史学界便从燕国封地诸多地点的寻觅中摆脱出来，认定琉璃河遗址就是燕国始封地，但就文化范畴方面，又产生了分歧。主要发掘者——中国社会科学院考古研究所、北京市文物工作队的所有发掘简报和报告中，慎用"文化"一词，多用"燕国贵族"、"殷遗民"等词。最早是天津市博物馆的韩嘉谷先生，在一篇论文中用"周人的燕国文化"一词，以显示与土著文化遗存的区别[1]，指出燕国文化中的商文化因素。20世纪80年代中期，吉林大学的拒马河考古队在流经河北地区的拒马河沿岸进行了考古调查和试掘后，使用了"西周燕文化"的概念，将周文化和商文化合成状态界定为西周燕文化，认为土著文化游离于其范畴之外[2]。其后，虽有人使用"西周燕国文化"一词[3]，但在文化范畴的界定上基本同韩氏。1992年，石永士先生等撰写了《燕文化简论》，对东周时期燕文化的来源及特征进行了归纳，认为周、商晏、北方民族等多种文化构成了燕文化[4]。1995年8月，北京市文物研究所举行了燕文化国际学术讨论会，并会同北京大学考古学系联合对琉璃河城址和墓地进行了再次发掘，视琉璃河遗址的西周时期遗存为燕文化[5]。

从琉璃河墓地1973年发掘开始至1995年的22间，随着河北北部、京津地区考古工作的展开，产生了"周人的燕国文化（或姬燕文化）""西周燕文化""西周燕国文化""燕文化"以及"周文化（因素）""商文化（因素）""土著文化（因素）"等相关概念词语，体现了考古工作者极力认识遗物提供的复杂信息、尽量释读考古资料、解决重大历史问题的美好愿望。笔者沿着这条道路走下去的时候，首先面临的是理清头绪，以清楚地说明问题。

上述诸多称谓应包含着三个不同层次的概念：

1. 文化因素

文化因素是一种文化中的最小构成单位，指文化中的一种成份或某种趋向性。如周文化中含"商文化因素"，应理解为商族文化的影响渗透到周文化中，成为周族文化的一个组合部分。这部分"商文化因素"呈现的并不是商族文化的全部，很可能只是少量的几种最富特色的表象，像使用腰坑的葬俗、常见器物中的袋足鬲、簋等。另外，这部分"商文化因素"由于存在于母体文化之外的异族文化之中，必定会产生某些变异，所以，有时，它表现的是商族的趋向性，并非是商族文化的象征。

2. 族文化

像"燕文化""周文化""商文化"中的燕、周等都是民族的称谓，那么，连带的文化就有了族文化的含义。

在考古学上，文化与族名相连接，需要诸多程序。发现一种有特色的考古学文化，要确定其地域上的分布范围和年代上的跨度，然后同文献上记载的同时间、同地域活动的民族相对照，完全对应起来之后，才能够冠以某族文化之名。当然，由于中国考古学的史学背景，也有先确定文献上的民族，再从固定的地域去寻找考古学文化的先例，但找到之后，在确定哪一种文化与族名相对应时，仍旧遵循实事求是的原则，从实物出发，在考古学文化和历史文献的两个时空框架中构筑族文化的柱石。

一种族文化确定之后，考古学文化就与创造这一文化的人类共同体相关联。周文化和商文化的确立是考古工作者多年努力的结果。对西周时期是否有燕文化这一问题存在着分歧，当然这里的燕文化概念未指有特色的燕文化。否认者更多地考虑到遗物中周文化因素的成分，肯定者则更多地看到土著文化因素的渗透。燕国城址和墓地的存在已经证明了燕文化的存在，使用同一座城池、同一处墓地的只可能是一种人类共同体，西周早期燕文化主体由周、商两种文化因素构成，至西周晚期，该城址和墓地所体现的同一性考古学文化的主体仍然不变，早期的其他文化因素有极少量地融入其中。整个西周时期周、商两种文化因素稳定地出现于燕国的一个个遗址中，稳定地共同创造新的文化因素，这些因素既不同于周文化，也不同于商文化，它们的合成状态就是西周燕文化。

"土著文化"是指他族文化到来之前，在当地长期生存，有自己的文化源流的文化。实际上可能包含有多个不同的族属，是一种存在状态上的称谓，不是某一个部族的称谓，因此，它不应与"燕文化""周文化""商文化"并列在一个概念层次上。但是在燕国大地上，西周燕文化产生之前，当地只确认出一种考古学文化，即张家园上层文化。这一名称毕竟是考古学上的称谓，与创造并使用这一文化的人毫无关联，因此，就燕国的特殊情况而言，土著文化已成了张家园上层文化的代名词。

3. 国文化

国文化是一国之内的主体族文化和其他附属族文化共同的复合体。燕国是西周的分封国，带有强制性殖民的色彩，其统治者是姬姓周人，必然在自己的统治区域内强行推行周文化，但封地内非同族文化的抵抗也是正常的，周文化也好，张家园上层文化也好，它们只是处在不同的等级层面上，即统治者所属文化与被统治者所属文化之分。如果仅是从统治者所属文化的角度去认识文化的属性，那么两周时期，中国大地上存在的就只有一种周文化，正是由于诸多异族文化的碰撞、摩擦，西周各个封国的文化面貌才异彩纷呈，即使是统治者所属文化的本身也因身处异地而不同于周人本土的文化。从考古学文化的角度观察西周燕国文化，最初必定是几种文化的复合状态。

二、西周燕国文化诸等级层面的区分

对于不同文化成分的分析一直为燕文化研究者孜孜以求，往往由于划定范畴的差异，导致认识上的偏颇。本文拟从一个新的角度去划分文化因素，即根据燕国墓葬的区别，排列出不同的等级层面，层面之间的差别可以反映其社会地位的不同，然后进一步认识每一等级层面中不同的文化因素。将等级层面作为横剖面，将年代作为纵剖面，使不同文化因素的交往始终呈现在时空框架内，以求更准确地认识西周燕国文化。

认识西周燕国文化最好的切入点，莫过于北京市的琉璃河燕国都城遗址。1986年，城外墓地 M1193 出土的铜罍、铜盉上发现封燕铭文[6]，证实此地为燕国始封地。

琉璃河燕国都城遗址包括城址、居址、墓葬三部分，较全面地反映了西周燕国生产、生活的整体情况。燕国都城呈方形，南半部被河水冲毁。东西长约829米，南北残长300米[7]。城墙的部分地段挖有基槽，大部平地起筑，分为主墙和内外护坡，主墙基宽3米左右，夯打坚实，土质纯净，内外护坡夯打稍差，城外有宽3米的护城河[8]。

墓地位于都城东墙外，70年代的发掘将其以京广铁路为界，划分成不同的墓区（图一）。北区无大型墓，均中、小型墓，盛行殉人、殉狗的风气。南区中有墓道的大型墓及车马坑集中在西南角，包括已确定为燕侯墓的 M1193，除一座大型墓葬的南墓道发现一个人头骨外，没有发现殉人和腰坑殉狗。由于南、北区葬俗的不同，发现者认为北区为殷遗民墓地，南区为燕侯家族墓地[9]。

由于城址揭露面积小，墓地整体钻探情况不详，只能根据目前已发表的资料进行可能的分析。

划分层面的标准是根据墓室的大小，墓室越大，等级越高，反之越低。在当时的年代，墓室的面积是社会地位的象征，只有具备特权的人才能生前住大房子，死后占据较大的空间。基于墓室是死者生前生活的写照的原理，在同一墓区内，以墓室的长短、宽窄为依据，划分出不同的等级层面。同一层面中有因为葬俗和与燕侯的关系区分出更细的阶层。年代划分的标准有两个，一是原报告的结论，一是笔者多年的研究成果。

西周燕国文化初论 · 275 ·

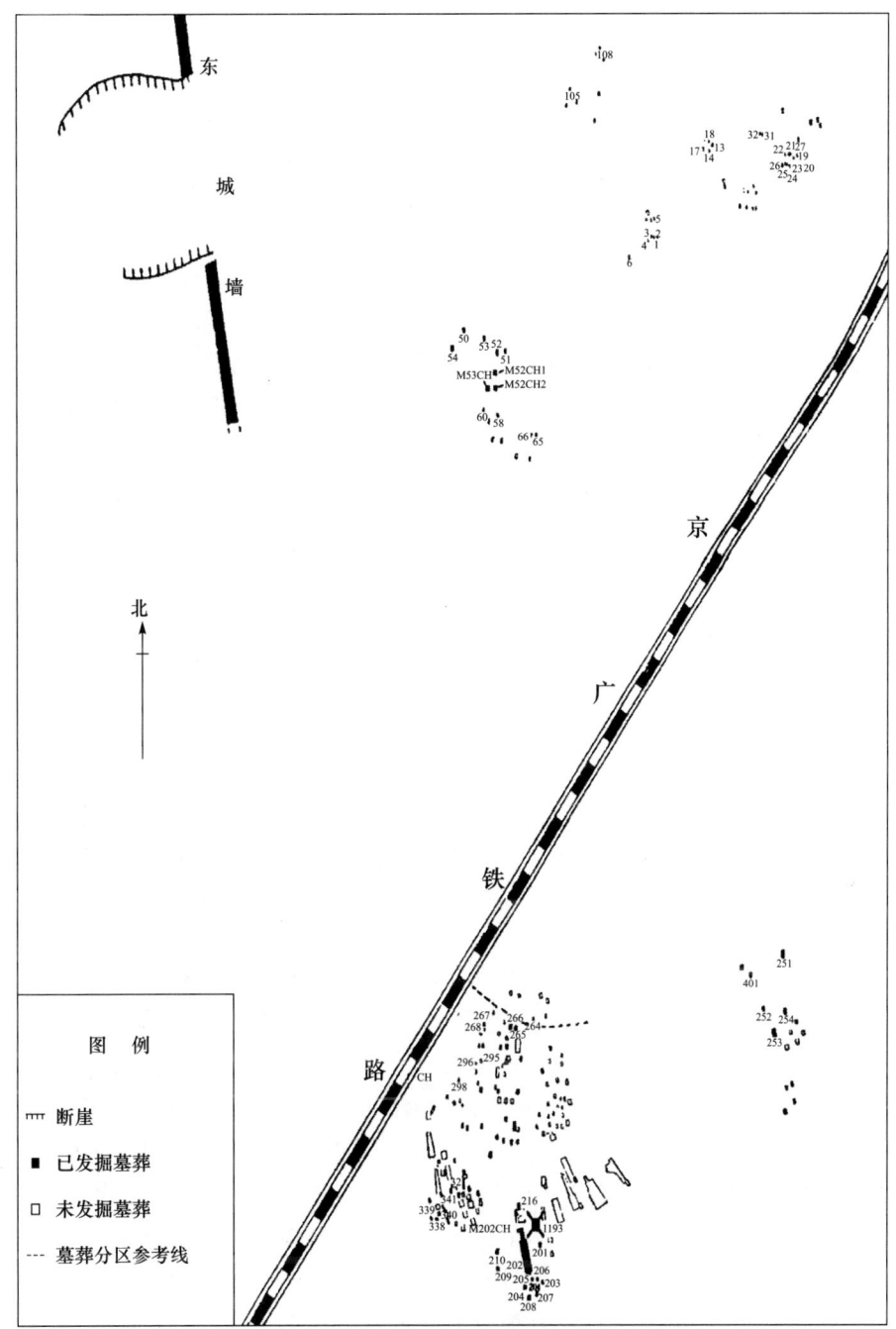

图一　西周燕国都城和墓地相对位置示意图

墓地南区既有墓室长 7 米以上，带有墓道的大型墓，也有长 4~5 米，无墓道的中型墓，更有长 2~3 米的小型墓，也可以说，南区至少可以区分出三个等级层面。墓地北区没有大型墓，其中型墓较南区中型墓小，随葬品也相对较少，其等级应较南区中型墓低。北区的小型墓与南区的小型墓基本接近，即北区的墓葬至少也可分出两个等级层面。城址中出土的有明显张家园上层文化特色的陶器，在墓地中却没有发现相应的墓葬，显然是使用墓地的人们排斥的一种文化，应列为另外一种等级层面，社会地位最为低下。总述之，将琉璃河燕国遗址及墓地所体现的文化面貌区分为六个等级层面，体现了燕国人之间社会地位的差别。

1. 第一等级层面——燕侯

由于 M1193 出土了刻有封燕铭文的礼器被确定为一代燕侯之墓。M1193 位于墓地南区的西南部，周围集中了带有一至两条墓道的大型墓葬，M202、M1046、M1193 的资料已经发表（表一），其中 M1046 虽有车马坑，但墓室长 4.2、宽 2.8 米，规模同于中型墓，在此未列入燕侯级别。而另两座燕侯墓的墓室长 7 米以上，宽 5 米以上。

表一　M202 和 M1193 墓葬资料一览

墓号	方向	墓室（米）	棺椁（米）	车马坑	备注
M202	345°	7.25×5.2—7 南墓道 14.8 北墓道 12	椁 5.2×2.3—1.7 棺不明	车 4 辆、马 42 匹	南墓道殉人头 1。《琉璃河西周燕国墓地》，文物出版社，1995
M1193	352°	7.68×5.35—9.4 无墓道	椁 3×1.8—1.58 棺不明	未见	《考古》1990 年第 1 期

M1193 在报告中定为四条墓道，其实所谓四角均有墓道，有人认为不是真正的墓道[10]。经查对，每条墓道长只有 4~5.5 米，其中东北、西南两条墓道底宽 0.65~0.7 米，而另两条墓道底宽只 0.32~0.35 米，这么窄小的墓道是不能将燕侯的棺椁抬入墓室的。再者，墓道与墓室相接处深度只有 3.6~3.8 米，其下的墓室还有 6 米余深，单人上下已十分不便，更不用说抬着沉重的棺椁了。四条墓道中有三条的底部有 1~2 条凹槽，很像绳子的勒痕，推测是在放置棺木时，在四角用绳子拉住，同时着力，使棺椁平稳地下降到墓底。因此，四角的窄沟是绳索的通道，与墓道的意义是不同的。同一墓地 M202 的墓道长 12~14.8、宽 1.85 米以上，北墓道修成阶梯状，便于人的上下。这样的墓道与 M1193 的绳索通道有着本质的差别。所以，M1193 是一座无墓道的大型墓。

这类墓葬几乎都被盗掘一空，从中型墓中较多的精美青铜器，可以反证大型墓中原应有相当丰富的遗物。目前只有 M1193 出土了三件青铜容器，青铜兵器、车马器较多。因铜戈上铸有"成周"字样，青铜容器具有西周早期特点，该墓的时代定在西周的成康时期。M202 出土的零散的车马器和装饰品中没有 M1193 的同类器，无法确定年代。

M1193 的青铜容器刻有封燕记事的铭文，兵器上铸有"匽侯舞"的字样，铜容器具有祭祀礼器性质，"匽侯舞"也是一种武舞仪式[11]，铜容器和兵器从器型、纹饰、使用者诸方面都非姬姓周人莫属。因而 M1193 的青铜容器和兵器可作为周文化的代表性器型（图二）。

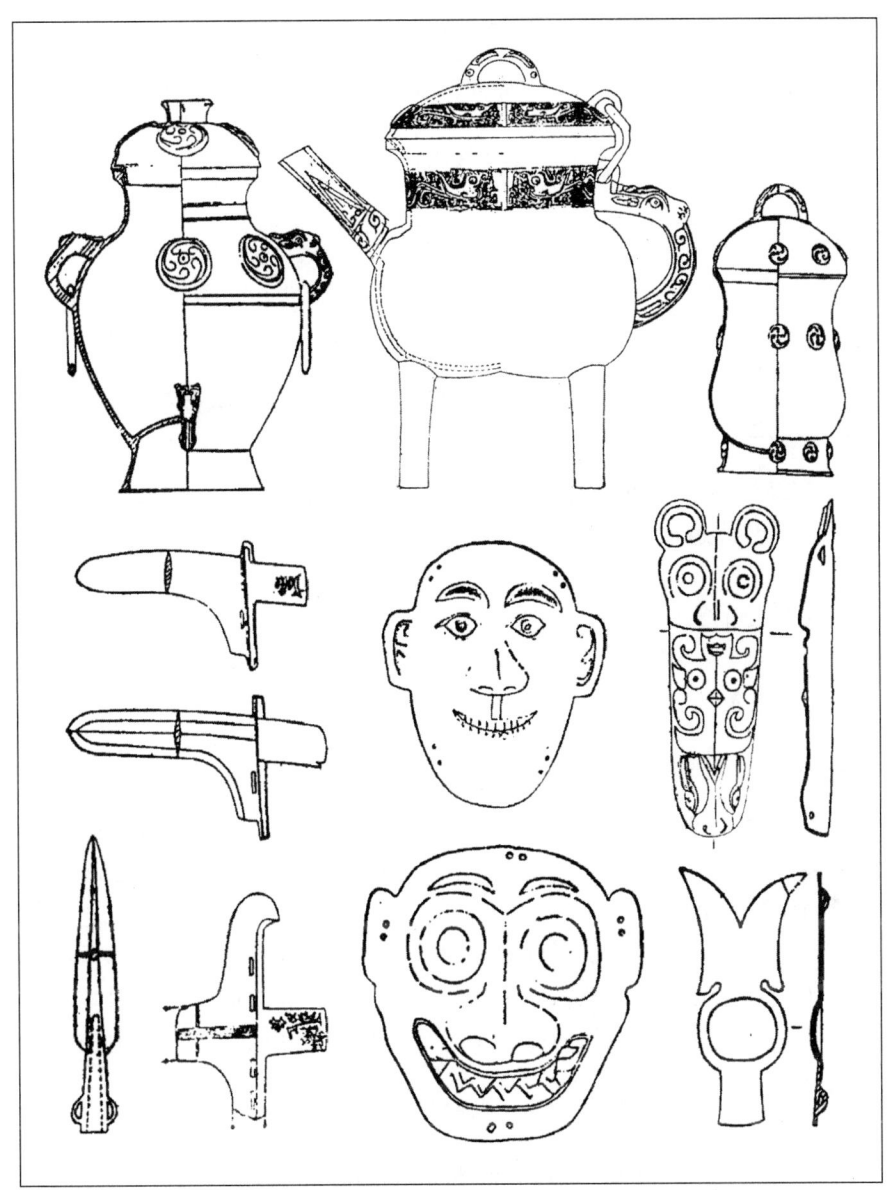

图二　第一等级——燕侯墓（M1193）出土器物

2. 第二等级层面——燕侯宗族的显贵

这类墓分布在南区的燕侯墓区之东距离百余米，墓室长 4～5.1、宽 2.5～3.7 米。表二是其中三个已发表资料的墓葬的一览表（引自《琉璃河西周燕国墓地》）。

这些墓的葬俗与燕侯墓相同，不殉人，没有腰坑，其中 M253 的堇鼎、圉甗、圉卣的铭文都记载了这一支系作为燕侯的代言人去成周参加周王的典礼，向召公奉献食物等事件，表明他们与燕侯的关系相当密切，其身份应为燕侯宗族中的重要成员和直系亲属，无疑也是姬姓周人。

表二　M251、M253 和 M401 墓葬资料一览

墓号	方向	墓室（米）	棺椁（米）	随葬品
M251	10°	4.5×3.7-1.6	椁 3.24×1.8 棺椁 2.8×1.34	六鼎四簋二鬲等，无兵器，青铜容器较多
M253	357°	5.1×3.5-7	外椁 3.14×1.7 内椁 2.64×1.24 棺不明	六鼎二簋四鬲等，无兵器，青铜容器较多
M401	357°	4×2.58-4.1	椁 2.7×1.26-0.7	青铜容器仅觯一，无兵器

M251、M253、M401 都出土了青铜觯与 M1193 同类器形制相同，铭文中又涉及成周和召公这样时代感很强的地点和人物，发掘报告将三墓的年代定在成康之际是合理的。

这批墓中出土的青铜礼器可以作为周文化的又一个代表性部分，其鼎、簋、鬲、甗、觯等器物形制和花纹亦作为周文化因素借鉴。与铜器共存的陶器中以鬲、罐最常见，应属周人用器范畴。鬲基本为正方形造型，分裆；罐多折肩、素面（图三）。

3. 第三等级层面——异族贵族

这类墓位于墓地北区的西南角，距燕侯墓区 420 米，其中有两座墓附有车马坑（表三）。墓室长 3.8~4.3 米、宽 2~2.4 米。墓中青铜礼器的造型与 M253 的同类器物相同，年代当属西周早期。

墓中多存在殉人、殉狗、墓底设腰坑的情况，与周人的葬俗明显不同；墓室较周人显贵小，距燕侯墓区远，青铜礼器不配套，数量少，花纹简单。有内容的铭文记载的是燕侯赏赐事件；有车马坑的两座墓多随兵器。显然是较周人显贵地位低，有征战能力的异族首领。

表三　M52、M53 和 M54 墓葬资料一览

墓号	方向	墓室（米）	棺椁（米）	殉人	殉狗	车马坑	随葬品
M52	358°	4.3×2.2—1.9	外椁 2.9×1.4—0.7 内椁 2.8×1.1—0.5 棺 2×0.8			两座：车1，马4；车1，马2	青铜鼎1、鬲1等，多兵器
M53	20°	3.4×2.1-1.5	外椁 2.9×1.5—0.6 内椁 2×1—0.1 棺 1.8×0.8	2人车马坑1人	填土1	马6	青铜簋1等，多兵器
M54	4°	3.8×2.4—1.9	椁 2.7×1.4—0.9 棺 1.7×0.7	2人	填土1 腰坑1		青铜鼎、簋各1等，多陶器，无兵器

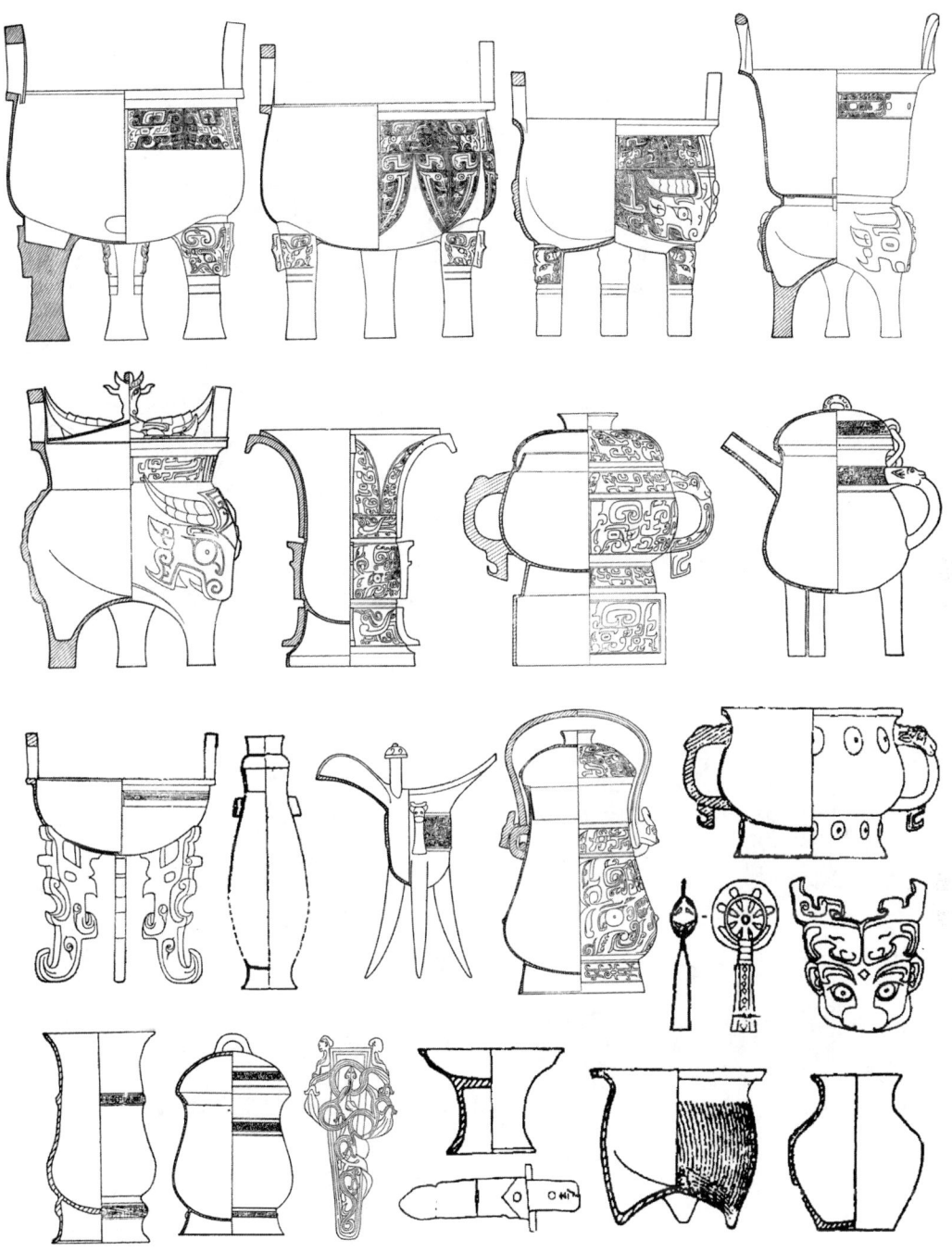

图三 第二等级——燕侯宗族显贵墓（M251、M253）出土器物

青铜容器鼎、鬲、簋、觯等与周人器物形制相同，但其中整体瘦长的觯是周人墓所不见的。此外，随葬陶器中鬲为扁方体，有实足跟；罐圆肩，多有绳纹；出有原始青瓷器；三角缘、器表滚印绳纹，内壁有一周划纹的矮圈足簋，则在周人墓中基本见不到（图四）。

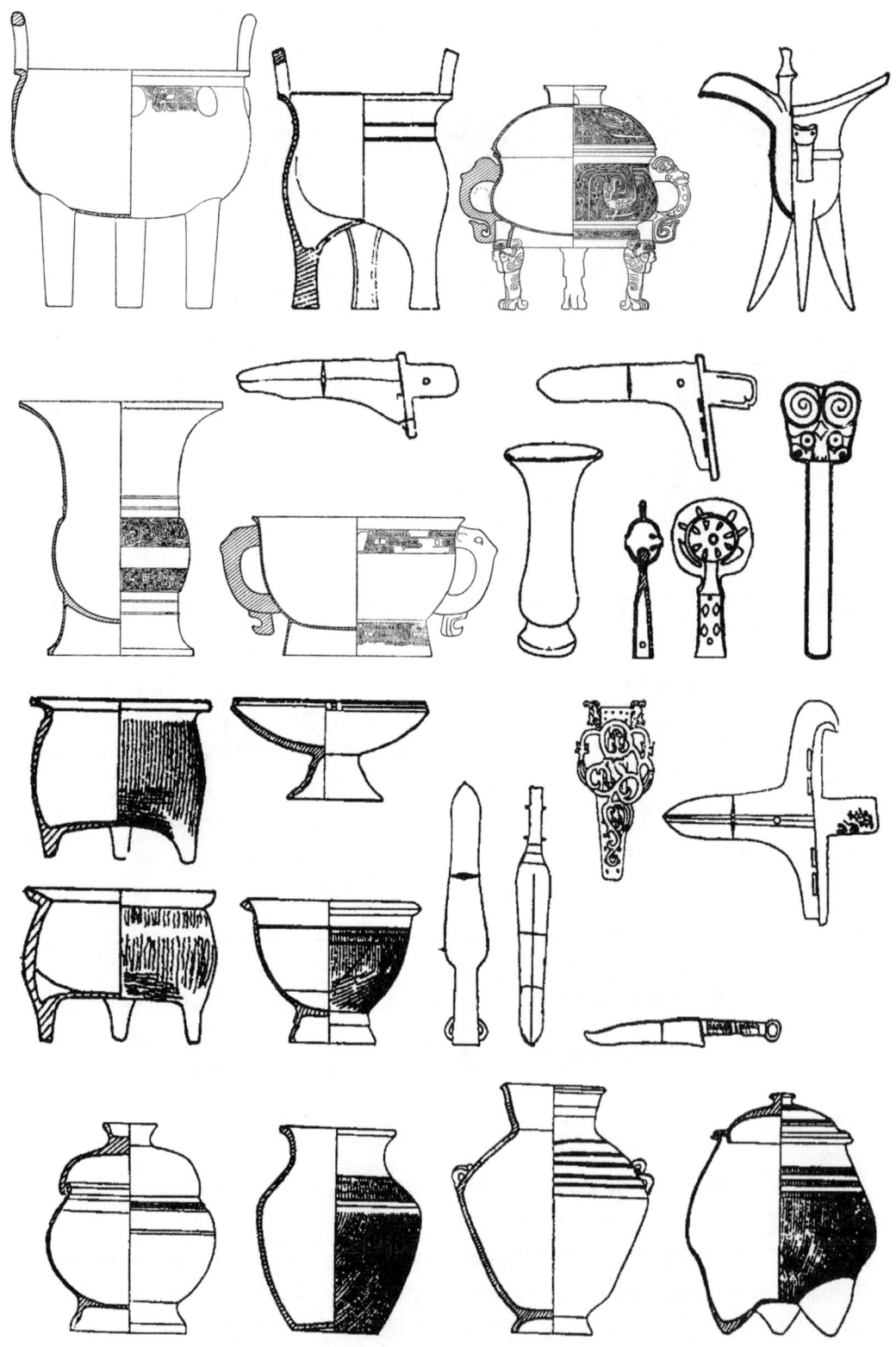

图四 第三等级——异族贵族墓（M52、M53、M54）出土器物

有人根据这类墓殉人、殉狗的葬俗，铜器铭文中的族徽的形状认为是殷遗民的墓，也有一定道理[12]。周武王灭商之前，商文化的影响相当广泛和深入，在整个黄河流域都发现有殉人、殉狗的墓葬，无法肯定这广大区域的部族是否都是商人，从琉璃河墓地看，其葬俗不属于周人的部族，器物中显示浓重的商文化色彩，但罐形翠很难归属商文化范畴。

4. 第四等级层面——周人及异族中的次贵族

两区均有，墓室长3～3.75、宽1.5～2.8米。根据分布位置又可分辨出等级稍有差别。

分布在燕侯墓附近的有6座[13]。M201、M208均被盗掘，除残剩的青瓷豆和少许装饰品可作为西周早期的断代依据外，无其他随葬品能够进一步说明问题。另外3座中的两座为西周早期。M1029[14]最大，长3.75、宽2.8米，虽被盗扰，仍出土了24件青铜兵器及17件大铜泡。M209的墓室最小，但由于未被盗，出土了较多的青铜礼器和兵器，包括中型墓中少见的带有铭文的乙公簋和扬鼎。值得注意的是陶器里有一件呈扁方体的矮胖、分裆、袋足鬲，颇具商文化陶鬲风格。属西周中期的M205，是距燕侯大墓M202最近的一个中型墓，出土了相当多的青铜兵器、车马器。这六座墓簇拥着燕侯墓，实行与燕侯墓同样的葬俗，既无腰坑，也不殉狗，推测是周人中的次贵族。个别墓里出现个别的商式陶器（图五）。

分布在周人显贵墓区的有两座。M254、M1093的墓室稍小，除青铜兵马器外，容器只见陶器，从陶鬲较高的足根、罐类变得矮胖看，年代应在西周中期，M254的陶簋是南区唯一的一件簋，造型为商文化式的，但器表所施四组弦纹又与商簋不同，更有意思的是，该墓填土中殉狗一只，显见是周人接受了某些异族文化因素影响所致。这两座墓的墓室较小，距燕侯较远，墓主身份应稍低于燕侯墓区的次贵族（图六）。

分布在北区异族贵族墓区的有3座。西周早期的M50墓室规格较低，长只有3.15、宽1.9米，却出土了中型墓中最多的青铜容器，包括3件有铭文的铜器，然而没有一件是标明其社会地位的鼎或簋，可见其富庶程度与社会地位极不相称。西周中期的M51、M264（后者位于京广铁路以南，原报告中称为南区，在后面的小型墓中将叙及该墓属北区范围）规格居中，长3.5、宽1.5～1.8米，不出青铜礼器，只出陶器。这3座墓的墓底挖有腰坑，有殉狗现象。陶器基本与周人相同，以鬲、罐为主，可见这批人虽然只是地位较低的次贵族，但在葬俗上极力靠近周人。其中墓室较大者，具有一定的特权，如M51出有玉柄形器（该墓地共出两件玉柄形器，另一件出于异族贵族墓M53），M264出土车马器（图七）。

分布在北区东北角的墓群距异族贵族墓区200余米，距燕侯墓区就更远了，其中三个中型墓——M22、M26、95F15M2[15]均未出青铜礼器，陶器的年代应在西周早期。M26最大，长3.6、宽2.05米，出有兵器。其鬲的形制非常特殊，折沿的沿面略凹，折肩，分裆，三个鸟喙状足跟，裆面布满缠绳工具的按痕。根据笔者对距琉璃河遗址仅35千米的镇江营遗址的整理结果，这种鬲当为张家园上层文化的一种因素，也就是说在周人到达之前，在这一区活动的应为另外一种文化，该文化中含有商文化因

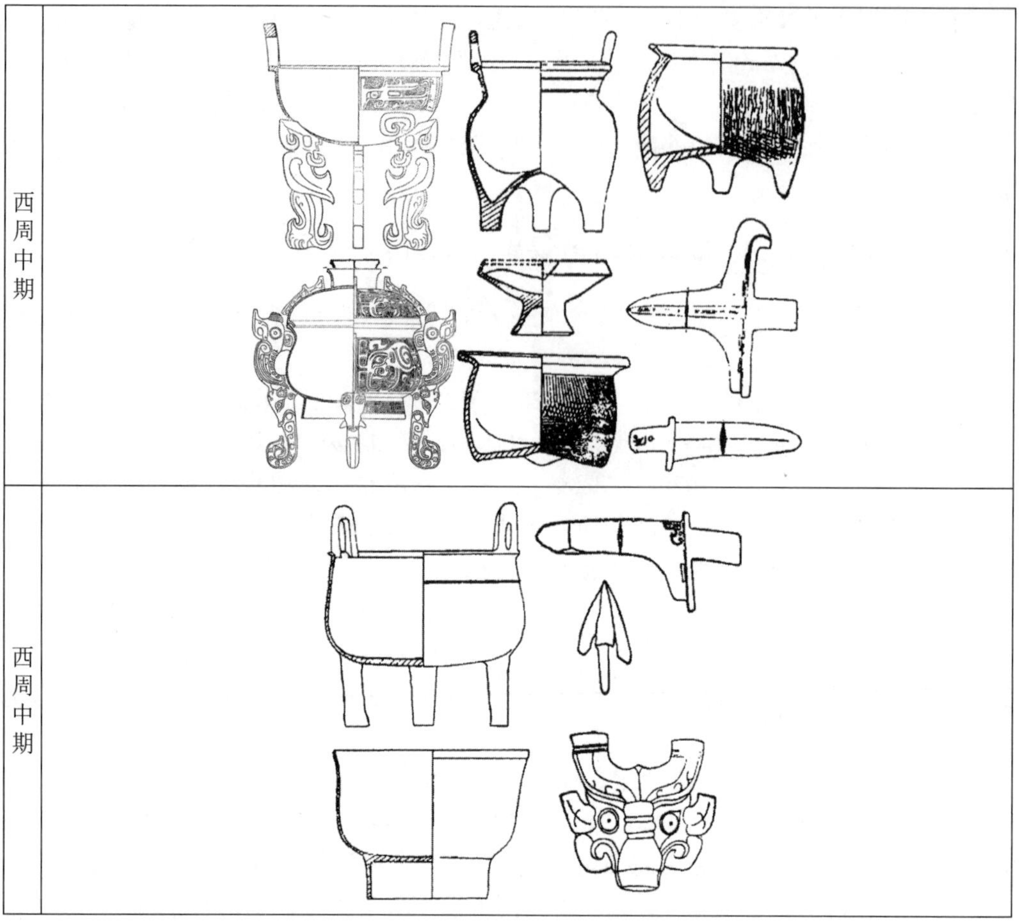

图五　第四等级——次贵族墓（M209、M1029、M205）出土器物

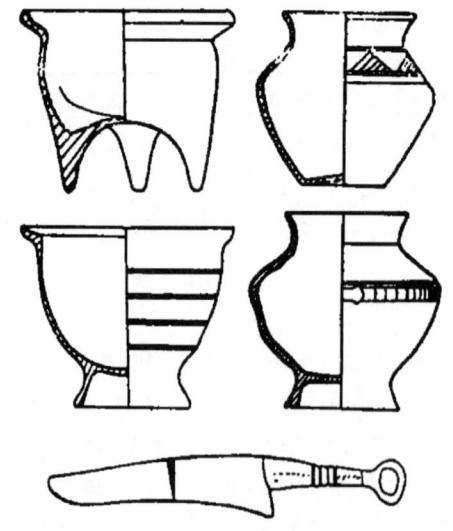

图六　第四等级——次贵族墓（M254）出土器物

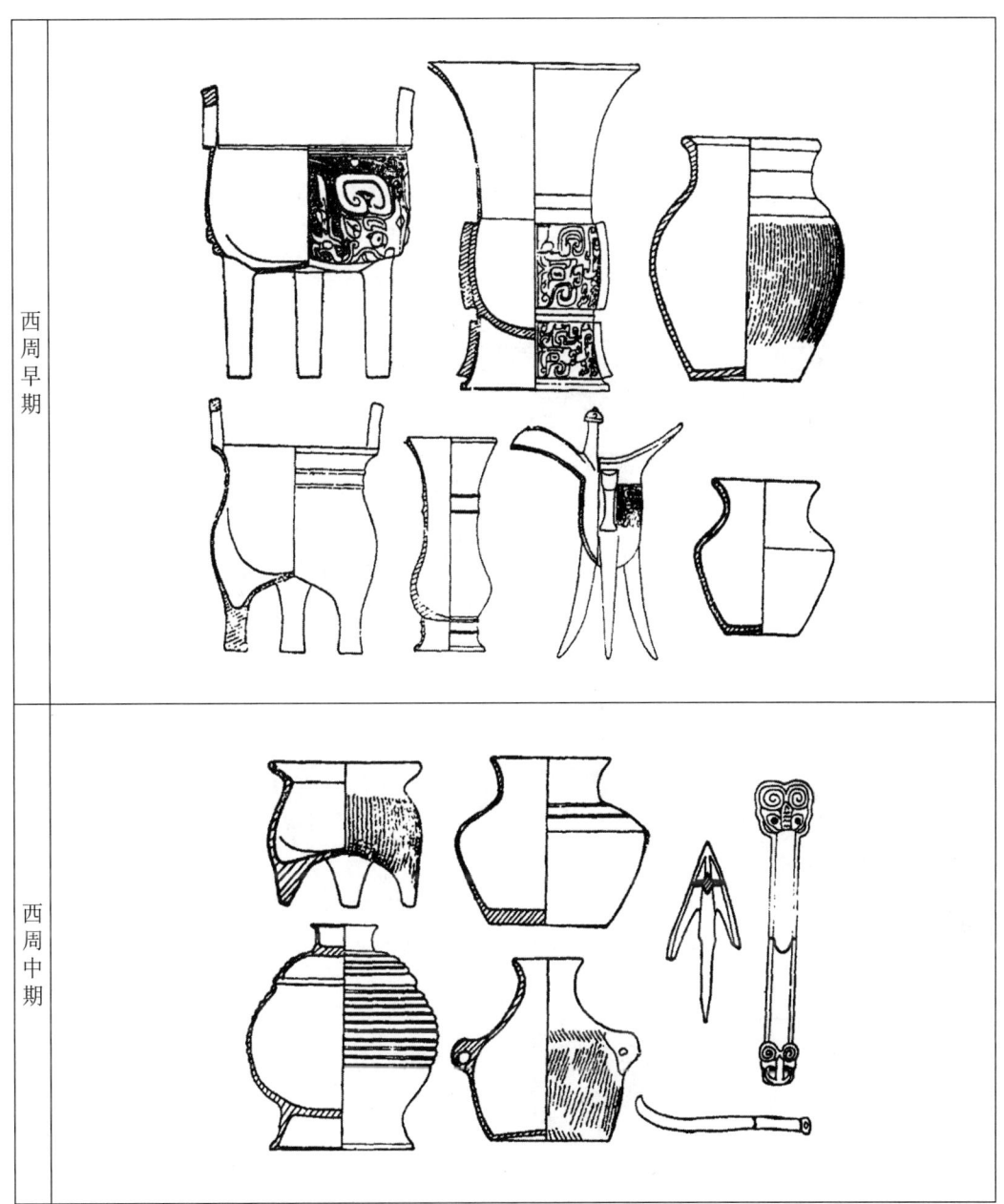

图七　第四等级——次贵族墓（M50、M51、M264）出土器物

素。在镇江营遗址中，这类墓头向东，无腰坑，而琉璃河遗址中的 M26 则头向北，有腰坑，有殉狗，墓中出有两件典型的商文化的簋。在 M26 周围的中、小型墓的葬式、葬俗及随葬的陶簋都具有典型的商文化特点，所以，这个小墓区当是商文化因素浓厚的人群留下的，M26 的墓主是他们中间的代表人物，体现出来的风格已是包容了张家园上层文化（图八）。

在北区的最北部，距异族贵族 200 米左右的 M105 是其中最大的一座墓，长 3.75、宽 2.1 米，出土了较多的青铜兵器和车马器，铜戈的内上铸有"僕戈"二字，陶鬲为商文化式，墓底有腰坑，二层台上有殉人，从其葬俗和随葬器物看，当与 M26 属同群人（图九）。

通观第四个等级层面的墓葬，可以得出这样一个印象，青铜容器的出土量与墓室的大小不成正比，而随葬有青铜兵器、车马器或玉柄形器的，常常是同类墓中地位最高者。M1029、M51、M264、M26、M105 等各区代表性墓葬中，M1029 的墓室规模和兵器数量胜于后四个墓，并且是距燕侯墓最近者。于是导出三点结论，一是第四等级

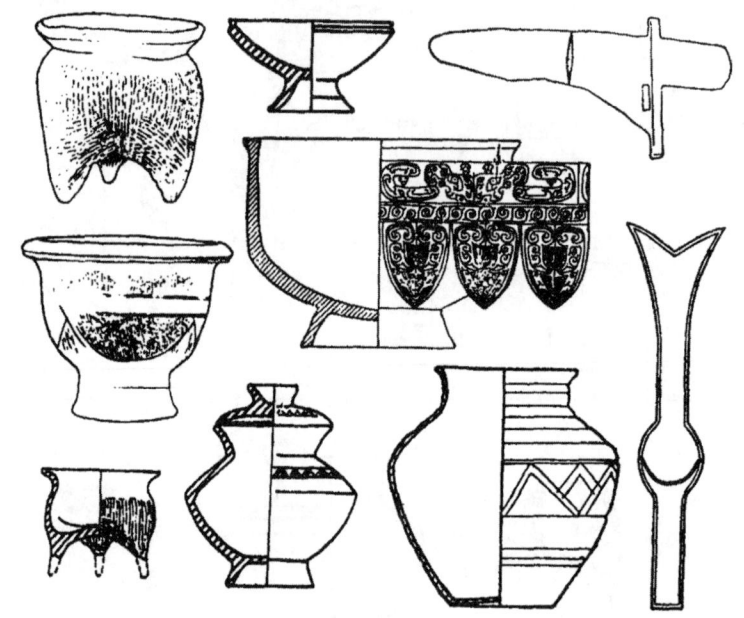

图八　第四等级——次贵族墓（M26、95F15M2）出土器物

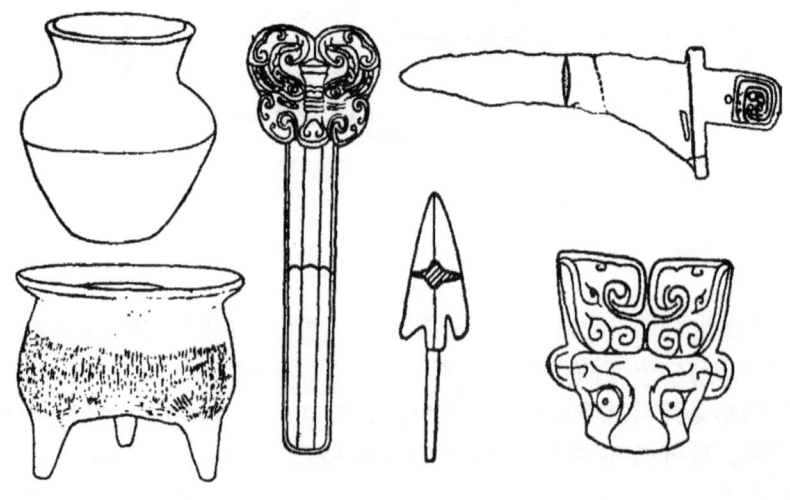

图九　第四等级——次贵族墓（M105）出土器物

层面的人为燕国军队的各级统领；二是周人出身的统领地位稍高于异族出身的统领，三是燕侯对异族人的需要主要为充实军队。

5. 第五等级层面——燕国平民

这类墓是墓地中数量最多者，墓室长度在 3 米以下，除 M65 出土一件铜爵，余墓多以陶器和装饰品随葬，发表资料中有确切墓室记载的有 42 座，只有 6 座墓出有青铜兵器，推测其身份应是平民，可能包括燕国军队的士兵。

北区有 28 座墓（图一〇）。其中西周早期墓 12 座，为 M1、M3、M20、M21、M23、M24、M31、M58、M65、M66、M108、95F15M1，除 M65、M66、95F15M1 不见殉狗现象外，有 9 座墓用腰坑殉狗，1 座在填土中殉狗，殉狗现象占早期墓的 83%；西周中期墓 7 座，为 M4、M6、M19、M32、M60、M1126、95F15M3，其中殉狗者 4 座，占中期墓的 57%；西周晚期墓 9 座，为 M13、M17、95F15M4~M10，只见一例殉狗现象，仅占晚期墓的 11%。

西周早期墓中以鬲、簋、罐为组合的较多。鬲为扁方体，分裆式，有个别的商式袋足鬲；簋为三角缘、矮圈足，器表施细绳纹及折线划纹；罐多圆肩，施绳纹。其中鬲和簋带有浓厚的商文化色彩。

西周中期墓的器物组合中，鬲、簋和鬲、簋、罐各占一半。鬲接近正方体，弧裆，足跟粗壮；簋变成敞口、素面、圈足加高；罐的变化较小。其中鬲和簋的整体造型，已经很难说清是更接近周文化还是商文化，看上去更像是两种文化的融合状态。

西周晚期墓的器物组合以鬲、簋、罐为主。鬲为正方体，裆变矮，出现沿面有数道弦纹的袋足鬲和足跟鬲；簋在中期的基础上发展成口沿更加外翻，底平缓，圈足细高的形制；罐多素面，变矮胖，器表饰多道弦纹。三类陶器的形态更难分辨出属于某一种文化了。

需要特别提及的是 M1126，该墓位于原报告划定的南区北缘。原分区的标准是以切断墓地的京广铁路线为间隔，但当时使用墓地的燕国人不可能按现代的铁路线划分墓地，墓区间的划定应以墓葬的实际情况为准则。M1126 的底部挖有腰坑，内殉一狗，随葬器物中的簋为典型的三角缘、矮圈足、器表饰细绳纹的商式簋。从葬俗和随葬品的情况分析，M1126 与周人的墓葬完全不同，应归入北区的范围，无独有偶，在 M1126 左近的东西一线上，分布着两个中型墓，M264 的底部也挖有腰坑，殉狗一只，M254 的填土中也殉狗一只。M254 属燕侯家族墓区的一座墓，年代已到西周中期，在某种程度上接受了北区葬俗的影响。仅从 M1126、M264 的情况似可推断，当时墓地南北区的分界应在今京广铁路之南，南区的北部。因而，整个墓地的四分之三以上划归北区，四分之一的部分属南区（见图一）。

南区 14 座墓（图一一）。所有的墓无一例有腰坑、殉狗者，随葬品简单，种类较少，均以鬲、罐为基本组合。其葬俗、器物同周人墓，应是周人中的平民阶层。

西周早期一座墓，M252。鬲为正方形，分裆柱足；罐为圆肩，饰绳纹。

西周中期 7 座墓，为 M203、M204、M210、M321、M339、M1022 和 M1124。鬲裆平缓；罐趋矮胖。

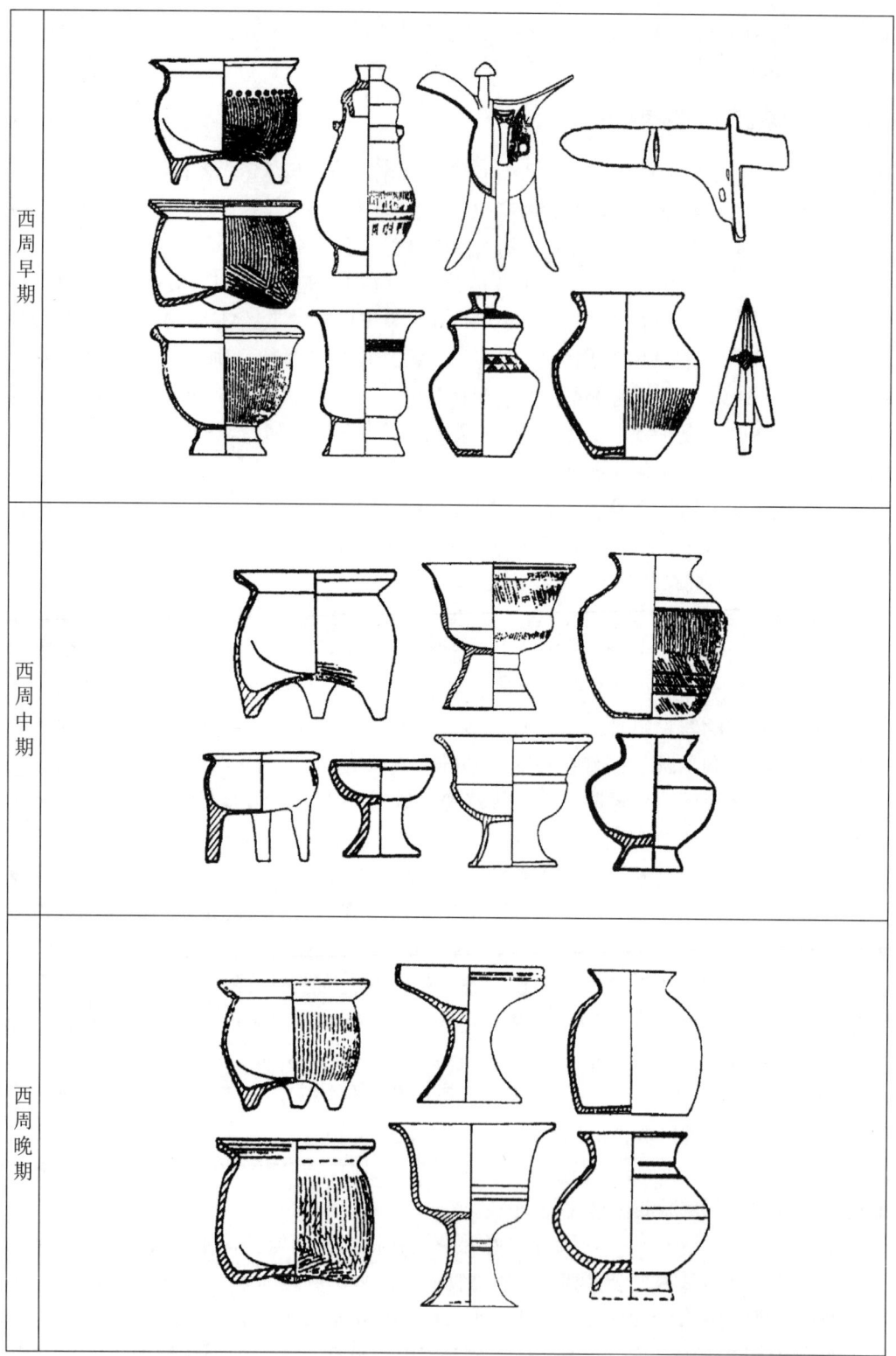

图一〇 第五等级——燕国平民墓（北区）出土器物

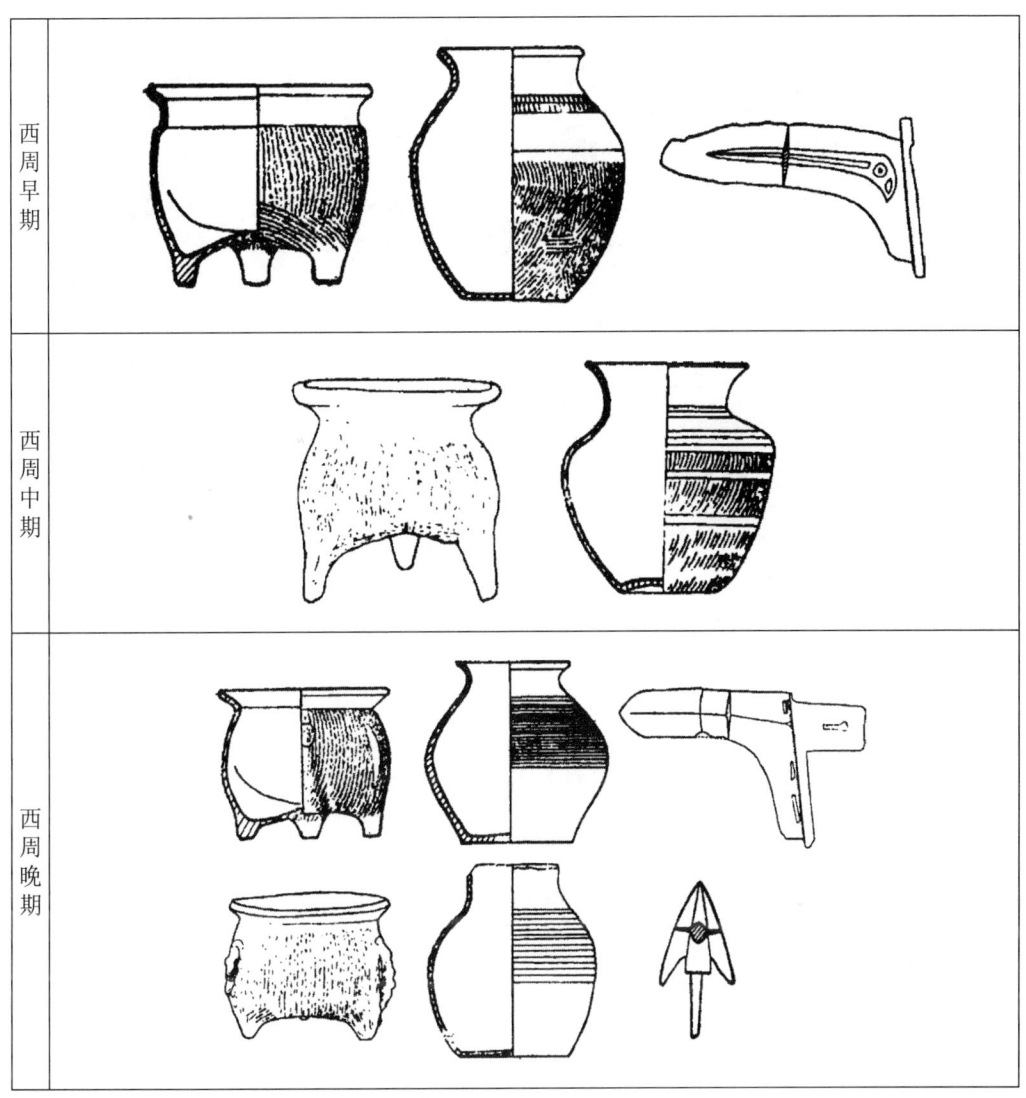

图一一　第五等级——燕国平民墓（南区）出土器物

西周晚期 6 座墓，M4266~M268、M296、M298、M341。鬲裆变矮，腹部有飞棱；罐更矮胖，器表饰多道弦纹。

从葬俗和随葬器物的变化看，西周早期两区变化较大，西周中期趋同，西周晚期已完全一致。

6. 第六等级层面——张家园上层文化

1995 年发掘琉璃河燕国都城时，在城内文化堆积中，发现一种沿外有附加堆纹的夹砂褐陶筒腹鬲所代表的遗存（图一二）[16]，与墓地中不同层面的文化因素共存，未见单独存在的单位[17]。但 1978 年城址西墙外的一个灰坑中却单独存在着这类遗存的折沿联裆鬲，小口四系罐，深腹大口甑等（图一二）[18]。不过，遍观墓地，除 M26 的一

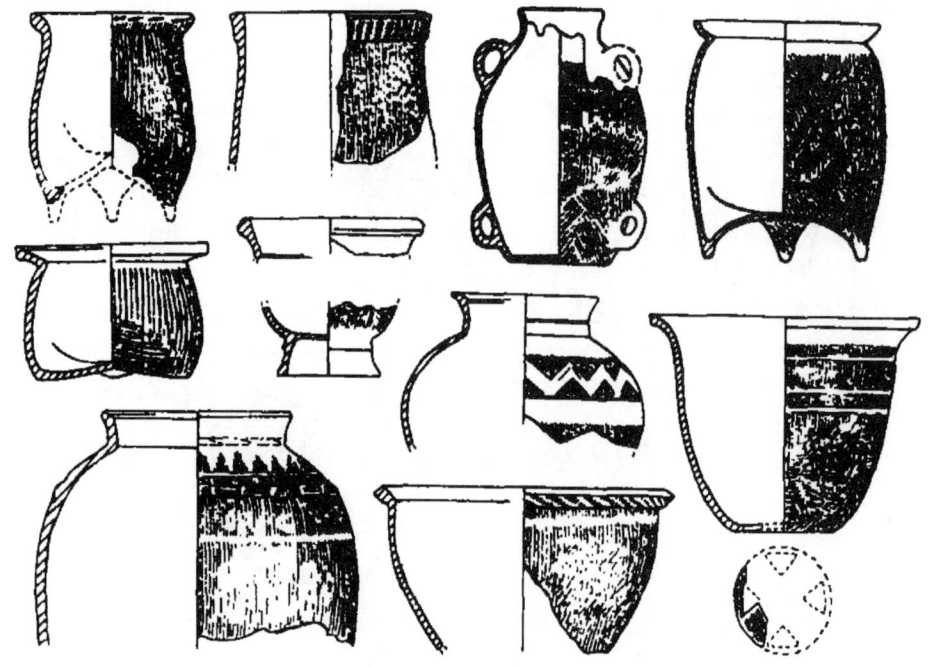

图一二　第六等级——张家园上层文化

件鬲显示出有这类遗存存在的信息外，目前发现的所有中、小型墓未见一件可确定为这类遗存的器物，大型墓就更不必说。

这类遗存被称之为张家园上层文化[19]，尽管在城址中一直生息到西周中期，始终未能进入燕国墓地。

张家园上层文化的墓葬在京津唐大地广有发现。如前面提到的镇江营遗址，同类墓葬均为土圹竖穴，单人仰身直肢，头向东，基本无随葬品，个别有随葬品的放置在头部的一侧，有相当数量的成年死者埋葬在自己的小房屋或窖穴之内。几乎所有的未成年儿童及新生儿都葬在房屋周围的灰坑里。而天津蓟县的几处墓地中，多有木棺，单人俯身直肢葬，头向东，一般均有一至三件青铜容器随葬，为鼎、簋的组合，置于人骨头部的一侧，墓主两耳带有金耳环[20]。均与燕国墓地葬俗显著不同，这支文化不仅没有出现在墓地里，到了西周晚期，在城内也销声匿迹，显然也一直被燕国统治者所排斥。

燕国城址和墓地的六个等级层面的划分，为了解早期的燕国提供了更多的视点。

（1）墓地有大、中、小型墓。每个墓区的小型墓均占半数以上，小型墓只随葬一种陶器或者无陶器随葬，这样的墓主生前也不会很富有。所以，该墓地应是燕国人的公共墓地，并不是只作为贵族墓地。

（2）墓地不同区中聚集了不同的人，随葬器物显示出周文化的、商文化的、张家园上层文化的，以及其他难以命名的文化因素，据传还出土过青铜短剑，燕文化呈现的文化面貌是多源的。当然，周、商文化是其最主要的两个源头，而其他文化因素逐渐被排挤掉。

（3）等级制度的不可逾越性。周人是第一位的，大型墓是燕侯墓，自然是姬姓周人，为第一等级。属于显贵阶层的稍大的中型墓中，燕侯的宗亲者的墓室最大，随葬的青铜礼器也是配套的，并且图案华丽，等级高于异族贵族；属于次贵族阶层的中型墓，距燕侯最近，与燕侯有某种血亲者，墓室最大。小型墓中，燕侯墓附近的小型墓墓室较大。商人是第二位的，贵族阶层墓中有商文化墓，或与商文化关系极为密切的墓。与张家园上层文化等土著有关联的墓，在同一等级里，几乎是最末等，如M26，埋葬偏远，没有青铜礼器随葬。

（4）商文化是周文化与其他异族文化的中界点。周人墓葬中可以看到商式的铜器和陶器，商人墓葬中可见到张家园上层文化的陶器，商人起到了周人与异族联合的桥梁作用。

（5）墓地中四分之一的面积是周人的，而四分之三是商人及其异族的，说明燕国之中，周人只是权势极大的少数人。

三、西周时期燕国态势

究竟是什么原因促使周人到千里之外的燕地建国，占据这块土地后又是怎样巩固统治的呢？由于文献记载的匮乏，只能借助考古资料的释读去了解燕国初期态势。

1. 建燕的年代

自从北京琉璃河的调查和墓地的发掘后，考古界已普遍认为该城址是西周燕国初都，但究竟受封于何时说法不一。郭仁先生等认为该城名圣聚，建城年代早于周初，周初封燕后，周人接管了城池作为燕都[21]。常征先生认为召公初封地在河南郾城，平管蔡之乱后，于成王十年迁都于今琉璃河城址，号燕城[22]。侯仁之先生根据天文学的研究成果，认为封燕之年在武王伐纣时，即公元前1045年[23]。

考古工作者于1975年和1995年在琉璃河城址共发现3座西周早期的墓葬都打破了城墙护坡，1975年的一座墓里出土了陶簋[24]，因其资料未发表，很难确定这件簋是否属于西周早期，仅据此就作出此城建于商代，又延伸出为商代古燕国之城的推断还为时过早。

应当说，琉璃河考古工作的继续开展为封燕年代的讨论带来了转机。1986年的琉璃河第1193号大墓的铜罍、铜盉上的铭文，记载了周王封太保之子克于燕[25]，张长寿先生认为是初封，不是再封[26]。因M1193伴出的铜戈中有两件内上有"成周"二字，1995年清理城内堆积中，在西周早期的遗迹内发现刻有"成周"二字的甲骨片[27]，成周营建于成王初年，燕国的建立也应是西周成王年间的事。

据文献记载，周公率军镇压管蔡之乱，商王子禄父北奔，禄父原被封于殷墟原地，其地而北即为华北大平原，如果当时已建立了周人的燕国，禄父腹背受敌，不能北奔。从《汉书·地理志》："殷末，有蒲姑氏，皆为诸侯国。此地至周成王时，蒲姑氏与四国共作乱，成王灭之，以封师尚父，是为太公。"《诗·鲁颂》有"王曰叔父，建尔元子，俾侯于鲁"的记载，知齐鲁皆为成王所封。商王子禄父之所以北奔，原因可能有二：一是齐鲁已建立，东奔不可，二是北方无周人，原曾为商之盟族，势力还相当强大,北奔可寻求庇护。由于禄父的北奔,使周王感到来自北方的压力,由此建立了燕国,将周朝三公之一召公的后人封在那里,"以蕃屏周"。文献记载与考古资料相印证,知燕国的建立晚于齐鲁两国,约在成王后期。

2. 西周燕国文化构成

燕侯墓 M1193 中的铜器铭文曾载,燕侯克就封燕国时,带来了周王分给他的羌、微等六个方国部族,与周初其他分封国、如鲁国得到的"殷民六族"等意义相同。已有学者考证燕侯得到的六族分布在西至陕、东到鲁的广大区域,有的是周人同盟,有的是周人平乱后臣服于周的东夷诸族[28]。周灭商后,将天下分封给自己的同族或同盟,每个被封者都要靠自己的武力来维持领地,尤其是姬姓诸侯被封在完全陌生的、原来曾是商人后方的地方,遇到的阻力是可想而知的,他们必须凭武力才能夺取立足之地,因而,周灭商时的一支强大的武装力量被瓜分成许多支各自为战的小股力量,仅靠此去夺国是困难的。于是,诸侯只能利用异姓部族的合作,而原曾为商臣的一些小国部族,也愿意服侍周人以保有贵族地位,最后,分封国的贵族阶层实际上已经成为来源复杂的复合体,表现的文化也是多种面貌的组合状态。

考古资料表明的早期西周燕国文化面貌也不例外。如前部分说到的那样,是以周、商文化因素为主,包含北方其他异族文化因素的组合状态文化。之所以用组合状态一词,是因为诸多的文化因素尚未完全的融合为一体,只是彼此趋同。如属周人墓的 M209 出现商式分裆袋足鬲、M254 出现商式的簋,北区异族墓的葬俗上逐渐减少腰坑、殉狗现象,向周人的无腰坑形式靠近。

周人与异族文化之间趋同首先开始于低等级墓,上面提到的出现商文化因素的周人墓 M209、M254 是中型墓中较小的,南北区的小型墓在西周中期表现了更大的趋同性,随葬陶器的鬲向低裆发展,罐向矮胖演化,而城址的非宫殿区文化堆积中往往是诸文化因素陶片共出,未见一例某种文化因素单独存在的单位。可见等级越低的人们越容易沟通。

不同种的人类文化聚合在一起,经过一定的时间,就像江河的支流汇入主道一样,最后必将形成你中有我,我中有你的一种新的文化。西周初年的灭商、分封等重大历史事件造成了不同种文化聚合的机会,促成多种文化汇入周文化,形成不同风格的齐、鲁、燕、晋等新的诸侯国文化。新的文化生成之后具有强大的生命力,于是群雄并起,逐鹿中原,周王朝从兴盛走向衰亡也是历史之必然。

3. 西周燕文化

燕国作为一种特定的历史环境,聚集了诸多不同种文化,诸文化因素的渗透酿成燕文化。从琉璃河附近之镇江营遗址的情况看,西周中期已有一种周、商文化因素合体的文化覆盖了异族文化。这种合体现象体现在许多器型上,如鬲的整体为商式造型的袋足,却附有周式的矮小足跟,如簋虽有商式的敞口外形,口沿、器表、圈足都发生了变化,周人是不使用陶簋的,也许是受周人铜簋的影响(图一三)。文化合体的结果,使遗物产生群体的变化,我认为应将这些变化后的遗物群体称之为西周燕文化,与此相关联,创造这一文化的人类共同体业已形成。

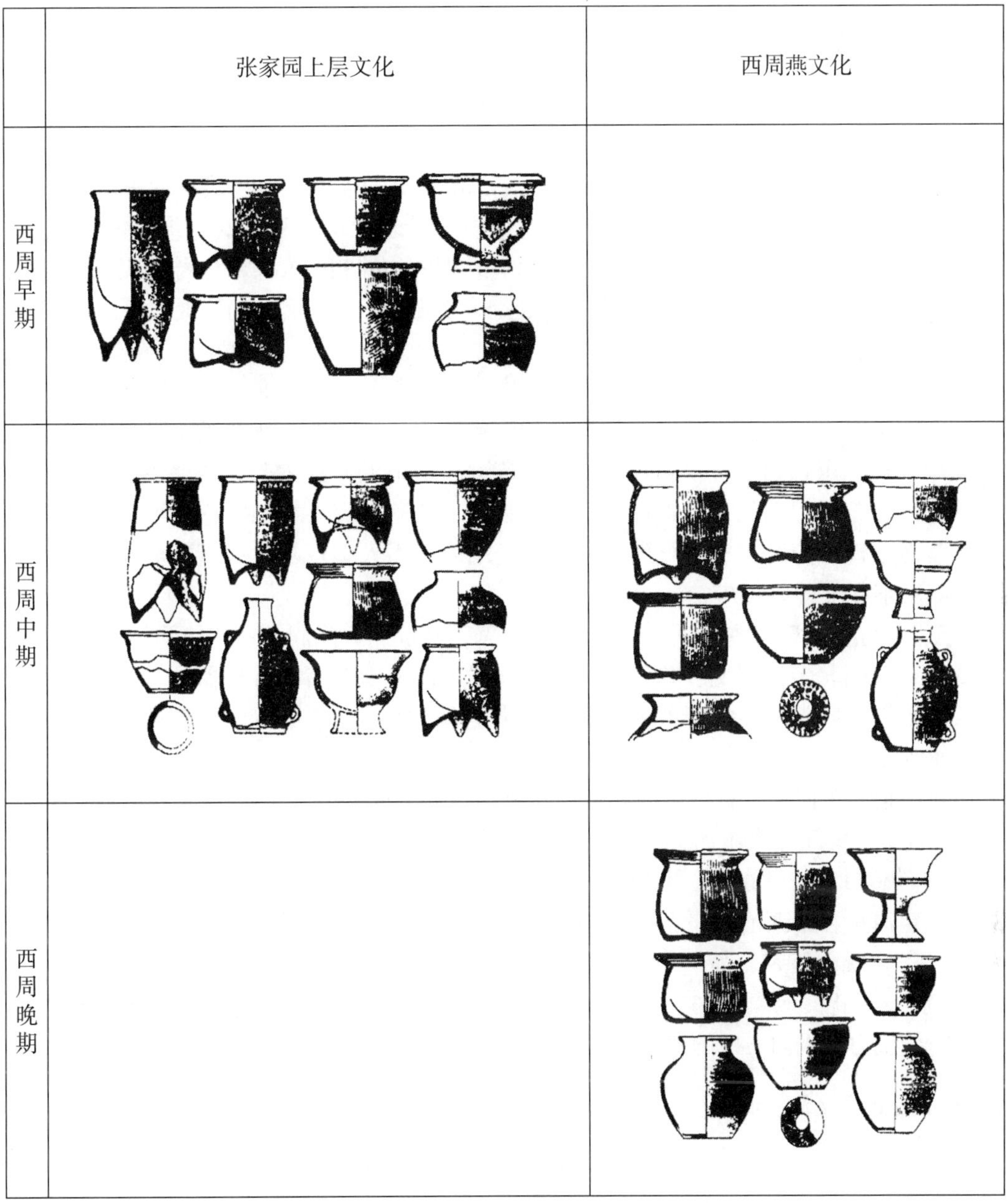

	张家园上层文化	西周燕文化
西周早期		
西周中期		
西周晚期		

图一三　永定河以南的张家园上层文化（西周时期）

西周燕文化在北京琉璃河燕都城遗址[29]、镇江营遗址[30]、昌平白浮[31]、河北满城要庄[32]均有成组器物出土。其陶器中商文化因素显然强于周文化因素，如大量出土商式袋足鬲，如四系罐、三角划纹甗、簋的普遍存在等。埋葬习俗上更接近商文化风格，满城要庄和昌平白浮的中型墓均有腰坑，要庄M1的二层台上也殉有一狗。在随葬品方面，要庄M1的袋足鬲多于足跟鬲，商文化特色更浓重，昌平白浮墓陶的足跟为周文化因素，口沿起泥条凸棱又是张家园上层文化因素，同墓的青铜短剑、头盔、刀等兵器则为北方某些民族所特有。总之，西周燕文化中，商文化因素最重，周文化因素次之，并间或显示出少量的张家园上层文化及北方其他族文化因素的存在。

这种文化表象与燕国墓地中周人占据面积很小的情况相结合，透视出燕国社会背景的某些方面。周人在燕国只是少数，又多属高等级人物，不可能直接与下层接触，其间所借助的中间力量是商文化色彩浓重的原商人旧臣。商文化在其承上启下的桥梁作用中，广泛地播下了文化传统的种子，最终成为燕国中一支重要的政治力量。周人虽然在意识上歧视、排挤张家园上层文化等北方民族文化，但无法控制商人旧臣与当地土人的接触，当土著文化强大起来之后的春秋时期，就连周人也无法拒绝土著人的加盟了。

4. 燕国重视武备

燕国建立之初，面临的形势是严峻的。华北大平原，西有巍峨的太行山，时有山地民族侵扰，东有渤海海浸和黄河故道的滚动所造成的沼泽地带，道路不畅，平原中部地势平坦，一望无际，无险可守，南面是商人腹地，商人复国心盛，不可能帮助周人，北面是曾保护商王子、与周人抗衡的商旧臣。周人率军越过广袤的商地，远离王畿，其艰难程度可想而知。

燕国初立，战事频繁，平定领地内的土著，抵抗北方民族的侵扰，均凭武力支持。从燕侯墓中随葬多件铜戈、戟、护面和车马器，以及中型墓中有兵器、车马器者墓室较大，等级较同类墓高的现象也可看出，燕侯本人尚武，手下贵族也都是大大小小的军事统领。

燕国是周王同宗，召公是周朝重臣，燕国在北方要比其他分封国（如蓟）等级高，是北方诸侯中名正言顺的统领，不仅可以发号施令，还可以凭借武力强行占领，但是燕国所面临的北方民族也曾十分强盛，因而时有冲突发生。到西周中期，燕国势力已跨过永定河，在京西的昌平落脚，昌平白浮燕墓，随葬品中日常容器相当少，大部为兵器、车马器，其 M2 为一女性，仅随葬的各种青铜戈就达 15 件之多，另有戟 6 件，加上剑、斧、盾、矛等共 37 件，还有车马器 33 件，而铜、陶容器总共只有 3 件，可见当时的武力在人们心中的地位。

5. 张家园上层文化的消长

张家园上层文化在燕山南北的分布区中，由于地域的不同，以永定河为界分为南北两个类型，南区以镇江营遗址为代表，北区以张家园遗址为代表。

镇江营遗址包含着从新石器时代至战国时期的遗存，其中第七期文化遗存属于张家园上层文化（图一三）。其文化特征可以从房址、墓葬、陶器等遗物三个方面来总结。第一，房址均为圆形半地穴式，作为公共场所的大房屋直径均 3 米，浅穴，地面用黄土铺垫，除有两个椭圆形主灶外，沿墙还有 2~3 处烧土面，南壁有斜坡门道通向地面。大房屋周围有众多的圆形小房屋，深穴，直径 1.5~2.5 米，地面铺垫干草、树皮，没有烧灶。按小房屋的大小，只能居住 1~2 人。在一个小房屋中，发现一具完整的老年男性骨架，旁边随葬一件有使用痕迹的陶鬲。如果将大房屋推测为家族活动场所无误的话，小房屋应是用于单独居住。白天家族的人聚集在一起就餐议事，夜晚回到自己的住处。因为大房屋的直径只有3米，所以一个家族也不会很大。第二，墓葬均为单人仰身直肢，头向东，基本无随葬品。第三，陶器高大而厚重，以夹云母褐陶为主，有筒腹鬲、鼓腹鬲、袋足鬲、甗、盆、甑、罐、簋及有特色的制陶模具、角制工具和陶印模。

从商末至西周中期，这一主体文化因素一直自成序列。如瘦长的筒腹鬲口沿边的附加堆纹从凸起变成扁平状；盆甑类腹深而瘦，沿面均有突起的唇泥凸棱；与筒腹鬲配套的制作袋足的模具越来越小，表明袋足的容积在变小；角制工具相当多，较常见的有麋鹿角制作的锸，用于刨土；陶印模则带有某种意识色彩，每个印模的表面图案排列均不相同，很可能代表着某一个家族或某个有特殊地位的人，有一件印模的表面画有人面图案，髡发，梳双髻，两颊纹面，也许表现的就是当地土人的形象。伴随主体文化因素相始终的另一种文化因素以袋足鬲、簋、四系罐和极少量的灰陶罍为代表，明显地属于商文化系统，尤其是泥质灰陶簋的三角缘、器表折线划纹的形态与殷墟三、四期至西周初期的簋完全相同。这种商文化因素大量地涌现在商晚期至西周早期，很可能与商周之际，周灭商时挤迫了殷人，使殷人北退有关。到西周中期，出现了一种折沿、联裆、有矮足跟的小型鬲，有的沿面还带有弦纹，属于周、商两种文化的结合体，即西周燕文化。西周晚期，这种结合体覆盖了镇江营遗址，张家园上层文化随之绝迹。

在北京琉璃河[33]、河北涞水炭山[34]两遗址中所见与镇江营遗址同样的文化因素，也同时在西周中期消失，但在河北涞水北封[35]、安新辛庄克[36]仅见张家园上层文化，尚没有发现被西周燕文化取代的情况。

永定河以北的张家园上层文化有另一种情形。以蓟县左近的张家园、围坊为代表，房屋为圆形浅穴式，直径3米余，南壁有斜坡门道通向地面。地面经夯实烘烤，十分坚硬，屋内未见烧灶痕迹。墓葬主要发现于蓟县左近，长方形土圹竖穴，单人俯身直肢葬，头向东，一般均有一至两件青铜器随葬，为鼎、簋的组合，墓主两耳带有金耳环。陶器群多夹砂灰褐陶，以瘦长的筒腹鬲、弧裆鼓腹鬲、敛口折肩钵等构成主要器物组合（图一四）。张家园遗址发掘简报中曾见到西周早期的鬲片的介绍[37]，但未发表实物资料，很难判断其鬲片之属性。大厂大坨头遗址上层的"西周文化"灰坑出土的陶鬲为商式的扁方体袋足鬲[38]。古冶遗址所见到的方唇折沿粗绳纹鬲残片[39]，显然属商式袋足鬲的局部。

与这类遗存现象相同的还有天津蓟县邦均[40]、河北滦县雷庄镇[41]、唐山市古冶[42]、迁安县马哨村[43]和小山东庄[44]、卢龙县东阚各庄、大厂大坨头[45]、北京市平谷县韩庄[46]、顺义县牛栏山[47]。这一区域东至滦河沿岸，北到承德一线。河北迁安县滦河以东的遗址[48]、平泉县[49]一带经调查，为素面红陶鬲的分布区。

在张家园上层文化分布区域内，应特别注意昌平白浮的三座中型墓。白浮墓的铜戈、铜戟上铭有"兀"字，铜鼎垂腹柱足，铜簋带盖有珥，铜壶瘦长有盖，形制与陕西普渡长囟墓[50]的同类器相同。长囟墓的铜器上铭有穆王时期铭文，是西周中期有代表性的铜器群，因而白浮墓的铜容器年代当在西周中期。白浮墓的两种陶鬲，沿面唇边凸起，折沿、浅腹、平裆、矮足跟，是张家园上层文化的鬲接受周文化而产生的一种鬲。此外，昌平白浮木椁墓头向北，墓底挖有腰坑，并葬有狗骨架，与琉璃河西周燕

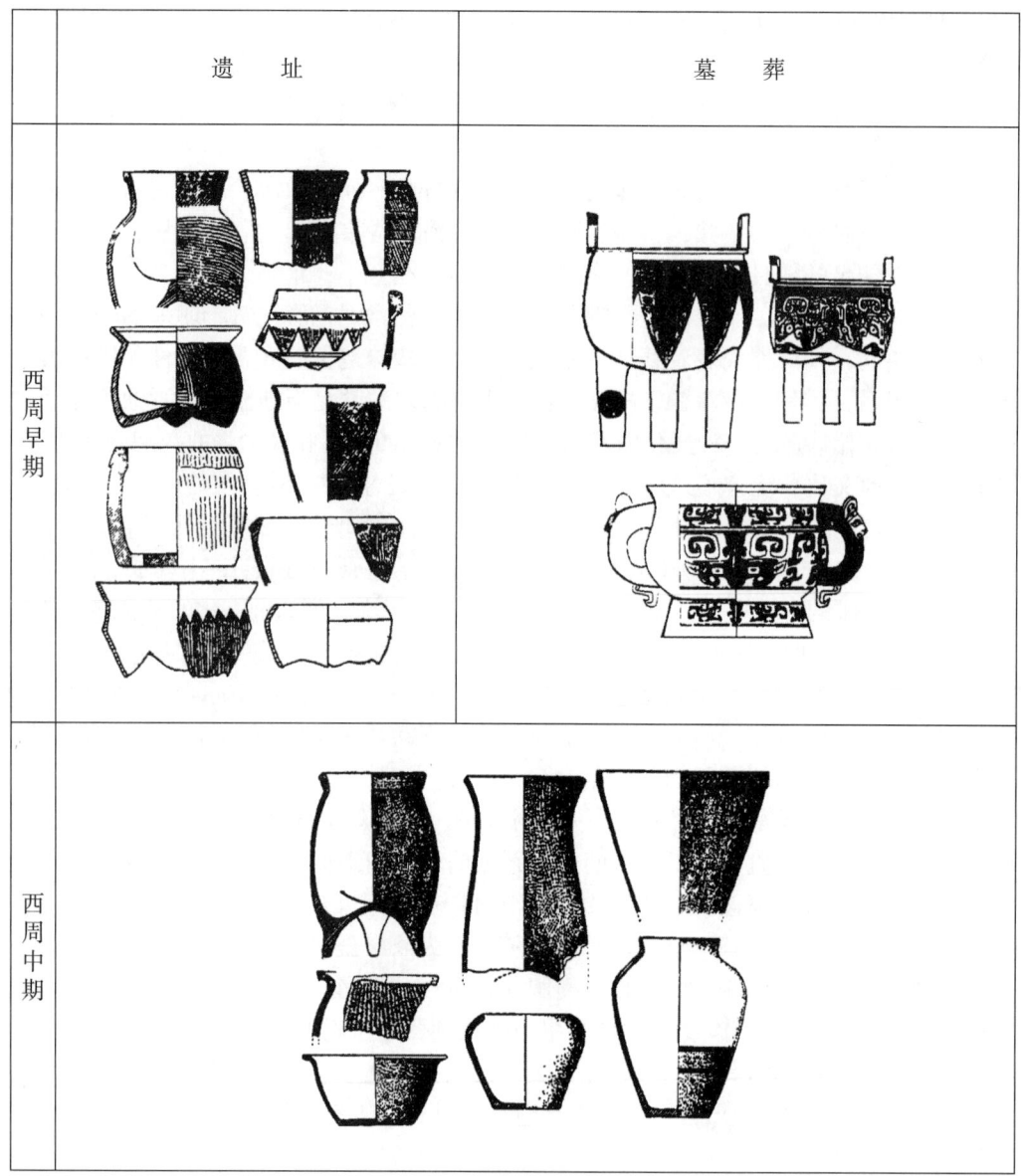

图一四　永定河以北的张家园上层文化（西周时期）

国墓地的北区葬俗相同。就是说，昌平白浮墓从铜、陶容器及随葬习俗三点看属于西周燕国范畴。但同墓的青铜短剑、兽首刀、有銎斧、头盔、镶满铜扣的皮靴等均带有浓厚的北方某些文化的特色，可见墓主的着装、佩戴的兵器遵循着本民族的习惯，而使用的青铜礼器和埋葬习俗已纳入西周燕国的轨道。因此，推测墓主人为臣属于西周燕国的异族首领之一。除一些头面人物臣服燕国之外，这一区域内很少见到周文化因素。

直至西周晚期，从永定河以北的河北省怀来县小古城遗址的陶鬲、罐、瓮[51]、北京市昌平县小北邵的灰陶四系罐[52]、天津市巨葛庄遗址的灰陶鬲[53]、宁河表口遗址灰陶鬲[54]，才能看出西周燕文化的某些渗透。

综述之，张家园上层文化主要由筒腹鬲、青铜短剑为代表的北方某些文化因素和袋足鬲、细绳纹簋为代表的商文化因素构成。因周人建立燕国，由南而北的受到挤迫，从永定河以南区域中的一个个村庄里退却、消失，而在永定河以北却一直不绝如缕。

6. 西周燕国的统治方式

从考古学的角度界定了西周燕国文化、西周燕文化和张家园上层文化之后，可以看出周人所建的燕国最初以琉璃河都城为中心，北至永定河南岸，南到白洋淀的任丘[55]、满城[56]一带，但是仅距燕都数十千米的镇江营遗址和涞水炭山遗址，仍是张家园上层文化的生活区。由此可知周人实行的是重要城镇和军事要地的占领，其势力还不可能触及到占领区内的每个村庄。即使在燕都内，仍可看到各种文化杂处的现象。周人所到之地，凭武力强攻硬取之后，只要当地土著表示臣服，以周人当时的力量，还不可能也没必要将土著赶尽杀绝。

尽管土著人臣服，周人对土著的包容是有选择的。如前期所述，土著的张家园上层文化中含有两种文化因素，一种以口沿有附加堆纹筒腹鬲为代表的北方文化因素，一种以袋足鬲、簋等为代表的商文化因素，后者是由于商人的北退造成的。燕国墓地里出现融会了北方文化因素的商文化墓葬，如 M26，绝不见北方文化的墓葬。说明周人建立国都后，与当地土著人曾生活在同一城中，但周人是都城的主宰。周人在城外开辟了一片墓地，拒绝土著的北方文化人们葬于其中，而收纳了那部分商文化因素。但也许因为其与北方文化千丝万缕的联系，在墓地中等级地位相当低，埋葬偏远，且不能备有青铜容器。周人当然认为只有具有密切关系的人死后才能魂归一处，既然土著人在墓葬方面受到种种制约，就说明周人从来也没有认为张家园上层文化与自己是同一类人，自然不能享受同等的待遇，进而推知周人在观念上是歧视、排挤张家园上层文化的，最后将其逼迫出拒马河流域。

西周中期，张家园上层文化的某些头面人物的臣服，使燕国势力达到永定河北岸，但是，没有做到像镇江营遗址那样的文化覆盖，因而永定河北岸实际上仍是张家园上层文化的分布区域，其生活仍沿着从前的轨道。

四、结 语

《史记·燕召公世家》的最后，太史公司马迁曾评论："燕外迫蛮貉，内措齐晋，崎岖强国之间，最为弱小，几灭者数矣。"在异族之地建国，与强国为邻的并非只有燕国，像齐、晋、鲁与燕国的情况相差无几，但为什么齐晋成为强国，燕国却一直弱小？

本文分析西周燕国诸文化关系后导出结论，西周燕国建立后，周人不能很好与当地土著合作，只是歧视和排挤，或以武力弹压，导致土著人的逃散，客观上增加了对立情绪。由于西周燕国树敌太多，周围文化的抵抗，致使西周燕国常年武备，疲于战争，生产力得不到发展。即使到了西周晚期，燕国虽有三百余年的建国史，其疆域也只有北京、天津、河北保定北部及唐山西部的很小的范围（图一五），国力羸弱，无法与强国争霸。

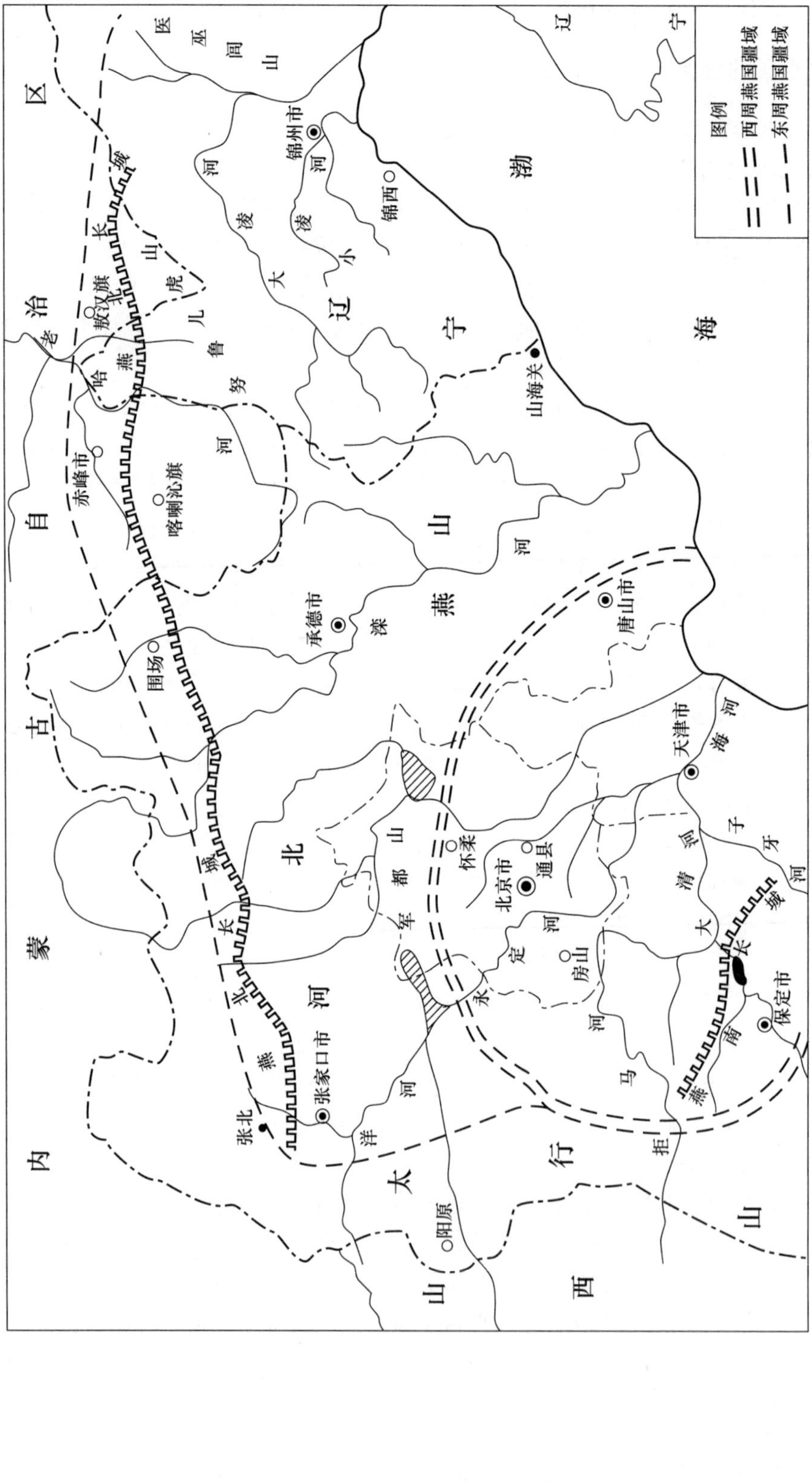
图例
西周燕国疆域
东周燕国疆域
北京市
天津市
保定市
唐山市
承德市
张家口市
赤峰市
锦州市
锦西
山海关
喀喇沁旗
敖汉旗
围场
怀柔
通县
房山
阳原
张北
渤海
燕山
太行山
内蒙古自治区
河北
辽宁
燕北长城
燕南长城

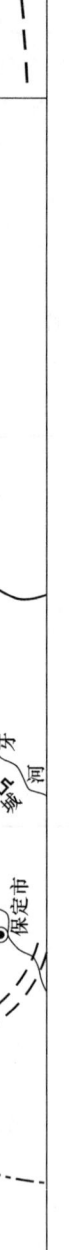

图一五　西周燕国疆域

正因为如此，春秋中期始，燕国统治者接受了教训，广泛地吸收了诸异族文化的因素，使春秋晚期至战国的东周燕国文化有了较大的改观，方有拓宽疆土，却胡攻齐之壮举。从这一点来说，西周燕国文化留下了前车之鉴。

注　释

［1］韩嘉谷：《京津地区商周文化时期古文化发展的一点线索》，《中国考古学会第三次年会论文集》，文物出版社，1984年。

［2］拒马河考古队：《河北易县涞水古遗址试掘报告》，《考古学报》1988年第4期。

［3］柴晓明：《论西周时期的燕国文化遗存》，《北京建城3040年暨燕文明国际学术研讨会专辑》，北京燕山出版社，1997年。

［4］石永士、王素芳：《燕文化简论》，《中国古代北方民族古文化国际学术研讨会论文集》，1992年。

［5］北京大学考古学系、北京市文物研究所：《1995年琉璃河周代居址发掘简报》、《1995年琉璃河遗址墓葬区发掘简报》，《文物》1996年第6期。

［6］中国社会科学院考古研究所、北京市文物研究所：《北京琉璃河1193号大墓发掘简报》，《考古》1990年第1期。

［7］北京市文物研究所：《琉璃河西周燕国墓地》，文物出版社，1995年。

［8］琉璃河遗址考古队：《北京琉璃河遗址发掘又获重大成果》，《中国文物报》，1997年1月12日第1版。

［9］同［7］。

［10］赵福生：《西周燕都遗址》，《北京文博》1995年第1期。

［11］陈平：《克罍、克盉铭文及其有关问题》，《考古》1991年第9期。

［12］同［7］，第252页。

［13］以下未注明出处者皆引自注［7］。

［14］以下墓号为四位数者均引自中国社科学院考古研究所、北京市文物工作队琉璃河考古队：《1981～1983年琉璃河西周燕国墓地发掘简报》，《考古》1984年第5期。

［15］凡1995年发掘墓葬，均引自注［5］，下同。

［16］同［5］。

［17］刘绪等：《琉璃河遗址西周燕文化的新认识》，《文物》1997年第4期。

［18］北京市文物研究所：《北京房山琉璃河遗址发现的商代遗迹》，《文物》1997年第4期。

［19］李伯谦：《张家园上层类型若干问题研究》，北京大学考古系编：《考古学研究（二）》北京大学出版社1994年。

［20］天津市历史博物馆考古部：《天津蓟县张家园遗址第三次发掘》，《考古》1993年第4期。韩嘉谷等：《蓟县邦均西周时期遗址和墓葬》，《中国考古学年鉴》，1987年。

［21］郭仁、田敬东：《琉璃河商周遗址为周初燕都说》，《北京史论文集》第一辑，1980年。

［22］常征：《召公封燕及燕都考——兼辩燕山、燕易王、燕昭王》，《北京史论文集》第一辑，1980年。

［23］侯仁之：《论北京建城之始》，《北京社会科学》1990年第3期。

[24]《建国以来北京市考古和文物保护工作》,《文物考古工作三十年》,文物出版社,1979年。

[25] 同[6]。

[26] 琉璃河考古队:《北京琉璃河出土西周有铭铜器座谈纪要》,《考古》1989年第10期。

[27] 同[8]。

[28] 陈平:《克器事燕六族会释考证》,《北京建城3040年暨燕文明国际学术研讨会会议专辑》,北京燕山出版社,1997年。

[29] 北京市文物管理处:《北京地区又一重要考古收获——昌平白浮西周木椁墓的新启示》,《考古》1976年第4期。

[30] 北京市文物研究所:《北京市拒马河流域考古调查》,《考古》1989第3期。

[31] 同[29]。

[32] 河北省文物研究所:《河北满城要庄发掘简报》,《文物春秋》1992年(增刊)。

[33] 同[5]。

[34] 同[2]。

[35] 河北省文物研究所、保定地区文管所,涞水县文保所:《河北涞水北封村遗址试掘简报》,《考古》1992年第10期。

[36] 保北考古队:《河北安新县考古调查报告》,《文物春秋》1990年第1期。

[37] 天津市历史博物馆考古队:《天津蓟县张家园遗址第二次发掘》《考古》1984年第8期。

[38] 天津市文化局考古发掘队:《河北大厂回族自治县大坨头遗址试掘简报》,《考古》1966年第1期。

[39] T10第2层,见河北省文物研究所:《唐山市古冶商代遗址》,《考古》1984年第9期。

[40] 韩嘉谷等:《蓟县邦均西周时期遗址和墓葬》,《中国考古学年鉴》,1987年。

[41] 孟昭永等:《河北滦县出土晚商青铜器》,《考古》1994年第4期。

[42] 河北省文物研究所:《唐山市古冶商代遗址》,《考古》1984年第9期。

[43] 尹小燕:《迁安县发现商代器物》,《文物春秋》1996年第1期。

[44] 唐山市文物管理所等:《河北迁安县小山东庄西周时期墓葬》,《考古》1997年第4期。

[45] 同[38]。

[46] 同[24]。

[47] 程长新:《北京市顺义县牛栏山出土一组周初带铭青铜器》,《文物》1983年第11期。

[48] 河北省文物研究所:《迁安县古遗址调查》,《文物春秋》1991年第3期。

[49] 张守义等:《承德市平泉县佟仗子遗址调查报告》,《文物春秋》1995年第3期。

[50] 陕西省文物管理委员会:《长安普渡村西周墓的发掘》,《考古学报》1957年第1期。

[51] 张家口考古队:《河北怀来官厅水库沿岸考古调查简报》,《考古》1988年第7期。

[52] 同[24]。

[53] 天津市文化局考古发掘队:《天津南郊巨葛庄战国遗址和墓葬》,《考古》1965年第1期。

[54] 天津市文化局考古发掘队:《渤海湾西岸古文化遗址调查》,《考古》1965年第2期。

[55] 河北省文物研究所等:《河北省任邱市哑叭庄遗址发掘报告》,《文物春秋》1992年(增刊)。

[56] 同[32]。

(原刊于《中国考古学的跨世纪反思》,商务印书馆(香港)有限公司,1999年)

山戎文化所含燕与中原文化因素之分析

靳枫毅 王继红

一、历史上的山戎与山戎物质文化遗存的推定

山戎是中国北方一支古老的少数部族，以游猎和畜牧为生，早在夏商以前就已存在。据《史记·匈奴列传》记载："唐、虞以上有山戎、猃狁、荤粥，居于北蛮，随畜牧而转移。"《史记·五帝本纪》云：帝舜之时，曾"南抚交阯……北山戎、发、息慎"。又据《逸周书·王会解》记载："成周之会，天子南面立，唐叔、荀叔、周公在左，太公望在右……北方台正东……山戎，戎菽。"证明西周早期，在成王举行天下各路诸侯、部族首领朝谨圣典上，山戎作为北方一支重要部族成员，不但被列为代表之一，而且还按当时既定礼节，恭敬地向周天子进贡了山戎特产——戎菽。这是关于山戎与中原进行物质文化交往的最早文献记录。

山戎的活动地域，据《史记·匈奴列传》记载在"燕北"一带。我们以为此"燕北"当指今冀北山地、燕山山脉附近地域。

早期山戎的势力并不强大，约自西周晚期开始，山戎才开始逐渐强盛起来，以至于整个春秋时期都十分活跃，甚至曾一度称雄燕北。进入战国以后，山戎势力开始衰落，及至战国中期便江河日下，大势已去，最迟到战国晚期，终于被燕和中原文化所融合与同化，归于消亡。

历史文献中没有关于山戎的专篇记载，所能找到的只是夹杂在几种记述其他内容的文献里的只言片语，既简约又零碎，给研究山戎历史和文化带来很大困难。因此迄今为止，史学界尚未有一部，甚至一篇研究山戎史的著作问世。所幸近十几年来，京、冀、辽三省市的考古工作者对燕山南北两周时期的物质文化遗存下了很多苦功夫，做了大量艰苦细致的调查与发掘工作，终于找到了一套自成系统、独具特征、材料丰富的属于山戎部族的物质文化遗存，从而为探索和研究这个已经消逝了两千二三百年的古老部族的历史文化创造了可信的基础条件。

迄今有关山戎文化成组、成批的考古资料，较重要者可开列如下：

（1）北京延庆县西拨子山戎文化青铜器窖藏；
（2）河北平泉县东南沟山戎部落墓地；
（3）北京延庆县玉皇庙山戎部落墓地；
（4）北京延庆县葫芦沟山戎部落墓地；
（5）北京延庆县西梁垙山戎部落墓地；
（6）北京延庆县龙庆峡别墅区山戎部落墓地；

（7）河北滦平县梨树沟门山戎部落墓地；
（8）河北滦平县苘子沟山戎部落墓地；
（9）河北宣化县小白阳山戎部落墓地；
（10）河北怀来县甘子堡山戎部落墓地；
（11）河北宣化县庞家堡山戎部落墓地；
（12）河北滦平县虎什哈炮台山山戎部落墓地；
（13）河北怀来县北辛堡山戎文化墓地；
（14）辽宁凌源县五道河子山戎文化墓地。

上述 14 处山戎文化遗存，除一处属窖藏外，其余 13 处均属部落墓地。所跨越的时代，以北京延庆县西拨子窖藏年代最早，约当西周中期或中晚期，以辽宁凌源县五道河子墓地年代最晚，约当战国中晚期。这个年代时限与历史上的山戎活动时代是相符合的。分布地域正处于"燕北"，恰在与燕国相隔离的军都山八达岭长城迤北，冀北山地和燕山山脉周围地带，此与文献所载亦相合不悖。其文化内涵别具特征，既与燕和中原文化迥异，又与同时期并存的辽西地区夏家店上层文化（东胡文化）和略晚的分布于内蒙古和外蒙的匈奴文化判然有别，它除了拥有特点鲜明的埋葬制度和独特的殉牲与覆面习俗之外，还拥有一套其他文化所不具备的独特的器物群，如清一色的直刃匕首式青铜短剑，大量的、有演变序列可循的青铜削刀，大量的、各式各样的写实动物纹青铜带钩、带扣、牌饰与带饰，早期骑马民族特有的原始青铜镞，以及大量的特色鲜明的手制夹砂红褐陶器群等。而且迄今为止在燕国北部、冀北山地一带，在西周至东周时期，再未发现任何新的有别于上述遗存的土著文化遗存。因此，我们认为将上述文化遗存推定为历史上的山戎文化遗存是可信的，是符合历史实际的。

山戎在两周时期正处于奴隶制发展阶段，经常向外扩张，对相邻的中原诸侯国发动战争，进行军事掠夺，胜败不计其数。据文献记载，与山戎发生双边冲突和争端的诸侯国主要有燕、齐、郑、晋等，其中因燕为其近邻，故双方战事最多，交往最为频繁。

燕虽立国于燕山之野，但它却是宗周的嫡系，其文化乃姬周文化之分子文化，实则为姬燕文化；其地理方位又介于中原与燕山南北之间，从这双重意义上来说，燕与北方土著文化的关系实际上在相当多的内容和相当大的程度上确实可代表中原文化这一概念。

本文拟从山戎文化中所含燕与中原文化因素的分析入手，揭取一个侧面来探讨山戎在两周之际与燕和中原地区的文化关系及其双方势力的消长对比。希望抛砖引玉，得到批评指正。

二、含有燕与中原文化因素的山戎文化遗存综述

下面按年代早晚次序，对含有燕和中原文化因素的一些山戎文化遗存试作分析。

1. 北京延庆县西拨子山戎文化青铜器窖藏[1]

1975 年，在北京市延庆县西拨子村东河滩沙窝地发现相当于西周中期至中晚期山

戎文化青铜器窖藏坑一处，共出青铜器53件，包括生活用具、生产工具、兵器和装饰品四类，计有带乳突双耳铜鍑1件[2]、三足釜11件[3]、齿纹柄匙1件；各式铜刀7件、猎钩1件、锥1件、斧7件、锛2件、凿4件；无胡长三角援銎式戈1件；铜泡8件；扁喇叭口耳环1件，还有饰重环纹三足釜口沿残片2件，以及炼铜渣6块。

关于该窖藏的文化性质和年代问题，在此略作说明。原简报囿于当时考古学界对夏家店上层文化的特征和分布范围的一般认识，以及山戎考古资料尚未被发掘出来，推定这处窖藏的性质"属夏家店上层文化"，年代参照宁城县南山根M101号石椁墓随葬的青铜簋，推定"属西周晚期或春秋早期"。根据近十几年来夏家店上层文化和山戎文化考古工作的新成果，现在再重新审视这处窖藏资料，从其埋藏地理方位，器物组合内涵特征和年代考察，我们以为其文化性质以推属山戎文化更确切。其年代，据所含无胡长三角援銎式戈、各式早期形制铜刀和带乳突双耳铜鍑造型特点考察，似以推定在商末周初前后为宜，唯虑及铸饰重环纹的三足铜釜口沿残片的存在，可略将其年代向后推迟一段，但以不晚于西周中期或中晚期为限。这是迄今为止我们所知的性质单纯，且又成组的山戎文化遗存中年代较早的一例。

在西拨子窖藏53件青铜器中，其中有2件器物是属于或能清楚地看出是燕和中原文化的因素，其一是无胡长三角援銎式戈（图一，2），其二是铸饰重环纹的三足铜釜（口沿残片）（图一，1）。尤以铸饰重环纹的三足铜釜更具深意。因为三足铜釜本为素面无纹、铸工粗拙的青铜锅，如同青铜鍑一样，是山戎部族特有的日常炊器，固为山戎所铸制。但这件三足铜釜在形制未作任何改变的情况下，却在其口沿部位加铸了一周只有燕和中原地区才流行的重环纹，从而使这处窖藏平添了一层新内容，深化了其特定的历史意义。它证明山戎文化大约在西周中期或中晚期前后即已同燕和中原文化发生接触与交流，并已然开始吸收燕和中原文化的某些有益因素。

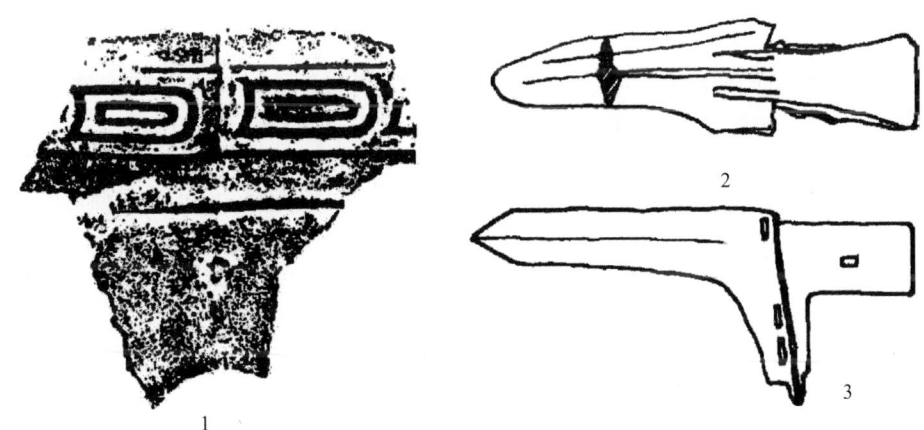

图一　北京市延庆县西拨子山戎文化青铜器窖藏和河北平泉县东南沟山戎部落墓地的燕与中原文化因素

1.西拨子重环纹三足铜釜口沿残片　2.西拨子无胡长三角援銎式戈
3.东南沟黄窝子山M6短胡三穿三角援铜戈

2. 河北平泉县东南沟山戎部落墓地[4]

1964 年冬发现，1965 年春发掘。共 26 座墓葬，清理 10 座，随葬品较少，时代约当西周晚期至春秋早期。其中黄窝子山 M6 出土马纹柄直刃匕首式青铜短剑 1 件、短胡三穿三角援铜戈 1 件、铜刀 1 件、铜圆形牌饰 2 件、骨珠项链 1 串，还有铜泡等；黄窝子山 M10 出土海贝 10 枚。很明显，黄窝子山 M6 的短胡三穿三角援铜戈（图一，3）和 M10 的海贝，应属燕和中原文化因素。

3. 北京延庆县玉皇庙山戎部落墓地[5]

1981 年发现，1986 年 4 月至 1991 年 12 月发掘。共发掘春秋早期至春秋晚期山戎文化墓葬 400 余座，出土各类富有特色的随葬品 2 万余件。以出土的青铜器物考察，其中含有燕和中原文化因素的墓葬有 19 座，编号为 YYM2、YYM18、YYM32、YYM34、YYM35、YYM83、YYM138、YYM156、YYM164、YYM171、YYM172、YYM174、YYM199、YYM250、YYM281、YYM358、YYM375、YYM380、YYM381。该墓地保存状况较好，规模宏大，级别较高，出土遗物丰富，经科学勘探和有计划地发掘，资料完整，科学价值较高。玉皇庙墓地是迄今已知有关山戎文化遗存中规模最大，且最重要的山戎部落墓地。

YYM2 随葬品包括金、铜、玛瑙、松石、骨、漆器六类。计有金耳环 2 件、金丝串珠 2 件、蟠螭纹加鳞纹铜罍 1 件、重环纹铜鼎 1 件、铜敦 1 件、铜钵 1 件（残碎）、勾云纹加垂鳞纹铜盘 1 件、勾云纹铜匜 1 件、兽耳三足舟形铜杯 2 件、铜斗 1 件、三角勾云纹铜匕 1 件、铜节约 2 件、铜泡 21 件、铜马衔 2 件（付）、铜马镳 3（付）、人字形铜坠饰 113 件、包金铜贝 10 件、联珠形铜坠饰 12 件、玛瑙珠、绿松石珠项链 1 串、骨珠 9 件、骨环 1 件，此外还出有朱色漆器残件 1 块。此墓所出的一套青铜礼器（罍、鼎、敦、钵、盘、匜、斗、匕）（图二；图三）及包金铜贝和朱色漆器（残）无疑应属燕和中原文化因素。

YYM18 随葬品包括金、铜、玛瑙、松石、赤铁矿石、骨、纺织物七类。计有金虎牌饰 1 件、金耳环 2 件、青铜镞 1 件、蟠螭纹加鳞纹铜罍 1 件、铜敦 1 件、三角勾云纹铜钵 1 件、三穿铜戈 1 件、直刃匕首式青铜短剑 1 件、铜镞 17 件、铜刀 1 件、铜锛 1 件、铜凿 1 件、铜锥 1 件、铜锥管 1 件、赤铁矿砺石 1 件、铜节约 2 件、铜马衔 2（付）、铜马镳 3（付）、马具铜环 2 件、马具铜泡 16 件、马具铜珠 37 件、马具人字形铜坠饰 49 件、铜扣 8 件、铜带钩 1 件、铜扣环 1 件、联珠形铜扣饰 560 件、绿松石珠 90 件、骨环 3 件，还有附在青铜礼器表面的纺织物等。此墓所出的 4 件青铜容器，除镞以外，其他 3 件礼器（罍、敦、钵）（图二；图三）及三穿铜戈和纺织物等均属燕和中原文化因素。

YYM250 随葬品包括金、铜、石、骨四类器物。计有金耳环 2 件、璜形金项饰 1 件、青铜镞 1 件、蟠螭纹加鳞纹铜罍 1 件、铜钵 1 件、三穿铜戈 1 件、直刃匕首式青铜短剑 1 件、铜镞 29 件、骨镞 37 件、铜刀 1 件、铜锛 1 件、铜凿 1 件、铜锥 1 件、铜锥管 1 件、铜马衔 2（付）、铜马镳 1（付）、骨镳 1（付）、马具铜环 1 件、骨环 1 件、马

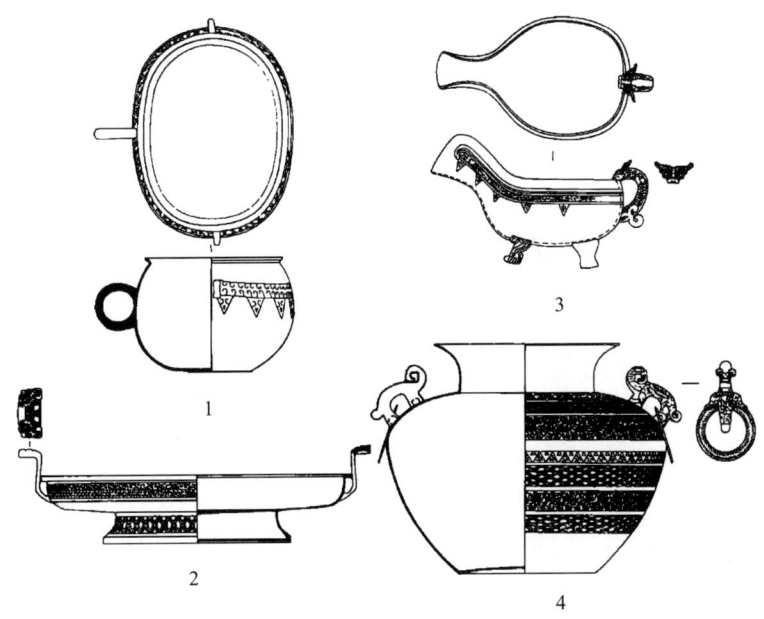

图二 北京市延庆县玉皇庙山戎部落墓地的燕与中原文化因素
1. 三角勾云纹铜钾 2. 勾云纹加垂鳞纹铜盘 3. 三角勾云纹铜匜 4. 蟠螭纹加鳞纹铜罍
（1.YYM18 2～4.YYM2 出土）

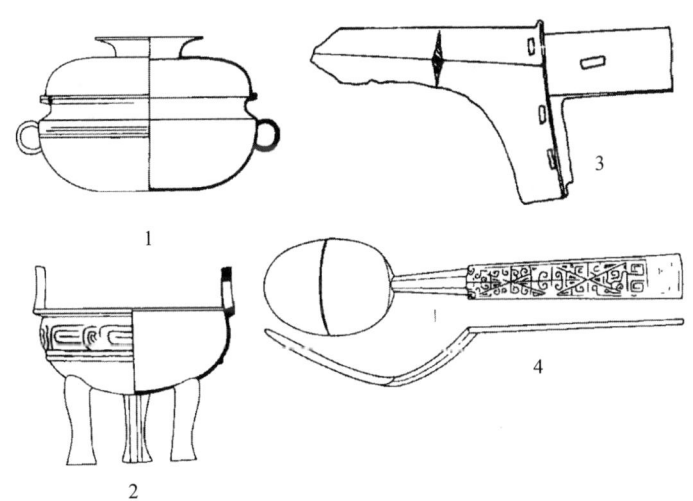

图三 北京市延庆县玉皇庙山戎部落墓地的燕与中原文化因素
1. 铜敦 2. 重环纹铜鼎 3. 三穿铜戈 4. 三角勾云纹铜匕
（1.YYM18 2、4.YYM2 3.YYM32 出土）

具铜泡 14 件、铜带钩 1 件、铜鹿形带饰 55 件、动物形铜带饰 7 件、铜泡 14 件、铜珠 186 件、铜扣 3 件、铜饰件 1 件、砺石 1 件、绿松石管 1 件、绿松石珠 6 件。此墓所出的 3 件青铜容器，除铜镂以外，另两件礼器（罍、钾）和三穿铜戈均属燕和中原文化因素。

YYM32 随葬品有三穿铜戈 1 件（图三）、直刃匕首式青铜短剑 1 件、铜镞 4 件、骨镞 16 件、铜刀 1 件、铜锥 1 件、铜锥管 1 件、砺石 1 件、铜带饰 32 件、铜泡 6 件、铜扣 3 件、铜耳环 2 件、白石管 3 件、白石珠 1 枚。YYM34 随葬品有三穿铜戈 1 件、直刃匕首式青铜短剑 1 件、铜镞 8 件、骨镞 21 件、铜刀 1 件、铜锥 1 件、铜锥管 1 件、犬纹铜牌 1 件、铜耳环 2 件、铜带饰 50 件、镂孔铜带饰 2 件、铜铃 1 件、铜泡 1 件。两墓出土的三穿铜戈属燕和中原文化因素。

YYM35 随葬品有铜钵 1 件、铜耳环 2 件、覆面铜扣 3 件、双联珠形小铜扣项链 1 串、末端附匕形铜坠饰 1 件、绿松石珠与小黑石珠项链 1 串、联珠棍形铜坠饰 12 枚、铜刀 1 件、铜锥 1 件、铜锥管 1 件、赤铁矿砺石 1 件、白石管 1 枚、夹砂褐陶罐 1 件。

YYM156 随葬品有金耳环 2 件、铜钵 1 件、直刃匕首式青铜短剑 1 件、铜镞 3 件、铜刀 1 件、骨柄铜锥 1 件、铜锥管 1 件、铜锛 1 件、铜凿 1 件、铜马衔 2（付）、铜马镳 2（付）、铜节约 4 件、铜泡 8 件、铜环 2 件、马形铜牌饰 1 件、覆面铜扣 2 件、小铜扣 1 件、大铜扣 4 件、马纹铜带饰 94 件、动物纹铜带饰 102 件、绿松石珠 6 件、骨簧片 1 件、骨环 3 件、蚌环 4 件、泥质灰陶壶 1 件。

YYM171 随葬品有铜钵 1 件、直刃匕首式青铜短剑 1 件、铜刀 1 件、铜锛 1 件、铜锥 1 件、铜锥管 1 件、马形铜牌饰 1 件、马形铜带饰 93 件、铜饰件 69 件、铜泡 3 件、铜扣 4 件、铜耳环 2 件、绿松石珠 8 件、夹砂红褐陶罐 1 件。

YYM174 随葬品有金耳环 2 件、璜形金项饰 1 件、铜钵 1 件、直刃匕首式青铜短剑 1 件、铜镞 4 件、骨镞 3 件、铜刀 1 件、铜锛 1 件、铜凿 1 件、铜锥 1 件、铜锥管 1 件、铜马衔 1（付）、马形铜带饰 61 件、鹿形铜带饰 21 件、铜饰件 4 件、绿松石珠 6 件、泥质灰陶折肩罐 1 件。

上述四墓出土的铜钵，皆属燕和中原文化因素。YYM156 随葬的泥质灰陶壶和 YYM174 随葬的泥质灰陶折肩罐，则属于受到了燕和中原文化因素的影响。

YYM164 随葬品有直刃匕首式青铜短剑 1 件、铜刀 1 件、铜锥 1 件、铜锥管 1 件、尖首刀币 1 件、铜饰件 1 件、铜扣 3 件、铜耳环 2 件、绿松石珠 2 枚，还有夹砂红褐陶罐 1 件。

YYM172 随葬品有尖首刀币 1 件、铜耳环 2 件、绿松石管 2 件、绿松石坠珠 1 件、泥质灰陶折肩罐 1 件。

YYM380 随葬品有尖首刀币 1 件、小白石珠 66 件、小黑石珠 2 枚。

YYM138 随葬品有尖首刀币柄首坠 1 件、铜耳环 2 件、绿松石坠珠 25 枚、覆面铜扣 2 件、玛瑙珠项链 1 串、小黑石珠项链 1 串、人字形铜坠饰 4 件、白石管 1 件、骨镞 2 件、泥质灰陶折肩罐 1 件。

YYM358 随葬品有尖首刀币环首坠 1 件、铜耳环 2 件、覆面铜扣 3 件、铜刀 1 件、铜锥 1 件、骨哨 3 件、夹砂黑陶罐 1 件。

YYM375 随葬品有尖首刀币柄首坠 1 件、铜珠项链 1 串、覆面铜扣 3 件、人字形铜坠饰 10 件、铜耳环 2 件、小黑石珠 283 件、小白石管 1 件、绿松石管 1 件、绿松石珠 1 件、玛瑙珠 3 件、夹砂红陶罐 1 件。

YYM381 随葬品有尖首刀币柄首坠 1 件、小黑石珠项链 1 串、覆面铜扣 2 件、铜耳环 2 件、鸟形铜饰 4 件、玛瑙珠 50 件、绿松石珠 12 件、小白石珠 3 件、泥质黑陶折肩罐 1 件。

上述七座墓，YYM164、YYM172 和 YYM380 出土的尖首刀币，YYM138、YYM358、YYM375 和 YYM381 出土的尖首刀币柄首坠，显然是来自燕文化的因素。

YYM83 随葬品有圆首扁茎直刃匕首式青铜短剑 1 件、铜刀 1 件、铜管 1 件、铜扣 1 件、骨镞 5 件、绿松石珠 4 件、夹砂红陶罐 1 件。

YYM199 随葬品有圆首扁茎直刃匕首式青铜短剑 1 件、铜镞 2 件、骨镞 3 件、铜刀 1 件、铜锥 1 件、铜带钩 1 件、铜扣 3 件、铜泡 2 件、铜耳环 2 件、白石珠 50 件、黑石珠 47 件、绿松石珠 1 件、夹砂黑陶罐 1 件。

YYM281 随葬品有圆首无格扁茎直刃匕首式青铜短剑 1 件、铜刀 1 件、铜锥 1 件、铜饰件 17 件、铜扣 4 件、铜泡 1 件、铜耳环 2 件、小白石珠 210 件、白石管 1 件、夹砂红陶罐 1 件。

上述三墓，YYM83 和 YYM199 出土的圆首扁茎直刃匕首式青铜短剑，YYM281 出土的圆首无格扁茎直刃匕首式青铜短剑，其剑首、剑茎和剑格部位的特征，均属吸纳燕和中原文化因素的结果。

此外，玉皇庙墓地中晚期以后的一些墓葬，往往用泥质灰陶或泥质黑陶折肩罐或高领壶、高柄豆随葬，以取代早期和中期的夹砂红陶或红褐陶鼓腹罐；晚期阶段少数墓葬中甚至还出现了以家猪下颌作祭牲的现象，这在早期和中期阶段的遗存中是绝对没有的情况。这显然表明，山戎文化在同燕和中原文化长期接触和交流过程中，不但学习和吸收了燕和中原地区先进的制陶技术（采用轮制方法、还原烧制技术，制造出火候较高的泥质灰陶器），而且还学会了燕人和中原人驯养家猪的生产方式，并进一步使用到本部族丧葬殉牲方面来。这对于山戎部族来说确是两项非同小可的进步，它无疑反映出自春秋中晚期以后，燕和中原文化对山戎文化的渗透和影响在日益扩大和加深。

4. 北京延庆县葫芦沟山戎部落墓地[6]

1983 年 7 月发现，1985 年 8 月勘探、发掘。共发掘春秋中晚期至春秋晚期山戎文化墓葬 150 余座，出土各类富于特色的山戎文化遗物 3000 余件。该墓地皆由小型墓葬组成，不见规格较高的大、中型墓葬，文化性质较单纯，山戎文化特色十分突出，而少见燕和中原文化因素。在青铜器群中，未见青铜容器。若从青铜器方面观察其所含燕和中原文化因素的话，则仅有 11 座墓葬（编号为 YHM35、YHM44、YHM61、YHM87、YHM97、YHM100、YHM114、YHM130、YHM151、YHM179、YHM181）遗有个别因素的痕迹。

YHM35 随葬品有直刃匕首式青铜短剑 1 件（YHM35：1，剑柄两侧面铸饰夔龙纹）、铜镞 3 件、骨镞 1 件、铜刀 1 件、铜锥 1 件、铜锥管 1 件、铜扣 1 件、铜泡 4 件、小铜泡 2 件、白石管 1 件、绿松石珠 14 件、小黑石珠 320 枚。此墓短剑剑柄两侧所铸夔龙纹（图四），一望而知是燕和中原文化夔龙纹因素的移植。

YHM44 随葬品有尖首刀币 1 件（图四）、铜环 1 件、绿松石珠 4 件、小白石珠 1 件、泥质灰陶折肩罐 1 件。

图四 北京市延庆县葫芦沟、西梁垙山戎部落墓地的燕与中原文化因素
1. 剑柄两侧铸饰夔龙纹的直刃匕首式青铜短剑 2. 尖首刀币 3. 泥质灰陶高领壶 4. 泥质灰陶高柄豆
5. 泥质灰陶折肩罐 6. 三角勾连回纹加菱格乳丁纹铜豆 7. 蟠螭纹铜车舍（辖）
（1.YHM35：1 2.YHM44：5 3.YHM90 4.YHM61 5. YHM52 6.YXM1：5.2144 7.YXM1：5.2143）

YHM61 随葬品有尖首刀币1件、砺石1件、石刀1件、夹砂红陶鼓风管1件、泥质灰陶双纽壶1件、泥质灰陶豆2件、泥质灰陶罐1件、泥质黑陶罐1件。

YHM87 随葬品有尖首刀币1件、铜带钩1件、铜耳环2件、泥质灰陶折肩罐1件。

YHM97 随葬品有尖首刀币柄首坠1件、夹砂黑陶筒形罐1件、夹砂红褐陶三足罐1件、泥质灰陶豆2件、泥质黑陶罐1件。

YHM100 随葬品有尖首刀币柄首坠1件、绿松石珠5件、小白石珠项链1串、小黑石珠项链1串。

YHM114 随葬品有尖首刀币1件、铜针1件、覆面铜扣2件、铜耳环2件、夹砂红褐陶罐1件。

YHM130 随葬品有尖首刀币柄首坠1件、覆面铜扣、铜耳环2件、玛瑙珠和小白石珠项链1串、骨椎1件、夹砂红陶罐1件。

YHM151 随葬品有尖首刀币1件、铜镞1件、铜扣1件、铜耳环1件、白石管珠2件、夹砂红陶罐1件。

YHM179 随葬品有尖首刀币柄首坠1件、覆面铜扣3件、铜耳环2件、绿松石坠珠10件、黑白石珠项链1串、服饰铜扣1件、人字形铜坠饰6枚、夹砂红陶罐1件。

YHM181 随葬品有尖首刀币柄首坠1件、绿松石坠珠3件、黑白石珠项链1串、夹砂红陶罐 1 件。

上述十座墓葬中有五座（YHM44、YHM61、YHM87、YHM114、YHM151）出土尖首刀币，另有五座（YHM97、YHM100、YHM130、YHM179、YHM181）出土尖首刀币柄首坠饰。这些尖首刀币刀面多铸有文字或符号，而尖首刀币柄首坠饰，乃系日常被折断了的尖首刀币稍经研磨之后的再利用，它们都属燕文化因素。

除了青铜器因素之外，葫芦沟墓地晚期阶段在吸收燕和中原文化因素方面，所呈现的发展趋势与特点同玉皇庙墓地十分相近。在该墓地春秋中晚期至春秋晚期一些墓葬中，也开始出现用轮制的泥质灰陶折肩罐和高柄豆或高领壶（图四）来代替山戎文化固有的夹砂红陶手制罐的现象，在晚期阶段的少数墓葬和祭祀遗迹中，同样出现了用家猪下颌，甚至完整猪头作祭牲的情况。这表明在春秋中晚期以后，接受和吸收燕与中原地区用还原技法烧制火候较高的泥质灰陶器和驯养家猪，并使用猪下颌和猪头作祭牲，改变固有的专用马、牛、羊、狗四种牲畜作殉牲的传统葬俗的新的生产方式与生活方式，在山戎部落中已不是孤立的或偶然的情况，而属有普遍意义的或带有社会发展趋势性质的现象。

5. 北京延庆县西梁垙山戎部落墓地[7]

1965 年 7 月发现，1987 年 4～7 月发掘。共发掘春秋中、晚期山戎文化墓葬 41 座，出土各类山戎遗物 500 余件。其中含有燕和中原文化因素的墓葬 2 座（编号 YXM1、YXM25）。

YXM1 被破坏，最后回收到的随葬品有璜形金项饰 1 件、金钗 2 件、双耳带盖铜鼎 1 件（足残）、三角勾连回纹加菱格乳钉纹铜豆 1 件、直刃匕首式青铜短剑 1 件、铜刀 1 件、铜锛 1 件、铜凿 1 件、蟠螭纹铜车軎（辖）2（付）、铜马衔 2（付）、铜带钩 1 件、玉璜 2 件、玛瑙环 1 件。

YXM25 经科学发掘，资料完整。随葬品有金耳环 2 件、铜钏 1 件、三穿铜戈 1 件、直刃匕首式青铜短剑 1 件、铜镞 3 件、铜刀 1 件、铜锛 1 件、铜凿 1 件、铜锥 1 件、铜锥管 1 件、铜镈 1 件、节状铜具 3 件、圆管状铜饰 1 件、素面大铜扣 1 件、有纹大铜扣 10 件、铜带钩 1 件、覆面铜扣 2 件、三角形铜扣 3 件、小铜扣 148 件、六棱铜扣 1 件、圆铜饰 1 件、大铜泡 18 件、马形铜带饰 12 件、绿松石珠 9 件、小黑石珠件、玛瑙珠项链 1 串、骨镞 2 件、骨璜 1 件、骨饰件 3 件。

上述二墓，YXM1 随葬的双耳带盖铜鼎、三角勾连回纹加菱格乳钉纹铜豆、蟠螭纹铜车軎（辖）（图四）、玉璜、玛瑙环，YXM25 随葬的铜钏、三穿铜戈皆属燕和中原文化因素。

6. 北京延庆县龙庆峡别墅区山戎部落墓地[8]

1994 年 6 月发现，同时进行勘探、发掘。共发掘春秋早中期至春秋晚期山戎文化墓葬 12 座，其中有 3 座中型墓、9 座小型墓，规格略高的 3 座中型墓（编号 YLM29、YLM30、YLM32）已被盗扰。所幸在清理 YLM30 盗坑和残留部分时，尚获部分随葬品，年代约当春秋晚期。

YLM30残余随葬品包括金、铜、海贝、玛瑙、绿松石、蚌器六类，计有金耳环1件、金贝24件、鼓形金饰件3件、菱格纹加乳丁纹舟形三兽足铜鼎1件、漆绘铜铷1件、直刃匕首式青铜短剑柄首残件1件、铜马镳1件、马具铜环9件、螭纹兽面铜饰2件、螭龙形铜饰2件、海贝495件、绿松石贝52件、绿松石牌饰1件、绿松石坠及珠饰1861件、玛瑙管串珠30件、蚌环4枚，殉牲除马、牛、羊、狗之外，还有猪下颌骨2块。

此墓随葬品中的金贝、海贝、绿松石贝、菱格纹加乳钉纹舟形三兽足铜鼎、漆绘铜铷、螭纹兽面铜饰、螭龙形铜饰（图五），还有殉牲中的猪下颌骨等，均属燕和中原文化因素。

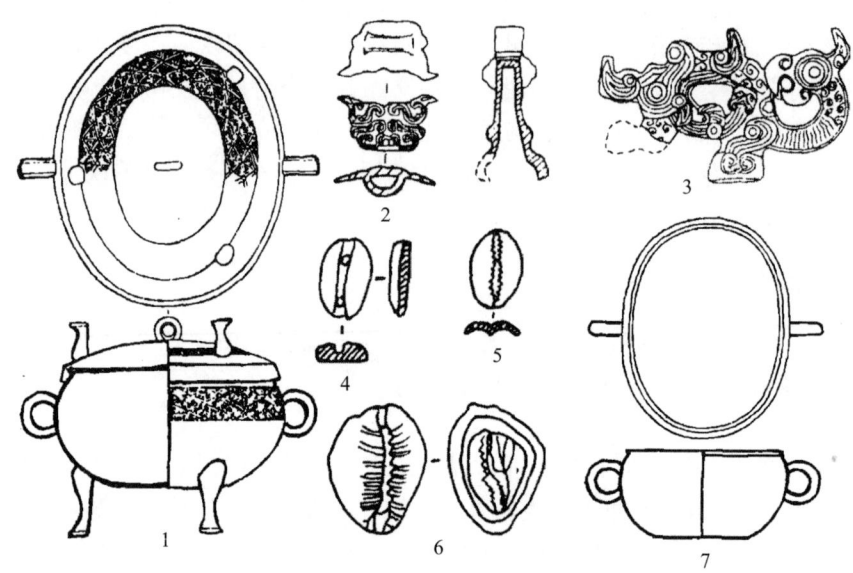

图五　北京市延庆县龙庆峡别墅区山戎部落墓地的燕与中原文化因素
1.菱格纹加乳钉纹铜鼎　2.螭纹兽面铜饰　3.螭龙形铜饰　4.绿松石贝　5.金贝　6.海贝
7.漆绘铜铷（均为YLM30出土）

7. 河北滦平县梨树沟门山戎部落墓地[9]

1988年发现，1989年和1993年先后两度进行抢救性清理。共发现春秋晚期至战国早期山戎文化墓葬百余座，大多已遭破坏。1989年发掘完整墓葬8座，清理残墓18座，回收、出土各类器物840余件。1993年清理30余座，出土器物400余件。

在1989年所获的一批器物中，L：1716三穿铜戈和M5：1728四穿铜戈属典型的燕与中原文化因素。L：1820、1821、1829及M8：1767和1993年出土的M33：4、M15：7共6件直刃匕首式青铜短剑之圆筒式剑首，1989年出土的L：1661直刃匕首式青铜短剑之菱形剑格，则属受到燕与中原文化因素的影响（图六）。

8. 河北宣化县小白阳山戎部落墓地[10]

1984年发现，1985年4～5月发掘。共发掘春秋中期至春秋晚期山戎文化墓葬48座，除5座墓无随葬品外，其余43座墓都出有各类山戎文物。该墓地与梨树沟门

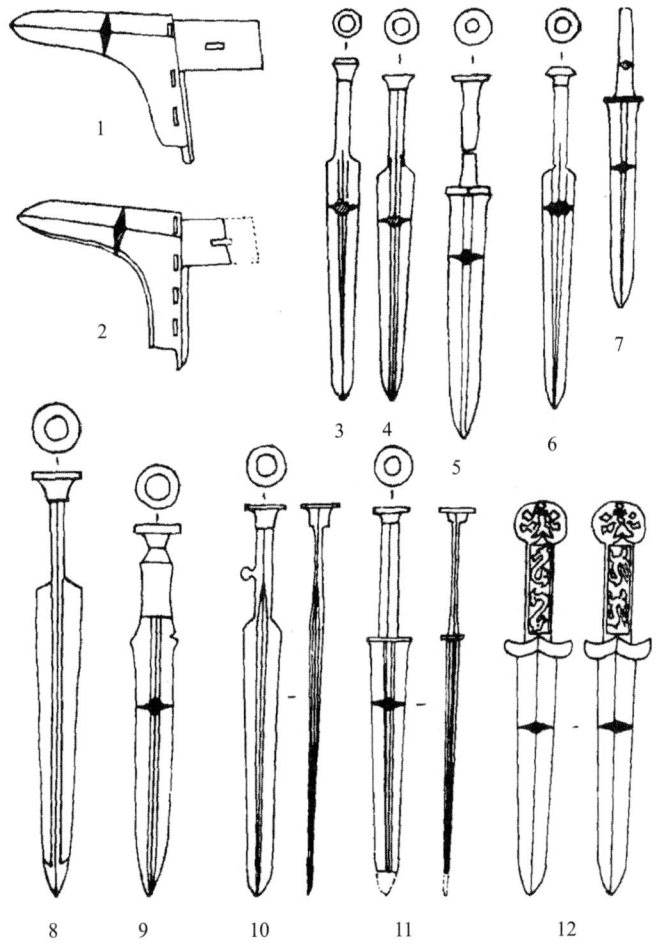

图六 河北滦平县梨树沟门和宣化县小白阳山戎部落墓地的燕与中原文化因素
1. 三穿铜戈 2. 四穿铜戈 3～6. 圆首直刃匕首式青铜短剑 7. 菱形格直刃匕首式青铜短剑 8～10. 圆首扁茎无格式直刃匕首式青铜短剑 11. 圆首扁茎菱形格直刃匕首式青铜短剑 12. 柄部一侧铸饰夔龙纹（另一侧铸饰双鹿纹）的直刃匕首式青铜短剑（1～9.梨树沟门 L：1716、M5：1728、L：1820、L：1821 L：1829、M8：1767、L：1661、M15：7、M33：4 10～12.小白阳M39：5、M32：1、M37：1）

墓地相近似，不见大、中型墓葬，全为小型墓葬，文化性质较单纯，罕见燕和中原文化因素。仅有5座墓葬发现个别因素痕迹，这5座墓葬编号为M13、M32、M37、M39、M43。

M13随葬品有虎形铜牌饰1件、蛙形铜牌饰1件、铜耳环2件、铜铃饰1件、铜泡28件、铜联珠饰2件、铜舌形饰19件、铜凿形饰件142件、铜珠8件、骨珠1件、海贝4枚。

M43随葬品有铜耳环2件、铜泡5件、石珠4件、骨珠106件、海贝1枚。

M32随葬品有圆首扁茎菱格式直刃匕首式青铜短剑1件、铜镞1件、骨镞3件、铜刀1件、铜斧1件、铜凿1件、铜锥1件、铜锥管1件、虎形铜牌饰1件、鹿形铜带饰13件、鸟形铜饰18件、铁矿石1件、石珠6件、骨珠3件、夹砂红褐陶罐1件。

M39 随葬品有圆首扁茎无格式直刃匕首式青铜短剑 1 件、铜镞 1 件、骨镞 6 件、铜刀 1 件、铜锛 1 件、铜凿 1 件、铜锥 1 件、铜锥管 1 件、铜环 10 件、铜带钩 1 件、铜泡 12 件、铜耳环 2 件。

M37 随葬品有直刃匕首式青铜短剑 1 件（剑柄两侧铸饰动物纹，一面为双鹿纹，另一面为双夔龙纹）、铜镞 15 件、骨镞 8 件、铜刀 1 件、铜斧 1 件、铜泡 19 件、夹砂红褐陶罐 1 件。

上述五座墓，M13 和 M14 随葬的海贝，M32 和 M39 随葬的圆首扁茎直刃匕首式青铜短剑，M37 随葬的直刃匕首式青铜短剑剑柄一侧面上铸饰的夔龙纹图案（与延庆县葫芦沟 YHM35：1 短剑剑柄上铸饰的夔龙纹一致），均属燕和中原文化因素（图六）。

9. 河北怀来县甘子堡山戎部落墓地[11]

1957 年，在河北省怀来县甘子堡村发现一批春秋时期青铜器，器类有鼎、罍、匜（即著名的孟姬匜[12]）、青铜短剑、马具等。现在可以判定，这批青铜器是出自一座山戎文化墓葬中。

1980 年 4 月，在同一地点继续发现春秋中期至春秋晚期山戎文化墓葬 21 座，出土金、铜、玛瑙、绿松石、陶器等各类遗物 1373 件[13]，其中以青铜器为大宗，共计 1255 件。鉴于发掘简报未作分墓介绍，故依刊布的资料综合概括如下。

青铜容器共 31 件，计有鼎 3 件（勾连雷纹加绹纹鼎 1 件、带盖兽蹄足鼎 1 件、蟠螭纹鼎 1 件）、扁足鬲 1 件、回纹甗 1 件、铍 1 件、豆 1 件、敦 3 件、壶 2 件（三耳素面扁方壶 1 件、凤鸟纹链式提梁壶 1 件）、罍 3 件（凤鸟纹带盖罍 1 件、蟠螭纹加鳞纹罍 2 件）、罐 2 件（双环耳带盖折肩罐 1 件、双环耳素面敞口罐 1 件）、盘 2 件（蟠螭纹加虎纹带铭"白侯"盘 1 件、三角勾云纹盘 1 件）、匜 3 件（兽环錾手匜 1 件、夔龙錾手匜 1 件、兽首短流匜 1 件）、釦 9 件（直口带盖釦 1 件、敛口带盖釦 1 件、斜敞口束颈无盖釦 7 件）。青铜兵器 187 件，计有直刃匕首式青铜短剑 12 件、长胡三穿三角援戈 6 件、各式铜镞 169 枚。青铜工具 35 件，计有锛 6 件[14]、斧 1 件、凿 5 件、锥 8 件、锥管[15] 15 件。青铜生活用具 12 件，计有铜刀 11 件、匙 1 件、青铜车马器 68 件，计有车舌（辖）2（付）、马衔 19 件、镳 19 件、节约 8 件、杆头饰[16] 10 件、铃 2 件、环形器 8 件。铜饰品 922 件，计有带钩 3 件、带扣 3 件、虎形饰 10 件、马形饰 44 件、鹿形饰 71 件、铃形饰 12 件、联珠形饰 28 件、条形饰 1 件、长方形带饰 51 件、圆形饰 9 件、人字形饰 23 件、垂饰 20 件、龟形饰 46 件、鸟形饰 362 件、泡饰 121 件、耳环 2 件。金饰品 15 件，计有璜形项饰 2 件、虎形牌饰 1 件。耳环 12 件。玛瑙串珠 68 枚。绿松石串珠 3 枚。陶罐 2 件。

甘子堡墓地 1957 年出土资料中的一套 3 件青铜礼器（鼎、罍、孟姬匜）（图七），据孟姬匜铭文内容考察，应属中原蔡国所铸产品。1980 发掘的 21 座墓葬资料中的 31 件青铜礼器，除 1 件山戎铜铍以外，其余 30 件青铜礼器和 6 件长胡三穿三角援铜戈、M11：5 号夔龙纹柄短剑以及 2 付铜车舌（辖）等（图七、图八），皆应属燕和中原文化因素。

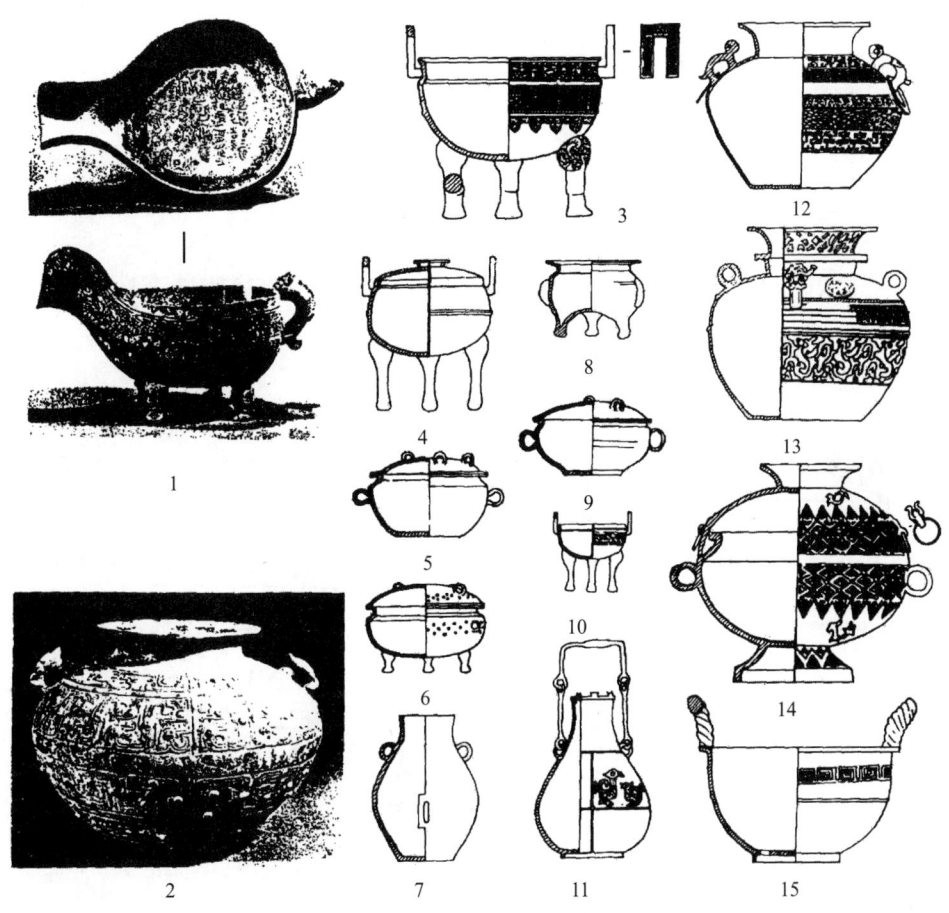

图七 河北怀来县甘子堡山戎部落墓地的燕与中原文化因素

1.孟姬匜 2.蟠螭纹铜罍 3.勾连雷纹加绹纹鼎 4.带盖兽蹄足鼎 5、6、9.敦 7.三耳素面扁方壶 8.扉棱鬲 10.蟠螭纹鼎 11.凤鸟纹链式提梁壶 12.蟠螭纹加鳞纹罍 13.凤鸟纹带盖罍 14.三角勾连雷纹加乳钉纹豆 15.回纹甑（1、2.1957年出土 3.M1：1 4.M2：8 5.M18：1 6.M2：6 7.M7：2 8.M15：1 9.M5：1 10.M2：3 11.M2：7 12.M2：9 13.M1：2 14.M1：4 15.M1：3）

10. 河北滦平县虎什哈炮台山山戎部落墓地[17]

1978年5月发现，1979年春发掘，共清理春秋晚期至战国初期山戎文化墓葬35座。从文化面貌看，虎什哈炮台山墓地，已进入山戎文化晚期发展阶段。囿于已发表的简报，所报道的墓葬单位很少，综合介绍的资料也很有限，故据此能观察到的有关燕和中原文化的因素受到一定局限，仅可列出以下五例。

其一，M6随葬品有三角雷纹带盖铜敦1件、带盖高足陶豆1件、扁茎直刃铜剑1件、铜刀1件、铜锛1件、铜凿1件、木锥1件、铜针1件、铜管具1件、铜车䡇2件、铜策2件、铜甬钟1件、铜铃3件、铜马衔2（付）、铜马镳2（付）、骨镳8件、铜环1件、铜带钩4件、麟趾金数块，还有铜泡、骨节约、骨管、骨坠、骨哨、骨珠、骨镞、白玛瑙环、绿松石珠等。

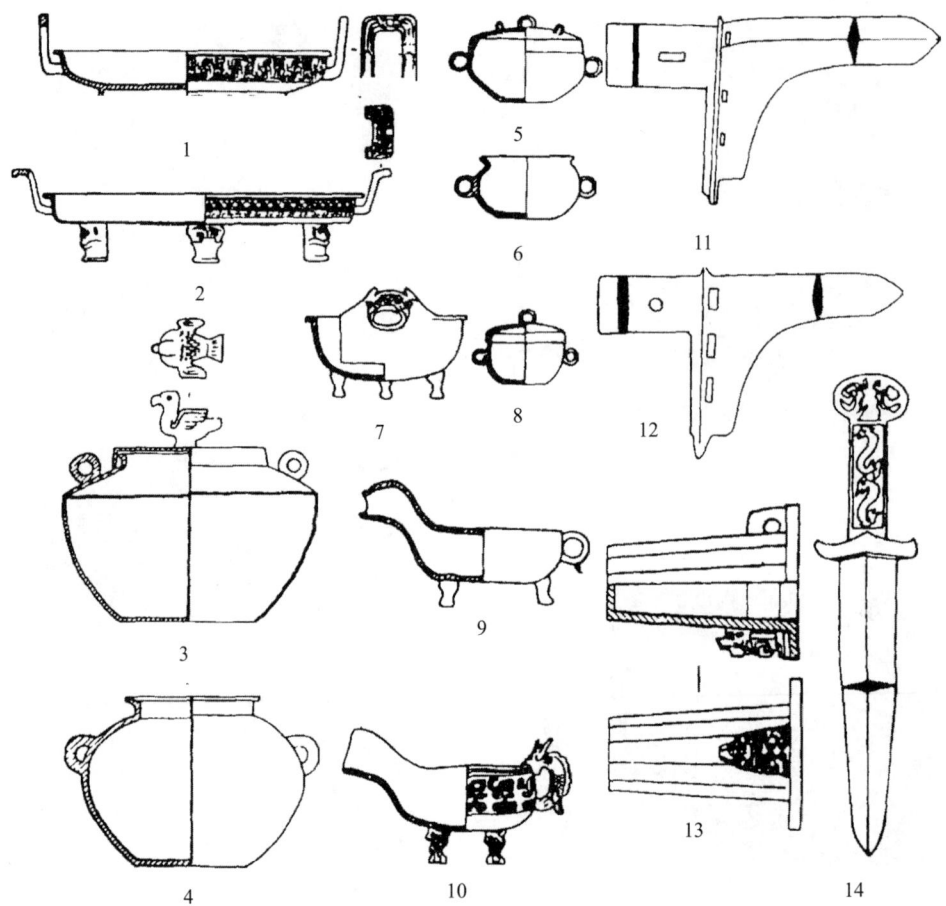

图八 河北怀来县甘子堡山戎部落墓地的燕与中原文化因素（青铜器）
1.蟠螭纹加虎纹带铭"白侯"盘 2.三角勾云纹盘 3.双环耳鸟纹带盖折肩罐 4.双环耳素面敛口罐 5.敛口带盖 钵 6.斜敞口束颈无盖钵 7.兽首短流匜 8.直口带盖钵 9.兽环錾手匜 10.夔龙鋬手匜 11、12.三角援长胡三 穿戈 13.车䡇（辖） 14.夔龙纹柄直刃匕首式短剑（1.M1∶5 2.M16∶1 3.M19∶2 4.M5∶2 5.M2∶5 6.M16∶3 7.M6∶12 8.M1∶7 9.M2∶4 10.M1∶6 11.M8∶30 12.M3∶4 13.M9∶10 14.M11∶5）

其二，位于 M28 北侧的 2 座墓，曾遭扰乱，随葬品已混淆一起，计有圆茎直刃铜剑 1 件、扁茎直刃铜剑 1 件、长胡三穿铜戈 2 件、铜镞 22 件、铜刀 3 件、铜锛 1 件、铜凿 1 件、铜锥 2 件、铜带钩 2 件、贝纹铜铃 2 件、带盖高足陶豆 1 件。

其三，M21 随葬品中有尖首刀币 1 枚。

其四，35 座墓的墓向出现了明显不一致的现象，有 25 座为东西向，另外 10 座呈南北向。

其五，35 座墓葬仅见 5 座墓中有殉牲现象。

上述五例，M6 的三角雷纹带盖铜敦、带盖高足陶豆、扁茎直刃铜剑、铜车䡇、铜策、铜甬钟、麟趾金块，M28 北侧被扰乱的 2 座墓中出土的圆茎直刃铜剑和扁茎直刃铜剑、长胡三穿铜戈、贝纹铜铃、带盖高足陶豆（图九），M21 的尖首刀币，这些都无疑属于燕和中原文化因素。关于墓向问题，25 座东西向墓，代表了固有的山戎墓葬葬俗传统，而另外 10 座呈南北向的墓葬，则反映了燕和中原文化因素的渗透和影响。同一墓地，并存了两种埋葬制度，这种现象在山戎文化早期和中期阶段的部落墓地中是没有的，或极为罕见的。可是在这里，在春秋晚期至战国初期的山戎文化墓地中竟然有近 30% 的墓葬改为南北向，随了燕俗，或认可了燕和中原文化葬俗共存于同一公共墓地，这与山戎文化传统规制是相悖的。关于殉牲问题，与早期山戎部落墓地普遍殉牲的比例相比已明显减少，这里仅有的 5 座殉牲墓，仅占墓葬总数的 14.3%。从墓向和殉牲方面发生的带有趋向性的变化情况看，山戎文化在进入春秋晚期至战国初期阶段后，势力已开始衰落，部族本身固有的埋葬制度不但已发生松动，而且明显地萎缩，甚至蜕变。与此相反，燕和中原文化因素的影响与渗透力度在明显加强。

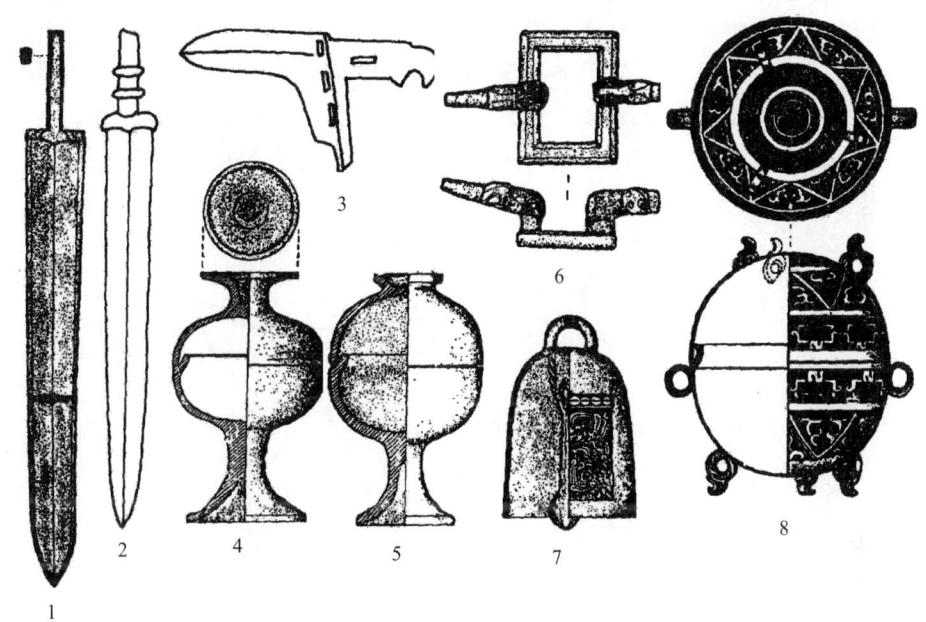

图九　河北滦平县虎什哈炮台山山戎部落墓地的燕与中原文化因素
1. 扁茎直刃铜剑　2. 圆茎直刃铜剑　3. 长胡三穿铜戈　4、5. 带盖高足陶豆　6. 铜策　7. 贝纹铜铃　8. 三角雷纹带盖铜敦（1、5、6、8. M6 出土　2~4、7. M28 北侧墓葬出土）

11. 河北怀来县北辛堡山戎文化墓地[18]

1963 年 10 月发现，1964 年 5 月勘探、发掘。共发掘战国早期山戎文化墓葬 4 座，发掘简报刊发了其中 2 座较为重要的墓葬资料，编号 M1、M2。

M1 是一座规格较高的大型墓葬，曾被扰乱，随葬品比较丰富，共出土金、铜、石、骨、贝、蚌、漆器七类遗物 357 件。包括青铜容器 7 件，计有勾连三角纹带盖铜鼎 1 件、铜鍑 1 件[19]、蟠螭纹铜壶 1 件、绚纹加三角纹铜缶 2 件、四兽耳绚纹加山云纹铜鉴 2 件。青铜兵器 3 件，计有直刃匕首式青铜短剑 2 件（其中 1 件 M1:83 为圆首扁茎，无格短剑）、长胡三穿长援铜戈 1 件。铜车马器 191 件，计有车篷架管 10 件、杆首饰4件、折角形器8件[20]、合页1件、吊环9件、铜环2件，还有髹漆车篷残件、车轮等；另外还有马衔2（付）、軎首镳1（付）[21]、圆形饰19件、人字形饰50件。工具6件，计有铜刀4件、砺石2件。服饰品铜带钩1件。金饰品耳环1件。骨器7件，计有弓弭3件[22]、节约2件、镳1件、管1件。海贝138枚。蚌片1件。漆器2件，计有勾连三角纹八角形漆箱1件、勾云纹椭圆漆盒1件。

M2随葬品包括金、铜、石、骨器四类，大小件遗物共2066件，未出青铜容器和青铜短剑。有长胡三穿长援铜戈1件、铜镞1件。铜车马器79件，计杆首饰2件、盖弓帽1件、铃11件、兽形饰23件、人字形饰19件、圆形饰15件、环8件。服饰金箔泡饰8件。绿松石珠与白石珠串饰1975枚。骨镳1件。

北辛堡墓地是一处典型的具有重要学术意义的山戎文化墓地。M1和M2均属山戎文化墓葬中规格较高的大型墓，墓主人显系山戎部落首领级人物。从这两座墓的随葬品中可以清楚地分辨出若干来自燕和中原文化的因素。如M1随葬的青铜礼器勾连三角纹带盖铜鼎、蟠螭纹铜壶、绹纹加三角纹铜缶、四兽耳绹纹加山云纹铜鉴（图一〇）；兵器M1∶83号圆首扁茎无格短剑、长胡三穿长援铜戈；铜车器及其附件

图一〇　河北怀来县北辛堡山戎部落墓地的燕与中原文化因素
1.勾连三角纹带盖铜鼎　2.蟠螭纹铜壶　3.四兽耳绹纹加山云纹铜鉴　4."二合一"铜镎　5.绹纹加三角纹铜缶
（均为M1出）

车篷架管、杆首饰、折角形器、合页、吊环、车軎（辖），还有涂朱、绿两色漆，饰菱形雷纹图案的车篷、铜环、车轮等。此外，漆器中用于盛装衣物的饰勾连三角纹的八角形漆箱，用于盛装果品或化妆品的饰勾云纹椭圆漆盒，以及海贝等；M2随葬的长胡三穿长援铜戈、杆首饰、盖弓帽（图一一）；还有这两座墓的墓主人所享用的漆棺及其工艺技术（外表髹朱漆、内表涂松香）等，都是山戎文化吸收燕和中原文化因素的实物例证。

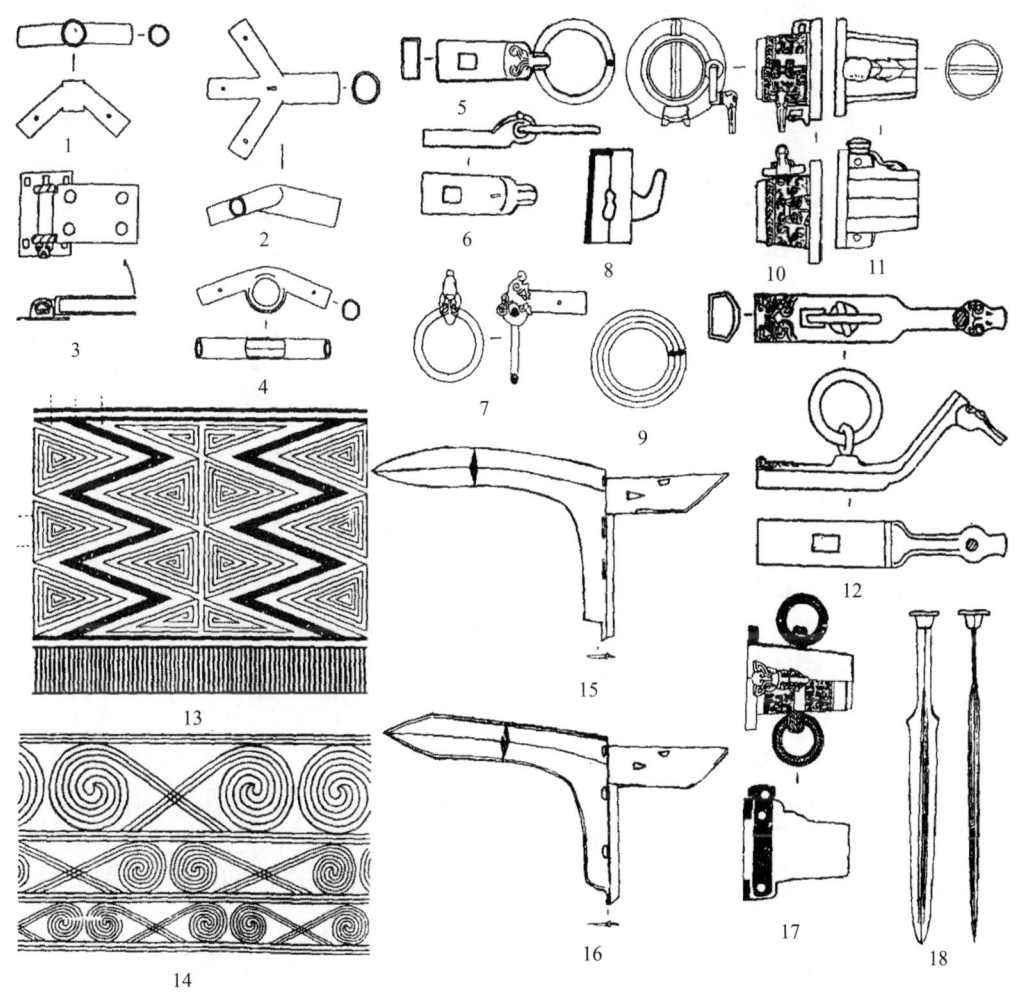

图一一 河北怀来县北辛堡山戎部落墓地的燕与中原文化因素

1、2、4.铜车篷架管 3.铜合页 5~7、12.铜杆首饰 8.铜盖弓帽 9.铜环 10、11、17.铜车軎（辖） 13.勾连三角纹漆箱图案 14.勾云纹漆盒图案 15、16.长援长胡三穿铜戈 18.圆首扁茎无格式直刃匕首式青铜短剑（1~7、9~11、13~15、17、18.M1出土 8、12、16.M2出土）

至于M1：86号铜鍑，则可视为山戎文化吸收和融入燕和中原文化因素的典型的"二合一"器物之一（图一〇，4）。这件铜鍑，器身主体是山戎铜鍑的器身，唯双耳和圈足的形制发生了变化，由早期山戎铜鍑的口沿上双立耳和小喇叭口圈足（表面还带三角形镂孔）的造型特点，变成耳根横接于口沿之下束颈处，耳顶部朝外翻卷，圈足粗矮不具镂孔，底边带有折沿的造型特点，这种形式的双耳和圈足，一望而知是属于燕器或中原式青铜器造型因素的反映。

M1：86号铜鍑的内涵特征具有很高的历史价值，因为它传递了一个重要信息：一个曾经十分繁荣的山戎文化时代从此开始衰落，并行将结束，一个以燕和中原文化为主的燕山南北地区的文化大融合新时期从此到来。

12. 辽宁凌源县五道河子山戎文化墓地[23]

1979年5月发现，同年6月发掘。共清理相当于战国中晚期山戎文化墓葬11座，出土金、铜、玛瑙、绿松石、骨器等各类文物431件。这是战国中晚期山戎文化发展的末期阶段，唯一位于燕山之阴最北，迄今所知年代最晚的唯一一处山戎文化氏族墓地。所以，尽管墓地规模不大，资料也不够丰富，但因其占有这两项"唯一"，亦足见其历史价值之高，学术意义之重要。

五道河子墓地出土的金饰品有牛形牌饰1件、璜形项饰1件。青铜器物中未见礼器，主要是兵器、生产工具、车马器和装饰品，计有三穿戈3件、圆茎直刃剑2件、扁茎无格式柳叶形剑4件、圆首扁圆茎直刃短剑4件、镞2件、刀5件、锛4件[24]、凿4件、锥4件、车䡅（辖）2（付）、轭1件、鱼形当卢3件、马衔2件、节约4件、贝纹加绚纹铜箍1件、钟14件（其中M1：41号铜钟，钲部铸饰蟠螭纹带）、圆形牌饰1件、马形牌饰3件、鸡形牌饰6件、铃形饰16件、垂坠27件、人形饰20件、三角形垂饰10件、联珠状饰19件、管饰17件、不规则形饰16件、扣饰33件、羊形带钩2件、环13件，还有玛瑙珠、绿松石珠和白骨珠等。

上述随葬品中的三穿铜戈、圆茎直刃铜剑、扁茎无格式柳叶形铜剑、圆首扁圆茎直刃短剑、铜车䡅（辖）、蟠螭纹铜钟，以及贝纹加绚纹铜箍等（图一二），均应属燕和中原文化因素。

这里很明显的一点是，青铜兵器中的铜剑，整体面貌已完全改观，传统的为山戎文化固有数百年之久的、以动物纹为主装饰剑首与剑柄的、特色鲜明的直刃匕首式青铜短剑已销声匿迹，取而代之的是具有鲜明中原风格的圆茎式长身铜剑和扁茎无格式柳叶形铜剑，即使有4件短剑，也是圆首式中原作风。此外，该墓地11座墓葬的墓向无一例呈东西向，而皆作南北向；死者头向无一例朝东，而皆朝北（或面北）；殉牲习俗由传统的真打实凿（采用马、牛、羊、狗的下颌、上颌、或整头、腿蹄作祭牲品），简化为仅具象征性意义（只有个别墓用马牙作代表，示意为祭牲品）。

从五道河子墓地具有山戎文化传统特色的、素为山戎部族所钟爱、并世代相继使用达数百年之久的看家兵器——山戎风格的直刃匕首式青铜短剑的被彻底淘汰，特别是在埋葬制度方面发生的墓向和死者头向，以及殉牲习俗的"变革"等事实看，到战国中晚期，山戎部族发展到凌源五道河子阶段确已进入到其历史的尾声阶段。这个曾甲骑万千，称雄燕北，并一度扬威于齐、燕、郑、晋、蔡等中原诸侯国之间的骑马部族，此时已走到历史舞台的尽头。

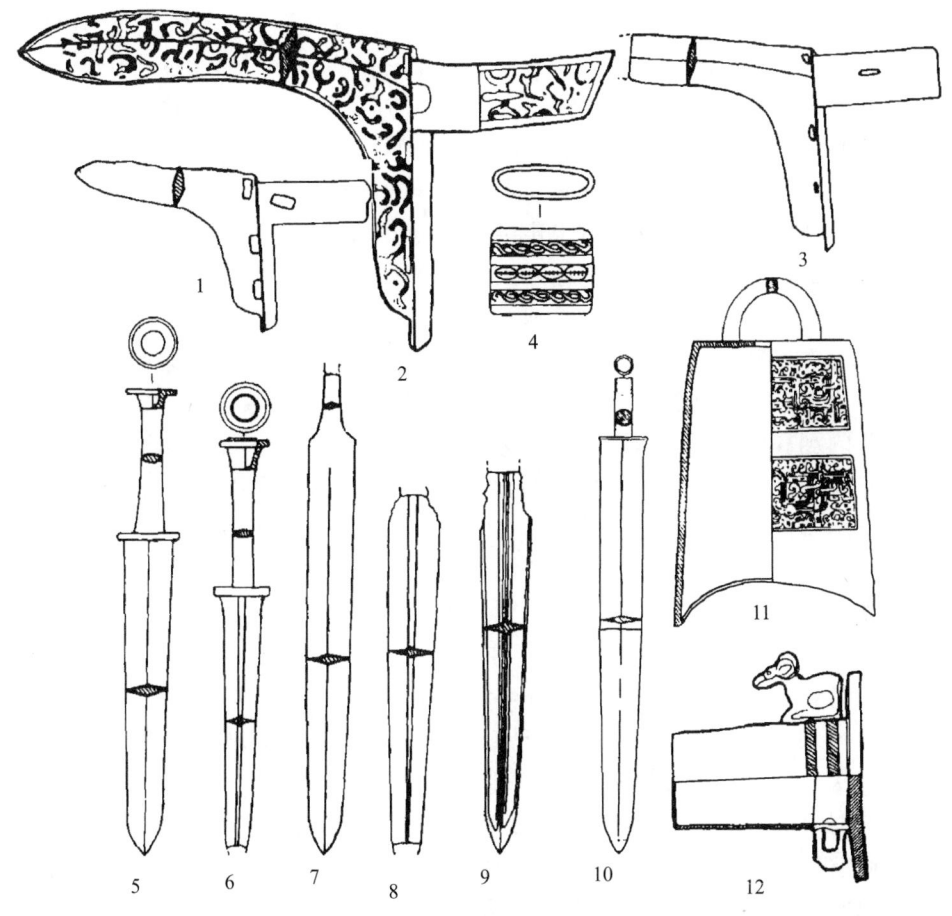

图一二　辽宁凌源县五道河子山戎部落墓地的燕与中原文化因素
1～3. 长援长胡三穿铜戈　4. 贝纹铜箍　5、6. 圆首扁圆茎有格式直刃匕首式青铜短剑　7～9. 扁茎无格式柳叶形铜剑　10. 圆茎直刃铜剑　11. 蟠螭纹铜钟　12. 铜车害（辖）（1. M8:4　2. M1:43　3. M1:7　4. M1:50　5. M1:5　6. M9:15　7. M8:10　8. M2:2　9. M8:11　10. M4:2　11. M1:41　12. M1:1）

山戎的衰落与燕和中原力量的强大是相辅相成的，此一时期燕和中原文化对北方土著文化的渗透与影响较前一时期（怀来北辛堡阶段）显然又朝更深广的领域推进了一大步。

三、山戎文化遗存的特点及其与燕和中原势力消长的对比

上述山戎文化遗存，就时间而论，年代最早者属北京延庆县西拨子窖藏，约当西周中期至中晚期，即公元前10至前9世纪前后；年代最晚者属辽宁凌源县五道河子墓地，约当战国中晚期，即公元前4世纪中叶至前3世纪中叶前后。其间所跨越的年限约600年。这600年的历史，可以说是一部实实在在、言之有据的山戎物质文化发展

史，也可以说是一部山戎部族的兴衰史。这一时间跨度与历史文献所记载的山戎部族存在和活动的年代相一致。

就空间而论，本文列举的10余处遗存地点（实际上还有很多零散的山戎文化遗存地点，考虑其典型意义和学术价值不大而未予罗列），包括了北京北郊的延庆县、河北省北部张家口地区的怀来县、宣化县，承德地区的滦平县、平泉县，以及相邻的辽宁省西南部的凌源县，分布范围基本上集中于燕山、军都山及其余脉，即通常说的冀北山地地带，其北限不过七老图山，西限未过太行山，南限不过居庸关，东限未越山海关，所涉及的水系主要有青龙河、滦河、潮河、白河、洋河、桑干河、古城河、妫水河等。这一分布地域正处于燕之北野，恰是西周至东周时期山戎部族频繁活动与盘踞的主要地域，正与文献记载的"燕北有山戎"相符合。

就文化内涵和埋葬习俗而论，山戎文化的特点也是非常鲜明和突出的。首先它拥有一整套自具特征、自成系统与既定组合关系的器物群，如最引人注目的形制原始古朴、最具草原骑马民族文化特色的早期青铜镞，火候较低、质地疏松、捏制技术粗拙的夹砂红褐陶手制罐，大量的以写实动物纹或变形动物纹为主要装饰特点的各式直刃匕首式青铜短剑，大量的、在形制上从早到晚有演变轨迹可循的各式青铜削刀，大量的以写实动物纹为主要造型创意的青铜带钩，大量的半浮雕的金、铜牌饰、带饰等，还有大量的青铜马具、青铜工具及不分男女老幼都佩戴的弹簧形金、铜耳环和各色串珠项链等。另外，山戎文化还自有一套与众不同的埋葬制度和埋葬习俗，如墓地皆选择在海拔五六百米高的向阳山坡上，而不在平川上；墓穴皆呈东西向，死者头东足西，多为单人仰身直肢葬；多数墓葬有殉牲，殉牲位于墓穴东端葬具以上填土中，不用整体，而用肢解后的兽头和兽腿作代表，殉牲种类早、中期均为马、牛、羊、狗四种家畜（直到晚期才有少数墓葬使用家猪下颌和猪头作祭牲）；覆面习俗具有特点，在很多死者头骨的两眼和鼻骨表面都发现有覆面铜扣和麻布覆面巾的遗痕。以上这些器物特征和埋葬习俗特征，都使山戎文化不仅与燕和中原文化明显地区别开来，而且也与分布于辽西地区、与其同时并存的夏家店上层文化（东胡文化），以及分布于蒙古草原地带、时代略晚的另一支游牧部族文化——匈奴文化明显地区别开来，这一点现在看来已无须赘言。

值得注意的是，年代偏早的山戎文化遗存地点，或规模较大、规格较高的山戎部落墓地，多集中分布在河北张家口地区宣化县、怀来县和北京北郊延庆县境内，即集中分布于军都山和燕山南麓延庆盆地北部缘边地带。仅据怀来县和延庆县的调查资料，便获知西自狼山、北辛堡、甘子堡、玉皇庙，中经米家堡、龙庆峡、西梁垙、葫芦沟、新华营、常里营，东到东灰岭、马蹄湾，不到70千米的地区就分布有10余处山戎部落墓地或含直刃匕首式青铜短剑的文化遗存地点，每两处遗存之间的距离仅有五六千米，足见当时山戎部落在这一地区分布的密集程度。而延庆盆地北部缘边一线正处于明八达岭万里长城北侧山地最近地段，山戎部族正是紧紧地抓住了这块对他们来说最为有利的战略要地，将其重点军事力量密集地布署在这里——燕国北屏锁钥之下。山戎文化遗存的这一分布特点，在山戎与燕的关系问题上至少具有三重意义：①在春秋晚期以前，山戎势力比较强大，燕的军事力量较弱，山戎恃强轻燕，敢将触角直抵燕国北门，径直将军事据点布署于八达岭与延庆盆地北部缘边一线，展示了双方军事对峙的持久性与严峻性；②既然山戎文化遗存地点在此地区分布如此密集，又发现有如延庆县玉皇庙等处规模宏大、延续时间较长、更具部落首领级人物的高规格墓葬，表明军都山、燕山南麓、延庆盆地附近地带应属山戎文化早、中期发展阶段的政治、经济、军事与文化中心；③燕在春秋晚期以前因国力不济，对雄踞于燕国北屏咫尺之外的山戎甲骑几近束手无策，一直未能造成强大军事威胁，其间虽然也有过征伐和一定规模的文化影响，但总归力度不够，未能从根本上解决问题，即还不能将山戎势力逐出这一地区。

与此同时，我们还注意到另一种趋向，即年代偏晚或属于山戎文化末期阶段的遗存，或规模很小的墓地，则呈现分布于燕山北部腹地或燕山北麓，甚至更稍偏北一带地域，其中最典型的即青龙河流域的凌源县五道河子墓地。而前述的军都山、燕山南麓、延庆盆地附近地域，则绝不见战国早中期以后的山戎文化遗存。这一分布特点则表明：①进入战国以后，山戎势力逐渐衰弱，燕的势力逐渐增强，到战国早中期，盘踞在军都山、燕山南麓、延庆盆地附近的山戎部落已难以在此立足，为形势所迫，不得不丢弃这块战略要地和天然的经济摇篮，向北——燕山腹地和山背地带退却；②山戎失去军都山、燕山南麓和延庆盆地之日，亦即山戎走向急剧衰败和一蹶不振之时。到战国中晚期，山戎文化固有传统与自主性在燕和中原文化大举渗透与影响下，终于丧失殆尽，山戎文化终于被燕和中原文化所同化与融合，最终归于消亡。

四、山戎文化吸收燕和中原文化因素的内容及其年代考察

从西周中期或中晚期至战国中晚期的大约600年间，山戎文化在青铜兵器、青铜礼器、青铜车器、货币、漆器、纺织品、制陶术、驯养家猪等诸多方面曾接受和吸收了来自燕和中原文化的因素，涉及经济基础到上层建筑各个领域，既包容经济、军事，也包容了政治、文化和意识形态方面的内容。这表明山戎与燕和中原文化的交往是长期的，比较频繁的，接触面是比较广泛和多渠道的。山戎部族曾利用各种机会，努力从燕和中原文化中学习和吸收于己有用的文化因素，这一点应是山戎部族之所以能够在历史上生存和发展数百年之久的动因之一，但最终由于生产力发展水平的差距逐渐拉大，而难以逃脱被燕和中原文化征服和同化的命运。

山戎文化吸收燕和中原文化因素的时序以青铜兵器戈的年代最早，约从西周中期开始，一直延续到战国中晚期，各个历史时期都曾接受和吸收，从未间断过。如北京延庆县西拨子窖藏出土1件，河北平泉东南沟墓地出土1件，延庆县玉皇庙墓地出土4件，西梁垙墓地出土1件，河北滦平县梨树沟门墓地出土2件，河北怀来县甘子堡墓地出土6件，河北滦平县虎什哈炮台山墓地出土2件，河北怀来县北辛堡墓地出土2件，辽宁凌源县五道河子墓地出土3件，共计22件，发现次例较多，分布地域遍及燕

山南北。

　　山戎文化对燕和中原青铜器艺术纹饰的吸收，其起始年代与青铜戈基本一致，即约当西周中期或中晚期之际，如北京延庆县西拨子窖藏三足铜釜口沿部位铸饰重环纹。至春秋中晚期，又有中原式夔龙纹引入山戎文化直刃匕首式青铜短剑剑柄上作装饰图案的例证，如北京延庆县葫芦沟 YHM35：1、河北怀来县甘子堡 M11：5（剑柄两侧面铸饰夔龙纹）、河北宣化县小白阳 M37：1 短剑（剑柄一侧铸饰鹿纹，另一侧铸饰夔龙纹）及延庆县龙庆峡别墅区 YLM30：7 的螭龙形铜饰。饶有意味的是，延庆县葫芦沟 YHM35：1、怀来县甘子堡 M11：5 和宣化县小白阳 M37：1 本是分别出自三处山戎文化墓地的短剑，但剑柄上的夔龙形象竟然完全一致，均为典型的中原式夔龙图案，表明此一时期的山戎人对中原地区的夔龙纹情有独钟。选择重环纹装饰于铜釜口沿部位，又选择夔龙纹装饰于短剑剑柄部位，表明山戎人在艺术鉴赏和综合选择能力方面具有一定水平。

　　山戎文化对海贝的吸收当不晚于西周晚期或春秋早期，可以河北平泉东南沟黄窝子山 M10 为证。春秋至战国早期的出土实例则有北京延庆县龙庆峡别墅区墓地 YLM30、河北宣化县小白阳墓地 M13 和 M43、河北怀来县北辛堡墓地 M1 等，表明山戎文化对海贝的吸收从未间断。其间还不乏对金贝（延庆县龙庆峡别墅区 YLM30）和包金铜贝（延庆县玉皇庙 M2）的吸纳，甚至更学会用绿松石仿制海贝（龙庆峡别墅区 YLM30）以为高级装饰品。客观地说，山戎部族对海贝、金贝和包金铜贝的吸收，其主旨观念应是明确的，那就是其货币价值。即使它们的实际用途未被当作货币使用（交易和流通），而是被山戎上层人物收藏起来或转而被派为装饰品佩戴（或连缀），那也是看中它们本身所含有的货币价值，并借以炫耀自身的财富与身份。正是基于这种货币价值观念和认识，才出现了采用绿松石仿制海贝而制成绿松石贝项链的实例，以此折射出被仿制的海贝的价值，而反衬出这串绿松石贝的价值。

　　山戎文化对燕和中原青铜礼器的吸收约自春秋早期开始，一直延续到战国中晚期。发现青铜礼器共 5 类 16 种器物，总计 58 件。这是山戎文化所吸收燕和中原文化因素中数量最多、内容也最为丰富的项目。5 类青铜礼器即炊器、食器、酒器、水器和乐器。16 种器物即鼎、鬲、甑（炊器）、敦、豆、匕（食器）、罍、壶、罐、缶、斗（酒器）、盘、匜、铫、鉴（水器）、甬钟（乐器）。出土地点包括北京延庆县玉皇庙、西梁洼、龙庆峡别墅区，河北怀来县甘子堡、北辛堡，滦平县虎什哈炮台山，辽宁凌源县五道河子诸墓地，遍及燕山南北。在 58 件青铜礼器中，水器 25 件，占 43%，数量最多；其次是酒器，14 件，占 24%；再次为炊器和食器，各 9 件，分别占 15.5%；乐器最少，仅 1 件，不足 2%。十分明显，山戎人格外崇尚和喜爱的是水器和酒器，而对于鼎、豆、壶、钟等一套代表周代中原礼制的礼器似乎并非十分热衷。这表明山戎的文化水准和政治水平还有相当的局限，他们固有的和所坚持的生活原则不过唯实用而已。这也就注定了山戎的最终归宿，只能被燕和中原文化所同化与融合。

　　山戎文化对燕和中原漆器和纺织物的吸收，起始年代当不晚于春秋早期，这可以北京延庆县玉皇庙墓地 M2 出土的残漆器和 M18 出土的纺织物痕迹为证。一直到战国早期，仍可见到山戎上层人物享用多种漆器的情况，如河北怀来县北辛堡墓地M1、M2出土的漆棺、漆箱、漆盒等。可见山戎人对燕和中原贵族享用的漆器和纺织品颇为仰慕，并以攫为己有为荣。

山戎文化对燕和中原式铜剑及其文化因素的吸收较上述几项因素略晚，约自春秋中期到战国中晚期。如北京延庆县玉皇庙墓地出土3件，河北滦平县梨树沟门墓地出土7件，河北宣化县小白阳墓地出土2件，河北滦平县虎什哈炮台山墓地出土1件，河北怀来县北辛堡墓地出土1件，辽宁凌源县五道河子墓地出土10件，共计24件，发现次例较多，而且以年代最晚的凌源县五道河子墓地发现数量最多。这大约不是偶然现象，而是历史发展必然性的酿就。

山戎文化对燕和中原地区青铜车具及其附件的吸收约始于春秋中期，其后一直延续到战国中晚期。这一因素的吸收过程可从北京延庆县西梁垙墓地YXM1、河北怀来县甘子堡墓地M9、河北滦平县虎什哈炮台山墓地M6、河北怀来县北辛堡墓地M1、M2、辽宁凌源县五道河子墓地M1等出土的各种青铜车器或附件实物得到证明。

值得注意的是，约当春秋中期山戎文化刚开始吸收燕和中原式青铜车器之际，种类简单、数量很少。如延庆县西梁垙墓地仅有YXM1随葬2付一套配一辆车用的铜车舍（辖），到了春秋晚期至战国早期，所吸收的青铜车器无论在种类上还是在数量上，都明显增多，如怀来县北辛堡墓地M1即随葬有铜车舍（辖）7付、铜车篷架管10支、铜杆首饰4件、铜折角形器8件、铜合页1件、铜吊环9件、铜环2件，还出有髹漆车篷、车轮等；M2除了随葬有铜杆首饰2件、铜环8件之外，还有铜盖弓帽1件。应该指出的是，北辛堡M1出土的带髹漆车篷的车当不属战车。通过此例可以看出山戎上层人物进入春秋、战国之际以后，在乘车制度上也曾盲目仿效过燕和中原诸侯贵族，竟忘记了自身处于崎岖山野之间，缘何可与平原相比？此等追慕浮华之风既长，山戎焉有不衰之理！

山戎文化对燕和中原式轮制泥质灰陶器的技术和造型工艺的吸收约始于春秋中期或中晚期，至战国早期已臻普及。由于山戎文化居住遗址迄今罕有发现，故仅能从墓葬随葬品中略见一斑。山戎文化墓葬中出现的泥质灰陶器主要有三类：折肩罐、高领壶、高柄豆。这从北京延庆县玉皇庙墓地、葫芦沟墓地，河北滦平县虎什哈炮台山墓地等出土资料中已能看出大概。

山戎文化对燕国尖首刀币的吸收约始于春秋晚期。这可以北京延庆县玉皇庙墓地YYM164、YYM172、YYM380，葫芦沟墓地YHM44、YHM61、YHM87、YHM114、YHM151诸墓出土的尖首刀币实例为证。这项因素的吸收过程时限较短，其年代下限不过战国早期即告结束，这从河北滦平县虎什哈炮台山墓地M21出土实例中可约略得出这一估计。目前从山戎文化墓葬中出土燕国尖首刀币的例证，在年代上早于玉皇庙和葫芦沟诸墓的资料迄无发现，在年代上晚于虎什哈炮台山M21的资料也未发现。这是否在暗示一个历史事实：燕国尖首刀币铸行的年代仅在春秋晚期至战国早期，其向外流通和对周边地区发生实效影响的时间，也基本上限定在这一时期？

山戎文化对来自燕和中原地区驯养家猪副业因素的接受与吸收约始于春秋晚期或

春秋、战国之际。这从北京延庆县玉皇庙墓地晚期个别墓葬和葫芦沟墓地晚期少数墓葬，以及龙庆峡别墅区 YLM30 发现的用家猪下颌作殉牲品，还有葫芦沟墓地晚期祭祀遗迹中采用完整的家猪猪头作祭牲品的实例中可以得到证明。山戎部族素以游猎和畜牧为生，随水草迁徙，居无常处，狩猎、养狗、放牧马、牛、羊是他们主要的生产方式。他们很少从事农业生产，即使兼营一点季节性的农业生产项目，如种植戎菽，作一定经济成分补充，其所占经济比重也很小，因而不可能有剩余的粮食用来饲养家猪。所以，在山戎文化早、中期阶段的墓葬中只能见到用马、牛、羊、狗四种家畜作殉牲的若干实例，而没有发现用家猪作殉牲的现象。但进入春秋晚期以后，却发现多处山戎文化墓葬或祭祀遗迹中用家猪下颌或完整猪头作祭牲的情况，这显然已不是孤立和偶然的现象。这一事实表明，山戎部族在春秋晚期前后，已从燕人和中原人那里学会了驯养家猪的技能，并有一部分人开始过上半定居或定居生活，农业生产规模较前明显扩大，已有剩余粮食加工成养猪饲料。与此同时，山戎人更破除传统葬俗观念，在殉牲中破天荒地采用猪下颌或猪头作祭牲品，逐渐改变专用马、牛、羊、狗作殉牲的固有习俗，这些都与燕和中原文化长期而深刻的影响密切相关。

山戎文化墓葬的墓向，在早、中期和部分晚期墓地都呈东西向，死者作仰身直肢，头东足西埋葬，这是山戎埋葬制度主要特征之一。但在少数晚期墓地却出现了墓向混乱不一，或几乎完全改为南北向，死者头北足南的现象。而墓葬作南北向，死者头北足南的埋葬习俗，则是燕和中原诸侯国的埋葬制度特征。年代约当春秋晚期至战国初期的河北滦平县虎什哈炮台山墓地共 35 座墓，其中 25 座呈东西向，10 座呈南北向（死者头向北）。两种截然不同墓向的墓葬共存于同一墓地，彼此之间并无打破关系，文化性质相同，都属山戎文化墓葬，这在较早的山戎墓地中尚未见过。再如战国中晚期的辽宁凌源县五道河子墓地，文化性质也属山戎文化，但墓地中 11 座墓的墓向基本都作南北向（死者头朝北），比虎什哈炮台山墓地的变化更为显著。

从虎什哈炮台山到凌源五道河子，墓向和死者头向由部分改变发展到全部改变，殉牲则由百分比大幅度下降发展到只用马牙作象征性表示，充分说明山戎文化自进入春秋晚期之后即开始走向衰落，相延数百年之久的山戎固有葬俗传统与规制已发生松动或动摇。到战国中晚期前后，山戎势力则进一步趋于衰落，山戎固有的葬俗传统几乎丧失殆尽，开始自觉或不自觉、情愿或不情愿地随了燕和中原文化的葬俗（至少在某些内容上是如此）。

五、山戎文化吸收燕与中原文化因素的表现形式

山戎文化在吸收燕和中原文化因素的过程中，有五种表现形式。

其一，"拿来主义"。即将燕和中原文化的器物，不作任何加工或改造，直接拿过来为我所用。此种形式从早期阶段到晚期阶段一直存在，尤其在早期和中期阶段较为普遍和常见。这是最简单、最原始、最低级的一种吸收形式。如对于青铜兵器（戈、剑）、各类青铜礼器、青铜车器、货币（海贝、包金铜贝、金贝、尖首刀币）、漆器、纺织品等，均属原物易主使用，不存在仿制或重新加工、处理使用的问题。这种吸收

形式的获取手段，无非通过三种渠道来实现，即掳掠（战利品）、馈赠（礼品）和交换（商品）。考察有关文献，山戎与燕和中原其他诸侯国之间很少有聘使往来，因此，山戎所获之物，其中属馈赠礼品的很少，而多属掳掠和交换所得。

其二，以山戎器物为主体，吸收个别单项因素，虽见融合痕迹，但无碍主体文化属性。如对燕和中原文化青铜器纹饰的吸收，延庆县西拨子窖藏三足青铜釜，只在口沿部位吸纳了一周重环纹，而毫不影响山戎三足青铜釜的造型特征；延庆县葫芦沟YHM35：1、怀来县甘子堡M11：5和宣化县小白阳M37：1直刃匕首式青铜短剑剑柄侧面铸饰夔龙图案，也同样无碍山戎文化青铜短剑性质的认定。这一吸收形式，从早期阶段即开始孕育，到中、晚期阶段臻于成熟和普遍。比较前述的"拿来主义"，从其进步性质上考察，应该说是第一次飞跃，因为它使山戎人第一次实践了文化融合过程中初步再加工的具有创造意义的劳动。

其三，吸收两项或多项因素，然后经过一番重新设计、改造和较为复杂的加工，将器物变为"二合一"的文化融合体。这类融合体，有的文化性质变得较为模糊，只有放到特定的文化遗存单位中才可确认其文化属性。如怀来县北辛堡M1出土的铜镂（原发掘简报就称其为"豆形器"）即是这样一件十分典型的"二合一"融合体，镂体是属于山戎铜镂的造型，但双耳和圈足部分则是燕和中原式的。如果它不是出在北辛堡山戎文化墓葬中，而是出在燕文化墓葬中，称"豆形器"也真是无可厚非。这说明此种融合形式无论从器物本身面貌上，还是从其体现的内涵上，其融合水平都超过了前两种形式。从其进步性质考察，可认为是第二次飞跃。因为它融入的文化因素和成分较第一次飞跃阶段明显增多，其中所包含的创造性劳动更为复杂和高级，它已经超越了文化属性的清楚阶段，而上升或达到模糊阶段。这标志着文化融合又实现了一层新的突破，达到了一个较高水平。

其四，随着山戎与燕和中原文化交流的扩大和融合的加深，山戎人的眼界更加开阔，选择项目的水平也明显提高。进入春秋中晚期以后，所吸收的项目已不局限于个别纹饰和某几种器物，而拓展到对新的生产技术和生产方式的吸收上来。如采用轮制法和还原法烧制火候较高的泥质灰陶器技术，驯养家猪技术等。这是山戎人追求提高自身生产力、改变和改善生产方式与生活方式的自觉选择。说明山戎部族在经历了长期的与燕和中原文化的交往、潜移默化的融合之后，已开始由仰慕到逐渐接受燕人和中原人的定居、农耕生活方式。由世代游猎、畜牧逐步向定居、农耕过渡，最后达到半定居、半农耕的水平。对于山戎部族来说，这是又一次飞跃。

其五，在山戎的经济基础被全面同化与融合的同时或之后，反映到上层建筑的信息是山戎埋葬制度的全线崩溃，从而昭示山戎部族趋于瓦解，山戎文化归于消亡。如延庆县葫芦沟墓地晚期墓葬区域内，发现春秋、战国之际燕文化瓮棺墓群（呈南北向），与山戎文化墓葬交错共存，互不打破；滦平县虎什哈炮台山墓地发现有近30%的墓葬墓向变为南北向；凌源县五道河子墓地，所有墓葬的墓向都改为南北向。再联系到此时殉牲习俗的"变革"，像延庆县玉皇庙、葫芦沟、龙庆峡别墅区等墓地晚期墓葬中，都采用了家猪下颌、祭祀遗迹中用完整猪头作祭牲品，以及凌源县五道河子墓地只有个别墓葬仅以马牙作象征性祭牲品等情况，都反映出山戎部族自春秋晚期以后，在燕和中原文化因素大量、全面渗透和强烈影响下，已开始在某些领域主动或不主动、自觉或不自觉地逐步放弃或违背本部族固有的、相延已久的传统规制，而盲目或违心地顺随燕和中原文化某些制度。到战国中晚期，山戎部族随着军事、经济的全面衰落，而不得不完全放弃或违背本部族固有的一套祖制祖规，而违心地信随燕和中原文化的若干制度。这表明，山戎部族的宗教信仰和整个上层建筑到这一时期已随着经济基础的被同化而彻底动摇和全线崩溃。一个既丧失了经济基础，又丧失了上层建筑的部族，等待它的除了瓦解和消亡，还会有什么前途可言呢？

从山戎发展史的角度说，这个结局是一场悲剧，是一场被征服者的悲剧。若从文化融合的角度说，这是山戎与燕和中原文化在文化融合的历程中必然和正常的现象，也是最终和最高的表现形式。若站在中国社会发展史的总趋势的高度来说，代表当时落后生产力的山戎部族的瓦解与消亡，实在是历史走向进步的标志之一，毫不足惜。

六、山戎文化吸收燕与中原文化因素的特点

综观山戎文化吸收燕和中原文化因素的历史过程、所含内容及其手段与表现形式，可概括出如下五个特点。

1. 具有历史的连续性和持久性

以本文所列的10余处山戎文化遗存的编年看，最早的属北京延庆县西拨子窖藏，约当西周中期或中晚期，最晚的属辽宁凌源县五道河子墓地，约当战国中晚期，上下跨度约600年，其间并无空白。仅从本文所列具有一定局限性的资料（主要指上限资料尚欠缺与商末周初北方草原青铜文化遗存有机衔接）来看，这些物质文化遗存中总是或多或少地包含着燕和中原文化的因素，表明这600年间，山戎文化一直保持着与燕和中原文化的接触与交流，并且从未间断过接受和吸收来自燕和中原文化的有益因素。从这个意义上讲，山戎文化与燕和中原文化之间的关系确实具有历史的连续性和持久性。

2. 具有历史阶段性和渐进性

山戎文化对燕和中原文化因素的吸收，初期阶段先从青铜兵器（戈）和个别铜器纹饰（重环纹）开始，然后扩展到货币（海贝、包金铜贝）、青铜礼器、漆器、纺织品，继而扩展到铜车器、铜剑、制陶术，后来吸收了金贝和尖首刀币，最后扩展到驯养家猪，并用家猪作祭牲，以及改变殉牲习俗与埋葬习俗等。整个吸收和融合过程大体经历了四个历史阶段，即西周中期至西周晚期；春秋早期至春秋中期；春秋中晚期至春秋、战国之际；战国早期至战国中晚期。吸收的文化因素、内容与项目则从无到有，从少到多，由军事而文化，而经济，而上层建筑，由表及里，由浅入深，由简单到复杂，由低级到高级。因此，从这两层意义讲，山戎文化吸收燕和中原文化因素的过程，又具有历史阶段性和渐进性。

3. 具有综合性和多样性

　　山戎文化所吸收的燕和中原文化因素内容较多，数量较大，涉及的面较宽，确实触及到经济基础和上层建筑诸多领域。如青铜兵器中的戈和剑；青铜器的艺术纹饰重环纹与夔龙纹；青铜礼器中的炊器鼎、鬲、甗，食器敦、豆、匕，酒器罍、壶、罐、缶、斗，水器鉴、盘、匜，钟，乐器甬钟等，共 5 类 16 种；青铜车器中的车害（辖）、髹漆车篷、车篷架管、杆首饰、盖弓帽、合页、铜铃、铜环等；货币中的海贝、包金铜贝、金贝、尖首刀币、麟趾金块等；漆器中的漆箱、漆盒、漆棺，以及若干残碎不知名的器具等；各种纺织品；轮制、还原法制陶术，以及用此法烧制出来的各式火候较高的泥质灰陶器，如折肩罐、高领壶、高柄豆等；还有驯养家猪技术，以及用家猪充当祭牲的殉牲方式。此外还有晚期墓地墓向与死者头向，以及殉牲习俗的变革等方面的内容，的确表明山戎文化在吸收燕和中原文化因素上具有综合性与多样性。

4. 具有实用性与选择性

　　山戎部族同古代很多民族一样，囿于自身生产力水平，其生活的基本准则是贵实用，这一点从山戎文化接受与吸收燕和中原文化因素的内容与过程中看得十分清楚。如兵器中的三穿铜戈、中原式铜剑，车器中的铜车害（辖），青铜礼器中的水器——盘、匜、钟、鉴，酒器——罍、壶、罐、缶、斗等，在数量、型式和种类上较多，所占比重较大，延续时间也较长。至于其他种类的东西，如礼乐器，漆器、纺织品、货币等，数量、型式和种类都相对较少，不成规模，也不具有历史延续性。这是因为铜戈和铜剑是打仗需要的武器，铜车害（辖）是战车轴头必需的配件，它们都是保族保种的军需品；青铜器中的水器是山戎人生活中不可或缺的第一需要，而酒器则是他们生活中第一嗜好的需要。其他东西则不属于他们生活的必需品，并非必争必有之物。再如山戎文化晚期阶段，对制陶术和驯养家猪副业的引进，也是首先立足于有利部族生存和经济发展的角度所作出的最具实用意义和价值的两项选择。可见山戎部族是事事时时从自身生存与生活的实际需要出发，有目的、有重点地筛选于己有益的东西，而并非全然盲目地"拿来"。从这个意义上讲，山戎文化在吸收燕和中原文化因素方面又具有突出的实用性与选择性的特点。

5. 具有历史的进步性

　　这一点是必然的，也是十分明显的。这从前述关于山戎文化吸收燕和中原文化因素的表现形式，所论山戎文化在大约 600 年的融合历程中实践的三次飞跃已有所阐明。在此唯想强调一点，以游牧和畜牧为生的部族，其真正的"文明"归宿只能是走向定居农业，只有实现了定居农业才具有划时代的进步意义。这对于游牧部族来说，可谓文化融合的最高形式。遗憾的是，山戎部族尚未来得及达到这一最高形式，大约最多只达到半农、半牧、半定居的阶段，即被来势汹涌的燕和中原文化大潮彻底地吞噬和消解了。这个结局是战国时代的历史现实所决定的。即使如此，在评论山戎发展史时，我们仍然可以说，晚期的山戎社会曾有过非同小可的飞跃和历史性的进步，这一进步比北方的东胡和西部的早期匈奴文化尤显突出和深刻。

七、两个相关问题的探索

1. 关于早期山戎文化遗存的线索问题

本文所论是山戎文化遗存中所含燕和中原文化因素的问题，故所列举的考古资料均为含有燕和中原文化因素的山戎文化遗存资料，不含者因不具讨论意义，故不论列。由此，年代最早者以西周中期或中晚期的北京延庆县西拨子青铜器窖藏为限，年代最晚者以战国中晚期的辽宁凌源县五道河子墓地为限，这样算来，上、下跨度约600年。但这并不意味着山戎部族的历史只有600年，也不意味着山戎文化只有600年。否则本文开头引用的《史记·匈奴列传》"唐、虞以上有山戎"岂不失去了意义？言明这一点，意在避免误解。

依据迄今已有的考古资料，我们认为，早期山戎文化遗存（指西周中期以前的遗存）还是有线索可寻的。

在冀北山地、辽西山地以及辽河丘陵地区，曾发现多批年代在商代晚期至商、周之际，文化面貌具有典型北方草原青铜文化风格的青铜器，它们既不属于夏家店下层文化，也不属于夏家店上层文化，更不属于商文化和燕文化。如河北青龙县抄道沟[25]、河北张家口[26]、河北怀安县狮子口[27]、辽宁兴城县杨河[28]、辽宁绥中县前卫[29]、辽宁喀左县小波汰沟[30]、辽宁建平县二十家子[31]、辽宁朝阳县波罗赤[32]、辽宁新民县大红旗[33]、辽宁法库县弯柳[34]、辽宁抚顺市望花[35]、内蒙古自治区赤峰市[36]、巴林左旗林东镇塔子沟[37]等。这些遗存中的铃首弯柄短剑、铃首弯柄刀、兽首弧背弯柄刀、环首弧背刀、銎啄戈、管銎斧、管銎戚等，从风格与内涵特征看都与山戎文化青铜器物气息相通，因素相联，意趣相近。

较上述遗存年代略晚的具有北方草原青铜文化因素的遗存，具有代表意义的现有两处：北京昌平县白浮村木椁墓[38]和辽宁建平县烧锅营子大荒地M1[39]，年代约当西周早期至西周早中期之际。白浮村木椁墓中所出的鹰首和马首青铜短剑、蘑菇首直刃匕首式青铜短剑，以及烧锅营子出土的直刃匕首式青铜短剑，可以说与北京和冀北地区山戎文化遗存中出土的大量直刃匕首式青铜短剑，在形制风格与特征上是一脉相承的。

从以上所列遗存的年代、分布地域以及它们所含主要文化因素的内涵特征考察，将其考虑为早期山戎文化遗存，无论对探讨这一问题，还是从考古学角度最终解决这一问题，都将具有积极意义。

2. 关于山戎文化的遗址问题

本文所列山戎文化遗存，除窖藏、墓葬外，就是早期山戎文化遗存中的一些零散材料，唯缺居住遗址资料。这是探讨和研究山戎文化的一个疑点和空白。

据历史文献记载，山戎以游猎和畜牧为生，居无常处，随水草迁徙，移动性较大，似不易留下什么聚落生活遗址。但从考古资料所反映的情况看，并非从早到晚都是这种状况。

早期山戎文化遗存分布地域较广阔，不但包括冀北山地，而且还包括辽西山地和辽河丘陵地带，有偏北、偏散的趋向。迄今所获的线索，几乎全是零散资料或附属于燕文化墓葬的相关因素而已，尚未发现或发掘到一座性质单纯、具有代表性意义的完整的墓葬材料，更不要说一处氏族墓地或居住遗址了。根据这种状况我们推测，从考古学上找到早期山戎文化居住遗址难度是很大的，机遇是极少的。相反，寻找晚期山戎文化居住遗址则难度相对较小，机遇也相对较多。这是因为晚期山戎文化遗存基本上都集中于燕山地区，分布相对密集，特别是进入战国以后，山戎部族中有相当一部分已向半定居或定居过渡，移动性大大减少，这就容易形成或留下一些居住遗址。所以，只要我们带着这一课题，注意对燕山周围地区进行仔细调查，找到晚期山戎文化居住遗址还是有一定希望的。而且只有发现并科学地发掘了山戎文化遗址，才有可能将墓葬资料同遗址资料对应起来，以综合考察山戎文化的全部内涵特征，也才能够较全面地观察到它所吸收的燕和中原文化因素的广度和所达到的深度，才能在解释山戎文化的年代下限和山戎的最终归宿问题上更接近历史实际。

注 释

[1] 北京市文物管理处：《北京市延庆县西拨子村窖藏铜器》，《考古》1979 年第 3 期。

[2] 带乳突双耳铜鍑，因腹壁和器底残破，故原有圈足缺失。原简报称"釜"，根据此器形制特征和考古学界对此类器物的传统称谓，本文以为称鍑为宜。

[3] 三足釜，原简报称"鼎"。从器形看，其上部是一件完整的双耳圜底釜，而非常见之鼎身；下部所接三只形体细长，中空外撇足，亦非属一般鼎足概念，而明显为支架釜身的三条支腿，可供在锅底烧火，完全属实用性质。所以我们从其形制特征与实际用途两个方面考虑，以为称鼎不如改称三足釜更确切。

[4] 河北省博物馆、文物管理处：《河北平泉东南沟夏家店上层文化墓葬》，《考古》1977 年第 1 期。原简报认为这处墓地是夏家店上层文化墓地。但从墓地的葬制和内涵特征考察，其主要因素（如短剑种类为直刃匕首式青铜短剑，而非曲刃青铜短剑）反映的性质应属山戎文化，而不应划归夏家店上层文化（东胡文化）。在此还需进一步提出的是，河北承德地区的平泉县、承德县、隆化县、围场县、青龙县，辽宁朝阳地区的建平县、凌源县，以及内蒙古自治区的宁城县等地域，处于夏家店上层文化（东胡文化）与山戎文化的交接地带。这里既发现有含曲刃青铜短剑的夏家店上层文化遗存，也发现有含直刃匕首式青铜短剑的文化遗存，同时还发现有兼含两类青铜短剑的文化遗存，所以文化面貌显得比较复杂一些。因此，对于上述地域这一时期的文化遗存，应根据其所含主要文化因素所体现的特点及其整体面貌来具体分析每一处遗存的文化性质，而不可简单、笼统地泛称其为某一文化。

[5] 北京市文物研究所山戎文化考古队：《北京延庆军都山东周山戎部落墓地发掘纪略》，《文物》1989 年第 8 期；北京市文物研究所：《北京考古四十年》第五章，《东周时期的山戎文化》，燕山出版社，1990 年。

[6] 同[5]。

[7] 同[5]。

[8] 北京市文物研究所:《龙庆峡别墅工程中发现的春秋时期墓葬》,《北京文物与考古》第4辑,1994年。

[9] 1989年的清理成果见承德地区文物保护管理所、滦平县文物保护管理所:《河北省滦平县梨树沟门墓群清理发掘简报》,《文物春秋》1994年第2期;1993年的清理成果见滦平县博物馆:《河北省滦平县梨树沟门山戎墓地清理简报》,《考古与文物》1995年第5期。

[10] 张家口市文物管理所、宣化县文化馆:《河北宣化县小白阳墓地发掘报告》,《文物》1987年第5期。

[11] 贺勇、刘建中:《河北怀来甘子堡发现的春秋墓群》,《文物春秋》1993年第2期。

[12] 孟姬匜通长22.3、器高15厘米,内底铸铭文7行36字:"隹正月初吉丁亥,蔡叔季之孙(尹)滕孟姬有之妇媵盘,用祈眉寿,万年无疆,子子孙孙永宝用之,匜。"

[13] 原发掘简报为1229件,恐核算有误。

[14] 原发掘简报皆称斧。据图八所示,其中5件为锛,只有1件(M20:7)可算作斧。

[15] 原发掘简报称"管状饰"。未切中此器用途。据大量考古资料,此物是用来盛装铜锥或铜针、骨针的鞘管用具,非作装饰品使用。

[16] 原发掘简报称Ⅳ式杆头饰(2件)"为蛇纹",实应为卧鹿纹。

[17] 河北省文物研究所、承德地区文化局、滦平县文物管理所:《滦平县虎什哈炮台山山戎墓地的发现》,《文物资料丛刊》第7辑。

[18] 河北省文化局文物工作队:《河北怀来北辛堡战国墓》,《考古》1966年第5期。原发掘简报对该墓地的文化性质和族属问题未作推定。我们根据所发表的资料,从葬制、葬俗和随葬器物中的直刃匕首式青铜短剑,以及铜鍑等主要山戎文化因素考察,认为这处墓地的性质应属山戎文化墓地,其中M1、M2的死者必为当时这一山戎部落首领级的人物。

[19] 原发掘简报称"豆形器"。此器素面无纹,"制作粗糙",器形主体为铜鍑器身,且"外底有烟熏痕迹",这是一件山戎人自己铸造的炊器——铜鍑毫无疑问。至于双耳和圈足部分,那应视为山戎文化在吸收燕和中原文化因素的过程中遗留下来的痕迹。在器物性质上,绝非燕器或中原器。若称"豆形器"(豆,本为盛食器),不但易混淆食器与炊器两种用途根本不同的器类界限,而且还会造成对此器文化性质的认识上发生偏差和误解,故不可取。

[20] 原发掘简报称"八字形器"。据器形观察,在中间拐折处并无断口,故用"八字"表述不确,今改称折角形器。

[21] 原发掘简报称"觥首饰"。实际上是马具,应称觥首镳,并非某种装饰品。

[22] 原发掘简报称此器为"夹形器",未切中其用途和本意。此类骨器实为木弓两端用于挂弦的部件,应称作弓弭。

[23] 辽宁省文物考古研究所:《辽宁凌源县五道河子战国墓发掘简报》,《文物》1989年第2期。原发掘简报对该墓地文化性质和族属问题曾有一个初步和粗略的意见,即认为属于"北方少数民族文化"遗存。我们从该墓地的葬俗和随葬器物的总体面貌,以及某些典型器类(如写实动物纹牌饰、带钩、金璜形饰,还有各种墓珠项链,以及生产工具锛、凿的形制)的特征考察,与已掌握的山戎墓地、随葬品特点及陈放规律等均一致,故有理由认为这是一处晚期山戎文化

［24］原发掘简报称"斧"，按实际器形和特征看，应改称锛为是。

［25］河北省文化局文物工作队：《河北青龙抄道沟发现一批青铜器》，《考古》1962年第12期。这批青铜器包括羊首弯柄直刃匕首式短剑1件、鹿首弯柄刀1件、铃首弯柄刀1件、环首乳突纹弧背刀1件、环首弧背翘尖刀1件、銎啄戈1件、管銎戚1件。

［26］1966年，在张家口市发现1件鹿首弯柄直刃匕首式短剑。参见河北省博物馆、文物管理处：《河北省出土文物选集》，文物出版社，1980年，第40页，图版87。

［27］刘建忠：《河北怀安狮子口发现商代鹿首匕》，《考古》1988年第10期。

［28］锦州市博物馆：《辽宁兴城县杨河发现青铜器》，《考古》1978年第6期。这批青铜器包括銎啄戈1件、管銎戚1件、环首乳突纹弧背刀1件、环首弧背刀1件、环首弯柄弧背刀1件、钩具1件。

［29］郭大顺：《辽河流域"北方式青铜器"的发现与研究》，《中国古代北方民族考古文化国际学术研讨会论文集》图二，7～14。这批青铜器包括銎啄戈2件、斧1件、管銎钩具1件、管銎戚1件、管銎鉞1件、环首乳突纹弧背刀2件。

［30］郭大顺：《试论魏营子类型》，《考古学文化论集》，文物出版社，1987年，第90页，图八。介绍了辽宁喀左县小波汰沟青铜器窖藏中出土的1件特殊的、具有"北方式青铜器"纹饰风格的铜器盖。

［31］建平县文化馆、朝阳地区博物馆：《辽宁建平县青铜时代墓葬及相关遗物》，《考古》1983年第8期。此文介绍了建平县二十家子朝阳山出土的1件鹿首弯柄铜刀。

［32］靳枫毅：《大凌河流域出土的青铜时代遗物》，《文物》1988年第11期。其中包括对朝阳县波罗赤出土的1件弧背铜刀的介绍。

［33］喀左县文化馆、朝阳地区博物馆、辽宁省博物馆：《辽宁省喀左县山湾子出土商周青铜器》，《文物》1977年第12期、第28页，图八。披露了1975年在新民县大红旗出土的3件管銎铜戚。

［34］同［29］图三，4～6、8～11。介绍了法库县弯柳村高台山文化遗址中出土的一批青铜器，包括鹿首弯柄刀1件、铃首弯柄刀1件、环首弯柄弧背刀1件、弧背扁孔首刀1件、方銎斧1件、管銎戚1件、镜形饰1件。

［35］抚顺市博物馆：《辽宁抚顺市发现殷代青铜环首刀》，《考古》1981年第2期；［29］图三，1～3、7，除了介绍了抚顺望花区出土的殷代环首乳突纹弧背刀以外，还介绍了另外3件铜戚。

［36］同［29］图一，1、3、4。介绍了赤峰市征集到的鸟首弯柄铜刀1件、铃首弯柄铜刀1件、环首菱格纹柄翘尖铜刀1件。

［37］王未想：《内蒙古林东塔子沟出土的羊首铜刀》，《北方文物》1994年第4期。

［38］北京市文物管理处：《北京地区的一又重要考古收获——昌平白浮西周木椁墓的新启示》，《考古》1976年第4期。1975年，在昌平县白浮村龙山脚下共发现3座西周早期至早中期的燕国贵族墓葬。其中M2和M3随葬品中包含一部分特色鲜明的"北方式青铜器"因素，如銎啄戈1件（M2:20）、铃首弯柄直刃匕首式短剑1件（M3:16）、马首直刃匕首式短剑1件（M3:22）、鹰首直刃匕首式短剑1件（M3:22）、蘑菇首直刃匕首式短剑3件（M3:22）、鹰首弧背刀1件（M2:40）、管銎弧刃刀1件（M2:24）、管銎斧1件（M3:17）等。这批资料为探寻西周早期至早中期山戎文化的存在和兵器、工具特征，以及山戎与燕文化的关系等

问题，都提供了非常重要的依据与线索。

[39] 同[31]。建平县烧锅营子大荒地 M1 随葬品中有 1 件兽乳首直刃匕首式青铜短剑，其形制特点与昌平县白浮村 M3∶22 蘑菇首直刃匕首式青铜短剑非常近似，都应为山戎文化所特有的青铜短剑。

（原刊于《考古学报》2001 年第 1 期）

燕山南北商周之际青铜器遗存的分群研究

杨建华

随着考古事业的发展，燕山南北商周之际青铜器遗存发现得越来越多，引起了学者的广泛关注，并对青铜器遗存的年代、族属等问题进行了研究。本文试图在综合已有研究成果的基础上，从每一组遗存的组合（包括与青铜器共存的陶器以及金属装饰品）入手，对这些遗存进行分群研究，以便对每群遗存的年代、文化性质、与中原和北方草原的关系等问题做出解释，从而在宏观和微观两个角度把握这一时空的文化格局和发展变化。

一、遗存的发现与群的划分

燕山南北商周时期的青铜文化达到过两次高峰，其物质遗存主要表现为夏家店下层文化和夏家店上层文化。在这两次高峰之间，考古学文化的面貌和格局都不太清楚，但却发现了大量的青铜器遗存。这些青铜器遗存很少出土在居住址，而是在墓葬和窖穴中；它们分布很广，有成批出土的，也有零星发现的；它们所代表的文化非常复杂，有来自南部中原地区的商周文化，来自北部的草原文化，也有当地的土著文化，有的还发生了文化的融合现象。以上这些特点使得它们的文化归属成为棘手的问题。

集中出土青铜器的遗存主要有以下几批：北京平谷刘家河墓葬、房山琉璃河墓群和昌平白浮墓葬；天津和唐山地区在张家园、陈山头村、东闸各庄、小山东庄、马哨村和邦均等地发现了一些铜器墓葬；在大、小凌河流域的喀左地区的马厂沟、北洞沟、山湾子、小波汰沟发现了几批青铜器窖藏，在和尚沟发现了铜器墓。零星出土的多发现在长城以北，从延庆、兴隆、青龙向东到绥中、兴城、锦州，再向北到辽河流域的新民、抚顺；向北越过燕山，从喀左向东北到建平、朝阳，向北到赤峰、克什克腾旗、奈曼旗。这些零星发现以征集品占相当比例（表一）。

表一 各遗存中主要器物登记表

地点	青铜容器	装饰品	车马器	工具兵器	陶器
刘家河墓[1]	鼎4、甗、爵、卣、尊、斝、盉、盘等	钏、耳环			
琉璃河ⅠM50[2]	鼎、鬲、爵、觯、尊				周式
琉璃河ⅠM52	鼎、鬲、爵、觯、尊		√		

续表

地点	青铜容器	装饰品	车马器	工具兵器	陶器
琉璃河ⅠM53	簋、爵、觯、尊		√		
琉璃河ⅠM54	鼎、簋、盘				
琉璃河ⅡM205	盘、簋		√		
琉璃河ⅡM209	鼎、簋、鬲		√		
琉璃河ⅡM251	鼎、簋、鬲、甗、爵、觯、尊、卣、盉、盘				
琉璃河ⅡM253	鼎、簋、鬲、甗、爵、觯、尊、卣、盉、盘、壶				
琉璃河 M1026	鼎、簋				
琉璃河 M1043	爵、罍				
琉璃河 M1193	觯、盉、罍				
牛栏山墓[3]	鼎、觯、尊、卣、觯2、爵2				
白浮 M2[4]	簋、壶、鼎		√	弓形器、矛、戈、剑、刀、斧、锤	周式
白浮 M3	鼎2、簋		√	矛、戈、剑、刀、斧、凿	周式
马哨村墓[5]	鼎、簋				
陈山头墓[6]	鼎、簋			弓形器、管銎斧	
东闫各庄墓[7]	鼎、簋	钏		弓形器	
小山东墓[8]	鼎2、簋	耳环、钏		啄戈、斧2	本地
张家园 M1[9]		钏式耳环			
张家园 M2	鼎				
张家园 M3	鼎、簋	钏式耳环			
张家园 M4	鼎、簋	钏式耳环			
邦均墓[10]	鼎、簋				
邦均墓	鼎、簋				
水手营子墓[11]				戈	本地
朝阳[12]	鼎				
天宝同[13]	甗				
头牌子窖穴[14]	鼎2、甗				
大庙[15]	罍2				
木头城子[15]	簋				
西牛菠萝[16]	甗				
小城子[16]	鼎				

续表

地点	青铜容器	装饰品	车马器	工具兵器	陶器
马厂沟窖穴[17]	鼎、簋3、甗2、盂、尊、卣、盘、壶				
北洞沟窖穴一[18]	罍5、鐎				
北洞沟窖穴二[19]	鼎3、罍、簋、钵				
山湾子窖穴[20]	鼎、鬲、簋8、甗3、尊、卣、盘、盂、罍3				
小波汰窖穴[21]	鼎、簋、罍4				
义县窖穴[22]	鼎、簋、甗2、俎				
和尚沟M1[23]	卣、壶		钏		本地
道虎沟墓[24]		镜、耳环			本地
魏营子M01[25]			钏	√	
魏营子M06				√	
抄道沟窖穴[26]				管銎斧、啄戈、环首刀、凸环首刀、铃首刀、兽首刀、兽首剑	
杨河窖穴[27]				管銎斧、啄戈、环首刀、凸环首刀、钩	
大红旗[28]				管銎斧3	
望花[29]				凸环首刀	
冯家府窖穴[30]				管銎钺2、啄戈13、环首刀10、凸环首刀5、不规则孔刀、帽首刀2、斧13、三齿器2	
湾柳[31]				管銎斧、斧2、兽首刀、铃首刀、环首刀	
波罗赤[32]				环首刀	
二十家子[33]				兽首刀	
水泉[34]				铃首剑	
牛古吐[34]				翘尖环首刀	
五十家子[34]				翘尖环首刀、兽首刀	
热水汤[34]				兽首刀	
赤峰采集[35]				兽首刀、翘尖环首刀、铃首刀、兽首刀	
白音昌[36]				翘首环首刀	
东犁[36]				兽首刀	
朝阳采集[37]				铃首匕、人首匕、管銎斧、异形器2	
塔子沟[38]				兽首刀	
烧锅营子[39]		扣、连珠饰		蘑菇首剑	

续表

地点	青铜容器	装饰品	车马器	工具兵器	陶器
小河南[40]	器盖			蘑菇首剑、矛、钺、戈4、铃首刀、兽首刀	
西拨子[41]	釜、鼎	耳环、小铜泡		匙、环首刀、不规则孔刀、钩、锥、斧7、锛2、凿4、戈	

通过对这些遗存的分析，我们可以从几个角度进行比较：从遗存性质看，主要可以分为墓葬和窖穴；从分布地域看，分为燕山南北两部分，燕山以南又可分为长城南北两部分，长城以南还可以分为北京地区、天津和唐山地区，燕山以北则以喀左为中心，向北分布到老哈河，向东分布到辽河流域，在这个广大区域内以医巫闾山为界又可分为东西两区；从青铜器遗存的组合看，可分以下几类：第一类是数量最多的青铜容器，其中绝大多数是中原的礼器以及少数地方仿造品；第二类是青铜工具和兵器，既有中原特点的，也有北方式的（这里所说的"北方式"是指非中原传统而分布在当地或更北的地方的文化传统）；第三类是装饰品，既有青铜质地的，也有金质的，均为当地土著文化所有；第四类是车马器，为中原传统。除青铜器外，有的还有陶器共生，有属中原商周文化，也有属当地土著文化。

比较的结果是，在相对集中的一个地区出土的青铜器遗存，在组合上有很大的共性。根据这些青铜器组合的分类，以及与陶器的共生关系，并兼顾分布地域和出土遗迹的性质，这一时空范围内的青铜器遗存大多数都可以归入以下几群：

A群：平谷刘家河。主要特征是以中原商代青铜器组合为主，并有土著装饰品。分布地域为燕山以南的北京地区。遗存性质为墓葬。

B群：琉璃河西周铜器墓、牛栏山铜器墓和昌平白浮墓葬。主要特点是以中原周代青铜器组合为主，有中原和北方两种风格的工具和兵器、西周的车马器及周式鬲。分布地域也是北京地区。遗存性质为墓葬。

C群：蓟县张家园铜器墓、滦县陈山头村铜器墓、卢龙东闫各庄铜器墓、迁安小山东铜器墓、迁安马哨村铜器墓和蓟县邦均铜器墓。主要特征是中原商周之际的鼎、簋组合，有中原式和北方式工具和兵器、土著装饰品和陶鬲。分布地域为天津和唐山地区。遗迹性质为墓葬。

D群：喀左地区马厂沟、北洞沟、山湾子、小波汰沟等地的青铜器窖藏和和尚沟铜器墓，朝阳、义县、翁牛特旗和克什克腾旗的青铜容器。主要特点是以中原鼎、甗、罍为主的礼器，有土著装饰品和陶器，基本不见北方式工具和兵器。分布地域以燕山以北的大凌河流域为中心以及附近的老哈河和辽河流域。遗存性质以窖藏为主，在喀左地区窖藏和墓葬共存。

E群：燕山以南、长城以北的延庆、兴隆、青龙，沿辽东湾西岸到绥中、兴城、锦州，再到辽河流域的新民、抚顺，从喀左向东北到建平、朝阳，向北到赤峰地区。主要特点是以北方式青铜工具和兵器为主，不见中原式青铜容器。分布区在长城以北的广大地区。这类遗存中征集品占有相当比例。从正式发掘的情况看，很多属窖藏，但尚不能排除有墓葬的可能。

二、各群之研究

A群只有刘家河墓葬，简报定为商代中期。墓中出有一些典型的二里冈晚期铜器，但爵的形态很晚，有学者把它定为殷墟Ⅰ期[42]和大司空Ⅱ期[43]，所以这座墓的年代应在殷墟时代。在表现当地文化风格中，最有力的证据是金臂钏和喇叭状金耳环。从其他遗址的发现来看，这两件东西一般是不共生的。金耳环多出在相当于夏家店下层文化阶段的遗址中，如燕南的昌平雪山[44]、唐山小官庄[45]、房山刘李店[46]、辽西的大甸子[47]以及高台山文化[48]。金臂钏则多出于相当于围坊三期和魏营子文化中，如张家园、东闸各庄以及和尚沟墓葬中（表一）。金耳环和金臂钏同出一墓不仅反映了本地文化特点，而且说明它的年代正处于两者的过渡阶段。

刘家河墓葬与当地的考古学文化的关系，曾有人认为是"与夏家店下层文化有一定关系"[49]。但上文已经谈到，根据铜爵，墓葬年代不能早于殷墟Ⅰ期，那么刘家河墓是否与夏家店下层文化同时，就要看夏家店下层文化的下限了。关于这个问题，有以下几条证据：

（1）蔚县的夏家店下层文化阶段[50]结束在二里冈上层到来之前。这里最晚的夏家店下层文化中出现了折肩鬲（YXSH28∶38、YXSH28∶39），房山刘李店M1和唐山小官庄出土的折肩鬲都是它的晚期形态[51]，因此刘李店和小官庄都是蔚县夏家店下层文化结束以后的晚期遗存。

（2）在涞水流域相当于台西（早商晚期）的富位第三期遗存中盆、甗有围坊三期的雏形[52]，所以在涞水流域的早商晚期已不存在夏家店下层文化。

（3）从蔚县和涞水的夏家店下层文化结束的时间和刘李店、小官庄的折肩鬲及"夏家店下层文化"遗存看，燕山以南的"夏家店下层文化"的结束时间似乎有由西向东发展的趋势，这应当与商文化影响这里的先后有关。

由此可见，进入殷墟时代早期的刘家河墓葬应在夏家店下层文化结束之后。该墓葬填土中发现具有"夏家店下层文化"特征的陶片也提供了夏家店下层文化早于墓葬的证据。

刘家河墓葬的随葬品中以大量的商代礼器为特征，但是在这些青铜容器中，腹部饰连珠纹为边的云雷纹方鼎，形体小而制作粗糙，还有三锥足、盖纽与提梁处有环套接的盉，在其他商文化遗存中均比较少见，很可能是当地仿造品。刘家河墓葬中还有不见于商文化的铜器，如人面饰、蛙形饰、蟾蜍饰以及前面提到的金钏、金耳环等。这里出土的铁刃铜钺，形制同藁城台西M112的铁刃铜钺[53]。其以窄身有栏而有别于商式钺，并且由于这种钺在冀北出现的年代最早，我们可以把这种钺看成是当地的铜器风格。

通过对刘家河墓葬随葬品文化因素的分析，可以看出墓主人在反映等级制度方面用的是中原商式礼器，并有少量当地仿造品，在小件装饰品方面多采用当地文化。如果我们再从墓葬的形制所反映的埋葬习俗看，这种正南北的墓向与年代略晚的琉璃河周代墓葬相同，而与土著系统的张家园等墓葬不同。上述现象似乎反映出商文化与当地文化已经融合为一种非此非彼的新的文化类型。刘家河墓葬是商文化对北方地区影响最早的一个例子，它向我们透露了这样一个信息：商文化与这一地区的关系年代久远，并十分密切。

B群主要有房山琉璃河、顺义牛栏山和昌平雪山三批遗存，其中琉璃河的资料最多、最集中。对于这批材料，许多学者都进行过研究[54]。在1973～1977年发掘的十座铜器墓中，发掘报告根据墓地的分区、腰坑、殉狗等现象区分出殷遗民（Ⅰ区M50、M52、M53、M54和M65）和周人（Ⅱ区M205、M209、M251、M253和M401）的墓葬，为我们判定西周前期的殷遗民和周人提供了标尺。属于殷遗民的五座墓中，多有铜爵，说明殷遗民仍有尚酒的风俗，但已使用觯来代替觚，这是进入周代的一个重要标志。属于周人的墓葬中，M251和M253随葬器物多，它的特点是，一方面保留了殷遗民原有的组合，如鼎、鬲、爵、觯、尊和簋，但鼎和簋的数量明显增多，具有成组出现的趋势，另一方面，又新出现了甗、卣、盉和壶等新器。在周人铜器数量较少的墓中，以鼎和簋的组合为主，并有罍。

在顺义牛栏山收购和征集到的8件铜器，最大的特点是食器少而酒器多，具有明显的殷俗。铜器上最重要的铭文是"亚員"族徽，说明这一在商晚期曾为侯之世族，在周初仍在燕地活动，应当已经归属于燕。

昌平白浮村附近的M2和M3两座铜器墓，有容器、车马器、工具和兵器，还有琉璃河西周墓中常见的陶鬲和玉器。关于其年代，简报认为是西周早期，后有学者认为不早于西周中期[55]，或M3为成康之时，M2为穆王之时[56]。根据白浮墓与琉璃河Ⅱ区墓的相似性，可以认为白浮墓葬的主人应是燕国贵族，年代已进入西周中期。两者更大的区别是白浮墓葬有成批的具有北方风格的工具和兵器。从地理位置看，其比较靠北，因而接受了较多的北方文化。

C群是以张家园为主的一批铜器墓，且只有张家园经过正式发掘。墓葬形制和葬式很有特点：东西向，俯身直肢葬，其他墓葬很可能也是这种墓制和葬式。这批墓的另一个特点是铜容器中只有鼎和簋，这种组合在殷墟晚期及陕西地区商代铜器中已经出现，西周时期成为下层贵族普遍采用的组合形式[57]，琉璃河铜器墓也有这种组合。鼎均为圆腹、柱足、立耳，簋有无耳方格乳丁纹簋和垂珥簋。从年代看，无耳簋在晚商墓中已出，如大司空村M51、65墹头墓、77解家沟墓等[58]。这里发现较多的无耳簋，说明这种簋在中原以北的广大地区流行。垂珥簋的年代已进入周代，与其共生的鼎也有相应的变化。据此，张家园M2、M3、滦县陈山头、卢龙东闸各庄的年代可定在商末，张家园M4的年代应在周初。因此这群墓葬的年代恰好在殷周之际。只有迁安小山东庄的铜器墓较为特殊，它是由当地农民发现，大雨后又冲出一些，铜器和陶器的数量都比较多，其中一件带盖鼎，盖上有三銎，从其形制和花纹看，比这群铜器中常见的铜鼎晚得多。同出的另一件铜鼎年代较早，有可能这些铜器和陶器并非出自同一座墓。

从器物组合反映的文化因素看，有中原、当地和北方地区三种。铜鼎和簋代表了中原文化因素；臂钏式耳环和臂钏、喇叭形耳环、陶器、墓葬形制和葬式都表现了当地的文化传统；青铜工具和兵器的形制一部分是中原与北方相关的，如有銎戈和弓形器，一部分是北方广大地区常见的，如有銎斧。从各种文化因素的性质和数量看，当地因素占主导地位，中原与北方次之。所以这群铜器墓的主人无疑是受商文化影响的当地居民。目前已知的当地青铜时代文化有大坨头类型（张家园下层）、围坊三期和张家园上层。张家园墓葬的地层关系是，铜器墓打破了张家园下层堆积，从出土物判断又早于张家园上层文化[59]。在这个地区介于张家园下层和上层的只能是围坊三期文化。小山东庄铜器墓中的陶器进一步证实了这一点，这里共发现8件陶器，4件陶鬲、4件敛口钵（图一，11、12）。钵的形制是典型的围坊三期的器物，鬲的形制与张

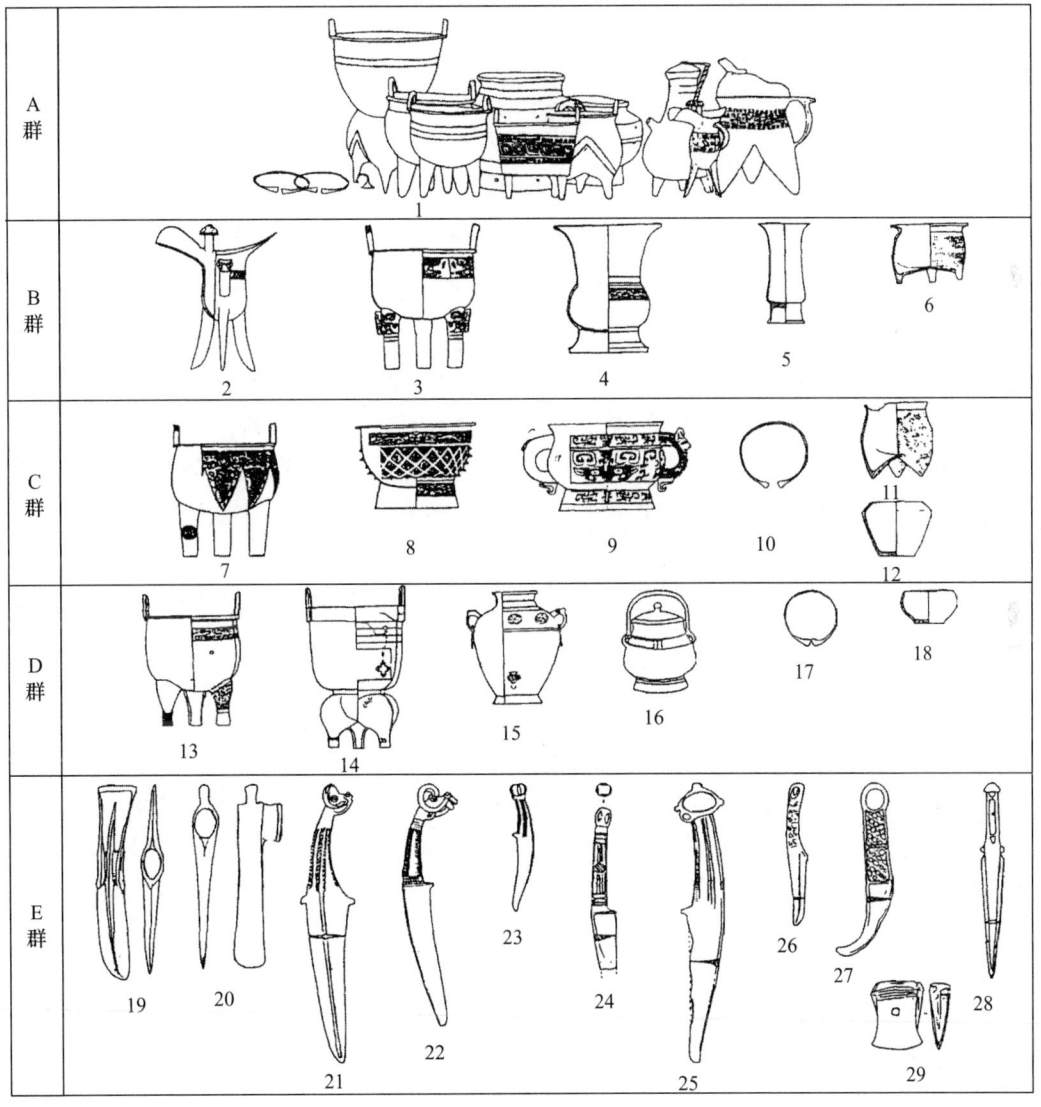

图一 各群典型器物图

1. 刘家河　2~5. 牛栏山　6. 琉璃河（M54：17）7~10. 张家园（M3：1、M3：2、M4：2、M4：3）11、12. 小山东（M1：17、M1：8）13、14. 头牌子　15. 北洞沟一号　16~18. 和尚沟（M1）19. 冯家府　20. 大红旗　21~23. 抄道沟　24、27. 赤峰采集　25. 望花　26、29. 西拨子　28. 小河南

家园下层（即大坨头类型）晚期的陶鬲相近，唯一不同的是，这里的鬲有围坊三期流行的交错绳纹。这说明大坨头类型在围坊三期时并没有完全消失，其残留部分向东到达唐山地区，与那里的围坊三期的钵共生，而此时天津地区的围坊三期已全部是大斜腹鬲了[60]。这说明燕山以南的当地文化还有不同的地方类型，不过这要靠对陶器的分析了。

D群以青铜器窖藏为中心。研究这群铜器遇到的第一个问题就是断代，在这方面，主要的研究成果列如表二。

表二 D群青铜分期表

时代 作者	商代中期	殷墟早期	殷墟中期	西周初期	西周早期前半	西周早期后半	西周中期
郭大顺[61]	朝阳鼎	天宝同甗	北洞Ⅰ				
朱凤瀚[62]			北洞Ⅰ		北洞Ⅱ	马厂沟、山湾子	
广川守[63]			北洞Ⅰ		花儿楼、北洞Ⅱ、和尚沟、小波汰		山湾子、马厂沟

对比以上分期可以看出，他们各自涉及的铜器群多少不一，其中日本学者涉及的最多。尽管各自观点不尽相同，但总的排列顺序基本相同，即朝阳鼎—天宝同—北洞Ⅰ—北洞Ⅱ、花儿楼、和尚沟、小波汰沟—山湾子、马厂沟。在这一序列中商代至殷周之际的绝对年代基本一致。以下我们就以现有的分期结果为时间框架，并补充一些零星发现，就这一群青铜器的分布、组合、与当地文化关系等问题展开讨论。

从年代、分布和组合几方面考虑，这群青铜器可以细分为两组：第一组是在喀左以外的散点式分布，第二组以喀左为中心。

第一组发现地点分散，每一地点的青铜器数量少，种类单一，主要是鼎和甗。朝阳发现的弦纹鼎和克什克腾旗天宝同发现的甗，都是典型的商文化中期和殷墟早期遗物，应是从中原输入的。第一组的其他发现还有昭盟头牌子青铜器窖藏，共出了一甗二鼎（图一，13、14），另外在文章中提及而未发表图的还有赤峰西牛波罗的甗、朝阳大庙的罍和朝阳木头城子的簋。头牌子青铜器窖藏中的一件鼎的纹饰属典型的二里冈时期。这批铜器的制作特点是铜器的铸缝明显，说明范口结合不严；补铸的痕迹很多，有可能是因为浇注时铜液温度低，流动性差，因而形成多处缺液和补铸；每条铸缝两旁都留有直径1.5～2厘米的圆形疤痕，应当是固定内外范的圆柱状物体留下的痕迹（文中说赤峰西牛波罗的甗与这三件铜器的铸法相同）。这些制作特点与中原不同，可能是本地产品。仿造品与输入品均以鼎、甗等器类为主，说明了当地文化对外来文化影响是有选择的吸收。这样一种能够铸造青铜器的考古学文化还有待今后这一地区的发现。应当注意的是，与天宝同甗一起发现的零星陶片为这一问题的解决提供了线索。

第二组青铜器以喀左为中心，年代与第一组衔接，即从殷周之际到西周中期之前；地域分布集中，以喀左为中心，个别分布到义县等地；器物组合全，一组铜器的年代跨度大，铭文内容丰富。这批铜器的年代、组合和铭文使人们很自然地将其与琉璃河的铜器联系起来，两地共出的"匽侯""伯矩"和"圉"器反映出喀左一带与周初的燕国有密切的联系，而且在大凌河沿岸的喀左集中出土了这么多西周早期的铜器，说明它是燕山以北与琉璃河遥相呼应的一个据点，"舉侯"与"孤竹"铭文以及商代青铜器，说明这里和琉璃河一样有殷商文化的存在，喀左青铜器上"凸"和"囗"铭文反映了与北方广大地区如周原和灵石等地的文化联系。

用窖藏的方式埋藏青铜器的动机一直是困扰着人们的一个问题，以下现象似乎有助于我们考虑这个问题：第一，北洞沟一、二号窖藏和山湾子均为方形圆角坑或方形圆坑，如果是为避战乱临时掩埋，没有必要在坑的形状上花工夫。第二，这些窖藏青铜器的摆放多以有重要铭文的"重器"为中心，山湾子是以饕餮纹盂为中心，周围摆放九件簋，周围及上面放置其他铜器。北洞沟一号窖藏是二罍一鍑和三罍构成两个三角形，口朝上，器口平齐，有铭文"父丁晳竹亚影"的罍处于明显的位置。北洞沟二号窖藏为南北向，口朝上，为了保持器口平齐，坑底有意留成北高南低的坡状，并在较矮的器物下垫石头，以铸有"舉侯亚矣"铭文的方鼎为首（在最南端），其后是罍和蝉纹鼎，第三排是鼎和簋，钵置于簋上。第三，窖藏所处的地貌似有选择，北洞沟的两处窖藏均在大凌河东岸平地间突起的山峰——孤山的一个自然岩石结构的山岗中部，两坑相距3.5米，东南距三米处有一自然突起的2米高的石崖。喀左青铜器窖藏的埋藏环境虽不全如此，但至少可以说，以北洞沟为代表的窖藏应是举行某种仪式留下的。

第二组铜器除了大量的窖藏以外，还出自墓葬，目前只有和尚沟和道虎沟两座，数量虽少，但意义重大。窖藏中常见的中原式礼器与当地魏营子文化的金属装饰品和陶器在墓中的共存关系（图一，16~18），为我们确定青铜器窖藏所属的考古学文化提供了证据。如果拿喀左青铜器和与之共存的陶器与琉璃河铜器墓中的陶器进行比较就会发现，两地青铜器与当地文化的关系是截然不同的。燕山以南的琉璃河铜器是与中原传统的周代陶器共存，说明燕国都城主要是由各阶层的中原文化居民组成的，尽管它处于土著文化的包围之中。燕山以北的喀左青铜器则与当地陶器共存，在这个考古工作比较集中的地区竟未发现西周陶器的影子。我们再从喀左铜器墓中的铜器数量和组合看，个人所能拥有的铜器是无法与琉璃河墓葬的主人相比的，也无法与当地的青铜器窖藏相比，倒与张家园的铜器墓有些相似。这说明财富集中的程度以及与之相关的社会结构都与燕文化有很大差距。

关于第二组铜器的制作工艺，日本学者曾有详细研究[64]，并分析出当地仿造的器物。一类是山湾子的牛纹罍和义县花儿楼、马厂沟和山湾子的甗，在模仿中原纹饰上走了样。另一类是在器形上出现了破绽，如和尚沟和小波汰沟的卣及饕餮纹鼎。第二组铜器群中当地仿造的器类鼎、甗和罍，与第一组基本相同，说明当地仿造的都是这里最为多见的器类，这些器类应当是当地最实用、最需要的。小波汰沟的器盖与中原青铜器有很大差别，纹饰与E组青铜刀很相似，说明当地的青铜铸造业在结合当时青铜工具和兵器的风格后，逐渐形成了自身的特点。

在第二组铜器群中还有一组特殊的遗存——魏营子墓葬，其 M01 和 M06 出土了车马器和有地方特色的装饰品，车马器的形制与昌平白浮墓相近。这批墓葬的性质应是以白浮墓为代表的西周遗存向北传播的结果，从出土的装饰品看，它已经土著化了。白浮墓的年代，上文已经提到，所以魏营子的年代也应在周代早期至中期之际。这和魏营子墓葬打破魏营子文化遗址的层位关系也是相符的。至于 D 群与当地的魏营子文化关系的细节，还有待这一文化遗址的大规模发掘和资料发表。

E 群是一批分散在长城以北和燕山以北广大地区的青铜器遗存。这种遗存的器类单纯，基本上只有北方式的工具和兵器。由于这批铜器类单纯，不与其他器类，尤其是年代确切的青铜容器共存，所以断代有一定困难。我们要借助这一地区其他群的同类器物，以及其他地区与有明确年代器物共存的器物，并通过形态排比等方法，来尽可能地分析这批器物的年代。

这批工具和兵器主要分砍砸类、刀类和剑类。砍砸类有管銎斧、凿形斧、空首斧和啄戈，其中管銎斧的数量最多。根据在商代的老牛坡遗址[65]、山西保德林遮峪[66]和柳林高红[67]的发现，斧身窄长、斧刃不明显的年代早，斧身宽短、刃部呈扇面外弧的年代较晚，例如西周中期昌平白浮墓中的管銎斧。这类器物的出土地点均位于燕山南北的东部，靠近辽东湾。此外，斧身上部与管銎平齐，下部长于斧身（图一，20）。空首斧见于法库和绥中，另外在昌平白浮和延庆西拨子也有发现。西拨子的年代最晚，已经接近夏家店上层文化了（图一，29）。啄戈只见于青龙、兴城、绥中和迁安，大多与管銎斧共存。这种器物很有地方特色（图一，19）。值得注意的是，具有北方和中原结合特点的有銎戈不见于燕山以北。

刀类的数量比较多。大体上可以分为环首、铃首、蘑菇首和兽首四种。

兽首刀是 E 群中较有特点的器物，演变系列较为清楚。最早的一件为抄道沟的鹿首刀（图二，1），与其相似的还有绥德墕头村[68]、殷墟妇好墓[69]和张家口怀安[70]等，说明这种刀广泛分布于长城沿线。但后三地的刀柄均为两侧有斜横道的装饰，只有抄道沟是小方格纹（抄道沟的铃首刀也是这种小方格纹，但这里的兽首剑则是两侧有斜横道的装饰），这使人联想到喀左小波汰沟器盖上的纹饰。由此看出，小方格纹是这一地区特有的纹饰，并对当地的文化产生了影响，抄道沟正处于两种纹饰的交界地带。与抄道沟的刀较为相近的是朝阳二十家子和东犁的兽首刀（图二，2、3），这两把刀仍保留了环纽，但刀身弓背不明显了。塔子沟兽首刀[71]的环纽已消失（图二，4），敖汉五十家子的羊首刀[72]和兴隆小河南的牛首刀已经地方化了，刀柄和刀刃的横隔不明显（图二，5、6），刀身近直。敖汉热水汤[73]和夏家店上层文化石砬子 M741 上的马首和牛首刀柄上[74]已装饰了夏家店上层文化的纹饰（图二，7、8），成为这一文化的青铜工具了。这种兽首刀在殷墟也经历了类似的演变过程[75]（图二，9~12），这是两地在完全隔绝的情况下的趋同现象。但殷墟之后这种刀子就消失了，而在北方则发展下来。

蘑菇首刀在这一地区考古发现仅在绥中冯家府见一例，此外，内蒙古和张家口地区有一些零星征集品[76]。这种刀的形制是典型的卡拉索克式器物，主要流行在西周前期。

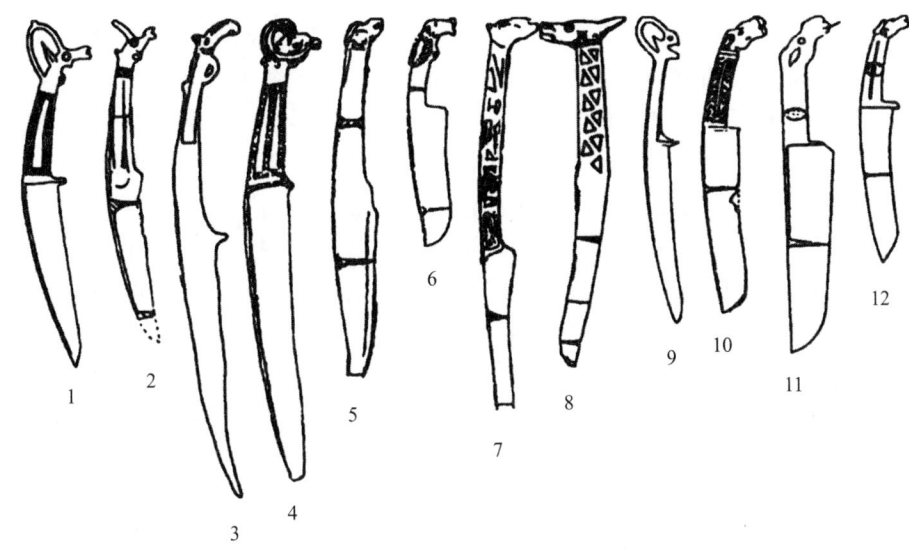

图二　兽首刀
1.抄道沟　2.二十家子　3.东梨　4.塔子沟　5.五十家子　6.小河南　7.热水汤　8.石砬子　9.妇好墓　10～12.小屯（M181、M1713、M20）
（1～8.燕山南地区　9～12.殷墟）

铃首刀与铃首剑一样，在这一地区数量不多，多见于晋北和鄂尔多斯地区。在这里，最早的铃首刀见于抄道沟，铃部有一小环，便于悬挂，铃首分为六瓣。小河南出土的铃首刀，小环消失，铃首变长，并为五瓣。最晚的见于赤峰和湾柳的采集品，铃首均为四瓣。这四把铃首刀反映了铃首逐渐简化的过程（图三）。小河南的年代根据出土的铃首变长的刀和帽首剑可以判断它的年代与昌平白浮相同，所以形态上更为简化的赤峰和湾柳的铃首刀应晚于西周中期。

环首刀是刀中数量最多的一种。可分四小类：

第一类是环首翘尖刀，分别出于东梨、牛古吐（千斤营子）、大泡子和赤峰（图四，1～4）。东梨的刀出土在夏家店下层文化遗址中，但与夏家店下层文化是什么关系，发掘者没有说明。这种刀的变化在刀柄和柄与刃的分界处，早期的（东梨、牛古吐）刀柄弯曲外弧，刃与柄分界明显并向下凸起，整个刀近似"S"形；晚期的（大泡子、赤峰）刀柄平直，刃与柄的分界不太明显。这种刀的发现地多在北部地区，蒙古草原也发现这种形制的刀[77]（图四，5、6），并有相似的演变过程，说明这种刀是一种分布范

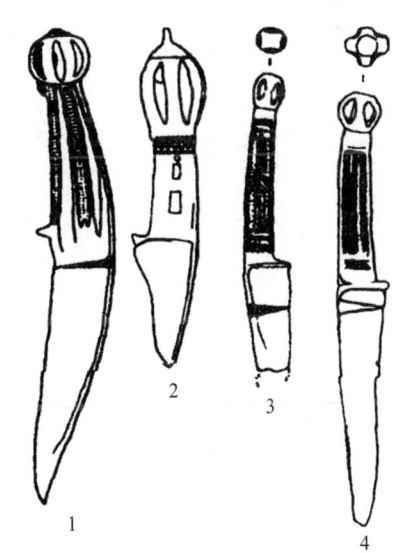

图三　铃首刀
1.望花　2.小河南　3.赤峰采集　4.湾柳出土

围很广的北方青铜器。大泡子出土的刀与夏家店上层文化典型的銎首剑、齿状刀共出，可能是一座墓葬。说明这种北方青铜器影响了当地的夏家店上层文化，但这种刀始终没有成为夏家店上层文化的主要形制。

第二类是三凸状环首刀，由于见于山西石楼铜器群，年代可早至商晚期，结束的年代也比较早。在这一地区发现的这种刀有抚顺望花、抄道沟、杨河和冯家府（图四，7~10），演变规律是首、柄逐渐简化，柄与刃的分界逐渐消失。

第三类是环首刀，发现地有抄道沟、杨河、湾柳、冯家府、西拨子（图四，12~16）。其起始年代与变化规律基本同于三凸状环首刀，但一直延续到夏家店上层文化时期。

第四类是不规则孔首刀。出现年代较晚，从冯家府开始，在夏家店上层文化中常常见到（图四，19、20）。在夏家店上层结束后，仍流行于长城内外，如鄂尔多斯地区的桃红巴拉墓葬[78]。

除第一类翘尖刀在蒙古地区有发现外，其余三类也见于北方草原（图四，11、17、18、21），所以它们是分布于北方草原的青铜文化，各种刀的出现和结束时间不尽相同，体现了这种青铜文化的多源性。

E群中剑的数量最少，使得燕山南北的工具（尤其是刀类）多于兵器，与山西石楼铜器群形成明显区别。剑分铃首、兽首和蘑菇首三种。兽首剑仅见于抄道沟，这种剑在蒙古和外贝加尔湖地区都有发现[79]。昌平白浮出现了典型的卡拉索克文化的兽首

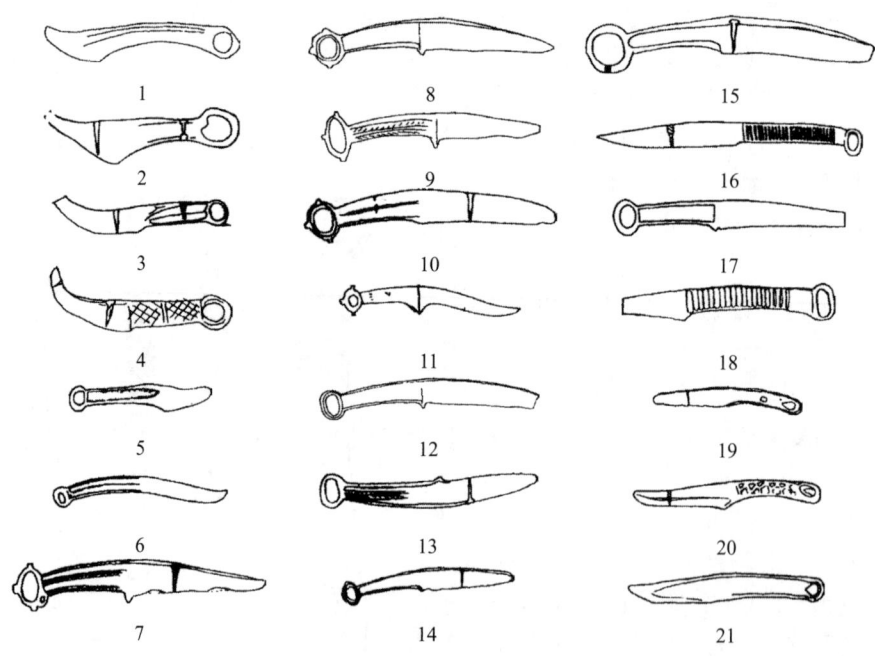

图四 环首刀分类与演变图

1. 东犁 2. 牛古吐 3. 大泡子 4. 赤峰 5. 外贝加尔 6、21. 蒙古 7. 望花 8、12. 抄道沟 9.13. 杨河 10、14、19. 冯家府 11. 鄂嫩河 15、16、20. 西拨子 17、18. 蒙古南戈壁省博物馆

剑，但兽首的形式已非常呆板。铃首剑仅见于水泉[80]和白浮（又叫匕），这两件剑一个铃首已变成四瓣，另一个铃首变长，均无环，形态都比较晚。它的早期形态见于石楼铜器群和伊金霍洛旗[81]。蘑菇首剑是从白浮墓开始出现的，在兴隆小河南和朝阳烧锅营子也见到，是典型的卡拉索克式器物。

以上分析了 E 群铜器的年代、分布及自身特点，如果把以上分析按共生关系组合到一起，可以看出 E 群铜器按年代和分布可以分成两组：第一组（图一，19~25、27）是从青龙抄道沟（包括迁安、滦南）和兴城杨河向北发展，一支向东北沿海，这支结束的年代早；另一支直接向北，经朝阳、赤峰、巴林左旗到奈曼，这支一直延续到夏家店上层文化。第二组（图一，26、28、29）是从白浮开始，向北到达兴隆和朝阳，在本地发展成西拨子窖藏，也有部分进入夏家店上层文化。第一组和第二组分别见于 C 群和 B 群，这证明两组的年代是不同的。E 群铜器中有些是本地特有的，有些是与山西共有但已形成本地特点的，还有一些是与更北的蒙古、西伯利亚共有的。在与北方草原地区的文化联系方面，第一组主要与蒙古和外贝加尔湖地区有相近因素[82]，第二组和西伯利亚米努辛斯克盆地的卡拉索克文化相似[83]，说明燕山南北与北方草原地区的文化联系与影响是随时代逐渐向北发展的。这与殷墟与北方草原的关系在年代和地域上都是不同的。进入等级社会，两地之间交往的密切与否，不完全由地理上的远近决定，两地的发展水平，尤其是在本文化中所处的地位起了更重要的作用[84]。

湾柳和望花的青铜器是否与该遗址的考古学文化有联系，还有待今后的发掘来证实。商末周初这一地区已知的考古学文化只有围坊三期——张家园上层和魏营子。而 E 群的分布多不在这一地区，耐人寻味。进入夏家店上层文化以后，E 群仍没有完全消失，如上文分析的刀。它与当地的夏家店上层文化的关系如何？目前发现的最早的夏家店上层文化是内蒙古克什克腾旗龙头山遗址[85]，年代可早至西周早期。其中的 M1 出土了一组非常典型的青铜器组合：銎柄剑和齿状刀，这些青铜器的时空分布都很集中，不见于北方草原地带。说明夏家店上层文化的产生是在本地完成的，只是在它的发展过程中吸纳了一部分北方草原文化。但这些在分布范围上可达北方草原的青铜器，在夏家店上层文化中并没有达到銎柄剑和齿状刀的数量。

三、结　语

以上青铜器遗存，A 群代表了移居北方的商代贵族与当地文化融合的青铜文化。B 群表现出，周初的燕国贵族既有周人，也有殷遗民，周初的燕国文化中有较强的商文化因素，同时还受到北方文化因素的影响。C 群器物组合和每类器物的文化归属表明，当地居民用中原的礼器表示自己的身份和地位，但日用品和装束、葬俗则保留了本族的传统，而在生产领域和经济类型方面，由于自然环境和地理位置接近北方，因此更愿意使用北方地区流行的工具和武器。这种当地文化吸收周边文化尤其是先进文化而形成的文化因素，在文化交流中具有普遍意义[86]。周初的商人有的已经归属于西周燕国（见琉璃河 I 区墓葬），有的融入了当地文化（以张家园为代表）。通过 D 群铜器的分析，我们了解到商周时期中原文化对辽西地区的开发与影响。这一群中的第一组代表了商至殷周之际的情况，中原对这里的影响是分散式的。锦县水手营子、朝阳和克什克腾旗的商代铜器代表了商代早期、中期[87]和殷墟早期[88]商代对北方影响的最北点。第二组代表了周初至周代中期以前的情况，中原的影响更多的是采取了据点式，当地文化对中原的模仿，形成了文化融合的青铜器产品，促进了当地青铜器铸造业的发展。E群代表了燕山南北广大地区与更北的草原地区有着密切联系的文化遗存。始于商代晚期的第一组与始于西周时期以蘑菇首为特征的第二组之间整体上没有承袭关系，第二组的出现是来自更北的卡拉索克文化影响的结果。

这些青铜器遗存中年代最早的A群不早于夏家店下层文化，所以我们所讨论的这些青铜器基本上反映的是燕山南北在夏家店下层文化阶段结束之后的文化格局（锦县水手营子除外）。这些青铜器按其来源可以分为中原文化（商文化、周文化）、当地文化和北方草原文化。

属于商文化的青铜器遗存有A群、B群中的琉璃河Ⅰ区墓葬，C群、D群中第一组以及其他一些零星资料，如锦县水手营子。根据这些遗存的时空分布，我们看到了商人开发北方和东北的足迹及过程：从商代早期，商文化的器物已零星出现在锦县、朝阳和昭盟，与此同时的陶器分布说明商文化已向北推进到了蔚县和涞水流域；进入殷墟时代，商文化影响向北到达克什克腾旗，并在当地出现了它们的仿造品，这时燕山以南商文化的北进有所退缩，涞水流域又以土著文化为主，琉璃河的商代居址犹如土著文化中的一个孤岛，平谷地区出现了商代文化与当地文化融合的贵族墓，而迁安、卢龙和蓟县等地的土著文化已使用中原的青铜容器。在这些商文化地点中，锦县和C群分布区恰好与商代古国的地点相重合。锦州地区在汉代为徒河县，即《管子·小匡》中的"屠河"，《墨子·非攻》："虽北者且、不著何，其所以亡于燕、代、胡、貊之间者，亦以攻战也。"指明了"且"（即虘）与屠何相近。因此两者可能就是殷墟卜辞中的"虘方"，在燕国东北的锦州地区。C群中位于渤海西北岸的迁安、卢龙一带则是古来认为的孤竹国，这与《孟子》"孤竹之君，居北海之滨"相符。《国语·齐语》韦昭注："令支，今为县，属辽西，孤竹之城在焉。"与迁安、卢龙地理位置相近的喀左北洞沟二号窖藏中的一个罍上有"孤竹"二字铭文及"亚"框中的"𠆢"字，把它们之间的关系解释为𠆢人建立的孤竹国是比较合理的。锦州地区的"虘"与迁安、卢龙的"𠆢"都受商文化的影响，文化联系紧密。在锦州山河营子出土的陶鬲不是魏营子类型的，而是与围坊三期相似[89]，就说明了这一点。正因为商代花这样大的气力来经营北方和东北方，武王克殷后，这里和东方一样具有复辟商王朝的势力。因此，在西周初年，为了巩固政权，周朝把注意力放在了东方和北方，才派太公望和周公建立了齐和鲁，派召公封于燕，其目的正如史墙盘铭所言"逖虘𠆢，伐夷童"[90]。

周文化对这一地区的影响主要是建立了燕国，这时在燕山以南，周人集中在琉璃河，同时还带了一批商人帮助他们建国（琉璃河Ⅰ区墓葬）。当地原来的商人（如牛栏山遗存）可能也已归顺燕国。在燕国的周围是大量的土著文化（张家园上层），西周早期开发这一地区的过程就是周文化与张家园上层文化的长消过程[91]。燕国对燕山以北的影响与商人有很大不同，它是把地理上较为便利的大凌河流域、文化又较为发达的魏营子文化中心——喀左作为重点。喀左集中了这么多西周早期青铜容器，但不见西周的陶片和周人的墓葬，正是西周对这里文化接触方式的反映：那些商周青铜器很可能是通过赏赐、贸易或战争流入这一地区的。

上述五群青铜器遗存反映了当地文化与中原文化、土著文化和北方草原文化的联系（表三），它们的分布情况构成了以黄河流域为中心由南向北的三重文化带。当地土著文化（有围坊三期陶器的C群和有魏营子类型陶器D群中的第二组）是这一地区的文化主体，中原向北对这一地区的影响分商和周两个时代和两种方式，北方草原文化向南对这一地区的影响是由近及远。这些外来文化的南下和北上对这一地区的土著文化产生了很大的影响。

表三　各群器物组合及年代和文化属性

群	中原铜容器	工具兵器	陶器	遗存	年代	文化性质
A 刘家河				墓葬	殷墟早	商人与土著结合
B 琉璃河、白浮、牛栏山		中原式北方式	周式	墓葬	西周早至中	燕人商遗民
C 张家园等	鼎、簋	中原式北方式	本地	墓葬	殷周	土著
DI 朝阳等	鼎、瓿			窖穴	商代	商影响土著
DII 喀左			本地	窖穴墓葬	殷周至周中期	土著
EI 抄道沟		北方式		窖穴	殷周	草原文化
EII 小河南		北方式		窖穴墓葬	西周早至中	草原文化

我们把以青铜器遗存为代表的文化与夏家店下层和上层文化比较后发现，后两者的文化结构都比较稳定：文化延续时间长，分布范围大，各地文化面貌有很大的一致性；而以青铜器遗存为代表的阶段正处在一种非稳定结构中：土著文化不发达，外来文化多，文化面貌复杂，每种文化的时空分布都比较小。造成这种局面的原因从自身看，夏家店下层文化走完了其发展历程；从外部原因看，来自中原的殷周革命和西部、北部的文化都对这一地区有很大影响。在这个动荡的时期，这一地区正孕育着新阶段的到来：吸收中原的青铜器铸造技术和北方的工具、武器铸造技术，于是才会出现像宁城小黑石沟那样发达的青铜文明。

注　释

[1] 北京市文物管理处：《北京市平谷县发现商代墓葬》，《文物》1977年第11期。

[2] 北京市文物研究所：《琉璃河西周燕国墓地》，文物出版社，1995年；中国社会科学院考古研究所等：《1981～1983年琉璃河西周燕国墓地发掘简报》，《考古》1984年第5期；《北京琉璃河1193号大墓发掘简报》，《考古》1990年第1期。

[3] 程长新：《北京市顺义县牛栏山出土一组周初带铭青铜器》，《文物》1983年第11期。

[4] 北京市文物管理处：《北京地区的又一重要考古收获——昌平白浮西周木椁墓的新启示》，《考古》1976年第4期。

[5] 李宗山、尹晓燕：《河北省迁安县出土两件商代铜器》，《文物》1995年第6期。

［6］孟昭永、赵立国：《河北滦县出土晚商青铜器》，《考古》1994年第4期。

［7］河北省文物管理处：《河北省出土文物选集》，文物出版社，1980年。

［8］唐山市文物管理处、迁安县文物管理所：《河北迁安县小山东庄西周时期墓葬》，《考古》1997年第4期。

［9］天津市历史博物馆考古部：《天津蓟县张家园遗址第三次发掘》，《考古》1993年第4期。

［10］文物编辑委员会：《文物考古工作十年》，文物出版社，1989年，第18页。

［11］齐亚珍、刘素华：《锦县水手营子早期青铜时代墓葬及铜柄戈》，《辽海文物学刊》1991年第1期。

［12］辽宁省博物馆文物工作队：《概述辽宁省考古新收获》，《文物考古工作三十年》，文物出版社，1979年。

［13］克什克腾旗文化馆：《辽宁克什克腾旗天宝同发现商代铜》，《考古》1977年第5期。

［14］苏赫：《从昭盟发现的大型青铜器试论北方的早期青铜文明》，《内蒙古文物考古》第2期。

［15］同［12］。

［16］郭大顺：《试论魏营子类型》，《考古学文化论集》（1），文物出版社，1987年。

［17］热河省博物馆筹备组：《热河凌源县海岛营子村发现的古代青铜器》，《文物参考资料》1955年第8期。

［18］辽宁省博物馆等：《辽宁喀左县北洞村发现殷代青铜器》，《考古》1973年第4期。

［19］喀左县文化馆等：《辽宁喀左县北洞村出土的殷周青铜器》，《考古》1974年第6期。

［20］喀左县文化馆等：《辽宁省喀左县山湾子出土殷周青铜器》，《文物》1977年第12期。

［21］资料尚未发表。参见［16］；广守川：《辽宁大凌河流域的殷周青铜器》，《辽海文物学刊》1996年第2期；许玉林：《辽宁商周时期的青铜文化》，《考古学文化论集》（1），文物出版社，1987年。

［22］辽宁义县文物保管所：《辽宁义县发现商周铜器窖藏》，《文物》1982年第2期。

［23］辽宁省文物考古研究所、喀左县博物馆：《喀左和尚沟墓地》，《辽海文物学刊》1989年第2期。

［24］同［16］。

［25］辽宁省博物馆文物工作队：《辽宁朝阳县魏营子西周墓和古遗址》，《考古》1977年第5期。

［26］河北省文物局文物工作队：《河北青龙县抄道沟发现一批青铜器》，《考古》1962年第12期。

［27］锦州市博物馆：《辽宁兴城县杨河发现青铜器》，《考古》1978年第6期。

［28］同［20］。

［29］抚顺市博物馆：《辽宁抚顺市发现殷代青铜环首刀》，《考古》1981年第2期。

［30］王云刚、王国荣、李龙飞：《绥中冯家商代窖藏铜器》，《辽海文物学刊》1996年第1期。

［31］辽宁大学历史系考古教研室、铁岭市博物馆：《辽宁法库县湾柳遗址发掘》，《考古》1989年第12期。

［32］同［21］许玉林文。

［33］建平县文化馆、朝阳地区博物馆：《辽宁建平县的青铜时代墓葬及相关遗物》，《考古》1983年第8期。

［34］邵国田：《内蒙古敖汉旗发现的青铜器及有关遗物》，《北方文物》1993年第1期。

[35] 同[16]。
[36] 李殿福:《库仑、奈曼两旗夏家店下层文化遗址分布与内涵》,《文物资料丛刊》(7),文物出版社,1983年。
[37] 郭大顺:《辽河流域"北方式青铜器"的发现与研究》,《内蒙古文物考古》1993年第1、2期。
[38] 王未想:《内蒙古林东塔子沟出土的羊首铜刀》,《北方文物》1994年第4期。
[39] 同[33]。
[40] 王峰:《河北兴隆县发现商周青铜器窖藏》,《文物》1990年第11期。
[41] 北京市文管处:《北京市延庆县西拨子村窖藏铜器》,《考古》1979年第3期。
[42] 朱凤瀚:《古代中国青铜器》,南开大学出版社,1995年。
[43] 林沄:《商文化青铜器与北方青铜器关系之再研究》,《考古学文化论集》(1),文物出版社,1987年。
[44] 北京大学历史系考古教研室商周组:《商周考古》,文物出版社,1979年。
[45] 安志敏:《唐山石棺墓及其相关问题》,《考古学报》第七册,1954年。
[46] 北京市文物管理处等:《北京琉璃河夏家店下层文化墓葬》,《考古》1976年第1期。
[47] 中国社会科学院考古研究所:《大甸子》,科学出版社,1996年。
[48] 文物编辑委员会编:《文物考古工作三十年》,文物出版社,1979年。
[49] 同[46]。
[50] 张家口考古队:《蔚县发掘记略》,《考古与文物》1982年4期;《蔚县夏商时期考古的主要收获》,《考古与文物》1984年第1期。
[51] 杨建华:《试论夏商时期燕山以南地区的文化格局》,《北方文物》1999年第3期。
[52] 拒马河考古队:《河北易县涞水古遗址试掘报告》,《考古学报》1988年第4期。
[53] 河北省文物研究所:《藁城台西商代遗址》,文物出版社,1985年。
[54] 同[42];李丰:《黄河流域西周墓葬出土青铜礼器的分期和年代》,《考古学报》1988年第4期;陈光:《西周燕国文化初论》,《中国考古学跨世纪反思》,商务印书馆,1999年。
[55] 林沄:《早期北方式青铜器的几个年代问题》,《林沄学术文集》,中国大百科全书出版社,1998年。
[56] 同[42]。
[57] 同[54]李丰文。
[58] 同[54]李丰文。
[59] 韩嘉谷、纪烈敏:《蓟县张家园遗址青铜文化遗存综述》,《考古》1993年第4期。
[60] 同[51]。
[61] 同[16]。
[62] 同[42]。
[63] 同[21]许玉林文。
[64] 同[21]许玉林文。
[65] 西北大学历史系考古专业:《西安老牛坡商代墓地的发掘》,《文物》1988年第6期。
[66] 吴振录:《保德县新发现的殷代青铜器》,《文物》1972年第4期。
[67] 杨绍舜:《山西柳林县高红发现商代铜器》,《考古》1981年第3期。

[68] 绥德县博物馆:《陕西绥德发现和收藏的商代青铜器》,《考古学集刊》(第2集),中国社会科学出版社,1982年。

[69] 中国社会科学院考古研究所:《殷墟妇好墓》,文物出版社,1980年,图版六六,1。

[70] 刘建忠:《河北怀安狮子口发现商代鹿首刀》,《考古》1988年第10期。

[71] 同[38]。

[72] 同[25]。

[73] 同[25]。

[74] 同[33]。

[75] 刘一曼:《殷墟青铜刀》,《考古》1993年第2期。

[76] 郑绍宗:《长城地带发现的北方式青铜刀子及其有关问题》,《文物春秋》1994年第4期。

[77] В. В. Волков, *Бронзовый и ранный железный век северной Монголии* Улан-батор, 图3—20、31, 1967. 出自 Увсанурский 省; Э.А.Новгородов, *ДревняяМонголия*, наука, 244 页, 图 8, 1989. 出自外贝加尔的方形墓中; Ю.С.Гришын, *Па Гятники Неолита, Бронзового и Раннего Железного Веков ЛесосТепного Забайкалъя*, Москва, 1981.

[78] 田广金:《桃红巴拉的匈奴墓》,《考古学报》1976年第1期。

[79] 乌恩:《殷至周初的北方青铜器》,《考古学报》1985年第2期。

[80] 同[16]。

[81] 田广金:《近年来内蒙古地区的匈奴考古》,《考古学报》1983年第1期。

[82] 参见[76],图六,出自蒙古和外贝加尔地区。

[83] 参见[76],图五中的3、14~17,出自克拉斯诺雅尔斯克和米努辛斯克盆地。

[84] 例如哈拉夫文化陶器相似度分析,Omar Rhayam,Edward I tzgerald,*Study of Halaf Pottery*, Trusters of the British Museum, 1979。

[85] 内蒙古文物考古研究所:《克什克腾旗龙头山遗址第一、二次发掘简报》,《考古》1991年第8期。

[86] 参见杨建华:《两河流域史前时代》,吉林大学出版社,1993年。

[87] 同[43]。

[88] 同[48],第89页。

[89] 刘谦:《锦州山河营子遗址发掘报告》,《考古》1986年第10期。

[90] 林沄:《释史墙盘铭中的"逖虘髟"》,《林沄学术文集》,中国大百科全书出版社,1998年。

[91] 李伯谦:《张家园上层类型若干问题研究》,《中国青铜文化结构体系研究》,科学出版社,1998年;韩嘉谷:《京津地区商周时期古文化发展的一点线索》,《中国考古学会第三次年会论文集》,文物出版社,1984年。

(原刊于《考古学报》2002年第2期)

燕山南麓青铜文化的类型谱系及其演变

纪烈敏

横亘于河北平原北面的燕山山脉，把华北和东北分隔成两个地理单元。在不同的地理环境和气候条件下，至少从新石器时代开始，燕山南北便分别成为两个不同的文化区系。燕山南麓是此两大区系的结合部，这里也有土生土长的土著文化，但是由于地处南北通衢，任何时期都不断有相邻文化进入，因而使文化面貌和谱系显得特别错综复杂。更由于相邻地区古文化势力过于强大，土著文化不能充分展示，甚至被外来文化所掩盖乃至湮灭。本文试图对本地区已发现的青铜文化资料作全面梳理，确定它们各自的文化属性和谱系，追溯其发展脉络，考察其发展变化历程。从燕山山前平原以南至拒马河流域，西起张家口地区，东至海岸，在此狭长地带内，目前至少已发现有如下几种特征相异的考古学文化遗存：

一、大坨头文化

由1964年发掘的河北省大厂县大坨头遗址得名[1]。此类遗存遍布整个燕山南麓，以京津地区为中心，向南至保定北部地区，见于报道的遗址已达十余处，主要有蓟县张家园[2]、围坊[3]、宝坻牛道口[4]、昌平雪山[5]、唐山古冶[6]、滦南东庄店[7]、蔚县庄窠[8]、宣化李大人庄[9]、易县下岳各庄、涞水庞家河[10]等。墓葬有昌平雪山、唐山小官庄[11]和香河庆功台[12]等。唐山小官庄墓葬早在1952年即已发现，后来又发掘了唐山大城山遗址[13]，但由于发掘资料和龙山文化遗存相混淆，因此没能作为独立的考古学文化来认识。1962年昌平雪山遗址的发掘，首次澄清了其文化内涵，但又由于其有较多文化因素和夏家店下层文化相通，因此被看成为夏家店下层文化的一个地方类型，有"雪山型"[14]"燕南型"[15]"海河型"[16]等多种称呼，也有直接称作夏家店下层文化的[17]，一直没有将其作为一支独立的考古学文化看待。韩嘉谷先生在将其文化内涵和夏家店下层文化作全面比较后，认为应把大坨头文化从夏家店下层文化中区分出来，单列为一种考古学文化，以"大坨头文化"命名[18]。这是符合文化内涵实际的，因为就划分考古学文化主要依据的器物群而言，固然在大坨头文化中有一部分器物和夏家店下层文化相通，如青铜制品只见小件铜器，石器中有一定数量的细石器；陶器以夹砂为主，多施绳纹，都有磨光黑衣彩陶和彩绘；共同拥有一部分造型相同的常见器物，如折腹盆、甗、算珠状纺轮等。但两者区别是基本的，敛口鼓腹鬲、折肩鬲基本为大坨头文化所独有，筒腹鬲和曲腹罐等只是偶然见到，独具特征的喇叭口状耳环主要见于大坨头文化，横断面作三角形的石刀则仅见于夏家店下层文化。大坨头文化的彩绘陶多直线几何形纹图案，夏家店下层文化多是弧线构成的云纹和兽面纹。大坨头文化的葬俗多东西向，随葬器物为鬲、罐、钵、折腹盆；夏家店下层文化多南北向，随葬器物除鬲、罐、钵外，还有鼎。夏家店下层文化房址一般面积较小，有的用石块和土坯砌墙；大坨头文化多平面作圆形或椭圆形的房址，面积较大。更重要的是两者的文化渊源不同，大坨头文化脱胎于当地的龙山文化，如代表性器物中的敛口鼓腹鬲，在龙山文化晚期已经出现[19]，椭圆形的大型房址也源自龙山文化的大灰坑；夏家店下层文化是燕山迤北的小河沿文化在龙山文化的强烈影响下形成的，尊形器等多流露出小河沿文化的影子，早期堆积中较多保存龙山文化因素，如北票丰下遗址所见[20]。两者分布的基本范围也不一样，大坨头文化主要分布于燕山以南的潮白河、滦河、海河流域下游地区，而夏家店下层文化的分布范围主要在燕山以北，燕山南麓多数是其遗物渗入大坨头文化，具有典型特征的遗址或墓葬并不多见。既然两者的文化特征、渊源和分布范围有着基本区别，按照划分考古学文化的原则，应把二者予以区分。最近出版的《镇江营与塔照》发掘报告，将该遗址属于大坨头文化的青铜文化第一期，在墓葬习俗、陶器组合造型等诸方面和夏家店下层文化作全面对比后，也认为"其独自的文化特征是显著的，应作为一种单独的文化对待"。这一意见有利于对当地考古学文化和历史课题的深入研究（图一）。

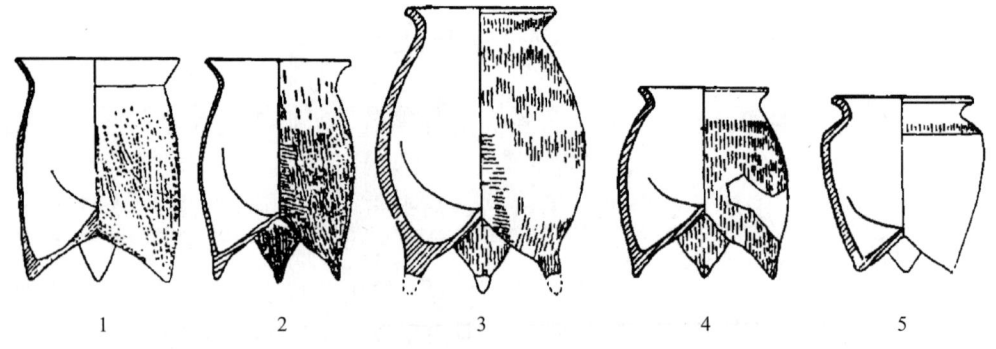

图一 大坨头文化典型陶器
1. 围坊 2. 张家园 3～5. 大坨头

大坨头文化上承龙山文化，其遗存和夏家店下层文化互有叠压，并且还经常包含有较多夏家店下层文化的因素，所以夏家店下层文化的^{14}C测定数据，也可作为大坨头文化年代的参考，这些数据有：敖汉旗大甸子第454号墓为距今3390±90年，树轮校正为距今3645±135年；第759号墓为距今3420±85年，树轮校正为距今3685±135年；庄窠第30号窖穴为距今3285±75年，树轮校正为距今3515±125年，相当夏代至商代早期。下限约结束于早商文化的二里冈上层期，有两处遗址的地层资料可供证明：一处是蔚县庄窠，第二、三阶段遗存属大坨头文化，第四阶段的出土物，包括鬲、豆、簋、盆和饕餮纹陶片等，具有二里冈上层期的特征；另一处是涞水富位遗址，其第17号窖穴属大坨头文化，晚于此窖穴的地层内，也出土的方唇折沿鬲、假腹豆等属典型二里冈上层期遗物。

二、夏家店下层文化遗存

具有夏家店下层文化基本特征的遗址和墓葬，在燕山南麓主要见到有密云水库中心岛凤凰山[21]、涞水渐村[22]、蔚县一阶段（三关墓地）[23]等几处。密云凤凰山墓葬随葬的8件陶器，除一件是夹砂褐陶外，其余7件全为素面磨光黑陶，陶器组合为筒腹鬲、直口鼓腹鬲、高领假圈足罐、折腹盆、粗柄豆等，"筒腹鬲、折腹盆、假圈足罐，与敖汉旗大甸子夏家店下层文化墓葬同类器物不仅形制接近，而且组合关系也基本相同"。属蔚县一阶段的三关墓地，陶器基本组合是鬲、豆、尊（或盂）、罐。鬲有泥质黑（灰）陶尊形鬲和夹砂褐陶鼓腹鬲两类，尊形鬲即夏家店下层文化特有的筒腹鬲，鼓腹鬲则为大坨头文化常见，发表的彩绘尊式鬲和盂形鬲，则为夏家店下层文化典型形式。涞水渐村见于该遗址二期遗存的H1，出土陶器有鬲、甗、盆、罐、豆、小口瓮等，"筒状鬲是夏家店下层文化的典型器物，大口盆和罐上的弦断绳纹也常见于夏家店下层文化，所以第二期遗存当属夏家店下层文化"，和第一期属大坨头文化的陶器群明显不同（图二）。

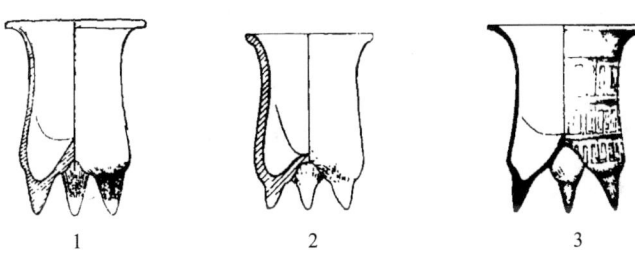

图二 燕山南麓夏家店下层文化陶器
1.密云凤凰山 2.涞水渐村 3.蔚县三关墓地

但总的说来，典型的夏家店下层文化遗址在燕山南麓发现不多，较多的是一种夏家店下层文化与大坨头文化兼存的混合类型遗址，如在下岳各庄遗址的第一期遗存中，两种文化因素都很突出[24]，很难说这类遗址究竟是大坨头文化还是夏家店下层文化。房山琉璃河发现的一座墓葬，只能从墓葬方向判断其应属大坨头文化[25]。

三、围坊三期文化

由蓟县围坊遗址第三期遗存得名，属此文化的遗址还有唐山古冶[26]、玉田东孟各庄[27]、卢龙双望[28]、遵化三里河[29]、唐县洪城[30]、迁安小山东庄[31]等。此文化亦拥有一组独具特征的陶器群，基本器类和大坨头文化相似，包括鬲、甗、罐、盆、钵和算珠状纺轮、网坠等。数量最多的仍然是鬲，常见有两种形制：一种作侈沿、敛口、肥袋足，基本上是大坨头文化敛口鼓腹鬲的继续，只是造型略有变异；另一种作直领、

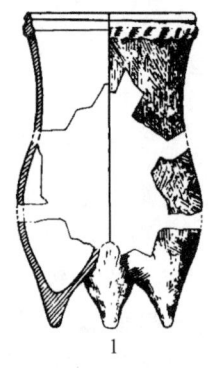 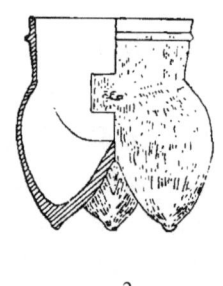 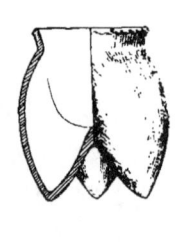

图三 围坊三期文化陶器
1. 房山塔照 2. 易县北福地 3. 宣化李大人庄

敛口、袋足，经常在口沿外饰一周压印锯齿状附加堆纹，独具特征，人多称之为"花边鬲"，是围坊三期文化的标志性器物之一（图三）。

　　墓葬亦多保存大坨头文化的传统葬俗。遵化县西三里村的一座墓葬，出土1件花边鬲和4件钵；蓟县弥勒院发现10多座，多数无随葬品，少数随葬陶器为罐和钵[32]，皆属大坨头文化的传统组合。迁安小山东庄有一批墓葬出土器物，是三次从修路和雨水冲刷中收集到的，包括有鼎、簋、戈、斧等铜器，臂钏、耳环等金器，鬲、钵等陶器，年代特征有早晚，显然不属同一座墓葬，其中铜鼎和铜簋年代属西周早期，陶钵形制和蓟县围坊遗址及遵化西山里村出土者同，也属围坊三期文化；耳环做喇叭状，是大坨头文化耳环的传统形式。出土类似金、铜器的墓葬，还有蓟县张家园[33]、平谷刘家河[34]、卢龙阚各庄[35]、滦县陈山头[36]等。平谷刘家河出土金、铜、玉、陶各类随葬品达40多件，部分青铜器可至早商时期，如两件小方鼎和兽面纹鼎和二里冈上层期的青铜器风格颇为近似，更多的接近殷墟早期，如圆锥足鼎、三羊罍、饕餮纹瓿等，有一件圜底爵已近殷墟中期形制，墓葬的年代不能早于此。臂钏和耳环形制皆和迁安小山东庄同，墓葬附近发现的居住址，面积达50万平方米，文化堆积只有大坨头文化和围坊三期文化两种遗存，同时还发现有大坨头文化墓葬，不见商文化遗址[37]，因此尽管墓葬出土的大多数青铜礼器具有中原商文化特征，墓主人也当属围坊三期文化。蓟县张家园发现4座墓葬，排列有序，延续时间不长，有3座墓随葬青铜礼器，其中2号墓鼎属殷墟晚期形制，3号墓鼎具有先周青铜器特征，4号墓的年代也在商周之际，不晚于周初，同出的耳环形制和小山东庄、刘家河的臂钏同，按墓葬年代也应属围坊三期文化[38]。卢龙阚各庄和滦县陈山头出土的青铜礼器也是鼎簋组合，阚各庄还同出一副金臂钏和一件弓形器，陈山头同出一件弓形器和一件銎内斧，皆属北方系青铜器[38]，年代在商周之际至西周早期，在这些墓葬附近都无典型的商、周文化遗址发现，故都应属围坊三期文化或其后续阶段张家园上层文化的土著族遗存。

　　围坊三期文化的分布范围和大坨头文化基本重合，只在南面分布较远，唐县洪城遗址已抵达了唐河流域。围坊三期文化在其分布范围内普遍取代大坨头文化，而大坨头文化在蔚县庄窠和涞水富位等遗址皆见具二里冈上层特征的器物，围坊三期文化的年代上限应较此略晚。围坊三期文化至周武王克商后，在周文化强烈影响下变成为一种新的文化形态，即张家园上层文化，围坊三期文化的下限止于商周之际。

四、张家园上层文化

张家园上层文化由1965年发掘的蓟县张家园遗址上层遗存得名[39]，同类遗存又见于蓟县青池[40]、刘家坟[41]、宝坻牛道口、歇马台[42]、唐山古冶、房山塔照[43]、涞水炭山二期[44]、易县燕下都[45]和北京西便门外古庙村[46]等遗址。

张家园上层文化承袭围坊三期文化，在陶器群中表现得十分清晰，尤其在早期阶段，围坊三期文化陶器的基本造型都能见到，甚至连从大坨头文化即已开始出现的豆芽状耳环、算珠状纺轮等传统土著文化因素也还继续使用。蓟县刘家坟发现8座墓葬，年代属西周中期，葬俗和随葬品组合也和围坊三期文化同。但整体说来，文化面貌已发生根本变化，此时灰陶居绝对优势，纹饰由竖行排列的细绳纹，普遍变成较粗的交叉拍印绳纹。流行方唇口沿，经常在制作时把沿缘外翻贴于沿外，并压上绳纹，成为叠唇"带状花边"，器物中有一种深腹高档、有三个高大袋足的带状花边鬲特别引人注目。张家园上层文化与围坊三期文化的区别，还在于张家园上层文化还包含有大量西周燕文化因素，属于西周早期阶段房山刘李店类型的陶器，如商式矮足鬲、绳纹簋、周式的联档鬲、瘪档鬲、肩部有立耳的小口罐等，在张家园上层文化中几乎应有尽有。这不仅使文化面貌与围坊三期文化形成鲜明反差，同时还反映了土著居民集团在燕国政权统治下社会地位发生的变化。由于张家园上层和围坊三期之间在文化面貌上存在的基本区别，因此韩嘉谷先生把围坊三期区别于大坨头文化一样，也把张家园上层从围坊三期文化中区别出来，单独列为一个考古学文化类型[47]。时下有不少文章对二者不予区分，统称为围坊三期文化[48]或张家园文化[49]，其实在围坊三期文化得名的蓟县围坊遗址，并没有张家园上层文化的堆积，同样在张家园上层文化得名的张家园遗址地层中，也无围坊三期文化堆积。二者之间虽有承袭关系，可是文化面貌已经发生了根本性变化，其程度较大坨头文化和围坊三期文化之间的区别更大。赵福生、刘绪先生在《试论西周燕文化与张家园上层文化类型》一文中分析了上述各种划分意见："相异之处是围坊上层与张家园上层是否属同一考古学文化；相同之处是都认为围坊上层与张家园上层在年代上相延不断，只不过第一种意见把他们统一划分为若干期段，第二种意见则视为前后相衔的两种文化。"在进一步分析了有关文化内涵、相对年代和历史背景等各个方面后说："有鉴于此，把围坊上层和张家园上层区分为两种文化是合适的。"[50]

张家园上层文化包含有大量姬燕文化西周早期遗物，年代应与之相当。蓟县刘家坟遗址经^{14}C年代测定，灰坑H5为距今2850±75年，探方T86②为距今3000±80年，T82②距今3070±75年，亦皆属西周早期纪年范围[51]。其年代下限，各地延续时间似有不同，镇江营发掘报告延续至西周中期，最晚的是易县燕下都东沈村的发掘材料，西周晚期的燕文化遗存中，尚能见到属于张家园上层文化的代表性器物，如叠唇深腹高档柱足鬲等，只是数量越来越少，形制亦稍有变异，到春秋早期开始不见（图四）。

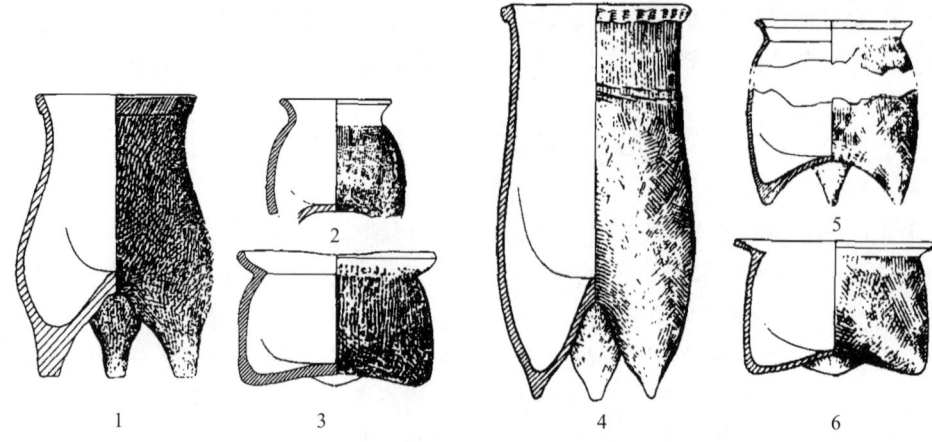

图四 张家园上层文化陶器
1～3.蓟县青池 4～6.房山县镇江营

五、姬燕文化

周武王克商后，为"藩屏周室"，实行大规模的军事殖民，在燕山地区建立了一个燕国政权，于是使燕山地区产生出了一种新的考古学文化，以周文化为主体，大量吸收商文化和土著文化，为了与可能存在的夏商时期土著燕族文化[52]相区别，故称之为姬燕文化，早期遗存以房山琉璃河遗址为代表[53]，这是燕侯的始封地，已由黄土坡墓地出土的克罍、克盉等青铜器铭文得到证明[54]，董家林古城是燕国早期都城。琉璃河遗址陶器群最突出的特点是周、商、土著诸种文化因素相混杂，但都基本保持各自特色。属于周文化的因素如弧裆袋足鬲、折沿或卷沿弧裆锥足鬲、肩部饰角状把手的罐、器身呈釜形的鼎等；商文化的因素也十分突出，最典型的是沿缘凸起、分裆近平的矮足鬲和细绳纹簋，造型与殷墟末期几乎没有区别；土著文化因素中最突出的是口沿作叠唇的深腹高裆平足跟袋足鬲，以及口沿下饰附加堆纹的甗；此外还有卵形瓮式的罩，和山西地区的古文化有关。由于多种文化因素共存，因此有学者认为是一种混合文化。但各种文化因素之间的关系是不平等的，土著文化因素在黄土坡燕国贵族墓地中不见，即被认为是受到排斥的缘故。由此亦可认为商式和土著式陶器在居住遗址中大量出现，是大量使用殷遗民和土著居民从事生产劳作的结果。姬燕文化早期遗址除房山琉璃河外，还有满城要庄[55]、任邱哑叭庄[56]、大厂大坨头[57]、涞水炭山[58]、易县燕下都东沈村等。当然它的势力并不局限于这些点上，代表姬燕政权的这类遗存，一开始表现出了强劲的势头，它渗入到当地的土著文化中，使当地的围坊三期文化迅速演变为张家园上层文化。燕山以北的辽西等地，多处发现和燕国有关的西周早期青铜器窖藏，也当是国力的体现[59]。

从西周中期开始，不同系统的文化因素开始融为一体，文化面貌发生变化，其中最显著的变化是，原先源自商式的分裆矮足鬲，现在沿面多饰数道弦纹；原先不多见的粗柄豆，现在变为细柄豆代替，豆把上常见腰节；弧裆锥足鬲普遍变成仿铜式器，施扉或圆饼状仿铜器装饰；簋的圈足普遍升高，唇缘变薄，除个别饰弦纹外，一般多素面。到春秋时期姬燕文化进一步发生变化，最突出的是两种炊器：西周时出现类似鼎式的陶鬲，此时广泛流行，人多称之为"燕国鬲"，一直沿用到战国末年；矮足鬲演变成釜，俗称"鱼骨盆"，到汉代仍继续沿用，成为燕地古器物群中的一大特色。

黄土坡墓地出土了一大批青铜礼器[60]，尽管其中有少数可能出自"殷遗民"的墓葬，但总体上都可认为是姬燕文化的青铜器群，造型和纹饰都属商周青铜文化谱系。在黄土坡墓地以外，燕国境内出土的青铜礼器，情况比较复杂，像凌源海岛营子出土的燕侯盂[61]，有铭文可证明是姬燕文化器物；但其他铸有"㠱""灰"等氏族徽识的器物，尽管造型和纹饰也属商周青铜器系统，则应是属于当地土著氏族部落的遗存；有的即使没有铭文说明，可是相关遗存证明是属于土著部落遗存的，也不能直接认为是姬燕文化，如昌平白浮其国墓地出土的青铜礼器[62]。

六、夏家店上层文化

夏家店上层文化商代晚期形成于内蒙古赤峰地区北部西拉木伦河流域[63]，逐步南移，到西周时期成为以宁城为中心，广泛分布于燕山以北地区，与夏家店下层文化基本重合。燕山南麓发现其遗存的地点有张家口小白阳[64]、唐山雹神庙[65]、宝坻安桥[66]、延庆西拨子[67]和蓟县刘家坟[68]、徐水解村[69]等。小白阳出土的素面花边鬲，和翁牛特旗[70]出土的同类器物同。雹神庙出土5件石范，皆为兵器，有錾斧、齿柄刀、矛等，类似的斧、刀形制皆见于宁城南山根[71]。宝坻安桥出土铜刀和猎钩各一件，刀的柄部突出一齿，亦为夏家店上层文化典型器物，猎钩与南山根出土的钩形器相似。延庆西拨子出土的一处青铜器窖藏，在一件青铜釜内放置有50多件青铜器，包括鼎、匙、刀、猎钩、锥、斧、锛、凿、戈、小铜泡、耳环等，其中11件斜腹鼎接近敖汉旗周家地[72]、赤峰蜘蛛山[73]出土的陶鼎和南山根出土的铜鼎，其他如斧、匙、刀、铜泡、耳环等器类的形制和纹饰也在宁城南山根、翁牛特旗大泡子等地的夏家店上层文化出土物中常见（图五、图六）。

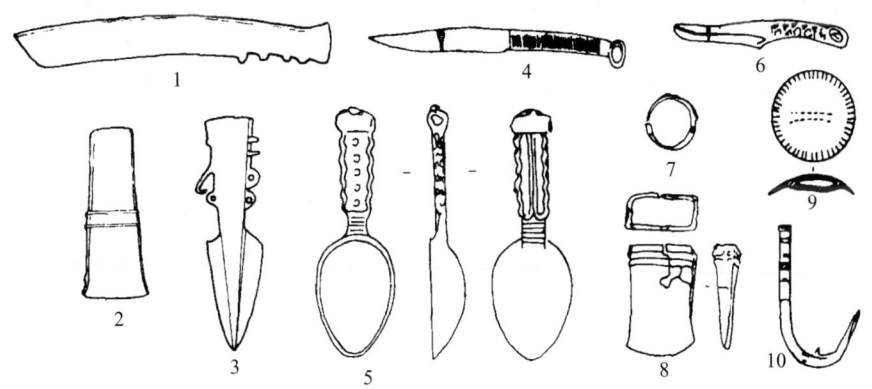

图五　燕山南麓夏家店上层文化器物
1～3.唐山雹神庙出土石范模型图：齿柄刀、錾斧、矛　4～10.延庆西拨子窖藏铜器：刀、匙、耳环、斧、泡、猎钩

夏家店上层文化的陶器，在燕山南麓发现较少，蓟县刘家坟遗址张家园上层文化的地层中，发现有丰宁城根营等地出土的瘤状耳陶鬲残片[74]，徐水解村发现的实心锥形鬲足、碗形矮足豆等，也具有夏家店上层文化的特征。小白阳墓葬的花边鬲属西周早期，西拨子窖藏的重环纹残鼎属西周晚期，大体显示出燕山南麓夏家店上层文化遗存的年代。

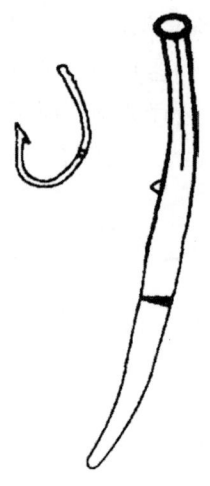

图六　宝坻安桥出土猎钩和铜钩

七、军都山文化

军都山文化由北京延庆县军都山南麓的葫芦沟、西梁垙和玉皇庙三处东周墓地发掘而得名[75]，共清理了500多座墓葬，出土了一大批随葬文物，包括青铜器、金器和陶器，都明显包含有中原和北方草原两种文化因素，以北方草原文化因素更为突出。青铜容器中的蟠螭纹罍云纹盘等属中原文化，而双耳鍑、环耳三足杯等，则具草原文化特征。三种不同型式的刀削，除Ⅲ式削由于亦见于陕县上村岭[76]、侯马上马[77]，浚县山彪镇[78]等地，并且年代较早，因此可能源于中原文化外，其余如把端有不规则穿孔的Ⅰ式削、环把有小突纽的Ⅱ式削，皆属典型北方系草原青铜器。青铜短剑更是属于草原文化的典型形式，发表的7把，有5把为所谓"触角式"剑，是鄂尔多斯青铜器群[79]的代表性器物，另2把中，有1把剑首近方形，铸成一对直立的熊，见于《绥远青铜器》[80]；另1把剑首略呈圆形，铸成竖立的二熊，类似形式见于宁城南山根[81]和隆化下甸子、骆驼梁[82]等地的夏家店上层文化遗存，但后者剑身作柱脊曲刃，和此有区别。其他动物牌饰、带扣、以及金、铜丝绕成的耳环等，也都是常见的鄂尔多斯式铜器。陶器也包含两种文化因素，高柄浅盘豆、折肩罐具中原式陶器特点，夹砂平底罐、三足罐、单耳罐则多见于凉城毛庆沟[83]、张家口白庙[84]、杭锦旗桃红巴拉[85]、以及中卫狼窝子[86]、中宁倪村[87]等地。因此从器物群的整体面貌看，和河套地区的桃红巴拉—毛庆沟文化最为接近。

类似军都山文化的墓葬，亦见于怀涞北辛堡[88]、甘子堡[89]、涞水永乐村[90]、蓟县西山北头[91]等地，滦河下游的承德、滦平、丰宁、赤城等地也有同类遗物出土[92]。还可注意的是唐县北城子[93]、钓鱼台[94]、行唐李家庄[95]等地墓葬，也发现有和此相近的青铜器，如双耳铜釜、提梁铜匏壶、双环耳铜壶、双直耳豆、兽柄首直刃剑、虎形金牌饰、金盘丝等，可见这支文化一度在太行山、燕山地区产生过广泛影响。其年代，军都山墓地较早的墓葬可至春秋早期，下限至春秋晚期或春秋、战国之际，唐县土城子墓属春秋晚期（图七）。

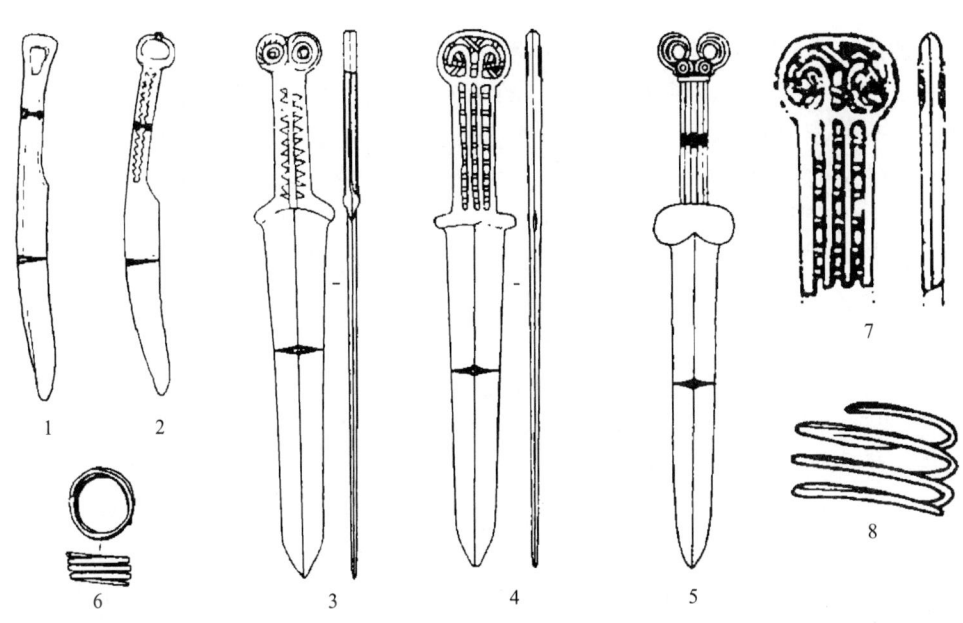

图七　军都山文化与桃红巴拉—毛庆沟相似器物
1～4、6.军都山出土刀削、剑、金耳环　5、8.怀涞北辛堡出土剑、金弹簧式环　7.蓟县西北北头出土剑首

八、以曲刃青铜短剑为代表的遗存

独具特征的曲刃青铜短剑最早形式首先出现于辽东，被称作双房类型[96]，分布重心为浑河、太子河流域，可及商代晚期[97]。西周时期进入辽西，形成十二台营子类型[98]。有一部分和当地魏营子文化相结合，又形成为和尚沟类型[99]。这支文化在辽西地区经历了较长时期的发展，先是在那里和赤峰北部地区南来的夏家店上层文化并存，到春秋以后逐步取代夏家店上层文化，成为燕山以北地区主要的青铜文化遗存[100]。燕山南麓零星发现这支文化的遗物，主要地点有新城高碑店、涿县望都[101]等，根据曲刃剑发展过程中形制变化序列，多属战国中晚期。

除上述八种青铜文化遗存外，还有一种至今在燕山南麓至拒马河之间未发现其典型遗存，但和这个地区历史却有着密切关系的青铜文化，这便是商文化。目前所见商文化在太行山东麓的分布，向北只至保定地区北部，先商遗存以容城上坡遗址[102]为代表，另有容城午方[103]、徐水巩庄、文村、易县老姆台、定兴辛木、安新漾堤口等[104]，出土器物多和磁县下七垣、邯郸涧沟、永年河庄等地的先商文化同。早商文化以涞水富位三期遗存为代表，陶鬲造型同二里冈上层类型[105]。晚商遗存则见于容城上坡、涿县官庄等地，陶鬲造型同殷墟[106]。所有从先商到晚商的商文化遗存，至今只见于拒马河以南，拒马河以北尚未发现。拒马河以北有较多商代或商周之际的青铜器发现，具有典型的商式青铜器特征，如平谷刘家河等地所见，但由于墓主人应是当地土著氏族集团首领，所以不能直接认为是商文化，只能认为是商文化对这个地区的影响，包括交流、册封与赠送，这是青铜器与陶器不同，具有较大的流动性所致。

上述诸种青铜文化共同演绎了燕山南麓约1500年青铜时代的历史，它们出场有先后，担任的角色有主次，根据其中居主导地位的古文化的更迭和演变，基本上可以周武王克商封建燕国为界，分作前后两大阶段：燕国建立以前是以土著文化为主导的阶段，有相邻文化掺杂其中，以来自燕山以北长城地带的影响较大；燕国政权建立，新生的姬燕文化表现出巨大生命力，迅速融合并取代了土著文化，成为这个地区的主角，尽管这时依然不断有相邻文化进入，甚至使姬燕文化的发展遭遇重重困难，但凭借农区稳定的经济，以及由农区经济相联系的中原政权，最终还是完成了对燕山南北的统一。

所谓土著文化，是指在燕山南麓土生土长的文化，包括大坨头文化、围坊三期文化和张家园上层文化，这实际上是连续发展的三个阶段，由于它们彼此间文化面貌前后发生较大的变异，所以才有此划分[107]。早期阶段大坨头文化陶器群的部分器物和昌平雪山遗址H66龙山文化灰坑的极为酷似，以致有人主张"'雪山二期文化'以H66④：94鬲为代表的有关遗存应从龙山时期遗存中划分出来，根据类型学的比较，这种遗存的年代与张家园F4大体相当"[108]。其实这是由于H66资料至今未得全部发表，因而未能得见其全貌而产生的误解。根据参与发掘者进一步披露的资料[109]，它的文化面貌与内蒙古中南部、陕西和山西北部、河北省西北部和北京地区的龙山文化遗存接近[110]，独具特征，与中原龙山文化不尽相同，与大坨头文化也有基本区别。大坨头文化的若干因素在其中出现，只能认为是其孕育阶段，而不能认为是此文化本身。正因为大坨头文化孕育于这一特殊的龙山文化类型中，因此一开始便与光社文化[111]、朱开沟文化、夏家店下层文化等北方青铜文化有着天然联系，而与中原商文化差异较大。

大坨头文化刚一出现，即刻受到北面夏家店下层文化和南面先商文化的影响。以夏家店下层文化的影响尤显强烈，几乎在所有大坨头文化分布区都有它的影子。大坨头文化在燕山以北地区迄今未有典型遗址发现，而夏家店下层文化在燕山南麓不仅有典型遗址，更有典型特征的器物在大坨头文化遗址或墓葬中频频出土，表明夏家店下层文化对燕山南麓的影响，比大坨头文化对燕山以北地区的影响要大得多。不过这两支文化基本上都各自保持着固有的传统特征，如蔚县青铜文化遗存，第一阶段三关墓地具有突出的夏家店下层文化特征，第二阶段为典型的大坨头文化；涞水渐村恰好相反，第一期属大坨头文化遗存，第二期属夏家店下层文化。这种在地层上交相叠压，在年代上互有早晚的情况，表明这是两支并行发展的独立考古学文化。

大坨头文化由围坊三期文化替代，其过程在宣化李大人庄遗址的发掘资料中表现得颇为清晰，该遗址墓地出土的陶鬲，形制多和大厂大坨头遗址晚期相似，而居住址出土的陶鬲是属于围坊三期文化的"花边鬲"，造型却仍然是大坨头文化的陶鬲形式，居住址出土的其他器物，如饰三角划纹的大口罐，以及簋、甗、钵等，也多仍然保持着大坨头文化的基本特征。在涞水渐村、唐山古冶等遗址的围坊三期文化陶器群中，也同出有折肩鬲、直口筒腹鬲等类似大坨头文化的器物，表现出和大坨头文化的渊源关系。据此还可以认为，大坨头文化演变为围坊三期文化，"花边鬲"的介入是一个极为重要因素。

围坊三期文化和燕山以北同时期魏营子文化的关系有待进一步研究，显而易见的是，在围坊三期文化和魏营子文化之间，陶器群中有一部分器物颇为接近，如喀左后坟[112]出土陶器中，数量居多的鬲、钵等，其造型和围坊三期文化的同类器物很相似，燕山南麓围坊三期文化墓葬中出土的金臂钏等，在属魏营子文化的和尚沟墓地也有发现[113]。不过两者区别是基本的，魏营子文化一般认为是由夏家店下层文化蜕变形成的，形成过程中受到下辽河流域高台山文化的强烈影响，因此发生"红化"和"素面化"[114]，但在围坊三期文化中这一现象并不明显；围坊遗址出土的大型陶鬲以及晚期流行的交叉拍印绳纹等，在魏营子文化皆不见；围坊三期文化墓葬随葬陶器多鬲罐钵，魏营子文化则为鼎罐钵，始终保持着二者葬俗传统的固有区别。即使这样，两者在鬲、钵等主要陶器上的相似点还是值得注意，因为在辽西一带魏营子文化的分布范围内，出土了商代孤竹国铜器[115]，当地也有孤竹的传说，而在滦河下游的卢龙等地，古文献中有关孤竹国的传说更多，《汉书·地理志》辽西郡令支县下记："有孤竹城。"所以两地在当时都属孤竹国的势力范围是可能的[116]，这也可能是两地出土器物呈现出较多相似因素的原因。

喀左后坟出土的陶器，部分鬲腹壁较直，以及素面高领陶罐等，仍然表现出若干夏家店下层文化的遗痕，可是更多的鼓腹鬲和敛口钵等，表现出已较多地接受了燕山南麓的影响，燕山以北古文化对燕山以南的影响似已不如夏家店下层文化时期那样强烈，这或和商王朝势力对燕山地区的影响有关。孤竹国在传说中是商的属国，殷墟出土文字资料中多有孤竹国向商朝纳贡的纪录。甲骨文还保存有不少有关商王朝对燕山地区氏族部落进行挞伐和相关氏族部落向商朝纳贡或寻求保护的资料，包括黄（其、冀）、微、𝕏等，这些都被认为是燕山地区的氏族部落[117]，冀器见于昌平白浮、顺义牛栏山[118]和迁安[119]，微器出于丰宁[120]、𝕏器出于翁牛特旗[121]，看来商朝实行的是远距离武力征服，没有搞大规模军事殖民，所以虽然自拒马河以北多有商式铜器出土，却没有商文化居住址发现。

围坊三期文化和魏营子文化都有醒目的"花边鬲"，具有此种特征的陶鬲，在相当龙山文化晚期的伊金霍洛旗朱开沟遗址第一期已经出现[122]，到晚商时期广泛流行于长城地带。与"花边鬲"相应，还出现了一个独具特征的北方系青铜器群，形成北方长城出现以前的"前长城文化带"[123]。值得注意的是，与"花边鬲"在燕山地区广泛流行的同时，围坊三期文化陶器群还出现了明显带有"先周文化"色彩的因素，如围坊遗址出土沿面略凹的陶鬲，琉璃河出土的双耳鬲[124]，三河冯家府[125]和迁安小山东庄出土的单耳鬲和弧裆鬲等,透露出在西周地区崛起的周族势力已对燕山地区产生出愈来愈大的影响,这或许即是《史记·周本纪》所记"伯夷、叔齐在孤竹,闻西伯善养老,盍往归之"的历史故事背景。

当然周人大规模进入燕山地区,主要并不是靠长城地带的渗透,而是在克商后通过大规模军事殖民建立燕国政权,由此产生出姬燕文化,结束了土著青铜文化居主导地位的局面,并使燕山地区青铜文化的发展进入到一个新阶段。由大坨头文化发展而来的围坊三期土著文化,在周文化的强烈影响下蜕变成为张家园上层文化,退居次要地位,最后融入于姬燕文化之中。

但姬燕文化的发展并不顺利,燕召公建立的燕国,其辉煌势头没有保持多久,到西周后期起国势便明显衰落,这在琉璃河都城和宗族墓地中都表现得十分清楚。在董家林古城,虽然城内堆积的年代下限可至西周晚期,但和早期相比发生了明显变化,城内的一些重要发现都是属于西周早期的,晚期只见一般的生活用品;城的防御功能到晚期时有被破坏的迹象。最明显的是城外的墓地,在《琉璃河西周燕国墓地》一书列入登记表的54座墓葬中,属西周早期(第一期)的有39座,占73%;属西周中期(第二期)的有7座,占13%;属西周晚期(第三期)的有8座,占14%。所有随葬青铜礼器的墓葬,包括车马坑等,都是属于西周早期的[126]。因此被怀疑琉璃河遗址作为都城也是到西周早期为止,晚期时或已迁都[127]。

类似的国势衰微景象在燕山南麓普遍存在,同时还包括分居各地的土著部落。迄今为止在这个范围内,除琉璃河一带外,所见西周中晚期的姬燕文化遗存,一般都只是零星分布的小遗址,未见有稍大规模者。那些被认为是方国遗存的地点,包括卢龙阚各庄、迁安小东山庄、蓟县张家园、昌平白浮、满城要庄等地,出土的铜器也大多属西周早期。辽西一带发现与燕国政权有着千丝万缕联系的青铜器窖藏,年代也是这个时期。所有这一切显示同一个事实,即大致从西周晚期起,燕国政权,包括受燕国政权支持的氏族部落在内,都遭到巨大冲击,社会经济文化普遍衰落。这种现象到春秋早期还未见好转,其分布也一直局限于燕山南麓,到春秋中期以后,才在燕山以北地区出现以鼎豆壶为组合显示姬燕文化特征的墓葬[128]。姬燕文化经历如此曲折的发展历程,除和整个周代社会政治经济形势起伏有关外,更应当和数次遭受来自北方的游牧部落侵扰直接相关,燕山南麓发现的夏家店上层文化、军都山文化、以曲刃剑为代表的诸种文化遗存,都是这些侵扰的证明。

夏家店上层文化的年代、地望和山戎部落相当。山戎入侵燕山南麓的时间在春秋早期,但其历史颇早。《史记·匈奴列传》记:"唐虞以上有山戎、猃狁、荤粥,居于北蛮,随畜牧而转移。"又记:"是后(指周平王东迁)六十有五年(公元前706年),山戎越燕而伐齐,齐釐公与战于齐郊。其后四十四年,而山戎伐照燕,燕告急于齐,齐桓公北伐山戎,山戎走。"齐桓公北伐山戎的事件大量见于《国语》《春秋左传》《管子》等书。《春秋谷梁传》记齐桓公"越千里之险,北伐山戎,为燕辟地"。《管子·大匡》记为:"桓公乃北伐令支,下凫之山,斩孤竹,遇山戎。"《管子·小匡》记:"北至于孤竹、山戎、秽貊。"令支亦在滦河下游。凫之山或即北伐必经的碣石山。孤竹从滦河下游到辽西皆有其地。秽貊部落一般认为在辽东,但辽西的曲刃剑来自辽东,齐桓公北伐不会到辽东，因此其遇到的秽貊应是这支文化。齐桓公"斩孤竹"而后"遇山戎"，山戎地望当已在辽西以北，那里正是夏家店上层文化的分布重心赤峰宁城地区，山戎遗存非夏家店上层文化莫属[129]。经齐桓公的征伐，"山戎走"，夏家店上层文化也正是从此时衰落的。因此可以认为，在此时期内燕国发生的国势衰微，以及"桓侯迁临易"等事件，都是遭受山戎侵扰的缘故。对齐桓公的北伐，历史曾给予极高评价，《汉书·韦贤传》有这样一段话："太仆王舜、中垒校尉刘歆议曰：……《春秋》纪齐桓南伐楚，北伐山戎。孔子曰：'微管仲，吾其被发左衽矣。'是故弃桓之过而录其功，以为伯首。"其所以如此，是因为约从西周中期起，不仅长城地带东西部戎狄部落一起大举进犯中原政权，南方蛮夷部落也蠢蠢欲动，关中的周政权因此被迫迁都洛阳，燕国的第一次迁都同样是这个原因。《公羊传》形容当时的形势："南夷与北狄交，中国不绝若线。"正是齐桓公的征伐使中原农区避免遭受游牧部落的蹂躏。

在燕国还未从山戎的侵扰中恢复过来之时，西部的白狄已悄悄地开始侵占燕国土地。白狄是西戎部落的一支，又称犬戎，原先聚居区在陕西西北部至甘肃地区，寺洼文化是其遗存[130]。它曾和陕北地区的獫狁部落一起，先后频繁侵扰周室，周幽王时，"西戎犬戎与申侯伐周，杀幽王骊山下。……周避犬戎难，东徙雒邑"（《史记·秦本纪》）。随着秦的崛起，狄人部落开始东移，分赤狄、白狄两部。赤翟部落进入太行山南部及晋东南地区。白狄开始迁至河套地区。《史记·匈奴列传》记："晋文公攘戎狄，居于河西圁、洛之间。"《史记·秦始皇本纪》记："发兵三十万，略取河南地。"〔正义〕引《括地志》云："潞州本赤狄地，延、银、绥三州，白狄也。"这里原是獫狁部落聚居地，獫狁又称獯，即胡[131]，故白狄亦被称作胡，又音变为匈奴，其遗存即桃红巴拉—毛庆沟文化。白狄继续沿阴山山脉东进，进入太行山北部和燕山地区。《左传》昭公十二年（公元前530年）记："晋荀吴伪会齐师，假道于鲜虞，遂入昔阳。"杜预注："鲜虞，白狄别种，在中山新市县。昔阳，肥国都，乐平沾县东有昔阳县。"新市县故城在新乐县。《左传》又记："秋八月壬午，灭肥，以肥子绵皋归。"杜预注："肥，白狄也。……钜鹿下曲阳县西南有肥累城。"下曲阳故城在晋县西。昭公十五年（公元前527年）"晋荀吴帅师伐鲜虞，围鼓，……以鼓子鸢归。"杜预注："鼓，白狄之别。钜鹿下曲阳县有鼓聚。"唐县、行唐等地发现具有军都山文化特征的遗存，都是这些小国（族）留下的遗存。

太行山北部的代国，也是狄人所建。《史记·赵世家》："犬者，代之先也。"滦河下游有肥国，它是从滹沱河流域迁来的，《汉书·地理志》辽西郡肥如县下曰："春秋晋灭肥，肥子奔燕，燕封之于此。"按《水经·濡水注》所记地望，肥如故城在今卢龙县北。张家口、怀来、涞水、北京、天津和承德、滦平、丰宁、赤城等地具有军都山文化特征的遗存[132]，也都和白狄有关。白狄不仅占据了燕国大批土地，使"北有林胡、楼烦，西有云中、九原，南有滹沱、易水"（苏秦语）的版图大打折扣，并且还对燕国政权构成了严重威胁。燕国为避其锋，只得再一次迁都，这便是《水经·易水注》所说的："易水又东迳易县故城南，昔燕文公徙易，即此城也。"此文公应是陈梦家《六国纪年》和方诗铭《中国历史纪年表》所列在位时间为公元前438～前415年的燕文公。公元前457年赵襄子平代地，尤其是公元前307年赵武灵王北伐，才使白狄对燕国的困扰得以缓解，军都山文化年代的上下限正和此相当。

  白狄的威胁虽有缓解，但燕国局势并没有好转，其原因是不仅有南面强邻齐国表现出勃勃兼并野心，北面燕山以北又有东胡部落崛起。《史记·匈奴列传》："当是之时，……秦、晋为强国，……而晋北有林胡、楼烦之戎，燕北有东胡、山戎。"《战国策·燕一·齐伐宋章》："北夷方七百里，加之鲁、卫，此所谓强万乘之国也。"（《战国纵横家书·谓燕王章》作"九夷方一百里"）此"北夷"也是东胡。燕国的灾祸首先由内部诱发，公元前318年燕王哙"禅让"给子之，使国家陷入严重的政治混乱，齐国于公元前315年乘机入侵，几乎使燕国覆亡。燕昭王于公元前312年即位，励精图治，为在对齐国的复仇战争中消除后顾之忧，使"贤将秦开为质于胡"，对东胡采取妥协政策。燕山南麓发现的曲刃青铜短剑，年代多属战国中晚期，即接近这个时期，在燕昭王伐齐之役中，是否有东胡族参加亦未可知。

  东胡的名称是相对西部胡人而言，即《史记·索隐》引服虔所说的："在匈奴东，故曰东胡。"其实燕山地区有氏族集团称胡，由来已久，上海博物馆藏方罍铭文作"亚橐孤竹"，橐字的构成，和西胡在金文中的"𤞷"字相同，只是排列有别，因此也应读作胡。辽西一带是孤竹的聚居区，从这个意义上讲，也是传统的胡地。这个地区自齐桓公北伐山戎后，和山戎有关的夏家店上层文化，以及和孤竹相关的和尚沟类型尽皆衰落，只有以曲刃剑为代表的朝阳十二台营子类型一枝独秀，成为这个地区的主要文化，其代表性器物，包括铜器中的曲刃青铜短剑、陶器中的叠唇罐、高领壶等，经过锦西乌金塘[133]、朝阳十二台营子、喀左南洞沟[134]、凌源三官甸子[135]、敖汉旗山湾子[136]、喀左园林处[137]等不同阶段遗存的传递，从西周一直延续至战国。战国时期在燕山以北拥有强大实力的东胡族，非此文化莫属，东胡实际上是对包含在这个文化之内的原先燕山以北地区众多氏族部落的统称。

  燕昭王在对齐作战胜利后，立即发动对东胡部落的进攻，秦开"归而袭破走东胡，东胡却千余里"，"燕亦筑长城，自造阳至襄平，置上谷、渔阳、右北平、辽西、辽东郡，以拒胡"。燕国至此完成了全境的统一，姬燕文化遍布全境，燕山南麓青铜文化的发展演变完成了全过程，它的后期实际上已进入了铁器时代。

<h2 style="text-align:center">注　释</h2>

[1]　天津市文化局考古发掘队：《河北省大厂回族自治县大坨头遗址试掘简报》，《考古》1966年第1期。

[2]　天津市文物管理处：《天津蓟县张家园遗址发掘简报》，《文物资料丛刊》（1），文物出版社，1997年；天津市文物管理处：《天津蓟县张家园遗址第二次发掘》，《考古》1984年第8期；天津市文物管理处：《天津蓟县张家园遗址第三次发掘》，《考古》1993年第4期。

[3]　天津市文物管理处考古队：《天津蓟县围坊遗址发掘报告》，《考古》1983年第10期。

[4]　天津历史博物馆考古队、宝坻县文化馆：《天津宝坻县牛道口遗址调查发掘简报》，《考古》1991年第7期。

[5]　鲁琪、葛英会：《北京市出土文物展览巡礼》，《文物》1974年第4期。

[6]　河北省文物研究所：《唐山市古冶商代遗址》，《考古》1984年第9期。

[7] 河北省文物研究所:《河北滦南县东庄店遗址调查》,《考古》1983年第9期。
[8] 张家口考古队:《蔚县夏商时期考古的主要收获》,《考古与文物》1984年第1期。
[9] 张家口市文物事业管理所:《河北宣化李大人庄遗址试掘报告》,《考古》1990年第5期。
[10] 拒马河考古队:《河北易县涞水古遗址试掘报告》,《考古学报》1984年第4期。
[11] 安志敏:《唐山石棺墓及其相关的遗物》,《中国考古学报》1954年第7期。
[12] 廊坊市文物管理所、香河县文物保管所:《河北香河县庆功台村夏家店下层文化墓葬》,《文物春秋》1999年第6期。
[13] 河北省文物管理委员会:《河北唐山大城山遗址发掘报告》,《考古学报》1959年第3期。
[14] 邹衡:《关于夏商时期北京地区诸邻境文化的初步探讨》,《夏商周考古学论文集》,文物出版社,1980年。
[15] 李经汉:《试论夏家店下层文化的分期和类型》,《中国考古学会第一次年会论文集》,文物出版社,1980年。
[16] 张忠培等:《夏家店下层文化研究》,《考古学文化论集》(一),文物出版社,1987年。
[17] 刘观民:《试析夏家店下层文化陶鬲》,《中国考古学研究》,文物出版社,1986年。
[18] 韩嘉谷:《大坨头文化陶器群浅析》,《中国考古学会第七次年会论文集》,文物出版社,1991年。
[19] 韩嘉谷:《京津地区商周时期古文化发展的一点线索》,《中国考古学会第一次年会论文集》,文物出版社,1980年。
[20] 郭大顺:《丰下遗址陶器分期再认识》,《文物与考古论集》,文物出版社,1987年。
[21] 北京市文物研究所:《北京考古四十年》,北京燕山出版社,1990年。
[22] 河北省文物研究所:《河北涞水渐村遗址发掘报告》,《文物春秋》1992年增刊。
[23] 张家口考古队:《蔚县夏商时期考古的主要收获》,《考古与文物》1984年第1期。
[24] 拒马河考古队:《河北易县涞水古遗址试掘报告》,《考古学报》1988年第4期。
[25] 北京市文物管理处:《北京琉璃河夏家店下层文化墓葬》,《考古》1983年第10期。
[26] 河北省文物研究所:《唐山市古冶商代遗址》,《考古》1984年第9期。
[27] 马洪路:《河北省玉田县发现新石器和青铜时代遗存》,《考古》1987年第5期。
[28] 李捷民、孟昭林:《河北卢龙双望乡发现细石器与陶器》,《考古通讯》1958年第6期。
[29] 刘震:《河北遵化县发现一座商代墓葬》,《考古》1995年第5期。
[30] 保定地区文管所:《河北唐县洪城遗址的调查》,《考古》1996年第5期。
[31] 唐山市文物管理处、迁安县文物管理所:《河北迁安县小山东庄西周时期墓葬》,《考古》1997年第4期。
[32] 梁宝玲:《蓟县弥勒院遗址》,《天津市历史博物馆馆刊》1994年第4期。
[33] 天津市历史博物馆考古部:《天津蓟县张家园遗址第三次发掘》,《考古》1993年第4期。
[34] 北京市文物管理处:《北京市平谷县发现商代墓葬》,《文物》1977年第11期。
[35] 唐云明:《河北境内几处商代文化遗存纪略》,《考古学集刊》(2),文物出版社,1982年;河北省文物研究所:《河北卢龙阚各庄遗址》,《考古》1985年第11期。
[36] 孟昭永、赵立国:《河北滦县出土晚商青铜器》,《考古》1994年第4期。
[37] 北京市文物工作队:《北京平谷刘家河遗址调查》,《北京文物与考古》(第三辑),1992年。

[38] 韩嘉谷、纪烈敏：《蓟县张家园遗址青铜文化遗存综述》，《考古》1993 年第 4 期；纪烈敏：《蓟县出土的商周青铜器》，《天津历史博物馆馆刊》，1994 年第 4 期。

[39] 天津市文物管理处：《天津蓟县张家园遗址发掘简报》，《文物资料丛刊》（1），文物出版社，1997 年。

[40] 纪烈敏等：《蓟县青池新石器时代及商周遗址》，《中国考古学年鉴》（1998），文物出版社，2000 年。

[41] 韩嘉谷等：《蓟县邦均西周时期遗址和墓葬》，《中国考古学年鉴》（1987），文物出版社，1988 年。

[42] 韩嘉谷等：《宝坻县歇马台战国遗址》，《中国考古学年鉴》（1987），文物出版社，1988 年。

[43] 北京市文物研究所：《镇江营与塔照》，中国大百科全书出版社，1999 年。

[44] 拒马河考古队：《河北易县涞水古遗址试掘报告》，《考古学报》1988 年第 4 期。

[45] 河北省文物研究所：《燕下都》，文物出版社，1996 年。

[46] 东亚考古学会：《内蒙古长城地带》，1935 年。

[47] 韩嘉谷：《京津地区商周时期古文化发展的一点线索》，《中国考古学会第一次年会论文集》，文物出版社，1980 年。

[48] 沈勇：《围坊三期文化初论》，《北方文物》1993 年第 3 期。

[49] 李伯谦：《张家园上层类型的若干问题》，《考古学研究》（二），北京大学出版社，1994 年。

[50] 赵福生、刘绪：《西周燕文化与张家园上层文化类型》，《北京文博》1998 年第 1 期。

[51] 中国社会科学院考古研究所实验室：《放射性碳素测定年代报告》（一五），《考古》1988 年第 7 期。

[52] 郭沫若：《中国古代社会研究》；侯仁之：《关于古代北京的几个问题》，《文物》1959 年第 9 期。

[53] 北京市文物工作队：《北京房山县考古调查简报》，《考古》1963 年第 3 期；北京大学考古系等：《1995 年琉璃河周代居址发掘简报》，《文物》1996 年第 6 期。

[54] 中国社会科学院考古研究所等：《北京琉璃河 1193 号大墓发掘简报》，《考古》1990 年第 1 期。

[55] 河北省文物研究所：《河北满城要庄发掘简报》，《文物春秋》1992 年增刊。

[56] 河北省文物研究所：《河北省任邱市哑叭庄遗址发掘报告》，《文物春秋》1992 年增刊。

[57] 天津市文化局考古发掘队：《河北省大厂回族自治县大坨头遗址试掘简报》，《考古》1966 年第 1 期。

[58] 拒马河考古队：《河北易县涞水古遗址试掘报告》，《考古学报》1988 年第 4 期。

[59] 李恭笃等：《试论燕文化与辽河流域青铜文化的关系》，《北京建城 3040 年暨燕文明国际学术研讨会会议专辑》，北京燕山出版社，1997 年。

[60] 中国科学院考古研究所等：《北京附近发现的西周奴隶殉葬墓》，《考古》1974 年第 5 期；北京市文物研究所：《琉璃河西周燕国墓地》，文物出版社，1995 年；中国社会科学院考古研究所：《1981～1983 年琉璃河西周燕国墓地发掘简报》，《考古》1984 年第 5 期；北京市文物研究所：《1995 年琉璃河遗址墓葬区发掘简报》，《文物》1996 年第 6 期。

[61] 热河省博物馆筹备组：《热河凌源海岛营子村发现的古代青铜器》，《文物参考资料》1955 年第 8 期。

[62] 北京市文物管理处:《北京地区的又一重要考古收获》,《考古》1976年第1期。

[63] 齐晓光:《内蒙古克什克腾旗龙头山遗址发掘的主要收获》,《内蒙古东部地区考古学研究文集》,海洋出版社,1991年。

[64] 张家口市文物事业管理所、宣化县文化馆:《河北宣化县小白阳墓地发掘报告》,《文物》1987年第5期。

[65] 安志敏:《唐山小官庄石棺墓及其相关遗物》,《考古学报》,1954年第七册。

[66] 宝坻县文化馆资料。

[67] 北京市文物管理处:《北京市延庆县西拨子窖藏铜器》,《考古》1979年第3期。

[68] 韩嘉谷等:《蓟县邦均西周遗址和墓葬》,《中国考古学年鉴》(1987),文物出版社,1988年。

[69] 河北省文物工作队:《河北徐水解村发现古遗址和古城垣》,《考古》1965年第10期。

[70] 贾鸿恩:《翁牛特旗大泡子青铜短剑墓》,《文物》1984年第2期。

[71] 中国科学院考古研究所内蒙古工作队:《宁城县南山根遗址发掘报告》,《考古学报》1975年第1期;辽宁省昭乌达盟文物工作站等:《宁城南山根的石棺墓》,《考古学报》1973年第2期;李逸友:《内蒙古昭乌达盟出土的铜器调查》,《考古》1959年第6期;宁城县文化馆等:《宁城县新发现的夏家店上层文化墓葬及其相关遗物》,《文物资料丛刊》(9),文物出版社,1985年。

[72] 中国社会科学院内蒙古工作队:《内蒙古敖汉旗周家地墓地发掘简报》,《考古》1984年第5期。

[73] 中国社会科学院考古研究所内蒙古工作队:《赤峰蜘蛛山遗址的发掘》,《考古学报》1979年第2期。

[74] 朱永刚:《夏家店上层文化的初步研究》,《考古学文化论集》(一),文物出版社,1987年。

[75] 北京市文物研究所山戎文化考古队:《北京延庆军都山东周山戎部落墓地发掘纪略》,《文物》1989年第8期。

[76] 中国科学院考古研究所:《上村岭虢国墓地》,科学出版社,1959年。

[77] 山西省考古研究所:《山西侯马上马墓地发掘简报》,《文物》1989年第6期。

[78] 郭宝钧:《山彪镇与琉璃阁》,科学出版社,1959年。

[79] 田广金、郭素新:《鄂尔多斯式青铜器》,文物出版社,1986年。

[80] 江上波夫、水野清一:《绥远青铜器》,《内蒙古长城地带》,《东亚考古学丛刊》(第一册),1935年。

[81] 中国科学院考古研究所内蒙古工作队:《宁城县南山根的石椁墓》,《考古学报》1973年第2期。

[82] 朱永刚:《夏家店上层文化的初步研究》,《考古学文化论集》(一),文物出版社,1987年。

[83] 内蒙古文物工作队:《毛庆沟墓地》,《鄂尔多斯式青铜器》,文物出版社,1986年。

[84] 张家口文物事业管理所:《张家口市白庙遗址清理简报》,《文物》1985年第10期。

[85] 田广金:《桃红巴拉的匈奴墓》,《考古学报》1976年第1期。

[86] 周兴华:《宁夏中卫县狼窝子坑的青铜短剑墓群》,《考古》1989年第11期。

[87] 宁夏回族自治区博物馆考古队:《宁夏中卫县青铜短剑墓清理简报》,《考古》1989年第7期。

[88] 河北省文物工作队:《河北怀来北辛堡战国墓》,《考古》1966年第5期。

[89] 贺勇等:《河北怀来甘子堡发现的春秋墓葬》,《文物春秋》1993年第2期。

[90] 孟昭林：《河北省涞水县永乐村发现一批战国铜、陶器》，《文物参考资料》1955年第12期。

[91] 梁宝玲：《天津蓟县发现青铜短剑》，《北方文物》1993年第2期。

[92] 靳枫毅：《军都山山戎文化墓地的发现及埋葬制度特征》，《北京考古与文物》（第三辑），1992年。

[93] 郑绍宗：《唐县南伏城及北城子出土周代青铜器》，《文物春秋》1991年第1期。

[94] 河北省文物管理处：《河北省三十年来的考古工作》，《文物考古工作三十年》，文物出版社，1979年。

[95] 河北省文化局文物工作队：《行唐李家庄发现战国铜器》，《文物》1963年第4期。

[96] 许明纲、许玉林：《辽宁新金县双房石盖石棺墓》，《考古》1983年第4期。

[97] 清原县文化局：《辽宁清原县近年发现一批石棺墓》，《考古》1982年第2期；辽阳市文物管理所：《辽阳二道河子石棺墓》，《考古》1977年第5期；铁岭地区文物组：《辽北地区原始文化调查》，《考古》1981年第2期。

[98] 朱贵：《辽宁朝阳十二台营子青铜短剑墓》，《考古学报》1960年第1期。

[99] 辽宁省文物考古研究所：《喀左和尚沟墓地》，《辽海文物学刊》1989年第2期。

[100] 韩嘉谷：《长城地带青铜短剑的考古学文化和族属》，《中国考古学会第八次年会论文集》，文物出版社，1996年。

[101] 郑绍宗：《河北省发现的青铜短剑》，《考古》1975年第2期。

[102] 河北省文物研究所等：《河北容城县上坡遗址发掘简报》，《考古》1999年第3期。

[103] 河北省文物研究所：《河北容城县午方新石器时代遗址试掘》，《考古学集刊》（五），科学出版社，2003年。

[104] 沈勇：《保北地区夏商时代两种青铜文化之探讨》，《华夏考古》1991年第3期。

[105] 拒马河考古队：《河北易县涞水古遗址试掘报告》，《考古学报》1988年第4期。

[106] 董振凯：《河北省文化局调查涿县北高官庄发现的古代遗址》，《文物参考资料》1955年第11期。

[107] 韩嘉谷：《用边脚料做时装》，《北方考古研究》（四），中州古籍出版社，1999年。

[108] 张忠培等：《夏家店下层文化研究》，《考古学文化论集》（一），文物出版社，1987年。

[109] 韩嘉谷：《土方历史的考古学探索》，《内蒙古文物考古文集》（第四辑），科学出版社，2013年。

[110] 李建忠：《山西龙山时代考古遗存的类型与分期》，《文物季刊》1993年第2期；杨杰：《晋陕北部及内蒙古中南部龙山时代考古学文化初探》，《内蒙古中南部原始文化研究文集》，海洋出版社，1991年。

[111] 解希恭：《光社遗址试掘调查简报》，《文物》1962年第4、5期。

[112] 喀左县文化馆：《辽宁喀左县后坟村发现的一组陶器》，《考古》1982年第1期。

[113] 辽宁省文物考古研究所：《喀左和尚沟墓地》，《辽海文物学刊》1989年第2期。

[114] 郭大顺：《试论魏营子类型》，《考古学文化论集》（一），文物出版社，1987年。

[115] 辽宁省博物馆、朝阳地区博物馆：《辽宁喀左县北洞村发现殷代青铜器》，《考古》1973年第4期；晏琬：《北京、辽宁出土铜器与周初的燕》，《考古》1975年第5期。

[116] 唐兰：《从郑则出土的商代前期铜器谈起》，《文物》1973年第7期。

[117] 韩嘉谷:《燕国境内诸考古学文化的族属探索》,《北京建城 3040 年暨燕文明国际学术研讨会会议专辑》,北京燕山出版社,1997 年。
[118] 程长新:《北京市顺义县牛栏山出土一组周初带铭青铜器》,《文物》1983 年第 11 期。
[119] 李宗山等:《河北省迁安县出土两件商代铜器》,《文物》1995 年第 6 期。
[120] 河北省文物研究所:《河北省出土文物选集》,文物出版社,1980 年。
[121] 苏赫:《从昭盟发现的大型青铜器试论北方的早期青铜文化》,《内蒙古文物考古》1982 年第 2 期。
[122] 内蒙古文物考古研究所:《内蒙古朱开沟遗址》,《考古学报》1988 年第 3 期。
[123] 韩嘉谷:《论前长城文化带及其形成》,《长城国际学术研讨会论文集》,吉林人民出版社,1995 年。
[124] 李伯谦:《北京房山董家林古城址的年代及相关问题》,《北京建城 3040 年暨燕文明国际学术研讨会会议专辑》,北京燕山出版社,1997 年。
[125] 韩嘉谷:《京津地区商周时期古文化发展的一点线索》,《中国考古学会第一次年会论文集》,文物出版社,1979 年。
[126] 北京市文物研究所:《琉璃河西周燕国墓地》,文物出版社,1995 年。
[127] 北京市文物研究所《北京市考古五十年》,《新中国考古五十年》,文物出版社,1999 年。
[128] 辽宁省文物普查训练班:《一九七九年朝阳地区文物普查发掘的主要收获》,《辽宁文物》1880 年第 1 期。
[129] 韩嘉谷:《从军都山东周墓谈山戎、胡、东胡的考古学文化归属》,《内蒙古文物考古文集》(第一辑),中国大百科全书出版社,1994 年。
[130] 赵化成:《甘肃东部秦和羌戎文化的考古学探索》,《考古类型学的理论与实践》,文物出版社,1989 年。
[131] 唐兰:《伯或三器铭文的释文和考释》,《文物》1976 年第 6 期。
[132] 靳枫毅:《论中国东北地区含曲刃青铜短剑的文化遗存》,《考古学报》1982 年第 4 期;靳枫毅:《军都山山戎文化墓地的发现及埋葬制度特征》,《北京考古与文物》(第三辑),1992 年。
[133] 锦州市博物馆:《辽宁锦西县乌金塘东周墓调查记》,《考古》1960 年第 5 期。
[134] 辽宁省博物馆等:《辽宁喀左南洞沟石椁墓》,《考古》1977 年第 6 期。
[135] 辽宁省博物馆:《辽宁凌源县三官甸子青铜短剑墓》,《考古》1985 年第 2 期。
[136] 邵国田:《内蒙古敖汉旗发现的青铜短剑及有关遗物》,《北方文物》1993 年第 1 期。
[137] 傅宗德、陈莉:《辽宁喀左县出土战国铜器》,《考古》1988 年第 7 期。

(原刊于《边疆考古研究》第 1 辑,科学出版社,2002 年)

琉璃河遗址出土器物

试论北京琉璃河西周墓出土的玉冠饰

杜金鹏

在北京市房山区琉璃河西周燕国墓地，出土一件玉雕冠饰，编号为M253：43[1]这是一件用扁平板材雕琢而成的长条形玉器，青白色，上宽5.9厘米，下宽5.1厘米，高16厘米（图一）。关于这件玉器的年代、性质、源流、工艺以及学术意义等问题，目前学术界尚无人系统论及，在此，笔者不揣浅陋托出己见，以期就正于前辈和专家。

图一　琉璃河出土玉冠饰
左　线图　　　　　　右　拓片

一、出土情况及其形制、年代

琉璃河出土的这件玉器，系西周燕国墓地第二区第M253号墓中的随葬品。M253

是一座中型墓,墓圹为南北向长方形竖穴,长5.1米,宽3.5米,深7米。双重木椁,椁外有熟土二层台。墓中的随葬品主要有:在墓圹填土中,放置四个配有青铜部件的木质车轮,一组青铜车马器(包括銮、轭、衡饰和泡饰);在二层台上,22件青铜器(鼎6件,鬲4件,爵、簋、卣各2件,觯、尊、壶、盘、甗、盉各1件)和1件陶鬲、1件漆壶集中在北端,东侧台面上放置的是青铜车马器(銮、泡等)、青铜兵器(剑、戈等)、青铜工具(锛),而我们将要讨论的这件玉器,则平放在东台面中部近外椁处,头冲北,它的旁边是铜盾饰、铜泡、铜节约、兽面形铜饰和铜銮等。很显然,这是一名享有马车和青铜礼器的中等贵族的墓葬。

该玉器的制作工艺比较讲究,表面经仔细抛光,采用平面线雕和透雕相结合,图案左右对称,端正规则。据笔者观察分析,这件玉器所表现的是一个人的正面形象,他(她?)鼻阔目正,齐肩发稍微上卷,头著高冠,冠顶有齿扉和卷曲的饰物,冠体上刻有两道平行横线,额部刻三道平行横线,额之两侧各有一个卷向头顶的小弯钩,即翼状发饰。颌下是一长条形"阑",阑下有一短榫,榫的中部挨近阑处钻有一个圆孔。发掘者判定,M253属西周早期墓葬,故该墓出土的玉冠饰之年代下限,当不晚于西周早期。至于其年代上限,从已知的商代晚期和西周早期墓葬出土的同类品来推断,应不早于西周早期。例如,在江西新干商代晚期大墓中,出土一件玉雕冠饰[2],高6.5厘米,正面雕刻面目奇异的神人头像,著高羽冠,梭状目,蒜头鼻,方口,口中露出九颗方齿、四枚獠牙,头侧有翼状发饰,耳下坠圆环(图二,5);在安阳殷墟商代晚期墓M331中出土的一件玉冠饰[3],亦系一人的头像,在一块扁平玉材上采用线雕、浅浮雕、透雕等技法,表现了一个神人的侧面头像,著羽冠,冠顶插羽翎,冠体饰几何纹,头后有卷曲的翼状发饰(图二,6);在长安沣西西周早期墓M17出土的一件玉雕神像[4],与新干大墓玉雕神像之形象基本相同,只是其冠上无羽饰(冠顶有两个小缺口,推测是为装配羽冠上部配件之设置,这个配件可能是雕制的羽翎,或者就是用真羽毛编扎而成),人的颈部恰好就是插榫,上面钻有两个圆形小销孔(图二,7)。将琉璃河玉冠饰与以上三件考古发掘品相比较,我们不难发现,它们的共同特点是:第一,均是人头形象,著冠;第二,皆有短榫,可用于插嵌;第三,头侧都有翼状发饰和卷曲的过耳发。而其相异之处是:第一,安阳、新干、沣西出土品,刻画细腻而形象,羽翎逼真,目、鼻、口、齿、耳(珥)毕具(安阳殷墓随葬品无珥除外),线条圆滑流畅。琉璃河出土品则刻画简略,线条呆板僵硬,羽翎抽象化、图案化,无口、无珥;第二,安阳、新干、沣西出土品之翼状发饰比较舒展、大方,琉璃河出土品的发饰则很拘谨,相比之下严重退化、萎缩;第三,安阳等地出土品在描绘人的面目时,运用的主要是阳凸线条,而琉璃河出土品则完全采用阴刻线条。上述玉器之间的诸多相同处,表明它们是性质、用途相同的类同品,因而存在源流关系,可以由此推寻其年代的先后。根据考古发掘及传世文物等资料,我们知道上述文物的源头直可上溯良渚文化和山东龙山文化。据笔者的统计分析,目前已知的我国先秦玉雕神人头像在海内外共收藏有二十多件,其总的发展演变趋势大体是:"脸庞越宽扁,翼饰越发达舒展,年代越早;反之,脸庞越瘦长,翼饰越拘谨萎缩,年代越晚。"[5]由此可以看出,琉璃河出土的这件玉雕品,显然要晚于安阳、新干商墓出

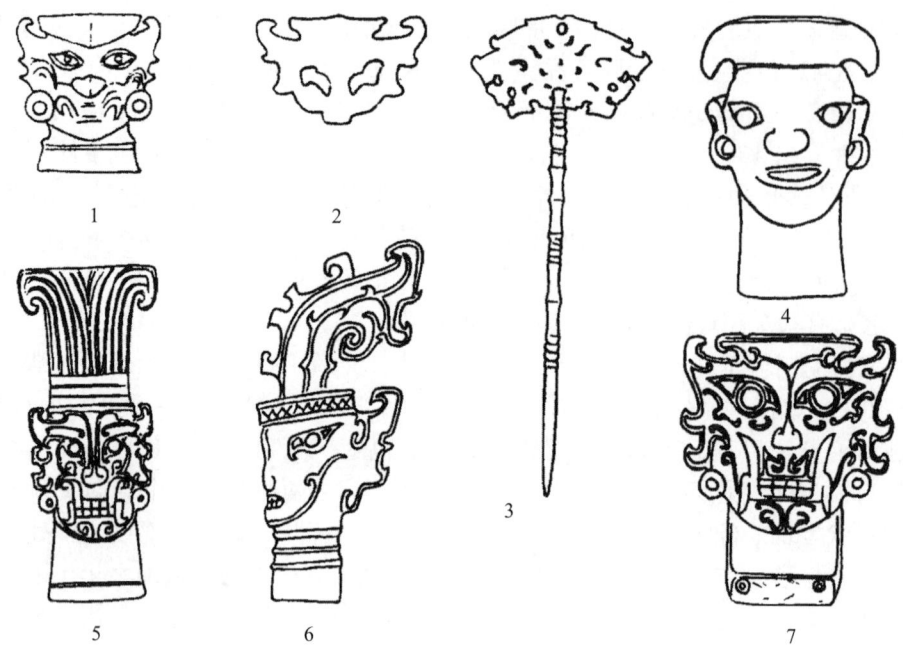

图二 考古发现的玉冠饰
1. 天门肖家屋脊遗址出土 2. 钟祥六合遗址出土 3. 临朐朱封龙山墓出土 4. 光山春秋墓出土 5. 新干大洋洲商墓出土 6. 安阳小屯商墓出土 7. 长安西周墓出土

土的同类品,也晚于沣西出土的同类品。因此,可以断定它是西周早期的制品。

二、性质和用途

在发掘报告中,上述玉器被称之为"长方形佩",即定其为佩饰。据笔者的分析应为冠饰,理由之一,是其下部有阑、有榫,显然是竖插在什么物件的顶部使用,榫上的小圆孔应是起固定作用的销眼;理由之二,这类玉器目前在良渚文化和山东龙山文化中已有较多发现,考古发现和传世文物已证明这类玉器是一种类似于现今"帽徽"的冠饰,兹举例如下。

在良渚文化中常见一种牌状玉器,即所谓"冠状饰",一般宽5～10厘米、高3～6厘米,考古发掘品均出自大型墓葬中死者的头部,在余杭反山[6]、瑶山[7]两遗址就出土20件(图三,1~4),因其器形与良渚文化玉器上的"神人所戴羽冠形状相似",故而被称为"冠状饰"。其上多雕有神徽,下部有短榫,榫上有销孔。根据有关材料,笔者认为,这种玉器"很可能是嵌在冠顶上的一种徽识,犹似后世之帽徽。由于它是'神人'羽冠之象形,且又有神人形象,因此它实际上是'神人'的象征,是一些地位尊崇的权贵们享受'神'所赐给的地位、行使'神'所赋予的权力的凭证[8]。"良渚文化玉器上的神人徽像,现已发现不少,其中以反山玉上的徽像(图四)最有代表性[9]。

图三 良渚文化玉冠饰
1. 余杭反山 M16：4 2. 余杭反山 M17：8 3. 余杭反山 M15：4 4. 瑶山 M2：1

图四 良渚文化玉琮上的神灵徽像（反山 M12）

在临朐西朱封村一座山东龙山文化大墓中，出土一件玉冠饰[10]，位于墓主人头部左侧近旁，由首、柄两部分组成，通长23厘米。柄呈圆锥状，首部用扁平玉材雕制而成，表现的是一头戴羽冠、有翼状发饰和珥的神人之抽象形象（图二，3）。根据其结构特征、出土部位，联系良渚文化玉冠徽的使用情况，以及一部分传世的山东龙山文化玉器上所见神人徽像中冠徽的使用情况，笔者断定这件玉器应是竖立着插在冠或发上使用的玉饰[11]。

与临朐西朱封龙山文化玉冠饰相类似的玉器，在钟祥县六合遗址的石家河文化瓮棺中也曾出土一件[12]，乳黄色，扁平体，系一抽象的神人形象，头戴亭顶状冠，翼状发饰，高5厘米（图二，2）。另外，在天门市石家河镇肖家屋脊遗址的石家河文化瓮棺中也发现有类似的一件玉器[13]，器体大致呈三棱柱状，背后的棱面弧形内凹，无花纹。在另两个棱面上采用圆雕、浮雕相结合之手法，雕刻成神人正面头像，平顶冠，头侧翼状饰上卷，双耳垂环，口露獠牙，颈部有一道凸弦纹，自冠顶至颈底有一纵向穿孔。器高3.7厘米（图二，1）。六合遗址玉器与西朱封龙山文化玉器属同类器物，用途当相同。肖家屋脊遗址的出土品，背面成弧形，有插榫（颈部凸弦纹以下），有纵向透孔，很显然适合于采用插、缚等方法装置在圆形物上，结合其他有关文物可以断定，它也是冠饰。

至于这种玉冠饰的内在含义，应是表现受人尊敬的"神"。良渚文化中雕有非人非兽之神徽的"冠状饰"，已可说明这个问题，而更有说服力的是一些山东龙山文化系统之玉器上的神徽。

在日照县两城镇出土的一件山东龙山文化玉圭上[14]，雕刻着两个怪异的图案，其一为人面头像，似兽，圆眼，扁脸，阔口露齿，披肩发末端上卷，头上有装饰物，戴亭状冠（图五，1）；其二是鸟面头像，圆眼，宽喙，头有翼状饰，戴冠，冠形如良渚文化玉"冠状饰"（图五，2）。

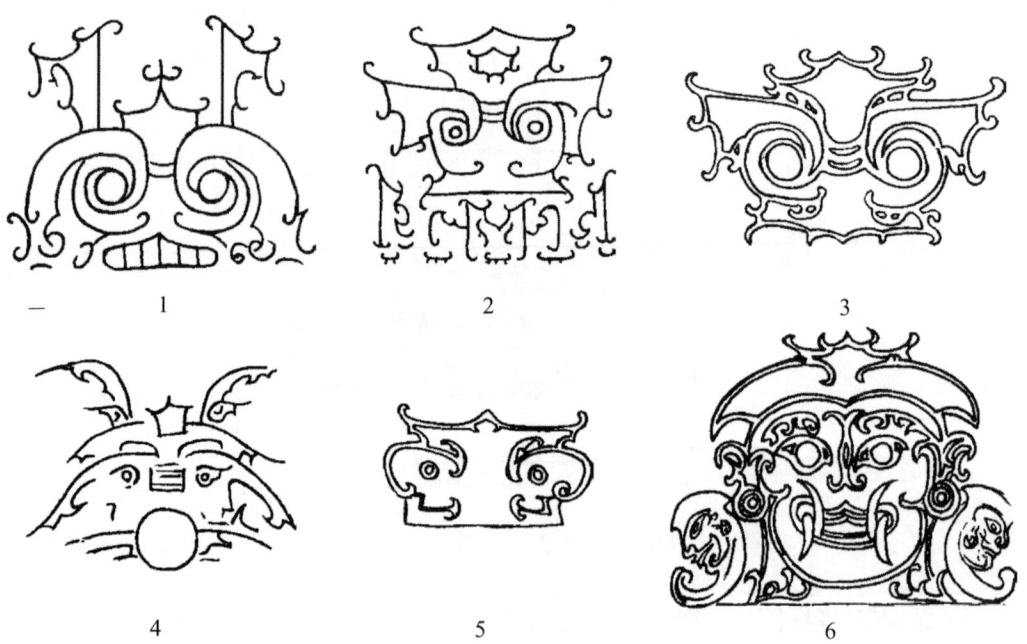

图五　龙山文化玉器上的神灵徽像

1、2.日照两城镇玉圭　3、6.台北故宫博物院藏玉圭　4.美国福格博物馆藏玉钺　5.《古玉图录初集》著录玉钺

在台北故宫博物院收藏的一件龙山文化玉圭上[15]，也雕有类似的两个徽像，其一与两城镇玉圭之鸟面像大体相同（图五，3）；其二是人头像，脸庞及五官皆如常人，但口中吐露四颗尖长的獠牙。在其耳下，各有一个小的侧面人头像，长发上卷（图五，6）。

类似的雕像，在其他一些龙山文化至商代的玉器上，还有不少例证。比如美国福格博物馆收藏的玉钺[16]、弗利尔美术馆收藏的玉圭、玉刀[17]、上海博物馆收藏的玉钺[18]等传世玉器上，都有面目奇异的正面或侧面的神人头像（图五，4、5；图六）。

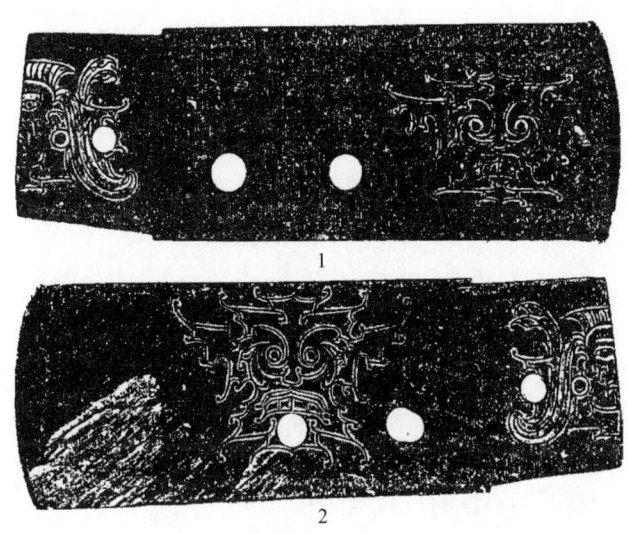

图六　上海博物馆藏龙山文化玉钺
1. 背面　2. 正面

上述玉器都是当时的重要礼器，上面雕刻的人像庄严、神秘，有的甚至狰狞可怖。毋庸置疑，它们都不是普通的装饰花纹，而应是人们礼拜、祭祀的对象，即图腾神、祖先神，有了这些神徽，相关玉器便高贵、神圣，非同一般。

三、源流与意义

琉璃河西周早期玉冠饰之渊源，相当久远。安阳、新干出土的商代玉冠饰，证明商代也有使用这种玉器的风尚；在临朐西朱封、钟祥六合、天门肖家屋脊等处龙山文化墓葬中发现玉冠饰，一些传世的龙山时代玉冠饰及龙山时代玉礼器上雕刻有冠徽的神像，说明在我国（至少是在海岱地区和江汉地区）的龙山时代，已流行这种玉冠饰；而良渚文化中较多玉冠徽的存在，则充分证明玉雕神灵徽像在我国史前时期的东南地区相当流行。此外，有材料表明，我国海岱地区先民在大汶口文化时期也在标志着崇高身份和地位的羽冠上，安置了冠徽。在大汶口文化的重要礼器陶尊上，刻画有带冠徽的羽冠之图像[19]，羽翎虽然只刻出四根，但已表明这是一顶用鸟羽装饰起来的冠冕，在冠的顶部中央，有一枚冠徽，形状颇似良渚文化"玉冠饰"（图七，3）。此外，还刻有单独的冠徽图像[20]，形状不尽相同（图七，1、2）。根据良渚文化的考古发现推测，大汶口文化之羽冠上的冠徽，也应是玉雕品，后来便发展为临朐西朱封龙山文化玉冠饰。可见，玉冠饰在我国直可上溯至大汶口文化和良渚文化中去。

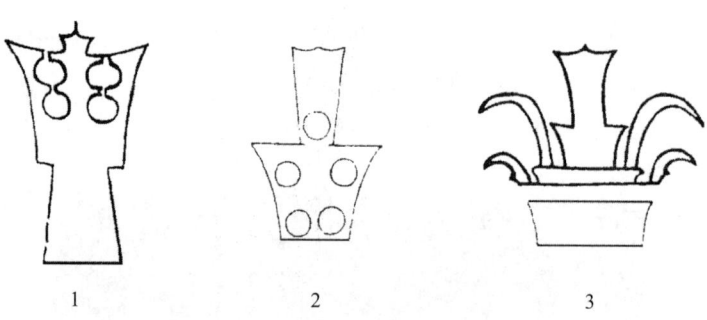

图七　大汶口文化陶尊上的符号
1.莒县大朱村　2、3.莒县陵阳河

　　与琉璃河西周早期玉冠饰相类似的玉器，现知在考古发掘品中最晚的一件，出自光山县宝相寺春秋时代黄君孟夫妇墓中[21]，面目与常人无异，著弧顶垂沿帽（图二，4），与著羽冠、有翼状发饰的琉璃河西周玉冠饰，显然不是同一系列的东西，而很可能是遥承在湖北钟祥县六合遗址石家河文化瓮棺中随葬的同类制品[22]。因此，就目前材料而言，琉璃河西周玉冠饰一类玉器，大约是创始于大汶口文化、良渚文化，经历一千数百年的演变，到西周早期时已气数殆尽。

　　琉璃河西周墓出土玉冠饰，在学术研究上具有多方面的意义。

　　琉璃河西周墓出土的玉冠饰，为研究我国古代冠冕制度提供了新的科学材料。因为它是在科学发掘中出土的，地层关系可靠，弥足珍贵。

　　在考古发掘品面世以前，对于那些流散于海内外的我国古代玉冠饰，人们只能猜测其大概年代。西方学者曾推测这类玉器是西周至汉代的制品，便缺乏考古学根据。最近十几年来，国内外学者对这类玉器的年代做了热烈讨论，把其中的一大部分归为龙山时代，是大家的共识，但分歧也还存在。譬如，关于长安沣西西周墓出土的玉冠饰之年代，就有两种意见，我国学者张长寿先生等认为应是西周时期的制品[23]，笔者也曾著文支持这种观点——如此立论的出发点，是根据了考古学上的地层学原理，当时出自西周墓的玉冠饰只公布了沣西的一件。日本学者林巳奈夫先生等则将其推定为山东龙山文化遗物[24]。现在，新公布了琉璃河西周墓玉冠饰之材料，便有了研究沣西玉冠饰的对比资料。经过比较不难发现，琉璃河玉冠饰与沣西玉冠饰之间，虽然确属同类器物，但在形制上却有着不小的差别：后者与石家河文化玉冠饰极为相似，线条圆滑流畅，写实性强，翼状发饰舒展发达；前者则线条呆板生硬，已抽象化、图案化，翼状发饰退化拘谨。显然，如果说它们是同时期的制品，似嫌不够协调。而且，若将琉璃河玉冠饰与安阳、新干的商代玉冠饰相比较，其间也存有明显差距，可沣西玉器反而比上述两件商代玉器显得要古朴原始一点，即从器物标型学的角度来说，沣西玉冠饰不但比琉璃河玉冠饰要早，甚至很可能比已知的商代玉冠饰也早。在考古实践中，曾在战国墓里发现过仰韶文化彩陶罐,在汉墓中出土过殷代铜爵、战国铜壶。因此,我们应当对林巳奈夫先生等人的观点给予高度的重视。可见,在运用地层学和标型学来断定一件出土文物的年代时,如何辩正地看待、恰当地使用这两种方法和手段,还需认真研究、慎重处置。

玉冠饰在我国的源远流长,说明中华文明有着极强的连续性和同一性。大汶口文化陶器上的刻划图像,表明大汶口文化居民有在羽冠上装置冠徽的习俗;若干良渚文化玉冠徽的出土,说明良渚文化的人们也有在羽冠上装置玉冠徽之习惯;临朐西朱封、天门石家河等龙山时代玉冠饰的发现,标志着龙山时代之先民也流行使用玉冠饰;这种习俗流传到了商代,则由安阳和新干的考古发现所证实。西周墓中出土玉冠饰,说明西周人继承了这一古老的民族文化传统。正如上文所述,中国古代玉冠徽并非通常的装饰品,而是神灵崇拜的对象和产物。宗教崇拜是民族特质的主要标志,江浙地区的良渚文化与海岱地区的大汶口文化,海岱地区的龙山文化与江汉地区的石家河文化,在分布地域和陶器群特征等方面都迥然有别,然而在深层文化特质即精神文化方面,却有着惊人的相同之处;分别建立了一代王朝的商族、周族,据文献记载其族源有别,在考古学家看来,其物质文化(尤其是陶器)特征也大有区别,可是在宗教崇拜的内容和形式上却有共同之处;从良渚文化到西周文化,经历了一千几百年,可是一种文化传统却延绵不绝地传了下来。可见,中华民族在很久以前、在较高层次上即形成了文化统一体,这是各地文化交流的结果,也是中华民族强烈凝聚力的根基。

注　释

[1]　北京市文物研究所:《疏璃河西周燕国墓地》,图一四四之3、4,文物出版社,1995年。

[2]　江西省文物考古研究所等:《江西新干大洋洲商墓发掘简报》,《文物》1991年第10期。

[3]　石璋如:《殷代头饰举例》,图14,《中央研究院历史语言研究所集刊》第28本上册,1957年。

[4]　张长寿:《记沣西新发现的兽面玉饰》,《考古》1987年第5期,图一。

[5]　杜金鹏:《论临朐朱封龙山文化玉冠饰及其相关问题》,《考古》1994年第1期,第61页。

[6]　浙江省文物考古研究所反山考古队:《浙江余杭反山良渚墓地发掘简报》,《文物》1988年第1期。

[7]　浙江省文物考古研究所:《余杭瑶山良渚文化祭坛遗址发掘简报》,《文物》1988年第1期。

[8]　同[5],第57页。

[9]　同[7]。

[10]　中国社会科学院考古研究所山东工作队:《山东临朐朱封龙山文化墓葬》,图版贰之1、2,《考古》1990年第7期。

[11]　同[5]。

[12]　荆州地区博物馆等:《钟祥六合遗址》,图一九之7,《江汉考古》1987年第2期。

[13]　田园:《苍鹰振羽,玉面冠巾》,《江汉考古》1989年第1期;张绪球:《石家河文化的玉器》,《江汉考古》1992年第1期。

[14]　刘敦愿:《记两城镇发现的两件石器》,《考古》1972年第4期。

[15]　《故宫古玉图录》,台北故宫博物院印行,1983年,图二。

[16] Max Loehr, assiated by Louisa G. Fitzerald Huber, Ancient Chinese Jades, Fogg Art Museum, Harvard University, 1975, 图版 192。

[17] 梅原末治:《支那古玉图录》, 图 44, 日本京都大学文学部考古学丛刊第四册, 1945 年; Alfred Salmony, Carved Jade of AncientChina, Gillick Press, Berkeley, California, 1938, 图版 7 之 8。

[18] 日本东京国立博物馆编:《上海博物馆展》, 中日新闻社, 1993 年, 图版 38。

[19] 王树明:《谈陵阳河与大朱村出土的陶尊"文字"》, 载《山东史前文化论文集》, 齐鲁书社, 1986 年。

[20] 同 [19]。

[21] 河南信阳地区文管会:《春秋早期黄君孟夫妇墓发掘报告》,《考古》1984 年第 4 期, 图版伍之 1。

[22] 同 [12], 图一九之 8。

[23] 同 [4]。

[24] 林巳奈夫:《所谓饕餮纹は何を表はしたものか》,《东方学报》第 56 册, 日本京都, 1984 年。

（原刊于《文物季刊》1997 年第 4 期）

论琉璃河遗址殷遗民墓的陶簋
——兼谈该遗址殷遗民文化因素之消长

印 群

一、琉璃河遗址所出土陶簋之情况

琉璃河遗址[1]位于北京房山区琉璃河镇，其墓地里有几百座西周墓，该墓地被分为Ⅰ区、Ⅱ区，Ⅰ区发掘了32座墓，Ⅱ区发掘了29座墓，从器物组合与埋葬习俗来判断，Ⅰ区墓应属于殷遗民墓，Ⅱ区墓当为周人墓。

琉璃河遗址有24座墓葬出土了陶簋，其中在墓葬Ⅰ区的有22座墓，分布于墓葬Ⅱ区的仅有2座，总计有45件陶簋[2]出土。在琉璃河墓地特别是在其Ⅰ区的墓葬中，以陶簋为主要的随葬器物。在琉璃河墓葬所出土的陶簋中，包括Ⅰ式陶簋1件、Ⅱ式陶簋10件、Ⅲ式陶簋15件、Ⅳ式陶簋9件、Ⅴ式陶簋8件、Ⅵ式陶簋2件。其中仅有1件（ⅠM22：5）的Ⅰ式陶簋出自Ⅰ区22号墓，而总共只有2件（ⅠM54：3、ⅠM51：2）的Ⅵ式陶簋，分别出自Ⅰ区54号墓和Ⅰ区51号墓。关于Ⅰ区和Ⅱ区墓随葬陶簋之情况见表一。

表一 琉璃河遗址殷遗民及周人墓随葬陶簋情况统计表※

墓名	墓室规格（米）	人殉情况	随葬品	年代
ⅠM52	墓室面积：4.3×2.2	二层台上殉葬1人，随葬1支铜矛	铜鼎1、鬲1、爵2、觯1、尊1及兵器，工具，陶簋1、罐11等	西周早期
ⅠM53	墓室面积：3.4×2.1	棺椁间殉葬2人，随葬铜矛1、戈1、剑2、刀1及盾饰、铃等	铜鼎1、爵1、觯1、尊1及兵器，工具，陶鬲5、簋2、罐11等	西周早期
ⅠM54	墓室面积：3.85×2.4	椁顶及棺顶间各殉葬1人，随葬铜鱼形佩饰等	铜鼎1、簋1、盘1及车马器，陶鬲12、簋5、罐17、斝1、拍1等	西周早期
ⅠM105	墓室面积：3.75×2.1	棺椁间殉葬2人	铜兵器、车马器，陶鬲1、簋3、罐4等	西周早期
ⅠM21	墓室面积：2.8×1.18	棺椁间殉葬1人，口内有3枚贝	陶鬲2、簋1、罐1等	西周早期
ⅠM20	墓室面积：0.54×0.54	无	铜兵器、陶鬲2、簋1、罐1等	西周早期

续表

墓名	墓室规格（米）	人殉情况	随葬品	年代
IIM254	墓室面积：3.5×2.02	无	铜兵器、陶鬲1、簋1、罐7等	西周早期
IM23	墓室面积：2.43×1.37	无	陶鬲1、簋1	西周早期
IM31	墓室面积：2.85×1.35	无	铜兵器，陶鬲1、簋2、壶1等	西周早期
IM58	墓室面积：2.45×1.08	无	陶鬲2、簋1、罐3、贝等	西周早期
IM65	墓室面积：2.84×1.38	无	铜爵1、铅戈1、陶簋2、罐2等	西周早期
IM66	墓室面积：2.1×1.1	无	陶簋2、罐1、尊1	西周早期
IM108	墓室面积：约2.9×1.35	无	青铜铃、陶鬲2、簋1、罐4、玛瑙、蚌饰	西周早期
IIM264	墓室面积：3.5×1.5	无	青铜兵器、车马器、陶鬲2、簋1、罐8、玉饰、蚌饰，贝	西周早期
IM4	墓室面积：2.62×1.05	无	陶鬲1、簋2、罐2	西周中期
IM51	墓室面积：3.5×1.8	棺椁间殉葬1人，有石串珠随葬	陶鬲4、簋4、罐4、壶1、簋盖1等	西周中期
IM6	墓室面积：2.55×1.25	无	青铜铃、陶鬲1、簋1、罐1、贝	西周中期
IM19	墓室面积：2.76×1	无	陶簋1、罐1、鼎1、贝	西周中期
IM60	墓室面积：2.78×1.4	无	陶鬲3、簋2、罐2、玉器，蚌饰，贝	西周中期
IM13	墓室面积：3.2×1.67	无	陶鬲2、簋4、罐2、豆2、贝、蚌等	西周晚期
IM17	墓室面积：3×1.48	无	陶鬲2、簋4、罐2、豆2、贝、蚌等	西周晚期

※ 关于琉璃河 IM52、IM53、IM54、IM105、IM21、IM51 的人殉等情况亦可参见本文注释。由于琉璃河 I 区 22 号、26 号、24 号墓即 IM22、IM26、IM24 的年代早于西周，参见本文注释，故本表不予收录。本表的墓葬年代等均按原发掘报告。

《琉璃河西周燕国墓地》一书中的Ⅰ式、Ⅱ式、Ⅲ式陶簋，从造型上看，圈足以上部分近碗形，为碗形陶簋，而Ⅳ式、Ⅴ式陶簋圈足以上部分造型近盆形，为盆形陶簋。另外，琉璃河Ⅵ式陶簋也应属于碗形陶簋。

琉璃河墓地 I 区墓西周早期的陶器基本组合是鬲、簋、罐；西周中期 I 区墓之陶器基本组合仍为鬲、簋、罐；到了西周晚期，I 区墓随葬陶器基本组合则是鬲、簋、罐、豆[3]。因此，该墓地 I 区墓随葬陶器基本组合中，从西周早期到晚期始终都包括陶簋。

二、琉璃河遗址所出土陶簋的分期
及其所体现的文化因素

（一）年代与分期

1. 房山镇江营与塔赵遗址所发现的商代遗存及琉璃河遗址所发现的商代遗迹均揭示出其年代上限早至商代

与琉璃河遗址同在北京房山地区的镇江营与塔赵遗址之商周第二期的遗存，它的年代是由商代二里冈上层以后至殷墟三期以前，有商式假腹豆在内的器物群构成该期遗存；其商周第三期第一段之AⅡ式陶簋在器表上饰有三角划纹抹断细绳纹，而这属于殷墟三期之典型器物[4]。因此该遗址的商代遗存中不乏商文化器物。

琉璃河遗址所发现的商代遗迹是一个发现于1978年的较大灰坑[5]，即刘李店78H1，它地处房山琉璃河镇刘李店村东的一块台地上，出土的主要器类包括鬲、罐、壶等，有10多件可复原器物，该灰坑年代上限至商代的中晚期，而该台地之年代不晚于西周初年。出土于台地上的陶鬲具有中原商代陶鬲之因素，该台地遗迹存在着一定的商文化并被其他文化因素所影响。它明显属于一处居住遗址。琉璃河刘李店78H1的发现表明商朝在这一带已有活动范围。

2. 琉璃河墓葬所出土的陶簋等器物将琉璃河遗址的年代上限提早到西周以前

琉璃河Ⅰ区22号墓ⅠM22：5出土的Ⅰ式陶簋与殷墟西区M515：5出土的B型Ⅰ式陶簋在形制上相似，殷墟西区M515属于殷墟二期，而其B型Ⅰ式陶簋上的三角划纹所出现的时间不早于殷墟二期晚段，ⅠM22陶簋之平沿也和殷墟二期晚段H136：3簋的相像，此外，ⅠM22陶簋的圈足部分与殷墟Ⅳ式的T239④：17陶簋颇为相似，而后者为殷墟三期，故ⅠM22陶簋的形制体现了由二期向三期过渡的特征；琉璃河ⅠM26：2陶簋和殷墟西区BⅡ式M477：1陶簋形制相近，特别是腹部造型、圈足等基本相同，而殷墟西区M477是殷墟三期墓，所以琉璃河ⅠM26：2陶簋和殷墟西区M477：1陶簋的年代应当接近，另有1件Ⅰ区26号墓出土的ⅠM26：14陶簋，其形制和上文所述的ⅠM26：2陶簋相同；出土于Ⅰ区24号墓的Ⅲ式ⅠM24：2陶簋和出自殷墟5号灰坑的H5：11簋在形制上基本一致，而后者是殷墟四期的。再结合这3座墓葬中出土的陶鬲等其他器物予以综合分析，琉璃河ⅠM22的年代应在殷墟二期、三期之交，ⅠM26之年代应在殷墟三期偏早，Ⅰ区24号墓的年代应是殷墟四期[6]。

3. 琉璃河遗址西周时的陶簋年代分期之再探讨

《琉璃河西周燕国墓地》未见报道有打破关系存在。因此《琉璃河西周燕国墓地》中的断代是完全靠与其他遗址的器物相比对而进行的，陶簋是其主要器物之一（如琉璃河ⅠM54的4件Ⅲ式陶簋、ⅠM53及ⅠM52中的Ⅱ式陶簋），这本身就存在着较大的可商榷性，更何况当《琉璃河西周燕国墓地》（文物出版社，1995年）出版时，中国社会科学院考古研究所编著的《殷墟的发现与研究》（科学出版社，1994年）刚出版不到1年，《张家坡西周墓地》[7]尚未出版，而《张家坡西周墓地》有25组西周墓存在打破关系，《琉璃河西周燕国墓地》所参考的有关考古资料及研究成果在当时都受到较大的局限，从而凸显出与今天的情况相比，该发掘报告的这种比对分期尚缺乏足够的资料和研究成果的支持。

通过将《琉璃河西周燕国墓地》与《张家坡西周墓地》陶簋的分期相比较，可以发现一个值得关注的现象。张家坡B型I式陶簋是从西周初年、西周早期B型II式、B型III式到西周中期偏早的B型IV式、B型V式和西周中期的B型VII式（B型VI式陶簋带盖，属于西周早期），而琉璃河的盆形陶簋却是由西周中晚期至晚期，缺少西周早期的，而多出来西周晚期的。至于张家坡碗形陶簋的情况是：A型I式为西周早期、A型II式为西周中期，又比琉璃河遗址多出了西周中期的碗形陶簋。这种现象也昭示出应对琉璃河遗址和张家坡遗址的陶簋予以具体考察，即对《琉璃河西周燕国墓地》陶簋的分期等问题有重新探讨之必要。

碗形陶簋，琉璃河IM58：1陶簋（图一，1）与张家坡A型I式M322：3陶簋（图二，1）造型颇为相似。

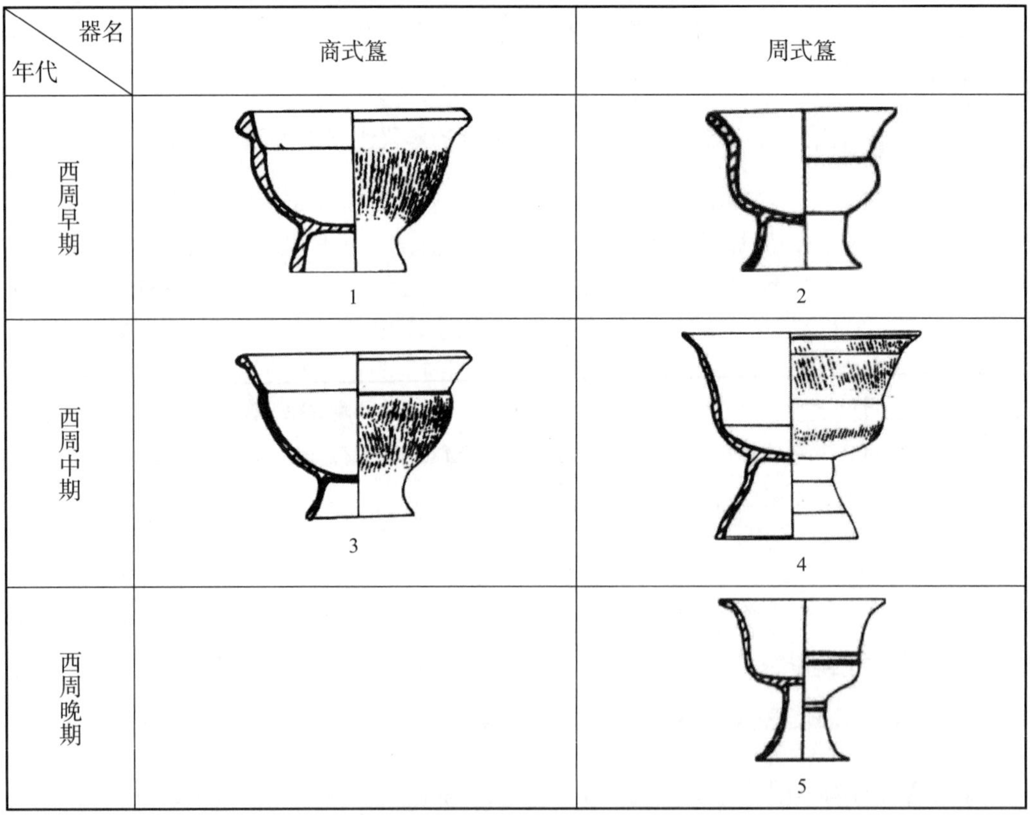

年代＼器名	商式簋	周式簋
西周早期	1	2
西周中期	3	4
西周晚期		5

图一　琉璃河遗址西周陶簋分期图

1. IM58：1　2. IM20：4　3. IM51：8　4. IM4：3　5. IM17：3

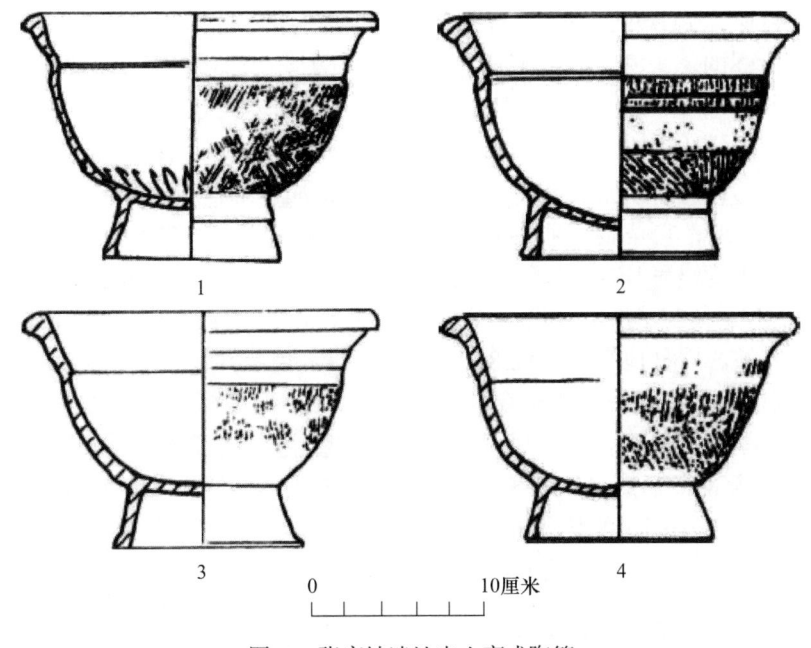

图二　张家坡遗址出土商式陶簋
1. M322：3　2.M364：2　3. M385：5　4. M384：5

张家坡A型Ⅰ式陶簋"唇沿特厚，器腹较圆，腹身较深，矮圈足……应是西周早期的器物流行形式"[8]。张家坡（A型Ⅰ式）M322：3陶簋，"泥质灰陶。腹饰交错细绳纹，圈足上有一道小凸棱"[9]。琉璃河ⅠM58：1陶簋，"泥质灰陶，敞口，圆唇，宽沿，鼓腹，圜底，圈足。腹部饰竖行绳纹"[10]。通过比较琉璃河ⅠM58：1陶簋与张家坡M322：3陶簋之器物图可以发现，琉璃河ⅠM58：1陶簋与张家坡M322：3陶簋的共同特征为：敞口，厚唇，沿较宽，腹略鼓、稍深，圈足不高。其形制基本相同，应属于同一时期，而张家坡A型Ⅰ式陶簋（M322：3）流行的年代为西周早期，琉璃河ⅠM58：1陶簋的年代在原发掘报告中也被定为西周早期，因此原发掘报告关于琉璃河ⅠM58：1陶簋的年代认定无误。

琉璃河ⅠM20：4陶簋（图一，2）与张家坡AⅡ陶簋（M385：5）（图二，3）之比较。琉璃河ⅠM20：4陶簋，原发掘报告将该墓年代定为西周早期，其形制特征是："敞口，圆唇，宽沿，口沿与腹相接处呈束腰状，浅腹，腹微鼓，圜底，圈足。腹部饰竖行绳纹。"[11]，虽然该器物在原发掘报告中被置于Ⅲ式，但同属于Ⅲ式的琉璃河ⅠM21：1陶簋的特点却是："敞口，口沿外折，沿面下凹，圆唇，腹中部微鼓，圜底，圈足。腹部饰竖行绳纹。"[12]二者差别较大。同时琉璃河ⅠM20：4陶簋符合张家坡A型Ⅱ式陶簋特点，张家坡A型Ⅱ式陶簋的特点为"唇沿减薄，腹壁较斜直，腹身较浅"[13]。所以，不难看出，《琉璃河西周燕国墓地》中关于Ⅲ式陶簋的划分值得商榷。

ⅠM20：4陶簋与ⅠM21：1陶簋不应归于同一式别，尤其是器唇、口沿[14]，即ⅠM20：4陶簋器唇明显变薄，口沿由ⅠM21：1陶簋的外折变为上部明显收束，另外，与琉璃河 IM21∶1 陶簋稍深的腹部相比，IM20∶4 陶簋的腹部也稍浅[15]，而这些变化不仅与上文所述的《张家坡西周墓地》A 型 II 式陶簋"唇沿减薄……腹身较浅"的特点相近，更与张家坡 M385∶5 陶簋"圈足较高，上部收束较甚"[16]的特征相符，不仅是器唇、口沿，从整体上看，张家坡 M385∶5 陶簋与琉璃河 IM20∶4 陶簋在形制上也是基本相同的，而张家坡 M385∶5 陶簋流行于西周中期，因此琉璃河 IM20∶4 陶簋亦应属于西周中期，它是琉璃河西周早期 IM21∶1 陶簋形态之进一步发展。

另外，关于琉璃河 III 式陶簋之划分的可商榷性，也可以从原发掘报告中同被列为 III 式陶簋的 IM54∶34 陶簋（图三）之年代分期上得以证实。下面考察一下 IM54∶34 陶簋与《张家坡西周墓地》的（M384∶5）A 型 II 式陶簋（图二，4）之关系。琉璃河 IM54 的年代在原发掘报告中亦被定为西周早期。IM54∶34 陶簋"敞口，方唇，口沿下与腹相接处呈束腰状，腹鼓，圜底，圈足，足壁近直。腹部饰竖行绳纹"[17]。张家坡 A 型 II 式陶簋的"形态与 I 式基本相同而略有差别，器唇减薄，器腹趋向斜直，器身较浅。M384∶5……腹饰交错绳纹"[18]。张家坡 A 型 I 式陶簋的形制特征为："敞口，厚唇，器口斜直，颈腹之交稍内折，圆腹，圜底，器身较深，矮圈足"[19]。经上述比较，琉璃河 IM54∶34 陶簋不仅在口沿、颈腹相接处、腹部形状、近直的圈足壁等方面与张家坡 A 型 II 式陶簋（M384∶5）相同，并且器物形制基本一致，而后者属于西周中期，那么琉璃河 IM54∶34 应与之同期，所以琉璃河 IM54∶34 陶簋实际上也应属于西周中期。由此可见，琉璃河遗址原发掘报告把本来属于西周中期的 IM20∶4 陶簋和 IM54∶34 陶簋与属于西周早期的 IM58∶1 陶簋一并列为 III 式陶簋，这显然是不妥的。

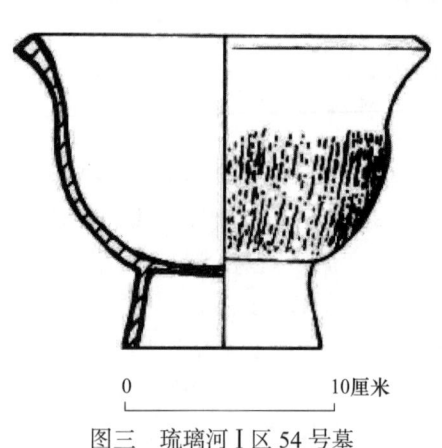

图三 琉璃河 I 区 54 号墓出土的陶簋（IM54∶34）

上述考察揭示出，琉璃河碗形陶簋从西周文化早期到西周中期的演变规律主要体现于口沿和腹部，由琉璃河 IM58∶1 陶簋的宽沿、器唇甚厚到 IM20∶4 陶簋的宽沿明显外侈、唇厚明显变薄；颈腹之交由略收束到颈腹相接处呈现明显束腰状；腹部由鼓腹变为微鼓，下腹部由内收发展到明显内收。

盆形陶簋，琉璃河 IM51∶8 陶簋（图一，3）[20]与张家坡 B 型 II 式陶簋（M318∶2）（图四，1）形制基本一致，其在形制上的共同特征为：大口，沿较窄，腹部圆鼓，平底，圈足较高。张家坡 B 型 II 式陶簋（M318∶2）属于西周早期，所以琉璃河 IM51∶8 陶簋和张家坡 B 型 II 式陶簋（M318∶2）应同属于西周早期。

琉璃河 IM4∶3 陶簋的形制为："泥质灰陶。大敞口，圆唇，宽沿，鼓腹，圜底，圈足较高，足沿外侈"（图一，4）[21]。张家坡 B 型 IV 式陶簋的形制是："敞口，斜直腹，腹身较深，圜底，器身为深腹盆形，圈足直径较大"[22]。而 B 型 IVa 式陶簋（M137∶010）（图四，2）则"腹壁较直"[23]。琉璃河 IM4∶3 陶簋与张家坡 B 型 IVa 式（M137∶010）陶簋的共同点是：大敞口，沿较宽，腹壁斜直，深腹，圜底，高圈足。因此，琉璃河 IM4∶3 陶簋与张家坡 B 型Ⅳa 式（M137∶010）陶簋形制基本相同，而后者属于西周中期，所以《琉璃河西周燕国墓地》中关于琉璃河 IM4∶3 陶簋属西周中期的年代认定无误。

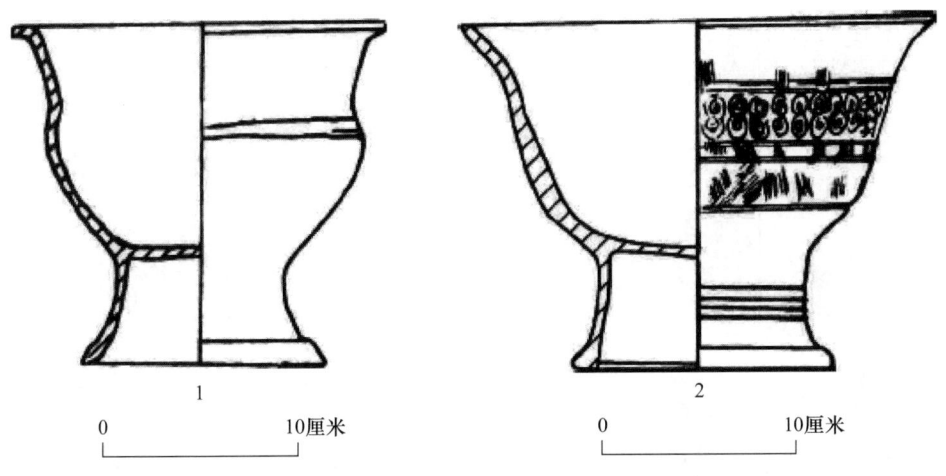

图四　张家坡遗址出土周式陶簋
1. M318∶2　2. M137∶010

综上所述，琉璃河 IM51∶8 陶簋、IM4∶3 陶簋分别与张家坡 B 型Ⅱ式陶簋（M318∶2）、B 型Ⅳa 式陶簋（M137∶010）形制基本相同，分别属于西周早期和中期。从西周早期到西周中期，由琉璃河 IM51∶8 陶簋向琉璃河 IM4∶3 陶簋演化的规律可概括为：大口→大敞口；宽沿→卷沿；圆鼓腹→鼓腹；平底→圜底；圈足下裙外侈较明显→圈足沿外侈。

另外，原发掘报告关于琉璃河 IM17 陶鬲（IM17∶8）、陶豆（IM17∶1）分别与琉璃河 IM13∶2 鬲及长安张家坡西周晚期Ⅲ式陶豆相一致的论述可信，所以原发掘报告关于 IM17 属于西周晚期的年代认定无误，那么原发掘报告关于 IM17∶3（图一，5）陶簋属于西周晚期的断代也是可信的。

（二）商式陶簋与周式陶簋所体现的商、周文化因素

1. 碗形陶簋是继承商代陶簋的形制发展而来的

《殷墟发掘报告》[24] 中，遗址所出陶簋，即苗圃北地遗址所代表的殷代诸期文化遗物中的陶簋总共复原了 81 件，被分成三期（苗圃Ⅰ期、Ⅱ期、Ⅲ期）13 式，其中的Ⅰ期Ⅰ式、Ⅱ期Ⅳ式、Ⅲ期Ⅸ式分别是Ⅰ期、Ⅱ期、Ⅲ期中数量最多的[25]，其具体数量分别是 17 件、9 件、20 件，所以最具代表性。

从（苗圃 1 期）Ⅰ式陶簋（PNH217∶14）（图五，1）→（苗圃 2 期）Ⅳ式陶簋（PNH4∶13）（图五，3）→（苗圃 3 期）Ⅸ式陶簋（PNT3B④∶287）（图五，4），陶簋发展脉络清晰可见，其口沿由大口→敞口，腹由深腹→半球形腹，圈足明显由矮变高。据《殷墟发掘报告》，其墓葬共出土 42 件陶簋，分为四期 15 式，而墓葬的第一、

第二期分别相当于苗圃第一、第二期，墓葬的第三、第四期与苗圃第三期相当，即苗圃第三期包括墓葬第三、第四期，而从殷墓所出土陶簋之Ⅰ期Ⅰ式（WGM1∶19）（图五，2）至Ⅳ期Ⅸ式（MM4∶2）（图五，5）的总发展趋势与前文所述殷代遗址陶簋发展趋势基本一致。殷墓所出陶簋之Ⅰ期Ⅰ式至Ⅳ期Ⅸ式，圈足由矮圈足变为微外侈。以上所说的这些出自殷墟的陶簋，从形制上看都属于碗形陶簋，因为碗形陶簋数量大，在整个殷墟文化时期延续发展，颇具代表性，所以这里将其称为商式陶簋。

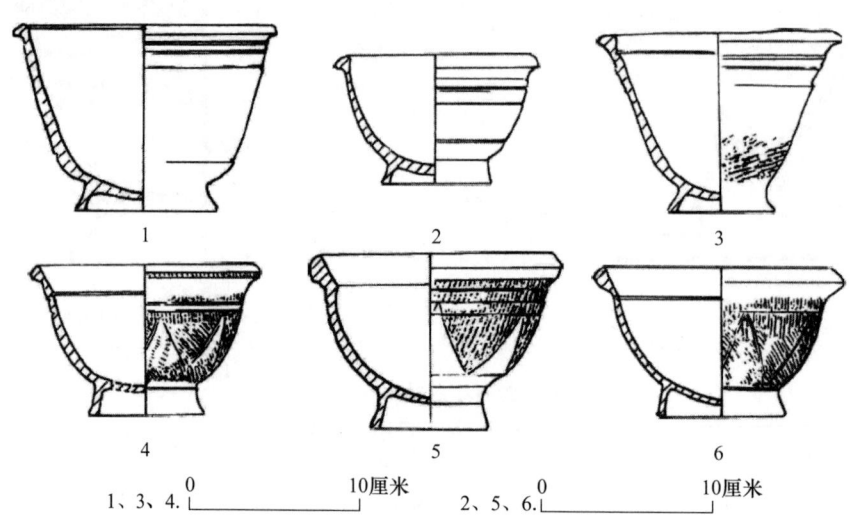

图五　殷墟出土的陶簋
1. PNH217∶14　2. WGM1∶19　3. PNH4∶13　4. PNT3B④∶287　5. MM4∶2　6. HGH10∶26

《殷墟发掘报告》中出土于后冈圆形祭祀坑的3件形制相同的陶簋被确定为殷墟四期的陶簋，形制为："侈口厚唇，半球形体，口下内壁有弦纹一周，腹饰三角划纹绳纹。形如殷墓Ⅸ式陶簋。"[26]只不过圈足较矮（HGH10∶26）（图五，6）。由于共存于该坑中的（HGH10∶5）铜鼎上有"王商（赏）戍嗣子贝廿朋"[27]等字样的铭文，而其"铭文中的王，当是指殷王帝辛"[28]。所以该坑的年代应属于最后一位商王在位的时期，该坑出土的那3件形制相同的陶簋既是商最末期遗物，又与殷墓中出土的（Ⅳ期）Ⅸ式陶簋基本一致，而出自殷墓中的Ⅸ式陶簋与遗址中出土的Ⅸ式陶簋形制也基本相同，因此，后冈圆形祭祀坑中出土的陶簋无疑是殷末陶簋的典型代表器物。

2. 西周时商式陶簋之传承

上文已述，出土于后冈祭祀坑的殷末典型陶簋之特点是：侈口，唇较厚，较圆的半球形腹，腹部饰有绳纹等。这与《张家坡西周墓地》西周早期所流行之侈（敞）口、厚唇，腹部较圆，腹饰绳纹的碗形A型Ⅰ式陶簋形制很相像，且都有矮圈足，明显应存在着传承关系。

张家坡A型Ⅰ式陶簋"唇沿特厚，器腹较圆，腹身较深，矮圈足。腹部除了绳纹之外，还有加饰划纹或弦纹的……应是西周早期的器物流行形式"[29]。如前文所述，殷墓Ⅸ式 MM4∶2 陶簋与后冈圆形祭祀坑出土的陶簋同属于殷末陶簋之代表性器物，将它与张家坡 A 型 I 式 M364∶2 陶簋（图二，2）对比，可明显看出从口沿、器腹到圜底、圈足之相似性及演化迹象。上文已述，张家坡 A 型 I 式陶簋的形制特征为："敞口，厚唇，器口斜直，颈腹之交稍内折，圆腹，圜底，器身较深，矮圈足"[30]。《殷墟发掘报告》殷墓Ⅸ式陶簋的特点为："敞口厚唇，下腹微鼓，圈足微外侈"[31]。与张家坡 A 型 I 式陶簋在敞口、厚唇、圆鼓腹、圜底、矮圈足等方面皆一脉相承。殷墓Ⅸ式陶簋无疑是典型的商式陶簋，而与之有继承发展关系的张家坡 A 型 I 式陶簋在文化因素上应属于商式陶簋，而作为碗形陶簋的张家坡 A 型陶簋亦当在商式陶簋之文化因素的大范畴内。

3. 西周时期周式陶簋的发展

盆形陶簋在《张家坡西周墓地》中被列为 B 型陶簋。B 型陶簋是从西周初年流行于张家坡西周墓地的，而据琉璃河遗址原发掘报告的分期，盆形陶簋始见于琉璃河遗址分期中的时间是西周中期，盆形陶簋在张家坡仅至西周中期，而在琉璃河殷遗民墓中直至西周晚期。在盆形陶簋之发展过程中，张家坡西周墓地的盆形陶簋西周初年即开始流行直至西周中期，在器身呈盆形的同时，圈足一般较高，型式丰富，可分为七式，这种陶簋未见于殷墟文化中，显然应是周人的特色之所在，可将其称为周式陶簋。

据《张家坡西周墓地》，A 型商式陶簋仅分为二式，且只流行到西周中期的偏早阶段，无论是分别在第一、第二期还是在这两期陶簋总数量上，A 型陶簋都逊于 B 型周式陶簋。A 型陶簋在第一、第二期分别为 3 件、8 件，而 B 型陶簋在第一、第二期则分别为 4 件、9 件[32]，B 型陶簋的数量由一期时就多于 A 型陶簋，到二期时仍多于 A 型陶簋，故在第一、第二期的张家坡西周墓地文化因素中，B 型陶簋即周式陶簋始终超过 A 型（商式）陶簋而占据优势。另外，商式陶簋从一开始至中期一直伴随周式陶簋在该遗址流行，流行至西周中期的周式陶簋在消失时间上也略晚于商式陶簋。

4. 琉璃河遗址商式陶簋与周式陶簋各自所代表之商、周文化因素的发展与融合

琉璃河西周燕国墓地的殷遗民墓中既有商式陶簋又有周式陶簋，二者并存体现了文化因素的融合。在琉璃河遗址随葬陶簋的殷遗民及周人墓中，除两座墓葬属于周人墓外，其余的 19 座墓都属于殷遗民墓，其中殷遗民殉人墓 6 座。琉璃河 IM58∶1 陶簋、琉璃河 IM54∶34 陶簋、琉璃河 IM21∶1 陶簋、琉璃河 IM20∶4 陶簋等都属于商式陶簋，而琉璃河 IM51∶8 陶簋、琉璃河 IM4∶3 陶簋、IM13∶4 簋、IM17∶3 簋等则属于周式陶簋。在《琉璃河西周燕国墓地》的分期中，琉璃河遗址碗形陶簋仅为西周早期，而该遗址的盆形陶簋则由西周中期至西周晚期。通过笔者前文所做的分期，琉璃河遗址碗形陶簋（商式陶簋）的流行时间是从殷墟文化时期到西周中期，该遗址的盆形陶簋（周式陶簋）则是由西周早期至西周中期，而后再最终到西周晚期。由此反映出代表商文化因素的碗形陶簋由早开始到早收场，而始于西周早期代表周文化因素的盆形陶簋虽比碗形陶簋出现得晚，但一直延续流行到了西周晚期，比仅流行到西周中期的碗形陶簋结束得晚，从而体现出商式陶簋所代表的商文化因素盛行于从殷墟文化时期到西周早、中期。商文化因素在琉璃河遗址的影响不仅表现在西周早、中期殷遗民墓中出土的诸多商式陶簋上，就连可辨类型的西周早期周人墓随葬陶簋[33]也是商式陶簋。

与此同时，在琉璃河遗址陶簋的发展过程中，周文化因素也在逐步取代着商文化因素。从《琉璃河西周燕国墓地》可以发现，在西周晚期的全部共6座周人墓均未出土陶簋的情况下，该遗址出土陶簋的西周晚期殷遗民墓中，其所具体报道的出土陶簋[34]中都是仅见周式陶簋而未见商式陶簋。也就是说以商式陶簋为代表的商文化因素通过从西周早期至中期与周文化因素的长期共同发展及相互融合，到了西周晚期最终被代表着周文化因素的周式陶簋所取代。

另外，琉璃河遗址中，与周人共存的殷遗民也在吸收除陶簋之外的其他周文化因素。殷遗民墓人殉现象的存在以及西周初年殷遗民殉人墓所占的较高比例揭示出当时殷遗民对殷人文化因素之传承乃至一定程度上的强化。而从既有殷遗民墓也存在周人墓的琉璃河遗址之情况来看，除了该遗址西周早期的202号墓有人牲以外，在琉璃河墓地的周人墓区并未发现西周时期周人墓的殉人现象。从西周中期始，殷遗民墓人殉现象的大幅度减少应反映了殷遗民文化因素与周文化因素的逐步融合以及殷遗民对周文化因素之吸收[35]。关于殷遗民与周人的最终融合，《春秋左传正义·定公六年》载："阳虎又盟公及三桓于周社，盟国人于亳社，诅于五父之衢。"[36]亳社属于商人之社，既然盟国人是在商人之社，从而揭示出当时鲁国的殷遗民应已融入社会生活之中，并且具有一定的影响[37]。

三、小　结

1. 年代与分期方面的问题

发现于琉璃河遗址中的商代遗迹与商代遗物反映出这里考古遗存的年代上限早于西周。通过将琉璃河遗址的陶簋与商、西周时期的典型墓地所出土的陶簋进行形制、分期之对比以及对其演化序列的总结，琉璃河遗址的陶簋的型式与分期应予以重新划分。在《琉璃河西周燕国墓地》的分期中，琉璃河遗址商式陶簋仅为西周早期，而该遗址的盆形陶簋则是由西周中期至西周晚期。通过对其分期的重新探讨，琉璃河遗址的商式陶簋之年代上限应提早到商代殷墟文化晚期，下限由原来的西周早期延长至西周中期，而周式陶簋之年代上限则由西周中期提前至西周早期。

2. 关于文化因素的问题

琉璃河遗址陶器群由商式陶簋到周式陶簋之变化折射出该文化遗存内周人及殷遗民对不同文化因素的吸收。前文已述，在原发掘报告中都被定为西周早期的Ⅰ区22号、24号、26号墓之年代实际上都属于殷墟时期，其所出陶簋皆为商式陶簋，在殷墟期之后，该遗址的商式陶簋流行于西周早、中期的殷遗民及周人墓中，由《琉璃河西周燕国墓地》，甚至在该遗址随葬陶簋的周人墓中，凡能确定随葬陶簋类型者皆随葬商式陶簋。到西周晚期，在该遗址周人墓竟无随葬陶簋的情况下，殷遗民墓随葬周式陶簋。

西周早、中期商式陶簋在琉璃河遗址的盛行，反映出商文化因素在一定时期内对琉璃河遗址文化面貌的较大影响。而出土于该遗址的那些从西周早期至西周晚期的周式陶簋表明西周时期这里包括殷遗民在内的文化遗存所呈现出的周文化特色。

注　释

[1] 北京市文物研究所：《琉璃河西周燕国墓地》，文物出版社，1995年。

[2] 原发掘报告称"共出土陶簋45件"（《琉璃河西周燕国墓地》第84页，文物出版社，1995年）。但根据原发掘报告的墓葬登记表进行具体统计，出自墓葬的陶簋共46件，出土陶簋的墓葬及各墓出土陶簋的具体数量是：IM26（2）件、IM52（1）件、IM53（2）件、IM54（5）件、IM105（3）件、IIM254（1）件、IM20（1）件、IM21（1）件、IM22（1）件、IM23（1）件、IM24（1）件、IM31（2）件、IM58（1）件、IM65（2）件、IM66（2）件、IM108（1）件、IIM264（1）件、IM4（2）件、IM6（1）件、IM19（1）件、IM51（4）件、IM60（2）件、IM13（4）件、IM17（4）件。

[3] 印群：《由墓葬制度看殷遗民文化特色嬗变之不平衡性》，《中国历史文物》2004年第4期。

[4] 印群：《试析琉璃河遗址商代陶器分期及其殷遗民之来源》，《2004年安阳殷商文明国际学术研讨会论文集》，社会科学文献出版社，2004年。

[5] 北京市文物研究所：《北京房山琉璃河遗址发现的商代遗迹》，《文物》1997年第4期。该文中提到："从历年在西周燕国都城遗址的调查、发掘所做的工作来看，刘李店村遗址所出遗物的年代早于董家林村所出遗物的年代，并有叠压延续关系。……台地与周初建都的燕国都城城墙相距只300米左右，但在台地上所发现的遗物却与燕国墓地和城内遗址中出土的器物有所不同……也就是说早在商代这里就已有人在此居住……并得到发展。"

[6] 印群：《试析琉璃河遗址商代陶器分期及其殷遗民之来源》，《2004年安阳殷商文明国际学术研讨会论文集》，社会科学文献出版社，2004年。

[7] 中国社会科学院考古研究所：《张家坡西周墓地》，中国大百科全书出版社，1999年。

[8] 中国社会科学院考古研究所：《张家坡西周墓地》，中国大百科全书出版社，1999年，第355页。

[9] 中国社会科学院考古研究所：《张家坡西周墓地》，中国大百科全书出版社，1999年，第109页。

[10] 北京市文物研究所：《琉璃河西周燕国墓地》，文物出版社，1995年，第87页。

[11] 北京市文物研究所：《琉璃河西周燕国墓地》，文物出版社，1995年，第86页。

[12] 北京市文物研究所：《琉璃河西周燕国墓地》，文物出版社，1995年，第86页。

[13] 中国社会科学院考古研究所：《张家坡西周墓地》，中国大百科全书出版社，1999年，第355页。

[14] 关于琉璃河陶簋的型式，除墓葬出土的可复原者外，《1995年琉璃河周代居址发掘简报》（北京大学考古学系、北京市文物研究所，《文物》1996年第6期）中还有出自居址的陶簋残片，就形制而言，其A型I、II式陶簋为碗形陶簋，A型III式陶簋实际上为盆形陶簋。A型I、II

式陶簋即为《琉璃河遗址西周燕文化的新认识》(刘绪、赵福生著,《文物》1997年第4期)中所说的琉璃河居址早期陶簋,A型III式陶簋即是晚期陶簋。据上文对碗形陶簋和盆形陶簋所做的分析,其简报(《1995年琉璃河周代居址发掘简报》)中实际上错把型的差别——横向差别,误为式的差别——纵向差别,从而把碗形陶簋与盆形陶簋划分成同一型(A型)。而且《琉璃河遗址西周燕文化的新认识》及《1995年琉璃河周代居址发掘简报》中也缺乏关于A型I式、II式、III式陶簋的所出土之灰坑的具体开口层位。不过,《琉璃河遗址西周燕文化的新认识》中也承认《1995年琉璃河周代居址发掘简报》中的A型III式陶簋"与《简报》A型II式陶簋相比有很大变化,其间尚有缺环"。前文所做的比较以及下文对商周文化因素的研究表明,《琉璃河遗址西周燕文化的新认识》一文中所认为的其A型II式陶簋与A型III式陶簋之间的差距其实并非是由II式陶簋向III式陶簋演化过程之中的缺环,而是不同型之间的差异。

[15] 据器物线图,IM21:1陶簋腹深约12厘米,圈足稍矮,圈足高约2.8厘米;IM20:4陶簋腹深10.4厘米,圈足稍高,足高3.2厘米。

[16] 中国社会科学院考古研究所:《张家坡西周墓地》,中国大百科全书出版社,1999年,第110页。

[17] 北京市文物研究所:《琉璃河西周燕国墓地》,文物出版社,1995年,第86~87页。

[18] 中国社会科学院考古研究所:《张家坡西周墓地》,中国大百科全书出版社,1999年,第110页。

[19] 中国社会科学院考古研究所:《张家坡西周墓地》,中国大百科全书出版社,1999年,第109页。

[20] 琉璃河殷遗民墓有自身特点,其与周人墓在诸多文化因素方面之不同在殷人灭国后不久的西周早期阶段表现得更为明显,而殷遗民在礼器组合等方面的自身特点则长期顽固地保持着(参见印群《由墓葬制度看殷遗民文化特色嬗变之不平衡性》,《中国历史文物》2004年第4期)。但在陶簋方面却充分体现了相互融合,即周人也使用商式陶簋,殷遗民也使用周式陶簋(详见下文),陶簋成了原本来自两支不同文化的殷遗民墓与周人墓的共同文化因素。

[21] 北京市文物研究所:《琉璃河西周燕国墓地》,文物出版社,1995年,第89页。

[22] 中国社会科学院考古研究所:《张家坡西周墓地》,中国大百科全书出版社,1999年,第111页。

[23] 中国社会科学院考古研究所:《张家坡西周墓地》,中国大百科全书出版社,1999年,第111页。

[24] 中国社会科学院考古研究所:《殷墟发掘报告》,文物出版社,1987年。

[25] 其中I式陶簋的特点为:"深腹,矮圈足。……口下及下腹均有弦纹(《殷墟发掘报告》,文物出版社,1987年,第138页)。"IV式陶簋,"下腹内收,饰绳纹(《殷墟发掘报告》第139页)。"IX式陶簋,"敞口厚唇,腹近半球形,高圈足。……腹饰三角划纹绳纹。"(《殷墟发掘报告》,文物出版社,1987年,第140页)。

[26] 中国社会科学院考古研究所:《殷墟发掘报告》,文物出版社,1987年,第274页。

[27] 中国社会科学院考古研究所:《殷墟发掘报告》,文物出版社,1987年,第270页。

[28] 中国社会科学院考古研究所:《殷墟的发现与研究》叁,《殷墟文化的分期与年代》,科学出版社,1994年,第39页。

［29］ 中国社会科学院考古研究所：《张家坡西周墓地》第355页，中国大百科全书出版社，1999年。

［30］ 中国社会科学院考古研究所：《张家坡西周墓地》第109页，中国大百科全书出版社，1999年。

［31］ 中国社会科学院考古研究所：《殷墟发掘报告》，文物出版社，1987年，第219页。

［32］ 中国社会科学院考古研究所：《张家坡西周墓地》，中国大百科全书出版社，1999年，第369页，续表6。

［33］ 如：II式（IIM254：7）陶簋，(《琉璃河西周燕国墓地》第86～87页，文物出版社，1995年）。

［34］ IM13：4、IM13：9、IM17：3簋（《琉璃河西周燕国墓地》第243页，文物出版社，1995年）。

［35］ 印群：《谈殷遗民的考古遗存及其殉人墓》，《纪念王懿荣发现甲骨文110周年国际学术研讨会论文集》，社会科学文献出版社，2009年。

［36］ 引自《春秋左传正义》卷五十五第439页、《十三经注疏》下册第2141页，中华书局，1980年。

［37］ 印群：《由墓葬制度看殷遗民文化特色嬗变之不平衡性》，《中国历史文物》2004年第4期。

（原刊于《考古学集刊》18，科学出版社，2010年）

北京琉璃河西周燕国墓地
出土漆器复原研究

郭义孚

中国社会科学院考古研究所、北京市文物工作队组成的琉璃河考古队，曾在北京琉璃河西周燕国墓地发掘出许多漆器，漆器胎质虽已腐朽，但仍不失为重要发现。漆器出土时，该队队长殷玮璋同志提出必须将其彻底清剥、妥善保存，并交与笔者进行复原。措施提得非常及时，如此将使距今三千年上下的西周漆器得以再显原貌，重现光辉。

墓地发掘情况见《1981～1983年琉璃河西周燕国墓地发掘简报》，《考古》1984年5期（后称《简报》）。

这批漆器胎质虽已腐朽，但漆皮犹在，彩绘、蚌嵌，大体皆存。漆皮所显示的形状，便是漆器现存形体，外观已非原貌，变形均较严重；但仍能反映出器物类别。要想知道它们的本来面目或确切形貌，便必须通过复原。《简报》中漆觚（M1043：14）和漆豆（M1009：14）复原图及尺寸都是笔者提供的；二图亦曾纳入《中国大百科全书·考古学》中（彩图插页，第27页）。本文将阐明这两件漆器的复原依据和漆罍（M1043：68）的复原过程及结果，该罍曾与上两件漆器发表在一起，并附彩版，但版下器号误印为M1046：68，应予更正。

1043号墓中出土的漆器还很多，现已全部复原。其他墓中出土漆器亦已大部复原。凡经复原的器物，都绘有一般复原图和实物制造图，并曾据图作出部分实物；效果甚佳，可谓西周漆器风貌再现。除上述三件漆器外，其他漆器复原情况将另文发表。

一、复原手段

复原这批漆器所采用的手段与陶、铜器等复原手段截然不同。破碎的陶器可用粘接方法使之成为完整器物；铜器经过矫形、焊接亦可恢复原状。这批漆器的现存形体则无法加以矫正，因器胎已腐朽无余。本文中所说的复原，并非矫正或更动出土物的自身，而是据其现状，应用一定的复原原理求其原状，绘成原大的漆器复原图，表现出漆器原有的形状、纹饰及色泽；如果据图制成漆器实物，则与出土物自身复原具有同等意义。

进行复原研究，可选择其他一些同期器物作为参考材料。但这些材料绝不将其引入复原图中，无论是器形复原，还是纹样复原，均以漆器自身反映为据。在极个别的情况下，曾以该墓地中出土的其他漆器作为借鉴，借鉴之处亦予指明。因此，这样绘出的复原图既表现为复原研究成果，又能为考古研究方面提供可靠的依据。

二、漆器能被复原的条件

古代漆器多因被埋于地下方得保存下来，但有时也会受到一定程度的破坏，如地下水的浸透及泾流会使器胎腐朽、土化，土壤压力可使漆器变形、破裂。琉璃河出土的漆器原来正是处于这种状态，胎质腐朽，外观变形均如前述，但其表面漆皮的存在，却使漆器具备了能被复原的条件。能被完全复原的条件包括以下三项：

（1）无论漆器具有何等程度的变化，仍能大致反映出器形特征；
（2）各特征部位有关数据可经测量、计算得出；
（3）纹样缺损部分，须能另寻同类纹样按其对应部位补齐；如果各部纹饰互有缺存之处，须能互相以存补缺，使之成为完美图案，此谓对应部位互补法。

三、关于漆器胎质及漆皮的伸缩

（一）胎质

用作器胎的材料与漆器制作方法有直接关系，与后来的变形情况也有关系，因此有必要弄清这批漆器的胎质。漆罍在墓中曾与一件铜器挤在一起，锈面粘有已经土化的罍胎痕迹及漆皮少许，经取下、拍照并放大后，显示出清晰的木质纹理（图一，4）；另外一件漆器上剥落的残屑中也有这种胎样，说明都是木胎漆器。漆觚属于薄胎漆器，如果也是以木为胎，能否制出这样薄的器壁？实验证明是可以的。在不用任何机器的情况下，仅系以锯开料，刀凿雕形，即可雕出相当薄的木胎，最薄处仅有 1.5 毫

 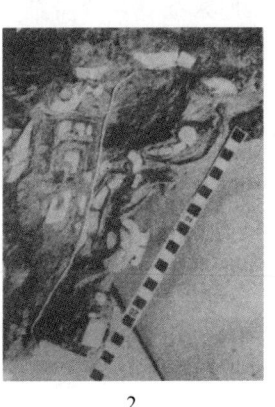  

图一
1. 漆觚形像及夔龙纹样的复原 2. 罍耳出土时情况 3. 漆罍底视图 4. 漆罍胎痕（5×）

米。因此有理由认为这批漆器都是木胎漆器。

（二）漆皮的伸缩

漆器在变形过程中，表面漆皮会受到一定的拉力或压力，致使漆皮有所伸缩，但伸缩前后差距不大。因漆皮极薄，强度有限，一遇较大拉力便会破裂。进行复原计算时，对其伸缩差距可不予考虑。

四、漆器上的假想线和求绘复原图时所用的尺

（一）经线、经长

当器身为旋转体时，过旋转轴的平面与器身表面的交线叫做经线。任何一段经线的长度都叫做经长。

（二）纬圈、纬度及纬差

旋转体表面任何一点，在旋转时画出的圆圈都叫做纬圈，也叫做纬线。纬圈本是假想线，但呈旋转体器物的口、底、折肩及其表面弦纹等，都可以当做纬圈看待。在不能明确看到纬圈的器面上，则可设测一些纬圈。

器面某点至口沿的经长，即该点所在纬度。两点所在纬度之差，则叫做纬差。

此外，纬度、纬差都不按角度计算，而是按长度（厘米）计算。

（三）自由弯尺

自由弯尺是一条既柔软而又能固定成一定形状的尺，也可以叫做柔尺；用于求绘漆器复原轮廓线。这种尺须自己制造，方法是：将米厘格纸剪成宽1厘米的长条，并以厘米为单位在格上注出数字，作为尺的正面；于背面顺向拉一根铅丝（保险丝，5A），上铺一条宽0.5厘米的棉纸，纸上每隔1厘米横黏一段胶纸（剪自透明胶条，每段宽约3毫米），将棉纸黏在尺上，铅丝夹于其中，即成柔尺（图二，2）。

五、纬圈、纬度的量取方法和旋转体器形的复原原理

这三件漆器中，觚、豆纯属旋转体，罍身亦属旋转体。旋转体的形状是靠密集的纬圈及其所在纬度来决定的。当漆器发生变形时，纬圈也随之变形，但周长、纬度及经长各值基本不变。漆皮如有破裂，裂口宽度当然不应计算在内。

（一）量取方法

纬圈周长及纬度可同时量出，方法是利用一些细长而绵软的纸条贴于器面上直接记取诸长（即绘出标记），取下后，用尺分别量出所标长度的具体数值。

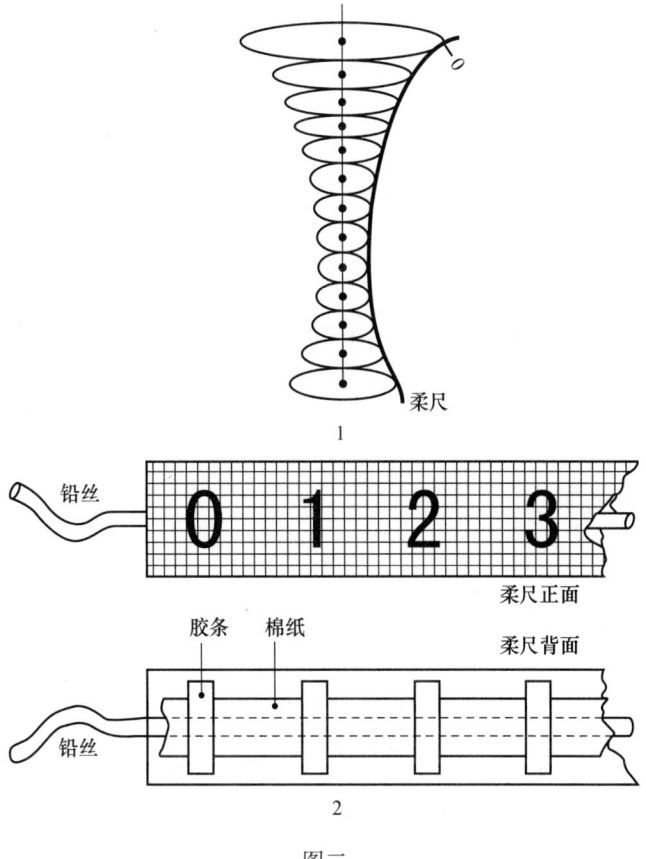

图二
1. 呈旋转体器物的复原原理　2. 柔尺正、背面图

（二）复原原理

今假设纬圈是密集的，其中并包括器物各特征部位的纬圈。则纬圈的复原形状及大小是根据其半径绘出之圆；半径等于量得的周长除以 2π。纬圈彼此间的复原位置是：圆心同在旋转轴上；所在纬度即所量得的纬度（口沿为零）。这样便能自口沿向下依次按其纬度之值量出各圈所在位置（用柔尺量）。最后，这些纬圈自然会构成旋转体的形状，即漆器复原形状（图二，1）。

（三）对出土物的观察和理解

着手测量之前，先须进行观察，分析漆器变形原因。关于器面上某些起伏，有些是变形现象，有的则属于器形特征，二者必须严加区分。凡特征部位的纬圈及纬度，都必须测量出来，取作关键性的数据。其他部位纬圈，亦须酌情量取。总之，通过观察、分析之后，对漆器要有一定程度的理解，在求绘复原图之前，须能大致看出器面各处原来的曲直情况。实际上，在经线曲率不大的地方，纬圈选测间距可以适当加大，只要邻圈间的经线能接近于直线，均属合乎要求。

六、具体器物的复原

（一）漆觚（M1043：14）

1. 出土时情况

墓内平卧，口面被土壤压成椭圆形，腰部几被压成平面，器身变形程度较大。觚面遍髹朱漆，颜色尚鲜艳。觚身中部至下部饰有三道金箍，下两道上镶有绿色目纹石片（孔雀石）。二箍之间刻有夔龙，目部亦镶此种石片。

2. 器形复原

复原方法，参阅图三，1；步骤如下：

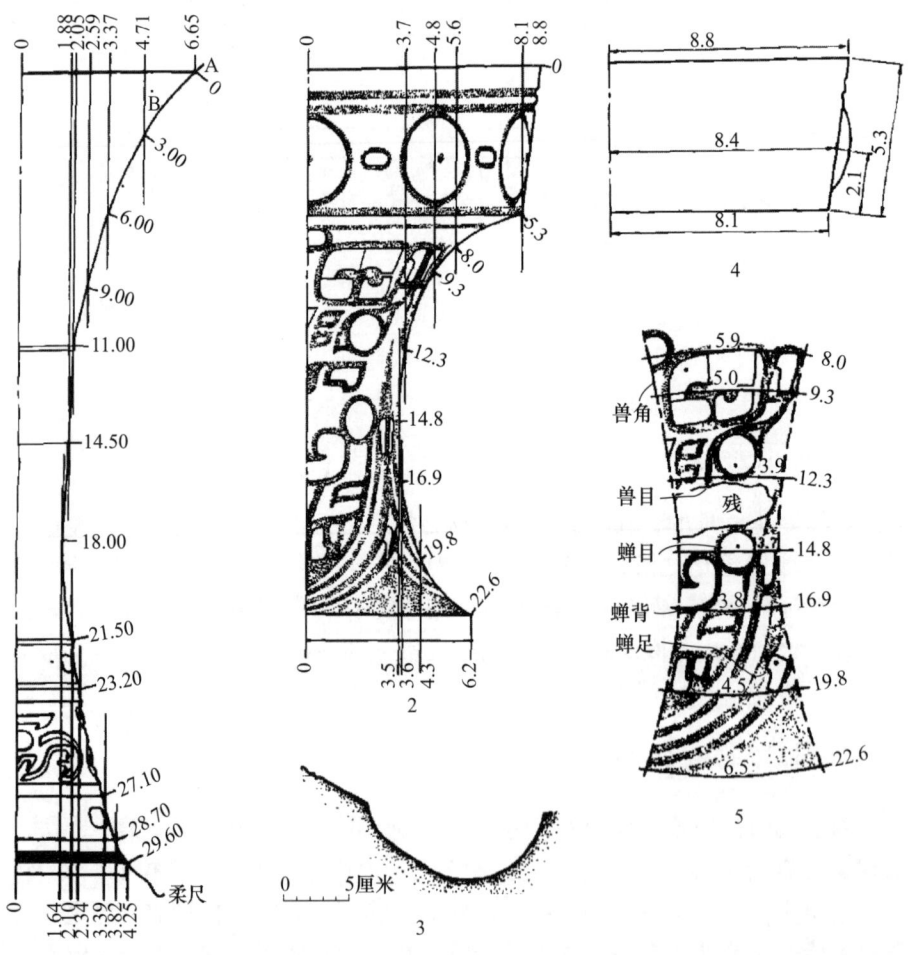

图三

1. 漆觚复原图的求绘方法 2. 漆豆复原图的求绘方法 3. 漆豆出土时的一个侧面 4. 豆盘复原形状
5. 豆柄图案半个单元的近似展开面

（1）量出纬圈周长、纬度，分栏列表；求出纬圈半径，亦予列入表中，如表一；

表一 漆觚测算数值表（厘米）

序号	纬圈部位	纬度	周长	半径
1	口沿	0	41.80	6.65
2	间插	3.00	29.60	4.71
3	间插	6.00	21.20	3.37
4	间插	9.00	16.30	2.59
5	上箍（上）	11.00	12.90	2.05
6	上箍（下）	14.50	11.80	1.88
7	腰部	18.00	10.30	1.64
8	下箍（上）	21.50	13.20	2.10
9	下箍（下）	23.20	14.70	2.34
10	底箍（上）	27.10	21.30	3.39
11	底箍（下）	28.70	24.00	3.82
12	底周	29.60	26.70	4.25

（2）于图纸左侧绘出觚的旋转轴；自轴向右；各以纬圈半径为距，绘出轴的平行线，即许多纵线，线端注明其半径值；

（3）向右绘出口半径，外端命为A点；

（4）求下一纬圈（邻圈）半径外端位置；据表，该圈纬度为3，半径为4.71厘米，于是将柔尺零端固定于A点，尺值3厘米处放在标以4.71厘米的纵线上，得B点，即所求位置；

（5）B点尺位不动，如以此法向下找点；

（6）找出所有各点，并于点间联线，即为该觚右侧复原轮廓线（尺值29.60以外，尚有0.4厘米的高度，是根据漆皮残余部分绘出的）；

（7）注明复原尺寸：通高28.3、口径13.3、底径8.5厘米。

3. 纹饰复原

金箍上下界线复原位置，表中均有所载，求绘复原轮廓线时，可随之绘出。箍面、箍间目纹石片为每圈三枚，相距120度。夔龙计三条，同形、等距，系阴纹刻胎图案，刻纹均匀光润，刀法刚劲有力。出土之际，三龙已非完整，彼此之间，互有存缺，今用对应部位互补法将其复原成完美图案。髹漆情况是，刻纹内外纯为朱色，另外尚有弦纹，呈深褐色。漆觚及夔龙纹样的复原形象见图一的1。

同墓出土漆器中，带有刻胎纹饰者，并非仅此一件，而且还有阳纹刻胎图案，系采用"剔地隐起"手法雕成。

《髹饰录》中载有"剔红""堆红"和"木胎雕刻"等作法。剔红、堆红及今日所见雕漆作法，都是在胎外较厚的漆层上加以雕镂，而不触及器胎。这批出土漆器中不含此例，其凹凸纹样都是木胎雕刻，其表面涂漆；因所有出土实物漆皮皆薄，且能见其刻胎痕迹。

关于求绘复原图时所用纸张，可以是白纸，也可以是米厘格纸；选用后者更较方便。实际上，这批漆器的复原图稿全是在米格纸上求绘出来的。

（二）漆豆（M1009∶14）

1. 出土时情况

器身纵向断裂，且严重变形，图案有局部残损。单靠自身所具纹样难以复原出十全十美的图案。寻找器面保存较好部分，可以测出经线全长，并能反映出器形特征（图三，3）。豆盘、直壁、口略敞，与豆柄交接处，有明显的折棱，在器形轮廓上表现为折点，豆面遍髹褐漆，绘朱纹、施蚌嵌。

2. 复原情况

豆盘壁面本应镶有10枚蚌泡，泡间贴以目纹蚌片，但有些蚌泡早在墓中即已脱落，发掘时已清出。在一段保存情况较好的盘壁上，连续镶有4枚蚌泡。两端泡心间的纬线，长15.8厘米，则其纬圈周长=（15.8厘米÷3）×10=52.7厘米，半径=52.7厘米÷2π=8.4厘米。又，过二心经线在折棱上所截纬线长度为15.3厘米，同法求出其纬圈半径为8.1厘米。另外量得泡心、盘口与折棱的距离为2.1和5.3厘米。根据以上数据即可绘出豆盘复原形状（图三，4），盘口半径图解尺寸为8.8厘米。

盘壁蚌泡周边勾作朱圈，中心着以朱点，目纹蚌片沿周亦以朱线圈绘。上方、下方都有朱色弦纹。上两道，同时又是刻胎阴线。豆柄周身饰有三组相同图案，由朱纹、蚌嵌构成；其主要内容为兽面及蝉纹，都是左右对称的图形。因此可以假设每组图案都有一条中线（对称轴），组与组间各有一条分界线。经检测，两组图案对应部位尺寸完全相同，说明器形、图形原来均极规整。图形的中线和分界线共将柄面等分为六个纵带（每带半个单元），现在只需测其一带，便能取得柄部复原所需数据。图三中5所示者，是一个纵带的近似展开面，面上数字则系实测数据；分别表示纬线长度及纬度。纬线长度为其周长的六分之一，纬线位置则以所过图案部位为记。其中有"兽角"、"兽目""蝉目""蝉背和"蝉足"各项。纬度须连同豆盘一起计算，仍以盘口为零。表二载有其中全部数据，并包括各纬圈的半径。根据此表即可绘出该豆的复原图，方法同前（图三，2）。其复原尺寸是：通高20.3、口径17.6、柄底直径12.4厘米。

表二　漆豆测算数值表（厘米）

序号	纬圈部位	纬度	周长/6	半径
1	盘口	0		8.8
2	棱线	5.3		8.1

续表

序号	纬圈部位	纬度	周长/6	半径
3	兽角（上）	8.0	5.9	5.6
4	兽角（中）	9.3	5.0	4.8
5	兽目	12.3	3.9	3.7
6	蝉目	14.8	3.7	3.5
7	蝉背	16.9	3.8	3.6
8	蝉足	19.8	4.5	4.3
9	底周	22.6	6.5	6.2

因为纬圈位置系以所过图案部位为记，所以纬圈复原位置确定之后，圈上图案高低位置亦随之而定，全部纹样则不难投影于复原图中。兽面嘴部形状，原物上已不存在。该图系据另一漆器兽面图案嘴形复原。嘴部蚌片形状，是两件漆器中共有的蚌片形状。

（三）漆罍（M1043∶68）

罍身可分为颈、肩、腹三个部位。口上有盖，腹底有圈足，罍身按有高而宽的罍耳。该物现存及复原情况如下。

1. 罍盖

有变形，已残；约缺损四分之一。尚存部分，沿周镶有许多刻有直纹的矩形蚌片，并施褐地朱纹彩绘。通过观察及测量，可以看出盖面原来有4枚兽头形钮，等距环列其上。如今二钮尚存于盖面，一钮脱盖落于罍颈，并将颈面局部纹饰掩盖其下；现已清出，该处蚌嵌、彩绘均极完好。钮体脱落后，盖上留有明显的钮痕，无凹槽，痕面是与盖面相一致的褐色漆面，痕外为朱彩。说明钮体原系平贴其上，故不牢固。下剩一钮，位置恰居盖面缺损部分，其物已不存在。"兽头"，朱色，侧面插有耳形蚌片，正面以阳纹褐线勾示面容，角、眼皆镶蚌片。每二钮之间，均有一圈涡纹图案，嵌蚌、施彩，精工细致。涡纹两旁镶有目纹蚌片，连同其他彩绘构成定形状的图案，貌似兽面。

罍盖既有变形、缺损，便须纠正、补偿。现在，先量盖周长度，再求罍盖半径：

（1）盖周有损，不能量其全长，只能利用周边蚌嵌作为标记，量取半周长度，其值44厘米；

（2）罍盖半径 = 44 厘米 ÷ π = 14 厘米。以此半径绘出圆，即为盖面复原俯视形状及尺寸。然后还须求出罍盖侧面及细节部分的复原图。盖面形状也是旋转体，因此有旋转轴。面上各圈弦纹，是其共轴圆系，利用这些圆的位置可以反求盖面形状。确定共轴圆间的位置，需要以下两项数据：

圆的半径和圆的盖表半径（即由盖顶沿盖面量至盖周的最短距离）。前者须根据半圆弧长计算出来，弧长量法仍如前述；后者可沿盖面直接量取。为能求出盖面的准确形状，另外又增设共轴圆二圈，一圈过涡纹、目纹中心，另一圈过褐纹兽面里缘。各项数据测出后，列入表中（表三），以备求绘复原图。绘图时先在米格纸左侧确定一根轴线，线上标出一点，作为盖顶，柔尺零端置于顶上，然后向右依次找点。按表在尺上找出盖表半径之值，米格纸上找出半径值，尺值放在半径值上，即得所求之点。依次找出各点，并于点间连线，即为盖面复原形状（图四，4）。图中横线，同时可以作为盖面纹饰复原控制线，因此，盖面一切图案均不难投影于图上。图四，3所示，为盖钮复原形象及其所在位置。盖面连同全部盖钮即构成罍盖整体外观复原形状。

表三　漆罍盖面测算数值表

序号	共轴圆	半径	盖表半径
1	轴	0	0
2	弦纹	3.60	3.70
3	弦纹	5.00	5.10
4	插设	6.20	6.35
5	插设	9.20	9.60
6	弦纹	12.40	13.30
7	盖周	14.00	15.20

2. 罍身

罍身原来按有四扇罍耳，如今仅存二耳，耳体均有残损，另外二耳早已脱落，耳体嵌槽尚存于器面，槽内有褐色漆迹（保存甚好），槽深0.3、宽2厘米。耳体、耳槽，纵贯颈、腹，共将壁面均匀分为四瓣。耳体，有一扇保存情况尚佳，残缺部分不大，变形程度亦较轻微，其在颈肩表面上的交线，仍保持着原来时的形状。颈面近于圆柱面，仅微有凹曲；肩面则非常近于圆锥面。上述较佳一耳附近，颈面、肩面未曾变形，远处保存情况较此为差。罍身上下均不存在完整纬圈，但纬圈的四分之一却皆明确存在，此即相邻耳槽槽口中线间所夹弧段。则其半径等于弧段长度乘以0.6366。

测量纬线时，常须利用图案中某个部位作为标记，尤其是在残迹较多的器面上，更须如此。罍上各条纬线的长度及纬线间的纬差，都是围绕器身寻找图案对应部位逐段量出的。该罍肩下原有一条宽度近8厘米的涡、目纹图案带；于罍的正面，该带已随器壁挫断，全部遭到破坏。但背面则整带俱在，且可观其全豹。其他图案，反以正面保存较好。应用对应部位互补法进行复原，则经线长度及原有图案均可全部求出。

罍颈正、背两面图案俱同，各系两只凤鸟，栖于左右颈面上，头向相对，形状对称，由朱褐二色绘成，眼、嘴、冠、翼等部位，分别嵌以象形蚌片。罍颈上下，各有一道褐地朱纹彩带，并贴有矩形蚌片，蚌面竖刻直纹数道。

肩面施朱地褐纹彩绘，连同蚌嵌构成涡纹、目纹图案。折肩上下，沿棱拼贴矩形蚌片，拼棱与肩棱重合。

罍腹上部纹饰即前述肩下图案带，下部为兽面，衬有雷纹及小片蚌嵌。兽面占罍腹大部面积，由多种形状的蚌片拼合而成，外围勾以褐线，鼻部有钮，形状为一凸起的小兽面，亦嵌蚌、施彩。以上是讲罍腹正面。背面图案现存部分，与正面者完全相同。兽面下部已缺损，其复原形状应与正面大体相同，估计其不同之处是鼻部小兽面不再隆起为钮。

罍身复原所需数据的量取、计算方法已如前述。现将各项测算结果随图标出（图四，1），以示颈、肩、腹部复原尺寸及罍身复原形状，横线上数字表示半径，括号中为上下纬圈间的纬差。

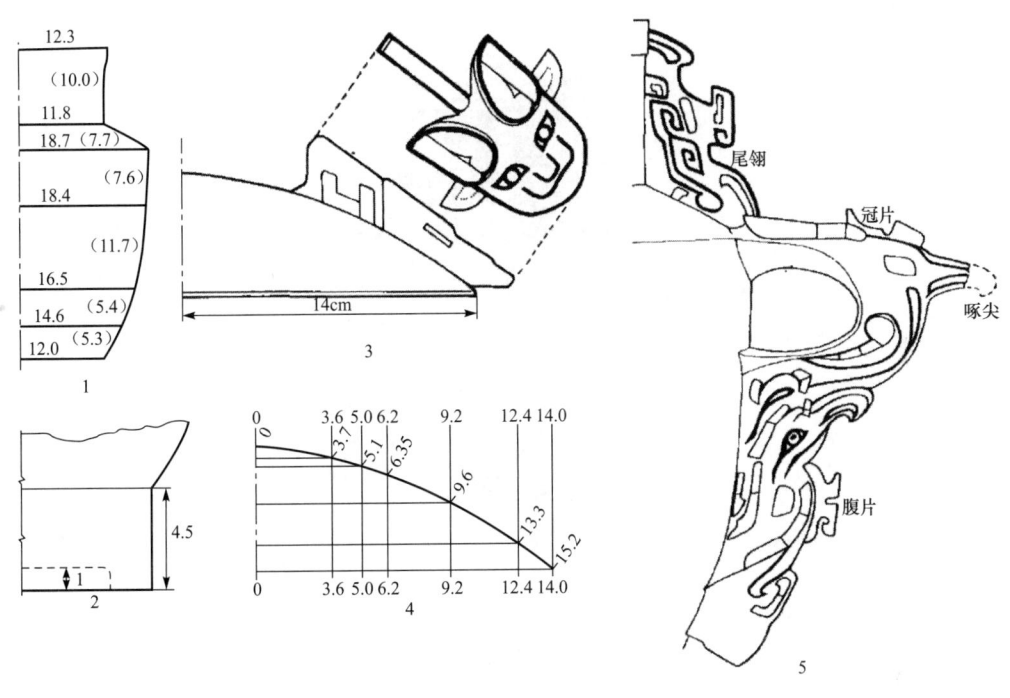

图四
1. 罍身复原形状及有关数据 2. 漆罍圈足局部复原尺寸 3. 罍盖钮复原形象及位置
4. 罍盖面复原侧视图的求绘方法 5. 罍耳复原图

3. 圈足

圈足上饰有一圈彩带，与罍颈彩带相同，足壁上有些地方漆皮尚好，能从中量出圈足外皮高度，其值为4.5厘米。里皮高度只有1厘米，上方即达罍底（图四，2），底面为一光滑平面，连同圈足里皮均未髹漆，如今胎质虽已土化，但有多半个圆的面积仍保持着原来的形状：因此可以直接量出圈足壁厚和直径，各为2和24厘米（图一，3）。

4. 罍耳

罍耳出土时情况见图一中2。后经清剥，去其浮污，便显示出清晰的彩绘。罍耳该面，蚌嵌俱全，残迹最少。此耳变形不大，稍加纠正，即呈原状。耳形由两只凤鸟上下环接而成，上鸟尾翎张展，下鸟昂首矫立，同施朱地褐纹彩绘，并饰蚌片。上鸟冠片、下鸟腹片均系直插鸟体（木胎），其他蚌片则贴于鸟体两侧。上鸟啄尖有损，今按下鸟嘴形和颈面图案鸟嘴将其复原,见图四中5。现存另一罍耳,保存情况欠佳。两耳互张90度角,即二者间的位置关系是彼此相邻,而非左右对称。以两耳共存部分相比较,对应部位纹饰、细节全同,说明耳形原同。邻耳既同,则四耳必同。罍耳复原位置见图五的2。

5. 漆罍的复原形貌及尺寸

漆罍复原形貌如图五之1。复原尺寸是:通高54.1、通宽69、圈足外径24厘米。

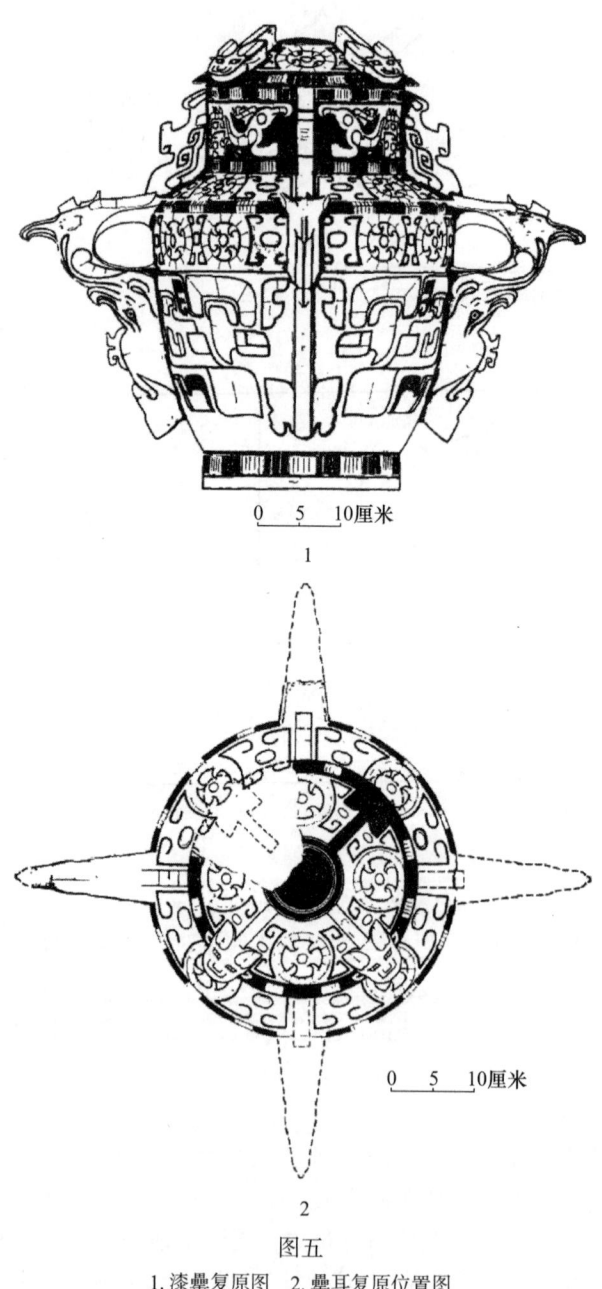

图五
1.漆罍复原图　2.罍耳复原位置图

6. 制胎、髹漆及嵌蚌

在胎质腐朽无余的漆器上，找出一块土化胎痕，已属难能可贵。再想从中观察出器胎结构，是根本不可能的。如以今存原始制胎方法，上溯西周时期制胎大体情况，尚可一试。

今走访金漆镶嵌厂，见有许多大、小木胎（瓶、壶等），都是利用简单工具（刀、凿等）徒手制作的，始终未用旋床，但形体极为规整。徒手制作木胎，成形规整与否，全凭手艺高低。其实，利用旋床旋木的方法早已有之，《广韵》中曾讲到"转轴裁器"，《辍耕录》、《髹饰录》中则明确讲到"旋床"。与此相比，仅持简单工具；徒手制作木胎，可以说是非常原始的方法了。根据复原图，可以这样制出全套木胎漆器。厂方一位制作者曾以一木壶为例，讲述了制胎方法，简言之，先行分瓣雕胎，然后合缝（黏结）修整。西周漆器木胎，若非旋制而成，只能是采用类似方法制作的。另如罍耳、盖钮，均属后置物体，耳槽内的漆，在制作时是当作黏合剂用的。罍耳嵌入槽内部分，须与槽面相黏结，方能使之牢固。

罍上彩绘，大部分为朱地褐纹。漆皮上，凡朱色表面磨灭处，均显露出褐色底漆；其他几件朱地漆器中也见有这种现象。可以看出，其髹漆程序是先以褐漆垫底，再用朱漆罩面。这样做，一则可使朱漆易于固着，再则可使朱面光润，颜色不浮。朱面上的褐线，多数是用褐色漆勾绘的；朱彩留空显褐的做法甚少，仅其盖面褐色弦纹，是两道朱彩间的空隙。

由于漆罍上贴嵌着蚌片，所以被称为当时的螺钿漆器（包括上述漆豆）。此与后世螺钿相比，当然还不够细致。晚期螺钿漆器，蚌片光洁细腻，且与漆面吻合，在曲率较大的器面上，则利用微小的蚌片拼成各种纹样，因此，蚌面、漆面亦相吻合。组成罍腹兽面的蚌片都相当大，为数亦少。这样，蚌片平面便与带有一定曲率的漆面不能完全吻合，但无琐碎感，反而显得简练、美观。

关于蚌面雕饰，凡矩形蚌片，面上皆有刻纹。盖钮兽耳，蚌片中心染为朱色，罍耳上鸟目片大于所绘眼形，其大出部分与耳体同髹朱漆，在蚌片以内圈出白色的鸟眼。蚌面划纹、刻线，于后世漆器或文献中均可见到，但蚌面施彩之例则甚为罕见。

蚌片施之于漆罍上的方式有以下三种：

（1）平嵌，多数蚌片是这样贴嵌的；

（2）凸贴，即有意使蚌面凸出漆面，如盖面、肩面涡纹，蚌面高出漆面竟达4～5毫米；罍耳下鸟翼部蚌片亦高于漆面；

（3）直插，蚌片直插木胎，且与插入处的漆面垂直；凤鸟冠片、腹片和盖钮兽头耳片均属其例。

七、本文的写出目的

前述觚、豆复原图虽已发表，因未阐明复原依据，故令人难以知其可靠性如何。今对原物现存情况如实加以描述，并将复原原理、方法及最后结果和盘托出，主要是为了使大家能明瞭其复原成果的准确度。漆罍，1990年8—11月曾在故宫博物院公开展出（中国社会科学院考古研究所四十年研究成果展）。《简报》中对该罍的报导内容，主要是在描写其出土实物。实物固然重要、可贵，但若不加复原便显示不出多大的意义，因为它不象马王堆一号汉墓出土漆器那样完好，而是腐朽、变形及残损均为严重，根本不能直接反映出自身的本来面目。即便是对原物进行报道，亦须借助一部分复原成果，方能表达清楚。本文中阐明了漆罍的全部复原过程，并配以多幅插图，目的在于使考古工作者在必要时可以酌情引用。

过去有不少地方曾发现过西周或西周以前的漆器，其中保存优劣程度虽各有不同，但总有一些是可以复原的。希望有关部门的考古、文物工作者也能应用一定的方法将其复原，以便使人能够看到我国各不同区域出土的这类宝贵历史文物的真实形貌。

本文所述漆器复原原理及方法均系笔者首创，现在提供出来，殷切希望读者提出宝贵意见，以便今后再加改进，使之成为一项更较完善的漆器复原方法。

（原刊于《华夏考古》1991年第2期）

琉璃河出土的漆器与复原

楼朋林

20世纪80年代，琉璃河西周燕国贵族墓地出土了一批漆器，其胎骨均为木质（图一）。漆器出土时，虽胎骨已朽，原器变形较严重，但漆皮与蚌泡仍附着于泥土之上，从漆皮所显示的形状来看，能辨认出的器形有豆、觚、盘、罍、壶、簋、杯、俎等。经专家研究，认为能够完全复原出来的器物有漆豆、漆觚和漆罍等，还有一些器形有待于再研究。后来，经中国社科院考古研究所文物修复专家的创造性工作，复原了其中的漆豆、漆觚、漆罍等近十余件（郭义孚《北京琉璃河西周燕国墓地出土漆器复原研究》，《华夏考古》1991年第2期），殷玮璋先生又撰专文，对这批漆器进行了较深入的考古学、历史学研究（殷玮璋《记北京琉璃河遗址出土的西周漆器》，《考古》1984年第5期）。现在，我们在前辈科学家研究的基础上，从中选择数件，略作介绍。

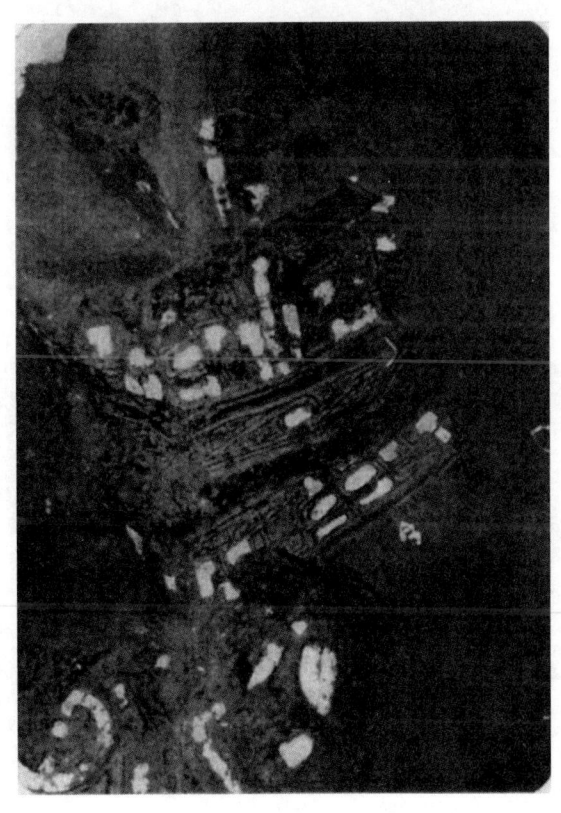

图一　漆豆出土时情景

漆豆，虽出土很多，但能够清理出来看出外形的不多。从出土清理时观察的情况来看，大部分漆豆均已变形，图案大部残损，器身严重变形（图一），可复原的漆豆有三种类型。一种是长方形漆豆，即豆盘及豆底座皆为长方形，豆盘口略向外敞，其复原的尺寸为：口长27.8厘米，宽22.5厘米，底座长21.5厘米，宽16.5厘米，通高23.5厘米。用漆绘弦纹组成装饰纹带，构成饕餮纹图案，用螺钿嵌出眉、目、鼻等部位，线条流畅，制作精美（图二）。另外两种豆，豆口皆为圆形，但豆柄各不相同。其中一件近似筒形（图三），而另一件为喇叭形（图四），其大小近似，但纹饰各不相同。M1009∶14出土时，器身纵向断裂，且严重变形，图案局部残损。可复原的尺寸为：口径17.6厘米，底径12.4厘米，通高20.3厘米。褐地朱漆，深盘，粗把。豆盘外镶有一周大小均匀的蚌泡之间嵌以小型蚌片，豆柄用朱漆绘成饕餮纹，其间嵌有蚌片，以上三种豆间以螺钿嵌（其复原尺寸是根据郭义孚先生的研究成果而制作，《华夏考古》1991年第2期；这三件复制品现收藏于西周燕都遗址博物馆内）。

图二　复原后的长方形漆豆

图三　复原后的筒形漆豆

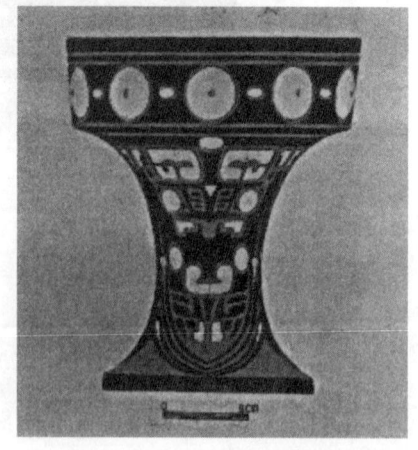

图四　复原后的喇叭形漆豆

漆觚，出土时，口面被土壤压成椭圆形，腰部几乎被压成平面，器身变形较大（图五）。清理时可看出，觚面遍髹朱漆，颜色还很鲜艳。从髹饰的纹饰来看，有两种。两件形状相同，皆为喇叭形，大小近似，只是髹饰工艺不同。其中一件漆觚M1043：14，遍体髹朱漆，颜色鲜艳。觚身中部及下部饰有三道金箍，下二道金箍上镶有绿色目纹石片（孔雀石），二箍之间有三条变形龙纹组成的花纹带饰，并附着有彩绘。龙目部亦镶有绿色石片，其龙纹为阴刻图案。刻纹均匀光滑，刀法有力。觚身还附有弦。其复原尺寸为：口径13.3厘米，圈足直径8.5厘米，通高28.3厘米（图六）。而另一件通体髹朱漆，觚座周围有螺钿嵌间有阳纹刻胎图案，系采用"剔地隐起"手法雕成（图七）（其复原尺寸是根据郭义孚先生的研究成果而制作，《华夏考古》1991年第2期。这两件复制品现收藏于西周燕都遗址博物馆内）。

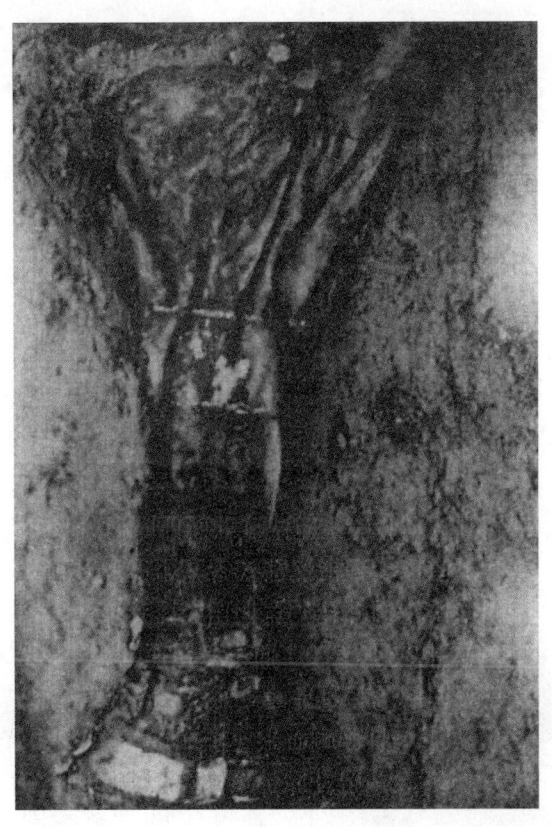

图五　漆觚出土时的情景

漆罍，M1043：68，一件。从出土情况的观察，原器物有盖，敛口，折肩，有耳，腹微鼓，圈足。其装饰纹样最为繁缛。器身朱漆地，与弦纹、云雷纹组成纹饰带。器盖，因出土时被压于铜器之下，因而一半残损，仅存一半。根据当时清理时的观察，这仅存的一半有两个用蚌片镶嵌的木雕兽头，兽头的眼、耳、鼻皆用蚌片镶嵌，使兽面突出，一目了然。两兽头之间成90度，估计原器盖上应有四个兽头，兽头之间用蚌片镶嵌出四个圆涡纹。颈部是用蚌片和彩绘组成饕餮纹，肩部髹有一圆褐色漆，其上

图六 复原后带三道金箍的漆觚

图七 复原后的镶嵌螺钿雕漆觚

镶嵌有蚌片，蚌片上有划痕。腹部也用了很多加工成一定形状的蚌片，嵌出凤鸟纹、圆涡纹及饕餮纹纹样。圈足上镶嵌着多组长方形蚌片，蚌片之间有长条形彩绘。器身中部有鸟头形器把，器把在出土时只有一个保存的较好和另一个保存了上半部，这两个器把相间90度。根据事物对称的原理，这件漆罍应有四个器把，每个器把为两只由蚌片镶嵌和漆绘组成的带冠凤鸟，鸟嚎向下。这些鸟兽形象的附件上也用了一些蚌片将有特点的部位镶嵌出，使这些鸟兽形象更为突出。从漆器的整体来看，蚌片表面光滑平整，边缘整齐，蚌片之间的接缝十分紧密，间以螺钿嵌，在镶嵌的蚌片之间，有漆绘花纹，蚌面划纹、刻线，于后世漆器或文献中均可见到，但蚌面饰彩之例则罕见。足见当时的镶嵌技法已经达到了相当高的水平。其复原后的尺寸为：通高为54.1厘米，通宽阔69厘米，圈足外径24厘米（图八）（这件复制品现收藏于西周燕都遗址博物馆内）。

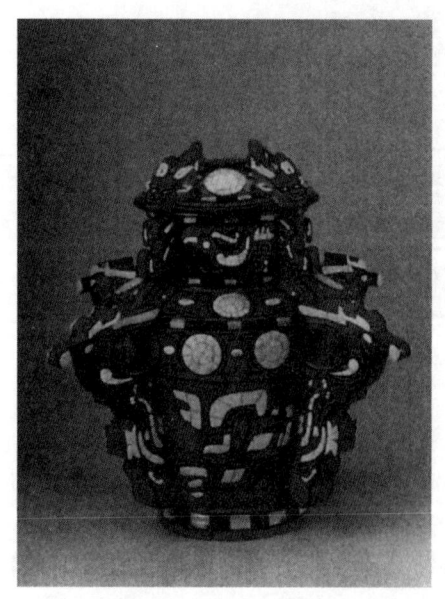

图八 复原后的漆罍

从以上复原的这组漆器来看，其特点是：普遍髹饰红、褐两色或红、黑褐两色。其镶嵌物基本都是绿松石片、蚌泡、蚌片，有的还贴有金箔。这样，使漆器的颜色增加了白、绿、黄三种，使漆器显得光彩夺目。特别是那件漆罍，不仅造型美观，纹饰繁缛精致，而且器盖和器身上还饰有形态生动的牛头、凤鸟形象的饰件，无论是器表彩绘和镶嵌的图案花纹以及附加的鸟兽形饰件，其工艺之精、形态之美，都是很突出的，这是我国漆器中一件罕见的精品。

我国漆器的历史，大约已经有了六七千年了。即在浙江余姚河姆渡遗址出现了一件朱漆碗，以木为胎，外涂漆，出土时器表保留有漆片，这是我国现知最早的漆器。其后，在新石器时代晚期的山西襄汾陶寺遗址出土了漆豆，且出土多件。后则发现了多处商代遗址出土漆器，有兵器的把鏊及生活用具，不少地方也曾发现过西周时的漆器，但能够复原的不多。例如，在长安普渡村的西周墓葬中，曾发现了一些蚌泡镶附在器物外面的漆皮上，从其报告所附插图22和图示23上可以看到这些蚌泡围绕陶器的复原情形（《长安普渡村西周墓葬发掘记》，《考古学报》8册124页～125页）；浚县辛村墓6：27，28号蚌泡出土时也环绕在他器周围，作他器的配饰。其他各墓出土蚌泡颇多，共计有420枚，知为镶嵌之物。有数枚镶于一圆盒边缘上，盒痕犹存（《浚县辛村》67页）；宝鸡斗鸡台墓H6，也出有此类蚌饰，它们围绕于陶鬲的周围，散乱成一团（《斗鸡台沟东区墓葬》41页），上述这些现象证明在西周时期的墓葬中，除其他随葬品外，确实有镶嵌蚌泡的漆器存在，但是都没有看到这种镶嵌蚌泡的漆器的完整器形。根据出土的漆器残片分析，商代漆器工艺已达到了很高水平。另外，漆具备粘固的性能，可以累积、充填、研磨，适宜用镶嵌作漆器的装饰，而镶嵌也就成了几种髹饰工艺的总称。凡是一种或多种物体作为嵌饰的，均称之为镶嵌。我国最早的镶嵌漆器，就目前考古发现来说，系出土于河北省藁城县台西商代遗址中的漆器残片，残片上有花纹，有的花纹上镶嵌有经过磨制的各种形状的绿松石，有贴金箔，镶嵌物与花纹配合得很好，说明当时镶嵌技术已达到很高水平。琉璃河遗址出土的这批漆器的复原制作，把我国漆器镶嵌工艺美术史上溯到西周中期或西周早期。

螺钿也是一种镶嵌漆器。由于漆豆和漆罍上被贴嵌着蚌片，所以被称为当时的螺钿漆器，此与后世螺钿相比，做工不够细致。《髹饰录》螺钿条下注："壳片古者厚而今者渐薄也。"这种说法符合螺钿漆器的发展过程。琉璃河遗址出土的这批漆器上所嵌蚌饰大多是磨成厚不足2毫米的薄片，镶嵌成精致的图案。我国的螺钿漆器起源于何时呢？按传统说法，我国的螺钿工艺始于南北朝时期，到唐朝中期达到了成熟的阶段。这次琉璃河西周墓地的发掘、出土并复原制作这一组漆器，尤其是漆豆和漆罍的出土，在这两件器物上镶嵌的蚌饰都是锯割成片，并磨成套长方形、三角形、方形以及圆形或其他特定的形状，拼嵌出饕餮纹、凤鸟纹、圆涡纹等各种图案纹样，有的蚌片上还有划纹，符合螺钿的特定含义，确是螺钿漆器无疑。所以，这批漆器的出土，反映了在西周时代，人们在制作螺钿漆器时已经掌握了熟练的技术，技术上已经达到了很高的水平，这不仅说明了西周时代出现了螺钿漆器，而且再现了距今3000年前古代工匠们的杰出成就，使我国螺钿工艺的产生时间提前了1000多年，这在我国漆器工艺和镶嵌技术史上创立了光辉的一页。从目前来看，最早的螺钿漆器，当属这次琉璃河发掘出土的漆器了。

附：琉璃河遗址复原制作的这批漆器，原是应琉璃河西周燕都遗址博物馆的成立之需，由于当时复原制作的时间非常仓促，这批漆器的复原制作，在技术处理上还存在一些问题，它与专家的研究成果有出入，但这批器物复制的基本原貌没变。因此，这组照片仅供参考。

（原刊于《北京文物与考古第五辑》，北京燕山出版社，2002年）

附录　琉璃河遗址与燕文化研究论文资料目录

一、发掘报告

1. 琉璃河遗址

中国科学院考古研究所、北京市文物管理处、房山县文教局琉璃河考古工作队：《北京附近发现的西周奴隶殉葬墓》，《考古》1974年第5期。

北京市文物管理处、中国科学院考古研究所、房山县文教局琉璃河考古工作队：《北京琉璃河夏家店下层文化墓葬》，《考古》1976年第1期。

中国社会科学院考古研究所、北京市文物工作队琉璃河考古队：《1981—1983年琉璃河西周燕国墓地发掘简报》，《考古》1984年第5期。

中国社会科学院考古研究所、北京市文物研究所琉璃河考古队：《北京琉璃河1193号大墓发掘简报》，《考古》1990年第1期。

雷少雨：《琉璃河1193号西周墓葬发掘记》，《中国文物报》1990年6月14日。

田敬东：《琉璃河商周遗址》，《燕都》1991年第4期。

郭仁：《房山琉璃河遗址发现记》，《文物天地》1992年第4期。

孙玲：《琉璃河遗址发现战国墓群》，《中国文物报》1992年7月19日。

北京市文物研究所：《琉璃河西周燕国墓地（1973—1977）》，文物出版社，1995年。

中国社会科学院考古研究所、北京文物研究所：《琉璃河燕国古城发掘的初步收获》，《北京文博》1995年第1期。

赵福生：《西周燕都遗址》，《北京文博》1995年第1期。

北京市文物研究所、北京大学考古学系：《1995年琉璃河遗址墓葬区发掘简报》，《文物》1996年第6期。

北京大学考古学系、北京市文物研究所：《1995年琉璃河周代居址发掘简报》，《文物》1996年6期。

北京市文物研究所：《北京房山琉璃河遗址发现的商代遗迹》，《文物》1997年第4期。

琉璃河考古队：《琉璃河遗址1996年度发掘简报》，《文物》1997年第6期。

田敬东：《琉璃河遗址发掘述略》，《北京建城3040年暨燕文明国际学术研讨会会议专辑》，北京燕山出版社，1997年。

北京市文物研究所、北京大学考古文博院、中国社会科学院考古研究所：《1997年琉璃河遗址墓葬发掘简报》,《文物》2000 年第 11 期。

楼朋林:《琉璃河遗址 2001 年度西周墓葬发掘简报》,《北京文物与考古》第五辑,北京燕山出版社,2002 年。

2. 其他燕文化遗存

安志敏:《河北省唐山市贾各庄发掘报告》,《中国考古学报》第 6 册第 1—2 分合刊,1953 年。

安志敏:《河北宁河县先秦遗址调查记》,《文物参考资料》1954 年第 4 期。

尤文远、孟浩:《河北怀来县大古城遗址调查情况》,《文物参考资料》1954 年第 9 期。

刘谦:《锦州市大泥洼遗址调查》,《考古通讯》1955 年第 4 期。

热河省博物馆筹备处:《热河凌源县海岛营子村发现的古代青铜器》,《文物参考资料》1955 年第 8 期。

董增凯:《河北省文化局调查涿县北高官庄发现的古代遗址》,《文物参考资料》1955 年第 11 期。

王克林:《北京西郊中关园内发现瓮棺葬》,《文物参考资料》1955 年第 11 期。

孟昭林:《河北省涞水县永乐村发现一批战国铜、陶器》,《文物参考资料》1955 年第 12 期。

郑绍宗:《热河兴隆发现的战国生产工具铸范》,《考古通讯》1956 年第 1 期。

孟昭林:《河北昌黎县发现古代石器和墓葬》,《文物参考资料》1956 年第 2 期。

冯秉其:《滦县发现了古文化遗址》,《文物参考资料》1957 年第 3 期。

天津市文物组、天津市历史博物馆联合发掘组:《天津东郊发现战国墓简报》,《文物参考资料》1957 年第 3 期。

赵正之、舒文思:《北京广安门外发现战国和战国以前的遗迹》,《文物参考资料》1957 年第 7 期。

冯秉其:《唐县发现古城址古遗址各一处》,《文物参考资料》1957 年第 8 期。

北京市文物组:《海淀区发现春秋时代铜器》,《文物参考资料》1958 年第 5 期。

云希正:《天津市郊古遗址、古墓葬的调查与发掘纪略》,《北国春秋》1959 年第 1 期。

苏天钧:《十年来北京市所发现的重要古代墓葬和遗址》,《考古》1959 年第 3 期。

金殿士:《沈阳市南市区发现战国墓》,《文物》1959 年第 4 期。

王汉彦:《周口店区蔡庄古城遗址》,《文物》1959 年第 5 期。

苏天钧:《北京昌平松园村战国墓葬发掘记略》,《文物》1959 年第 9 期。

刘之光、周桓:《北京市周口店区窦店土城调查》,《文物》1959 年第 9 期。

旅顺博物馆:《旅顺口区后牧城驿站战国墓清理》,《考古》1960 年第 8 期。

承德离宫博物馆:《承德市滦河镇的一座战国墓》,《考古》1961 年第 5 期。

中国历史博物馆考古组:《燕下都城址调查报告》,《考古》1962 年第 1 期。

北京市文物工作队:《北京怀柔城北东周两汉墓葬》,《考古》1962 年第 5 期。

河北省文化局文物工作队：《河北青龙抄道沟发现一批青铜器》，《考古》1962年第12期。

北京市文物工作队：《北京房山县考古调查简报》，《考古》1963年第3期。

北京市文物工作队：《北京昌平半截塔村东周和两汉墓》，《考古》1963年第3期。

北京市文物工作队：《北京西郊白云观遗址》，《考古》1963年第7期。

王兆军：《内蒙古昭盟赤峰市发现战国墓》，《考古》1964年第1期。

敖承隆、李晓东：《河北省怀来县北辛堡出土的燕国铜器》，《文物》1964年第7期。

天津市文化局考古发掘队：《天津南郊巨葛庄战国遗址和墓葬》，《考古》1965年第1期。

河北省文物工作队：《河北易县燕下都故城勘察和试掘》，《考古学报》1965年第1期。

河北省文化局文物工作队：《河北徐水解村发现古遗址和古城垣》，《考古》1965年第10期。

天津市文化局发掘队：《河北大厂回族自治县大坨头遗址试掘简报》，《考古》1966年第1期。

河北省文化局文物工作队：《河北怀来北辛堡战国墓》，《考古》1966年第5期。

北京市文物管理处写作小组：《北京地区的古瓦井》，《文物》1972年第2期。

辽宁省博物馆、朝阳地区博物馆：《辽宁省喀左县北洞村发现殷代青铜器》，《考古》1973年第4期。

中国科学院考古研究所内蒙古工作队：《赤峰药王庙、夏家店遗址试掘报告》，《考古学报》1974年第1期。

喀左县文化馆、朝阳地区博物馆、辽宁省博物馆北洞文物发掘小组：《辽宁省喀左县北洞村出土的殷周青铜器》，《考古》1974年第6期。

中国科学院考古研究所内蒙古工作队：《宁城南山根遗址发掘报告》，《考古学报》1975年第1期。

辽宁省文物干部培训班：《辽宁北票丰下遗址1972年春发掘简报》，《考古》1976年第3期。

北京市文物管理处：《北京地区的又一重要考古收获——昌平白浮西周木椁墓的新启示》，《考古》1976年第4期。

敖汉旗文化馆：《敖汉旗老虎山遗址出土秦代铁权和战国铁器》，《考古》1976年第5期。

辽宁省博物馆文物工作队：《宁朝阳县魏营子西周墓和古遗址》，《考古》1977年第5期。

北京市文物管理处：《北京市平谷县发现商代墓葬》，《文物》1977年第11期。

喀左县文化馆、朝阳地区博物馆、辽宁省博物馆：《辽宁省喀左县山湾子出土商周青铜器》，《文物》1977年第12期。

天津市文物管理处：《天津蓟县张家园遗址试掘简报》，《文物资料丛刊》1，文物出版社，1977年。

北京市文物管理处：《北京丰台区出土战国铜器》，《文物》1978年第3期。

北京市文物管理处：《北京新征集的商周青铜器》，《文物资料丛刊》2，文物出版社，1978年。

中国社会科学院考古研究所内蒙古工作队：《赤峰蜘蛛山遗址的发掘》，《考古学报》1979年第2期。

齐心：《北京延庆县西拨子村窖藏铜器》，《考古》1979年第3期。

河北省博物馆文物管理处：《河北省出土文物选集》，文物出版社，1980年。

许玉林：《辽宁宽甸发现战国时期燕国的明刀钱和铁家具》，《文物资料丛书》3，文物出版社，1980年。

冯永谦、邓宝学：《建昌县文物普查的重要发现》，《辽宁文物》1980年第1期。

北京市文物管理处：《北京又发现燕饕餮纹半瓦当》，《考古》1980年第2期。

喀左县文化馆：《记辽宁喀左县后坟村发现的一组陶器》，《考古》1982年第1期。

冯永谦、姜念思：《宁城县黑城古城址调查》，《考古》1982年第2期。

辽宁义县文保所：《辽宁义县发现商周铜器窖藏》，《文物》1982年第2期。

孙继安、徐明甫：《河北省容城县出土战国铜器》，《文物》1982年第3期。

张家口考古队：《蔚县考古纪略》，《考古与文物》1982年第4期。

程长新：《北京市拣选的燕国铜器》，《文物》1982年第9期。

姚迁：《江苏盱眙南窑庄楚汉文物窖藏》，《文物》1982年第11期。

马洪路：《河北玉田县发现新石器和青铜时代遗址》，《考古》1983年第5期。

张汉英：《丰宁县凤山镇发现战国早期墓葬》，《文物资料丛刊》7，文物出版社，1983年。

建平县文化馆、朝阳地区博物馆：《辽宁建平县的青铜时代墓葬及相关遗物》，《考古》1983年第8期。

河北省文物研究所：《河北滦南县东庄店遗址调查》，《考古》1983年第9期。

天津市文物管理处考古队：《天津蓟县围坊遗址发掘报告》，《考古》1983年第10期。

辽宁省博物馆文物工作队：《辽宁建平县喀喇沁河东遗址试掘简报》，《考古》1983年第11期。

锦州市博物馆：《辽宁锦西县台集屯徐家沟战国墓》，《考古》1983年第11期。

程长新：《北京顺义县牛栏山出土一组周初带铭青铜器》，《文物》1983年第11期。

张家口考古队：《蔚县夏商时期考古代主要收获》，《考古与文物》1984年第1期。

文启明：《冀东地区商时期古文化遗址综述》，《考古与文物》1984年第6期。

胡振祺：《山西文水县上贤村发现青铜器》，《文物》1984年第6期。

天津市历史博物馆考古队：《天津蓟县张家园遗址第二次发掘》，《考古》1984年第8期。

朝阳地区博物馆、喀左县文化馆：《辽宁喀左大城子眉眼沟战国墓》，《考古》1985年第1期。

陶宗冶：《河北张家口市考古调查简报》，《考古与文物》1985年第6期。

程长新：《北京顺义县龙湾屯出土一组战国青铜器》，《考古与文物》1985年第8期。

程长新：《北京通县中赵甫出土一组战国青铜器》，《考古与文物》1985年第8期。

张家口市文物事业管理所:《张家口市白庙遗址清理简报》,《文物》1985年第10期。

河北省文物考古研究所:《河北卢龙县东阚各庄遗址》,《考古》,1985年第11期。

辽宁省博物馆、朝阳地区博物馆:《建平水泉遗址发掘简报》,《辽海文物学刊》1986年第2期。

刘谦:《锦州山河营子遗址发掘报告》,《考古》1986年第10期。

围场县文物管理委员会:《河北围场东台子战国晚期至秦代墓地出土文物》,《文物资料丛刊》10,文物出版社,1987年。

廊坊地区文物管理所、三河县文物馆:《河北三河大唐迴、双村战国墓》,《考古》1987年第4期。

张家口地区博物馆:《河北阳原桑干河南岸考古调查简报》,《北方文物》1988年第2期。

冯军:《北京新发现的燕国铜器》,《中国文物报》1988年4月29日。

津古:《蓟县发现西周贵族墓地》,《中国文物报》1988年4月29日。

拒马河考古队:《河北易县涞水古遗址试掘报告》,《考古学报》1988年第4期。

张家口考古队:《河北怀来官厅水库沿岸考古调查简报》,《考古》1988年第8期。

孟昭勇:《迁安发现西周青铜器》,《中国文物报》1988年9月23日。

张家口考古队、下花园文教局:《张家口市下花园区发现的战国墓》,《考古》1988年第12期。

辽宁省文物考古研究所、喀左县博物馆:《喀左和尚沟墓地》,《辽海文物学刊》1989年第2期。

北京市文物研究所:《北京市拒马河流域考古调查》,《考古》1989年第3期。

常力军:《河北遵化县出土周、汉遗物》,《考古》1989年第3期。

保北考古队:《河北容城县白龙遗址试掘简报》,《文物春秋》1989年第3期。

郑绍宗:《河北省文物考古工作十年的主要收获》,《文物春秋》1989年第1—4期。

邵国田:《内蒙古敖汉旗四道湾子燕国"狗泽都"遗址调查》,《考古》1989年第4期。

北京市文物研究所山戎文化考古队:《北京延庆军都山东周山戎部落墓地发掘纪略》,《文物》1989年第8期。

保北考古队:《河北安新县考古调查报告》,《文物春秋》1990年第1期。

河北省文物研究所、保定地区文物管理所、徐水县文管所:《河北徐水大马各庄春秋墓》,《文物》1990年第3期。

李林、刘朴:《承德县西三家村、旗杆沟发现战国墓葬》,《文物春秋》1990年第3期。

张家口市文管所、宣化县文化馆:《河北宣化李大人庄遗址试掘报告》,《考古》1990年第5期。

王峰:《河北兴隆县发现商周青铜器窖藏》,《文物》1990年第11期。

郑绍宗:《唐县南伏城及北城子出土周代青铜器》,《文物春秋》1991年第1期。

李庆发、张克举:《辽西地区燕秦长城调查报告》,《辽海文物学刊》1991年第2期。

任亚珊:《迁安县古遗址调查》,《文物春秋》1991年第3期。

天津市历史博物馆考古队、宝坻县文化馆:《天津宝坻县牛道口遗址调查发掘简报》,《考古》1991年第7期。

辽宁省文物考古研究所、吉林大学考古学系:《辽宁彰武县考古复查记略》,《考古》1991年第8期。

辽宁省文物考古研究所、吉林大学考古学系:《辽宁阜新平顶山石城址发掘报告》,《考古》1992年第5期。

唐山市文物管理所:《河北迁西县大黑汀战国墓出土铜器》,《文物》1992年第5期。

北京市文物研究所拒马河考古队:《北京市窦店古城调查与试掘报告》,《考古》1992年第8期。

北京市文物研究所拒马河考古队:《燕中都城址调查与试掘》,《北京文物与考古》第三辑,1992年。

河北省文物研究所、保定地区文管所、涞水县文保所:《河北涞水北封村遗址试掘简报》,《考古》1992年第10期。

河北省文物研究所、沧州地区文物管理所:《河北省任邱市喇叭庄遗址发掘报告》,《文物春秋》1992年增刊。

河北省文物研究所:《河北满城要庄发掘简报》,《文物春秋》1992年增刊。

河北省文物研究所:《河北涞水渐村村遗址发掘报告》,《文物春秋》1992年增刊。

北京市文物工作队:《北京平谷刘家河遗址调查》,《北京文物与考古》第三辑,1992年。

孙继安:《河北容城县南阳遗址调查》,《考古》1993年第3期。

河北省文物研究所:《燕下都出土的建筑材料》,《文物》1993年第3期。

天津市历史博物馆考古队:《天津蓟县张家园遗址第三次发掘》,《考古》1993年第4期。

范秀英:《河北怀安王虎屯、小高崖遗址调查》,《文物春秋》1994年第2期。

赵振生、纪兰:《辽宁阜新近年来出土一批青铜短剑及短剑加重器》,《考古》1994年第11期。

王武钰、王策:《龙庆峡别墅工程中发现的春秋时期墓葬》,《北京文物与考古》第四辑,1994年。

辽宁省文物考古研究所:《辽宁凌源安杖子古城址发掘报告》,《考古学报》1995年第2期。

张守义、赵小光:《承德市平泉县佟杖子遗址调查报告》,《文物春秋》1995年第3期。

王峰:《河北兴隆县发现战国金矿遗址》,《考古》1995年第7期。

邸和顺、吴环露:《河北省抚宁县邴名庄出土战国遗物》,《考古》1995年第8期。

河北省文物研究所编:《燕下都》,文物出版社,1996年。

尹小燕:《迁安县发现商代遗物》,《文物春秋》1996年第1期。

河北省文物研究所:《河北承德考古调查》,《文物春秋》1996年第1期。

辽宁省文物考古研究所、吉林大学考古学系、大连市文物管理委员会:《辽宁大连市大嘴子青铜时代遗址的发掘》,《考古》1996年第2期。

徐家国、刘兵:《辽宁抚顺市发现战国青铜兵器》,《考古》1996年第2期。

保定市文管所:《涿州市松林店遗址调查简报》,《文物春秋》1996年第2期。

唐山市文管处、滦南文管所:《唐山滦县东八户遗址发掘简报》,《文物春秋》1996年第2期。

关续文:《东周蓟城遗址踏勘记》,《北京文博》1996年第2期。

陈信:《河北涿鹿县发现一件春秋晚期有铭铜戈》,《文物》1996年第2期。

顾铁山、郭景斌:《河北省迁西县大黑汀战国墓》,《文物》1996年第3期。

保定地区文管所:《河北唐县洪城遗址的调查》,《考古》1996年第5期。

唐山市文物管理处、迁安县文物管理所:《河北迁安县小山东庄西周时期墓葬》,《考古》1997年第4期。

刘俊勇:《辽宁瓦房店市长兴岛青铜文化遗址调查》,《考古》1997年第12期。

辽宁省文物考古研究所:《辽宁喀左县高家洞商周墓》,《考古》1998年第4期。

涿鹿县文物保护管理所:《河北省涿鹿县发现春秋晚期墓葬》,《华夏考古》1998年第4期。

魏海波、梁志龙:《辽宁本溪县上堡青铜短剑墓》,《考古》1998年第6期。

北京市文物研究所:《镇江营与塔照——拒马河流域先秦考古文化的类型与谱系》,中国大百科全书出版社,1999年。

廊坊市文管所、香河县文保所:《河北香河县庆功台村夏家店下层文化墓葬》,《文物春秋》1999年第6期。

陈信:《河北涿鹿县发现春秋晚期墓葬》,《文物春秋》1999年第6期。

萧景全:《辽东地区燕秦汉长城障塞的考古学考察研究》,《北方文物》2000年第3期。

徐海峰:《河北商周考古历程》,《文物春秋》2000年第6期。

刘化成:《廊坊市战国燕南长城调查报告》,《文物春秋》2001年第2期。

李树涛:《赤城县半壁店出土战国陶器》,《文物春秋》2001年第4期。

河北省文物研究所、邢台市文物管理处:《河北邢台市葛家庄10号墓的发掘》,《考古》2001年第2期。

范学新:《延庆县杨户庄遗址》,《北京文博》2001年第3期。

辽宁省文物考古研究所:《辽宁北票市康家屯城址发掘简报》,《考古》2001年第8期。

佟柱臣:《中国东北地区、内蒙古地区和朝鲜北部青铜短剑的研究》,《文物》2001年第8期。

天津市历史博物馆考古部:《天津市武清县兰城遗址的钻探与试掘》,《考古》2001年第9期。

吴克贤:《河北抚宁县安庄村发现窖藏铜器》,《考古》2001年第10期。

李文龙:《河北顺平县坛山战国墓》,《文物春秋》2002年第4期。

赤峰联合考古调查队：《内蒙古赤峰地区1999年区域性考古调查报告》，《考古》2002年第5期。

王鑫、楼朋林：《平谷县龙坡遗址发掘简报》，《北京文物与考古》第六辑，2004年。

杨光：《河北三河出土的窖藏燕刀币》，《文物春秋》2004年第3期。

梁志龙、魏海波：《辽宁本溪县朴堡发现青铜短剑墓》，《考古》2005年第10期。

王为群：《河北隆化县发现的两处山戎墓群》，《文物春秋》2008年第3期。

马志刚：《曲阳县独古庄村发现战国古井》，《文物春秋》2009年第6期。

刘乃涛、董育纲、张中华、朱志刚：《北京窦店战国墓葬发掘简报》，《文物春秋》2010年第5期。

张家口市宣化区文物保管所：《河北张家口宣化战国墓发掘简报》，《文物》2010年第6期。

李树林、李妍：《燕秦汉辽东长城障塞遗址的量化统计分析》，《北方文物》2011年第2期。

李华、于璞、古艳兵、刘晓贺、杨科民：《北京市东阎村战国灰坑发掘简报》，《文物春秋》2011年第2期。

辽宁省文物考古研究所、铁岭市博物馆、西丰县文物管理所：《辽宁西丰县永淳遗址及墓地的发掘》，《考古》2011年第3期。

河北易县燕下都遗址文物保管所：《燕下都遗址出土铁胄》，《文物》2011年第4期。

辽宁省文物考古研究所、铁岭市博物馆：《辽宁西丰县东沟遗址及墓葬发掘简报》，《考古》2011年第5期。

盛会莲：《北京市房山区夏商周考古发现与研究》，《首都师范大学学报》（社会科学版），2013年第2期。

辽宁省文物考古研究所、葫芦岛市博物馆、建昌县文物管理所：《辽宁建昌县东大杖子墓地2001年发掘简报》、《辽宁建昌县东大杖子墓地2002年发掘简报》、《辽宁建昌县东大杖子墓地M40墓的发掘》、《辽宁建昌县东大杖子墓地M47墓的发掘》，《考古》2014年第12期。

二、研　究

1. 琉璃河遗址

何堂坤：《几件琉璃河西周早期青铜器的科学分析》，《文物》1988年第3期。

黄秀纯：《琉璃河西周遗址新考》，《燕都》1990年第2期。

郭义孚：《北京琉璃河西周燕国墓出土漆器复原研究》，《华夏考古》1991年第2期。

田敬东：《琉璃河商周遗址与北京的建都》，《北京文物与考古（第三辑）》1992年。

郭仁、田敬东：《琉璃河商周遗址为周初燕都说》，《北京史论文集》第一辑，1994年。

殷玮璋：《琉璃河燕都遗址的地理特点》，《周秦文化研究》，陕西人民出版社，1994年。

赵光贤：《关于琉璃河1193号周墓的几个问题》，《历史研究》1994年第2期。

齐心：《琉璃河商周遗址发现、发掘与研究》，《北京建城3040年暨燕文明国际学术研讨会会议专辑》，北京燕山出版社，1997年。

李伯谦：《北京房山董家林古城址的年代及相关问题》，《北京建城3040年暨燕文明国际学术研讨会会议专辑》，北京燕山出版社，1997年。

李华：《关于房山琉璃河城址、墓地年代的几点看法》，《北京建城3040年暨燕文明国际学术研讨会会议专辑》，北京燕山出版社，1997年。

林小安：《琉璃河1193号燕侯大墓发掘刍议》，《北京建城3040年暨燕文明国际学术研讨会会议专辑》，北京燕山出版社，1997年。

赵福生：《琉璃河遗址访谈录》，《北京文博》1997年第1期。

田敬东：《北京琉璃河西周燕国墓地初论》，《京华旧事存真》，北京古籍出版社，1997年。

刘绪、赵福生：《琉璃河遗址西周燕文化的新认识》，《文物》1997年第4期。

雷兴山：《试论西周燕文化中的殷遗民文化因素》，《北京文博》1997年第4期。

杜金鹏：《试论北京琉璃河遗址出土的玉冠饰》，《文物季刊》，1997年第4期。

陈平：《琉璃河遗址研究散论》，《首都博物馆论丛》2000年第14期。

张剑：《论西周燕国殷遗民的政治地位》，《北京建城3040年暨燕文明国际学术研讨会会议专辑》，北京燕山出版社，1997年。

任伟：《从考古发现看西周燕国殷遗民之社会状况》，《中原文物》2001年第2期。

韩嘉谷：《从刘李店78H1说姬燕建国》，《北京文博》2001年第4期。

张雪莲、仇士华、蔡莲珍：《琉璃河西周墓葬的高精度年代测定》，《考古学报》2003年第1期。

孔繁峙：《北京琉璃河古燕都遗址考古发现的现代意义及其影响——纪念北京建城3050年》，《北京文博》2005年第3期。

杨学晨：《琉璃河西周燕国墓地出土玉器初探》，《中原文物》2007年第3期。

杨学晨：《琉璃河西周燕国墓地出土的组玉佩与葬玉》，《才智》2009年第17期。

印群：《谈琉璃河遗址殷遗民墓之随葬车马坑》，原载《三代考古》四，科学出版社，2011年。

2. 燕国史事

陈梦家：《西周之燕的考察》，节选自《西周铜器断代》二，《考古学报》第十册，1955年。

佟柱臣：《考古学上汉代及汉代以前的东北疆域》，《考古学报》1956年第1期。

侯仁之：《关于古代北京的几个问题》，《文物》1959年第9期。

侯仁之：《说蓟》，《北京日报》1962年2月8日。

侯仁之：《说燕》，《北京日报》1962年4月12日。

李世瑜：《古代渤海湾西部海岸遗迹及地下文物的初步调查研究》，《考古》1962年第12期。

平心：《**敢**字略释》，《中华文史论丛》第一辑，中华书局，1962年。

郭仁：《关于渔阳城的位置及其附近河道的复原》，《考古》1963年第1期。

天津市文化局考古发掘队：《渤海湾西岸考古调查和海岸变迁研究》，《历史研究》1966年第1期。

旌文水：《北京的古陶井及古代蓟城遗址》，《光明日报》1971年12月24日。

晏琬：《北京、辽宁出土铜器与周初的燕》，《考古》1975年第5期。

陈槃：《春秋列国风俗考论》，《史语所集刊》第四十七本第四分册，1976年第12期。

文物编辑委员会编：《文物考古工作三十年（1949—1979）》，文物出版社，1979年。

邹衡：《西周分封制在考古上的反映》，《商周考古》第三章第二节，1979年。

王仲翰等：《战国秦汉辽东辽西郡县考略》，《社会科学辑刊》1979年第4期。

公孙燕：《燕侯盂出土喀左说明什么》，《理论与实践》1979年第11期。

常征：《召公封燕及燕都考——兼辨燕山、燕易王、燕昭王》，《北京史论文集》第一辑，1980年。

徐自强：《关于北京先秦史的几个问题》，《北京史论文集》第一辑，1980年。

韩嘉谷：《从考古学资料看天津平原发展的曲折历程》，《中国考古学会第二次年会论文集》，文物出版社，1980年。

周继中：《北京建都从西周燕国开始》，《北京史研究通讯》1981年第3期。

齐宪明：《河北沿革史》，《河北日报》1981年9月26日。

石永士：《战国时期燕国社会发展的考古学考察》，《河北历史学会第二届年会论文选》，1982年。

史习芳：《河北历代政区（文化）沿革》，《天津社会科学》1982年第2期。

徐自强：《关于北京先秦史的几个问题（续）》，《北京史论文集》第二辑，1982年。

王灿炽：《北京建都始于公元前1057年》，《中国地方志》1982年第6期。

张博泉：《肃慎、燕毫考》，《东北历史与考古》1982年第1期。

张天麟：《北京历史地理》，《历史教学问题》1982年第1期。

韩嘉谷：《论第一次到天津入海的古黄河》，《中国史研究》1982年第3期。

常征：《"有易"非易水沿岸邦国说》，《北京史论文集》第二辑，1982年第9期。

王采枚：《古燕国考》，《北京史论文集》第二辑，1982年第9期。

李学勤：《试论孤竹》，《社会科学战线》1983年第2期。

金岳：《亚微罍铭文考释——兼论商代孤竹国》，《社会科学战线》1983年第2期。

徐自强：《论唐以前蓟城地区的发展》，《北京史苑》第一辑，北京出版社，1983年。

常征：《说孤竹——幽燕古居民研究之一》，《史苑》第二辑，文化艺术出版社，1983年。

葛英会：《燕国的部族及部族联合》，《北京文物与考古》第一辑，1983年。

李江浙：《北京称"燕"原始》，《北京史研究会1983年学术年会论文目录》。

刘家钰：《伯夷、叔齐"不食周粟"辨》，《人文杂志》1984年第1期。

孙继安：《对北燕都城临易位置及其年代的探讨》，《北京史第五次学术年会燕文化专题学术讨论会论文目录》，1984年。

王玲：《蓟城中心地位的确立及周围城市体系的初步形成》，《北京史第五次学术年会燕文化专题学术讨论会论文目录》，1984年。

李江浙：《蓟城蠡测》，《北京史第五次学术年会燕文化专题学术讨论会论文目录》，1984年。

葛英会：《夏商周时期的北京》，《北京史》第二章，北京出版社，1985年。

石永士：《战国时期燕国农业生产的发展》，《农业考古》1985年第1期。

李江浙：《燕国破齐的背景及准备》，《北京史苑》第二辑，北京出版社，1985年。

石永士：《燕下都、邯郸和灵寿故城的比较研究》，《中国考古学会第五次年会论文集》，文物出版社，1985年。

葛英会：《关于燕国历史上的几个问题》，《北京史苑》第三辑，北京出版社，1986年。

金岳：《燕山方国考（上）》，《辽海文物学刊》1986年第2期。

刘岩：《河北古代地名的演变及其特征初探》，《地名知识》1986年第3期。

郭铮：《上谷郡源流考辨》，《地名知识》1986年第6期。

赵其昌：《蓟城的探索》，《北京史研究（一）》，北京燕山出版社，1986年。

王彩梅：《幽州建置渊源述略》，《北京史研究（一）》，北京燕山出版社，1986年。

邸富生：《辽东考》，《地名丛刊》1987年第3期。

贺政权：《辽东一词的由来及其它》，《东北地方史研究》1987年第2期。

王志国：《关于"辽东"地名的几个问题的探讨》，《地名丛刊》1987年第2期。

金岳：《燕山方国考（下）》，《辽海文物学刊》1987年第1期。

王梅：《周初封燕蓟资料》，《北京史研究通讯》1987年第2期。

游唤民：《论召公在我国思想史上的地位》，《社会科学辑刊》1987年第5期。

叶小燕：《中国早期长城的探索与存疑》，《文物》1987年第7期。

天戈：《北京地区的第一古国——燕》，《燕都》1987年第8期。

夏自正：《燕国史简说》，《河北学刊》1988年第1期。

曹定云：《殷代的"竹"和"孤竹"——从殷虚妇好墓石磬铭文论及辽宁喀左北洞铜器》，《华夏考古》1988年第3期。

杨亚长：《从考古资料看西周社会经济的发展》，《文物研究》1988年第3期。

刘子敏：《孤竹不是游牧民族》，《延边大学学报》（哲社版）1988年第3期。

周东晖：《伯夷考》，《新疆师范大学学报》（哲社版）1988年第3期。

路洪昌等：《河北若干历史地理问题考释》，《河北师范学院学报（社科版）》1988年第4期。

瓯燕：《试论燕下都城址的年代》，《考古》1988年第7期。

徐喜辰：《论周代的世卿巨室及其再封制度》，《东北师大学报（哲社版）》1989年第5期。

曹子西、王彩梅、于德源：《北京通史》远古至魏晋北朝卷，北京燕山出版社，1989年。

王采枚：《论周初封燕及相关问题》，《北京社会科学》1989年第4期。

北京市文物研究所编：《北京考古四十年》第三、四章，北京燕山出版社，1990年。

金岳：《金文所见周代燕国——论北燕非南燕余支》，《文物春秋》1990年第1期。

侯仁之：《北京的地形与地理关系》，《燕京社会科学》1990年第1期。

于德源：《北京古代农业的考古发现》，《农业考古》1990年第1期。

韩嘉谷：《无终地望考》，《天津史志》1990年第2期。

韩嘉谷：《燕史源流的考古学考察》，《北京文物与考古》第二辑，北京燕山出版社，1991年。

李学勤：《燕》，《东周与秦汉文明》（增订本），文物出版社，1991年。

文物编辑委员会编：《文物考古工作十年（1979—1989）》，文物出版社，1991年。

常征：《<史记>燕事抉误》，《北京社会科学》1991年第1期。

金岳：《桑乾河天鼋方国考——兼论"先燕"民族文化》，《文物春秋》1991年第2期。

周汝昌：《幽燕之思》，《燕都》1991年第3期。

侯仁之：《北京城的兴起——再论与北京建城有关的历史地理问题》，《燕都》1991年第4期。

何幼琦：《召伯其人及其家世》，《江汉考古》1991年第4期。

李江浙：《"蓟"兴根源论》，《京华旧事存真》第一辑，北京古籍出版社，1992年。

常征著：《古燕国史探微》，聊城地区新闻出版局，1992年。

金岳：《易水天鼋方国考——论"先燕"民族文化（续）》，《文物春秋》1992年第3期。

吴荣曾：《周代邻近于燕的子姓邦国考述》，《京华旧事存真》第一辑，北京古籍出版社，1992年。

王彩梅：《燕君"禅让"辨》，《京华旧事存真》第二辑，北京古籍出版社，1992年。

金岳：《孤竹族探源》，《辽海文物学刊》1992年第1期。

韩宝兴：《辽东属国考——兼论昌黎移地》，《辽海文物学刊》1992年第2期。

徐浩生：《燕国南长城的调查及其建筑年代考》，《京华旧事存真》第一辑，北京古籍出版社，1992年。

李江浙：《"蓟城"前史初探》，《京华旧事存真》第二辑，北京古籍出版社，1992年。

石永士：《关于燕下都故城宫殿建筑几个问题的探索与研究》，《文物春秋》1992年增刊。

傅振伦：《燕国下都的营建》，《中国历史博物馆馆刊》1993年第1期。

金岳：《殷周冀方非箕子辨》，《文物季刊》1993年第1期。

戴济民：《有易河伯地望考》，《中原文物》1993年第3期。

赵庭秀：《早期燕国的世系与疆域探幽》，《河北学刊》1993年第4期。

郑绍宗：《战国时期燕、赵、中山国都城的发现与研究》，《考古学研究》，三秦出版社，1993年。

陈平：《试论历史上的"山戎"及其有关问题》，《北京文物与考古》第四辑，1994年。

张秀荣：《古山戎考略》，《北京文物与考古》第四辑，1994年。
林沄：《"燕亳"和"燕邦亳"小议》，《史学集刊》1994年第2期。
王彩梅：《召公奭与西周燕国的建立》，《北京社会科学》1994年第4期。
尹钧科：《先秦时代的蓟和燕国》，《北京历代建置沿革》第二章第二节，北京出版社，1994年。
陈平：《燕史纪事编年会按》，北京大学出版社，1995年。
葛英会：《"晏卽匽"质疑》，《北京文博》1995年第1期。
韩嘉谷：《论北京地区为"其"国（族）故地》，《北京文博》1995年第1期。
金岳：《滹沱河商族方国考——论燕初并灭商族方国》，《文物春秋》1995年第2期。
阎忠：《从考古资料看战国时期燕国经济的发展》，《辽海文物学刊》1995年第2期。
葛英会：《燕国公侯世系的历史考察》，《北京文博》1995年第2期。
马承源：《有关周初史实的几个问题：答赵光贤同志的商榷》，《中华文史论丛》1996年第1期。
陶宗震：《燕都蓟城考——兼论北京城的起源》，《北京文博》1996年第1期。
杜金鹏：《北京建城史和燕文化研究的新进展》，《史学月刊》1996年第1期。
曲英杰：《周代燕君世系考辨》，《史林》1996年第4期。
曲英杰：《周代燕国考》，《历史研究》1996年第5期。
曲英杰：《燕都燕城及临易考》，《河北学刊》1996年第6期。
杨铭、柳春鸣：《西周时期的气候变化与民族迁徙》，《中原文物》1997年第2期。
葛建军：《关于西周"蓟"国的思考》，《北京文博》1997年第2期。
石永士：《姬燕国号的由来及其都城的变迁》，《北京建城3040年暨燕文明国际学术研讨会会议专辑》，北京燕山出版社，1997年。
杜金鹏：《北京平谷刘家河商代墓葬与商代燕国》，《北京建城3040年暨燕文明国际学术研讨会会议专辑》，北京燕山出版社，1997年。
王宇信：《＜史记＞"封召公奭于燕"的武王为宏观"武王时期"》，《北京建城3040年暨燕文明国际学术研讨会会议专辑》，北京燕山出版社，1997年。
张永山：《召公建燕年代》，《北京建城3040年暨燕文明国际学术研讨会会议专辑》，北京燕山出版社，1997年。
陈恩林：《论鲁、齐、燕的始封及燕与邶国关系》，《北京建城3040年暨燕文明国际学术研讨会会议专辑》，北京燕山出版社，1997年。
李江浙：《北京始都年代考》，《北京建城3040年暨燕文明国际学术研讨会会议专辑》，北京燕山出版社，1997年。
成家徹郎：《＜诗经·周南召南＞与匽》，《北京建城3040年暨燕文明国际学术研讨会会议专辑》，北京燕山出版社，1997年。
贺树德：《北京建城年代与建都年代问题》，《京建城3040年暨燕文明国际学术研讨会会议专辑》，北京燕山出版社，1997年。
赵评春、孙秀仁：《论燕国形成年代与燕都蓟城方位道里》，《北京建城3040年暨燕文明国际学术研讨会会议专辑》，北京燕山出版社，1997年。

曲英杰：《燕城蠡测》，《北京建城3040年暨燕文明国际学术研讨会会议专辑》，北京燕山出版社，1997年。

彭邦炯：《商周追氏蠡测》，《北京建城3040年暨燕文明国际学术研讨会会议专辑》，北京燕山出版社，1997年。

阎忠：《西周春秋时期燕国境内及其周边各族考略》，《北京建城3040年暨燕文明国际学术研讨会会议专辑》，北京燕山出版社，1997年。

陈平：《克器事燕六族会释考证》，《北京建城3040年暨燕文明国际学术研讨会会议专辑》，北京燕山出版社，1997年。

陈平：《燕亳与蓟城的再探讨》，《北京文博》1997年第2期。

葛建军：《关于西周"蓟"国的思考》，《北京文博》1997年第2期。

韩光辉：《蓟聚落起源与蓟城兴起》，《中国历史地理论丛》1998年第1期。

陈平：《燕都兴废、迁徙谈》，《北京社会科学》1998年第1期。

杜勇：《关于鲁、燕、齐始封年代的考察》，《大陆杂志》1998年97卷3。

文物出版社编：《新中国考古五十年》，文物出版社，1999年。

苏宝敦：《燕都遗址与北京都城史考证》，《中国文物世界》1999年第165期。

高明：《从金文资料谈西周商业》，《传统文化与现代化》1999年第1期。

唐晓峰：《蓟、燕分封与北京地区早期城市地理问题》，《中国历史地理论丛》1999年第1期。

沈长云：《说燕国的分封在康王之世——兼说铭有"匽侯"的周初青铜器》，《中国历史博物馆馆刊》1999年第2期。

许宏：《燕下都营建过程的考古学考察》，《考古》1999年第4期。

瓯燕：《燕国开拓祖国北疆的历史功绩》，《文物春秋》1999年第4期。

韩嘉谷：《天津河海以南出土文物和燕齐之间的"阳地"》，《北京文博》1999年第4期。

王维、黄峰：《辽宁抚顺市发现一件商代青铜爵》，《考古》1999年第5期。

曲英杰：《说匽》，《考古与文物》2000年第6期。

许倬云：《〈西周史〉中有关燕的内容》，《西周史（修订本）》，三联出版社，2001年。

王彩梅：《燕国简史》，紫禁城出版社，2001年。

黄历鸿、吴晋生：《"箕子朝鲜"钩沉》，《北方文物》2001年第3期。

孙庆伟：《召公奭、燕国始封及相关史事研究》，《国学研究》第九辑，北京大学出版社，2002年。

任伟：《西周早期金文中的召公家族与燕君世系》，《中国历史文物》2003年第1期。

李志毅：《幽燕古国——孤竹探秘》，《北京社会科学》2003年第2期。

韩嘉谷：《试说狄人侵燕和燕文公迁易》，《首都博物馆丛刊》2003年第17期。

韩嘉谷：《论山戎病燕》，《首都博物馆丛刊》2004年第18期。

朱凤瀚：《商周家族形态研究》，天津古籍出版社，2004年。

杨勇：《论琉璃河遗址西周陶器编年及相关问题》，北京大学硕士研究生学位论文，

2004 年。

郭大顺、张星德:《东北文化与幽燕文明》,江苏教育出版社,2005 年。

杨勇:《琉璃河遗址"殷民墓"质疑》,《北京平谷与华夏文明:国际学术研讨会论文集(2005)》,社会科学文献出版社社,2006 年。

陈致:《从王国维"北伯鼎跋"看周初"邶入于燕"的史事》,《周勋初先生八十寿辰纪念文集》,中华书局,2008 年。

朱晓雪:《战国"陈得""陈璋"考》,《辽宁省博物馆馆刊》2008 年。

苗威:《箕氏朝鲜同周边国、族的关系》,《东北史地》2008 年第 3 期。

韩嘉谷:《孤竹国名和相关问题》,《首都博物馆丛刊》2008 年第 22 期。

曹定云:《北京琉璃河出土的西周卜甲与召公卜"成周"——召公曾来燕都考》,《考古》2008 年第 6 期。

何景成:《商末周初的举族研究》,《考古》2008 年第 11 期。

刘冠:《西周封燕原因的考古学考证》,辽宁大学 2009 年硕士论文。

韩嘉谷:《燕国疆域的设想和演变》,《首都博物馆丛刊》2009 年第 23 期。

韩嘉谷:《论召公封燕和建国的时间》,《首都博物馆丛刊》2010 年第 24 期。

薛兰霞、杨玉生:《燕下都和燕下都发掘研究》,《保定学院学报》2010 年第 1 期。

韩嘉谷:《"燕亳"寻踪》,《北京文博》2010 年第 4 期。

薛兰霞、杨玉生:《论燕国的五座都城》,《河北大学学报》(哲学社会科学版),2011 年第 1 期。

韩建业:《略论北京昌平白浮 M2 墓主人身份》,《中原文物》2011 年第 4 期。

王玲:《从上宅鸟首祭器到延庆鸟首人——鸟崇拜与燕山、燕部族、燕国及山戎轨迹试探》,《北京文博》2012 年第 2 期。

雷鹊宇:《从玉皇庙文化看东周时期代戎之社会经济》,《文物春秋》2011 年第 3 期。

李亚光:《先秦时期辽西区的民族迁移与文化交流》,《内蒙古社会科学》(汉文版)2012 年第 4 期。

陈平:《北京初为王都——燕昭王以蓟为燕上都》,《北京文博》2013 年第 1 期。

葛英会:《箕子朝鲜与周代燕䣙》,《北京文博》2013 年第 2 期。

王竹波:《论〈春秋〉经传中的南北燕》,《河南科技大学学报》(社会科学版),2013 年第 4 期。

李爱玲:《西周燕国农业探研》,《农业考古》2013 年第 4 期。

陶宗冶、王培生:《对代国与燕、赵两国关系的探讨》,《文物春秋》2013 年第 6 期。

雒有仓:《商周家族墓地所见族徽文字与族氏关系》,《考古》2013 年第 8 期。

陈广斌:《唤醒远去的古都记忆——北京汉蓟城内外燕蓟遗迹探考》,《首都博物馆丛刊》2013 年第 27 期。

陈平:《揭开分期迷雾,寻访前期蓟城》,《北京文博》2014 年第 2 期。

冯金忠:《孤竹国研究的回顾与思考》,《文物春秋》2014 年第 3 期。

夏连保:《蓟国源流考——从蓟丘得名说起》,《北京文博》2014 年第 4 期。

尚友萍:《"燕亳"与"燕亳邦"考辨》,《文物春秋》2014 年第 5 期。

3. 燕文化

李殿福：《吉林省西南部的燕秦文化》，《社会科学战线》1978 年第 3 期。

王滨生：《夏家店下层文化族属试探》，《北京史研究会 1983 年学术年会论文目录》。

张量：《浅谈北京地区的商代文化》，《北京史研究会 1983 年学术年会论文目录》。

徐自强：《燕文化杂谈》，《北京史第五次学术年会燕文化专题学术讨论会论文》1984 年。

韩嘉谷：《京津地区商周时期古文化发展的一点线索》，《中国考古学会第三次年会论文集（1981 年）》，文物出版社，1984 年。

王世民：《齐、鲁和燕国的墓葬》，《新中国的考古发现与研究》第三章，文物出版社，1985 年。

王彩梅：《燕国历史溯源与夏家店下、上层文化》，《华夏文明》第一辑，北京大学出版社，1987 年。

唐云明：《河北商文化综述》，《华夏考古》1988 年第 3 期。

张展：《夏家店下层文化与北京地区商代"燕"文化遗存》，《首都博物馆文集》，北京燕山出版社，1990 年。

靳枫毅：《军都山山戎文化墓地葬制与主要器物特征》，《辽海文物学刊》1991 年第 1 期。

沈勇：《保北地区夏时代两种青铜文化之探讨》，《华夏考古》1991 年第 3 期。

董高：《东北地区燕文化遗存及其有关问题》，《京华旧事存真》第一辑，北京古籍出版社，1992 年。

石永士、王素芳：《燕文化简论》，《中国古代北方民族古文化国际学术研讨会论文集》，1982 年 8 月。

李恭笃、高美璇：《试论辽河流域青铜文化与燕文化的关系》，《京华旧事存真》第一辑，北京古籍出版社，1992 年。

沈勇：《围坊三期文化初论》，《北方文物》1993 年第 3 期。

韩嘉谷、纪烈敏：《蓟县张家园遗址青铜文化遗存综述》，《考古》1993 年第 4 期。

李伯谦：《张家园上层类型若干问题研究》，《考古学研究》（二），北京大学出版社，1994 年。

陈光：《燕文化研究的历史与现状》，《燕文化研究论文集》，中国社会科学出版社，1995 年。

陈平：《"先燕文化"与"周初燕文化"刍议》，《北京文博》1995 年第 1 期。

段宏振、张翠莲：《试论太行山东麓地区的西周文化》，《环渤海考古国际学术讨论会文集》1996 年。

李海荣：《京、津、冀出土商代青铜器的分期及文化因素分析》，《华夏考古》1996 年第 1 期。

张立东：《试论张家园文化》，《北京建城 3040 年暨燕文明国际学术研讨会会议专辑》，北京燕山出版社，1997 年。

韩嘉谷：《燕国境内诸考古学文化的族属探索》，《北京建城 3040 年暨燕文明国际学术研讨会会议专辑》，北京燕山出版社，1997年。

李民：《关于燕文明的溯源》，《北京建城3040年暨燕文明国际学术研讨会会议专辑》，北京燕山出版社，1997年。

金家广：《燕文明探微——从燕南花边鬲遗存谈起》，《北京建城3040年暨燕文明国际学术研讨会会议专辑》，北京燕山出版社，1997年。

柴晓明：《论西周时期的燕国文化遗存》，《北京建城3040年暨燕文明国际学术研讨会会议专辑》，北京燕山出版社，1997年。

裴明相：《从燕下都的陶器谈起——论燕文化的渊源》，《北京建城3040年暨燕文明国际学术研讨会会议专辑》，北京燕山出版社，1997年。

李恭笃、高美璇：《试论燕文化与辽河流域青铜器文化的关系》，《北京建城3040年暨燕文明国际学术研讨会会议专辑》，北京燕山出版社，1997年。

郑振香：《商文化与北方地区古文化的关系》，《北京建城3040年暨燕文明国际学术研讨会会议专辑》，北京燕山出版社，1997年。

郑绍宗：《山戎及其文化考——关于夏家店上层文化性质问题》，《北京建城3040年暨燕文明国际学术研讨会会议专辑》，北京燕山出版社，1997年。

戴应新：《高家堡戈国墓与燕国墓之比较》，《北京建城3040年暨燕文明国际学术研讨会会议专辑》，北京燕山出版社，1997年。

宋镇豪：《春秋战国时期的服饰》，《北京建城3040年暨燕文明国际学术研讨会会议专辑》，北京燕山出版社，1997年。

郑绍宗：《燕山南麓夏商时期文化的发现与研究》，《"迎接二十一世纪的中国考古学"国际讨论会论文集》，科学出版社，1997年。

邓辉：《燕北地区两种对立青铜文化的自然环境透视》，《北京大学学报》（哲学社会科学版），1997年第2期。

许明纲：《大连地区燕文化遗迹》，《文物春秋》1997年第2期。

陈光：《东周燕文化分期论》，《北京文博》1997年第4期。

陈光：《东周燕文化分期论（续）》，《北京文博》1998年第1期。

陈光：《东周燕文化分期论（续完）》，《北京文博》1998年第2期。

赵福生、刘绪：《西周燕文化与张家园上层类型》，《跋涉集——北京大学历史系考古专业七五届毕业生论文集》，北京图书馆出版社，1998年。

陈光：《西周燕国文化初论》，《中国考古学的跨世纪反思》，商务印书馆（香港）有限公司，1999年。

王继红：《山戎文化动物纹的分布地域与年代分期》，《北京文博》1999年第1期。

沈长云：《说燕国的分封在康王之世——兼说铭文"侯"周初青铜器》，《中国历史博物馆馆刊》1999年第2期。

杨建华：《<春秋>与<左传>中所见的狄》，《史学集刊》1999年第2期。

杨建华：《试论夏商时期燕山以南地区的文化格局》，《北方文物》1999年第3期。

许宏：《燕下都营建过程的考古学观察》，《考古》1999年第4期。

李维明：《北京昌平白浮墓地分析》，《北京文博》2000年第3期。

杨建华：《冀北周代青铜文化初探》，《中原文物》2000 年第 5 期。

刘连强：《建国以来冀北北方青铜文化发现与研究》，《文物春秋》2000 年第 6 期。

靳枫毅、王继红：《山戎文化所含燕与中原文化因素之分析》，《考古学报》2001 年第 1 期。

刘绪、赵福生：《围坊三期文化的年代与刘家河 M1 的属性》，《苏秉琦与当代中国考古学论文集》，科学出版社，2001 年。

杨玉生：《燕文化及其在中国传统文化中的地位》，《河北大学学报》（哲学社会科学版），2002 年第 1 期。

纪烈敏：《燕山南麓青铜文化的类型谱系及其演变》，《边疆考古研究》第 1 辑，科学出版社，2002 年。

杨建华：《燕山南北商周之际青铜器遗存的分群研究》，《考古学报》2002 年第 2 期。

史广峰、边质洁：《蓟县张家园商周遗存的族属问题》，《文物春秋》2002 年第 4 期。

陈平：《燕秦文化研究——陈平学术文集》，北京燕山出版社，2003 年。

李延祥：《开展燕文化区的铜冶金考古》，《有色金属》2003 年第 4 期。

郑君雷：《战国燕墓的非燕文化因素及其历史背景》，《文物》2005 年第 3 期。

杨玉生：《燕文化的价值和对中国古代文化中的英雄》，《河北大学学报》（哲学社会科学版），2005 年第 6 期。

陈平：《北方幽燕文化研究》，群言出版社，2006 年。

陈平：《燕文化》，文物出版社，2006 年。

胡传耸：《从出土文物看东周燕文化与玉皇庙文化的联系》，《北京文博》2006 年第 4 期。

胡传耸：《东周燕文化与周边考古学文化的关系研究（上）》，《文物春秋》2007 年第 1 期。

胡传耸：《东周燕文化与周边考古学文化的关系研究（下）》，《文物春秋》2007 年第 2 期。

周海峰：《燕文化若干问题研究的回顾与展望》，《博物馆研究》2008 年第 2 期。

田广林：《夏家店下层文化时期西辽河地区的社会发展形态》，《考古》2006 年第 3 期。

韩建业：《试论北京地区夏商周时期的文化谱系》，《华夏考古》2009 年第 4 期。

乔梁：《燕文化进入前的辽西》，《内蒙古文物考古》2010 年第 2 期。

刘乃涛：《试论北京地区西周时期的燕文化》，《北京历史文化论丛》第 4 辑，上海古籍出版社，2010 年。

蒋刚：《冀西北、京津唐地区夏商西周北方青铜文化的演进》，《考古学报》2010 年第 4 期。

蒋刚、王志刚：《关于围坊三期文化和张家园上层文化的再认识》，《考古》2010 年第 5 期。

薛兰霞、杨玉生：《论先燕文化》，《保定学院学报》2010 年第 6 期。

周海峰：《燕文化研究——以遗址、墓葬为中心的考古学考察》，吉林大学考古学及博物馆学 2011 年博士论文。

张智勇：《北京夏商西周考古学文化的类型谱系》,《北京文博》2011 年第 2 期。

豆海锋、冯丹：《从"镇江营"类型看西周文化在太行山东麓北段的发展》,《草原文物》2013 年第 1 期。

曹迎春：《考古所见战国时期燕与中山的文化共性》,《河北青年管理干部学院学报》2013 年第 1 期。

姚庆、宋大川：《北京地区夏商西周时期考古研究现状》,《郧阳师范高等专科学校学报》2014 年第 1 期。

孙进柱、陈立利：《略论燕文化》,《湖南科技学院学报》2014 第 11 期。

4. 文物

傅振伦：《燕下都发掘品的初步整理与研究》,《考古通讯》1955 年第 4 期。

黄盛璋：《保卣铭的时代与史实》,《考古学报》1957 年第 3 期。

杨宗荣：《燕下都半瓦当》,《考古通讯》1957 年第 6 期。

郭沫若：《＜保卣＞铭释文》,《考古学报》1958 年第 1 期。

范汝森：《太保鼎》,《文物》1959 年第 11 期。

谭戒甫：《周召二簋铭文综合研究》,《江汉学报》1961 年第 2 期。

平心：《保卣铭略释》,《中华文史论丛》第四辑，中华书局，1963 年。

蒋大沂：《保卣铭考释》,《中华文史论丛》第五辑，中华书局，1964 年。

张震泽：《燕国职戈考释》,《考古》1973 年第 4 期。

冯蒸：《关于西周初期太保氏的一件青铜兵器》,《文物》1977 年第 6 期。

平心：《保卣铭新释》,《中华文史论丛》第九辑，上海古籍出版社，1979 年。

朱德熙、裘锡圭：《平山中山王墓铜器铭文的初步研究》,《文物》1979 年第 1 期。

李学勤、李零：《平山三器与中山国史的若干问题》,《考古学报》1979 年第 2 期。

于豪亮：《中山三器铭文考释》,《考古学报》1979 年第 2 期。

陈寿：《大保簋的复出和大保诸器》,《考古与文物》1980 年第 4 期。

赵新来：《一件有历史价值的青铜器——"保尊"》,《河南文博通讯》1980 年第 3 期。

孙稚雏：《保卣铭文汇释》,《古文字研究》第五辑，中华书局，1981 年。

杜迺松：《中山王墓出土铜器铭文今译》,《文献》第 4 辑，1981 年。

李振石：《辽宁喀左北洞村出土的殷周青铜器》,《社会科学战线》1981 年第 3 期。

胡顺利：《对保尊铭文考释的一点意见》,《中原文物》1981 年第 2 期。

李学勤、郑绍宗：《论河北近年出土的战国有铭青铜器》,《古文字研究》第七辑，中华书局，1982 年。

蔡运章：《太保𦎧戈跋》,《考古与文物》1982 年第 1 期。

吴蒙：《盱眙南窑铜壶小议》,《文物》1982 年第 11 期。

石永士：《郾王铜兵器研究》,《中国考古学会第四次年会论文集》，文物出版社，1983 年。

王翰章：《燕王职剑考释》《考古与文物》1983年第2期。
黄盛璋：《战国燕国铜器铭刻新考》，《内蒙古师大学报》（社科版）1983年第3期。
张光远：《召公之卣》，《故宫文物》1984年第2期。
殷玮璋：《记北京琉璃河遗址出土的西周漆器》，《考古》1984年第5期。
石永士：《燕王铜戈研究》，《河北学刊》1984年第6期。
黄盛璋：《盱眙新出铜器、金器及相关问题考辨》，《文物》1984年第10期。
孙斌来：《"保卣"铭文释疑》，《松辽学刊》1984年第21期。
刘启益：《西周康王时期铜器的初步清理》，《出土文献研究》文物出版社，1985年。
刘启益：《西周武成时期铜器的初步清理》，《古文字研究》第十二辑，中华书局，1985年。
张政烺：《庚壶释文》，《出土文献研究》，文物出版社，1985年。
李学勤：《西周时期的诸侯国青铜器》，《中国社会科学院研究生院学报》1985年第6期。
庞怀靖：《跋太保玉戈——兼论召公奭的有关问题》，《考古与文物》1986年第1期。
汤余惠：《九年将军张戈铭文补正》，《史学集刊》1987年第4期。
曹淑琴、殷玮璋：《亚吴铜器及其相关问题》（这个字是上"七"下"矢"），《中国考古学研究》，文物出版社，1988年。
何幼琦：《译〈保卣铭新释〉的人物考释——兼论金文的有关语词》，《殷都学刊》1988年第2期。
周晓陆：《盱眙所出重金络罍·陈璋圆壶读考》，《考古》1988年第3期。
马世之：《辽西大凌河流域出土商周青铜器及相关问题》，《博物馆研究》1988年第3期。
李学勤、祝敏申：《盱眙壶铭与齐破燕年代》，《文物春秋》1989年创刊号。
刘启益：《西周昭王时期铜器的初步清理》，《出土文献研究续集》，文物出版社，1989年。
曹淑琴：《伯矩铜器群及其相关问题》，《庆祝苏秉琦考古五十五周年论文集》，文物出版社，1989年。
卜工：《燕山地区夏商时期的陶鬲谱系》，《北方文物》1989年第2期。
施谢捷：《郾王职剑跋》，《文博》1989年第2期。
石志廉：《周初太保玉戈》，《中国文物报》1989年6月16日。
斯维至：《由亚箕矢铭文推论燕殷文化》，《先秦史论集——徐中舒教授九十诞辰纪念论文集》，中州古籍出版社，1989年。
贺勇：《试论燕国墓葬陶器分期》，《考古》1989年第7期。
《考古》编辑部：《北京琉璃河出土西周有铭铜器座谈纪要》，《考古》1989年第10期。
夏含夷：《简论"保卣"的作者问题》，《上海博物馆集刊》（第五期），1990年。
殷玮璋：《新出土的太保铜器及其相关的问题》，《考古》1990年第1期。
张震泽：《匽侯盂考说》，《辽海文物学刊》1990年第1期。

金岳：《论东北商代青铜器分期、性质和特点》，《辽海文物学刊》1990年第2期。

王贻梁：《燕戈"七萃"及〈穆天子传〉的成书年代》，《考古与文物》1990年第2期。

李学勤：《太保玉戈与江汉的开发》，《楚文化研究论集》（第二集），1991年。

殷玮璋、曹淑琴：《周初太保器综合研究》，《考古学报》1991年第1期。

刘淑娟：《山湾子商周青铜器断代及铭文简释》，《辽海文物学刊》1991年第2期。

张光裕：《新见保铭鼎鬲试释》，《考古》1991年第7期。

陈平：《克罍、克盉铭文及其有关问题》，《考古》1991年第9期。

黄盛璋：《燕齐兵器研究》，《古文字研究》第十九辑，中华书局，1992年。

齐心：《北京先秦玉器文化初探》，《北京文物与考古》第三辑，北京燕山出版社，1992年。

石永士、王素芳：《燕国货币的发现与研究》，《中国钱币论文集》第一辑，中国金融出版社，1992年。

唐嘉弘：《西周燕国墓"折兵"之解》，《中国文物报》1992年5月17日。

孙华：《匽侯克器铭文浅见——兼谈召公建燕及其相关问题》，《文物春秋》1992年第3期。

方述鑫：《太保罍、盉铭文考释》，《考古与文物》1992年第6期。

刘桓：《关于琉璃河新出太保二器的考释》，《学习与探索》1992年第3期。

张亚初：《太保罍、盉铭文的再探讨》，《考古》1993年第1期。

柴晓明：《华北西周陶器初论》，《青果集—吉林大学考古专业成立二十周年考古论文集》，知识出版社，1993年。

张亚初：《燕国青铜器铭文研究》，《中国考古学论丛》，科学出版社，1993年。

赵化成：《东周燕代青铜容器的初步分析》，《考古与文物》1993年第2期。

刘秀中：《牛头纹伯矩鬲》，《中国文物报》1993年6月13日。

李学勤：《克罍克盉的几个问题》，《走出疑古时代》，辽宁大学出版社，1994年。

田敬东：《北京地区发现的商周时期青铜礼器的初步研究》，《北京文物与考古》第四辑，北京燕山出版社，1994年。

杜迺松：《论东周燕国青铜器》，《文物春秋》1994年第2期。

沈融：《燕兵器铭文格式、内容及其相关问题》，《考古与文物》1994年第3期。

朱凤瀚：《古代中国青铜器》北京、天津、辽宁部分，南开大学出版社，1995年。

陈平：《再论克罍、克盉铭文及其有关问题——兼答张亚初同志》，《考古与文物》1995年第1期。

刘春蕾：《试析北京地区青铜器纹饰的分期》，《北京文博》1996年第2期。

斯维至：《由亚箕矣诸器铭文推论燕齐建国及文化》，《陕西历史博物馆馆刊》1996年第2期。

何琳仪、冯胜君：《燕玺简述》，《北京文博》1996年第3期。

戴春阳：《燕侯克器器铭及琉璃河燕国墓地与燕都考》，《中国文物世界》第121卷。

杨升南：《殷虚甲骨文中的燕和召公封燕》，《北京建城 3040 年暨燕文明国际学术研讨会会议专辑》，北京燕山出版社，1997 年。

刘桓：《从金文看燕国之始封》，《北京建城 3040 年暨燕文明国际学术研讨会会议专辑》，北京燕山出版社，1997 年。

戴春阳：《论"克罍、盉"的铭文与燕国始封的有关问题》，《北京建城 3040 年暨燕文明国际学术研讨会会议专辑》，北京燕山出版社，1997 年。

朱彦民：《金甲文中的"䶮""㠱"与箕子封燕考》，《北京建城 3040 年暨燕文明国际学术研讨会会议专辑》，北京燕山出版社，1997 年。

陈光：《东周燕人生活用器分析》，《北京建城 3040 年暨燕文明国际学术研讨会会议专辑》，北京燕山出版社，1997 年。

李先登：《燕国青铜器的初步研究》，《北京建城 3040 年暨燕文明国际学术研讨会会议专辑》，北京燕山出版社，1997 年。

曹淑琴：《西周员器初探》，《北京建城 3040 年暨燕文明国际学术研讨会会议专辑》，北京燕山出版社，1997 年。

夏含夷：《燕国铜器祖考称号与周人谥法的起源》，《北京建城 3040 年暨燕文明国际学术研讨会会议专辑》，北京燕山出版社，1997 年。

Jessica Rawson：《Some Jades from a Western Zhou Period Tomb at Beijing Fangshan Liulihe》，《北京建城 3040 年暨燕文明国际学术研讨会会议专辑》，北京燕山出版社，1997 年。

黄锡全：《燕刀"⟋"字新解》，《北京建城 3040 年暨燕文明国际学术研讨会会议专辑》，北京燕山出版社，1997 年。

高英民：《试论中山国燕国"⟋"字刀的历史背景——兼述"⟋"字刀面文的释读》，《北京建城 3040 年暨燕文明国际学术研讨会会议专辑》，北京燕山出版社，1997 年。

蔡运章、郭引强：《论太保玉戈铭文及相关问题》，《北京建城 3040 年暨燕文明国际学术研讨会会议专辑》，北京燕山出版社，1997 年。

郭大顺：《从饕餮纹在燕国消失最晚谈起（提要）》，《北京建城 3040 年暨燕文明国际学术研讨会会议专辑》，北京燕山出版社，1997 年。

广川守：《辽宁大凌河流域的殷周青铜器》，《东北亚考古系研究——中日合作研究报告书》，文物出版社，1997 年。

李仲操：《燕侯克罍盉铭文简释》，《考古与文物》1997 年第 1 期。

石守仁：《河北昌黎出土燕国货币简述》，《文物春秋》1997 年第 2 期。

曲英杰：《由铜器铭"匽"说到"匽"、"燕"有别》，《北京文博》1997 年第 2 期。

雷兴山、郑文兰、王鑫：《北京琉璃河遗址新出卜甲浅识》，《中国文物报》1997 年 3 月 30 日。

杜金鹏：《试论北京琉璃河西周墓出土的玉冠饰》，《文物季刊》1997 年第 4 期。

朱凤瀚：《房山琉璃河出土之克器与西周早期的召公家族》，《远望集》，陕西人民出版社，1998 年。

刘雨：《燕侯克罍盉铭考》，《远望集》，陕西人民出版社，1998 年。

杜迺松：《克罍克盉铭文新释》，《故宫博物院院刊》1998 年第 1 期。

冯胜君：《燕国陶文综述》，《北京文博》1998年第2期。
王纪洁：《尖首刀分期研究》，《北京文博》1998年第3期。
齐心：《北京出土西周兵器研究》，《北京文博》1998年第4期。
彭裕商：《保卣新释》，《考古与文物》1998年第4期。
王素芳：《试论燕下都半瓦当的艺术特色》，《文物春秋》1998年第4期。
李琦：《西周青铜器经典之作——伯矩鬲》，《北京文物报》1998年第7期。
陈平：《初燕克器铭文心、郾辨》，《北京文博》1999年第2期。
林清源：《战国燕王戈器铭特征及其定名辨伪问题》，《史语所集刊》1999年第70本第1分。
张晓云：《<燕下都>陶文释文补正》，《北京文博》1999年第3期。
周亚：《郾王职壶铭文初释》，《上海博物馆集刊》（第8期），2000年。
吴磬军、刘德彪：《燕下都三种饕餮纹半瓦当——探微》，《文物春秋》2000年第1期。
李朝远：《战国郾王戈辨析二题》，《文物》2000年第2期。
吴良宝：《燕国安阳布币考辨》，《北京文博》2000年第2期。
冯胜君：《战国燕币综述》，《北京文博》2000年第3期。
刘国祥：《夏家店上层文化青铜器研究》，《考古学报》2000年第4期。
陈平：《堇鼎铭文再探讨》，《古文字研究》第二十二辑，中华书局，2000年。
陈平：《北京出土征集拣选青铜器的铭文》，《首都博物馆论丛》2001年第15期。
吴磬军：《燕下都残断瓦当的命名与修补二题》，《文物春秋》2001年第1期。
郑君雷：《战国时期燕墓陶器的初步分析》，《考古学报》2001年第3期。
悦古：《铭记北京建城史的伯矩鬲》，《人民日报》（海外版），2001年9月6日。
吴磬军、刘德彪：《简论燕下都半瓦当的错切现象》，《考古》2002年第1期。
何堂坤、靳枫毅：《辽西夏家店上层文化青铜合金成分初步研究》，《考古》2002年第1期。
穆强：《河北南阳遗址出土的蟠螭纹铜壶》，《文物》2002年第1期。
靳枫毅、郁金城：《北京地区出土青铜器概论》，《北京文博》2002年第2期。
于平：《北京地区的玉器》，《北京文博》2002年第4期。
吴磬军、刘德彪：《春秋战国时期燕国半瓦当纹饰初步分析》，《文物春秋》2002年第5期。
徐占勇：《对一批燕下都弩机散件的初步分析》，《文物春秋》2002年第6期。
楼朋林：《琉璃河出土的漆器与复原》，《北京文物与考古》第五辑，北京燕山出版社，2002年。
吴磬军：《燕下都瓦当纹饰分期述补》，《文物春秋》2003年第5期。
齐心：《北京地区出土的西周甲骨文》，《夏商周文明研究·六——2004年安阳殷商文明国际学术研讨会论文集》，社会科学文献出版社，2004年。
韩嘉谷：《关于燕国得名的思考》，《北京文博》2004年第1期。
王纪洁：《燕国明刀分期研究及相关问题探讨》，《北京文博》2004年第4期。

陈平：《传世西周燕器铭文研究综述》，《黄盛璋先生八秩华诞纪念文集》，中国教育文化出版社，2005年。

连劭名：《昌平白浮所出西周甲骨刻辞考释》，《北京文博》2005年第2期。

张利洁、孙淑云、殷玮璋、赵福生：《北京琉璃河燕国墓地出土铜器的成分和金相研究》，《文物》2005年第6期。

张晓梅、王纪洁、原思训：《燕国明刀币的合金成分与金相组织的分析》，《考古》2005年第9期。

连劭名：《房山镇江营西周卜骨与<焦氏易林>》，《北京文博》2006年第1期。

徐战勇：《关于燕式戈三种称谓的探讨——兼与<燕下都>作者商榷》，《文物春秋》2006年第2期。

马琳燕：《燕都遗址博物馆藏青铜器——提梁卣的修复》，《文博》2006年第6期。

申云艳：《燕瓦当研究当议》，《考古》2007年第2期。

陈平：《释"🙂"——从陶文"🙂"论定燕上都蓟城的位置》，《中国历史文物》2007年第4期。

吴磬军：《燕下都瓦当"山形饕餮纹"释义新感》，《文物春秋》2007年第4期。

朱晓雪：《陈璋壶及郾王职壶综合研究》，吉林大学2007年硕士论文。

徐海斌：《中山王器铭文补释三则》，《文物春秋》2008年第5期。

熊增珑：《试论大小凌河流域商周之际窖藏青铜器的归属》，《文物春秋》2008年第6期。

任伟：《西周燕国铜器与召公封燕问题》，《考古与文物》2008年第2期。

井中伟：《战国时期燕戈的类型学考察》，《北方文物》2008年第2期。

吴磬军：《简论燕下都瓦当承载的文化信息》，《文物春秋》2009年第1期。

成璟瑭：《关于燕下都短内戈的几个问题》，《文物春秋》2009年第3期。

石岩、贾素娟：《东北地区先秦时期青铜镞研究》，《北方文物》2009年第3期。

印群：《论琉璃河遗址殷遗民墓的陶簋——兼谈该遗址殷遗民文化因素之消长》，《考古学集刊》18，科学出版社，2010年。

王继红：《军都山玉皇庙墓地青铜削刀研究》，《北京历史文化论丛》第4辑，上海古籍出版社，2010年。

万俐：《从陈璋壶看春秋战国的冶铸技术》，《文物鉴定与鉴赏》2010年第3期。

李秀辉、孙淑云、张利洁、殷玮璋、赵福生：《北京琉璃河燕国墓地出土铜器铸造工艺的考察》，《商周青铜器的陶范铸造技术研究》，文物出版社，2011年。

韩嘉谷：《辽西青铜器窖藏和早期燕国兴衰》，《北京文博》2011年第1期。

于璞：《试论北京地区出土的燕瓦当》，《北京文博》2011年第1期。

于军、吴磬军：《新见燕下都陶尊及其铭文的初步研究》，《文物春秋》2011年第2期。

闫玉光、贾芸：《怀来甘子堡春秋墓葬出土的青铜器》，《文物春秋》2011年第2期。

王爱民：《燕系文字研究综述》，《大庆师范学院学报》2011年第4期。

范陶峰、万俐:《陈璋壶锈蚀状况研究》,《东亚文化遗产保护学会第二次学术研讨会论文集》,2011年8月。

徐文英、韩立森:《燕下都与灵寿故城出土瓦当的比较研究》,《文物春秋》2012年第2期。

范陶峰、万俐:《陈璋壶制作技术的初步探讨》,《铸造》2012年第10期。

张全礼:《读堇鼎铭文》,《首都博物馆论丛》2013年第27期。

杨勇:《镇江营遗址商周第三、四期遗存陶器分期的再认识》,《华夏考古》2013年第1期。

李健、刘云:《对一件战国燕式铜豆器表装饰工艺的再探讨》,《文物春秋》2013年第1期。

连劭名:《燕侯旨鼎铭文与周代的朝见礼》,《文物春秋》2013年第2期。

李宝军:《西周早期的召公家族世系——以青铜器铭文为中心的考察》,《洛阳考古》2013年第3期。

田伟:《论两周时期的青铜剑》,《考古学报》2013年第4期。

王继红、吕砚:《玉皇庙文化青铜带钩研究(上)》,《文物春秋》2013年第4期。

王继红、吕砚:《玉皇庙文化青铜带钩研究(下)》,《文物春秋》2014年第1期。

徐占勇:《燕下都弩机独特瞄准装置的探讨》,《文物春秋》2014年第5期。

朱凤瀚:《太保鼎与召公家族铜器群》,《叩问三代文明——中国出土文献与上古史国际学术研讨会论文集》,中国社会科学出版社,2014年。

后 记

位于北京市房山区琉璃河镇的琉璃河遗址，是西周至春秋战国时期我国重要诸侯国——燕国的早期都城遗址。该遗址最初发现于1945年，20世纪的60年代、70年代及21世纪初，曾进行过数次考古发掘。考古发掘成果表明，该遗址是认识早期燕文化最理想、最典型的遗址，是京津地区夏商周时期文化性质和年代最明确的遗址，也是北京古代城市发展史上具有里程碑意义的重大考古发现。遗址本身及其出土文物，对西周文化的认识和研究，特别是对周初燕国历史的研究，有着极为重要的学术价值。

琉璃河遗址考古发掘以来的30多年间，对遗址的保护和研究，一直受到我国考古学界、文物保护领域和地方政府的高度关注，并在全国范围内引起相关领域专家、学者的热烈反响，一批研究论文和专著先后发表、出版，从而使我们对北京西周时期的历史与文化有了全新的认识，确立了北京地区商周文化研究的基础，扩大了燕文化研究的范围。

1995年，为纪念北京建城3040年举办了系列活动。其后陆续出版了北京市文物研究所编撰的《北京建城3040年暨燕文明国际学术研讨会会议专辑》（北京燕山出版社，1997年），陈光编的《燕文化研究论文集》（北京市文物研究所科研系列丛书，中国社会科学出版社，1995年），以及苏天钧主编的《北京考古集成》（北京出版社，2000年）。这三部文集收录了1995年以前的有关琉璃河遗址和燕文化研究的考古、学术论文数百篇，展示了20世纪学术界对此的研究成果。

今年，是北京建城3060年，距上一次纪念北京建城3040年系列活动，已经过去了整整20年。二十年来，对琉璃河遗址的学术研究一直处于"行进"的状态：有一些新的观点在提出，有许多新的论文先后发表，有相关专著陆续出版。其中，大量的论文散见于各种报刊，文章的作者有的是早年参加发掘工作的亲历者，有的是从事器物、古文字研究方面的专家，有的是研究燕国历史文化方面的学者等；他们从不同的角度对琉璃河遗址历史意义和研究价值做了诠释，正在逐步把琉璃河遗址和燕文化研究推向深入。

在举办纪念北京建城3060年系列活动之际，我们把近二十年来散见于国内外各种报刊的相关文章，整理分类，编选成册，一是为了展示科研成果，让更多的人记住这些对遗址研究做出过贡献的专家学者们；二是希望能吸引更多的人来参与对琉璃河遗址的研究、保护，从而破解许多悬而未决的历史学术问题。

琉璃河遗址是燕国最早的都城所在地，也是燕国历史文化的源头。西周燕都遗址博物馆作为琉璃河遗址和燕国优秀历史文化的展示者和传播者，有责任和义务把论文整理出版这项工作继续下去，争取每三年出一次论文汇编（内部交流），十年出一本论文集。另外，为更好地保存半个世纪以来琉璃河遗址发现、发掘的历史，我馆自2013年开始，与北京电视台合作，通过座谈会、走访、专家访谈等形式，重点对遗址的发现者（包括当地村民）、早年参加发掘工作的亲历者，进行采访，保留音像资料。其中，一部分录音资料我们已经做了文字转录，并进行了初步整理，预计在明年以"口述历史"的视觉选编出版。这也是将我馆打造成为燕国历史文化资料中心以至研究中心的重要内容。

在本论文集的编纂过程中，我们得到了很多领导和专家的帮助与支持。国家文物局原局长、故宫博物院院长单霁翔，在了解了我们的出版意图后，欣然答应为本论文集作序；北京市文物局的舒小峰局长，十分关注论文集编纂，提出了在附录部分增加论文目录的指导意见；北京市文物研究所原副所长赵福生研究员，北京大学刘绪教授、朱凤瀚教授、葛英会教授和中国文化管理协会艺术品市场管委会副秘书长伊葆力研究员，对论文集定名、论文的分类和选编等进行了多次讨论；北京市文物研究所的陈平研究员和恭王府管理中心的陈光研究员也对论文的筛选提了一些有益建议；北京市文物局资料中心的祁庆国主任对论文集的出版流程给予了许多指导意见，并帮助协调出版社等相关事宜；《北京文博》执行主编韩建识老师帮忙收集了大量资料；另外，科学出版社和同方知网（北京）技术有限公司旅游文博分公司也对本书的出版给予了大力支持。特此叙及，谨致谢忱！

北京市西周燕都遗址博物馆

2015年5月18日